Special Thanks to

세상이 아무리 바쁘게 돌아가더라도
책까지 아무렇게나 빨리 만들 수는 없습니다.

길벗은 독자 여러분이
가장 쉽게, 가장 빨리 배울 수 있는 책을
한 권 한 권 정성을 다해 만들겠습니다.

독자의 1초를 아껴주는 정성을 만나보세요.

미리 책을 읽고 따라해 본 2만 베타테스터 여러분과
무따기 체험단, 길벗스쿨 엄마 2% 기획단,
시나공 평가단, 토익 배틀, 대학생 기자단까지!
믿을 수 있는 책을 함께 만들어주신 독자 여러분께 감사드립니다.

비용 걱정 No, 하루 1시간에 완성!
숏폼 홍보 영상부터 **브랜드 광고**까지

AI 광고 제작

문수민
민지영
전은재
최종수
앤미디어 지음

길벗

비용 걱정 No, 하루 1시간에 완성!
숏폼 홍보 영상부터 브랜드 광고까지

AI 광고 제작

초판 발행 · 2025년 9월 22일

지은이 · 문수민, 민지영, 전은재, 최종수, 앤미디어
발행인 · 이종원
발행처 · (주)도서출판 길벗
출판사 등록일 · 1990년 12월 24일
주소 · 서울시 마포구 월드컵로 10길 56(서교동)
대표전화 · 02)332-0931 | **팩스** · 02)323-3895
홈페이지 · www.gilbut.co.kr | **이메일** · gilbut@gilbut.co.kr

기획 및 책임 편집 · 박슬기(sul3560@gilbut.co.kr)
표지 디자인 · 앤미디어 | **본문 디자인** · 앤미디어 | **본문 일러스트** · 앤미디어 | **제작** · 이준호, 손일순, 이진혁
영업 마케팅 · 전선하, 박민영, 서현정 | **유통혁신** · 한준희 | **영업관리** · 김명자 | **독자지원** · 윤정아

기획 및 편집 진행 · 앤미디어 | **전산 편집** · 앤미디어 | **CTP 출력 및 인쇄** · 교보피앤비 | **제본** · 경문제책

- 잘못된 책은 구입한 서점에서 바꿔 드립니다.
- 이 책은 저작권법에 따라 보호받는 저작물이므로 무단전재와 무단복제를 금합니다.
- 이 책 내용의 전부 또는 일부를 이용하려면 반드시 저작권자와 (주)도서출판 길벗의 서면 동의를 받아야 합니다.
- 인공지능(AI) 기술 또는 시스템을 훈련하기 위해 이 책의 전체 내용은 물론 일부 문장도 사용하는 것을 금합니다.

ⓒ 문수민, 민지영, 전은재, 최종수, 앤미디어, 2025

ISBN 979-11-407-1556-5 (03000)
(길벗 도서번호 007225)

정가 27,000원

독자의 1초까지 아껴주는 정성 길벗출판사

(주)도서출판 길벗 · IT교육서, IT단행본, 경제경영서, 어학&실용서, 인문교양서, 자녀교육서 ▶ www.gilbut.co.kr
길벗스쿨 · 국어학습, 수학학습, 어린이교양, 주니어 어학학습, 학습단행본 ▶ www.gilbutschool.co.kr

인스타그램 · gilbut.it | **페이스북** · gilbutzigy | **네이버 블로그** · blog.naver.com/gilbutzigy

PREFACE

**숏폼 홍보 영상부터 광고 영상 제작까지
누구나 크리에이터가 되는 AI 광고**

수많은 브랜드가 소비자의 시선을 끌기 위해 매일 새로운 방식으로 메시지를 설계하고, 감정에 닿는 장면을 구현해 내며 경쟁합니다. 하지만 그 모든 과정 뒤에는 기획자, 아트디렉터, 카피라이터, 디자이너, 영상 제작자 등 수많은 크리에이터의 시간과 노력, 고비용의 제작 프로세스가 숨어 있었습니다.

최근, 광고 제작의 흐름이 빠르게 재편되고 있습니다. 생성형 AI의 등장은 기존의 작업 방식에 도전장을 내밀고, 창작의 시간과 비용, 반복 작업의 허들을 극적으로 낮추며 새로운 질서를 제안하고 있습니다. 기획부터 이미지 생성, 영상 구성, 음성 내레이션, 편집과 최종 출력에 이르기까지, 이제 하나의 크리에이티브를 완성하는 데 필요한 대부분의 기술이 AI를 통해 구현 가능해졌습니다.

이 책은 광고 실무자뿐 아니라, 자신의 제품을 직접 소개하고자 하는 소상공인, 1인 크리에이터, 브랜드 창업자들에게도 실질적인 길잡이가 되기 위해 기획되었습니다. AI 도구를 이해하고, 적절한 문장과 구성으로 명확한 요청을 할 수 있다면 누구든 자신만의 광고 영상을 기획하고, 생성하고, 편집하고, 배포할 수 있는 시대가 열린 것입니다. 특히 한정된 예산과 인력을 가진 개인 창업자에게는 그 어느 때보다 강력한 무기가 될 수 있습니다.

이 책에서는 영상 제작의 특성에 맞게 광고 영상 제작에서 활용 가능한 생성형 AI 툴을 실제 프로젝트의 흐름에 따라 다뤘습니다. 영상 성격에 따라 AI 툴도 특화되어 있으며, 사용자가 시행착오 없이 골라 사용할 수 있도록 선별하였습니다. 단순한 툴 설명에 그치지 않고, 다양한 브랜드 유형별로 광고 영상을 기획하고 제작하는 실전 워크 플로를 프로젝트 중심으로 정리했습니다. 이제는 메시지를 가진 사람이 곧 제작자이며, 브랜드의 진정성과 감각을 가장 잘 아는 사람이 바로 가장 강력한 콘텐츠 크리에이터입니다.

THANKS TO

이 책이 창의적인 도전을 꿈꾸는 모든 분들에게 유용한 지침서가 되기를 바랍니다. 책이 출간되기까지 길벗 출판사 박슬기 팀장님, 앤미디어 강다미, 박기은, 유선호 편집자 님에게 감사를 전하며, 서로의 아웃풋과 작업 방식에 대해 피드백하면서 원고를 함께 집필해 주신 최종수, 전은재 님에게 고마움을 전합니다.

PREVIEW

AI 도구를 이용하여 누구나 쉽고 빠르게 게임 디자인을 이해할 수 있도록 4개의 파트와 49개의 섹션으로 구성하였습니다.

AI 광고 이론

생성형 AI를 이용한 광고 제작의 기본과 AI 도구를 이용한 작업 패턴을 이해를 쉽게 이해할 수 있습니다.

SECTION

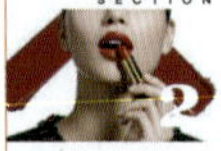

2

협업에서 AI를 이용한 광고 작업 프로세스

이미지 광고 제작의 첫 기획 단계부터 최종 출고까지 전체 흐름을 따라가면서, 각 단계마다 생성형 AI가 구체적으로 어떤 역할을 하고 있는지 살펴보겠습니다.

01 이미지 광고

SNS, 온라인 배너, 인쇄 등 스틸 위주의 이미지 광고 분야는 생성형 AI의 도움을 가장 빠르게 받아들이고 있는 분야입니다. 불과 1~2년전만해도, 온 팀이 스톡 사이트를 뒤지고 밤새며 시안을 만들어야 했습니다. 하지만 이제 프롬프트만 입력하면 이미지가 실시간으로 생성되고, 색감과 구도를 달리한 수 개의 버전을 빠르게 비교할 수 있습니다. 아이디어가 떠오른 순간, 곧바로 모니터 위에 여러 버전의 비주얼을 띄워 보고 수정까지 진행할 수 있다는 속도감이 광고 분야에 결정적 가치를 더해 주기 때문입니다.

전통적 광고 제작 과정은 '시안 작업 〉 피드백 〉 수정'이라는 반복의 연속이라, 일정이 빠듯할수록 제작팀의 부담은 눈덩이처럼 불어나곤 했습니다. 생성형 AI는 이 같은 현상을 깨뜨리고 있습니다. 시안을 가볍게 확장하고 변주해 볼 수 있으니, 머리 속으로만 상상했던 대담한 아이디어도 부담 없이 시험해 보고 아이디어 정교화와 퀄리티 고도화에 시간과 체력을 더욱 쏟을 수 있게 되었습니다. 환경마다 다르지만 보통 이미지 광고 제작은 다음과 같은 단계로 진행됩니다.

02 이미지 광고의 기본 프로세스

1) O.T(Orientation)

O.T는 '무엇을 만들 것인가'뿐 아니라 '어디까지 만들 수 있는가'를 현실적으로 조율하는 시간입니다. 크리에이티브 디렉터(CD)와 기획팀(AE)가 클라이언트로부터 프로젝트의 목표, 예산, 일정 등을 듣고 정리한 뒤 제작팀 아트디렉터와 카피라이터에게 전달합니다. 이때, O.T를 들으며 간략한 의견을 나누는 것은 큰 도움이 됩니다. 조금이라도 헷갈리거나 무심코 지나치기 쉬운 세부 조건까지 사전에 알아두고 조율하면, 후반 단계에서 돌발 변수를 최소화할 수 있습니다.

2) 아이디어 회의

아이디어 회의는 O.T에서 전달받은 프로젝트 목표를 바탕으로, 팀원들이 구상한 콘셉트를 이미지와 카피로 정리해 공유하는 단계입니다. 이 과정에서 아이디어를 구체화하고 시안으로 발전시킵니다. 중요한 것은 독창성과 이미지 완성도의 균형입니다. 표현력이 부족하면 좋은 아이디어도 설득력을 잃고, 디테일에만 치중하면 핵심이 약해질 수 있습니다.

이때, 생성형 AI는 강력한 도구가 됩니다. 간단한 프롬프트만으로 조명, 구도, 색감이 반영된 이미지를 빠르게 생성할 수 있어, 손작업보다 '생각 확장'에 집중할 수 있습니다. 예를 들어, 같은 콘셉트를 다른 방식으로 시각화하거나, 색조나 구도를 바꿔보는 작업도 손쉽게 수행할 수 있습니다.

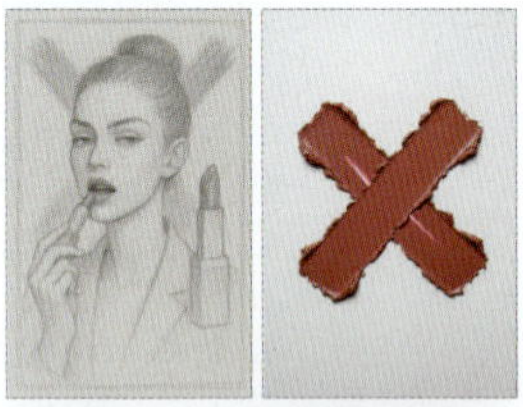

◀ 아이디어 스케치와 레퍼런스 예시

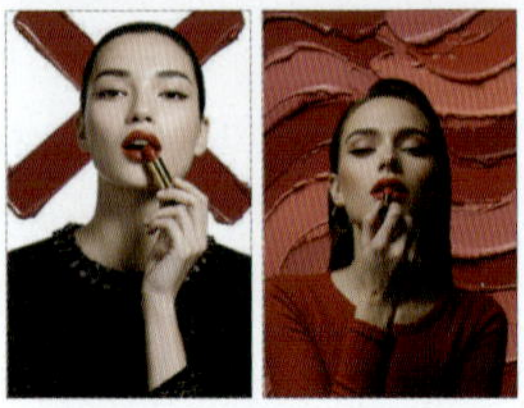

◀ IMAGE FX를 활용한 아이데이션 예시

프롬프트

1. Female model applying lipstick. White background with X-shaped lipstick texture, hi-key lighting
2. low angle shot, Female model applying lipstick. Background filled with lipstick textures, The model's gaze looking down, hi-key lighting

029

생성형 AI 도구

생성형 AI 도구를 이용한 이미지나 영상 생성의 핵심 기능을 소개하고, 활용이 가능하도록 따라하기 방식으로 소개합니다.

SECTION

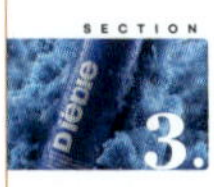

3.

임펙트 있는 비주얼 광고 생성에 특화된 런웨이

런웨이는 초보자도 손쉽게 시작할 수 있도록 다양한 프리셋과 템플릿을 제공하며, 원하는 분위기나 스타일을 선택하면 자동으로 영상 톤과 무드가 설정되거나 텍스트만으로 완성도 높은 클립을 제작할 수 있다는 점에서, 비전문가에게도 매력적인 도구로 자리 잡고 있습니다.

런웨이(Runway)는 특히 짧고 임팩트 있는 비주얼을 생성하는 데 강점을 보여, 제품 설명이나 로고 애니메이션, 짧은 캠페인 영상 등 광고 및 브랜드 콘텐츠 제작에 자주 활용되며, 예를 들어 '스포츠 음료 광고'라는 텍스트만으로도 시네마틱한 3~5초 클립을 손쉽게 만들어낼 수 있습니다.

또한, 뮤직비디오 및 비주얼라이저 제작에도 적합한데, 음악에 어울리는 몽환적이고 예술적인 스타일의 영상을 잘 생성하며, 리듬감 있는 카메라 무빙이나 스타일 전환이 가능해 뮤지션들이 자주 활용하는 도구이기도 합니다. 아울러 런웨이는 고급스러운 색감과 질감 표현이 가능해 패션 및 럭셔리 콘텐츠 제작에도 현실감 넘치는 영상을 생성할 수 있습니다.

이처럼 정교한 결과물이 가능한 이유는, 런웨이가 오랜 시간 축적해온 텍스트 해석 기술, 영상 생성 엔진, 그리고 최신 Gen-4 모델의 고도화된 시각 이해 능력이 하나로 결합되어 있기 때문입니다. Gen-4는 인물의 표정, 물리적 움직임, 조명의 방향성까지도 자연스럽게 표현할 수 있어, 텍스트와 실제 영상 사이의 거리감을 크게 좁혔습니다.

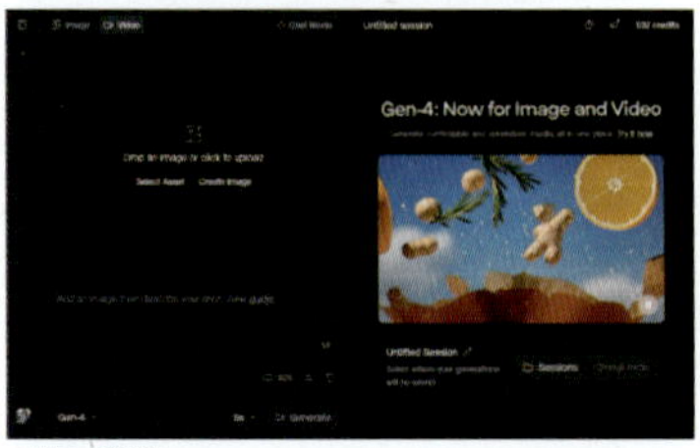

▲ 런웨이 Gen-4 인터페이스

03 런웨이 Gen-4 모델을 활용한 영상 생성하기

런웨이의 Gen-4 모델을 활용해 이미지를 영상화하면, 기존보다 훨씬 더 정교하고 자연스러운 결과물을 얻을 수 있습니다. 정지 이미지에서 파생된 인물의 움직임이나 표정 변화, 배경의 미세한 변화까지도 부드럽게 표현되며, 영상 전반에 걸쳐 캐릭터의 형태나 스타일이 일관되게 유지됩니다.

이미지만으로 영상화하기 ◎ 예제파일 : 02\음료수.png ◎ 완성파일 : 02\Gen-4음료수.mp4

단순한 이미지로 움직임, 카메라 워크, 배경 효과가 입체적으로 표현되는 과정을 음료 이미지를 한 장을 활용해 해당 이미지를 영상화하는 과정을 단계별로 알아보겠습니다.

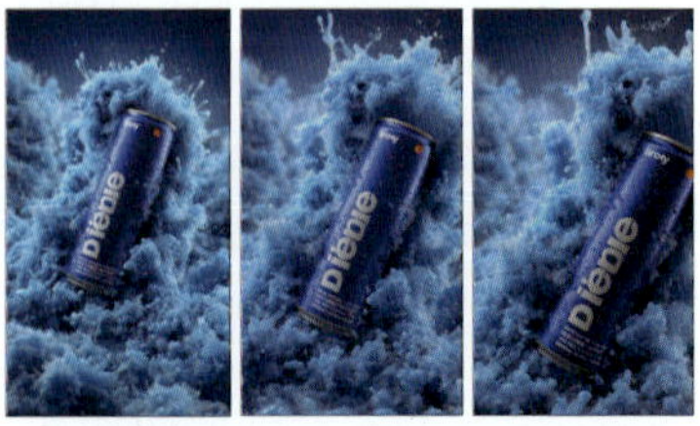

❶ 런웨이 사이트에 접속하여 로그인하면 영상 생성창이 표시됩니다. 이미지를 업로드하기 위해 〈Select Asset〉을 클릭하고 열기 대화상자가 표시되면, 02 폴더에서 '음료수.png' 파일을 선택한 다음 〈열기(O)〉 버튼을 클릭합니다.

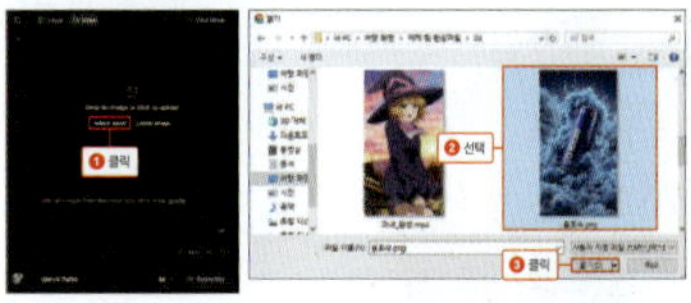

085

예제 미리 보기

AI 도구로 작업한 예제의 결과 영상을 확인할 수 있으며, AI 영상 예제 작업을 위한 개념 및 제작 과정을 소개합니다.

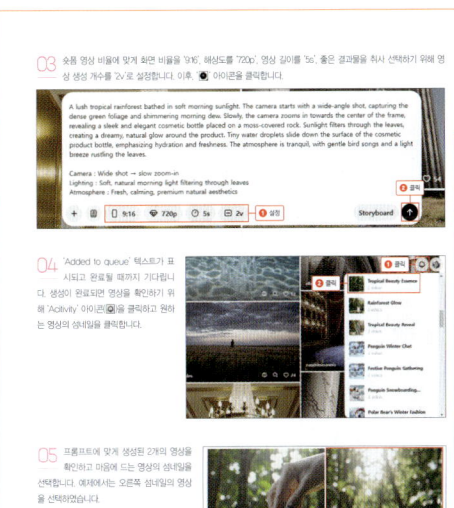

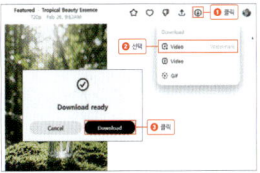

예제 따라하기

직접 AI 도구를 이용하여 따라 하면서 학습할 수 있도록 예제 파일을 제공하고 매뉴얼 설명과 작업 과정을 친절하게 설명합니다.

PREFACE	003
PREVIEW	004

PART 1 제품 홍보 & 광고를 위한 영상 제작의 새로운 작업 방식, AI

INTERVIEW	**018**
1 생성형 AI가 바꾸는 광고 시각화	**026**
01 광고, 먼저 도착할 창의성을 만드는 싸움	026
02 아트디렉터의 두 가지 미션	026
03 병목을 허무는 새로운 손, AI	027
2 협업에서 AI를 이용한 광고 작업 프로세스	**028**
01 이미지 광고	028
02 이미지 광고의 기본 프로세스	028
• 1) O.T(Orientation)	028
• 2) 아이디어 회의	028
• 3) 시안 발주(2D, 3D)	030
• 4) 시안 제안	032
• 5) 촬영 준비	033
• 6) 광고 촬영	034
• 7) 최종 광고 제작	036
3 AI로 만드는 단계별 광고 영상 제작	**037**
01 영상 광고	037
02 경쟁 PT에서 활용 가능성	037
03 영상 광고 PT 프로세스	038
• 1) O.T	038
• 2) 아이디어 회의	038
• 3) 스토리보드 발주	039
• 4) 애니메틱 제작	042

PART 2 광고 스타일에 따라 선택한다! 핵심 생성형 AI 기능

1 고품질 애니메이션 영상 생성에 강한 루마 AI   046
- 01 루마 AI 가입하기   047
- 02 루마 AI 인터페이스 살펴보기   049
- 03 루마 AI로 기본 영상 생성하기   050
  - 텍스트 프롬프트로 영상 생성하기   050
  - 이미지 1장으로 영상 생성하기   052
  - 이미지 2장으로 자연스러운 트랜지션 영상 생성하기   054

2 스토리가 있는 사실적인 영상 제작을 위한 챗GPT&소라 AI   060
- 01 소라 AI 가입과 실행하기   061
- 02 소라 AI 인터페이스 살펴보기   063
- 03 소라 AI에서 영상 콘텐츠 생성하기   064
  - 챗GPT와 소라 AI로 바로 영상 생성하기   064
  - 텍스트 프롬프트로 이미지 및 영상 생성하기   067
  - 리믹스를 활용한 영상의 요소 수정하기   070
  - Re-Cut 기능을 이용한 영상 부분 수정하기   073
  - 스토리보드 기능을 활용한 구간마다 다른 여행 영상 만들기   077

3 임펙트 있는 비주얼 광고 생성에 특화된 런웨이   080
- 01 런웨이 가입과 실행하기   081
- 02 런웨이 영상 생성 AI 인터페이스 살펴보기   082
- 03 런웨이 Gen-4 모델을 활용한 영상 생성하기   085
  - 이미지만으로 영상화하기   085

4 이미지부터 영상 생성까지, AI 생성을 위한 미드저니   088
- 01 미드저니 가입과 실행하기   088
- 02 웹용 미드저니 인터페이스 살펴보기   091
- 03 미드저니에서 이미지 생성하기   093
  - 텍스트 프롬프트로 이미지 생성하기   095
  - 동일 인물로 다른 장면 이미지 만들기   099
  - 미드저니에 업로드한 이미지 영상화하기   101

AI CONTENTS

 **PART 3** 광고 기획부터 구성, 영상 제작 편집까지, AI 작업 패턴 스킬

AI SKILL | 챗GPT 이미지와 런웨이 영상으로 웹툰&실사 상품 영상 제작하기

1 스포츠 음료와 어울리는 이미지 생성하기 — 108

2 2D 이미지를 움직이는 영상으로 생성하기 — 110
   01 런웨이로 2D 이미지 불러오기 — 110
   02 장면에 움직임 프롬프트를 추가하고 저장하기 — 113

3 스포츠 음료를 돋보일 내레이션 생성하기 — 115
   01 일레븐랩스에서 원하는 목소리 선택하기 — 115
   02 생성한 음성 파일 저장하기 — 117
   03 립싱크를 위한 음성 추가하고 저장하기 — 118

4 런웨이에서 영상과 음성을 활용한 립싱크 영상 제작하기 — 119
   01 런웨이에 영상과 음성 파일 불러오기 — 119
   02 완성된 립싱크 영상 저장하기 — 122

5 스포츠 음료 광고의 아웃트로 영상 생성하기 — 123
   01 런웨이로 마무리 이미지 불러오기 — 123
   02 스포츠 음료 이미지 불러오기 — 124
   03 영상에 세부 설정 조정하기 — 125

6 캡컷으로 전체 영상 마무리하기 — 127
   01 캡컷으로 파일 업로드하기 — 127
   02 순서에 맞게 영상 구성하기 — 128
   03 텍스트 설정 추가하기 — 131
   04 텍스트 템플릿 활용하기 — 134

05 완성한 영상 저장하기　　136

AI SKILL | 스토리보드 기능으로 순차적인 푸드점 광고 영상 생성하기

7 패스트푸드점 광고 스토리 구성하기　　140

8 스토리보드 기능으로 시간대별 장면 구성하기　　142
　　01 스토리보드 설정하기　　142
　　02 대시보드에 영상 프롬프트 적용하기　　143

9 텍스트 애니메이션이 적용된 패스트푸드점 광고 완성하기　　149
　　01 캡컷에 영상 소스 업로드하기　　149
　　02 텍스트 애니메이션 적용하기　　151
　　03 텍스트 애니메이션 영상 출력하기　　153

AI SKILL | 딥페이크로 인물 생성을 자유롭게, 패션 숏폼 영상 만들기

10 챗GPT로 트렌디한 가방과 홍보 모델 프롬프트 작성하기　　156

11 세부적인 묘사로 다양한 인물 생성하기　　158
　　01 자연 소재의 백을 든 서양 모델의 워킹 영상 생성하기　　158
　　02 미니 백을 든 동양 모델의 워킹 영상 생성하기　　161
　　03 스포츠 백을 든 아프리카계 모델의 워킹 영상 생성하기　　163

12 딥페이크로 변경시킬 인물 얼굴 생성하기　　165
　　01 간단한 프롬프트로 인물 생성하기　　165
　　02 생성된 이미지 저장하기　　167

13 스왑페이스의 딥페이크 기능으로 인물 변경하기　　168

14 서양 모델의 얼굴을 교체하여 숏폼 영상으로 저장하기　172

15 동양 모델의 얼굴을 교체하여 숏폼 영상으로 저장하기　174

16 아프리카계 모델의 얼굴을 교체하여 숏폼 영상으로 저장하기　177

17 딥페이크 영상으로 제품 홍보 영상 완성하기　180
　01 캡컷에 딥페이크 영상 소스 업로드하기　180
　02 장면에 텍스트 애니메이션 효과 적용하기　182
　03 장면과 효과음을 순서대로 컷 편집하기　187
　04 하나의 영상으로 저장하기　189

AI SKILL | 제작 프로세스의 정석, AI 애니메이션 숏폼 홍보 영상 제작하기

18 여행 스토리를 2D 애니메이션 광고로 기획하기　192

19 아이디어 구성에 맞게 프롬프트로 이미지 생성하기　195
　01 미드저니에 프롬프트 입력하기　195
　02 생성한 이미지로 줌 인 효과 적용하기　198
　03 레퍼런스 기능으로 일관성 유지하기　200
　04 캐릭터의 시선에 따른 장면 추가하기　201
　05 해변가에서 서핑하는 인물 생성하기　203
　06 화려한 불꽃놀이를 감상하는 장면 생성하기　206

20 생성한 장면 이미지로 애니메이션 영상 생성하기　209
　01 루마 AI에서 이미지 첨부하기　209
　02 루마 AI의 카메라 워킹 설정하기　211
　03 자연스러운 눈 깜빡임 연출하기　213
　04 생성한 영상에 이어서 영상 생성하기　215
　05 창문을 가로지르는 서핑보드 액션 영상 만들기　217
　06 화려한 불꽃놀이를 감상하는 인물 영상 만들기　221

21 영상 장면과 어울리는 효과음 생성하기　　225
- 01 사무실 환경음 프롬프트 입력하기　　225
- 02 바다에서 서핑하는 환경음 프롬프트 입력하기　　228
- 03 화면 전환 시 환경음 생성하기　　230
- 04 화려한 축제 속 불꽃놀이 효과음 생성하기　　231

22 일레븐랩스에서 텍스트 프롬프트로 내레이션 생성하기　　232
- 01 영상에 들어갈 내레이션 설정하기　　232
- 02 일상에 지루함을 표현하는 내레이션 생성하기　　234
- 03 자유로운 기분을 표현한 내레이션 생성하기　　235
- 04 광고 영상의 마무리 내레이션 생성하기　　236

23 수노 AI를 활용한 광고영상 BGM 생성하기　　237
- 01 광고와 어울리는 배경음악 생성하기　　237
- 02 생성한 배경음악 저장하기　　238

24 소스를 편집하여 애니메이션 영상 완성하기　　240
- 01 캡컷으로 파일 업로드하기　　240
- 02 순서대로 영상 나열하기　　242
- 03 영상에 효과 추가하기　　243
- 04 영상에 어울리는 효과음 추가하기　　246
- 05 영상에 내레이션 음성 추가하기　　249
- 06 장면에 어울리는 배경음악 추가하기　　250
- 07 텍스트 애니메이션 효과 적용하기　　252
- 08 편집한 영상 출력하기　　253

AI CONTENTS

PART 4 숏폼 광고부터 홍보 영상까지, 실무 디자이너의 실전 AI 광고 프로젝트

PROJECT 스토리 구성과 영상 생성까지, 장면별 자동차 광고 영상 만들기

1 모험에 어울리는 자동차 광고 스토리 구성하기   258

2 모험을 즐기는 인물과 자동차 영상 생성하기   260
    01 비현실적인 장면을 현실적으로, 낙하 영상 생성하기   260
    02 감정과 인물 시선까지 표현하는 탐험가 영상 생성하기   263
    03 역동적인 자동차 동작과 배경 영상 생성하기   265

3 캘리그라피 스타일의 카피 문구를 영상에 추가 생성하기   267
    01 일관성을 유지한 영상에 조화로운 카피 문구 배치하기   267

4 일레븐랩스로 상황에 맞는 효과음 생성하기   270
    01 일레븐랩스에서 효과음 세부 설정하기   270
    02 낙하산으로 내려오는 자동차의 바람 효과음 생성하기   272
    03 자동차 경적 효과음 생성하기   273
    04 자동차가 정글을 통과하는 장면에 어울리는 효과음 생성하기   274
    05 카피 문구를 성우 음성으로 생성하기   275

5 영상과 음원을 하나로 편집하여 자동차 광고 완성하기   276
    01 캡컷에 영상 소스 업로드하기   276
    02 장면과 효과음을 순서대로 컷 편집하기   278
    03 완성된 자동차 광고 영상 출력하기   283

PROJECT | 브랜드 광고 구성부터 카피, 영상까지 숏폼 화장품 광고 영상 만들기

6 브랜드 분위기를 강조하는 화장품 광고 구성과 영상 생성하기   286
- **01** 자연과 어우러진 화장품 광고 영상 생성하기   289
- **02** 시원한 해변 분위기를 살린 화장품 광고 영상 생성하기   291
- **03** 제품 사용과 효과를 강조한 광고 영상 생성하기   293

7 챗GPT로 광고 목적에 맞는 카피 문구 구상하기   296

8 캡컷으로 숏폼 광고 영상 편집하기   297
- **01** 영상 소스를 캡컷으로 불러와 편집 환경 만들기   297
- **02** 영상에 어울리는 머리글 추가와 텍스트 스타일 설정하기   299
- **03** 영상 효과를 적용하고 완성된 광고 영상 저장하기   303

9 효과적인 홍보를 위한 플랫폼별 영상 업로드하기   305
- **01** 인스타그램에서 릴스로 업로드하기   305
- **02** 유튜브에서 쇼츠로 업로드하기   307
- **03** 틱톡으로 영상 업로드하기   308

PROJECT | 생성 No! 외부 동물 캐릭터 이미지로 음료 홍보 영상 만들기

10 생성형 AI를 활용하여 텍스트 프롬프트 정리하기   312
- 장면 1 · 장면 2   312
- 장면 3 · 장면 4   313

11 기존 인물 이미지와 상황 프롬프트로 인물과 동물 영상 생성하기   314
- **01** 텍스트로 선글라스 쓴 소녀 영상 생성하기   314
- **02** 텍스트로 정적인 펭귄 이미지를 걸어다니는 펭귄 영상으로 생성하기   317
- **03** 텍스트로 의상을 입은 의인화된 북극곰 영상 생성하기   320
- **04** 텍스트로 음료를 들고 스키타는 펭귄 영상 생성하기   322

12 장면과 어울리는 효과음 생성하기 324
- 01 효과음 일괄 설정하기 324
- 02 카페 주변 생활 효과음 생성하기 325
- 03 걸어다니는 펭귄 장면에 어울리는 효과음 생성하기 326
- 04 북극곰 장면에 어울리는 효과음 생성하기 327
- 05 스키타는 장면에 어울리는 효과음 생성하기 328

13 음료 광고 내레이션 생성하기 329

14 영상과 음원을 하나로 편집하여 음료 광고 완성하기 333
- 01 캡컷에 영상 소스 업로드하기 333
- 02 장면과 효과음을 순서대로 컷 편집하기 335
- 03 텍스트 프리셋을 활용하여 의미전달 하기 339
- 04 동물 캐릭터 음료 광고 영상 출력하기 341

PROJECT | 서로 다른 영상이 유사하게 변환되는 매치 컷으로 VR 광고 만들기

15 직감적인 인트로 영상 제작하기 344
- 01 몰입감을 높이는 VR 기기 광고 영상 제작 가이드 344
- 02 인트로 영상 프롬프트 입력하기 344
- 03 생성된 영상 저장하기 345

16 매치 컷 활용을 위한 인물 생성하기 347
- 01 VR 기기를 착용한 인물 영상 생성하기 347
- 02 리믹스 기능으로 중세 기사로 전환되는 영상 생성하기 349
- 03 축구 선수로 전환되는 영상 생성하기 351
- 04 SF 휴머노이드로 전환되는 영상 생성하기 353
- 05 악마로 전환되는 영상 생성하기 355
- 06 임팩트 있는 브릿지 컷 영상 추가하기 357

17 캐릭터별 1인칭 시점의 영상 만들기 — 359
- 01 악마 시점의 1인칭 영상 만들기 — 359
- 02 장면의 풍성함을 더하기 위해 추가 영상 생성하기 — 361
- 03 축구선수 시점의 1인칭 시점 영상 만들기 — 362
- 04 FPS 게임 속 주인공 시점의 1인칭 영상 만들기 — 363
- 05 SF 게임 속 캐릭터 시점의 1인칭 영상 만들기 — 365
- 06 중세 판타지 캐릭터 시점의 1인칭 영상 만들기 — 366
- 07 몰입감을 더해줄 중세 판타지 캐릭터 컷 생성하기 — 368
- 08 세계관에 집중하는 중세 판타지 캐릭터 컷 생성하기 — 369
- 09 광고 영상의 엔드 컷 생성하기 — 371

18 VR 기기 광고 영상 편집하기 — 373
- 01 캡컷에 소스 업로드하기 — 373
- 02 인트로 영상 편집하기 — 374
- 03 광고 문구 텍스트 설정하기 — 375
- 04 매치 컷 영상 순서대로 편집하기 — 377
- 05 브릿지 컷 영상 추가하여 편집하기 — 378
- 06 POV 컷 순서대로 편집하기 — 379
- 07 엔드 컷 영상을 순서대로 편집하기 — 380
- 08 캡컷에서 영상 출력하기 — 382

INDEX — 383

이 책에 사용된 예제 및 완성 파일은 길벗 홈페이지(http://www.gilbut.co.kr/)에서 다운로드 할 수 있습니다. 홈페이지에 접속한 후 검색란에 "AI 광고 제작"을 입력하고 〈검색〉 버튼을 클릭 합니다. 도서가 표시되면 [자료실] 탭을 선택합니다. 학습자료에서 파일을 다운로드한 다음 압 축을 풀어 사용합니다.

예제 및 완성 파일

예제를 따라하면서 꼭 필요한 예제 파일과 완성 파일들을 파트별로 담았습니다. 작업한 내용을 저장하려면 실습하기 전에 하드 디스크에 폴더 채로 복사해 두고 사용하는 것이 좋습니다.

제품 홍보 &
광고를 위한
영상 제작의 새로운
작업 방식, AI

AI ADVERTISING DESIGN

생성형 AI는 광고 제작의 방식 자체를 근본부터 바꾸고 있습니다. 이제 광고는 더 이상 대규모 예산과 인력을 투입해야만 가능한 영역이 아닙니다. AI는 작은 브랜드도 강력한 시각 언어를 가질 수 있도록 만들고 있으며, 크리에이티브 산업 전반에서 그 영향력을 넓혀가고 있습니다. PART 1에서는 광고 현장에서 AI가 어떤 방식으로 활용되고 있으며, 실무자와 브랜드 담당자들이 이를 어떻게 도입하고 있는지를 실제 프로세스를 통해 살펴봅니다.

INTERVIEW

Art Director

**이노션 광고 아트디렉터
최종수**

종합 광고대행사에서 아트디렉터로 일하고 있는 경력 10년 차의 직장인입니다. 그동안 인쇄 광고와 TV CF를 포함한 IMC(Integrated Marketing Communication) 캠페인 중심으로 경력을 쌓아왔으며, 최근에는 팀을 옮겨 공간 경험 중심의 프로젝트에 도전하며 업무 영역을 확장하고 있습니다. 본업 외에도 유튜브 채널 'a:magazine'을 운영하며, 일본의 광고를 소개하고 분석하는 콘텐츠를 발행하고 있습니다.

제가 광고 디자이너로서 처음 깊이 몰입했던 프로젝트이자, 지금도 가장 인상 깊게 기억하고 있는 작업은 2016년, 첫 회사에 입사해 참여하게 된 '앱솔루트 코리아 리미티드 에디션' 캠페인이었습니다. 특히, 티징(Teasing) 인쇄광고 작업이 유독 기억에 남습니다. 빈 앱솔루트 병을 중심으로 한글 퍼즐 조각들이 마치 상징처럼 흩어져 쌓여 있는 이미지였습니다.

앱솔루트는 전 세계적으로 그래픽 아트와 광고 디자인 분야에서 아이코닉한 브랜드로 손꼽히며, 브랜드 자체가 하나의 '캔버스'로 활용되는 경우가 많습니다. 그래서 수많은 아트디렉터들이 이 브랜드의 캠페인에 참여하는 것을 하나의 꿈처럼 여깁니다. 그런 브랜드의 한국 캠페인, 그것도 '리미티드 에디션'이라는 기획물에 제가 직접 참여하게 되었다는 사실은, 당시 갓 업계에 발을 들인 신입 아트디렉터였던 저에게는 말 그대로 믿기 힘든 기회이자 행운이었습니다.

무엇보다 이 프로젝트가 인상 깊었던 이유는 단순히 크고 유명한 브랜드와의 협업이라는 점 때문만은 아닙니다. 이 작업을 통해 저는 '브랜드 아이덴티티'와 '로컬 감성'이 어떻게 공존할 수 있는지를 실제로 경험했고, 이미지 한 장 안에 얼마나 깊은 메시지를 담을 수 있는지를 체감했습니다.

캠페인이 끝난 후, 앱솔루트 본사에서 제 이름이 각인된 리미티드 에디션 병을 선물로 보내주었는데, 그 순간은 마치 하나의 트로피를 받은 것처럼 지금도 소중한 기억으로 남아 있습니다. 제 커리어의 출발점이자 상징 같은 프로젝트였기에, 앞으로

어떤 프로젝트를 하더라도 이 작업은 늘 제 마음속에 각별한 의미로 자리할 것 같습니다.

광고 디자인을 잘하는 나만의 노하우

이 질문을 받을 때마다 왠지 모르게 창의적인 대답을 기대하는 분위기에 부담을 느끼곤 합니다. 하지만 솔직히 말씀드리자면, 제 방식은 특별하지 않습니다. 제게 가장 잘 맞았던 방법은 바로 '질보다 양'이라는 단순한 원칙입니다.

광고 일을 하면서 오랫동안 '더 좋은 결과물'을 위한 지름길이 있을 거라고 믿으며 여러 사람에게 조언을 구하고, 창의성의 비밀이 담겨 있을 법한 책들을 탐독해 왔습니다. 그러나 결론적으로 가장 효과적이었던 방법은 무작정 많이 해보는 것, 다시 말해 양으로 승부하는 접근이었습니다. 남들보다 조금 더 많은 자료를 찾아보고, 한 단계 더 깊이 고민하고, 직접 한 번이라도 더 부딪혀보고, 한 줄이라도 더 써보는 식이죠. 한 장 더 그리고, 한 번 더 뒤집어보고, 또 한 번 더 다듬어보는 과정 속에서 좋은 아이디어는 의외로 자주 나왔습니다.

저는 작업할 때 넣을 수 있는 것들은 토할 듯이 최대한 욱여넣습니다. 그리고 마치 마른걸레를 마지막 한 방울까지 짜내듯, 머리와 손끝으로 쥐어짜며 최선을 다해 아이디어를 끌어냅니다. 그렇게 하면 열 개 중 아홉 개는 스스로도 만족스럽지 않지만, 열 번째쯤 되는 결과물은 종종 '괜찮은' 수준에 도달하곤 합니다. 저에게 있어 창의력은 영감이 번뜩이는 순간보다는, 수십 번의 시행착오와 반복을 통해 얻어낸 집요함의 결과에 더 가깝습니다. 그래서 저는 오늘도 '많이 해보는 것'이야말로 가장 확실한 방법이라고 믿고 있습니다.

광고 디자인의 작업 패턴에 대하여

제 작업 패턴을 비주얼로 표현하자면 '마름모(Diamond)' 형태에 가깝습니다. 넓게 퍼졌다가 다시 좁아지는 과정이 반복되기 때문입니다. 처음 단계는 말 그대로 제로 베이스에서 시작합니다. 클라이언트가 제공한 기본 자료에만 의존하지 않고, 제품 또는 서비스와 관련된 가능한 모든 데이터를 적극적으로 수집합니다. 리뷰와 댓글 같은 사용자 반응부터 시작해서, 관련 논문과 서적, 영화, 다큐멘터리, 심지어 경쟁사의 과거 캠페인까지도 샅샅이 분석합니다.

이 시기의 목표는 단순히 '정보를 모으는 것'이 아니라, 해당 분야의 전문가들과도 대화할 수 있을 정도의 이해도를 쌓는 데 있습니다. 이렇게 넓게 펼쳐놓은 정보들은 이후, 흐릿한 형태의 아이디어로 연결되기 시작합니다. 이때부터는 이미지와 키워드들을 수집해 정리하고, 이를 분류하고 재배치하면서 점차 불필요한 요소들을 걷어냅니다. 그 과정을 통해 보다 선명한 콘셉트를 도출해 냅니다.

다음은 '비우기'의 단계입니다. 많은 정보를 접하다 보면 아이디어가 과잉되거나 복잡해지는 경우가 많기 때문에, 일정 시간은 의도적으로 광고 작업에서 벗어납니다. 하루 정도는 취미 활동에 몰입하며 머릿속을 리셋하고, 새로운 시각으로 아이디어를 바라봅니다. 그렇게 거리를 두고 나면, 이전에는 보이지 않던 불필요한 요소나 논리적 빈틈이 명확히 드러나게 됩니다. 이때는 미련 없이 과감하게 덜어냅니다.

마지막으로, 다듬어진 콘셉트와 이미지, 텍스트를 바탕으로 포토샵에서 시안을 제작합니다. 이 시안은 팀 회의를 거쳐 다양한 피드백을 받고 수정되며, 클라이언트와의 조율 과정을 거쳐 최종 콘셉트로 확정됩니다. 이후에는 포토그래퍼, 2D, 3D 디자이너 등 다양한 파트너들과 협업하여 실제 제작 단계로 이어지게 됩니다. 이처럼 제 작업 프로세스는 '넓게 확장 – 집중해서 수렴 – 다시 비우기 – 정제된 결과물 도출'의 반복 구조로 되어 있으며, 그 과정 하나하나를 성실히 밟는 것이 좋은 결과를 만드는 기반이 된다고 생각합니다.

광고 디자인에서 사용하는 도구와 주로 사용하는 스킬

광고 디자인에서 사용하는 도구와 스킬은 기획에서 제작까지 각 단계에 따라 세분화되어 있으며, 최근에는 생성형 AI 도구들이 본격적으로 접목되면서 전통적인 작업 방식에 혁신적인 변화를 가져오고 있습니다. 자료 수집과 아이디어 단계에서는 텍스트 기반 생성형 AI 도구들이 중심적인 역할을 합니다. 챗GPT, Grok, Gemini와 같은 AI는 단순한 정보 검색을 넘어, 사고의 프레임을 확장하거나 창의적인 연결고리를 제안해 주는 역할을 합니다. 특히 이들 도구는 디자이너 혼자서 수십 개의 브레인스토밍 아이디어를 빠르게 도출하고, 이를 카테고리별로 정리하며, 유사한 캠페인 사례까지 참조할 수 있게 도와 주는 등 사고를 넓히는 데 유용합니다.

비주얼 아이디어 구체화 단계에서는 이미지 생성형 AI 도구의 활용이 두드러집니다. Midjourney, ImageFX, 챗GPT 이미지 생성 기능 등을 활용하면, 초기 콘셉트를 기반으로 다양한 스타일의 비주얼 레퍼런스를 빠르게 제작할 수 있습니다. AI로 생성된 이미지는 보통 Adobe Photoshop이나 Adobe Illustrator 같은 전통적인 그래픽 툴에서 리터칭 작업을 거쳐 최종 시안으로 발전하게 됩니다. 이 과정에서는 합성, 색 보정, 레이아웃 구성, 타이포그래피 처리 등 디자이너의 전문적인 감각과 기술이 중요한데, 특히 AI 이미지의 경우 때때로 디테일이 부족하거나 실제 사용에 적합하지 않은 요소들이 포함될 수 있기 때문에, 이를 적절히 다듬고 브랜드 룩앤필에 맞도록 보완하는 스킬이 필수적입니다.

광고 디자인에 AI를 접목한 작업 패턴

실제로 저는 현재 진행하는 거의 모든 프로젝트에서 AI를 전방위적으로 활용하고 있습니다.

첫 번째는 자료 조사 단계입니다. 특히 GPT의 심층 리서치 기능은 국내외 자료를 매우 폭넓고 깊이 있게 탐색할 수 있어, 초기 브레인스토밍에 중요한 기반이 됩니다.

두 번째는 아이디어 확장 단계입니다. 혼자 고민할 때는 생각이 특정 방향에 갇히기 쉬운데, AI와의 대화는 생각의 반경을 넓히고 새로운 통찰을 불러일으키는 데 효과적입니다. 출퇴근 시 차량 내에서 GPT 음성 기능을 활용해 아이디어를 말로 정리하고, 이를 곧바로 회의록 형태로 전환할 수 있다는 점도 실무적으로 매우 유용합니다.

세 번째는 시각화 단계입니다. 아이디어가 아무리 훌륭하더라도 시각적으로 설득되지 않으면 기획 단계에서 무산되는 경우가 많습니다. 과거에는 적절한 이미지 소스를 찾고 합성하는 데 많은 시간이 소요됐지만, 지금은 이미지 생성 AI 덕분에 그 과정을 단축하고 퀄리티는 더 높일 수 있게 되었습니다.

특히 AI 이미지의 상업적 활용 가능성은 예산이 제한된 프로젝트에서 더욱 빛을 발합니다. 과거 같으면 불가능 했을 수준의 비주얼도 이제는 생성형 AI로 충분히 구현할 수 있어, 클라이언트 만족도와 작업 효율을 동시에 높일 수 있습니다.

광고 디자인에서 가장 중요하게 생각하는 포인트

제가 광고 디자인에서 가장 중요하게 생각하는 지점은 '버리기'입니다. 광고는 본질적으로 아주 짧은 시간 안에, 그리고 꽤 많은 예산을 들여 메시지를 효과적으로 전달해야 하는 매체입니다. 그렇기 때문에 정보의 밀도를 높이기보다는, 불필요한 것을 덜어내고 핵심을 선명하게 전달하는 것이 훨씬 더 중요하다고 생각합니다. 광고는 새로워야 하고, 단순해야 하며, 무엇보다도 명확해야만 합니다.

실제로 이런 불안감을 이겨내고 '비워내기'를 선택했을 때, 작업 결과물이 훨씬 명확하고 강한 인상을 남겼던 경험이 많습니다. 결국 광고 디자인이라는 것은, 얼마나 잘 채우느냐가 아니라 무엇을 남기고 무엇을 과감히 비워 낼 것인가에 대한 판단의 예술이라고 생각합니다. 그것이 제가 디자인 작업을 할 때 가장 중요하게 여기는 기준입니다.

INTERVIEW

VFX/CG
Art Director

VFX/CG 광고 아트디렉터
전은재

VFX 아트디렉터로 활동하고 있으며, 이니스프리 브랜드 캠페인에서는 아이브 장원영, 세븐틴 민규와 함께한 숏폼 광고, SSF샵 광고에서는 노홍철, SSG 캠페인에서는 한예슬, 그리고 스타벅스 VFX/CG 콘텐츠에서는 배우 이시영과의 협업을 진행했습니다. 이들 모두 숏폼 형식의 광고임에도 불구하고, 단순한 SNS용 바이럴 영상이 아닌 VFX/CG가 포함된 고퀄리티 영상 콘텐츠로 제작되었다는 점에서 주목할 만합니다.

디지털 콘텐츠 소비 환경이 빠르게 변화하고 있는 지금, 짧은 시간 안에 강한 인상을 남길 수 있는 영상 표현의 중요성은 점점 더 커지고 있습니다. 저는 이러한 흐름에 맞춰, 단순한 시각 효과를 넘어서 브랜드 메시지와 시청자의 감정이 교차하는 지점을 시각적으로 설계하는 데 집중하고 있으며, 매 프로젝트마다 기술과 창의의 접점을 찾기 위한 고민을 이어가고 있습니다.

VFX/CG는 단지 효과를 입히는 기술이 아니라, 짧은 콘텐츠 안에서도 강력한 몰입감과 브랜드 경험을 유도하는 핵심 표현 수단이라고 생각합니다. 앞으로도 새로운 시도와 창의적 접근을 통해 디지털 영상의 경계를 확장하는 작업을 지속해 나가고자 합니다.

숏폼 광고 디자인을 잘하는 자신만의 노하우

저는 개인 작업을 통해 새로운 기술과 표현 방식에 대한 두려움을 극복하는 태도가 창작자에게 매우 중요하다고 생각합니다. 콘텐츠 소비 환경과 기술이 빠르게 변화하는 시대 속에서, 모든 기능을 직관적으로 익히는 데 한계를 느끼기도 하지만, 저는 여전히 지속적인 학습과 실전 적용을 병행하는 자세를 가장 중요한 작업 습관으로 삼고 있습니다.

최근에는 Midjourney, Runway, Luma Dream Machine, Sora AI 등 다양한 생성형 도구를 직접 학습하고, 실제 제작 과정에 통합하는 실험을 꾸준히 진행하고 있습니다. 단순히 기능을 익히는 것을 넘어서, 어떤 맥락에서 가장 효과적인지, 기존 워크플로와 어떻게 유기적으로 연결될 수 있는지를 프

로젝트를 통해 검증하고 체화해 나가고 있습니다. 그 결과, 콘텐츠 제작의 효율성과 완성도를 동시에 높일 수 있었습니다.

저는 이러한 반복 과정을 단순한 도구 학습이 아니라 새로운 기술을 흡수하고 재해석해 실전에 적용하는 창작 루틴으로 보고 있습니다. '배움에 두려움을 갖지 말고, 반드시 실전에 적용해 보자'는 태도는 빠르게 변화하는 환경 속에서도 흔들림 없이 꾸준히 성장할 수 있게 해 주는 저만의 원동력입니다.

숏폼 광고 디자인의 작업 패턴에 대하여

상업 광고 제작은 일반적으로 정교하게 구조화된 프로세스를 따릅니다. 프로젝트가 시작되면 광고의 목적, 타깃 오디언스, 미디어 집행 전략 등을 고려해 성격과 규모를 분석하고, 적합한 팀을 구성합니다. 이 과정에서 연출자(Director)와 아트디렉터를 포함한 주요 실무자 간 긴밀한 협업 체계를 마련하는 것이 중요합니다. 기획 단계에서는 브랜드의 핵심 메시지, 표현 방식, 크리에이티브 콘셉트, 연출 방향을 논의하며, 다양한 레퍼런스와 벤치마크 사례를 참고해 클라이언트의 마케팅 전략에 부합하는 방향을 설정합니다. 이후 연출자가 주도하는 프리프로덕션 과정에서는 인력 구성, 촬영 장소 섭외, 장비 준비, 일정 수립 등 실무를 총괄하고, 아트디렉터는 전체 톤 앤 매너와 시각적 방향을 제시합니다.

기획 확정 후에는 특히 CG나 VFX가 포함된 프로젝트에 대해 기술적 실현 가능성을 사전 점검하는 단계가 이어집니다. 사전 테스트와 시뮬레이션을 통해 리스크를 미리 파악하고, 문제 발생 시 신속한 대안 마련으로 촬영 당일 돌발 상황을 최소화합니다. 숏폼 콘텐츠 특성상 촬영은 짧고 효율적으로 이루어지므로, 사전 기획과 기술 준비가 최종 결과물 완성도에 큰 영향을 미칩니다. 촬영 후에는 AI 도구를 활용해 반복 작업을 자동화하고 창의적 아트디렉션을 보조하며, 후반 작업인 CG, VFX, 모션그래픽 등을 진행합니다. 마지막으로 클라이언트 피드백과 브랜드 가이드라인에 따라 여러 차례 수정하며 완성도를 높입니다. 이처럼 숏폼 광고 제작은 기획부터 후반 제작까지 전 과정을 통합적으로 이해하고 조율하는 역량이 요구되며, 아트디렉터는 브랜드 메시지를 효과적이고 창의적으로 전달하는 통합 솔루션 제공자 역할을 합니다.

숏폼 광고 디자인에 사용하는 도구와 주로 사용하는 스킬

저는 Blender(3D)와 After Effects(2D)를 작업의 중심축으로 삼아, 워크 플로를 구성합니다. 이 두 도구는 기본적인 제작 파이프라인의 핵심 역할을 하며, 프로젝트의 성격과 표현 목표에 따라 다양한 서브 툴과 유기적으로 결합됩니다. 이러한 방식은 작업의 효율성과 결과물의 퀄리티를 동시에 높이는 데 효과적입니다.

예를 들어, 촬영된 소스에서 불필요한 오브젝트나 브랜드 요소를 제거해야 할 경우, Mocha Pro를 활용해 고급 트래킹과 정밀한 로토스코핑 작업을 수행합니다. 반대로, 디지털 더블이나 천 시뮬레이션처럼 물리적 특성이 중요한 장면에서는 Marvelous Designer를 도입하여 의상의 자연스러운 움직임을 구현함으로써 시각적 리얼리티를 확보합니다. 이러한 툴 선택은 단순히 기능 중심이 아닌, 프로젝트의 목표와 기술적 요구 사항을 바탕으로 이루어지며, 유연하게 확장 가능한 시스템 안에서 도구를 선택적으로 활용하는 전략이 중심이 됩니다.

또한 대부분의 작업이 합성을 기반으로 하기 때문에 현실적인 조명 환경의 재현도 매우 중요한 요소입니다. 이를 위해 HDRI 환경맵을 활용하여 조명의 방향성과 색온도를 실제 환경과 유사하게 설정하며, 최종 렌더링은 Blender의 Cycles 렌더러를 사용해 실사에 가까운 결과물을 구현합니다. 이 접근은 연출 의도를 시각적으로 설득력 있게 전달하는 동시에, 작업 시간과 효율 간의 균형을 맞추는 데 효과적인 방법입니다.

디자인 측면에서 부족함을 느끼는 부분은 챗GPT를 통한 피드백을 정기적으로 반영해 개선하고 있으며, Midjourney나 Runway와 같은 AI 기반 이미지 생성 도구를 활용하여 콘셉트 스케치와 시안을 빠르게 확보합니다. 이후 이를 실제 영상의 시각 요소에 자연스럽게 반영함으로써 초기 기획부터 디자인, 구현, 합성에 이르는 전 과정을 유기적으로 연결하는 '디지털 기반 통합 제작 철학'을 실현하고자 합니다.

숏폼 광고 디자인에 AI를 접목한 작업 패턴

AI는 저작권 문제를 피하면서 전략적으로 활용할 경우, 디자인 역량 보완과 제작 효율 향상을 동시에 가능하게 하는 강력한 도구입니다. 광고 산업에서는 기획부터 후반 작업까지 소수 인원이 전 과정을 담당하는 경우가 많아, 속도와 완성도 사이에서 균형을 맞추는 것이 중요합니다. 이때 AI는 생산성을 높이는 실질적인 조력자 역할을 합니다.

특히 AI는 기획 초기 아이디어 확장에 큰 도움을 줍니다. Midjourney나 Runway 같은 생성형 비주얼 도구는 키워드 입력만으로 빠르게 콘셉트 이미지와 스타일 레퍼런스를 제공합니다. 챗GPT를 활용한 브레인스토밍과 카피 실험은 창작자의 사고를 확장하는 촉매제 역할을 합니다. 또한 반복 작업과 수정이 많은 광고 제작 과정에서, AI는 다중 레이아웃 생성, 오브젝트 제거, 음성 합성, 자막 자동화 등을 통해 작업 속도와 정확도를 높이고, 작업자가 고부가가치 작업에 집중할 수 있도록 돕습니다. 저는 AI를 단순한 대체 수단이 아니라 창작자의 잠재력을 확장하는 협업 파트너로 보고 있으며, 실제 프로젝트에서도 이를 통해 아이디어 다양성, 시각 실험, 작업 속도 등에서 유의미한 성과를 거

두고 있습니다. AI와의 협업은 단순한 효율 향상을 넘어, 지속 가능한 제작 생태계로 나아가는 중요한 해답이 될 것입니다.

숏폼 광고 디자인에서 가장 중요하게 생각하는 포인트

숏폼 광고 디자인에서 가장 핵심적인 요소는 '콘셉트와 아이디어의 명료성'입니다. 숏폼 콘텐츠는 그 특성상 휘발성이 강하고, 사용자는 수많은 영상을 초 단위로 빠르게 소비합니다. 이런 환경에서는 단순히 비주얼이 아름답거나 기술적으로 정교한 영상만으로는 시청자의 관심을 끌거나 기억에 남기 어렵습니다. 심리적 반응을 이끌어내지 못한 콘텐츠는 몇 초 만에 스킵되며, 존재조차 인식되지 않고 사라질 가능성이 높습니다.

따라서 저는 기획 초기 단계에서 발현되는 아이디어의 힘을 가장 중요하게 생각합니다. 짧은 러닝타임 안에 감정을 흔들고, 브랜드 메시지를 압축적으로 전달할 수 있는 핵심 장치가 반드시 포함되어야 합니다. 그래야 이후의 디자인, 연출, CG 등의 표현이 단순한 기술 구현을 넘어서, 콘텐츠의 전달력을 높이는 데 실질적으로 기여할 수 있습니다. 즉, 시각적 요소는 어디까지나 '전달을 위한 수단'일 뿐이며, 콘텐츠를 정의하는 본질은 결국 기획 단계에서 출발해야 합니다.

결과적으로 디자인, 연출, CG/VFX는 모두 이 핵심 아이디어를 서포트하는 요소이며, 중심에는 반드시 강력한 콘셉트가 있어야 합니다. 개인적으로 CG/VFX를 중심에 두고 사고를 전개하지만, 모든 창작자가 같은 방식을 따를 필요는 없습니다. 중요한 것은 각자의 감각과 정체성에 맞는 핵심 기획을 찾아내고, 콘텐츠 전반에 일관되게 녹여내는 것입니다. 이 기획이 곧 브랜드의 서사가 되고, 차별화된 영상 언어로 이어지게 됩니다.

SECTION 1

생성형 AI가 바꾸는 광고 시각화

좋은 아이디어를 빠르게 시각화하는 능력은 아트디렉터에게 필수적인 역량입니다. 여기서는 광고 제작 현장에서 발생하는 시각화 병목 문제와, 이를 해결하기 위한 생성형 AI의 활용 가능성을 살펴봅니다.

01 광고, 먼저 도착할 창의성을 만드는 싸움

'내가 생각한 대로, 모니터에 바로 그림이 나왔으면 좋겠다.'

수없이 반복되는 야근 속에서, 지쳐버린 팀원들의 입에서 맴돌던 이 말은 광고 산업에 종사하는 수많은 크리에이터들이 공감할 수 있는 솔직한 바람일 것입니다. 머릿속에 또렷이 그려진 이미지가 손끝을 거치지 않고 곧바로 화면에 구현된다면, 촘촘하게 짜인 제작 일정 속에서도 여유 있는 저녁을 보낼 수 있을지도 모릅니다. 맛있는 식사를 하거나, 미뤄둔 영화를 감상하거나, 단지 아무 생각 없이 쉬는 시간이 생길 수 있다는 뜻입니다. 그러나 현실은 그리 녹록하지 않습니다. 광고업계는 늘 시간이라는 시한폭탄을 등에 지고 달리는 구조입니다. 산업의 흐름이 빠르게 바뀌고, 소비자의 관심 역시 그에 맞춰 유동적으로 움직이기 때문에, 마케팅은 보다 신속하게 제작되어야 하고, 즉각적인 반응과 수정이 가능한 구조여야 합니다. 이런 환경 속에서 크리에이터들이 체감하는 압박은 점점 커지고, 창의적 결과물을 낼 수 있는 물리적, 심리적 여유는 지속적으로 축소되고 있습니다. 결과적으로 광고는 창의성의 경쟁임과 동시에 '속도'와의 싸움이기도 합니다. '먼저 도착한 크리에이티브'가 승기를 잡는 구조 속에서, 아이디어를 얼마나 빠르고 효과적으로 구현하느냐가 아트디렉터의 경쟁력이 되는 시대입니다.

02 아트디렉터의 두 가지 미션

광고회사에서 아트디렉터(AD)의 역할을 압축하면 크게 두 가지로 나눌 수 있습니다. 첫 번째는 브랜드나 캠페인 목적에 부합하는 독창적인 '아이디어'를 발상하는 일, 두 번째는 그 아이디어를 시각적으로 설득력 있게 '이미지화'하는 일입니다. 이 두 단계 모두 중요하며, 어느 하나라도 소홀히 다룰 수 없습니다. 일반적으로 아이디어의 완성도를 높이기 위해선 깊이 있는 탐구와 고민이 필요하며, 시각화 과정에서도 충분한 시간이 확보되어야 촬영, 편집, 후반 그래픽 등 다양한 파트너들과의 협업을 통해 높은 수준의 결과물을 끌어낼 수 있습니다. 하지만 현실은 이론과 다릅니다. 대부분의 프로젝트는 긴박한 일정 속에서 진행되며, '아이디어 〉 시각화' 단계에서 병목 현상이 자주 발생합니다.

좋은 콘셉트가 떠올랐더라도, 이를 포토샵이나 일러스트레이터, 스케치 작업 등으로 옮기는 과정에는 적지 않은 시간이 필요합니다. 때로는 콘티나 시안 작업을 위해 직접 손으로 스케치를 하거나, 필요한 이미지를 찾기 위해 스톡 사이트에서 수백 장의 이미지를 검토해야 하기도 합니다. 이 과정은 짧게는 몇 시간, 길게는 며칠이 걸릴 수 있으며, 반복적인 수정까지 고려하면 그 부담은 상당합니다. 결국 제한된 시간 안에서 높은 수준의 결과물을 만들어내기 위해선, 생각을 손으로 꺼내는 속도, 즉 '아이디어의 시각화 속도'를 끊임없이 단축해야만 합니다. 그래서 많은 아트디렉터들이 필요할 때 빠르게 꺼내 쓸 수 있도록 자신만의 '이미지 무기고'를 꾸립니다. 외장하드나 클라우드, 즐겨찾기 폴더에 무수한 이미지와 참고 자료들을 수집해 두는 것이 이미 하나의 생존 전략이 된 셈입니다.

03 병목을 허무는 새로운 손, AI

불과 몇 년 전까지만 해도 생성형 AI로 만든 이미지는 어딘가 어색하거나, 원하는 결과물을 얻기까지 반복적인 시행착오가 필요했습니다. 특히 크리에이티브한 비주얼을 다루는 광고 업계에서는 정교함과 디테일, 그리고 콘셉트의 의도를 충실히 반영하는 시각적 해석이 매우 중요한데, AI는 이 부분에서 아쉬움을 남기곤 했습니다. 그러나 최근 몇 년 사이, 특히 2024년을 기점으로 미드저니를 비롯한 다양한 AI 이미지 생성 플랫폼들이 눈부신 속도로 진화하면서 상황은 크게 달라졌습니다.

이제는 단순한 이미지 생성 수준을 넘어서, 정교한 프롬프트 설계만으로도 목적에 맞는 고퀄리티 이미지를 수 분 내에 생성할 수 있으며, 애니메틱 영상 역시 단시간 내에 프로토타입으로 확인할 수 있을 만큼 시스템이 고도화되었습니다. 이는 곧, 아트디렉터가 머릿속으로 구상하던 장면을 구체화하는 데 소요되던 '시간'과 '노력'이 획기적으로 줄어들 수 있다는 뜻입니다. 문장 몇 줄로 콘셉트를 설명하면, AI가 이를 시각적으로 재해석해 즉시 확인 가능한 형태로 보여 주는 시대가 열린 것입니다.

이러한 변화는 단순히 작업 속도 향상에 그치지 않습니다. 빠른 시각화는 아이디어 검증을 더 자주, 더 깊이 할 수 있도록 만들며, 결과적으로 더 나은 창의적 방향성을 만들어내는 선순환 구조를 만들어냅니다. 지금의 AI는 크리에이터의 자리를 위협하는 존재가 아니라, 광고 업계의 '병목'을 허물어 주는 강력한 동료로 자리 잡고 있습니다.

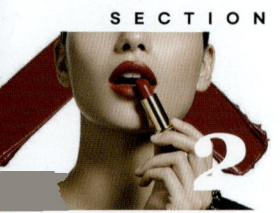

협업에서 AI를 이용한 광고 작업 프로세스

이미지 광고 제작의 첫 기획 단계부터 최종 출고까지 전체 흐름을 따라가면서, 각 단계마다 생성형 AI가 구체적으로 어떤 역할을 하고 있는지 살펴보겠습니다.

01 이미지 광고

SNS, 온라인 배너, 인쇄 등 스틸 위주의 이미지 광고 분야는 생성형 AI의 도움을 가장 빠르게 받아들이고 있는 분야입니다. 불과 1~2년 전만 해도, 온 팀이 스톡 사이트를 뒤지고 밤새며 시안을 만들어야 했습니다. 하지만 이제 프롬프트만 입력하면 이미지가 실시간으로 생성되고, 색감과 구도를 달리 한 여러 버전을 빠르게 비교할 수 있습니다. 아이디어가 떠오른 순간, 곧바로 모니터 위에 여러 버전의 비주얼을 띄워 보고 수정까지 진행할 수 있다는 속도감이 광고 분야에 결정적 가치를 더해 주기 때문입니다.

전통적 광고 제작 과정은 '시안 작업 〉 피드백 〉 수정'이라는 반복의 연속이라, 일정이 빠듯할 수록 제작팀의 부담은 눈덩이처럼 불어나곤 했습니다. 생성형 AI는 이 같은 현상을 깨뜨리고 있습니다. 시안을 가볍게 확장하고 변주해 볼 수 있으니, 머릿속으로만 상상했던 대담한 아이디어도 부담 없이 시험해 보고 아이디어 정교화와 퀄리티 고도화에 시간과 체력을 더욱 쏟을 수 있게 되었습니다. 환경마다 다르지만 보통 이미지 광고 제작은 다음과 같은 단계로 진행됩니다.

02 이미지 광고의 기본 프로세스

1) O.T(Orientation)

O.T는 '무엇을 만들 것인가'뿐 아니라 '어디까지 만들 수 있는가'를 현실적으로 조율하는 시간입니다. 크리에이티브 디렉터(CD)와 기획팀(AE)가 클라이언트로부터 프로젝트의 목표, 예산, 일정 등을 듣고 정리한 뒤 제작팀 아트디렉터와 카피라이터에게 전달합니다. 이때, O.T를 들으며 간략한 의견을 나누는 것은 큰 도움이 됩니다. 조금이라도 헷갈리거나 무심코 지나치기 쉬운 세부 조건까지 사전에 알아두고 조율하면, 후반 단계에서 돌발 변수를 최소화할 수 있습니다.

2) 아이디어 회의

아이디어 회의는 O.T에서 전달받은 프로젝트 목표를 바탕으로, 팀원들이 구상한 콘셉트를 이미지와 카피로 정리해 공유하는 단계입니다. 이 과정에서 아이디어를 구체화하고 시안으로 발전시킵니다. 중요한 것은 독창성과 이미지 완성도의 균형입니다. 표현력이 부족하면 좋은 아이디어도 설득력을 잃고, 디테일에만 치중하면 핵심이 약해질 수 있습니다.

이때, 생성형 AI는 강력한 도구가 됩니다. 간단한 프롬프트만으로 조명, 구도, 색감이 반영된 이미지를 빠르게 생성할 수 있어, 손작업보다 '생각 확장'에 집중할 수 있습니다. 예를 들어, 같은 콘셉트를 다른 방식으로 시각화하거나, 색조나 구도를 바꿔보는 작업도 손쉽게 수행할 수 있습니다.

◀ 아이디어 스케치와 레퍼런스 예시

◀ IMAGE FX를 활용한 아이데이션 예시

프롬프트

1. Female model applying lipstick. White background with X-shaped lipstick texture, hi-key lighting
2. low angle shot, Female model applying lipstick. Background filled with lipstick textures, The model's gaze looking down, hi-key lighting

TIP   예시는 단순해 보이지만 직접 만들려면 꽤 많은 공수가 들어갑니다. 브랜드 톤에 맞는 모델 이미지, 모델의 앵글과 시선, 배경에 활용된 립스틱의 텍스처 등등 하나씩 찾아서 만들려면 많은 시간이 소요되지만, 생성형 AI의 도움을 받는다면 수분 내로 가능합니다.

다음과 같이 챗GPT에 스케치를 업로드하고, '아이디어 스케치를 광고 시안으로 만들어 줘.'라고 입력하면 미드저니처럼 아트적 표현은 덜 하지만 비교적 명확한 시안이 제작됩니다.

▲ 챗GPT-4에 스케치 업로드 후 이미지 변환

3) 시안 발주(2D, 3D)

아트디렉터는 2D, 3D 전문 스튜디오와 함께 클라이언트에게 제시할 시안 컷을 제작합니다. 콘셉트 시트를 정리해 전달하고, 구도가 잘 드러난 레퍼런스 이미지나 촬영 참고 자료를 첨부해 세부 요구 사항을 설명합니다.

❶ 스케치, 무드보드, 키워드 정리

팀 내부에서 공유한 콘셉트 아이디어 이미지에 간략한 설명을 달아, 왜 이런 이미지를 택했는가, 어떤 감정을 노렸는가 등을 적어 둡니다. 사용할 매체(신문, 디지털 사이니지, 온라인 배너 등)에 따라 해상도나 비율, 자막 세이프존 같은 스펙도 함께 작성하면 협력업체가 재작업 없이 바로 작업에 착수할 수 있습니다.

❷ 레퍼런스 큐레이션

이미지의 톤 앤 매너를 가늠할 수 있는 사진, 영화 스틸, 그림, 소재 및 질감 등을 함께 첨부하여 전달합니다.

▲ 협력 업체에 전달하는 간단한 콘셉트 시트의 예

❸ AI 기반 스톡 프리 이미지

원하는 프롬프트로 러프한 시안을 만들거나, 조금 더 디테일한 시안을 만들고 싶은 경우, 스톡 사이트를 활용하는 대신 소스 이미지를 직접 생성하여 협력업체에 전달할 수 있습니다.

▶ 프롬프트를 입력하여 만든 맥주 광고 시안

프롬프트: a pure-looking korean female with long straight hair. Drink a beer can. Cherry blossom petals made of white foam floating in the light blue white clear sky. White T-shirt. Smiling expression

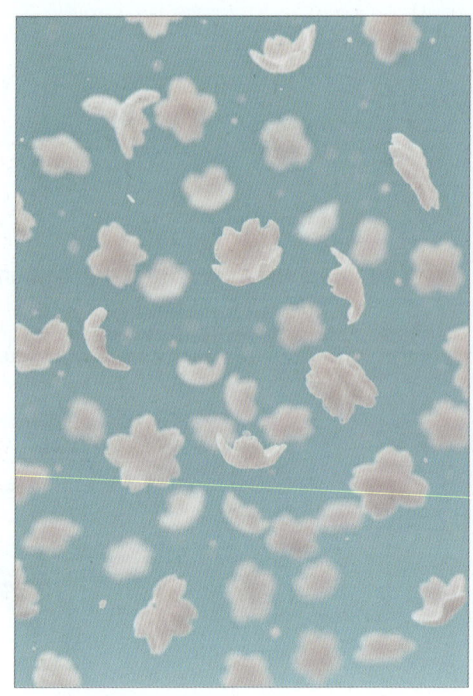 

▲ 거품으로 만든 벚꽃 소스

프롬프트 Light sky blue background. Cherry blossom petals made of white colored foam floating in the air

4) 시안 제안

아이디어 회의 이후에는 도출된 결과물을 클라이언트에게 제시해 합의를 이끄는 시안 제안 단계가 이어집니다. 기획팀과 크리에이티브팀은 시안을 하나의 서사 흐름으로 엮어 제안서를 만들고, 핵심 의도, 매체 효과 등을 논리적으로 설명합니다. 이때 가장 중요한 것은 '왜 이 방향이 브랜드와 캠페인 목표에 최적인가'를 명확히 보여 주는 일입니다. 감성과 논리의 조화가 시안 제안의 핵심 과제입니다.

활용, 기대 제안 직전에는 기획과 함께 시안의 적합성과 설득력을 검토하며, 색상, 소품, 인물 포즈 등 세부 요소에 대한 수정이 이뤄집니다. 과거에는 추가 작업 시간이 필요했지만, 이제는 회의실에서 바로 생성형 AI에 프롬프트 몇 줄을 입력해 배경 톤을 조정하거나 소품을 교체한 새 버전을 생성, 시연할 수 있습니다. 수정 결과를 눈으로 확인하여 즉시 의사결정을 내릴 수 있고, 제작팀은 긴 피드백 라운드를 한두 번 만에 줄일 수 있습니다.

또한, AI는 같은 콘셉트를 바탕으로 다양한 버전(조명, 구도, 색조)을 빠르게 생성해 브랜드 톤에 더 적합한 컷을 쉽게 비교할 수 있게 도와줍니다. 시안 제안 단계에서 AI를 적극 활용하면, 제작팀은 설득력을 높이는 동시에 논의 시간을 대폭 단축하고, 클라이언트는 만족스러운 결과물을 더 빠르게 확정할 수 있습니다.

TIP 미드저니의 'Vary Subtle' 혹은 'Vary Strong'을 활용하여 비슷하지만 미묘하게 다른 포즈와 표정 등의 옵션 수정이 가능합니다.

5) 촬영 준비

광고 이미지는 현장에서 찍는 순간이 아니라 준비 단계에서 완성된다고 말해도 큰 이견이 없을 것 입니다. 실제로 촬영 준비는 아이디어와 현실적 제약을 연결해 주는 가장 결정적인 구간입니다. 이 단계에서 어떤 컷이 브랜드 메시지를 가장 잘 전달하는지, 조명과 색감은 어떻게 조율할지, 모델의 표정과 동선은 어디까지 통제할지, 모든 세부 사항을 하나의 계획서, 즉 PPM(Pre-Production Meeting) 노트에 구체적으로 담아 클라이언트와 공유합니다. 각 컷의 콘셉트 이름과 의도를 명료하게 써 두면, 현장에서 발생할 수 있는 혼선을 크게 줄일 수 있습니다.

예전에는 원하는 콘셉트를 표현할 수 있는 레퍼런스를 찾기 위해, 수많은 사진과 영상 자료를 뒤지는 일이 필요했습니다. 하지만 최근에는 생성형 AI의 발전으로 인해, 촬영 준비 방식 자체가 크게 변화하고 있습니다. 예를 들어, '맥주 거품이 벚꽃 잎처럼 흩날리는 봄밤'처럼 독특하고 감성적인 장면은 기존 스톡 이미지 사이트에서는 쉽게 찾기 어렵습니다. 그러나 AI에게 '라이트 핑크 톤의 봄 야경, 맥주 거품이 벚꽃 잎처럼 날리는 느낌'과 같은 프롬프트를 입력하면, 원하는 분위기와 요소를 반영한 고해상도 스타일 프레임을 몇 분 안에 생성할 수 있습니다. 이렇게 제작한 이미지를 PPM 노트에 삽입하면, 클라이언트와 스태프 모두가 정확히 같은 그림을 떠올리며 논의할 수 있습니다.

> 해당 인쇄 광고 컨셉 촬영에 추가적으로 도움이 될 만한 아이디어를 줄 수 있어?

물론입니다! 인쇄 광고 특유의 '한 컷에 모든 정서를 담아야 하는 제약'을 극복하면서도, 현재의 '봄, 청량함, 거품 꽃잎, 여성 모델, 한정판 맥주' 컨셉을 강화할 수 있는 인쇄 광고용 아이디어를 아래 항목별로 정리해드릴게요.

📌 **인쇄 광고 컨셉 촬영 보완/확장 아이디어**

1. 시선 유도 구조 (Visual Focal Design)
- 🍺 거품이 흩날리며 시선을 브랜드 로고로 이끌도록 배치
  → 꽃잎 모양의 거품이 광고 프레임 위에서 아래로 떨어지며 자연스럽게 로고나 제품 캔 쪽으로 흐름 형성
  → 시선의 시작은 모델의 얼굴 → 맥주 캔 → 브랜드 로고 (역 삼각형 구도)
- 📐 45도 대각선 구도에서 약간 위를 올려다보는 느낌
  → 자연광을 머금은 상황 앵글은 '봄의 해방감'을 전달하는 데 효과적
  → 이 때 하늘+벚꽃+거품 꽃잎이 어우러지도록 구성

2. 인쇄 매체에서의 시그니처 스타일 요소 추가
- 🌸 거품 꽃잎 중 일부는 '예칭'이나 '형압' 처리
  → 잡지나 포스터에서 만졌을 때 거품의 느낌을 촉각적으로 전달
  → '촉감이 느껴지는 광고'로 소비자 몰입감 증대
- 🎨 배경을 투명한 캘린더 연배나 금속 판재 위에 레이어드
  → 맥주의 '차가움'과 '상쾌함'을 시각적으로 강조
  → 반사광이 모델 얼굴/거품에 반사되게 연출하면 고급스러운 마감

TIP 챗GPT에게 콘셉트 전달 후 받은 아이디어, 생각지 못했던 아이디어의 확장을 얻을 수 있다. 그림뿐 아니라 실제 인쇄 시까지 고려한 아이디어를 폭넓게 제안해 준다.

AI는 소품과 공간 디자인에서도 강력한 조언자가 됩니다. '금빛 반사광을 받는 아크릴 테이블 위에 투명 맥주잔 세트'처럼 현실에서 구현이 까다로운 세트를 시각적으로 시뮬레이션해 보고, 실제 제작 가능 여부를 미리 판단할 수 있습니다. 원하는 분위기를 위해 다양한 조명 시나리오를 시험해 볼 수도 있습니다. '골든아워 역광'이나 '소프트 박스 확산광'처럼 서로 다른 라이팅 톤을 AI로 생성하고 서로 의견을 합의하면, 포토그래퍼는 현장 세팅 시간을 대폭 단축할 수 있습니다. 스타일리스트와 메이크업팀은 헤어·의상·메이크업 조합을 가상으로 피팅해 볼 수 있고 아트팀은 AI가 제안한 소품 이미지를 토대로 실제 재질과 제작 비용을 빠르게 견적 내어 예산 계획에 반영할 수 있습니다.

다만, AI가 아무리 매력적인 이미지를 제안해도 실제 스튜디오 환경에서 구현 가능한지 최종적으로 확인해야 합니다. 조형물이 제작 가능한지, 무게를 견딜 수 있는지, 특정 라이팅이 구현 가능한지 같은 기술적 요소는 반드시 전문가와 교차 확인해야 합니다. 또한, 클라이언트의 미공개 제품이나 로고가 작업 파일에 포함될 경우, AI 학습 데이터로 전송되지 않도록 유의하여 적용해야 합니다.

6) 광고 촬영

스튜디오 조명이 켜지고 카메라가 세팅되는 순간부터, 우리는 미리 작성한 PPM 노트를 손에서 놓지 않습니다. 이 노트는 말 그대로 현장의 내비게이션이자 체크리스트입니다. 포토그래퍼는 컷마다 지정된 렌즈와 조명 값을 확인하고, 아트팀은 배경 오브젝트의 위치·각도를 재 점검하며,

스타일리스트와 메이크업팀은 모델의 헤어와 의상이 의도와 정확히 맞는지, 흐트러지진 않았는지 수시로 확인합니다. 이렇게 하나씩 체크 박스를 지워 나가면, 기획 단계에서 머릿속으로만 존재했던 장면이 스크린 위에서 점차 형태를 갖추어 갑니다.

그렇다고 현장이 계획대로만 흘러가는 것은 아닙니다. 빛의 방향이 예기치 않게 모델의 얼굴을 더욱 돋보이게 하거나, 배경의 톤이 제품과 어울리지 않을 때도 있습니다. 이럴 때야말로 촬영팀의 감각이 발휘되는 순간입니다. 그러나 과거처럼 '이렇게 하는게 좋을 것 같은데 한번 테스트해 볼까?' 하고 말하기엔, 현장 타임테이블은 늘 빠듯하죠. 바로 이 지점에서 생성형 AI가 든든한 조력자가 됩니다.

'현장 조명 그대로, 배경 컬러를 바꾸면 어떤 느낌일까?' 같은 궁금증이 떠오르면, AI를 통해 간단히 프롬프트를 입력해 즉석에서 이미지를 생성할 수 있습니다. 감독, 클라이언트, 아트디렉터가 그 결과를 모니터로 함께 확인하면서 '한 컷 더 찍어 보자' 혹은 '기존 플랜을 유지하자'를 바로 결정할 수 있습니다.

촬영 현장은 계획의 충실한 재현과 즉석에서 탄생하는 영감이 공존하는 공간입니다. 생성형 AI는 이 두 흐름을 부드럽게 연결해 주어, 예측 가능한 퀄리티와 즉흥적 창의성을 모두 만족시켜 줄 수 있습니다.

▲ 챗GPT를 활용한 배경 톤 변경 예시

TIP 촬영 현장은 약속된 촬영을 진행하기에도 시간이 촉박한 경우가 많기 때문에, 새로운 아이디어를 협의하기 위해서 명확한 의도를 갖고 협의 후 가능한 선에서 수정을 진행하도록 합니다.

7) 최종 광고 제작

촬영이 끝나면 다양한 원본 소스를 하나의 완성 이미지로 다듬는 작업이 시작됩니다. 포토그래퍼의 사진, 3D 렌더링, 그래픽 요소, 타이포 디자인 등이 모여 '최종본'이 완성되고, 아트디렉터는 각 파트의 결과물을 점검하며 클라이언트 피드백을 반영해 완성도를 높입니다.

예산 제약으로 협업이 어려운 상황에서 AI는 특히 유용합니다. 예를 들어, 과거엔 인물 리터칭에 몇 시간이 걸렸지만, 이제는 AI 플러그인으로 자연스러운 보정을 빠르게 완료할 수 있습니다. 또한 스톡 라이선스가 불분명한 이미지 대신 AI로 유사 이미지를 직접 생성하면 저작권 리스크도 줄일 수 있습니다.

최종 제작은 단순한 마감이 아니라, 브랜드의 메시지를 섬세하게 담아내는 완성의 과정입니다. AI와 사람의 협업으로 탄생한 마지막 한 컷은, 처음 상상했던 이미지를 넘어서는 설득력으로 클라이언트와 소비자 앞에 서게 됩니다.

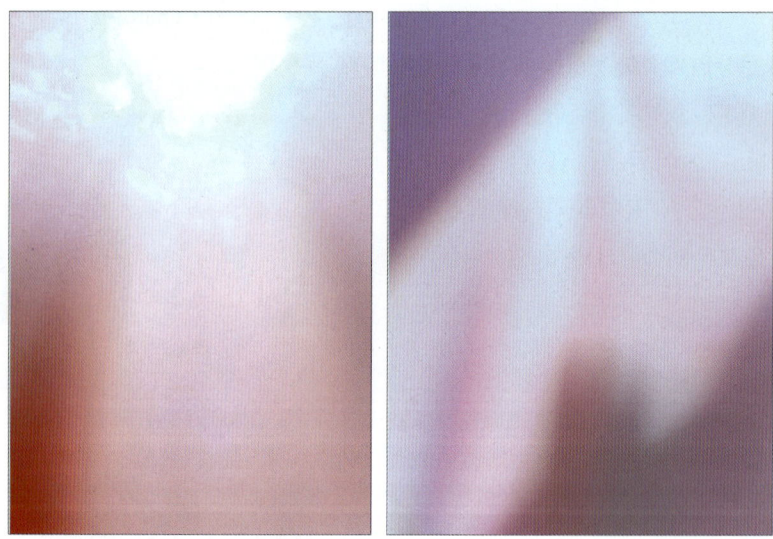

▲ 일반 촬영 시 표현하기 어려운 배경의 라이팅 소스

> **프롬프트** Background with a light pink tone. Natural light on the background

> **프롬프트** Cherry blossom icon graphic with a light pink tone. Pressure

▲ 미드저니로 생성한 형압용 벚꽃 모양 그래픽

AI로 만드는 단계별 광고 영상 제작

SECTION 3.

기획부터 후반 작업까지, AI는 광고 영상 제작의 모든 단계에 개입할 수 있습니다. 아이디어 발상부터 사운드 완성까지, 생성형 AI가 어떻게 광고 프로세스를 변화시키고 있는지 단계별로 살펴봅니다.

01 영상 광고

요즘 광고업계에서 생성형 AI가 화두이지만, 수십억 원이 투입되는 메인 TVCF 현장에선 여전히 '보조 역할'에 머물러 있습니다. 이유는 간단합니다. 15초 또는 30초의 짧은 시간 안에 브랜드의 정체성과 메시지를 극대화하려면, 공기 중 먼지 입자의 질감까지 통제할 만큼의 정밀함이 필요하기 때문입니다. 하늘의 채도, 빛의 색온도, 배우의 표정 변화, 카메라 트래킹 속도 등 모든 요소가 완벽히 맞물려야 관객의 눈을 설득할 수 있습니다. 현재의 생성형 AI가 빠르게 발전하고는 있지만, 아직은 이러한 '마이크로 디테일'을 100% 재현하기에는 이른 단계입니다.

대형 TV 광고는 한 번의 실수도 용납되지 않는 고위험, 고비용 작업입니다. 촬영 한 번이 억 단위 예산과 직결되기 때문에, 검증되지 않은 기술을 쉽게 도입하기 어렵습니다. 만약 AI 결과물이 현장 품질에 미치지 못하면, 재촬영이나 후반 작업 전체를 수정해야 하며, 이는 제작사와 클라이언트 모두에게 큰 타격이 됩니다.

그래서 여전히 주요 장면에는 실제 세트와 전문 인력이 투입되는 전통적인 방식이 우위를 점하고 있습니다. 하지만 AI가 '구경꾼'에 머무는 것은 아닙니다. 프리프로덕션 단계에서는 이미 AI가 핵심 도구로 활용되고 있습니다. 예를 들어, 아트디렉터가 머릿속으로만 그리던 장면을 이제는 텍스트 몇 줄로 애니메틱 영상으로 구현할 수 있고, 다양한 조명과 렌즈, 색감을 시뮬레이션해 최적의 룩을 사전에 확인할 수 있습니다. 촬영 참고 레퍼런스도 기존 스톡 영상 대신 AI로 직접 생성하는 방식이 늘고 있어, 아이디어를 빠르게 시각화하고 실험할 수 있게 도와줍니다.

02 경쟁 PT에서 활용 가능성

국내 광고 시장에서 하나의 캠페인을 수주하려면, 대행사들은 짧게는 일주일, 길게는 한 달 이내의 매우 제한된 시간 안에 클라이언트를 설득해야 합니다. '왜 우리 아이디어가 당신 브랜드에 가장 적합한가'를 명확하고 강렬하게 전달하는 것이 핵심이며, 이 과정을 흔히 'PT(Presentation)'라고 부릅니다. PT는 단순한 발표가 아니라 기획력, 스토리텔링, 디자인 감각, 프레젠터의 퍼포먼스 등 광고 대행사의 종합적인 실력이 집약적으로 평가되는 무대입니다. 하지만 이처럼 중요한 과정임에도 불구하고, 준비 시간은 언제나 촉박합니다.

실무 현장에서는 보통 다음과 같은 과정을 빠르게 소화해야 합니다. 시장과 브랜드 분석을 위한 자료 조사를 시작으로, 핵심 콘셉트를 도출하고, 그에 맞는 스토리보드와 애니메틱을 제작하며, 슬라이드를 구성하고 디자인을 다듬는 동시에, 견적 및 실행 예산까지 정리해야 합니다. 이 모든 과정은 수많은 커뮤니케이션과 반복 작업을 동반하며, 한 치의 여유도 없이 마감일로 향하게 되죠.

이러한 현실 속에서 생성형 AI는 강력한 도구로 부상하고 있습니다. 단순히 시간을 절약해 주는 수준을 넘어, AI는 PT 준비 전 과정에서 반복적이고 시간이 많이 소요되는 업무들을 대신 처리해줍니다. 예를 들어, 경쟁사 분석 보고서 요약, 소비자 인사이트 리서치, 이미지 및 스토리보드 생성, 시각화된 제안서 슬라이드 디자인, 애니메틱 영상 편집 초안까지 AI가 상당 부분 자동화할 수 있습니다. 결과적으로 팀원들은 보다 창의적이고 전략적인 요소, 즉 아이디어의 차별성과 브랜드 맞춤형 스토리텔링에 집중할 수 있게 됩니다.

PT 준비는 크게 여섯 단계(리서치, 콘셉트 기획, 비주얼 기획, 애니메틱 구성, 슬라이드 디자인, 실행안 및 예산 정리)로 나눌 수 있으며, 생성형 AI는 각 단계마다 빠른 초안 생성, 반복 작업 자동화, 시각화 효율 향상 등 다양한 방식으로 광고 기획자들의 시간을 절약하고, 창의적인 완성도를 높여 주는 조력자가 되어가고 있습니다.

03 영상 광고 PT 프로세스

1) O.T

경쟁 PT의 O.T 자리는 클라이언트마다 방식이 다르지만 보통, 기획팀 그리고 제작팀의 크리에이티브 디렉터가 참여해 P.T 과제에 대한 설명을 듣고 질의 시간을 갖습니다. 이를 토대로 AE가 빠른 시간에 집중적으로 세운 전략적 방향을 제작팀과 공유하는 자리를 갖습니다. 제작팀도 함께 전략 방향을 고민합니다. 이때 나누는 대화는 단순한 정보 전달을 넘어, 프로젝트 전체가 공유할 '공통 지도'를 만드는 과정이기도 합니다.

결국 O.T가 성공적으로 마무리되면, P.T팀 내부에서는 마치 한 장의 지도를 함께 펼치는 것과 같습니다. 그 지도에는 브랜드가 나아가야 할 주 경로와 피해야 할 우회로가 분명히 표시되어 있어, 이후 제작 과정에서 만나는 수많은 갈림길마다 '어느 길이 우리 브랜드다운가?'를 단번에 짚어 주는 방향표가 되어 줍니다.

2) 아이디어 회의

아이디어 회의는 그 빈 뼈대에 살을 붙이고 색을 입히는 시간입니다. 이때 가장 먼저 찾아내야 할 것은 단 하나의 키 콘셉트와 이를 상징할 이미지를 뽑아내는 일입니다. 회의실엔 각자 준비해 온 무드보드나 러프 스케치, 레퍼런스 필름이 차례로 펼쳐집니다. 아이디어 회의 방식엔 정해진

규칙이 없습니다. 누군가는 보랏빛 석양 사진을 띄워 감정선을 이야기하고, 다른 누군가는 짧은 음악을 틀며 '이 음악에 맞춰 컷을 전개하면 어떨까요'라고 말합니다. 모델을 전략적으로 활용하기도 하고, 촬영 로케이션이 아이디어가 될 수도 있습니다.

경쟁 PT에서는 수십 장의 슬라이드보다 단 한 장의 '키 컷'이 승패를 가르는 경우가 많습니다. 그 한 컷이 브랜드의 성격, 캠페인의 메시지, 그리고 관객이 느낄 감정을 순식간에 압축해 주어야 하니까요. 이때, 생성형 AI가 강력한 조력자로 등장합니다. 팀이 떠올린 콘셉트, 예를 들어 '모델과 함께 런웨이에서 걸어 나오는 스타일리시한 자동차'처럼 자료가 없거나 만들기 까다로운 장면이라도, 프롬프트 몇 줄이면 수분 안에 고퀄리티 시안이 탄생합니다. 이런 다양한 아이디어 중 어떤 이미지가 가장 직관적이고 설득력이 높은가를 내부 회의에서 즉석 테스트할 수 있습니다.

▲ 시선을 사로잡는 하이엔드의 패셔너블한 차량 라인업, 하늘의 도로 위 런웨이 콘셉트 시안

프롬프트   fashion runway style. Runway with floating roads, cars and human models in the sky

3) 스토리보드 발주

아이디어 회의에서 한 줄 메시지와 '키 비주얼'을 확보했다면, 다음에는 그 생각이 영상으로 어떻게 흐를지 살을 붙일 차례입니다. 바로 스토리보드, 흔히 '콘티'라 부르는 과정입니다. 짧은 광고 영상이라도 열댓 컷을 훌쩍 넘기는 광고 업계에서, 예전 방식이라면 하나의 시안에 하루는 가볍게 날아갔습니다. 아트디렉터가 콘티를 발주하기 위해 컷 순서를 정리하고, 손으로 러프 스케치를 그리고 협력업체에 보내고 커뮤니케이션하는 사이에 시간이 훌쩍 지났습니다. 콘티를 받고 나서 앵글을 수정하거나 내용을 수정하자는 의견이 나오면, 스케치 단계부터 다시 시작해야 했습니다.

하지만 지금은 프롬프트 몇 줄이 그 고단한 여정을 단숨에 압축합니다. 속도가 빨라진 덕분에 '그림을 그리는 행위'보다 '컷이 전달해야 할 메시지'에 더 오래 시간을 활용할 수 있습니다. 혹은 완전히 발주 단계를 생략하고 스토리보드 제작 단계를 내부에서 소화할 수 있습니다.

챗GPT를 활용하여 콘셉트 키 비주얼 이미지를 스토리보드로 제작하는 과정을 다음과 같이 진행할 수 있습니다.

위 키 콘셉트 비주얼을 바탕으로, 패셔너블한 차량 라인업의 런웨이 콘셉트 15초 TVCF 스토리보드를 구성해야해. 5컷으로 스토리를 구상해 줘.

타이틀 : 'The Runway is Now Driveway'

#컷1(0~3초)

장면 : 카메라가 구름 위를 천천히 크레인 샷으로 내려가며, 반짝이는 런웨이 위를 걷는 블랙 룩의 남성 모델을 클로즈업

연출 요소 : 배경엔 공중에 떠 있는 차량들, 런웨이는 반사되는 미러 바닥

#컷2(3~6초)

장면 : 좌측에서 등장하는 미래형 차량 한 대, 모델과 나란히 걷기 시작

연출 요소 : 차량에도 마치 패션 아이템처럼 조명 포인트, 모델의 옷과 차량 컬러 매치

텍스트 : 'Fashion meets Motion'

#컷3(6~9초)

장면 : 하늘 위의 런웨이를 걷는 수많은 모델들과 다양한 차량들이 화면 중앙으로 쏟아져 들어오는 와이드 앵글

연출 요소 : 차량들도 런웨이를 '워킹'하듯 등장. 모노톤과 형광 룩 조화, 구름 사이사이로 자동차 실루엣 보임

텍스트 : 'Introducing the Line-up'

#컷4(9~12초)

장면 : 특정 모델 차량이 중심에 클로즈업. 조명이 터지며 모델과 차가 동시에 정지

연출 요소 : 런웨이 플래시처럼 밝은 섬광, 모델이 카메라를 정면 응시, 차량은 슬로우모션으로 정지

텍스트 : 'The Car Becomes the Look'

#컷5(12~15초)

장면 : 로고 등장. 차량 실루엣이 반사된 런웨이를 따라 사라지며 로고와 슬로건이 떠오름

연출 요소 : 음악은 피날레처럼 고조되며 마무리. 로고는 미니멀하게 하단 배치

텍스트(슬로건) : 'Run the Future'(하단 로고 + 차량 브랜드명)

이미지 목업도 순서대로 만들어 줘.

#컷1

#컷2

Fashion meets Motion

#컷3

INTRODUCICNG THE LINE-UP

#컷4

THE CAR BECOMES THE LOOK.

#컷5

RUN THE FUTURE

4) 애니메틱 제작

스토리보드가 '정지된 아이디어'라면, 애니메틱은 그 아이디어에 생명을 불어넣는 과정입니다. 개별 소스를 이어 붙여 자연스럽게 하나의 스토리로 영상을 완성합니다. 여기에 2D, 3D 작업을 추가하고 녹음작업까지 마치면, 아이디어의 흐름이 한눈에 보이고, 클라이언트는 완성본의 호흡과 리듬을 미리 체감할 수 있습니다.

애니메틱 소스 수집

애니메틱에 생명을 불어넣으려면, 퀄리티 좋은 스톡 영상, 비슷한 분야의 브랜드 캠페인의 인상적인 장면, 때로는 외부 아카이브에서 발굴한 영상 소스가 더해져야 한층 완성도가 높아집니다. 이 단계는 단순히 '자료를 긁어모으는' 일이 아닙니다. 어떤 클립이 이야기의 빈틈을 메워 줄지, 어떤 배경 장면이 영상의 톤을 더욱 풍성하게 만들어 줄지 촘촘히 살피며 필요한 소스를 확보하는 시간입니다.

예전에는 원하는 장면을 찾기 위해 수십 개의 스톡 사이트를 일일이 뒤지고, 아이디어를 잘 표현하는지 따져야 했습니다. 더욱이 세상에 없던 아이디어를 세상에 있는 소스로 만들어야 하다 보니, 라이브러리를 통째로 뒤지며 시급하게 소스를 찾는 일은 큰 부담이었습니다. 하지만 이제는 프롬프트 몇 줄로 스톡 영상 대신 AI가 직접 맞춤형 클립을 작성해 줍니다.

이렇게 명확한 의도를 통해 AI로 확보한 영상은, 애니메틱에서 아이디어와 메세지를 뚜렷하게 만들어주고 오리지널리티를 불어넣어 줍니다. 무엇보다 끝없는 검색에 허비하던 시간을 줄이고 원하는 그림을 빠르게 시각화할 수 있다는 점이 큰 장점입니다.

편집 및 2D, 3D 작업

긁어모은 소스, AI로 생성한 영상을 타임라인 위에 올라오면 비로소 영상의 진짜 이야기가 모습을 드러냅니다. 앞뒤 장면을 이어 붙이며 리듬과 템포를 조율하고, 2D 그래픽과 3D CG, VFX를 덧입혀 완성도를 높여 아이디어와 메시지에 날개를 달아 주는 단계입니다. 편집이 매끄러운지, 제품 클로즈업의 임팩트가 충분한지, 자막과 그래픽이 정보 전달에 도움을 주는지 등 하나하나 점검하며 세밀하게 다듬습니다.

AI는 단순 작업을 넘어 창의적 시안 도구로 경계를 넘어서고 있습니다. 예컨대 '브랜드 로고가 화면 중심에서 입체적으로 회전하며 등장하는 애니메이션'이 필요하다면, 텍스트 프롬프트를 입력해 몇 가지 버전의 로고 무빙을 즉시 뽑아낼 수 있습니다. 전통적으로는 모션그래픽 전문가가 After Effects 같은 툴을 활용해 키프레임을 일일이 찍어야 했던 로고 애니메이션이, 이제는 AI가 초안 레퍼런스를 제공하니, 아트디렉터가 아니더라도 팀원 누구나 이런 아이디어와 작업들을 손쉽게 테스트해 볼 수 있습니다.

음향 및 녹음

애니메틱의 후반 작업이 마무리되면, 이제 영상의 감정선과 완성도를 높여 줄 사운드를 입힐 차례로 배경 음악, 성우의 내레이션, 효과음이 어우러져 영상에 생동감을 더하는 단계입니다.

기존에는 스튜디오 사용부터 성우 캐스팅, 카피 수정, 녹음, 믹싱까지 여러 번의 물리적 단계를 거쳐야 했습니다. '좀 더 낮은 톤으로 읽어 주세요', '이 효과음은 조금 작게 깔아 주세요', '이런 톤의 BGM 좀 더 찾아주세요' 같은 피드백에 다시 스케줄을 잡고 녹음실을 찾아야 반영하기도 합니다. 예산과 일정은 언제나 촉박했고, 완성도 높은 결과물을 얻기 위해선 많은 노력과 비용이 필요했습니다.

하지만 이제는 AI 보이스 기술로 이러한 번거로움을 대폭 줄일 수 있습니다. 광고의 콘셉트에 맞춰 다양한 성우 스타일을 클릭 몇 번으로 생성해 볼 수 있습니다. 각각의 버전을 비교한 뒤 '이 버전이 조금 더 아이디어의 의도에 맞다'라고 선택하면, 실제 녹음 전 가이드로 확보할 수 있습니다.

BGM 역시 AI 작곡 도구를 통해 새로운 가능성이 열리고 있습니다. 간단한 프롬프트나 가사를 입력하면, 원하는 분위기와 길이에 맞춘 배경음악 초안이 자동으로 생성됩니다. 필요에 따라 악기 구성, 템포, 코드 진행 등을 조절해볼 수 있으며, 완성도가 높다고 판단되면 즉시 편집 타임라인에 올려 테스트해 볼 수도 있습니다. AI는 녹음 단계에서 시간과 비용의 여유를, 그리고 동시에 다양한 사운드적 아이디어를 자유롭게 실험할 수 있는 기회를 만들어 줍니다. 덕분에 우리는 영상이 전하는 메시지가 명확히 귀에 맴돌도록, 마지막 한 마디까지 꼼꼼하게 다듬을 수 있게 되었습니다.

마지막 녹음 과정에서도 AI 음성 합성, AI 작곡이 미리 가이드 트랙을 제공해 실제 성우 녹음과 믹싱 시 불필요한 반복을 줄여 주며, 최종 제출 전까지 내부 팀이 아이디어를 폭넓게 실험하고 다듬을 수 있는 '여유 공간'을 열어 줍니다. 물론 마지막 완성도를 결정짓는 건 현장의 전문가 감각이지만, AI는 이제 누구보다 빠르게 시안과 대안을 제시하는 든든한 조력자로 자리 잡았습니다.

PART 2

광고 스타일에 따라 선택한다!
핵심 생성형 AI 기능

AI ADVERTISING DESIGN

생성형 AI는 이제 광고 영상 제작에서 필수 도구로 자리 잡고 있습니다. 특히 광고의 스타일과 목적에 따라 적합한 AI 툴을 선택하는 것이 핵심입니다. 감각적인 애니메이션 영상에는 루마 AI, 스토리텔링 중심의 사실적인 영상엔 소라 AI, 임팩트 있는 짧은 비주얼 영상엔 런웨이, 이미지부터 영상화까지 확장 가능한 미드저니가 효과적입니다. 이 파트에서는 각 도구의 특징과 가입 방법, 기본 사용법을 통해 AI 광고 제작을 시작하는 소상공인과 예비 창업자도 쉽게 따라 할 수 있도록 안내합니다.

SECTION 1.

고품질 애니메이션 영상 생성에 강한 루마 AI

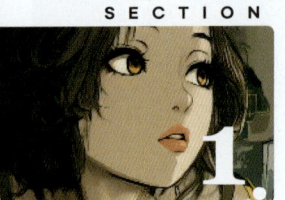

루마 AI는 전통적인 2D 애니메이션 제작에 적합한 생성형 영상 플랫폼으로, 소라 AI의 실질적인 대안으로 주목받고 있습니다. 특히 루마 AI는 자체 개발한 RAY2 엔진을 통해 3D 장면을 마치 2D 애니메이션처럼 표현할 수 있는 것이 가장 큰 강점입니다.

루마 AI(Luma Dream Machine)은 생성형 AI 기술을 기반으로, 텍스트나 이미지 한 장만으로도 현실감 넘치는 시네마틱 영상을 자동 생성해 주는 최첨단 영상 제작 도구입니다. 이 플랫폼은 사용자가 간단한 문장만 입력하면 약 5~10초 길이의 고화질 영상(최대 1080p)을 생성하며, AI가 물리 기반의 모션과 카메라 무빙을 자동으로 구현해 줍니다. 기술적으로는 자체 개발한 Ray2 모델과 고성능 클라우드 인프라를 활용하여, 빠른 생성 속도와 높은 영상 품질을 동시에 실현했으며, 사용자는 별도의 영상 편집 경험 없이도 대화형 인터페이스를 통해 직관적으로 결과물을 만들 수 있습니다.

루마 AI는 고정된 카메라 시점에서 인물이나 배경이 움직이는 웹툰 스타일 영상이나, 캐릭터 중심의 숏폼 애니메이션 제작에 특히 적합합니다. 실제로 많은 크리에이터들이 웹툰 기반 영상이나 셀 애니메이션 느낌을 구현하기 위해 루마 AI를 활용하고 있습니다. 또한, 루마 AI는 이미지 간의 시각적 일관성을 잘 유지하며, 캐릭터의 표정 변화나 동작 전환도 자연스럽게 이어집니다. 이러한 특징은 디자인과 스타일 유지가 중요한 2D 애니메이션 작업에서 매우 유리하게 작용합니다.

▲ 소라 AI에 이미지 프롬프트로 첨부하면 대부분 오류가 발생하거나 일관성이 깨지며, 실사 배경이 섞이거나 전혀 의도와 다른 결과물이 생성될 수도 있습니다.

소라 AI가 전체 장면을 통합적으로 자동 생성하는 반면, 루마 AI는 각 요소에 대한 세밀한 제어가 가능하다는 점에서 크리에이터의 의도를 더욱 정확하게 반영할 수 있는 도구로 평가받고 있습니다. 2D 애니메이션 이미지를 소라 AI에 2D 이미지 프롬프트를 첨부할 경우, 대부분 오류가 발생하거나 일관성이 깨지며, 실사 배경이 섞이거나 전혀 의도와 다른 결과물이 생성되는 경우가 많지만 루마 AI에 2D 이미지 프롬프트로 첨부하면, 그 이미지의 일관성이 유지되면서 이질감이 덜한 결과물이 생성됩니다.

▲ 루마 AI에 2D 애니메이션 이미지를 첨부하면 이미지의 일관성을 유지한 영상 생성이 가능합니다.

01 루마 AI 가입하기

루마 AI는 온라인 기반 생성형 영상 플랫폼입니다. 루마 AI를 이용하려면 먼저 공식 웹사이트에 가입해야 합니다. 아래는 루마 AI를 사용하기 위한 가입 및 사용 절차입니다.

❶ 웹브라우저에 'lumalabs.ai/'를 입력하여 루마 AI 사이트에 접속하고 〈Try Now in Dream Machine〉를 클릭합니다.

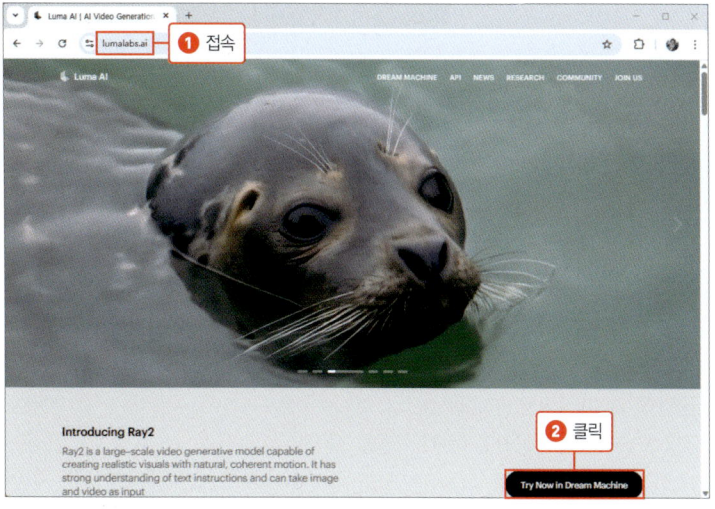

❷ 로그인 화면이 표시되면 〈Sign in with Google〉 버튼을 클릭합니다. 로그인 화면이 표시되면 사용할 구글의 계정과 비밀번호를 입력하고 〈다음〉 버튼을 클릭하여 루마 AI에 가입을 완료합니다.

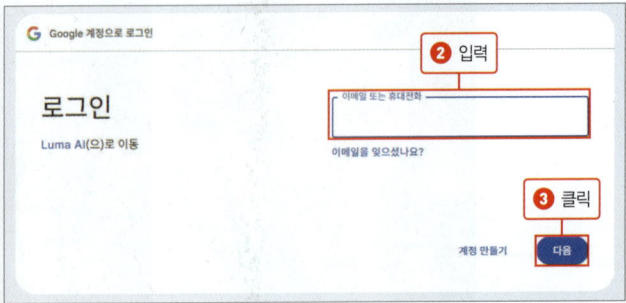

❸ 로그인이 완료되면 바로 이용 가능하며 처음 가입 시 무료 플랜으로 이용할 수 있으며, 무료 플랜에서는 720P의 이미지 생성만 가능합니다.

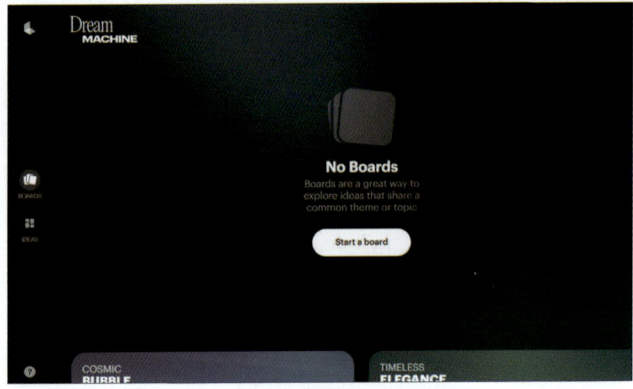

> **NOTE**
>
> **루마 AI의 플랜 알아보기**
>
> 루마 AI의 무료 플랜에서는 영상 생성이 불가능합니다. 영상을 생성하려면 최소한 Lite 플랜 이상을 이용해야 합니다. 결제 방식은 월간 결제 방식과 연간 결제 방식이 있으며 연간 결제 시 30% 할인을 받을 수 있습니다.
>
> ❶ **Free** : 기본적으로 제공하는 누구나 이용할 수 있는 플랜으로, 영상 생성이 불가능합니다.
> ❷ **Lite** : 3200 크레딧을 제공하며, RAY2 모델을 활용하여 고품질의 영상을 생성할 수 있습니다. 상업적 이용이 불가능하며, 결과 영상에 워터마크가 있습니다.
> ❸ **Plus** : 10000 크레딧을 제공하며, RAY2 모델을 활용하여 고품질의 영상을 생성할 수 있습니다. 상업적 이용이 가능하며, 결과 영상에 워터마크가 없습니다.
> ❹ **Unlimuted** : 10000 크레딧을 제공하며, RAY2 모델을 활용하여 고품질의 영상을 생성할 수 있습니다. 상업적 이용이 가능하며, 결과 영상에 워터마크가 없습니다. 크레딧을 전부 소모해도 1달 동안 무제한으로 영상의 생성이 가능한 무제한 모드입니다.
> ❺ **Enterprise** : 기업용으로 기업 유저들이 이용하는 모드로, 루마 AI에 학습 데이터가 남지 않습니다.

02 루마 AI 인터페이스 살펴보기

루마 AI는 영상 생성, 출력, 수정까지 웹에서 모두 가능한 올 인원 플랫폼입니다. 별도 소프트웨어 설치 없이 브라우저에서 작업할 수 있고, 사용자 친화적 인터페이스로 초보자부터 전문가까지 효율적으로 영상 제작이 가능합니다. 주요 인터페이스 구성 요소를 간단히 살펴보겠습니다.

▲ Home 화면

▲ EDITOR 화면

❶ **Home** : 루마 AI의 첫 화면으로 이동합니다.

❷ **BOARDS** : 테마별로 영상이 생성되는 것을 볼 수 있습니다. 영상의 대주제끼리 묶여서 항목별로 표시됩니다.

❸ **IDEAS** : 영상이 개별로 표시됩니다. 주제와 상관없이 생성된 순서대로 영상이 표시됩니다.

❹ **EDITOR** : 영상 및 이미지를 수정할 수 있습니다. AI를 활용하여 첨부한 영상을 연장하거나 스타일을 바꾸는 리프레임, 업스케일, 오디오를 추가할 수 있습니다(유료 플랜 이용시 활성화).

❺ **Account** : 사용자가 현재 구독 중인 플랜을 확인하고, 필요한 경우 플랜을 업그레이드하거나 다운그레이드할 수 있습니다. 또한, 영상에 생성에 필요한 크레딧의 잔여를 확인할 수 있습니다.

❻ **입력창** : 입력창은 텍스트 기반의 프롬프트를 입력하여 결과물을 생성할 수 있는 곳입니다. 사용자는 간단한 문장이나 키워드를 입력해 AI가 텍스트 프롬프트에 부합하는 이미지나 영상을 생성할 수 있습니다.

❼ **이미지 업로드( )** : 이미지 업로드 기능은 사용자가 기존에 보유한 이미지를 루마 AI에 업로드해 프롬프트로 활용할 수 있는 중요한 기능입니다. 100마디의 글로 장황하게 설명하는 것보다 한 장의 정확한 이미지가 더 나은 결과물을 만들어낼 수 있기 때문에, 이미지 프롬프트를 적절히 활용하는 것이 효과적인 영상 생성에 큰 도움이 됩니다.

❽ **주요 프롬프트 프리셋( )** : 영상 생성에 도움이 되고 자주 사용되는 프롬프트를 클릭하여 쉽게 사용할 수 있도록 도와주는 텍스트 프롬프트 프리셋입니다.

⑨ **카메라 앵글 프리셋( )** : 현실에 기반한 실용적인 카메라 무빙 및 앵글에 관련된 프리셋입니다. 클릭하여 쉽게 사용할 수 있으므로 필요한 카메라 구도를 쉽게 구현할 수 있습니다.

⑩ **루프(∞)** : 해당 기능을 활성화하면, 처음과 끝이 무한으로 반복되는 영상을 생성할 수 있습니다.

⑪ **비디오 설정** : 비디오의 생성 개수, 학습 모델, 비율, 해상도 등을 설정할 수 있습니다. 설정마다 소모되는 크레딧이 상이합니다.

⑫ **생성( )** : 프롬프트 및 설정이 완료되고 클릭하면, 결과물이 생성됩니다.

03 루마 AI로 기본 영상 생성하기

루마 AI는 텍스트와 이미지 프롬프트를 활용한 영상 생성, 루프 기능을 통한 반복 영상, 그리고 이미지 2장으로 자연스러운 전환 영상을 만들 수 있습니다. 이를 통해 사용자는 원하는 스타일과 흐름에 맞는 창의적인 영상 콘텐츠를 쉽게 제작할 수 있습니다.

텍스트 프롬프트로 영상 생성하기

● 완성파일 : 02\마녀_완성.mp4

프롬프트로 간단한 문장만 입력하면 그에 맞는 모션이 포함된 고품질 영상을 자동으로 생성할 수 있습니다. 영상으로 만들고자 하는 장면을 영어로 입력해 보세요.

한글 번역 훈련 중인 젊은 마녀가 빗자루를 타고 평화로운 마을을 날아다니는 모습, 해질녘, 역동적인 바람 효과, 흐르는 스카프

❶ 웹브라우저에 'dream-machine.lumalabs.ai/'를 입력하여 루마 AI 사이트에 접속하고 텍스트만으로 영상을 생성하기 위해 프롬프트 입력창에 다음과 같이 입력합니다.

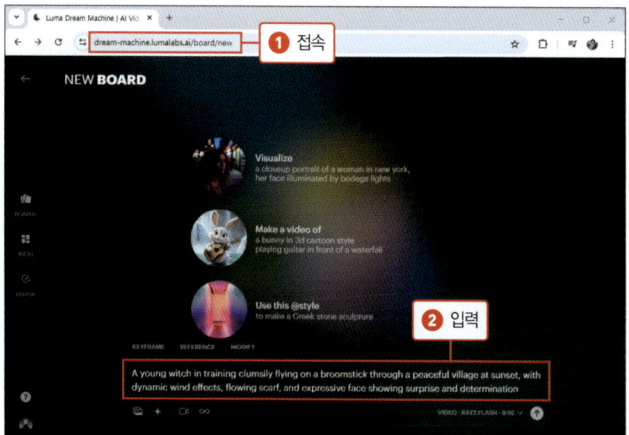

프롬프트 The image of a young witch in training flying through a peaceful village on a broom, dusk, dynamic wind effects, flowing scarves

❷ 프롬프트 입력창 아래에 위치한 '프리셋' 아이콘(✦)을 클릭하고 'anime' 항목을 선택합니다.

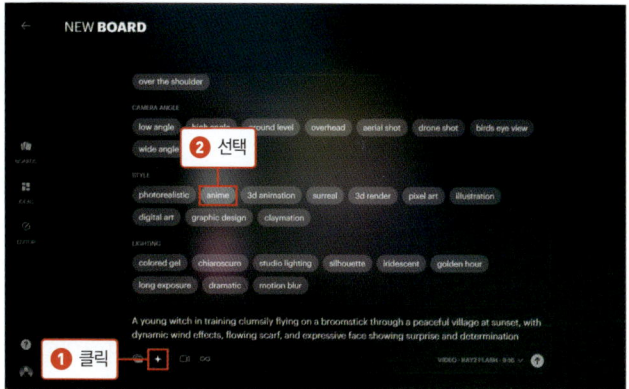

TIP 프롬프트 끝에 쉼표(,)를 입력한 다음, 직접 'anime style'이나 '2d animation'을 입력해도 프리셋이 적용됩니다.

❸ 비디오 설정을 클릭해 해상도를 '9:16'으로 설정하고 '생성' 아이콘(⬤)을 클릭합니다.

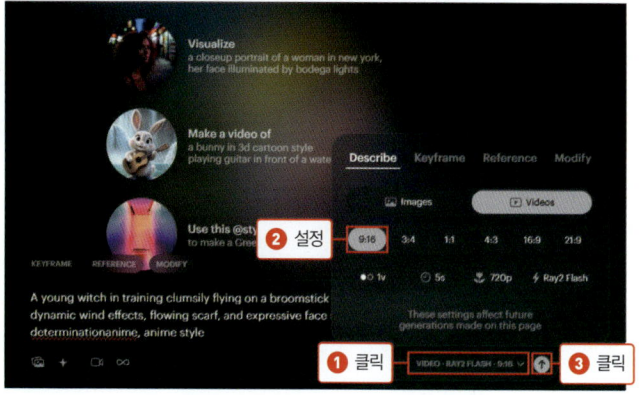

❹ 프롬프트에 맞게 영상이 생성됩니다. 영상 생성에는 약간의 시간이 소요되며, 완료되면 섬네일을 클릭합니다.

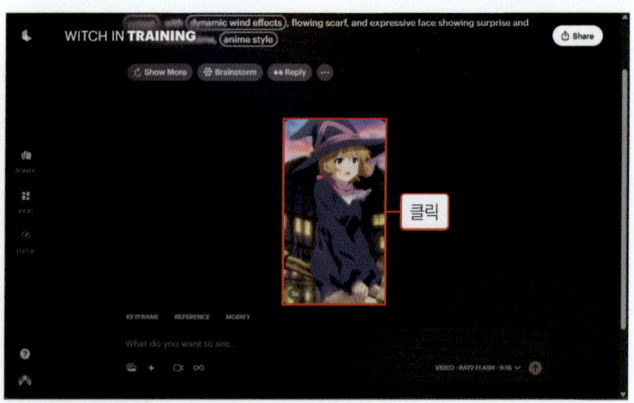

❺ 이미지 하단에 여러 가지 수정 메뉴 및 다운로드 버튼을 제공하며, 오른쪽 상단의 '다운로드' 아이콘(↓)을 클릭하여 영상을 다운로드합니다.

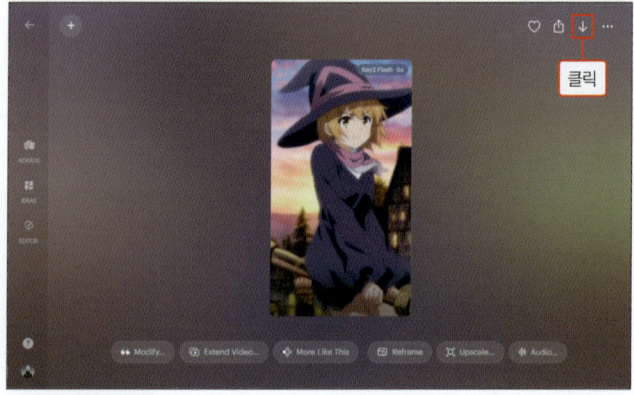

이미지 1장으로 영상 생성하기

◉ 예제파일 : 02\고민.png   ◉ 완성파일 : 02\고민_완성.mp4

루마 AI는 단일 이미지를 기반으로 다이내믹한 영상을 생성할 수 있는 강력한 플랫폼입니다. 사용자는 원하는 이미지를 업로드한 뒤, 영상의 분위기와 스타일, 움직임을 구체적으로 설명하는 프롬프트를 입력하여 영상을 생성합니다.

❶ 루마 AI 사이트에서 이미지를 업로드하기 위해 '업로드' 아이콘( )을 클릭합니다.

❷ 열기 대화상자가 표시되면 02 폴더에서 '고민.png' 파일을 선택하고 〈열기(O)〉 버튼을 클릭합니다.

❸ 이미지가 업로드되면 프롬프트 입력창은 비워두고 '생성' 아이콘( )을 클릭해 영상을 생성합니다. 이때, 카메라 앵글 프리셋을 활용하여 카메라 앵글을 추가해주면 프롬프트에 맞는 앵글이 결과물에 반영됩니다.

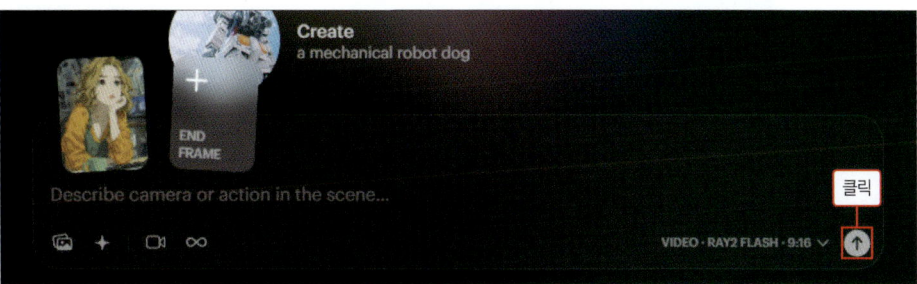

TIP 특별한 스토리가 아닌 이미지의 자연스러운 움직임을 원하는 경우, 추가 텍스트 프롬프트를 아무것도 입력하지 않았을 때 비교적 만족스러운 결과가 나옵니다.

❹ 프롬프트에 맞게 이미지가 영상화되며, 약간의 시간이 소요됩니다. 영상 생성이 완료되면 섬네일을 클릭합니다.

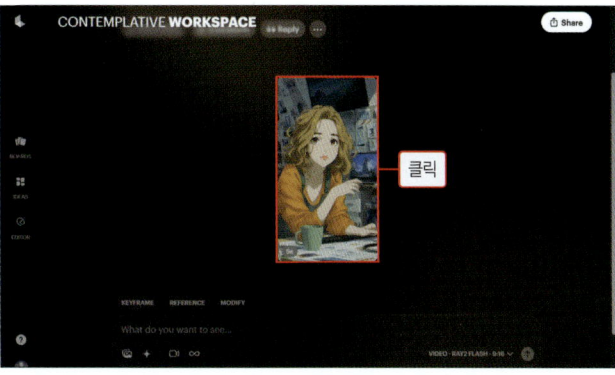

⑤ 영상 하단에 여러 가지 수정 메뉴 및 다운로드 버튼이 제공되며, 오른쪽 상단의 '다운로드' 아이콘(⬇)을 클릭하여 영상을 다운로드합니다.

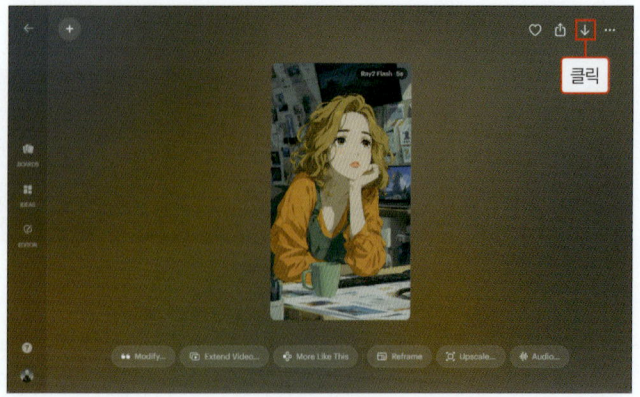

이미지 2장으로 자연스러운 트랜지션 영상 생성하기

● 예제파일 : 02\FIRST FRAME.png, END FRAME.png
● 완성파일 : 02\장면 전환_완성.mp4

루마 AI는 이미지 두 장을 기반으로, 그 사이를 자연스럽게 연결하는 영상을 생성할 수 있는 강력한 생성형 영상 플랫폼입니다. 이 기능을 활용하면 장면 전환, 시간 흐름, 감정 변화 등을 효과적으로 시각화할 수 있으며, 특히 숏폼 영상이나 스토리텔링 기반 콘텐츠에서 유용하게 활용됩니다.

① 루마 AI 사이트에서 이미지를 업로드하기 위해 '업로드' 아이콘(🖼)을 클릭합니다.

❷ 열기 대화상자가 표시되면 02 폴더에서 'FIRST FRAME.png' 파일을 선택하고 〈열기(O)〉 버튼을 클릭합니다.

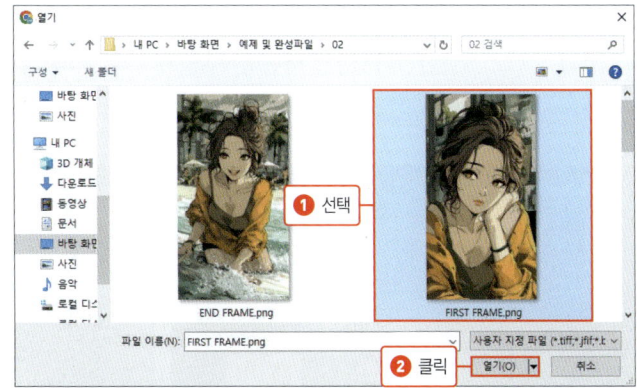

❸ 이번에는 마지막 장면의 이미지를 추가로 첨부하기 위해 'END FRAME'을 클릭합니다.

❹ 열기 대화상자가 표시되면 02 폴더에서 'END FRAME.png' 파일을 선택하고 〈열기(O)〉 버튼을 클릭합니다.

TIP 여기서 중요한 점은 그림체라던가 분위기, 화풍, 영상의 톤앤매너가 비슷해야 2장의 이미지를 활용한 전환 효과가 잘 구현됩니다.

❺ 이미지 첨부가 완료되면 프롬프트 입력창을 비워둔채로 '생성' 아이콘( )을 클릭해 영상을 생성합니다.

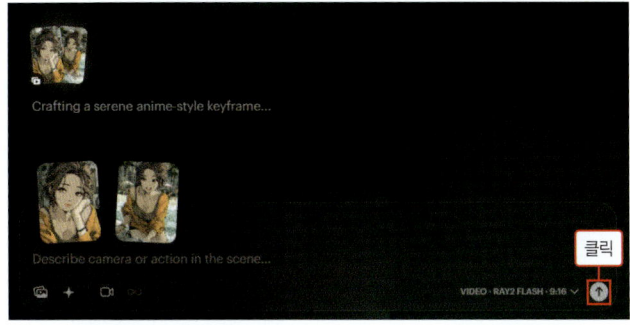

055

❻ 첫 번째 이미지에서 두 번째 이미지로 서서히 변화하는 애니메이션이 생성되면, 섬네일을 클릭합니다. 영상 하단에 여러 가지 수정 메뉴 및 다운로드 버튼이 제공되며, 오른쪽 상단의 '다운로드' 아이콘(↓)을 클릭해 영상을 다운로드합니다.

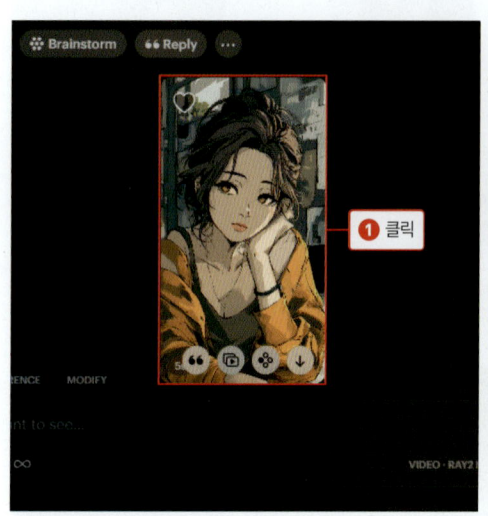
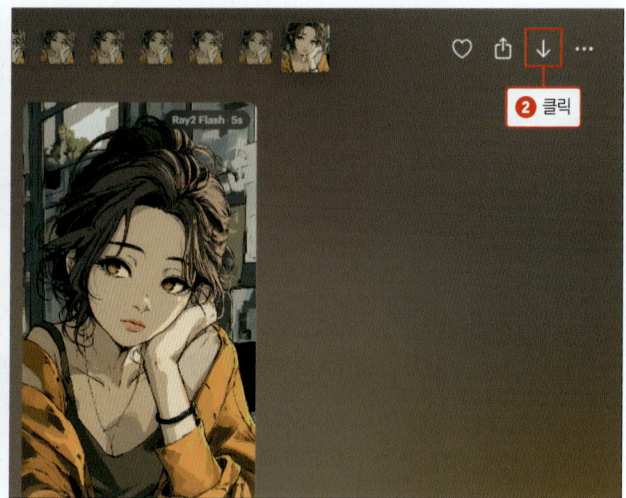

> **루마 AI의 카메라 앵글 프롬프트 살펴보기**
>
> ❶ **Static**
> 카메라를 고정한 상태에서 움직이지 않고 촬영하는 기법입니다. 인물의 연기나 대화에 집중시키고 싶을 때 사용됩니다.
>
>
>
> ❷ **Handheld**
> 삼각대 없이 손으로 직접 카메라를 들고 촬영하는 기법입니다. 현장감, 긴박감, 리얼리티를 강조할 때 사용됩니다.
>
>
>
> ❸ **Zoom In**
> 렌즈를 조작해 피사체에 가까워지도록 확대하는 기법입니다. 인물의 감정, 디테일 강조, 주목 효과를 줄 때 사용됩니다.
>
>
>
> ❹ **Zoom Out**
> 렌즈를 조작해 피사체에서 멀어지도록 축소하는 기법입니다. 장면의 전경, 배경, 상황의 규모를 보여줄 때 사용됩니다.
>
>
>
> ❺ **Pan Left**
> 카메라 본체는 고정한 채 좌우로 회전시키는 기법입니다. 여기서는 왼쪽으로 회전합니다. 장면을 소개하거나 인물의 이동을 따라갈 때 사용됩니다.
>
>
>
> ❻ **Pan Right**
> 카메라 본체는 고정한 채 좌우로 회전시키는 기법입니다. 여기서는 오른쪽으로 회전합니다. 장면을 소개하거나 인물의 이동을 따라갈 때 사용됩니다.
>
>

❼ Tilt Up

카메라 본체는 고정된 채 렌즈 방향을 위로 올리는 기법입니다. 대상의 크기나 높이, 웅장함을 강조할 때 사용됩니다.

❽ Tilt Down

카메라 본체는 고정된 채 렌즈 방향을 아래로 내리는 기법입니다. 높은 곳에서 아래를 내려다보거나, 작거나 낮은 대상을 보여줄 때 사용됩니다.

❾ Push In

카메라 자체를 인물이나 대상 쪽으로 이동시켜 가까워지는 기법입니다. 카메라가 직접 움직인다는 점에서 줌인과 차이가 있습니다. 긴장감 고조, 인물의 심리 묘사, 몰입감을 높일 때 사용됩니다.

❿ Pull Out

카메라 자체를 인물이나 대상에서 멀어지도록 이동시키는 기법입니다. 상황에서 벗어나는 느낌, 전경을 보여주며 거리감을 줄 때 사용됩니다.

⓫ Truck Left

트럭을 타고 카메라가 피사체를 따라 왼쪽으로 수평 이동하며 촬영하는 기법입니다. 인물이 걷거나 움직이는 방향에 맞춰 자연스러운 동선을 보여줄 때 사용됩니다.

⓬ Truck Right

트럭을 타고 카메라가 피사체를 따라 오른쪽으로 수평 이동하며 촬영하는 기법입니다. 인물이 걷거나 움직이는 방향에 맞춰 자연스러운 동선을 보여줄 때 사용됩니다.

⓭ Pedestal Up

카메라를 받침대에 올려놓고 수직으로 위로 올려 촬영하는 기법입니다. 인물의 위엄을 강조하거나 풍경의 확장을 보여줄 때 사용됩니다.

⓮ Pedestal Down

카메라를 받침대에 올려놓고 수직으로 아래로 내려 촬영하는 기법입니다. 피사체를 위에서 아래로 바라보며 작은 존재감을 표현하거나 변화된 시점을 전달합니다.

⓯ Orbit Left

피사체를 중심으로 카메라가 왼쪽 방향으로 원형 궤도를 그리며 회전하는 기법입니다. 입체감과 공간감을 부각시킬 때 자주 사용됩니다.

⓰ Orbit Right

피사체를 중심으로 카메라가 오른쪽 방향으로 원형 궤도를 그리며 회전하는 기법입니다. 인물이나 대상을 입체적으로 보여줄 때 사용됩니다.

⑰ Crane Up
카메라를 수직으로 위로 올리는 촬영 기법입니다. 드론이나 크레인 장비를 활용하며, 장면의 웅장함이나 상승감을 강조할 때 사용됩니다.

⑱ Crane Down
카메라를 수직으로 아래로 내리는 기법입니다. 시야를 낮추거나 위에서 아래를 내려다보는 장면 연출에 사용됩니다.

⑲ Roll Left
카메라 자체가 렌즈 방향을 기준으로 왼쪽으로 회전하는 기법입니다. 어지러움, 혼란, 심리적 불안정을 표현할 때 사용됩니다.

⑳ Roll Right
카메라 자체가 렌즈 방향을 기준으로 오른쪽으로 회전하는 기법입니다. 세계가 뒤집히는 듯한 연출이나 충격적 상황 표현에 사용됩니다.

㉑ Dolly Zoom
카메라가 인물 쪽으로 이동하면서 동시에 줌 아웃(인)을 하여 배경이 왜곡되듯 움직이는 기법으로 혼란, 충격, 심리적 변화를 극적으로 표현할 때 사용됩니다.

㉒ Bolt Cam
고속 로봇팔에 카메라를 장착해 빠르고 정밀하게 움직이는 기법으로 뮤직비디오, 광고 등 속도감 있고 다이내믹한 촬영을 할 때 활용됩니다.

㉓ Aerial Drone
드론을 활용해 하늘에서 지상을 내려다보며 촬영하는 기법입니다. 전경을 소개하거나 대규모 공간의 스케일을 보여줄 때 사용됩니다.

㉔ Tiny Planet
360도 카메라 촬영 후 구형(球形) 왜곡을 적용해 행성을 축소한 듯한 시각효과를 만드는 기법입니다. 독특하고 창의적인 분위기를 연출할 때 활용됩니다.

㉕ Elevator Doors
엘리베이터 문이 열리고 닫히는 듯한 연출로, 화면 중앙이 열리며 장면이 바뀌거나 인물이 등장하는 전환 효과로 자주 사용됩니다.

㉖ Low Angle
카메라가 피사체보다 아래에서 위를 향해 촬영하는 기법입니다. 인물을 더 위엄 있게 보이게 하거나, 위협적이고 강력한 느낌을 줄 때 사용됩니다.

㉗ High Angle
카메라가 피사체보다 위에서 아래로 내려다보며 촬영하는 기법입니다. 인물이 작고 무력해 보이거나 상황에 압도당하는 느낌을 줄 때 사용됩니다.

㉘ Ground Level
카메라를 지면 가까이 두고 촬영하는 기법입니다. 인물의 발, 땅, 또는 낮은 시점의 디테일을 강조하며 현실감을 더할 때 사용됩니다.

㉙ Aerial
하늘 위에서 아래를 내려다보는 시점으로 촬영하는 기법입니다. 드론이나 헬리캠 등을 사용하며, 장대한 풍경이나 지형, 대규모 공간을 보여줄 때 사용됩니다.

㉚ Over The Shoulder
인물의 어깨 너머로 다른 대상을 바라보는 구도로 촬영하는 기법입니다. 대화 장면이나 시선의 흐름을 자연스럽게 보여줄 때 사용됩니다.

㉛ Selfie
피사체가 직접 카메라를 들고 자신을 촬영하는 기법입니다. 친밀감, 몰입감, 개인적인 분위기를 강조할 때 사용됩니다.

㉜ Overhead
카메라가 피사체 바로 위쪽에서 수직으로 내려다보며 촬영하는 기법입니다. 장면의 구성, 움직임의 패턴, 또는 피사체의 정렬 등을 강조할 때 사용됩니다.

㉝ POV
'Point of View(주관적 시점)'의 약자로, 인물의 시점에서 세상을 바라보는 방식으로 촬영하는 기법입니다. 몰입감을 주고 관객이 인물의 입장이 된 듯한 느낌을 줄 때 사용됩니다.

㉞ Eye Level
카메라가 인물의 눈높이와 같은 수평 선상에서 촬영하는 기법입니다. 가장 자연스럽고 중립적인 시점으로, 관객이 인물과 같은 시선으로 바라보게 됩니다.

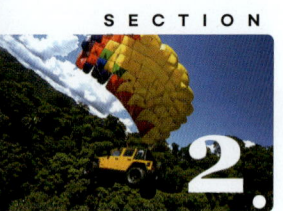

SECTION 2.

스토리가 있는 사실적인
영상 제작을 위한 챗GPT&소라 AI

소라 AI는 단순한 이미지 기반 전환이 아닌, 처음부터 영상 자체를 생성하기 위해 설계된 모델로, 장면 구성, 움직임, 카메라 연출까지 포함된 완성형 영상을 만들어낼 수 있습니다. 이러한 기술적 진보를 통해 소라 AI는 기획, 콘셉트 디자인, 스토리보드 시각화 등 다양한 콘텐츠 제작 과정에서 올인원 솔루션으로 자리잡고 있습니다.

챗GPT가 최근 GPT-4에서 GPT-5로 업그레이드되면서, 기능과 활용 범위가 한층 확장되었습니다. GPT-5는 기존 GPT-4, 고급 수학 처리 능력까지 통합해 이전 세대의 한계를 넘어서는 인공지능으로 진화했습니다. 이제 챗GPT는 단순한 질문과 답변을 넘어, 영상 기획부터 대본 작성, 이미지·영상 제작용 프롬프트 설계까지 전 과정을 하나의 흐름 속에서 진행할 수 있습니다.

예를 들어 스쿠터 홍보 영상을 제작한다고 가정해 보겠습니다. GPT-5는 브랜드의 핵심 메시지를 분석해 스토리보드를 구성하고, 장면별 대사와 카메라 구도를 제안합니다. 이후 소라 AI(Sora AI) 등 영상 제작 툴과 연동해 실제로 구현 가능한 구체적인 프롬프트를 제공합니다.

소라 AI에서 특히 주목할 만한 기능은 스토리보드(Story board)와 리믹스(Remix)

▲ 챗GPT에서 영상 프롬프트를 생성 후 소라 AI에서 영상 제작

기능입니다. 스토리보드 기능은 복잡한 내러티브를 장면 단위로 분해해, 시각적 플래닝을 체계적으로 지원합니다. 인물 동선, 배경, 조명, 감정 상태, 카메라 앵글까지 장면별로 세부 지정이 가능해, 실제 영상 제작에서 콘티 작성, 프리비주얼라이제이션(Previsualization), 클라이언트 프레젠테이션 등 다양한 단계에서 강력한 효용을 발휘합니다. 특히 실무 프로젝트에서는 초기 콘셉트를 구체화하고, 팀 내 커뮤니케이션을 원활히 하는 시각적 기준점을 마련하는 데 큰 도움이 됩니다.

리믹스 기능은 이미 생성된 영상 장면을 기반으로, 핵심 요소는 유지한 채 일부 속성만 수정하여 빠르게 재구성할 수 있도록 합니다. 예를 들어 같은 공간과 인물을 유지하면서 시간대를 낮에서 밤으로 변경하거나, 인물의 감정을 기쁨에서 슬픔으로 바꾸거나, 카메라 무빙의 속도와 각도를 조정하는 식입니다. 이를 통해 하나의 아이디어에서 다양한 연출 버전을 손쉽게 실험할 수 있으며, 브랜딩 영상, 광고 크리에이티브, SNS 콘텐츠처럼 반복 제작과 버전 테스트가 필요한 프로젝트에서 특히 강력한 효과를 발휘합니다.

01 소라 AI 가입과 실행하기

소라 AI는 오픈 AI(Open AI)에서 나온 플랫폼이기 때문 챗GPT에 가입하면 자동으로 가입됩니다. 챗GPT와 소라 AI에 동시에 가입하는 방법에 대해 알아봅니다.

❶ 웹브라우저에 'chatgpt.com'를 입력하여 챗GPT 웹사이트에 접속하고 회원가입을 위해 상단에 〈무료로 회원 가입〉 버튼을 클릭합니다.

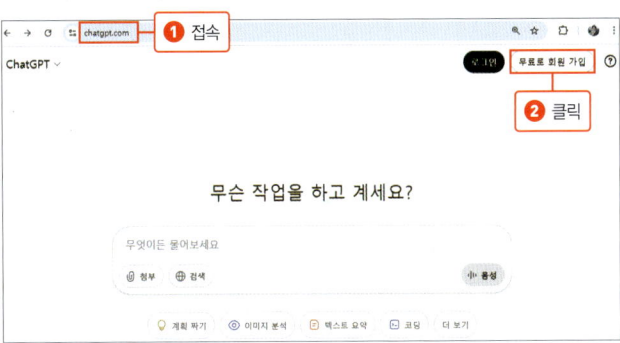

❷ 로그인 화면이 표시되면 구글 아이디나 마이크로소프트, 애플 계정으로 이용이 가능합니다. 예제에서는 〈Google로 계속하기〉 버튼을 클릭해 로그인합니다.

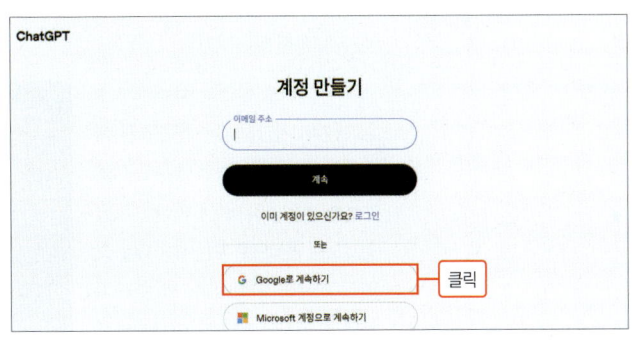

❸ 로그인이 완료되면 추가 정보를 입력하는 화면이 표시됩니다. 정보를 입력한 다음 〈계속〉 버튼을 클릭해 챗GPT에 가입을 완료합니다.

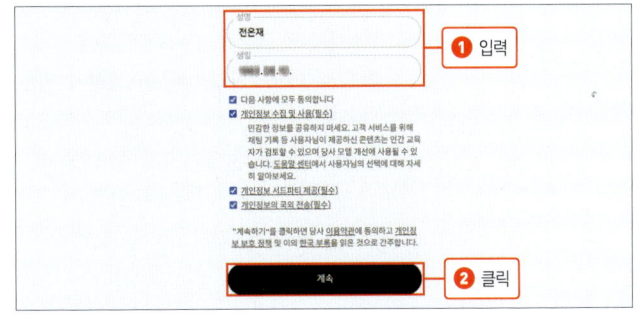

❹ 왼쪽 메뉴바에 있는 'Sora'를 클릭하여 소라 AI 홈페이지로 이동합니다.

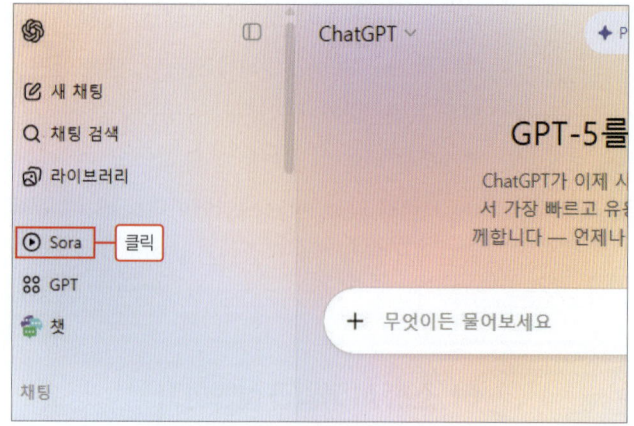

❺ 챗GPT와 이어져 별도의 로그인을 하지 않고 이용 가능합니다. 현재는 무료 플랜이므로, 하루에 이미지 3장까지만 무료로 생성할 수 있습니다. Plus 플랜이나 Pro 플랜부터 영상을 생성할 수 있습니다.

> **NOTE**
>
> **소라 AI 플랜 알아보기**
>
> 소라 AI에서는 플랜을 결제해야 영상 생성이 가능합니다. 콘텐츠를 생성하려면 최소한 Plus 플랜 이상을 이용해야 합니다. 결제 방식은 매달 결제하는 방식으로 모든 요금제는 상업적 이용이 가능하며, 챗GPT 기능을 포함하여 텍스트 프롬프트를
>
>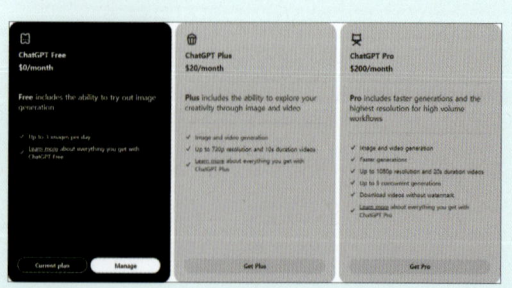
>
> 이용한 이미지 및 영상 생성, 스토리보드 기능, 그리고 AI 기반의 영상화 기능 등을 공통적으로 지원합니다.
>
> ❶ **Free Plan** : 가입만 해도 이용할 수 있는 플랜으로, 하루에 최대 이미지 3장까지 무료로 생성할 수 있습니다.
>
> ❷ **Plus Plan** : 1달 결제 기준, 월 $20이며, 자유로운 이미지 생성과 더불어 720p의 해상도의 영상을 최대 10초까지 생성 가능합니다.
>
> ❸ **Pro Plan** : 1달 결제 기준, 월 $200이며, 자유로운 이미지 생성과 더불어 1080p의 해상도의 영상을 최대 20초까지 생성 가능합니다.

02 소라 AI 인터페이스 살펴보기

소라 AI는 이미지 및 영상의 생성, 출력, 수정 등 모든 작업이 클라우드 기반으로 운영되는 올인원 온라인 플랫폼입니다. 소라 AI의 주요 인터페이스 구성과 핵심 기능을 중심으로 자세히 살펴보겠습니다.

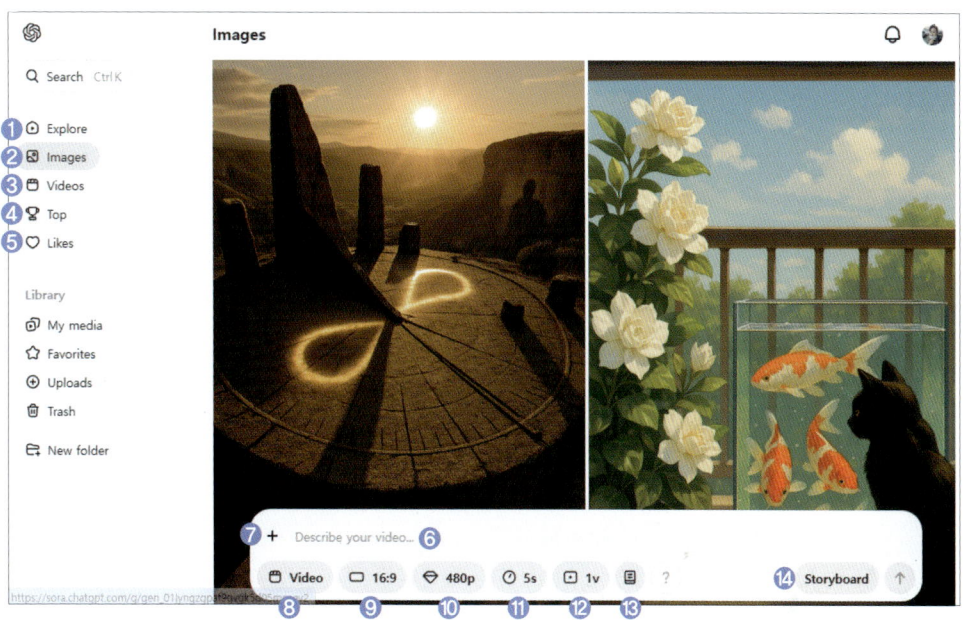

❶ **Explore** : 소라 AI의 홈 화면으로 다른 유저들이 소라 AI를 활용해 만든 이미지 및 영상 결과물을 확인할 수 있는 공간입니다.

❷ **Image** : 다른 유저들이 소라 AI로 만든 이미지들을 확인할 수 있습니다. 섬네일을 클릭하면 사용된 프롬프트를 확인할 수 있고, 바로 영상화 작업을 진행해 볼 수도 있습니다.

❸ **Video** : 다른 유저들이 소라 AI로 만든 영상들을 확인할 수 있습니다. 섬네일을 클릭하면 사용된 프롬프트를 확인할 수 있고, 리컷, 리믹스, 블렌드와 같이 수정작업을 바로 진행해 볼 수도 있습니다.

❹ **Top** : 소라 AI에서 엄선한 잘 만들어진 콘텐츠를 모아볼 수 있는 공간입니다.

❺ **Like** : 다른 유저들이 만든 콘텐츠 중 사용자가 Like(♥) 표시를 남긴 작업물을 확인할 수 있습니다.

❻ **입력창** : 텍스트 기반의 프롬프트를 입력하여 결과물을 생성할 수 있는 곳입니다.

❼ **업로드(+)** : PC 또는 소라 AI 라이브러리에서 이미지나 영상을 업로드할 수 있는 기능입니다.

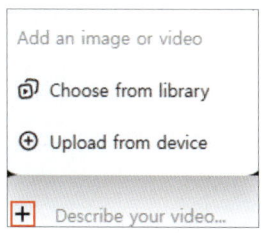

❽ **Type** : 결과물의 종류를 선택하는 메뉴로, 이미지 또는 영상 생성 중 하나를 선택할 수 있습니다.

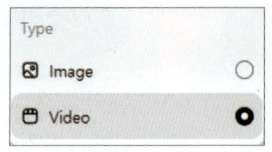

❾ **Aspect Ratio** : 이미지 및 영상의 비율을 선택하는 메뉴입니다.

❿ **Resoultion** : 영상의 해상도를 선택하는 메뉴입니다. 요금제마다 선택할 수 있는 옵션이 다르게 표시됩니다.

⓫ **Duration** : 영상의 길이를 선택하는 메뉴입니다.

⓬ **Variations** : 이미지 및 영상이 생성되는 개수로, 한 번 생성에 몇 개의 이미지와 영상이 생성되는지 고를 수 있는 메뉴입니다.

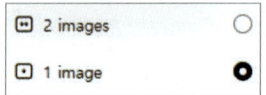

⓭ **Presets** : 소라 AI에서 제공하는 프롬프트 프리셋으로, 선택한 프리셋에 따라 영상의 장르나 스타일, 최종 결과물의 분위기가 달라집니다.

⓮ **Storyboard** : 소라 AI만의 특별한 영상 생성 기법으로, 디테일하게 구간마다 프롬프트를 넣어 영상 제작을 정교하게 컨트롤할 수 있습니다.

03 소라 AI에서 영상 콘텐츠 생성하기

소라 AI는 기존의 영상 제작 방식과는 근본적으로 다른 접근 방식을 채택하고 있으며, 별도의 실사 촬영이나 후반 편집 작업 없이도 완성도 높은 영상 콘텐츠를 빠르게 제작할 수 있다는 점에서 업계의 주목을 받고 있습니다. 사용자는 단지 텍스트 프롬프트만으로도 짧은 광고 영상, 시네마틱 스타일의 클립, 브이로그 형태의 일상적인 장면 등 다양한 포맷의 영상을 손쉽게 생성할 수 있습니다.

챗GPT와 소라 AI로 바로 영상 생성하기

◉ 예제파일 : 02\프롬프트.txt ◉ 완성파일 : 02\scooter1~3.mp4

챗GPT에서 콘셉트에 맞게 소라 AI에 사용될 프롬프트를 생성한 다음 생성된 프롬프트를 소라 AI에 적용하여 영상을 생성합니다.

❶ 챗GPT에 접속한 다음 프롬프트 입력창에 기획한 스토리를 바탕으로 질문 프롬프트를 입력하였습니다.

 사용자 | 노란색 스쿠터를 타고 출근과 여가를 즐기는 20대 여성을 모델로 스쿠터 홍보 영상 3장면을 작성해 줘

❷ 챗GPT가 질문에 맞게 구체적인 기획과 카메라 구도 등을 작성합니다. 해당 내용을 바탕으로 프롬프트를 정리하고 영상 생성을 위해 왼쪽 (Sora) 메뉴를 클릭합니다.

장면 1 – 출근길
아침 햇살이 비치는 도시 거리, 20대 여성 모델이 헬멧을 쓰고 노란색 스쿠터에 올라탄다. 트렌디한 오피스룩을 입고, 바람에 머리카락이 살짝 흩날리며 여유롭게 출근길을 달린다. 카메라는 스쿠터의 디자인 디테일과 경쾌한 주행 모습을 근접 촬영.

장면 2 – 여가 시간
퇴근 후 해 질 무렵의 강변 도로, 모델이 편안한 캐주얼 복장으로 스쿠터를 타고 여유롭게 주행하며 풍경을 즐긴다. 주변의 노을빛과 반짝이는 강물, 스쿠터의 노란색이 조화롭게 어울린다.

장면 3 – 카페 도착
아기자기한 도심 카페 앞, 모델이 스쿠터를 세우고 헬멧을 벗으며 미소 짓는다. 카페 앞에 세워진 노란색 스쿠터가 포인트가 되어 지나가는 사람들의 시선을 끈다.

❸ 소라AI 사이트로 이동합니다. 영상 장면이 3개이므로 개별적인 장면으로 영상을 생성하겠습니다. 프롬프트 입력창에 앞서 챗GPT에서 작성한 '장면 1'에 해당하는 프롬프트를 입력합니다.

> **프롬프트**
> 아침 햇살이 비치는 도시 거리. 한국인 20대 여성 모델이 헬멧을 쓰고 노란색 스쿠터에 올라탄다. 트렌디한 오피스룩을 입고, 바람에 머리카락이 살짝 흩날리며 여유롭게 출근길을 달린다. 카메라는 스쿠터의 디자인 디테일과 경쾌한 주행 모습을 근접 촬영

❹ 영상의 세부 설정을 진행합니다. 화면 비율은 일반적인 롱폼 영상 비율에 맞게 '16:9', 해상도는 '480p', 영상 길이는 '5s', 영상 생성 개수는 좋은 결과물을 취사 선택하기 위해 '2v(2개)'로 설정합니다. 'Create' 아이콘()을 클릭합니다.

❺ 'Added to queue' 텍스트가 표시되며, 영상이 생성됩니다. 생성까지는 약간의 시간이 소요되고 완료되면 섬네일을 클릭합니다.

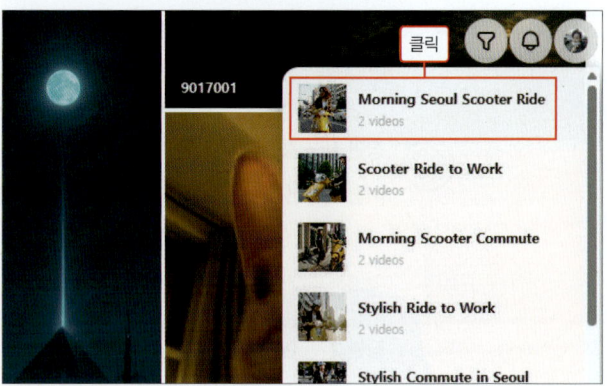

❻ 2개의 영상이 생성된 것을 확인할 수 있습니다. 마음에 드는 영상의 섬네일을 클릭합니다. 예제에서는 왼쪽 섬네일의 영상을 선택하였습니다.

❼ 여러 가지 수정 옵션과 다운로드를 할 수 있는 창이 표시되면 상단의 'Download' 아이콘(⬇)을 클릭합니다.

❽ 같은 방법으로 '장면 2', '장면 3'의 프롬프트를 입력하여 영상으로 생성할 수 있습니다.

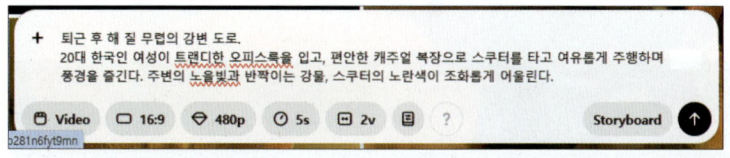

프롬프트 | 퇴근 후 해 질 무렵의 강변 도로. 20대 한국인 여성이 트렌디한 오피스룩을 입고, 편안한 캐주얼 복장으로 스쿠터를 타고 여유롭게 주행하며 풍경을 즐긴다. 노을빛과 반짝이는 강물, 스쿠터의 노란색이 조화롭게 어울린다.

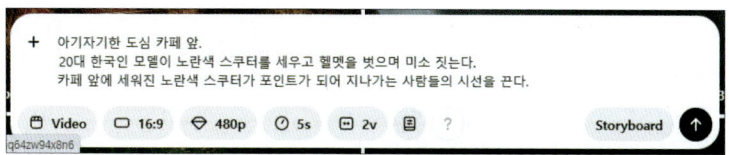

> 프롬프트 아기자기한 도심 카페 앞. 20대 한국인 모델이 노란색 스쿠터를 세우고 헬멧을 벗으며 미소 짓는다. 카페 앞에 세워진 노란색 스쿠터가 포인트가 되어 지나가는 사람들의 시선을 끈다.

❾ 각각 생성한 영상을 같은 방법으로 저장하겠습니다. 'Download' 아이콘(⬇)을 클릭하여 PC에 영상을 저장합니다.

TIP 저장된 영상 파일은 다운로드 폴더에서 확인할 수 있으며 이후 캡컷과 같은 영상 편집 툴을 활용해 하나의 영상으로 완성할 수 있습니다.

텍스트 프롬프트로 이미지 및 영상 생성하기

● 완성파일 : 02\금발 남성 영상.mp4

소라 AI는 기본적으로 텍스트를 기반으로 영상을 생성하는 AI입니다. 텍스트로 이미지를 생성하고 해당 이미지를 활용하여 이미지를 움직이는 방법에 대해 알아봅니다.

   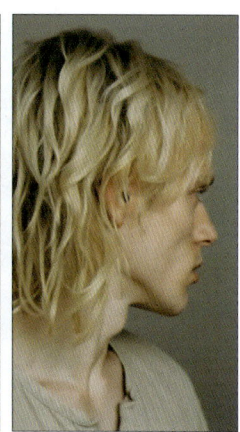

❶ 소라 AI 사이트에 접속하고 로그인합니다. 텍스트만으로 이미지를 생성하기 위해 프롬프트 입력창에 프롬프트를 입력합니다.

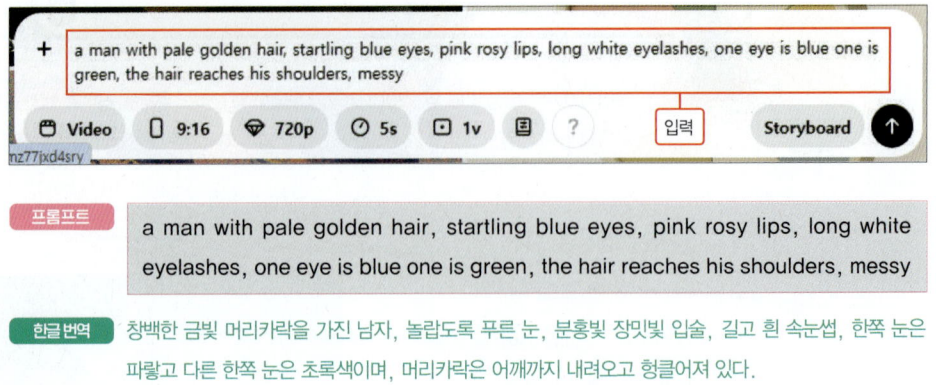

프롬프트: a man with pale golden hair, startling blue eyes, pink rosy lips, long white eyelashes, one eye is blue one is green, the hair reaches his shoulders, messy

한글 번역: 창백한 금빛 머리카락을 가진 남자, 놀랍도록 푸른 눈, 분홍빛 장밋빛 입술, 길고 흰 속눈썹, 한쪽 눈은 파랗고 다른 한쪽 눈은 초록색이며, 머리카락은 어깨까지 내려오고 헝클어져 있다.

❷ 결과물을 설정하기 위해 입력창 하단의 설정에서 Type을 'Image'로 설정하고, Aspect Ratio는 '2:3'으로, 한 번 생성할 때 같은 프롬프트로 다른 느낌의 2개의 결과물이 생성 되도록 Variations를 '2 images'로 설정하고, 'Create' 아이콘(◉)을 클릭합니다.

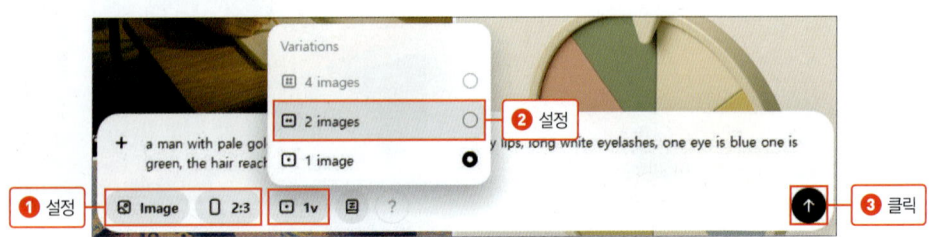

❸ 이미지 생성이 완료되고 오른쪽 알림창을 클릭하면, 결과물이 생성된 것을 확인할 수 있습니다. 두 개의 영상 중 원하는 결과물을 골라 수정 및 다운로드를 진행할 수 있습니다. 예제에서는 오른쪽 결과물을 선택합니다.

 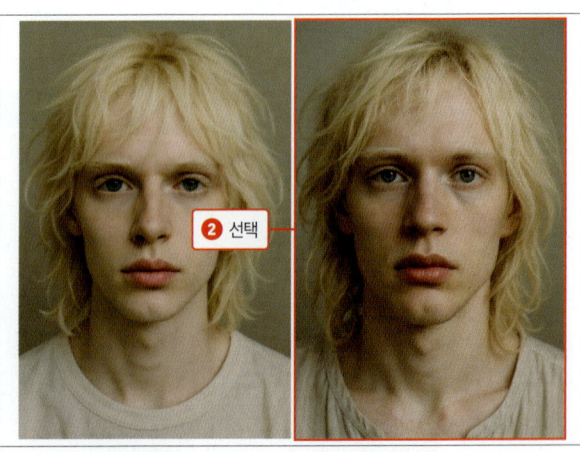

❹ 선택한 이미지를 클릭하면 여러 가지 수정 옵션과 다운로드를 할 수 있는 창이 표시됩니다. 여기서 이미지를 영상화 시키는 작업을 진행할 수 있습니다. 하단의 〈Create video〉 버튼을 클릭합니다.

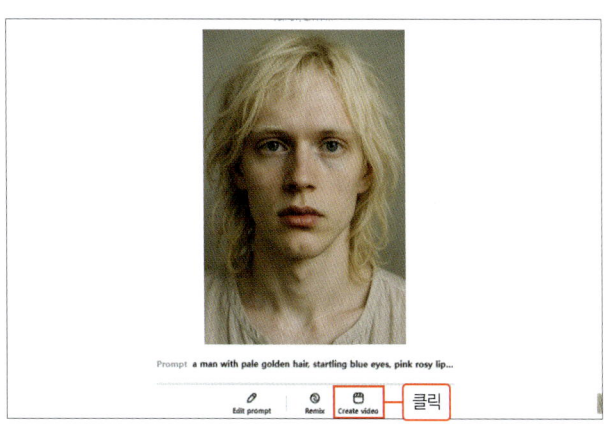

❺ 영상 생성용 프롬프트가 표시되면 다음의 프롬프트를 입력하고 Aspect Ratio를 '9:16', Resoultion을 '720p', Duration을 '5s'로 설정한 다음, 'Create' 아이콘(⬆)을 클릭합니다.

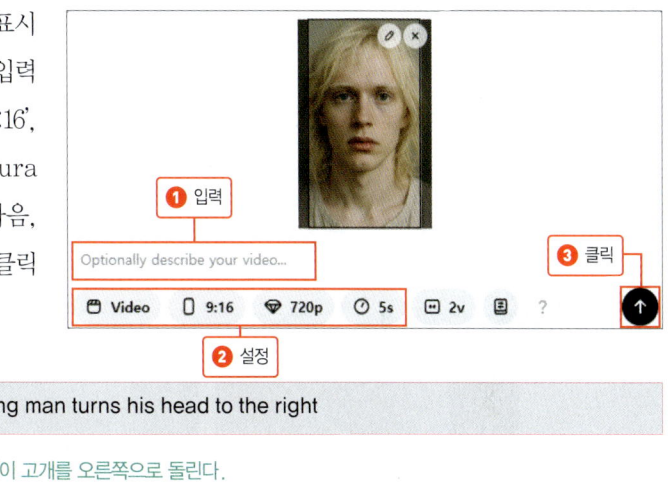

프롬프트 | Blonde young man turns his head to the right

한글 번역 | 금발의 젊은 남성이 고개를 오른쪽으로 돌린다.

❻ 생성이 완료되고 오른쪽 알림창을 클릭하면, 결과물을 확인할 수 있습니다. 두 개의 영상 중 원하는 결과물을 골라 수정 및 다운로드를 진행할 수 있습니다. 예제에서는 오른쪽 결과물을 선택합니다.

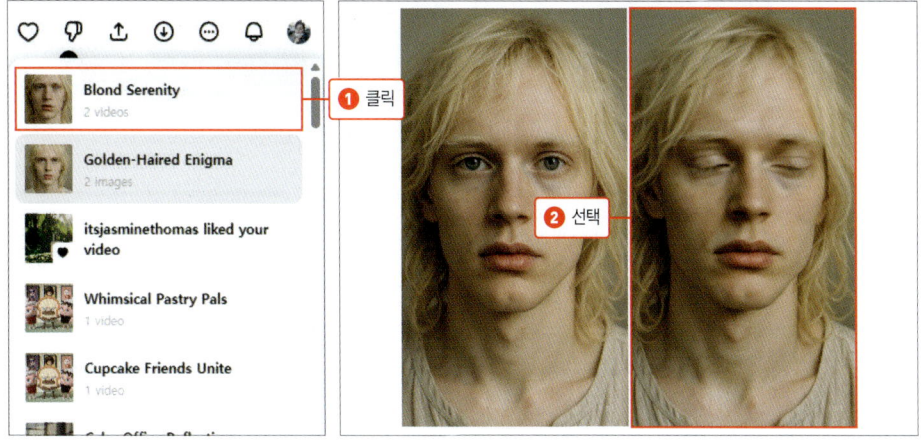

❼ 여러 가지 수정 옵션과 다운
로드를 할 수 있는 창이 표시
됩니다. 상단의 'Download'
아이콘(⬇)을 클릭하여 다운
로드합니다.

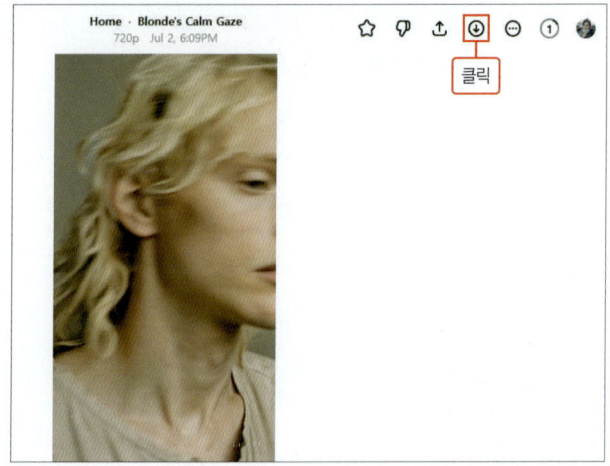

◆ 완성파일 : 02\스트릿 패션, 스트릿 패션_리믹스,
스트릿 패션_리믹스2.mp4

리믹스를 활용한 영상의 요소 수정하기

리믹스 기능은 영상의 전체적인 구조와 흐름은 그대로 유지하면서, 특정 요소만 선택적으로 수정할 수 있도록 돕는 고급 기능입니다. 사용자는 '이 옷만 바꿔 줘', '배경을 도시에서 해변으로 변경해 줘', '조명을 좀 더 따뜻한 톤으로 조정해 줘'와 같은 디테일한 텍스트 지시만으로, 원하는 부분을 정밀하게 조정할 수 있습니다.

❶ 프롬프트 입력창에 다음의 프롬프트를 입력합니다.

A blonde man in a vibrant, colorful suit standing confidently in a lively urban setting. His outfit features bold patterns and bright colors, reflecting a playful and fashionable style. Neon signs and vivid street art surround him, creating a dynamic and energetic atmosphere.

| 프롬프트 | A blonde man in a vibrant, colorful suit standing confidently in a lively urban setting. His outfit features bold patterns and bright colors, reflecting a playful and fashionable style. Neon signs and vivid street art surround him, creating a dynamic and energetic atmosphere |

| 한글 번역 | 생동감 넘치는 도시 배경 속에서 화려하고 컬러풀한 정장을 자신감 있게 입고 서 있는 금발의 남성. 그의 의상은 대담한 패턴과 밝은 색상으로 구성되어 있으며, 장난기 있으면서도 세련된 스타일을 보여준다. 주변에는 네온사인과 선명한 스트리트 아트가 어우러져 역동적이고 에너지 넘치는 분위기를 자아낸다. |

❷ 결과물을 설정하기 위해 입력창 하단의 설정 창에서 Type은 'Video'로, Aspect Ratio는 '9:16'으로, 영상의 해상도는 '720p', 영상의 길이는 '5s'로, Variations은 '2 videos'로 설정하고 'Create' 아이콘(⬆)을 클릭합니다.

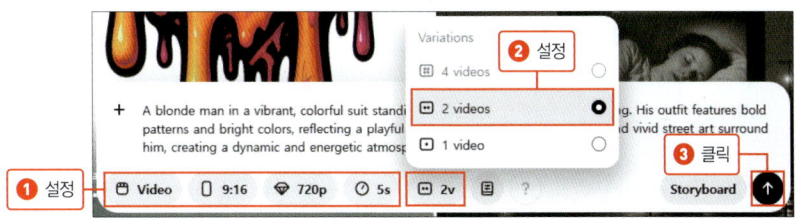

❸ 생성에는 약간의 시간이 소요되며, 생성된 결과물을 클릭합니다. 두 개 중 원하는 결과물을 골라 수정 및 다운로드합니다. 예제에서는 왼쪽 결과물을 선택합니다.

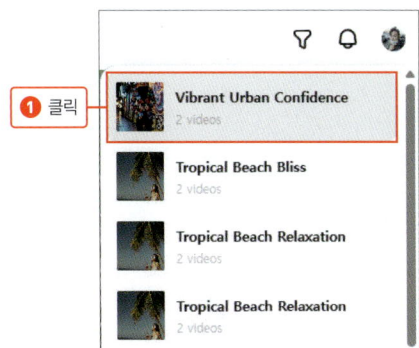

❹ 이미지 하단의 〈Remix〉 버튼을 클릭해 리믹스 창이 표시되면 생성한 결과물에서 이미지의 일부분만 수정하겠습니다.

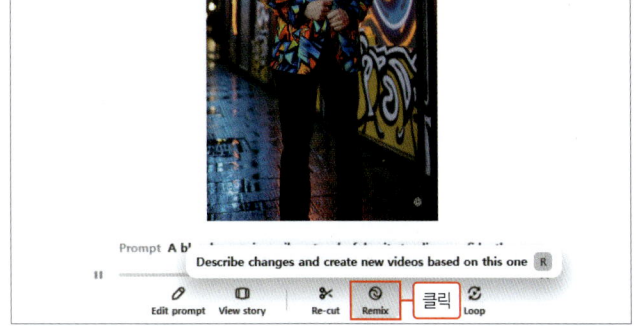

❺ 다음의 프롬프트를 입력하고 리믹스 강도를 'Strong'으로 설정한 다음, 〈Remix〉 버튼을 클릭합니다.

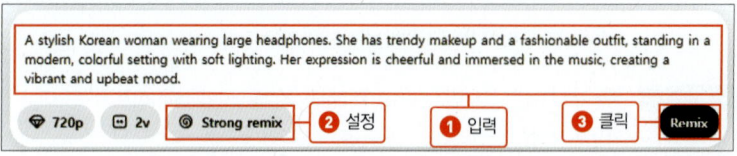

| 프롬프트 | A stylish Korean woman wearing large headphones. She has trendy makeup and a fashionable outfit, standing in a modern, colorful setting with soft lighting. Her expression is cheerful and immersed in the music, creating a vibrant and upbeat mood |

| 한글 번역 | 스타일리시한 한국 여성은 커다란 헤드폰을 착용하고 있다. 그녀는 트렌디한 메이크업과 패셔너블한 의상을 입고, 부드러운 조명이 비치는 현대적이고 컬러풀한 공간에 서 있다. 표정은 즐겁고 음악에 몰입한 모습으로, 생동감 있고 경쾌한 분위기를 자아낸다. |

TIP 리믹스 기능은 영상의 전반적인 연출은 비슷하게 가면서, 부분적인 요소들을 수정 및 변형하여 다른 영상으로 만들어 주는 기능입니다.

> **NOTE**
>
> **Remix Strength 살펴보기**
> - **Strong** : 영상의 전체적인 느낌이 강하게 변형됩니다.
> - **Mild** : 영상의 느낌이 보통의 정도로 변형됩니다.
> - **Subtle** : 영상의 지협적인 부분만 변형됩니다.
> - **Custom** : 리믹스 정도를 이용자가 수치로 조절할 수 있습니다. 해당 옵션을 선택하면 Custom strength가 표시됩니다.

❻ 영상 리믹스가 완료된 다음 알림창을 클릭하면, 결과물이 생성된 것을 확인할 수 있습니다. 생성된 결과물을 클릭하면 Variations를 '2V'로 설정하여 2개가 생성됩니다.

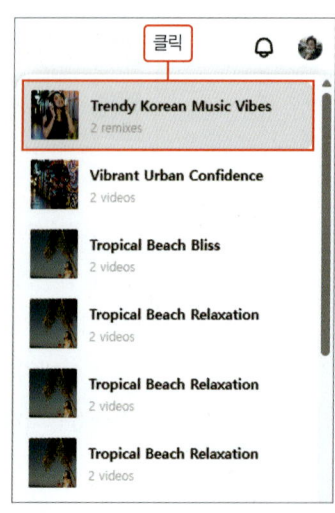

TIP 알림창에서 스크롤을 내리면 표시된 이전에 작업한 내역도 전부 확인할 수 있습니다. 이전 작업물도 해당 섬네일을 클릭하면 영상의 프롬프트, 설정, 결과물을 이어서 편집할 수 있습니다.

❼ 전반적인 영상의 분위기는 유지되면서, 프롬프트가 반영된 새로운 영상이 생성된 것을 확인할 수 있습니다. 예제에서는 오른쪽 결과물을 선택하고 상단의 'Download' 아이콘(⬇)을 클릭하여 다운로드합니다.

Re-Cut 기능을 이용한 영상 부분 수정하기

◉ 완성파일 : 02\하와이, Re-Cut.mp4

Re-Cut은 기존에 생성된 영상에서 잘 나온 부분은 그대로 두고, 불필요한 구간은 제거한 다음 이후 장면을 AI가 자연스럽게 이어 주는 기능입니다. 분위기나 색감의 흐름도 자연스럽게 이어지도록 도와주어, 매끄러운 영상 편집에 매우 유용합니다.

❶ 프롬프트 입력창에 다음의 프롬프트를 입력합니다.

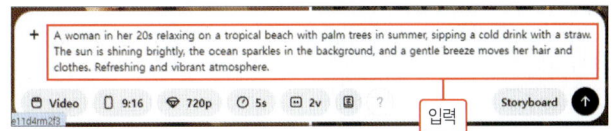

프롬프트

A woman in her 20s relaxing on a tropical beach with palm trees in summer, sipping a cold drink with a straw. The sun is shining brightly, the ocean sparkles in the background, and a gentle breeze moves her hair and clothes. Refreshing and vibrant atmosphere

> **한글 번역** 20대 여성이 여름의 야자수가 있는 열대 해변에서 휴식을 취하며 빨대로 시원한 음료를 마시고 있다. 햇살이 눈부시게 비추고, 배경에는 바다가 반짝이며, 부드러운 바람이 그녀의 머리카락과 옷자락을 흔든다. 상쾌하고 활기찬 분위기

❷ 결과물을 설정하기 위해 입력창 하단의 Type을 'Video', Aspect Ratio를 '9:16', 해상도를 '720p', 길이를 '5s', Variations를 '2 videos'로 설정하고 'Create' 아이콘(⬆)을 클릭합니다.

❸ 'Added to queue'가 표시되고 알림창을 클릭하면, 결과물이 생성된 것을 확인할 수 있습니다. 제목은 소라 AI에서 임의로 프롬프트에 맞게 작성되며, 생성된 결과물을 클릭합니다.

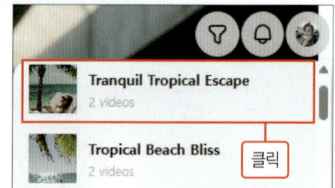

❹ 원하는 결과물을 골라 수정 및 다운로드를 진행합니다. 예제에서는 왼쪽 결과물을 선택합니다. 해당 영상의 경우 1.5~5초 구간에 음료의 빨대가 어색하게 구현되어 자연스럽게 수정하기 위해 하단 메뉴에서 〈Re-Cut〉 버튼을 클릭합니다.

❺ 캡컷이나 프리미어 프로의 타임라인처럼 영상을 편집할 수 있는 인터페이스가 표시됩니다. 어색한 구간을 덜어내고 새로운 장면으로 교체하기 위해 ⓢ를 누릅니다.

TIP ⓢ는 Split의 약자로 타임라인에 있는 영상을 잘라내는 단축키입니다.

❻ 영상이 2개로 나뉘면 오른쪽 클립을 선택하고 Delete를 눌러 삭제합니다. 앞 클립의 오른쪽 끝을 1.5초 구간으로 드래그하여 문제가 발생하는 1.5~5초 구간을 공란으로 만듭니다.

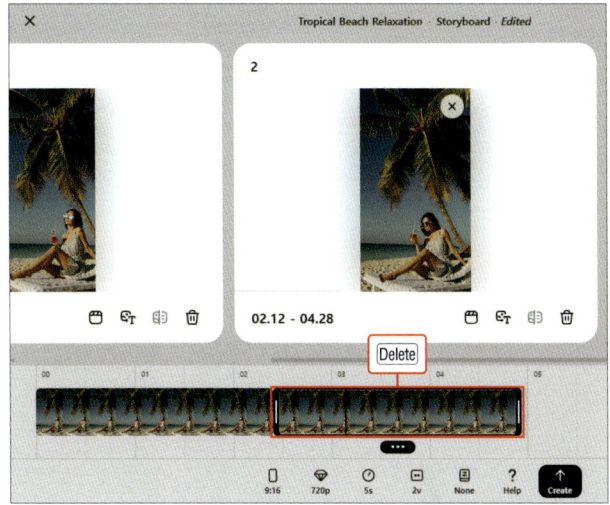

❼ 추가 스토리를 입력하기 위해 공란의 맨 처음 부분을 클릭하여 스토리 입력창을 활성화합니다.

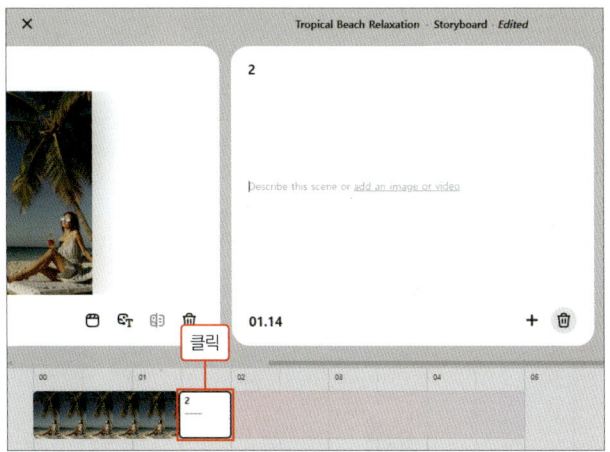

❽ 앞서 활용한 프롬프트를 그대로 입력한 다음 〈Create〉 버튼을 클릭해 변경합니다.

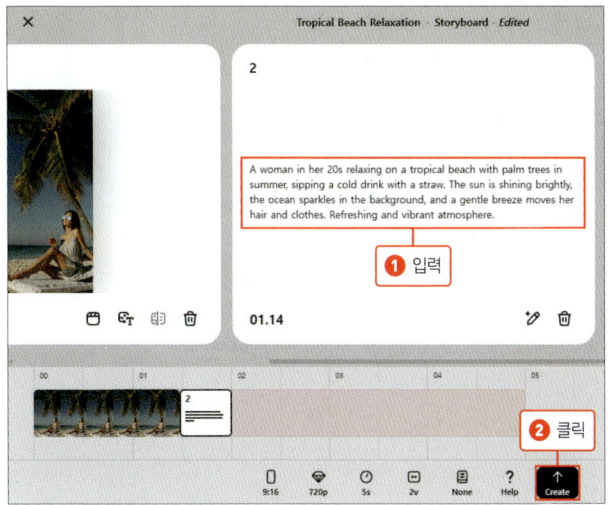

> **프롬프트** A woman in her 20s relaxing on a tropical beach with palm trees in summer, sipping a cold drink with a straw. The sun is shining brightly, the ocean sparkles in the background, and a gentle breeze moves her hair and clothes. Refreshing and vibrant atmosphere

NOTE 적용된 부분 비교하기
예제처럼 Re-Cut 기능으로 어색한 구간을 다른 장면으로 교체하여 수정할 수 있습니다.

▲ Before ▲ After

❾ 프롬프트와 Re-cut이 반영된 영상이 생성되면 알림창을 클릭하여 결과물을 확인할 수 있습니다. 기존의 빨대를 입에만 대는 영상이 아닌 실제로 입 안에 넣어 마시는 장면으로 수정된 것을 확인하고 두 개의 영상 중 원하는 결과물을 골라 수정 및 다운로드합니다. 예제에서는 오른쪽 결과물을 선택합니다.

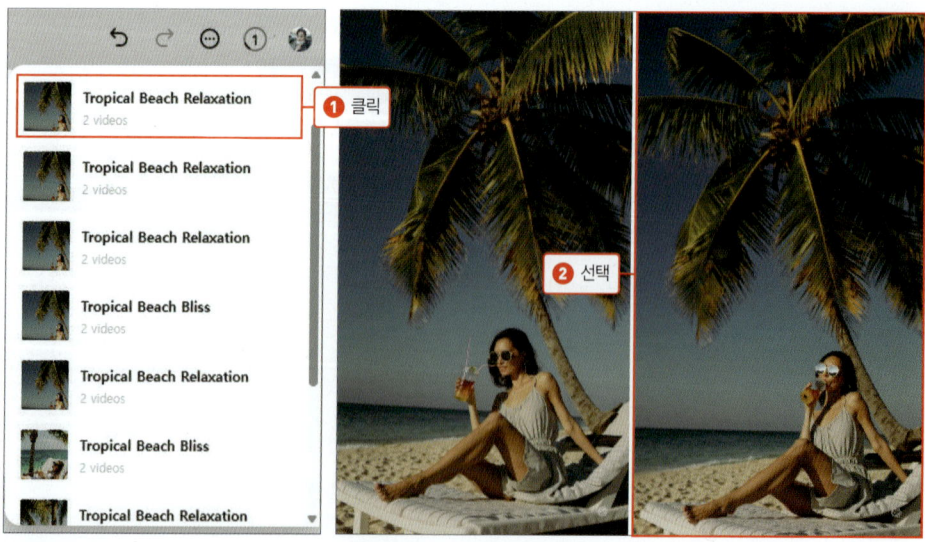

스토리보드 기능을 활용한 구간마다 다른 여행 영상 만들기 ● 완성파일 : 02\홍콩에서 파리_스토리보드.mp4

소라 AI에는 다른 생성형 영상 AI 툴에는 없는 특별한 기능이 존재합니다. 바로, '스토리보드' 기능입니다. 구간별로 스토리를 넣어서 구간마다 다른 스토리의 영상을 구현할 수 있다는 것입니다. 스토리보드를 사용하면 시간대별로 타임라인을 따라 여러 장면을 구성해 영상을 연출할 수 있습니다. 대쉬보드에는 동영상이나 이미지를 업로드하거나, 특정 시점에 어떤 장면이 나와야 할지 텍스트로 설명할 수 있습니다.

❶ 스토리보드 기능을 활용하기 위해 소라 메인 화면에서 〈Storyborad〉 버튼을 클릭합니다.

❷ 하단 메뉴바에서 영상 화면 비율을 '9:16', 해상도를 '480p', 영상의 시간을 '10s', Variations을 '2 videos'로 설정합니다.

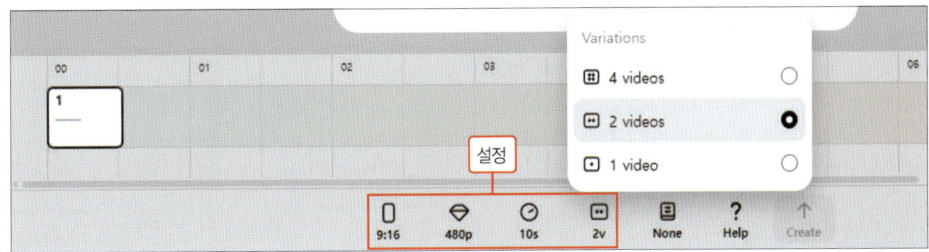

TIP 스토리보드 기능은 구간별로 영상을 지정하는 기능인 만큼, 영상의 길이가 길수록 더 효과적으로 작동합니다. 'Pro' 버전을 구독하는 경우, 15초나 20초의 영상 생성이 가능하지만, Standard 버전을 구독하는 경우, 480p로 해상도를 설정하고 '10s'로 영상 길이를 조정하도록 합니다.

❸ 대시보드에 다음의 프롬프트를 입력합니다.

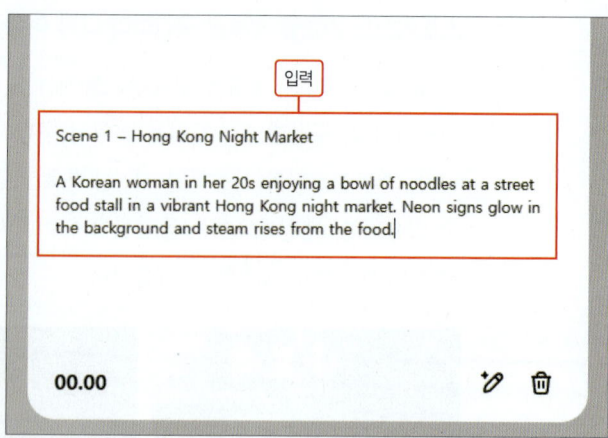

프롬프트	Scene 1 - Hong Kong Night Market A Korean woman in her 20s enjoying a bowl of noodles at a street food stall in a vibrant Hong Kong night market. Neon signs glow in the background and steam rises from the food

한글번역 씬 1 - 홍콩 야시장
화려한 홍콩 야시장에서 길거리 음식 노점에 앉아 국수를 즐기는 20대 한국 여성. 배경에는 네온사인이 빛나고 음식에서 김이 모락모락 올라온다.

❹ 타임라인에 표시된 '00, 01, 02 …'는 각각 '0초, 1초, 2초 …'를 나타냅니다. 다음 장면을 5초 이후로 구현하기 위해 '05'를 클릭합니다.

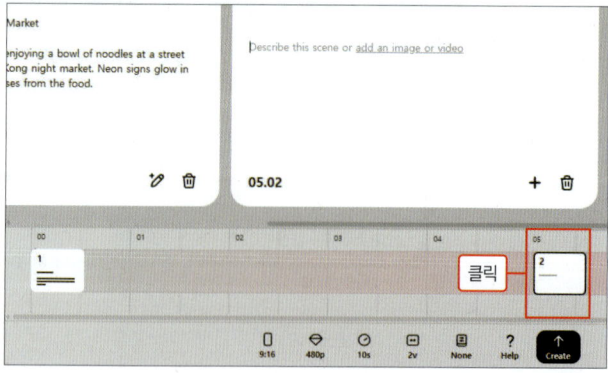

TIP 0~5초까지는 첫 번째 프롬프트에 대한 스토리가 전개되고 5초부터는 2번째 스토리가 전개되는 것을 의미합니다.

❺ 두 번째 장면의 스토리에 해당하는 프롬프트를 입력합니다.

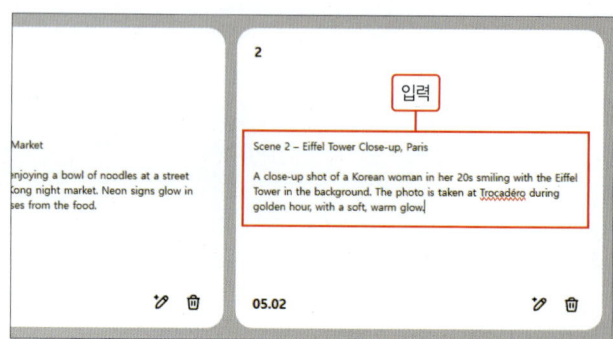

> **프롬프트**
>
> Scene 2 – Eiffel Tower Close-up, Paris
> A close-up shot of a Korean woman in her 20s smiling with the Eiffel Tower in the background. The photo is taken at Trocadéro during golden hour, with a soft, warm glow

한글 번역 씬 2 – 에펠탑 클로즈업, 파리
트로카데로에서 골든 아워에 촬영된 장면. 부드럽고 따뜻한 햇살 아래, 에펠탑을 배경으로 환하게 웃고 있는 20대 한국 여성의 클로즈업 샷.

❻ 타임라인에 있는 대시보드를 클릭하면 각 시간별로 입력한 프롬프트를 확인할 수 있습니다. 내용을 확인한 다음, 이상이 없으면 〈Create〉 버튼을 클릭합니다.

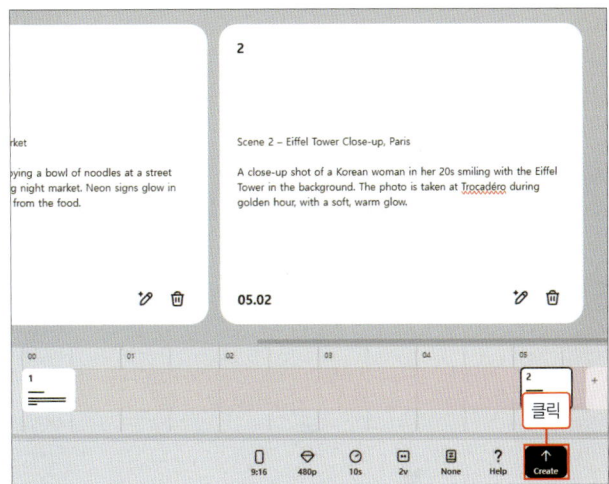

❼ 생성이 완료되면 섬네일을 클릭하여 생성된 영상을 확인합니다. 영상을 비교하면서 마음에 드는 영상의 화면을 클릭합니다. 해당 예제에서는 오른쪽 영상을 선택해 다운로드합니다.

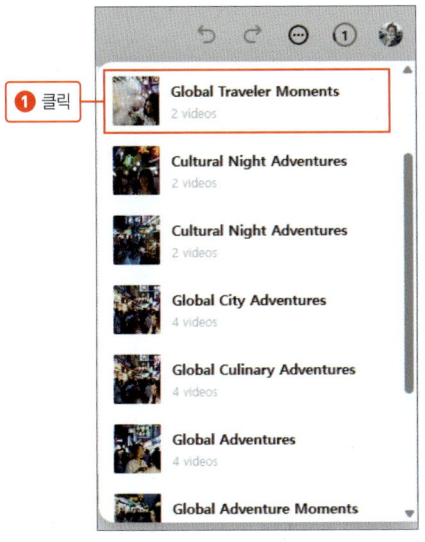

TIP 스토리보드 기능을 활용하여 영상을 생성한 경우, 영상의 하단에 있는 스토리보드에 마우스 커서를 드래그하면, 입력한 프롬프트를 비교해 내용이 잘 반영되었는지 확인할 수 있습니다.

SECTION 3.

임펙트 있는 비주얼 광고 생성에 특화된 런웨이

런웨이는 초보자도 손쉽게 시작할 수 있도록 다양한 프리셋과 템플릿을 제공하며, 원하는 분위기나 스타일을 선택하면 자동으로 영상 톤과 무드가 설정되거나 텍스트만으로 완성도 높은 클립을 제작할 수 있다는 점에서, 비전문가에게도 매력적인 도구로 자리 잡고 있습니다.

런웨이(Runway)는 특히 짧고 임펙트 있는 비주얼을 생성하는 데 강점을 보여, 제품 설명이나 로고 애니메이션, 짧은 캠페인 영상 등 광고 및 브랜드 콘텐츠 제작에 자주 활용되며 예를 들어, '스포츠 음료 광고'라는 텍스트만으로도 시네마틱한 3~5초 클립을 손쉽게 만들어낼 수 있습니다.

또한, 뮤직비디오 및 비주얼라이저 제작이나 음악에 어울리는 몽환적이고 예술적인 스타일의 영상을 잘 생성하며, 리듬감 있는 카메라 무빙이나 스타일 전환이 가능해 뮤지션들이 자주 활용하는 도구이기도 합니다. 아울러 런웨이는 고급스러운 색감과 질감 표현이 가능해 패션 및 럭셔리 콘텐츠 제작에도 현실감 넘치는 영상을 생성할 수 있습니다.

이처럼 정교한 결과물이 가능한 이유는, 런웨이가 오랜 시간 축적해 온 텍스트 해석 기술, 영상 생성 엔진, 그리고 최신 Gen-4 모델의 고도화된 시각 이해 능력이 하나로 결합되어 있기 때문입니다. Gen-4는 인물의 표정, 물리적 움직임, 조명의 방향성까지도 자연스럽게 표현할 수 있어, 텍스트와 실제 영상 사이의 거리감을 크게 좁혔습니다.

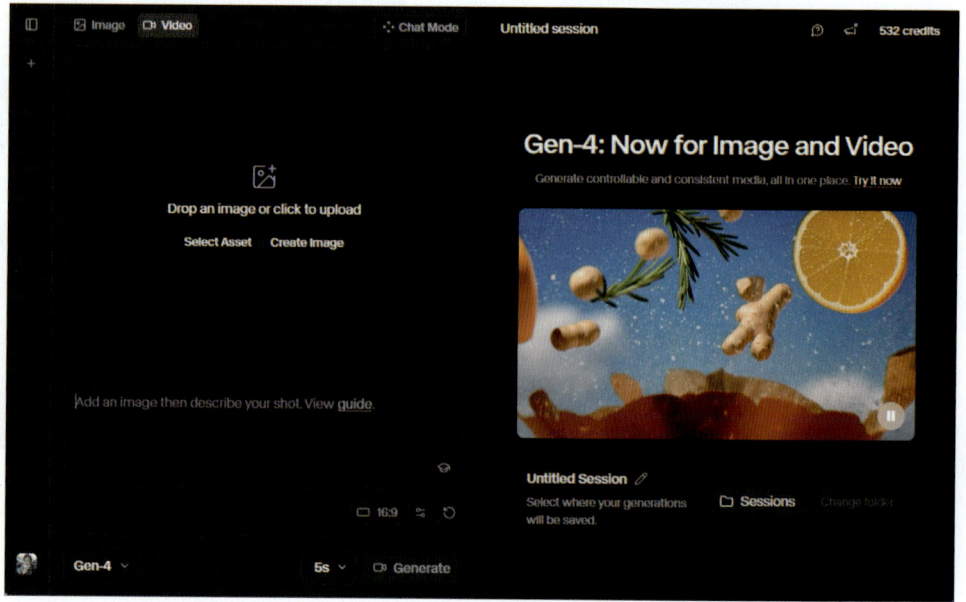

▲ 런웨이 Gen-4 인터페이스

01 런웨이 가입과 실행하기

런웨이는 다른 생성형 AI 플랫폼들과 마찬가지로 온라인에서 실행되는 웹 기반 서비스입니다. 사용자는 브라우저를 통해 사이트에 접속한 뒤, 텍스트 프롬프트를 입력하거나 이미지를 업로드 하는 방식으로 다양한 기능을 이용할 수 있습니다. 다음은 런웨이에 가입하는 기본적인 절차와 실행 순서입니다.

❶ 웹브라우저에 'app.runwayml.com/'를 입력하고 접속한 다음, 로그인합니다. 예제에서는 구글 아이디를 연동하여 로그인하기 위해 〈Log In with Google〉 버튼을 클릭합니다.

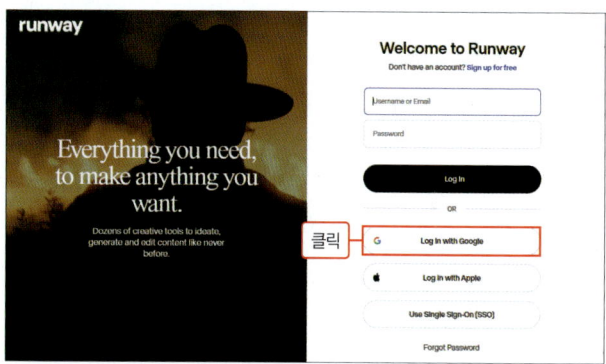

TIP 연동을 원치 않을 시, 상단에 'Sign up for free'를 클릭해 가입하여 사용할 수 있습니다.

❷ 구글 로그인 화면이 표시되면 구글의 계정과 비밀번호를 입력하고, 연동을 확인하는 창이 표시되면, 〈계속〉 버튼을 클릭해 런웨이와 구글 아이디 연동을 진행합니다.

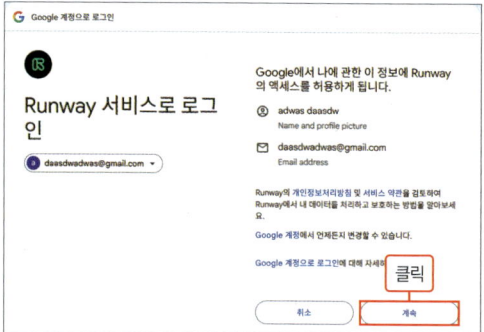

❸ 최초 로그인을 진행하면 환영 인사와 함께 간단한 소개말이 표시됩니다. 〈Continue〉 버튼을 클릭해 메인 화면으로 이동합니다.

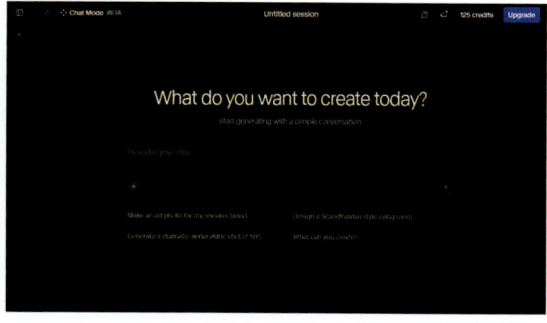

TIP 최초 회원가입시 125 크레딧을 증정합니다. 크레딧은 영상이나 이미지 생성, 런웨이의 AI 툴 이용시 소모되며, 화질과 길이에 따라 크레딧 소모량이 달라집니다.

081

런웨이 플랜 살펴보기

런웨이에서는 무료 플랜도 제공하고, 화질, 기능, 상업적 이용 유무, 워터마크 유무 등 고려 조건에 따라 유료 플랜에서만 가능한 기능이 있습니다. 결제 방식은 매달 결제하는 방식과 매년 한 번에 결제하는 방식이 있습니다. 후자의 경우, 전자에 비해, 20% 할인을 받을 수 있습니다.

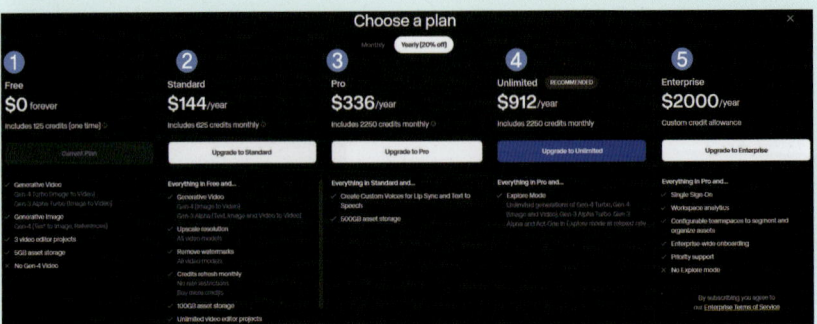

❶ **Free Plan** : 입문자에게 적합한 체험용 기본 플랜으로, Gen-4 영상 생성은 불가능하지만 Gen-4의 간소화 버전인 Gen-4 Turbo로 약 2~3개의 영상을 생성할 수 있습니다.

❷ **Standard Plan** : 월 15달러이며, Gen-4 영상 생성이 가능하고 대부분의 기능을 사용할 수 있습니다. 다만 립싱크와 같은 일부 고급 기능에는 제약이 있습니다. 월 625 크레딧이 제공되며, 이는 약 15~20개의 영상 생성이 가능한 수준입니다. 크레딧이 소진되면 별도로 추가 구매도 가능합니다.

❸ **Pro Plan** : 월 35달러로, Gen-4와 립싱크 영상 생성을 포함한 런웨이의 모든 기능을 이용할 수 있습니다. 월 2250 크레딧이 제공되며, 약 50~70개의 영상 생성이 가능합니다. 역시 크레딧 추가 구매가 가능합니다.

❹ **Unlimited Plan** : 월 95달러로, Gen-4 영상 생성은 물론 모든 기능을 무제한으로 사용할 수 있습니다. 2250 크레딧이 기본 제공되며, 크레딧을 다 사용해도 계속해서 영상 생성이 가능한 것이 특징입니다.

❺ **Enterprise Plan** : 월 2000달러로, 대기업이나 고급 프로젝트를 위한 플랜입니다. 프로젝트 보안이 요구되거나 런웨이와 협업이 필요한 기업을 대상으로 하여 일반 사용자는 이용하기 어렵습니다.

02 런웨이 영상 생성 AI 인터페이스 살펴보기

런웨이에는 다양한 AI 기반 도구들이 마련되어 있으며, 그중에서도 영상과 이미지 생성, 편집, 출력에 관련된 모든 작업은 온라인 환경에서 실시간으로 이루어집니다. 복잡한 설치 과정 없이 웹브라우저로 접근할 수 있어, 누구나 손쉽게 창작을 시작할 수 있는 것이 큰 장점입니다. 런웨이의 영상 생성 AI의 주요 인터페이스를 살펴보겠습니다.

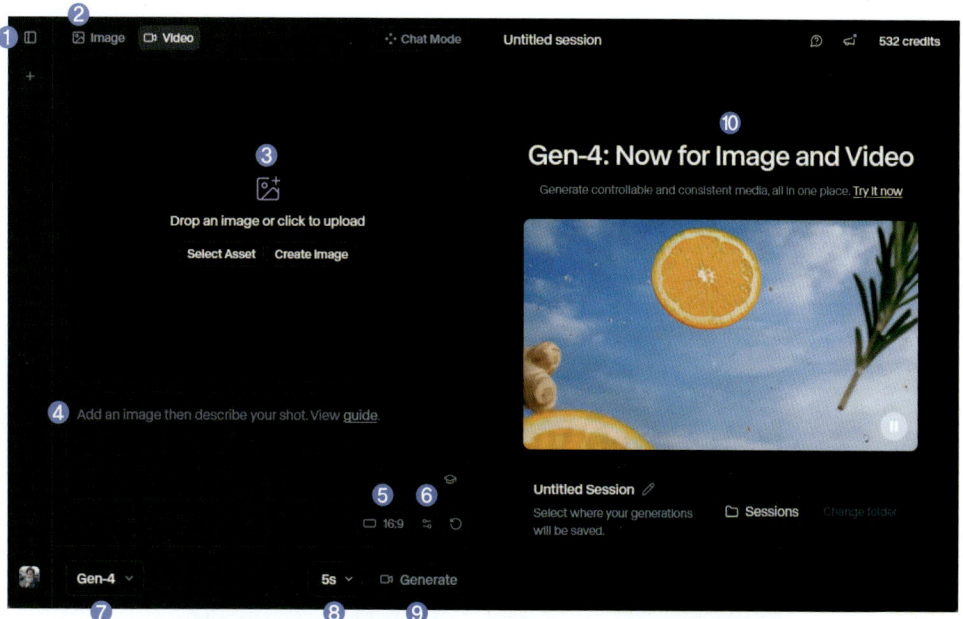

❶ **Toggle Sidebar(탐색 메뉴 사이드바)** : 대시보드로 돌아가거나 에셋 라이브러리, 워크 플로 탐색, 새 세션 만들기 메뉴를 포함하고 있습니다.

❷ **(Image), (Video) 탭** : 영상 생성 모드를 선택할 수 있습니다.

❸ **Upload(업로드 창)** : 영상화하기 위한 이미지를 업로드할 수 있습니다. 〈Select Asset〉을 통해 런웨이에서 생성한 이미지 혹은 PC에서 업로드한 이미지를 불러오거나 〈Create Image〉를 통해 새 이미지를 만들 수 있습니다.

❹ **텍스트 프롬프트** : 프롬프트를 입력하여 텍스트를 영상으로 만들거나 이미지의 부연 설명을 작성하는 공간으로 스토리, 카메라 앵글, 구도, 스타일 등을 작성합니다.

❺ **Aspect ratio(비율)** : 생성하는 결과물의 화면 비율을 설정합니다.

❻ **Settings(세팅)** : 생성 결과에 영향을 주는 초기값인 시드(Seed)를 설정할 수 있습니다. Fixed seed로 설정하면, 같은 입력에 대해 매번 동일한 결과를 얻을 수 있어 일관된 스타일과 결과물을 유지하는 데 유용합니다.

❼ **Model(모델)** : 런웨이에서는 영상 생성 시 사용할 모델을 선택할 수 있습니다. 가장 최신 모델인 Gen-4는 뛰어난 결과물을 제공하지만, 1초당 12 크레딧이 소모되어 비용이 높은 편입니다. 반면, Gen-4 Turbo는 상대적으로 품질이 낮은 대신 1초당 5 크레딧만 사용되어 효율적으로 활용할 수 있습니다. 남은 크레딧을 고려해 적절한 모델을 선택하는 것이 중요합니다.

❽ **Duration(영상 길이)** : 생성하는 영상의 길이를 설정합니다. 기본
적으로 5, 10초까지 생성할 수 있습니다.

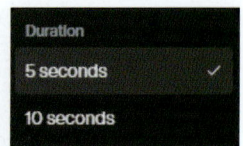

❾ **Generate(생성)** : 프롬프트 입력과 설정을 완료한 다음, 해당 버튼을 누르면 결과물이 생성
됩니다.

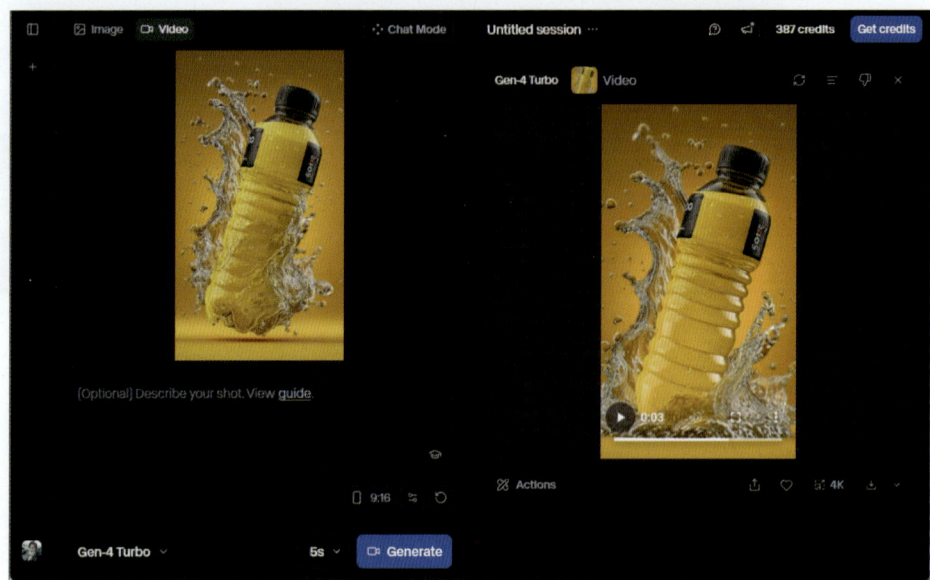

❿ **결과 표시 영역** : 생성이 완료된 콘텐츠가 표시됩니다. 추가 설정을 통해 4K로 화질을 업스
케일을 하거나 영상 길이를 연장하거나 PC에 다운로드하는 것이 가능합니다.

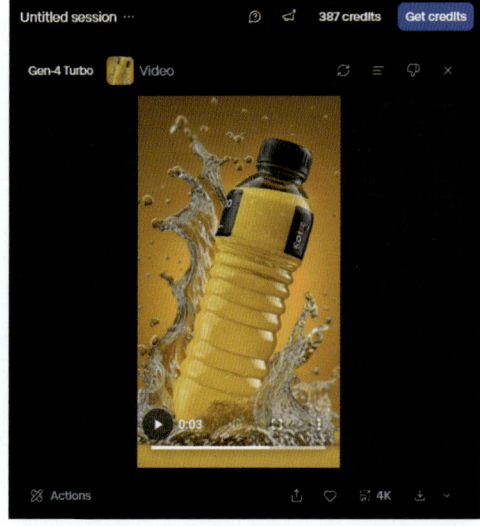

03 런웨이 Gen-4 모델을 활용한 영상 생성하기

런웨이의 Gen-4 모델을 활용해 이미지를 영상화하면, 기존보다 훨씬 더 정교하고 자연스러운 결과물을 얻을 수 있습니다. 정지 이미지에서 파생된 인물의 움직임이나 표정 변화, 배경의 미세한 변화까지도 부드럽게 표현되며, 영상 전반에 걸쳐 캐릭터의 형태나 스타일이 일관되게 유지됩니다.

이미지만으로 영상화하기

◉ 예제파일 : 02\음료수.png   ◉ 완성파일 : 02\Gen-4음료수.mp4

단순한 이미지로 움직임, 카메라 워크, 배경 효과가 입체적으로 표현되는 과정을 음료 이미지를 한 장을 활용해 해당 이미지를 영상화하는 과정을 단계별로 알아보겠습니다.

❶ 런웨이 사이트에 접속하여 로그인하면 영상 생성창이 표시됩니다. 이미지를 업로드하기 위해 〈Select Asset〉을 클릭하고 열기 대화상자가 표시되면, 02 폴더에서 '음료수.png' 파일을 선택한 다음 〈열기(O)〉 버튼을 클릭합니다.

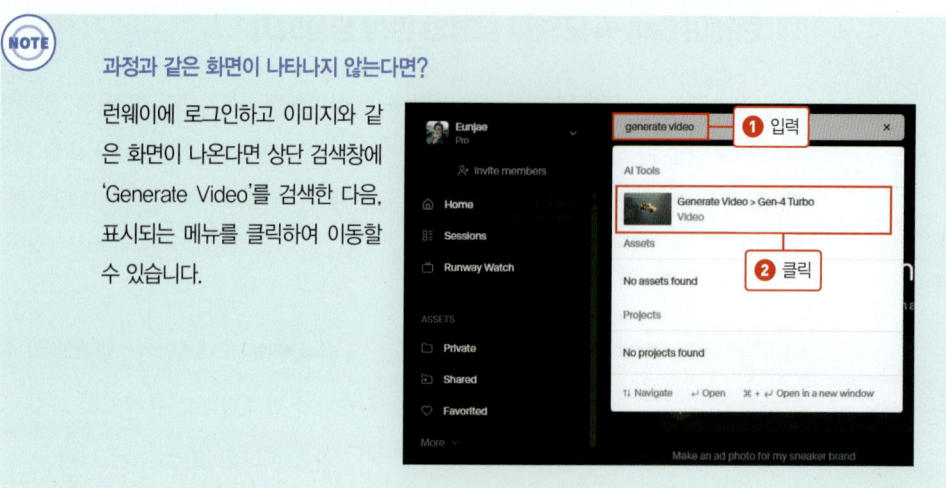

NOTE 과정과 같은 화면이 나타나지 않는다면?

런웨이에 로그인하고 이미지와 같은 화면이 나온다면 상단 검색창에 'Generate Video'를 검색한 다음, 표시되는 메뉴를 클릭하여 이동할 수 있습니다.

❷ 이미지가 업로드되면 극적인 카메라 무빙을 반영하기 위해 프롬프트 입력창에 'dynamic camera moving'을 입력합니다.

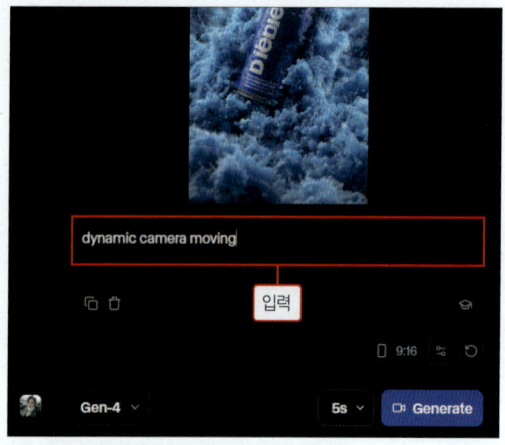

❸ 하단의 모델을 'Gen-4'로 선택한 다음, 영상 길이는 '5s'로 지정합니다. 그 다음, 영상 비율이 '9:16'인 것을 확인하고 〈Generate〉 버튼을 클릭합니다.

TIP Gen-4 모델의 5초짜리 영상이므로 1초에 12 크레딧이 소모된다고 계산하면 60 크레딧이 소모됩니다.

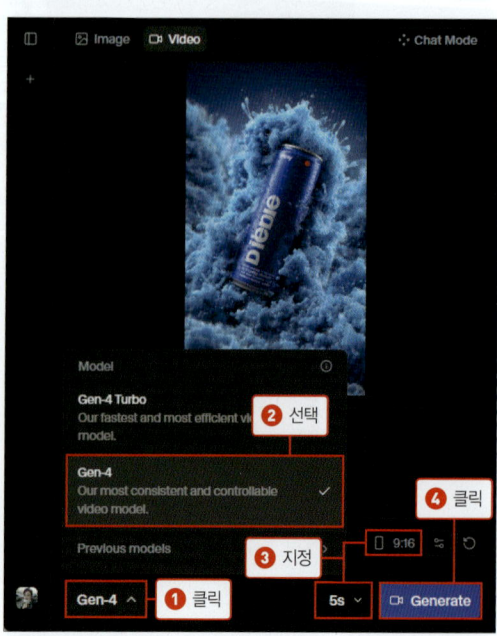

❹ 결과물 생성에는 약간의 시간이 소모됩니다. 생성이 완료되면 화면이 가까워지며 음료의 뒤로 액체가 퍼져나가는 결과물을 확인합니다. 결과 생성 창 하단에 〈4K〉 버튼을 클릭해 업스케일을 진행합니다.

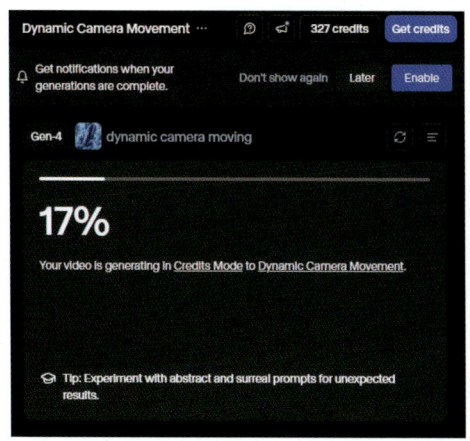
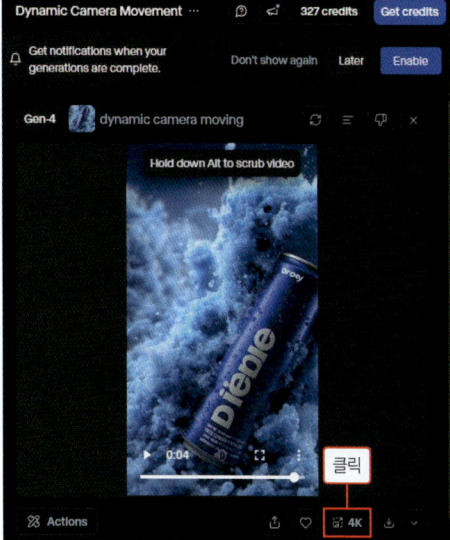

TIP 4K 화질 업스케일에는 10 크레딧이 소모됩니다.

❺ 업스케일에도 약간의 시간이 소모됩니다. 진행이 완료될 때까지 기다리도록 합니다. 완료되면 '다운로드' 아이콘()을 클릭해 다운로드합니다. 다운로드한 영상은 다운로드 폴더에서 확인할 수 있습니다.

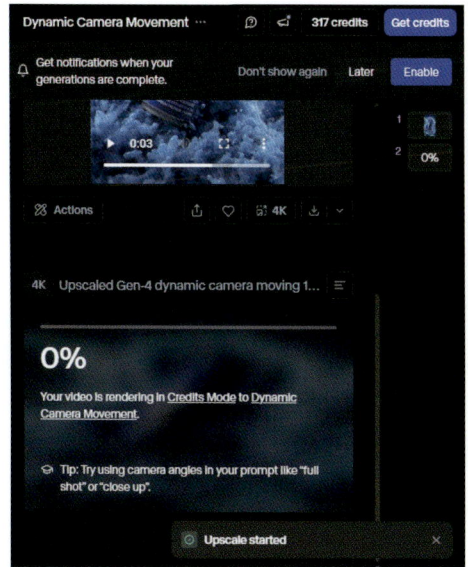
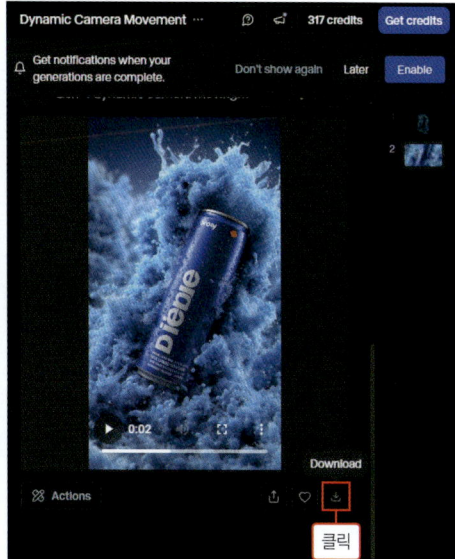

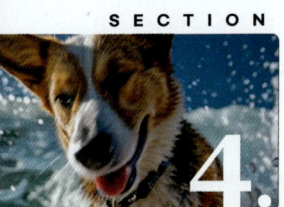

SECTION 4.

이미지부터 영상 생성까지, AI 생성을 위한 미드저니

미드저니는 텍스트 프롬프트를 기반으로 고해상도 이미지와 영상 콘텐츠를 생성할 수 있는 대표적인 생성형 AI 플랫폼입니다. 직관적인 인터페이스와 정교한 스타일 반영 기능을 바탕으로, 사용자는 원하는 콘셉트와 미적인 구성을 텍스트만으로 구체화할 수 있으며, 디테일한 조정과 반복 작업을 통해 결과물을 점진적으로 완성해 나갈 수 있습니다.

미드저니(MidJourney)는 고해상도 이미지 생성에 특화된 대표적인 생성형 AI 플랫폼으로 출발했으나, 최근 대규모 업데이트를 통해 영상 제작 기능까지 포함한 올인원 콘텐츠 제작 도구로 진화하고 있습니다. 기존에는 사용자가 입력한 텍스트 프롬프트를 기반으로 독창적인 스타일과 정밀한 구도를 반영한 이미지를 생성하는 데 중점을 두었지만, 이제는 이러한 이미지 제작 역량을 영상 콘텐츠 제작의 영역까지 확장하며 콘텐츠 크리에이션 전반을 아우르는 통합적인 플랫폼으로 자리매김하고 있습니다.

특히 미드저니의 이미지 생성 기능은 단순한 시각 자료를 넘어, 콘셉트 아트, 스타일 레퍼런스, 스토리보드 제작 등 영상 기획 단계에서 필요한 고차원적 시각화 작업에 매우 효과적으로 활용됩니다. 사용자 의도를 섬세하게 반영하는 미드저니의 이미지 생성 능력은 기획자와 디자이너, 감독이 머릿속에 떠올린 장면을 빠르게 구체화하고 공유할 수 있는 기반을 제공합니다.

더불어 최근 업데이트를 통해 '영상 생성 기능'과 '가상 카메라 워크'를 구현하는 영상 생성 기능이 도입되면서, 하나의 플랫폼 내에서 정적인 이미지 생성과 동적인 영상 제작을 모두 수행할 수 있는 작업 환경이 마련되었습니다. 이로 인해 외부의 편집 툴이나 모션 그래픽 소프트웨어에 의존하지 않고도, 자체적으로 영상 콘텐츠를 완성할 수 있는 제작 파이프라인이 가능해졌습니다.

이러한 통합적 기능은 제작자의 워크 플로를 획기적으로 간소화할 뿐만 아니라, 다양한 시각 스타일과 영상 문법을 실험할 수 있는 창의적인 제작 환경을 제공합니다. 결과적으로 미드저니는 이미지 기반 콘텐츠 제작의 한계를 넘어, AI를 활용한 시각적 스토리텔링의 새로운 표준을 제시하는 강력한 도구로 자리잡고 있습니다.

01 미드저니 가입과 실행하기

미드저니는 원래 디스코드(Discord)를 통해 명령어를 입력하는 방식으로만 이미지를 생성할 수 있었지만, 최근에는 웹 기반 플랫폼이 강화되면서 보다 직관적인 인터페이스에서 이미지 생성과 편집이 가능해졌습니다. 다음은 웹 기반 플랫폼에서 미드저니를 사용하기 위한 가입 및 실행 순서입니다.

❶ 웹브라우저에 'www.midjourney.com'을 입력하여 미드저니 웹사이트에 접속하고 회원가입을 위해 〈Sign Up〉를 클릭합니다.

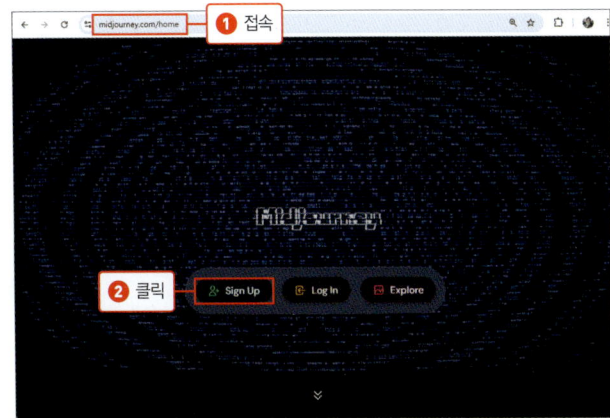

❷ 로그인 화면이 표시되면 구글 아이디나 디스코드 중 원하는 소셜 미디어와 연동하여 로그인 하도록 합니다. 예제에서는 〈Continue with Google〉 버튼을 클릭하여 로그인하겠습니다.

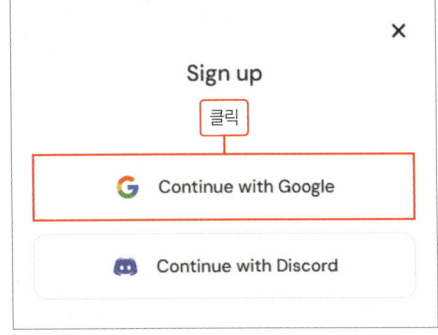

TIP 디스코드 아이디가 있다면, 디스코드로도 미드저니 가입이 가능합니다.

❸ 로그인 화면이 표시되면 사용할 계정을 선택해 미드저니에 가입을 완료합니다. 팝업창이 표시되면 유용한 파라미터를 안내하고 가장 최신 버전인 V7 모델로 시작할 수 있습니다. 〈Start Using V7〉 버튼을 클릭합니다.

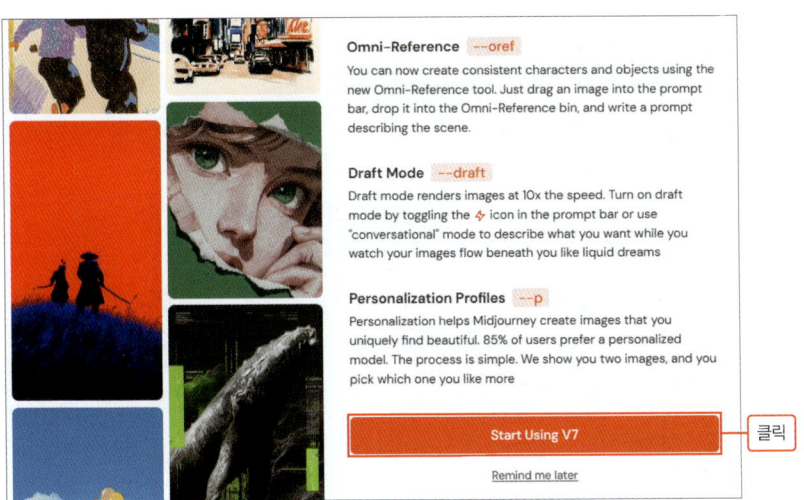

미드저니 플랜 알아보기

미드저니에서 콘텐츠를 생성하려면 '베이직 플랜' 이상을 이용해야 합니다. 결제 방식은 매달 결제하는 방식과 매년 한 번에 결제하는 방식이 있으며, 후자의 경우 전자에 비해 20% 할인을 받을 수 있습니다. 모든 요금제는 상업적 이용이 가능하며, 텍스트 프롬프트를 이용한 이미지 생성, 업로드한 이미지 편집, 그리고 AI 기반의 영상화 기능 등을 공통적으로 지원합니다.

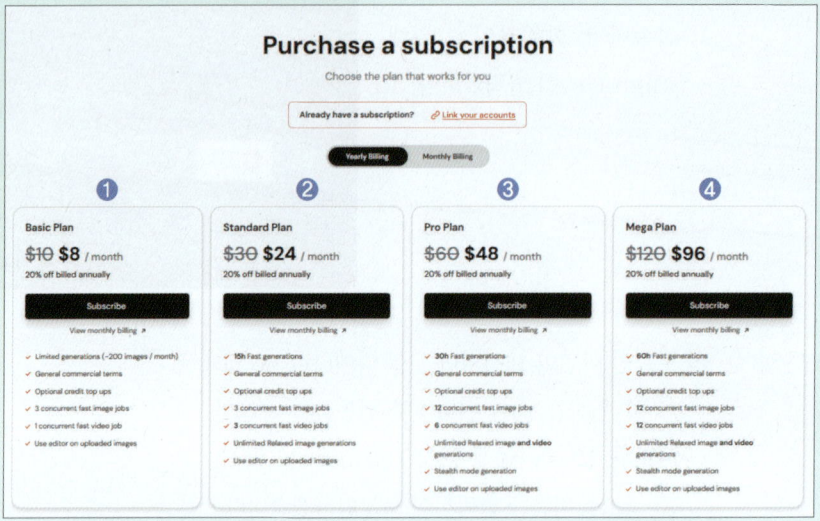

❶ **Basic Plan** : 1달 결제 기준, 월 $10으로, 약 3.3시간 분량의 Fast 모드 이미지 생성을 제공하며, 시간이 다 소모돼도 생성이 가능한 Relaxed 모드는 포함되어 있지 않습니다. 가장 입문자용에 가까운 요금제입니다.

❷ **Plan** : 1달 결제 기준, 월 $30이며, Fast 모드 시간은 15시간으로 증가하고, 느린 속도로 무제한 생성 가능한 Relaxed 모드가 함께 제공되어 비교적 자유로운 이미지 생성이 가능합니다.

❸ **Pro Plan** : 1달 결제 기준, 월 $60으로, 30시간의 Fast 모드 시간이 제공되며, Relaxed 모드 역시 무제한 사용할 수 있습니다. 여기에 더해 'Stealth 모드'라는 비공개 이미지 생성 기능과 함께, 최대 6개의 영상 생성 작업을 동시 처리할 수 있는 기능도 포함되어 있어 전문 사용자에게 적합합니다.

❹ **Mega Plan** : 1달 결제 기준, 월 $120으로, Fast 모드 60시간, Relaxed 무제한, Stealth 모드 지원은 물론, 최대 12개의 영상 생성 작업을 동시에 수행할 수 있는 고급 기능을 제공합니다.

❹ 미드저니를 처음 사용한다면 플랜 결제를 완료한 다음 'Personalize' 아이콘(P)에서 〈Unlock Personalization〉 버튼을 클릭하여 개인의 취향을 반영한 결과물을 생성할 수 있도록 하는 개인화 작업을 진행해야 합니다. 가장 최신 모델인 V7 모델부터 적용되는 것이므로, 진행하는 것이 좋습니다.

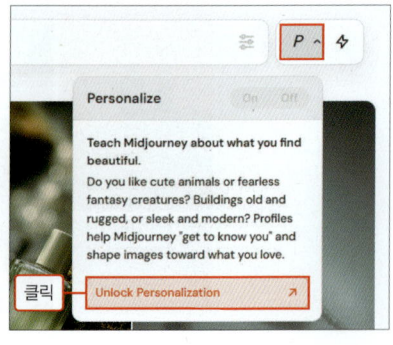

❺ 두 개의 이미지가 나란히 제시되면, 더 마음에 드는 결과물을 클릭합니다. 최소 200개이상 투표를 진행해야 하며, 이 과정은 최초 1회만 진행하면 이후에는 반복할 필요가 없습니다. 과정을 마치면 자유롭게 미드저니 사용이 가능합니다.

02 웹용 미드저니 인터페이스 살펴보기

웹 기반 미드저니 플랫폼은 이미지 생성부터 출력, 수정에 이르기까지 모든 작업이 클라우드 환경에서 이루어지는 올 인원 온라인 플랫폼입니다. 웹용 미드저니의 주요 인터페이스를 살펴보겠습니다.

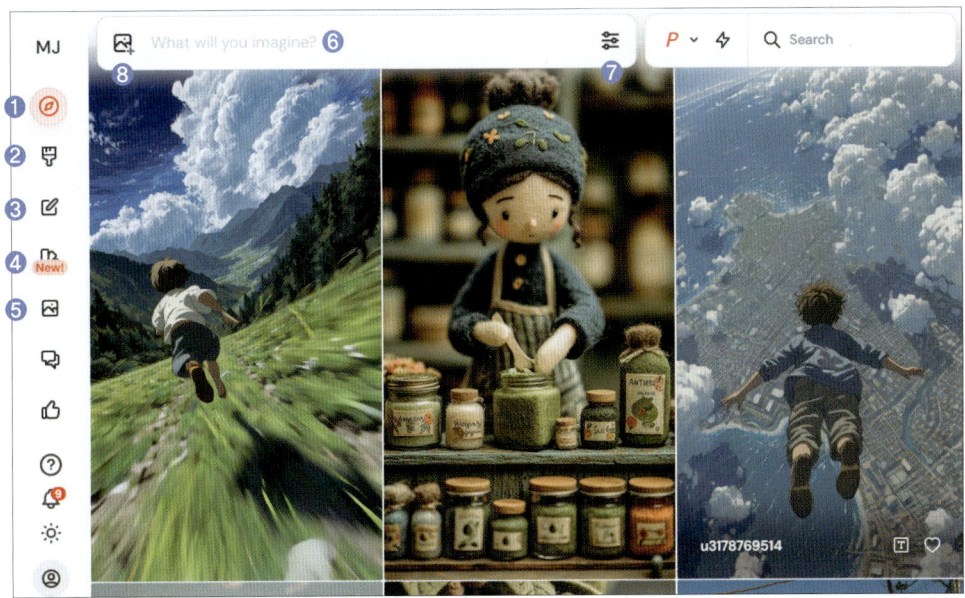

❶ Explore(탐색) : 다른 유저들이 미드저니를 활용해 만든 결과물을 확인할 수 있습니다. 섬네일을 클릭하여 활용된 프롬프트와 비율, 영상의 경우, 시간도 확인할 수 있습니다.

❷ **Create(생성)** : 직접 프롬프트를 입력해서 이미지 생성을 시작하는 메뉴입니다. 이미지 및 영상 결과물이 생성된 것들을 확인할 수도 있습니다.

❸ **Edit(편집)** : 이미지를 미드저니에서 수정할 수 있는 메뉴입니다. URL을 통해 이미지를 업로드하거나 PC에서 직접 이미지를 업로드할 수 있습니다.

❹ **Personalize(개인화)** : 미드저니 생성 모델인 V7 모델부터 지원하는 기능으로 선호 스타일을 설정하여 내가 원하는 스타일의 이미지가 더 잘 생성되도록 하는 기능입니다. 최초 1회만 설정하면 됩니다.

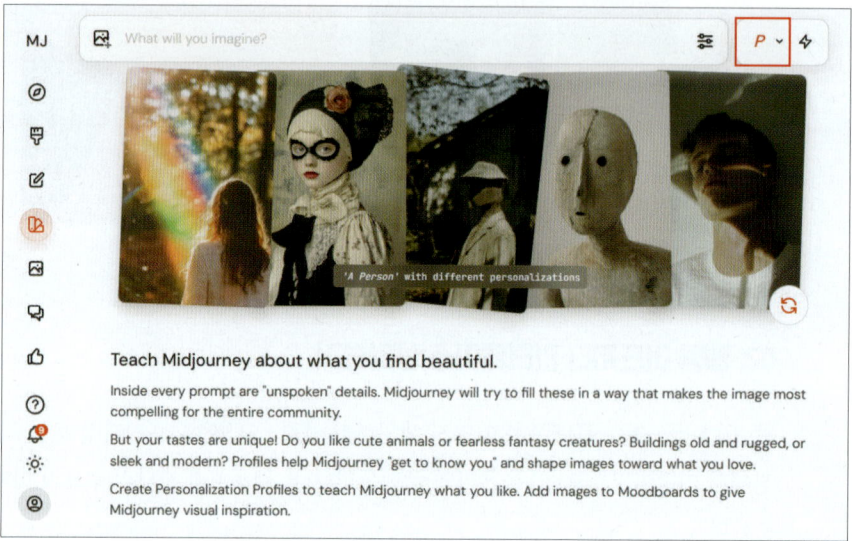

❺ **Organize(정리)** : 미드저니에서 생성한 결과물들을 분류할 수 있는 메뉴입니다. 비율, 사용한 생성 모델, 미디어 종류 등으로 구별해서 보여줍니다.

❻ **입력창** : 입력창은 텍스트 기반의 프롬프트를 입력하여 결과물을 생성할 수 있는 곳입니다. 사용자는 간단한 문장이나 키워드를 입력해 AI가 텍스트 프롬프트에 부합하는 이미지나 영상을 생성할 수 있습니다.

❼ **설정 메뉴** : 결과물의 비율, 학습 모델, 스타일화, 다양화, 생성 속도 등을 제어할 수 있는 기능을 제공합니다.

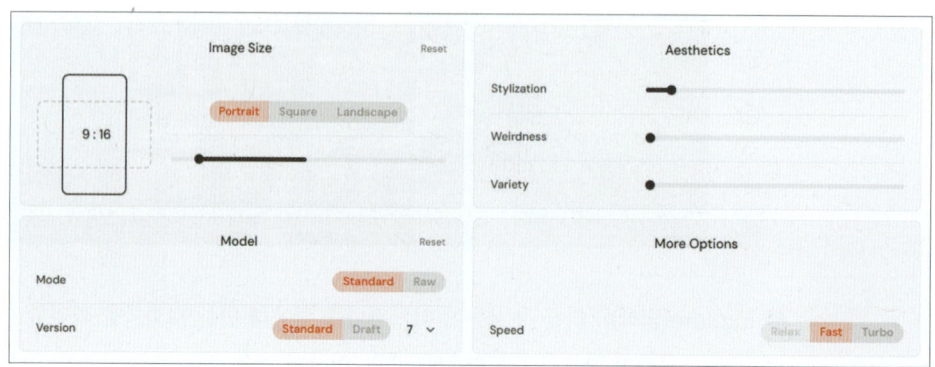

❽ **이미지** : 이미지 프롬프트를 활용할 수 있는 메뉴를 확장하여 보여줍니다.

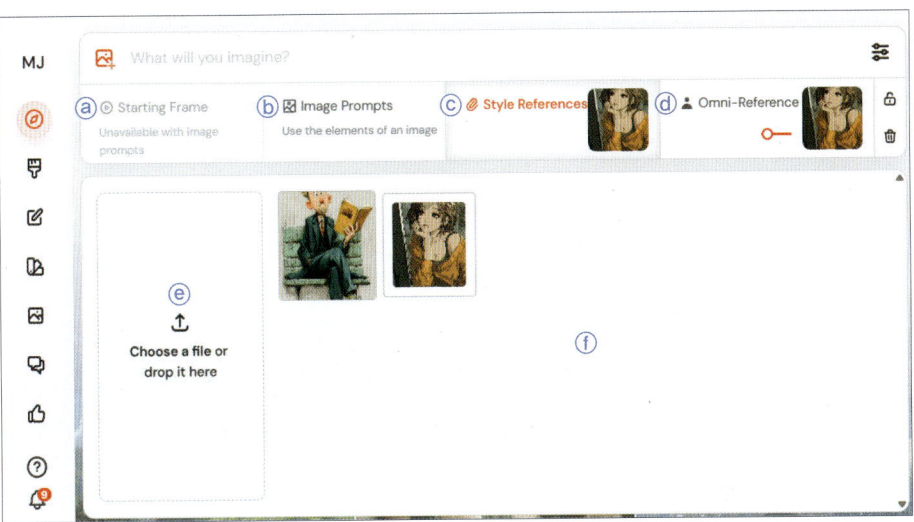

ⓐ **Starting Frame** : 이미지를 영상화하기위한 기능으로 이미지 한 장을 영상화할 수 있습니다.

ⓑ **Image Prompts** : 텍스트 프롬프트 대신 이미지를 프롬프트로 사용하여 이미지를 생성하는 메뉴입니다.

ⓒ **Style Reference** : 첨부한 이미지의 스타일을 참고하여 결과물 이미지에 반영하도록 해 주는 메뉴입니다.

ⓓ **Omni-Reference** : 첨부한 이미지에 나오는 인물의 일관성을 참고하여 결과물 이미지에 반영하도록 해 주는 메뉴로, 하단의 설정값을 통해 반영 정도를 조절할 수 있습니다. 수치값이 높을수록 일관된 인물이 결과물에 반영됩니다.

ⓔ **Choose a file or drop it here** : 이미지를 PC에서 업로드 할 수 있는 기능입니다.

ⓕ **이미지 보관함** : 업로드한 이미지가 표시됩니다. 이미지 프롬프트나 레퍼런스, 영상화 등에 활용할 수 있습니다.

03 미드저니에서 이미지 생성하기

초기의 미드저니는 디스코드 기반에서 작동하는 독특한 생성형 AI 이미지 플랫폼으로, 사용자는 명령어 기반 인터페이스를 통해 텍스트 프롬프트를 입력하고 세부 설정을 조정해야만 이미지를 생성할 수 있었습니다. 예를 들어, /imagine prompt로 기본적인 생성 명령을 시작한 뒤, --sref(style reference: 특정 이미지의 스타일을 참조), --cref(character reference: 인물의 일관성 유지), --ar 9:16(aspect ratio: 세로형 비율 설정) 등의 다양한 파라미터를 수동으로 입력해야 했습니다. 이러한 구조는 숙련된 사용자에게 매우 정밀한 커스터마이징 능력을 제공했지만, 생성형 AI를 처음 접하는 사용자에게는 진입 장벽으로 작용했고, 잘못된 명령어 입력 시 결과물이 생성되지 않거나 의도와 다른 이미지가 나오는 등 시행착오가 빈번히 발생하는 단점이 있었습니다.

그러나 미드저니는 이후 웹 기반 플랫폼으로의 전환을 통해 이러한 사용자 경험의 한계를 근본적으로 개선하였습니다. 이제는 별도의 커맨드를 외울 필요 없이, 직관적이고 시각화된 인터페이스 안에서 이미지 생성의 전 과정을 효율적으로 제어할 수 있습니다. 사용자는 웹 페이지 상에서 프롬프트를 입력한 뒤, 드롭다운 메뉴를 통해 비율(1:1, 16:9, 9:16 등)을 선택하거나, 제공되는 스타일 템플릿 중 하나를 클릭해 바로 적용할 수 있으며, 이미지 업로드 기능을 통해 참조하고 싶은 스타일 또는 인물을 시각적으로 지정할 수도 있습니다. 이러한 GUI(Graphical User Interface) 중심의 구성은, 기능 활용에 있어 기술적인 진입 장벽을 크게 낮추는 동시에, 작업의 반복성과 속도 면에서도 실질적인 이점을 제공합니다.

더불어, 미드저니는 단순한 이미지 생성 도구에서 나아가, 콘텐츠 기획과 비주얼 프로토타이핑을 위한 창작 플랫폼으로 진화하고 있습니다. 이제는 광고, 브랜디드 콘텐츠, 웹툰, 제품 목업, 영상 콘셉트 아트 등 다양한 분야의 전문가들이 아이디어 단계에서 빠르게 시각화를 시도할 수 있으며, 복수의 스타일 버전을 동시에 생성하거나, 원하는 표현을 여러 방향으로 실험해 보는 작업이 훨씬 더 유연해졌습니다. 이로 인해 초기 기획의 속도와 완성도 모두가 상승하고 있으며, 크리에이티브 팀 내부 협업 과정에서도 실시간 이미지 기반 의사소통이 가능해지는 등 창작의 방식 자체가 근본적으로 변화하고 있습니다.

또한, 초보자와 전문가 양쪽 모두에게 제공되는 워크 플로 최적화 기능도 주목할 만합니다. 초보 사용자에게는 '스타일 선택 → 비율 지정 → 참조 이미지 업로드 → 프롬프트 작성'과 같은 단계별 구조를 제공해 가이드를 제공하고, 전문가에게는 반복 작업을 위한 프롬프트 저장, 스타일 프리셋 관리, 시드값 조정 등의 고급 설정을 한 곳에서 통합적으로 관리할 수 있는 기능을 제공합니다. 이처럼 웹 기반 미드저니는 단순한 편의성 개선을 넘어서, 기획–실험–제작을 잇는 통합적인 비주얼 크리에이션 도구로 발전하고 있습니다.

미드저니는 명령어 기반의 전통적인 생성형 AI 플랫폼에서, 누구나 쉽게 접근할 수 있는 비주얼 중심의 사용자 친화적 창작 환경으로 성공적으로 진화하였습니다. 이 전환은 생성형 이미지 기술의 대중화는 물론 콘텐츠 제작 패러다임 자체의 변화 즉, '아이디어만 있으면 누구나 시각화할 수 있는 시대'의 도래를 상징하는 중요한 사례라 할 수 있습니다. 지금의 미드저니는 단순히 이미지를 생성하는 도구가 아니라, 새로운 크리에이티브 프로세스를 설계하고 실행할 수 있는 미래형 디자인 도구로 자리잡고 있습니다.

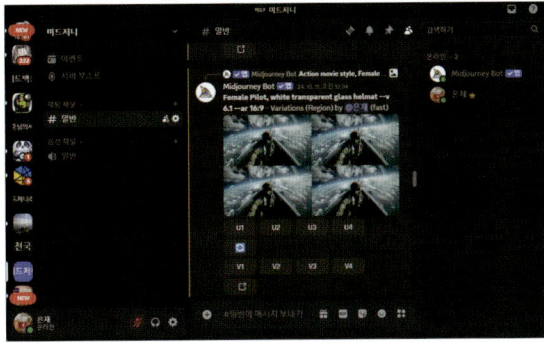

▲ 디스코드 미드저니 인터페이스

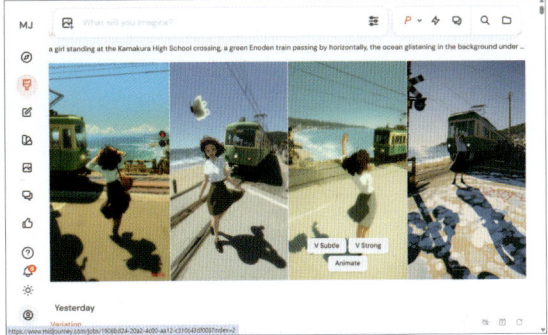

▲ 웹용 미드저니 인터페이스

텍스트 프롬프트로 이미지 생성하기

○ 완성파일 : 02\텍스트 프롬프트 완성.png

미드저니에서 텍스트 기반 프롬프트를 활용해 인물 중심의 장면을 시각화하고, 이를 영상 제작에 적합한 화면 비율로 생성 및 고해상도 업스케일하는 기능에 대해 살펴보겠습니다.

❶ 미드저니 웹사이트에 접속하고 로그인합니다. 텍스트만으로 영상을 생성하기 위해 프롬프트 입력창에 다음과 같은 프롬프트를 입력합니다.

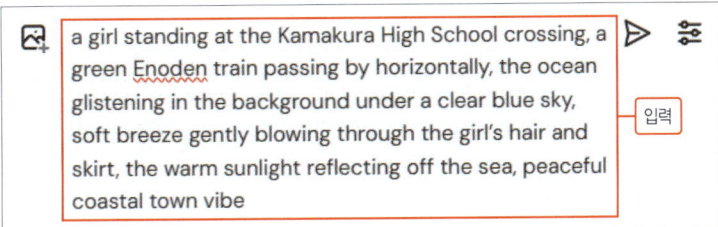

a girl standing at the Kamakura High School crossing, a green Enoden train passing by horizontally, the ocean glistening in the background under a clear blue sky, soft breeze gently blowing through the girl's hair and skirt, the warm sunlight reflecting off the sea, peaceful coastal town vibe

입력

프롬프트 a girl standing at the High School crossing, a green train passing by horizontally, the ocean glistening in the background under a clear blue sky, soft breeze gently blowing through the girl's hair and skirt, the warm sunlight reflecting off the sea, peaceful coastal town vibe, webtoon style

한글 번역 고등학교 앞 건널목에 한 소녀가 서 있고, 초록색 전차가 가로질러 지나가고 있다. 배경에는 맑고 푸른 하늘 아래 반짝이는 바다가 펼쳐져 있으며, 부드러운 바닷바람이 소녀의 머리카락과 치마를 살짝 흔들고 있다. 따뜻한 햇살이 바다에 반사되어 빛나고 있으며, 평화로운 해안 마을의 분위기가 감돈다. 웹툰 스타일

TIP 텍스트 프롬프트는 이미지 생성의 방향성과 디테일을 결정하는 핵심 요소로, 여기에 스토리적 맥락, 장르적 특성, 카메라 앵글 및 무빙 요소가 함께 포함될수록 원하는 결과물이 생성될 확률이 높아집니다. 예제에서는 프롬프트에 스토리적인 요소만을 포함하여, 해당 서사만으로 어떤 이미지가 생성되는지를 중점적으로 관찰하겠습니다.

❷ 결과물을 설정하기 위해 '설정' 아이콘()을 클릭합니다. Image Size를 숏폼 이미지에 맞게 '9:16'으로 설정합니다.

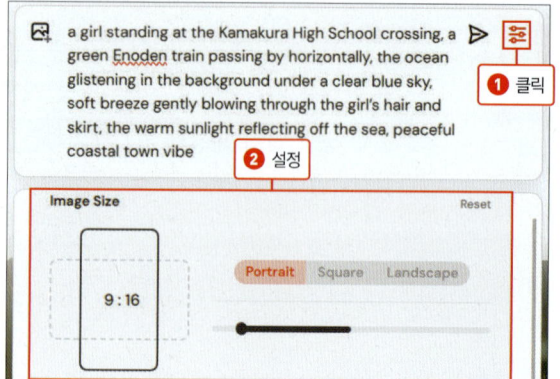

❸ Styliztion, Weirdness, Variety를 각각 '100', '100', '20'으로 설정합니다. 미드저니에서는 한번에 4개의 결과물이 생성되는데, 결과물이 좀 더 다채롭게 표시됩니다. 버전은 '7'로 설정합니다.

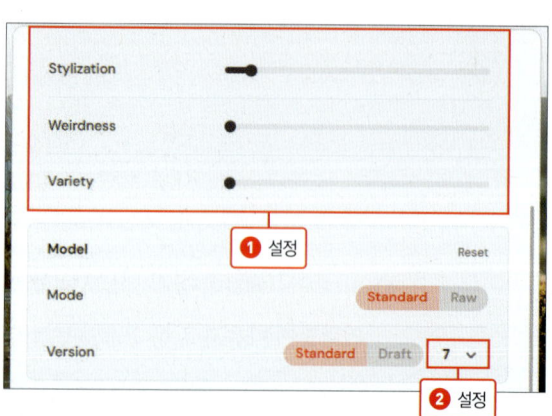

> **NOTE 세부 설정 알아보기**
>
> • **Stylization** : 이미지에 얼마나 예술적이고 스타일리시한 표현을 적용할지 결정합니다. 수치가 높을수록 창의적이고 독특한 스타일이 많이 반영됩니다.
> • **Weirdness** : 결과물에 얼마나 독특하거나 예측 불가능한 요소를 넣을지를 조절합니다. 값이 높을수록 일반적이지 않은, 이상하거나 실험적인 이미지가 나옵니다.
> • **Variety** : 한 프롬프트로 생성된 이미지들 간의 서로 다른 정도를 설정합니다. 높게 설정하면 결과 이미지 4장이 모두 제각기 다른 느낌으로 생성됩니다.

④ 설정이 완료되면 '생성' 아이콘(▷)을 클릭합니다. 생성에는 약간의 시간이 소요되고 〔Create〕 메뉴가 숫자로 표기되면 클릭하여 생성 과정 및 결과물을 확인합니다.

⑤ 이미지 생성이 완료되면 마음에 드는 이미지의 섬네일을 클릭합니다. 예제에서는 2번째 이미지를 선택하였습니다.

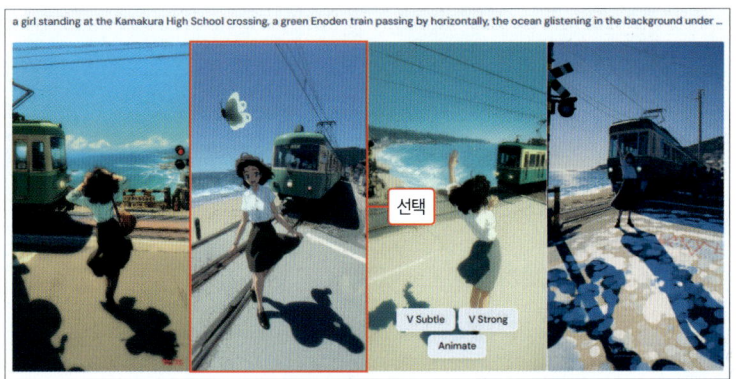

⑥ 이미지를 선택하면 여러 가지 수정 메뉴 및 다운로드 버튼을 제공합니다. 단순히 화질만 높이는 것이 아닌 보정과 업스케일을 동시에 진행하는 화질 보정 방식을 사용해보기 위해 Upscale 항목에서 〈Creative〉 버튼을 클릭합니다.

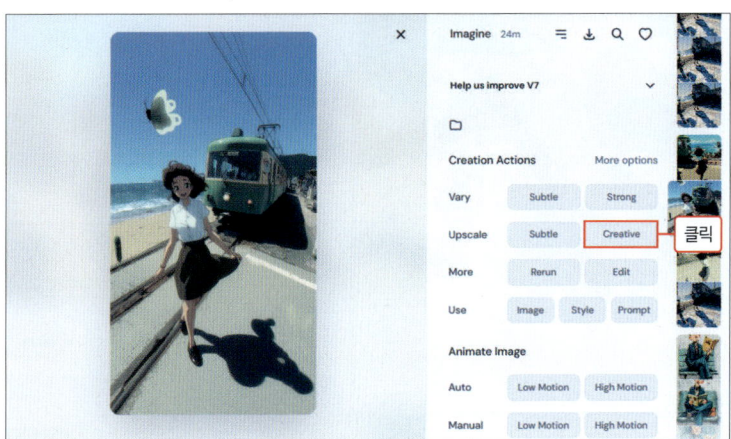

Personalize 활성화/비활성화

사용자의 Personalize에 따라 생성되는 이미지의 그림체나 분위기가 원하는 바와 다를 수 있습니다. 이런 경우, Personalize 아이콘()을 비활성화하고 프롬프트에 실사를 반영하는 프롬프트 (hyperrealistic, shoot by film camera, realistic, realisim 등)을 삽입하여 넣으면, 실사 느낌의 이미지도 생성됩니다.

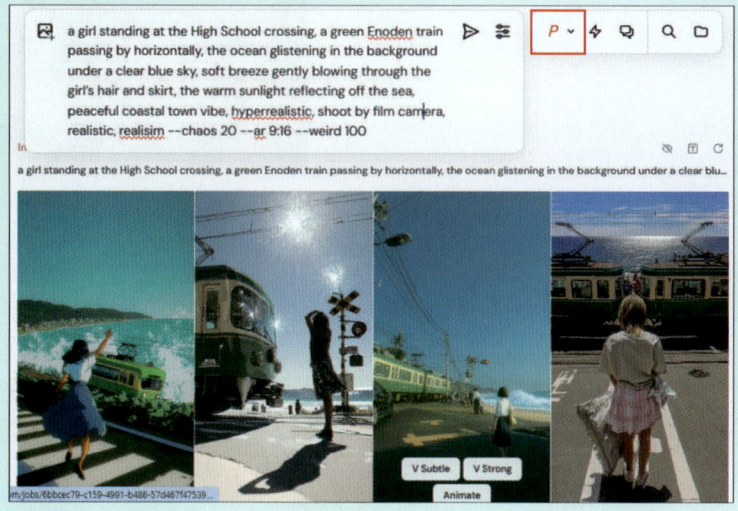

❼ [Create] 메뉴를 클릭하여 업스케일 과정 및 결과물을 확인할 수 있습니다. 섬네일을 클릭하고 상단의 '다운로드' 아이콘(⬇)을 클릭해 다운로드합니다.

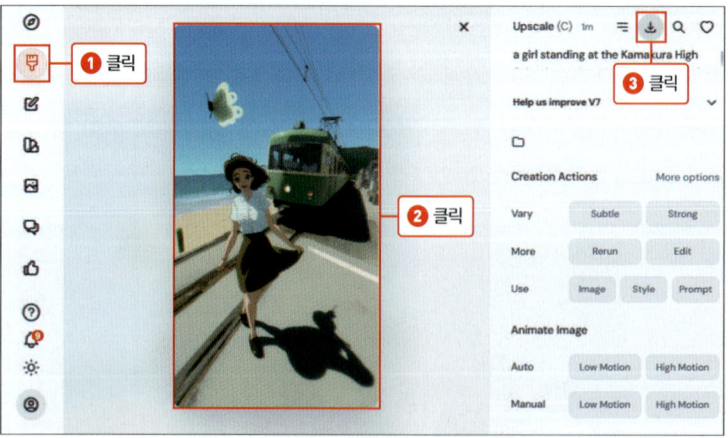

동일 인물로 다른 장면 이미지 만들기

● 예제파일 : 02\걷는 여성.png   ● 완성파일 : 02\공원을 걷는 여성.png

미드저니의 Style References와 Omni-Reference 기능을 활용하여 인물의 외형과 정체성을 일관되게 유지한 채, 다양한 배경과 상황을 반영한 장면을 생성하는 방법을 살펴보겠습니다.

① 참조할 이미지를 업로드하기 위해 '이미지' 아이콘(🖼)을 클릭하고 'Choose a file or drop it here'를 클릭한 다음, 02 폴더에서 '걷는 여성.png' 파일을 불러옵니다.

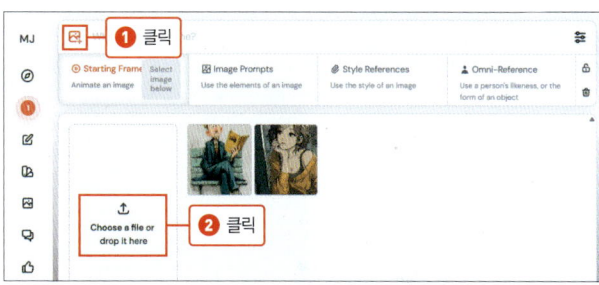

② 느낌을 동일하게 구현하기 위해 Style References와 Omni-Reference에 그림과 같이 이미지 보관함에서 드래그하여 첨부합니다.

③ 다음의 프롬프트를 입력하고, '설정' 아이콘(⚙)을 클릭합니다. Omni-Reference를 '50', Image Size를 '9:16'으로 설정하고, Styliztion, Weirdness, Variety를 각각 '100', '0', '10'으로 설정하고 '생성' 아이콘(▶)을 클릭합니다.

프롬프트 | She is walking in the park

한글 번역 | 그녀는 공원을 걷고 있다.

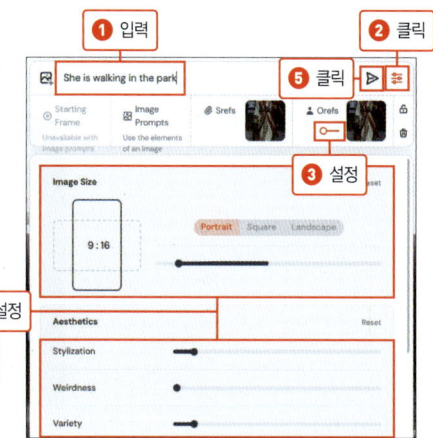

099

❹ 이미지 생성이 완료되면 마음에 드는 이미지의 섬네일을 클릭합니다. 예제에서는 3번째 이미지를 선택하였습니다.

❺ 이미지를 선택하면 여러 가지 수정 메뉴 및 다운로드 버튼을 제공합니다. 현재 보이는 이미지에서 화질만 높여 주는 방식을 적용하기 위해 Upscale 항목에서 〈Subtle〉 버튼을 클릭합니다.

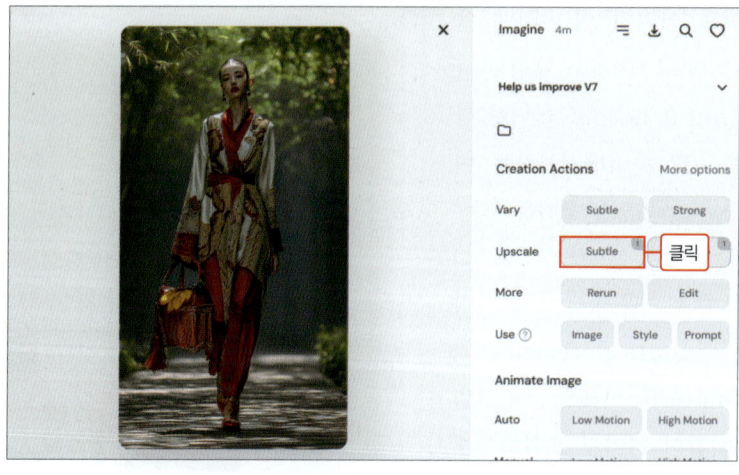

TIP Creative 업스케일 방식은 결과물이 심하게 변형되는 부작용이 있으므로, 둘 중 적절한 방식을 골라 사용하는 것이 좋습니다.

❻ [Create] 메뉴를 클릭하여 업스케일 생성 과정 및 결과물을 확인할 수 있습니다. 섬네일을 클릭하고 상단의 '다운로드' 아이콘(⬇)을 클릭해 다운로드합니다.

미드저니에 업로드한 이미지 영상화하기   ● 예제파일 : 02\서핑 강아지.png   ● 완성파일 : 02\서핑 강아지 영상.mp4

미드저니에서 생성한 이미지를 활용하여, Animate Image 기능을 통해 자연스러운 움직임이 더해진 영상 콘텐츠로 확장하는 과정을 살펴보겠습니다.

① 참조할 이미지를 업로드하기 위해 '이미지' 아이콘( )을 클릭하고 'Choose a file or drop it here'를 클릭하여 02 폴더에서 '서핑 강아지.png' 파일을 불러옵니다.

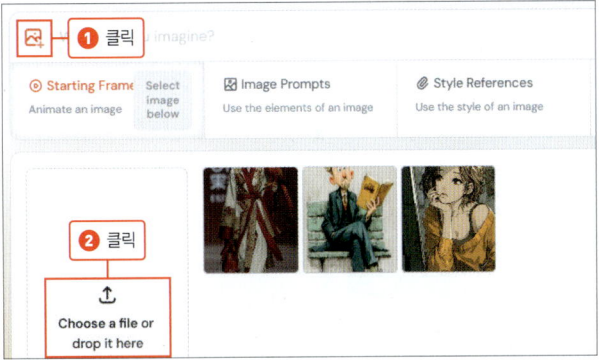

> **NOTE**
> 꼭 업로드하는 이미지가 아니더라도 미드저니에서 생성한 이미지들은 'Animate Image'를 통해 바로 영상화 작업을 진행할 수도 있습니다.

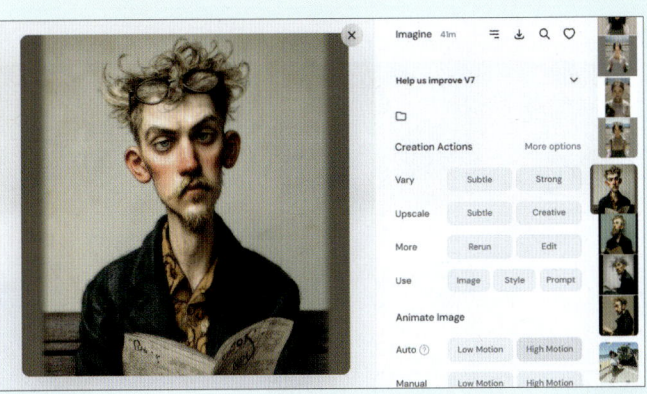

101

❷ 영상의 첫 장면을 이미지로 설정하기 위해 이미지 보관함에서 'Starting Frame'으로 드래그합니다.

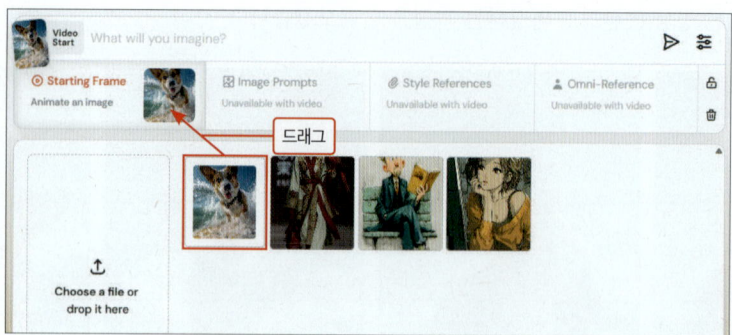

❸ 다음과 같이 프롬프트를 입력하고, '설정' 아이콘(🎚)을 클릭합니다. Motion을 'High'로 설정합니다. 완료되면 '생성' 아이콘(▷)을 클릭해 영상을 생성합니다.

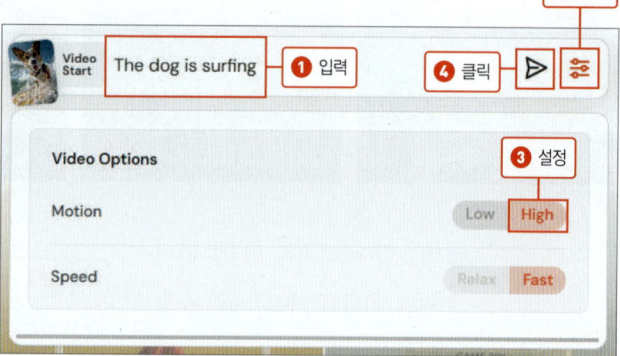

| 프롬프트 | The dog is surfing |
| 한글 번역 | 개가 서핑을 하고 있다. |

❹ 영상도 마찬가지로 4개가 생성되며, 첨부한 이미지의 비율과 동일한 영상이 제작됩니다. 생성이 완료되면 마음에 드는 영상의 섬네일을 클릭합니다. 예제에서는 3번째 영상을 선택하였습니다.

❺ Extend Video 항목에서 〈High Motion〉 버튼을 클릭하여 연장하겠습니다. 기본적으로는 5초 영상이지만, 한 번에 5초씩 최대 20초까지 영상을 연장할 수 있습니다.

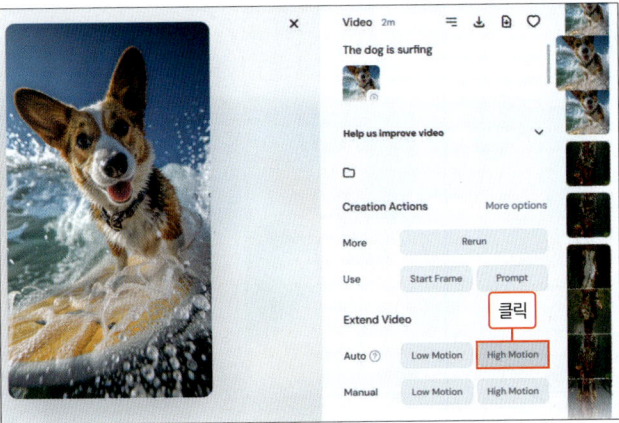

❻ [Create] 메뉴를 클릭하여 영상이 연장된 결과물을 확인할 수 있습니다. 예제에서는 영상의 앞부분은 유사하지만 이어지는 영상에 차이가 있는 4번째 영상을 선택하였습니다.

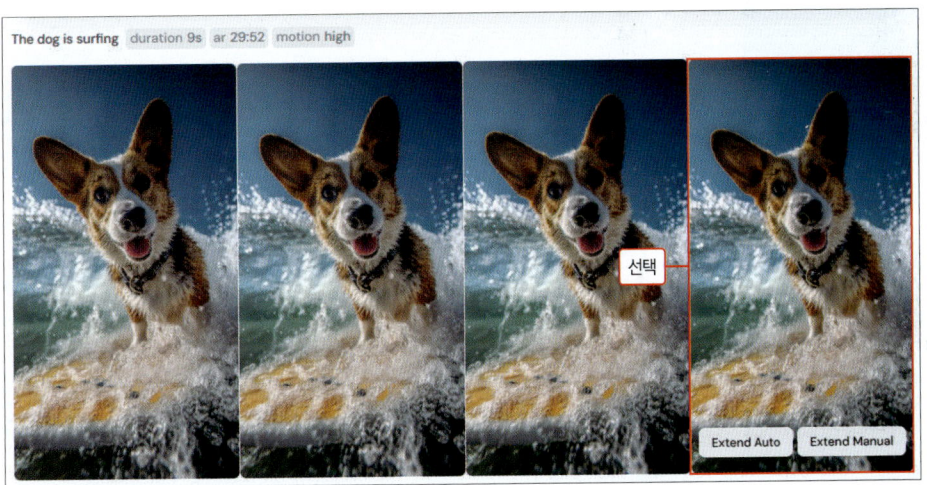

❼ 상단의 '다운로드' 아이콘(⬇)을 클릭해 다운로드합니다. 영상의 경우, 다운로드를 누르면 1080p(FHD) 화질로 자동 업스케일이 됩니다.

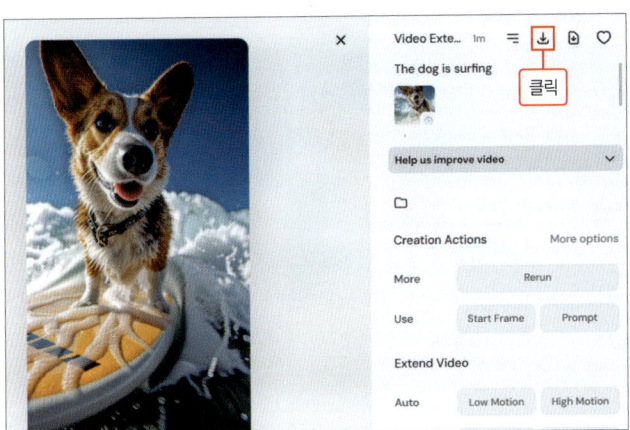

PART 3

광고 기획부터 구성, 영상 제작 편집까지, AI 작업 패턴 스킬

AI ADVERTISING DESIGN

AI는 이제 광고 기획부터 영상구성, 편집까지 전 과정을 관통하는 실무 도구로 활용됩니다. 이번 장에서는 챗GPT, 런웨이, 소라, 루마, 미드저니, 일레븐랩스, 수노, 캡컷 등 주요 AI 툴을 활용해 실사형 광고, 웹툰 스타일 영상, 딥페이크 기반 숏폼, 애니메이션 광고 제작 사례를 단계별로 안내합니다. 각 프로젝트는 텍스트 프롬프트 작성, 음성·효과음 생성, 립싱크, 스토리보드 구성, 컷 편집 등 영상 콘텐츠 제작의 A to Z를 따라가며 실제 작업처럼 익힐 수 있도록 구성되었습니다. 소상공인, 1인 브랜드 운영자도 이 작업 패턴을 익히면 전문가 수준의 광고 제작이 가능합니다.

AI SKILL

챗GPT 이미지와 런웨이 영상으로
웹툰&실사 상품 영상 제작하기

웹툰 스타일의 광고는 감성적 몰입도와 시각적 독창성이 뛰어나, 특히 젊은 소비자층을 대상으로 한 브랜드 커뮤니케이션에서 높은 주목도와 공유 효과를 이끌어내는 콘텐츠 포맷으로 각광받고 있습니다. 기존의 실사 영상이나 일반 애니메이션과 달리, 웹툰 특유의 정적인 컷 구성과 감정 중심의 연출은 짧은 시간 내 강한 감정적 반응을 유도하며, 브랜드 메시지를 스토리 속에 자연스럽게 녹여낼 수 있는 장점이 있습니다. 예제에서는 웹툰 스타일의 인물의 영상으로 실사 스포츠 음료 광고를 제작해 보겠습니다.

챗GPT와 런웨이를 연계해 웹툰 스타일의 이미지를 영상으로 확장하고, 최종적으로 이를 편집하는 제작 과정은 감성적 표현력과 제작 효율성 면에서 큰 장점을 가집니다. 챗GPT를 활용하면 웹툰의 콘셉트와 장면 구성을 바탕으로 정확하고 감각적인 이미지 프롬프트를 제작할 수 있으며, 이 과정에서 캐릭터의 표정, 배경의 연출, 감정선이 드러나는 동작까지 세밀하게 시각화된 컷 이미지를 확보할 수 있으며, 이는 정적인 웹툰 컷을 기반으로 하는 영상화 작업의 출발점이 됩니다.

이렇게 생성된 웹툰 이미지를 런웨이에 입력하면, 이미지 내의 인물과 배경 요소에 자연스럽고 감성적인 움직임을 부여할 수 있습니다. 예를 들어, 인물이 고개를 돌리거나 팔다리의 움직임 등 자연스러운 모션이 자동으로 생성되며, 이를 통해 정적인 웹툰 컷이 마치 살아 움직이는 영상 장면으로 진화하게 됩니다. 특히, 런웨이는 시간축 기반의 모션 생성과 인물 중심의 감정 표현에서 강점을 보여, 감정 흐름을 섬세하게 연출해야 하는 웹툰 영상 제작에 최적화된 도구입니다.

이후, 런웨이에서 생성된 모션 클립들을 활용해 영상 편집 단계로 넘어가면, 컷 간 연결을 부드럽게 조정하고 전환 효과, 사운드, 내레이션, 자막 등을 추가하여 콘텐츠의 몰입감과 완성도를 한층 높일 수 있습니다. 특히 웹툰 특유의 동작을 시각적으로 표현하는 데 있어서, 컷 편집 및 자막 연출은 시청자에게 더욱 강한 인상을 남깁니다.

결과적으로, 챗GPT를 통한 이미지 기획 → 이미지 생성 → 런웨이를 통한 동작 부여 및 감정 연출 → 영상 편집과 사운드 후반 작업까지 이어지는 이전 과정은 기존 웹툰을 기반으로 한 감성적 숏폼 콘텐츠 또는 브랜드 홍보 영상을 효율적으로 제작할 수 있는 장점이 있습니다. 효율성과 콘텐츠 품질을 동시에 확보할 수 있는 새로운 광고 제작 방식으로 자리 잡고 있습니다. 이러한 접근은 브랜드가 감성적 메시지를 효과적으로 전달하면서도, 생산 리소스를 절감할 수 있는 AI 기반의 창작 전략으로 매우 주목받고 있습니다.

SECTION 1.

스포츠 음료와 어울리는 이미지 생성하기

완성파일 : 03\웹툰&실사\이미지.jpg

AI로 움직이는 영상을 만들기 위해서는 영상으로 전환할 이미지가 반드시 필요합니다. 챗GPT를 활용하여 지브리 스타일 애니메이션의 기반이 될 이미지를 생성해 보겠습니다.

01 광고의 콘셉트를 생각하며 떠오른 이미지를 생성하기 위해 챗GPT에 접속합니다. 프롬프트 입력창에 다음과 같이 입력하고 Enter 를 누릅니다.

TIP 이미지를 지브리 스타일로 바꾸고 싶은 경우, 챗GPT에 이미지를 첨부한 다음, '지브리 스타일로 바꿔줘'를 입력하면 쉽게 변환할 수 있습니다. 예제에서는 사전에 준비된 이미지가 없는 상황을 가정해 진행하겠습니다.

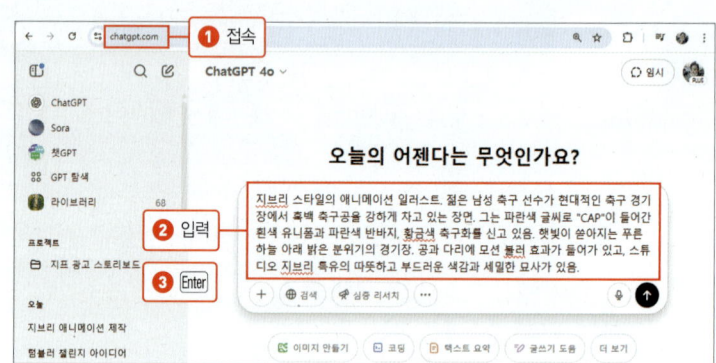

프롬프트
지브리 스타일의 애니메이션 일러스트. 젊은 남성 축구 선수가 현대적인 축구 경기장에서 흑백 축구공을 강하게 차고 있는 장면. 그는 파란색 글씨로 "CAP"이 들어간 흰색 유니폼과 파란색 반바지, 황금색 축구화를 신고 있음. 햇빛이 쏟아지는 푸른 하늘 아래 밝은 분위기의 경기장. 공과 다리에 모션 블러 효과가 들어가 있고, 스튜디오 지브리 특유의 따뜻하고 부드러운 색감과 세밀한 묘사가 있음

02 입력한 프롬프트를 반영하여 챗GPT가 그림을 생성합니다. 장면의 구도에 변화를 주기 위해 입력창에 다음과 같이 입력합니다.

프롬프트
정면 뷰로 최대한 생성해 줘. 이거 말하는 애니메이션으로 변환할 목적이야.

03 원하는 이미지가 나올 때까지 과정을 반복해 이미지를 생성하고, 만족스러운 결과가 나오면 해당 이미지를 선택합니다. 예제에서는 3번째 이미지를 선택했습니다.

TIP 프롬프트를 반복적으로 수정하고 변형하여 원하는 이미지에 점점 더 가까워지도록 생성하는 과정이 중요합니다. 해당 예제에서는 선택한 이미지의 노란 색감을 제거하고자 몇 번 더 수정했습니다.

04 선택한 이미지를 저장하기 위해 마우스 오른쪽 클릭으로 '이미지를 다른 이름으로 저장…'을 선택합니다.

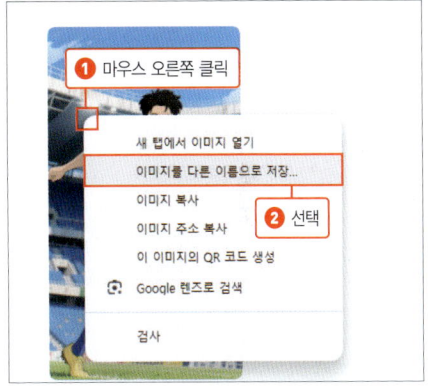

05 다운로드 폴더에서 해당 파일의 이름을 '이미지'로 변경한 다음, 경로를 지정하여 이동합니다.

109

● 예제파일 : 03\웹툰&실사\이미지.jpg   ● 완성파일 : 03\웹툰&실사\전체길이 영상.mp4

SECTION 2.

2D 이미지를 움직이는 영상으로 생성하기

챗GPT에서 생성한 이미지를 생성형 AI 런웨이 Gen-4를 활용하여 움직임이 자연스러운 애니메이션으로 만들 수 있습니다. 앞서 생성한 이미지를 자연스럽게 움직이는 영상으로 생성해 보겠습니다.

01 런웨이로 2D 이미지 불러오기

01 이미지를 영상화하기 위해 웹사이트에서 'www.runwayml.com/'를 입력하여 런웨이 사이트에 접속합니다. 오른쪽 상단에 위치한 〈Get Started〉 버튼을 클릭하고 로그인합니다.

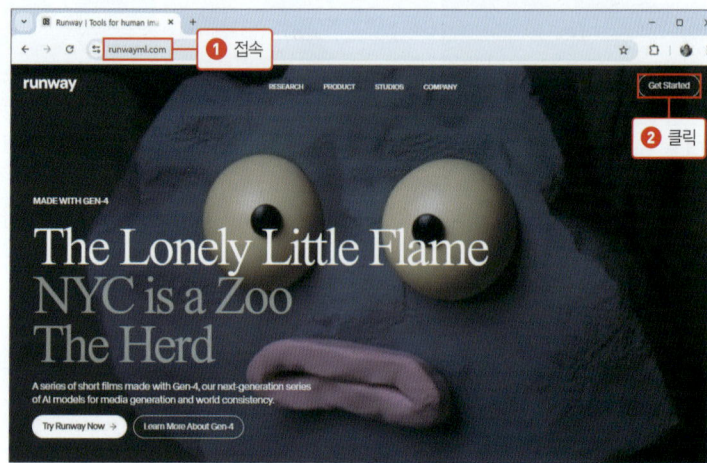

02 대시보드 화면에서 상단에 위치한 검색창에 'Gen4'를 입력하고 AI Tools의 'Gen-4'를 클릭합니다. 로그인 후 툴모드 화면으로 표시된다면 해당 과정을 거치지 않아도 됩니다.

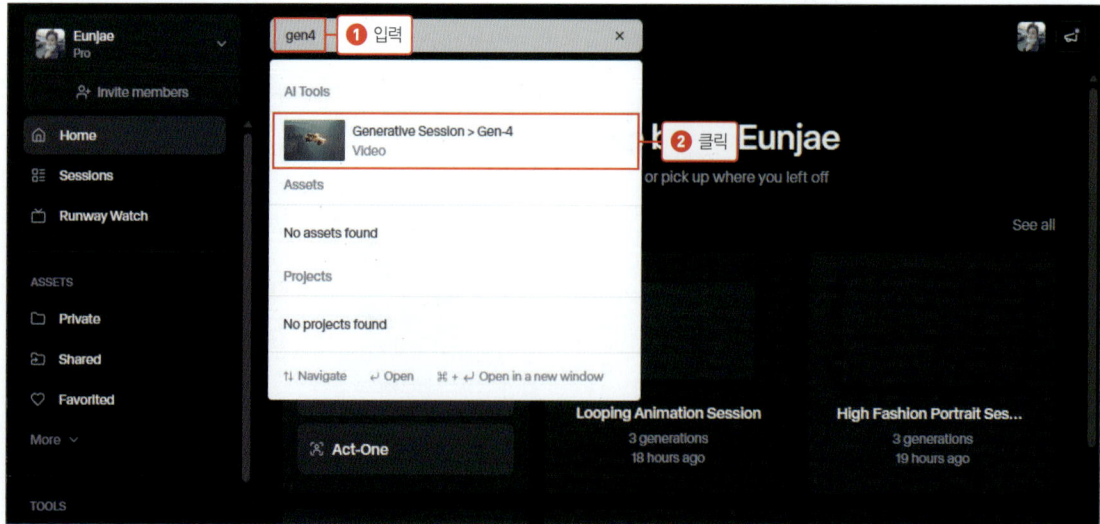

런웨이 영상 생성 모델 알아보기

예제에서 사용하는 Gen-4 모델은 영상 학습 모델 4세대로 이전 세대와 비교하여 훨씬 더 현실적인 비디오 생성, 모션의 자연스러움, 창의적 연출이 가능하며 애니메이션 스타일을 지원하고 있습니다.

모델명	출시 시기	특징	사용 가능 요금제
Gen-1	2023년 초	최초의 영상 생성 모델 스타일 변환(Style Transfer) 텍스트 기반 생성 불가	유료(일부 기능 무료)
Gen-2	2023년 중반	텍스트 → 비디오(T2V) 이미지 → 비디오(I2V) 배경 제거 등 가능	유료
Gen-3 Alpha	2024년 초	감정 표현, 장면 전환 개선 사람, 동물 표현 향상	유료(선택 계정 우선)
Gen-4	2024년 5월	고해상도 표현, 감정, 카메라 무빙 탁월 지브리 · 픽사 스타일 지원	유료(Standard 이상)
Gen-4 Turbo	2024년 6월 이후	Gen-4보다 빠른 속도 실시간 생성 수준 효율성 극대화	유료(Pro 이상)

 런웨이를 처음 이용한다면?

로그인 후 첫 화면이 챗 모드 형태로 보입니다. 왼쪽 상단에 'View all sessions' 아이콘(▣)을 클릭하고 'Go to Dashboard'를 선택하면 예제와 같은 화면으로 진행할 수 있습니다.

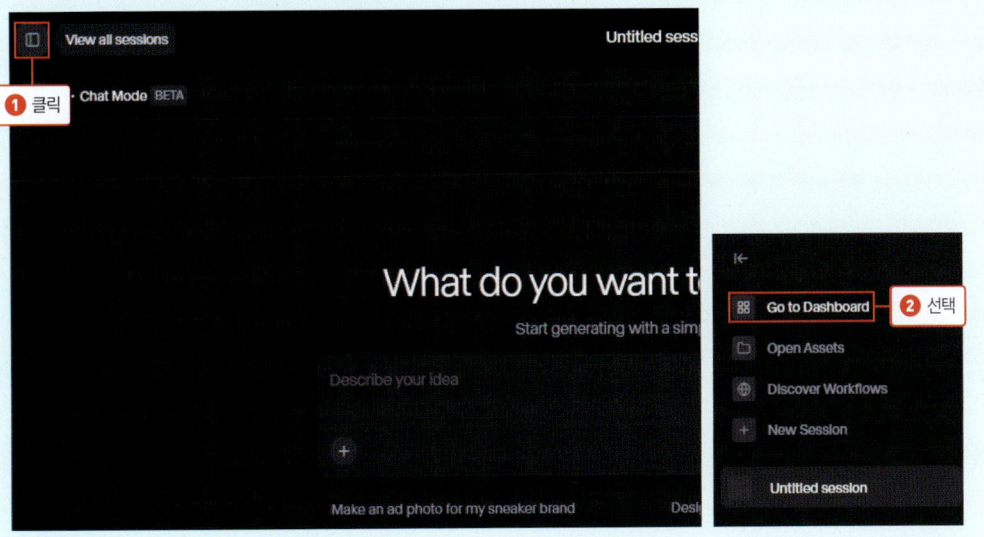

03 텍스트 및 이미지 프롬프트 기능을 활용하여 영상을 만들 수 있는 생성형 AI 기능이 표시됩니다. PC에 있는 이미지를 첨부하기 위해 〈Select asset〉을 클릭하고 'Drag and drop file (image)'를 클릭합니다.

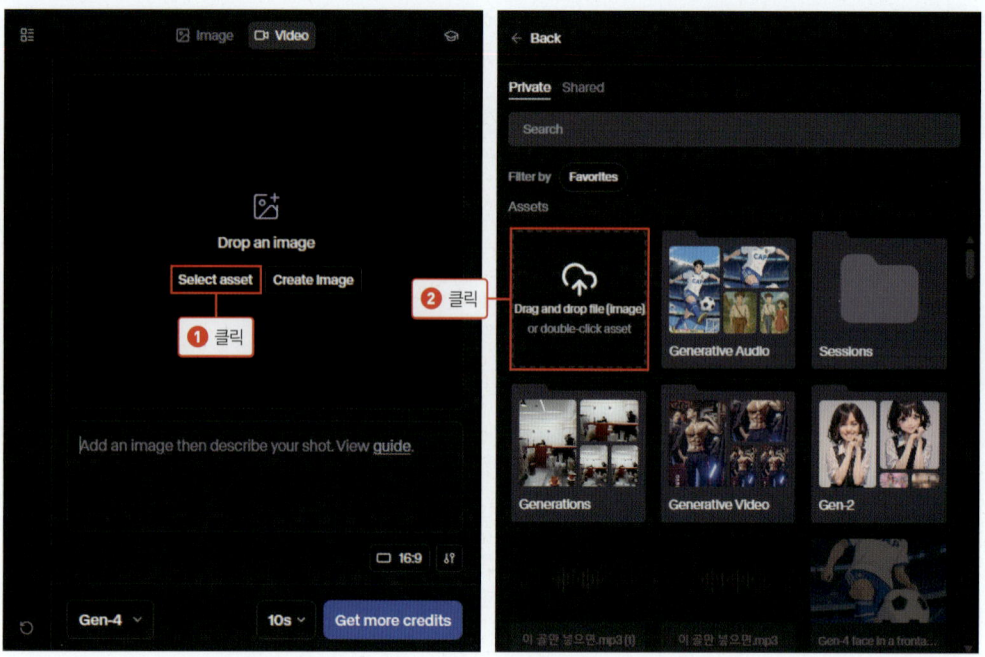

TIP 런웨이의 Gen-4 모델은 유료 플랜으로 사용 가능하며 2025년 06월 기준으로 Gen-4 Turbo 모델을 부분적으로 무료 이용할 수 있습니다. 제한 없이 생성하려면 런웨이 유료 플랜을 확인해 주세요(082쪽 참고).
- Basic(무료) : Gen-1 사용 가능, 해상도, 길이 제한 많음
- Standard/Pro(유료) : Gen-2~4 사용 가능, 더 긴 영상 생성, 빠른 처리 속도 제공

04 열기 대화상자가 표시되면 03 → 웹툰&실사 폴더의 '이미지.jpg'를 선택하고 〈열기(O)〉 버튼을 클릭합니다.

02 장면에 움직임 프롬프트를 추가하고 저장하기

01 영상으로 변환하기 위해 캐릭터나 카메라 움직임에 대한 프롬프트를 추가하겠습니다. 다음의 프롬프트를 입력하고 비율을 '9:16', 모델을 'Gen-4', 영상 길이를 '5s'로 설정한 다음, 〈Generate〉 버튼을 클릭합니다.

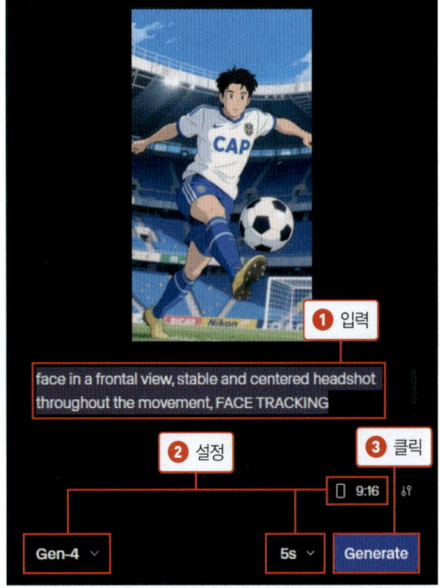

프롬프트

face in a frontal view, stable and centered headshot throughout the movement, FACE TRACKING

한글 번역

정면 구도, 머리가 가운데에 고정됩니다. 얼굴을 추적함.

TIP 대사를 하는 애니메이션 영상의 경우, 얼굴이 정면 구도를 벗어나거나 고개의 각도가 틀어지면, 이후 과정에서 생성에 어려움이 있을 수 있습니다. 최대한 얼굴이 정면을 보는 상태로 영상구도를 설정합니다.

02 작성된 프롬프트와 생성 모델, 비율, 시간에 맞게 영상이 생성됩니다. 생성에는 약간의 시간이 소요되며 완료될 때까지 기다립니다.

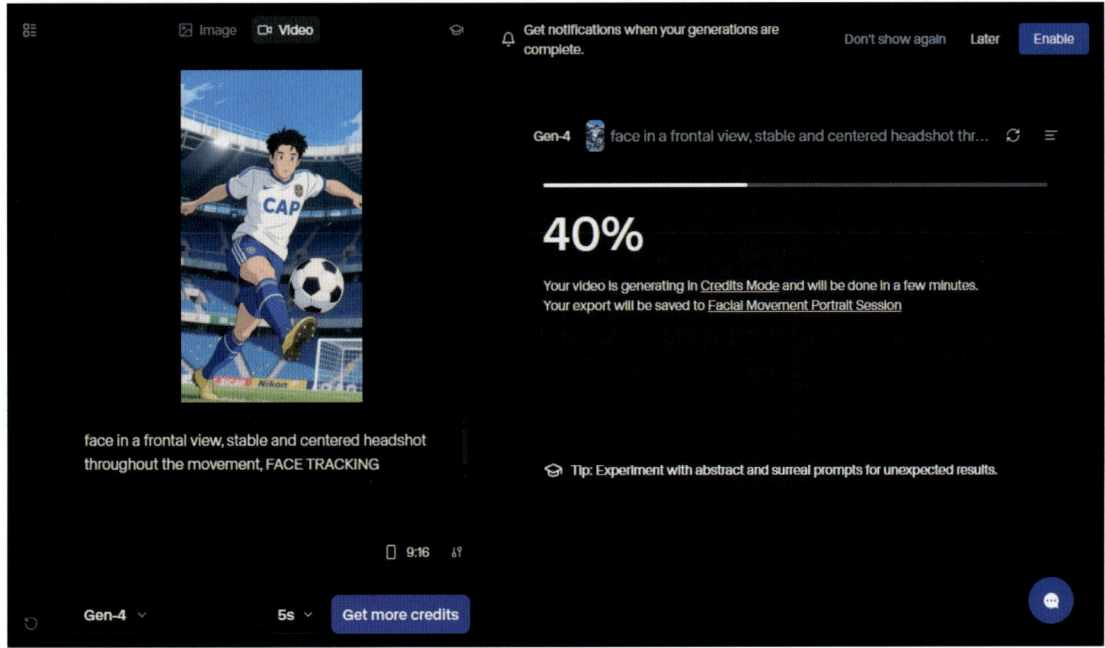

03 생성이 완료되면 섬네일을 클릭해 영상을 재생하여 확인합니다. 원하는 영상으로 생성되면 하단의 '다운로드' 아이콘 (⬇)을 클릭하여 영상을 저장합니다.

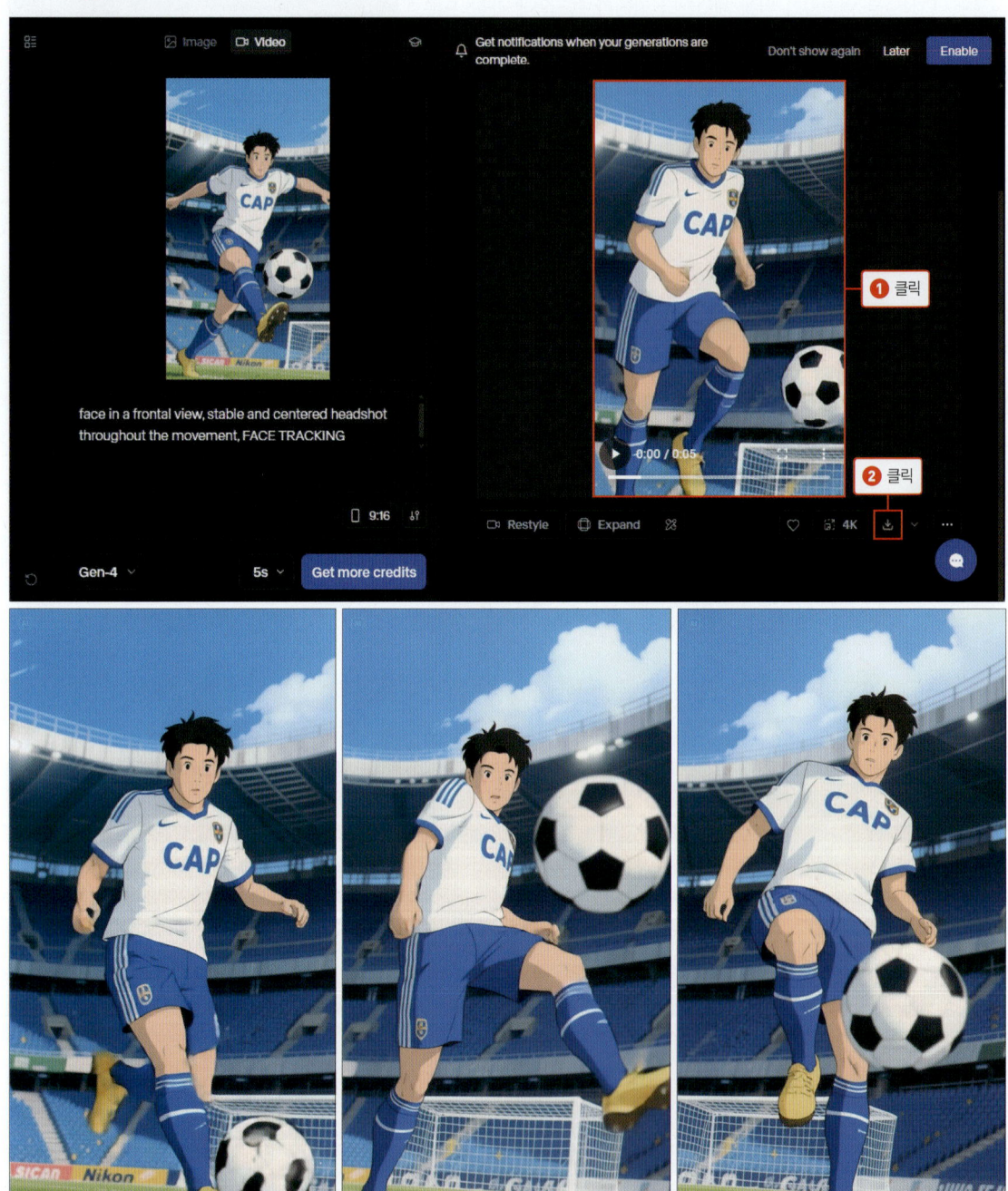

▲ 완성된 예제 영상의 일부 컷

TIP 생성형 AI 영상의 경우, 한 번에 원하는 영상을 만들기는 정말 어렵습니다. 반복 시행을 통해 만족할 때까지 생성을 반복하는 것이 좋습니다. 원하는 영상이 나오지 않았다면, 텍스트 프롬프트를 조금씩 수정하여 생성해 보는 것도 하나의 방법입니다.

SECTION 3.

● 완성파일 : 03\웹툰&실사\내 안의 에너지가 폭발.mp3, 그 중심엔 늘.mp3

스포츠 음료를 돋보일 내레이션 생성하기

일레븐랩스(ElevenLabs)의 디지털 AI 성우 기능을 활용하면, 원하는 텍스트를 입력하여 실제 사람처럼 자연스러운 음성으로 변환된 대사를 생성할 수 있습니다. AI 성우를 사용하는 방법과 생성된 음성을 오디오 파일 형식으로 저장해 PC에 보관하는 과정을 살펴봅니다.

01 일레븐랩스에서 원하는 목소리 선택하기

01 웹브라우저에서 'elevenlabs.io'를 입력하여 일레븐랩스 사이트에 접속하고 〈GET STARTED FREE〉 버튼을 클릭해 로그인합니다.

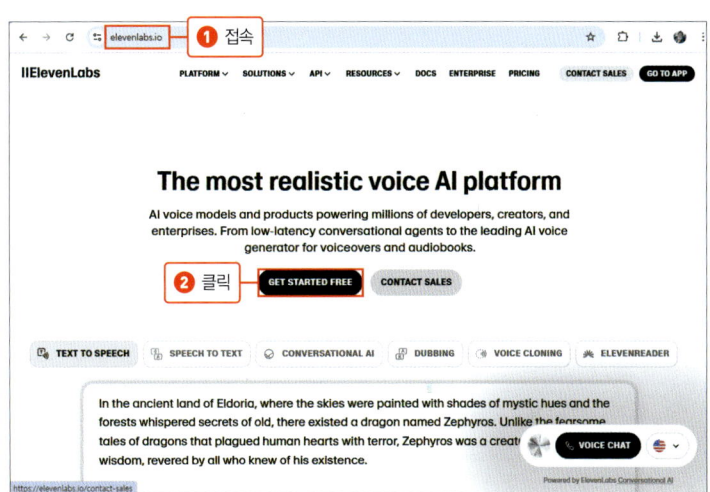

02 텍스트를 목소리로 만들기 위해 왼쪽 메뉴바에서 (Text To Speech) 메뉴를 클릭합니다.

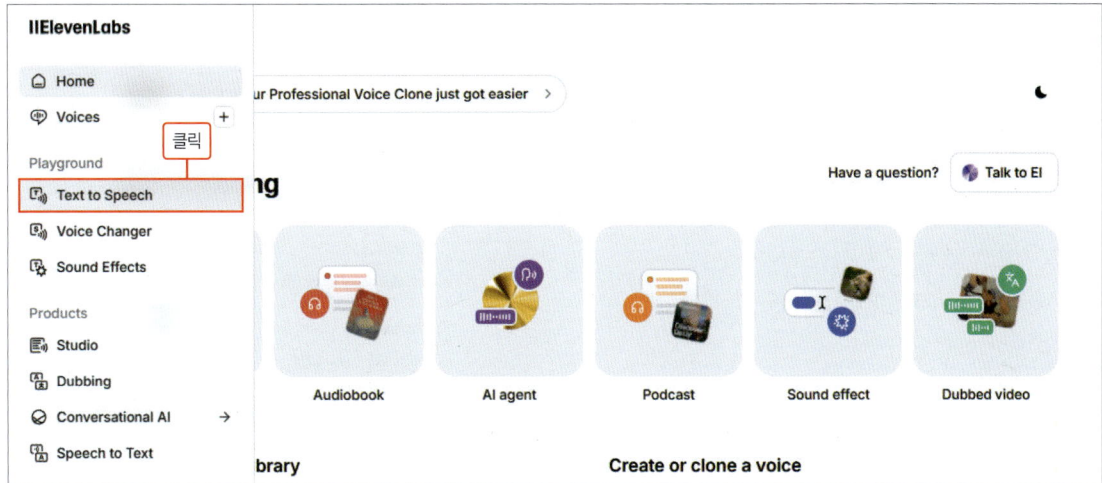

115

03 Text To Speech 창이 표시되고 대사 입력창에 '내 안의 에너지가 폭발하는 순간'을 입력합니다. 성우를 변경하기 위해 오른쪽의 Settings 메뉴에서 Voice에 임의로 지정된 성우 이름을 클릭합니다.

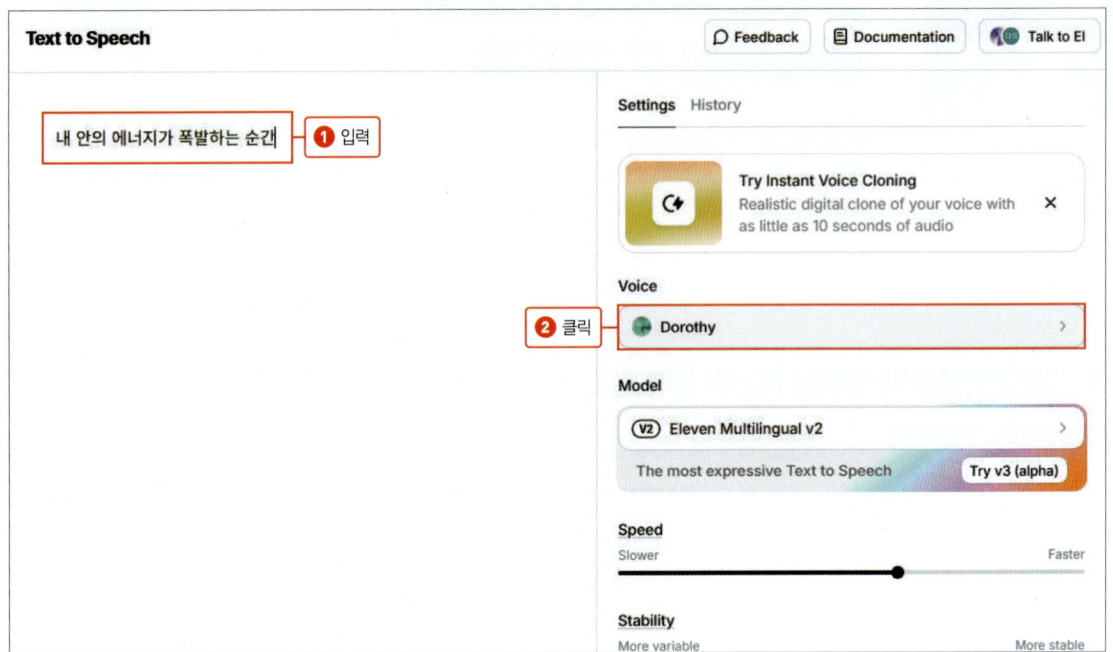

04 표시되는 음성들을 들어보고 선택할 수 있습니다. 예제에서는 원하는 목소리를 검색하여 사용하겠습니다. 검색창에 'KKC'를 입력하고 KKC 성우를 클릭합니다.

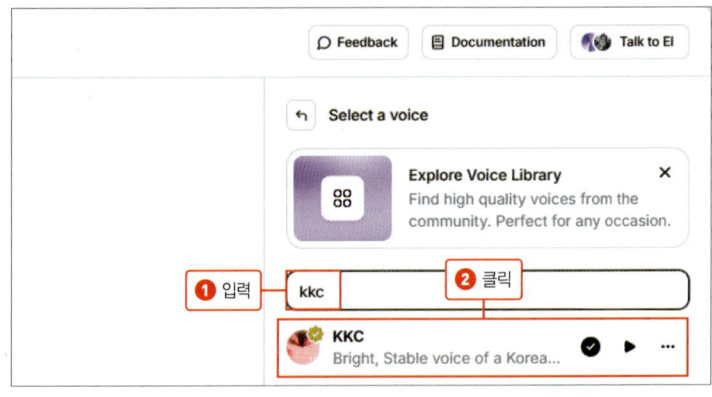

TIP 원하는 성우가 특별히 없다면, 성우 리스트에서 다양한 성우들의 샘플을 들으면서 목소리를 직접 들어보고 선택할 수 있습니다.

05 그림과 같이 〈Add to My Voices〉 버튼을 클릭하여 해당 성우의 목소리로 확정합니다. 처음 성우를 추가할 때만 이 과정을 거치고, 한 번 추가하면 이후에도 라이브러리에서 찾을 수 있습니다.

06 Model은 가장 최신 버전인 'Eleven v3 (alpha)'를 선택하고 Stability를 'Natural'로 설정한 다음 〈Generate speech〉 버튼을 클릭해 텍스트를 음성화합니다.

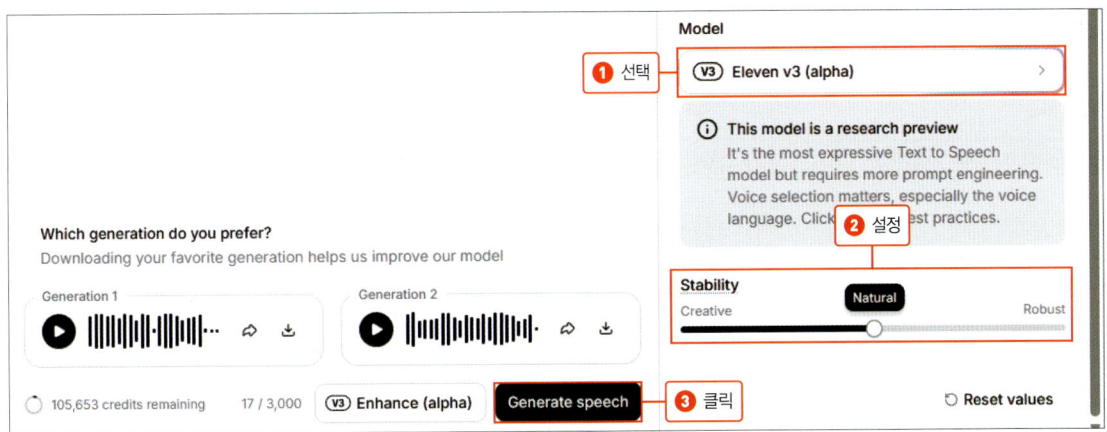

NOTE

세부 설정 알아보기
- Model : 일레븐랩스에서 텍스트를 음성으로 학습할 수 있는 모델을 선택할 수 있습니다.
- Stability : 목소리의 스타일을 변경할 수 있습니다. Creative는 좀 더 감정이 실리는 느낌이지만, 안정감이 떨어지며 Robust는 정확한 음정 전달이 목적이지만 로봇처럼 감정이 약해지는 느낌을 줍니다.

02 생성한 음성 파일 저장하기

01 대사에 맞는 음성 결과물이 2개 생성되면 '' 아이콘을 클릭하여 확인합니다. 원하는 결과물을 선택해 '다운로드' 아이콘(↓)을 클릭합니다. 예제에서는 Generation 1을 선택했습니다.

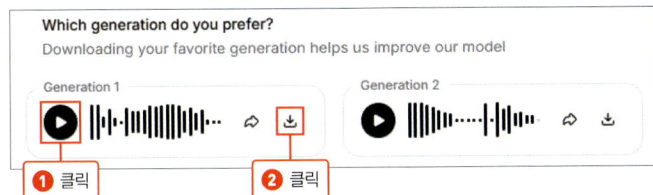

TIP 원하는 결과물이 나오지 않았다면, 다시 〈Generate speech〉 버튼을 클릭하거나 오른쪽의 음성 설정을 변경한 다음 〈Generate speech〉 버튼을 클릭해 다시 생성합니다.

02 다운로드 폴더에서 파일을 확인할 수 있으며 구분을 위해 파일명을 '내 안의 에너지가 폭발'로 변경하고 지정한 경로로 이동합니다.

117

03 립싱크를 위한 음성 추가하고 저장하기

01 이번에는 캐릭터의 입 모양에 맞게 추가 대사를 생성하겠습니다. 대사 입력창에 '그 중심엔 늘 Power Extreme이 있었다!'를 입력하고 〈Generate Sound Effects〉 버튼을 클릭합니다.

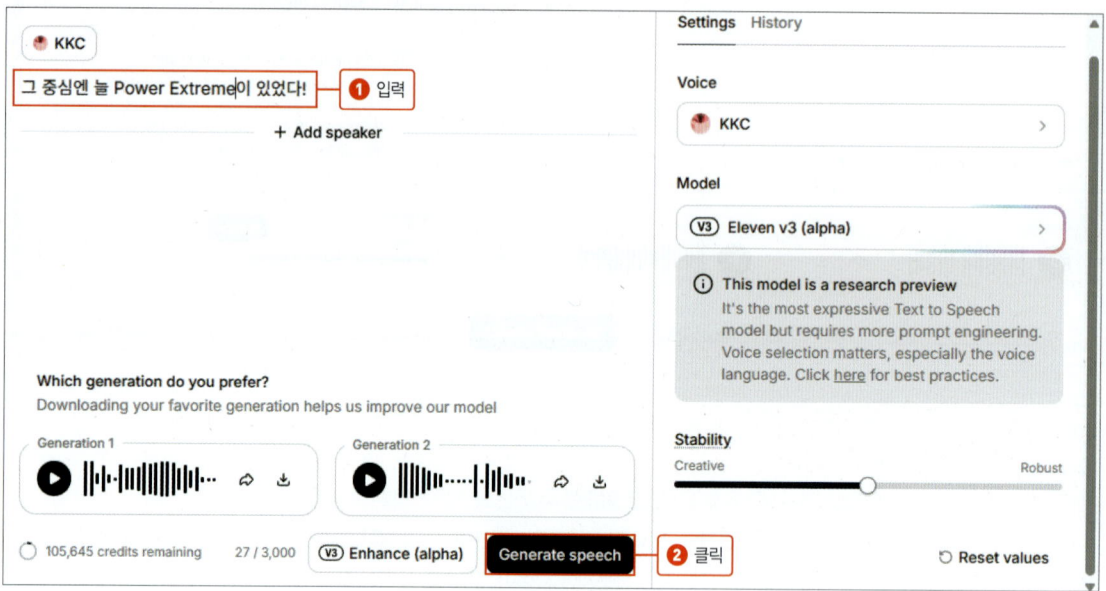

TIP 런웨이에서 이미지를 영상화하는 과정에서 생성되는 입의 움직임을 확인하고 해당 구간에 대사를 채워주면 영상의 완성도를 풍부하게 할 수 있습니다.

02 대사에 맞는 음성 결과물이 2개 생성되면 '▶' 아이콘을 클릭하여 확인합니다. 원하는 결과물을 선택해 '다운로드' 아이콘(⬇)을 클릭합니다. 예제에서는 Generation 1을 선택했습니다.

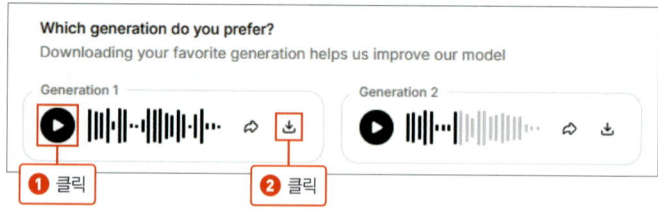

03 다운로드 폴더에서 파일을 확인할 수 있으며 구분을 위해 파일명을 '그 중심엔 늘'로 변경하고 지정한 경로로 이동합니다.

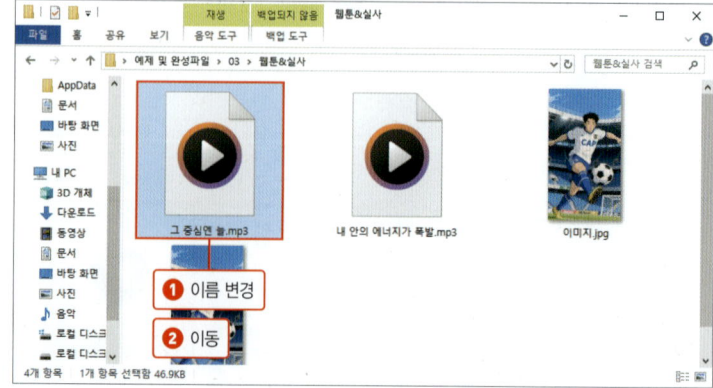

TIP 해당 음성의 경우에는 이후 영상 편집 프로그램인 캡컷에서 영상과 함께 활용할 예정입니다.

● 예제파일 : 03\웹툰&실사\내 안의 에너지가 폭발.mp3, 전체길이 영상.mp4
● 완성파일 : 03\웹툰&실사\Lip Sync 내 안의 에너지가 폭발.mp4

SECTION

런웨이에서 영상과 음성을 활용한 립싱크 영상 제작하기

앞서 런웨이에서 생성한 애니메이션 영상과 일레븐랩스를 통해 제작한 대사 음성 파일을 결합하여, 캐릭터가 실제로 말을 하는 것처럼 입 모양이 자연스럽게 움직이는 립싱크 애니메이션 영상을 완성해 보겠습니다.

01 런웨이에 영상과 음성 파일 불러오기

01 웹브라우저에서 'www.runwayml.com/'를 입력하여 런웨이 사이트에 접속합니다. 오른쪽 상단에 위치한 〈Get Started〉 버튼을 클릭하고 로그인합니다.

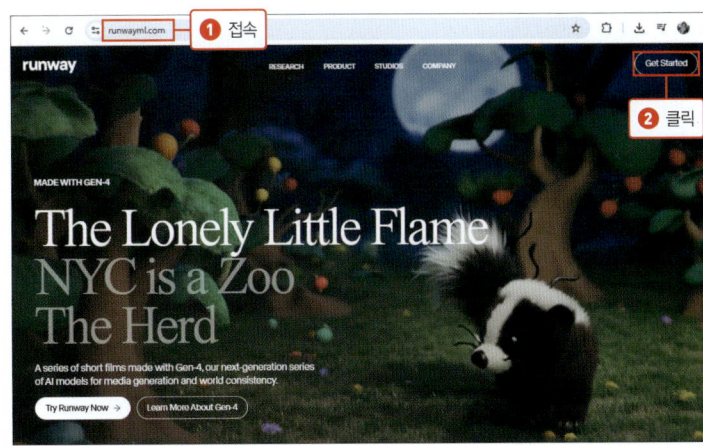

02 대시보드 화면에서 상단 검색창에 'Lip sync'를 입력하고 AI Tools에 'Lip Sync Video'를 클릭합니다.

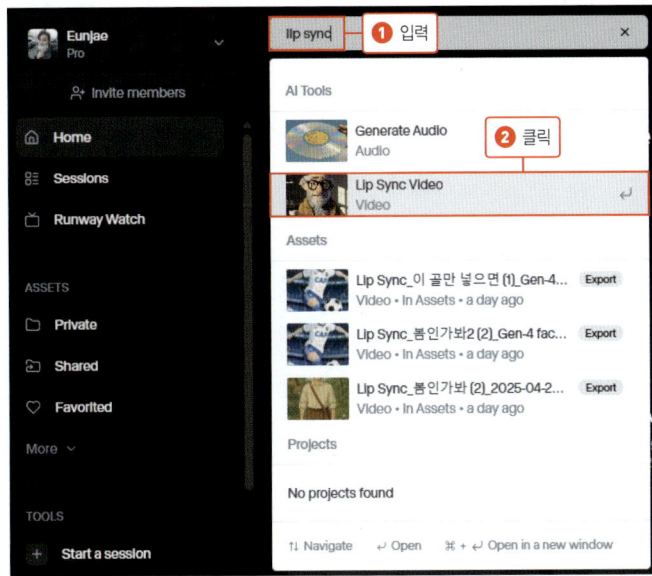

TIP 런웨이에서는 영상 속 얼굴, 표정과 음성 타이밍을 AI가 분석해 프레임 단위로 입술 움직임을 생성하여 감정표현이 자연스러운 장점이 있습니다.

03 립싱크 비디오 생성 기능이 표시되면 영상을 첨부하기 위해 〈Select from Asset〉 버튼을 클릭하고 'Drag and drop file (video or image)'를 클릭합니다.

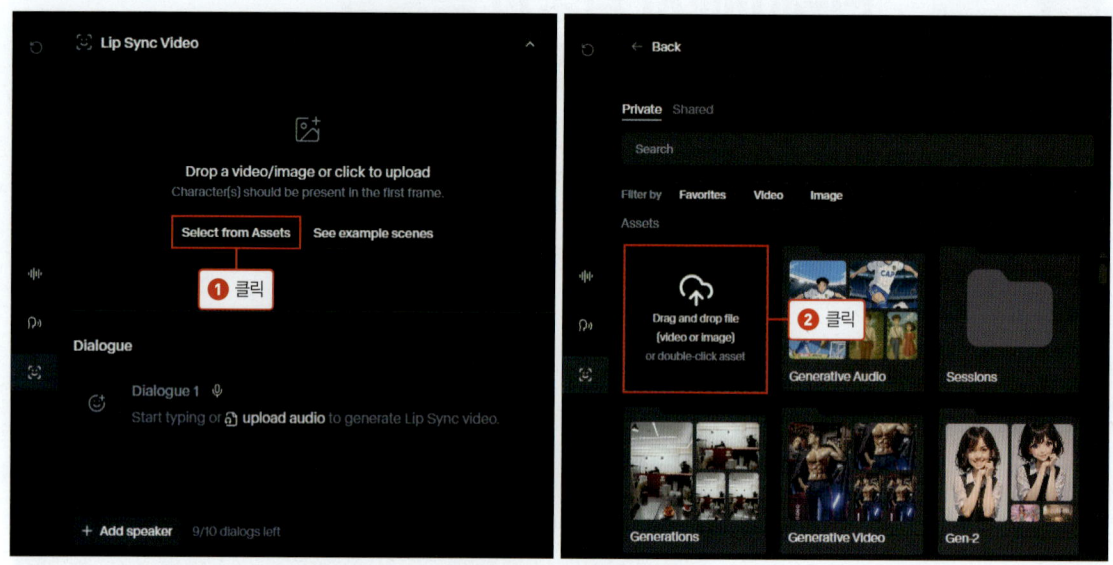

TIP 다운로드한 폴더에서 'Drag and drop file (video or image)'로 파일을 드래그해 열기도 가능합니다.

04 열기 대화상자가 표시되면 03 → 웹툰&실사 폴더의 '전체길이 영상.mp4' 파일을 선택하고 〈열기(O)〉 버튼을 클릭합니다.

런웨이에서 처음부터 립싱크 영상을 제작할 수 있나요?

런웨이는 Gen-2 기준으로는 음성을 자동 인식해 입모양을 맞추는 기능(Lip Sync)을 정식 지원하지 않기 때문에, 립싱크 효과를 내기 위해서는 음성과 입이 움직이는 영상을 준비해 활용해야 합니다.

도구	특징	함께 쓰는 이유
HeyGen	자연스러운 립싱크 지원, 다양한 얼굴 아바타 제공	얼굴 중심 클립 제작 후, 런웨이에서 배경합성
D-ID	정적 이미지 → 말하는 얼굴 애니메이션	립싱크만 생성하고 나머지는 런웨이에서 영상화
일레븐랩스	감정 표현 가능한 음성 합성	립싱크 전용 음성 생성에 적합

05 영상 업로드되면 자동으로 얼굴을 추적합니다. 음성을 첨부하기 위해 하단의 Dialogue에 'upload audio'를 클릭하고 〈Select from Asset〉 버튼을 클릭합니다.

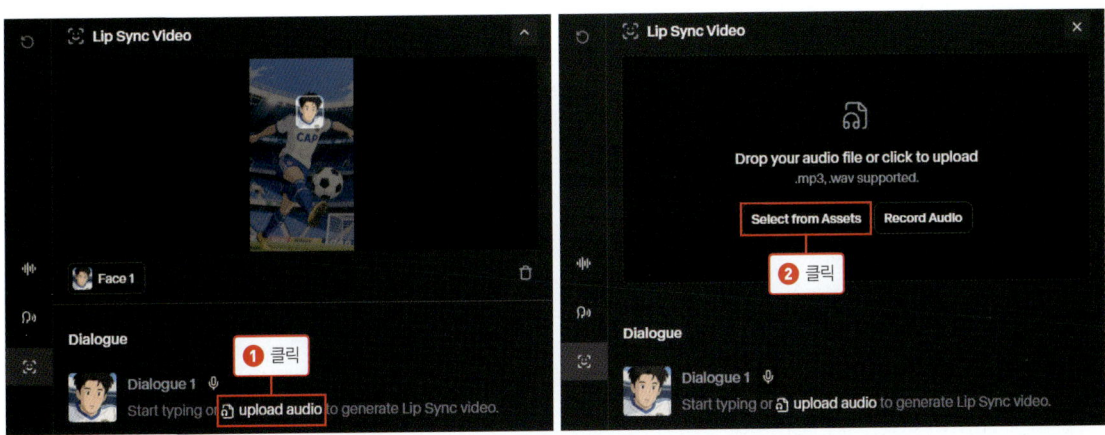

TIP 〈Record Audio〉 버튼을 누르면 마이크를 활용하여 직접 음성을 녹음하여 사용할 수 있습니다.

06 PC에 있는 음성을 첨부하기 위해 'Drag and drop file (audio)'를 클릭합니다.

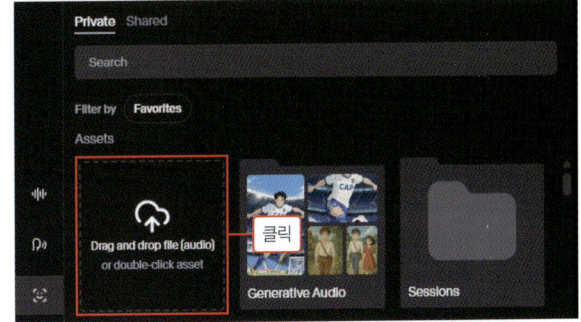

07 열기 대화상자가 표시되면 03 → 웹툰&실사 폴더의 '내 안의 에너지가 폭발.mp3' 파일을 불러옵니다. 음성 첨부가 완료되면 하단에 〈Generate〉 버튼을 클릭해 립싱크 비디오를 생성합니다.

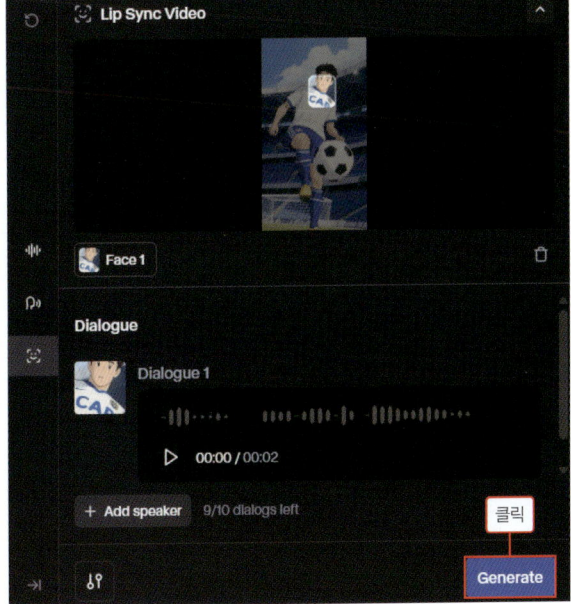

02 완성된 립싱크 영상 저장하기

01 생성이 완료되면 영상을 클릭해 확인합니다. 영상에 맞게 음성이 적용되었다면 '다운로드' 아이콘(⬇)을 클릭하여 영상을 저장합니다.

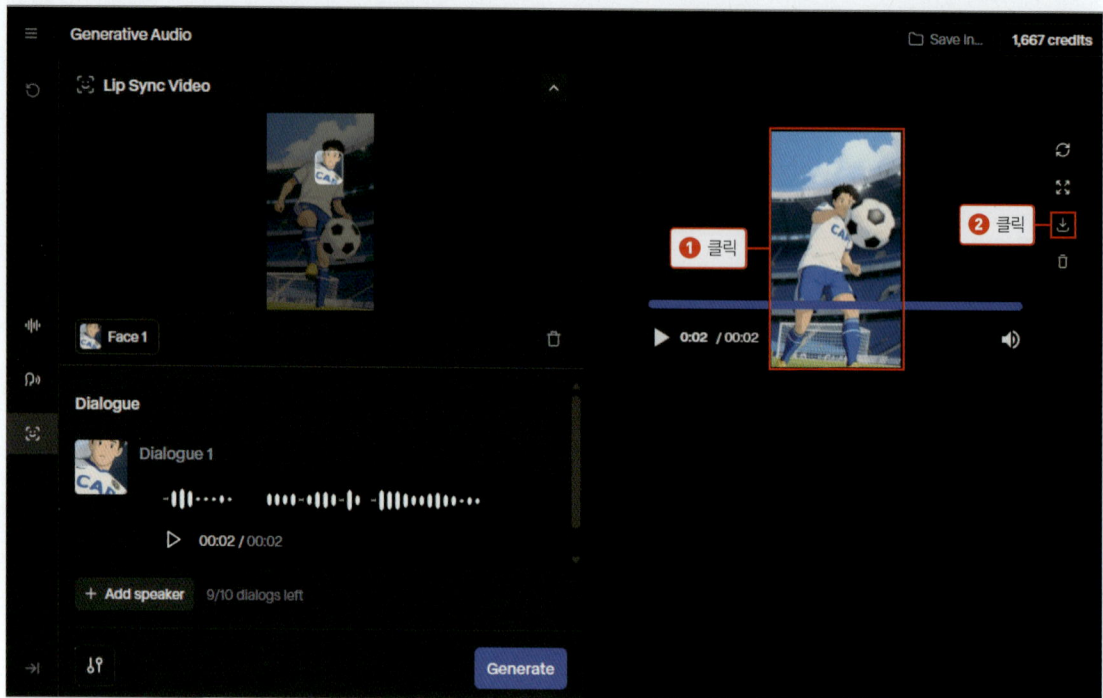

TIP 전체 영상에 포함되는 것이 아닌, 음성이 적용되는 구간만 부분적으로 생성되기에 추후 영상을 합하는 과정이 필요합니다.

02 다운로드 폴더에서 영상을 확인할 수 있으며 경로를 지정하여 위치를 이동합니다.

S E C T I O N

5.

🔸 예제파일 : 03\웹툰&실사\영상의 마지막 장면.png, Energy Drink.png   🔸 완성파일 : 03\웹툰&실사\아웃트로.mp4

스포츠 음료 광고의
아웃트로 영상 생성하기

2장의 이미지를 연결하여 영상제작이 가능한 런웨이 Gen-3 모델을 활용하여 광고 제품의 이미지를 강조한 영상의 아웃트로를 제작해 보겠습니다.

01 런웨이로 마무리 이미지 불러오기

01 웹브라우저에서 'www.runwayml.com/'를 입력하여 런웨이 사이트에 접속합니다. 대시보드 화면 상단에 위치한 검색창에 'Gen-3'를 입력하고 AI Tools에 'Gen-3 Alpha'를 클릭합니다.

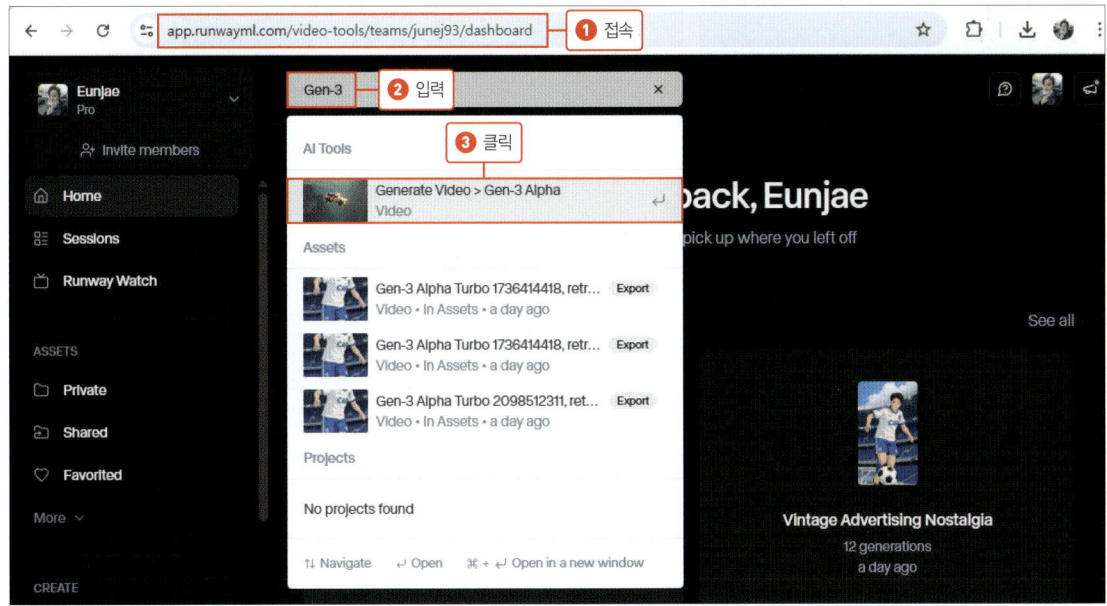

TIP 앞서 활용한 Gen-4에는 이미지를 2장 첨부하여 이미지끼리 연결시키는 'First-Last Frame' 기능을 아직 제공하지 않습니다. 따라서, 이전 버전인 Gen-3를 활용하여 진행하겠습니다.

02 왼쪽 하단에 모델명을 클릭하고 Previous models를 클릭하여 'Gen-3 Alpha Turbo'를 선택합니다.

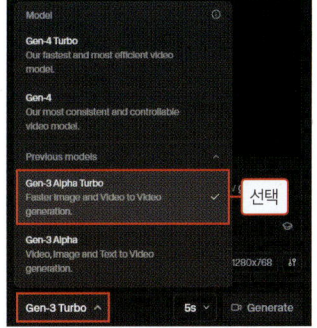

TIP 세로형 영상은 Gen-3 Alpha Turbo로 생성이 가능합니다.

123

03 PC에 있는 이미지를 첨부하기 위해 〈Select asset〉 버튼을 클릭하고 'Drag and drop file(audio)'를 클릭합니다.

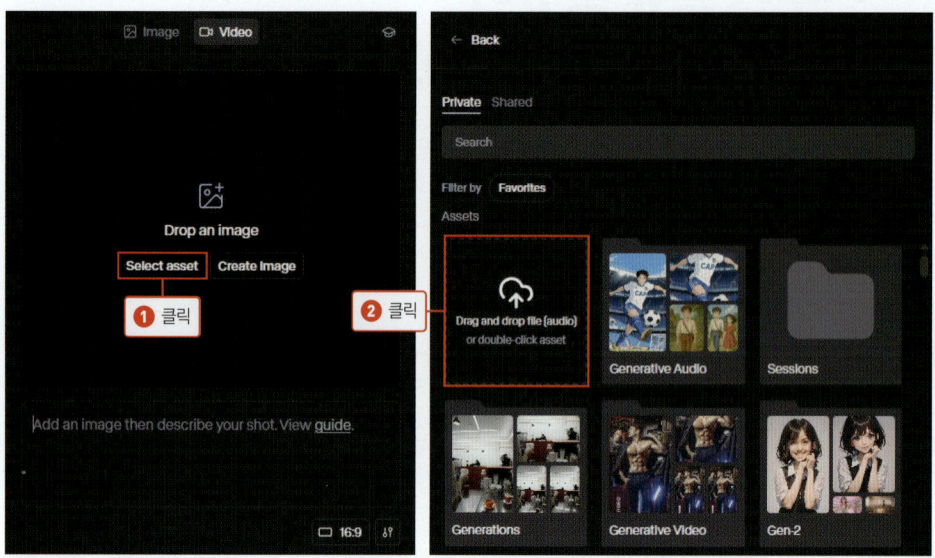

04 열기 대화상자가 표시되면 03 → 웹툰&실사 폴더의 '영상의 마지막 장면.png' 파일을 선택하고 〈열기(O)〉 버튼을 클릭합니다.

02 스포츠 음료 이미지 불러오기

01 아웃트로 부분을 생성하기 위해 가운데 부분은 비워두고 마지막에 위치한 'Add keyframe' 아이콘(🖼)을 클릭합니다.

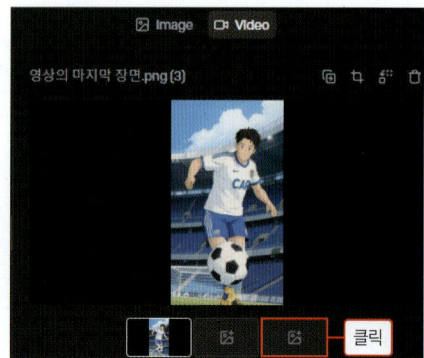

TIP Gen-3 Turbo 모델에서는 전체 이미지를 3장까지 연결할 수 있습니다.

02 〈Select asset〉 버튼을 클릭하고 'Drag and drop file(audio)'를 클릭하고 열기 대화상자가 표시되면 03 → 웹툰 & 실사 폴더의 'Energy Drink.png' 파일을 불러옵니다.

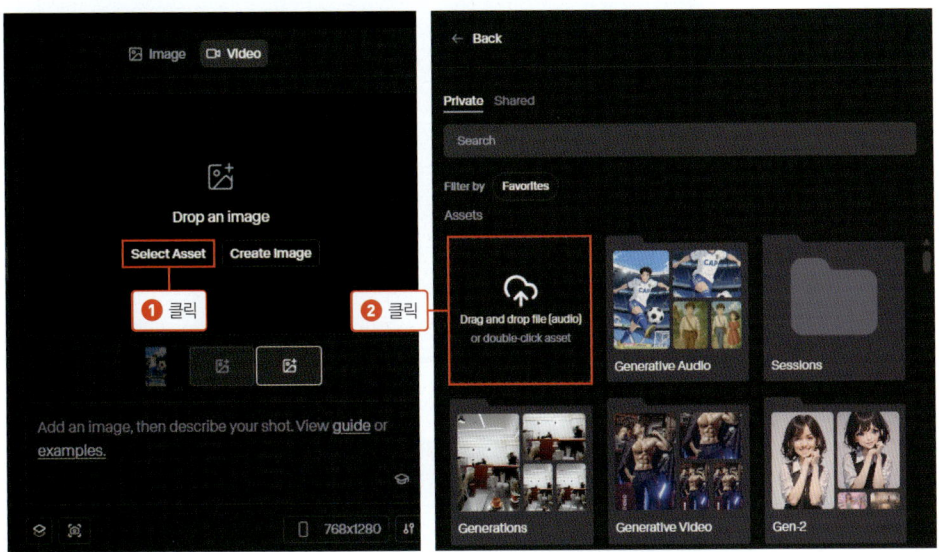

TIP 예제에서 사용한 음료수 이미지는 생성형 이미지 툴인 미드저니를 활용하여 생성하였으며 다운로드한 예제 및 완성 폴더의 03 폴더에서 찾을 수 있습니다.

03 영상에 세부 설정 조정하기

01 영상에 움직임을 추가하기 위해 다음의 프롬프트를 입력하고 비율을 '세로형(768×1280)'으로, 영상 길이를 '5s'로 설정한 다음 〈Generate〉 버튼을 클릭합니다.

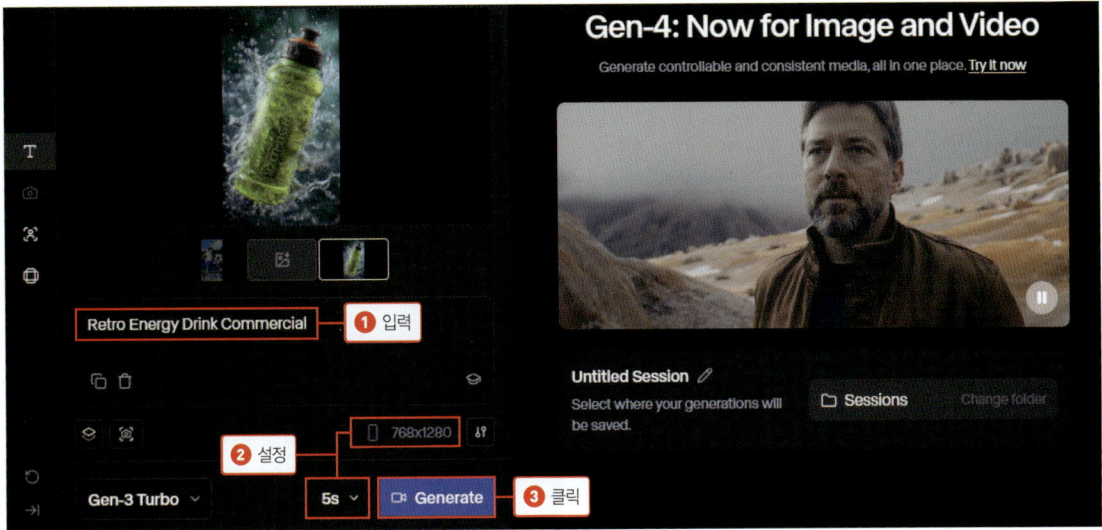

프롬프트 Retro Energy Drink Commercial

한글 번역 전통적인 음료수 광고

02 작성된 프롬프트와 세부 설정에 맞춰 영상을 생성합니다. 약간의 시간이 소요되며 완료될 때까지 기다리도록 합니다.

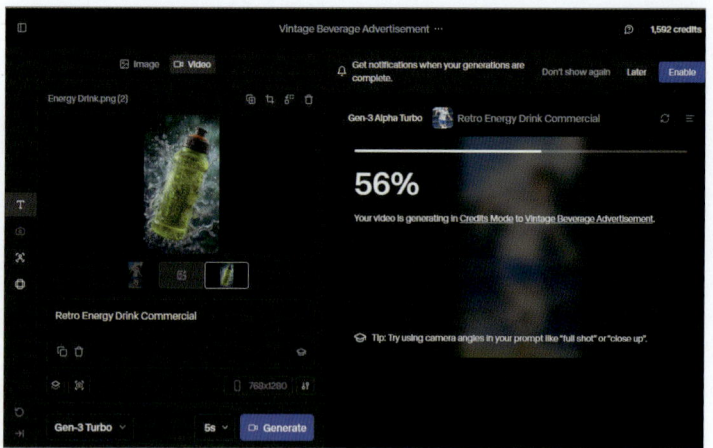

03 오른쪽 하단에 〈4K〉 버튼을 클릭해 영상의 화질을 개선하는 개념인 업스케일을 진행하겠습니다. 업스케일에도 약간의 시간이 소요되며 업스케일이 완료될 때까지 기다리도록 합니다.

TIP 이때, 영상의 화질을 개선하기 위해 10 크레딧이 소요됩니다.

04 생성이 완료되면 추가 프롬프트가 잘 반영됐는지, 이질적인 부분은 없는지 섬네일을 클릭해 확인합니다. 생성이 잘 됐다면 하단의 '다운로드' 아이콘( )을 클릭하여 저장합니다.

S E C T I O N

6. 캡컷으로 전체 영상 마무리하기

📁 예제파일 : 03\웹툰&실사\영상 소스 폴더

앞서 제작한 소스들을 하나의 스포츠 음료 광고 영상으로 완성하기 위해 생성형 AI 프로그램인 캡컷으로 작업해 마무리 하도록 하겠습니다.

01 캡컷으로 파일 업로드하기

01 웹브라우저에서 'www.capcut.com'을 입력하여 캡컷 사이트에 접속하고 로그인한 다음 〈+ 새로 만들기〉 버튼을 클릭합니다.

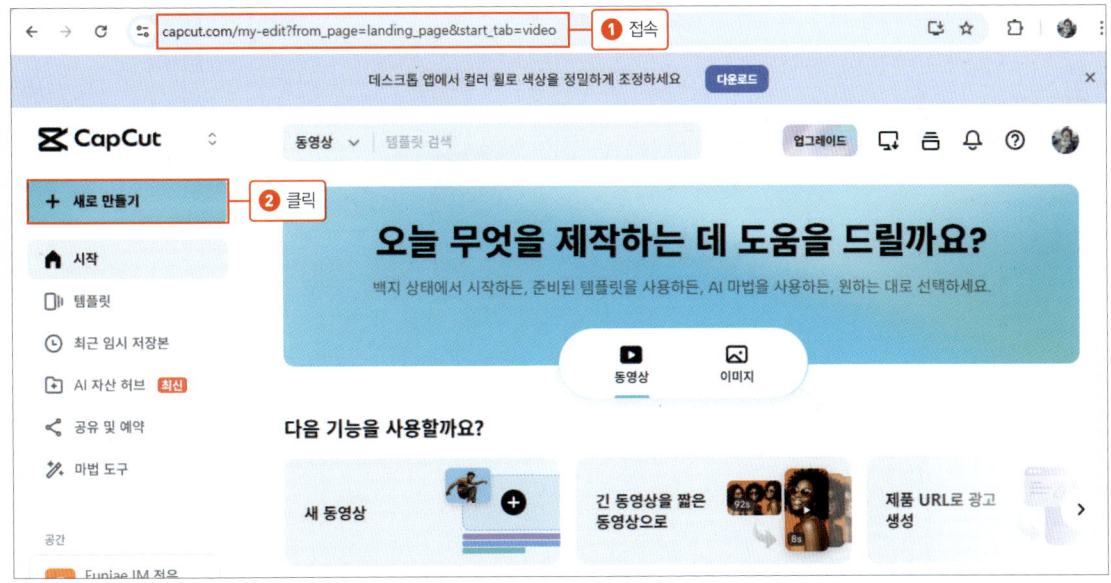

TIP 캡컷은 현재 무료로도 영상 편집이 가능하며 자동 자막, 기본 효과, 전환, 음악 등 핵심 기능은 무료로도 넉넉하게 제공되므로, 아이디어만 있다면 고퀄리티의 영상을 손쉽게 완성할 수 있습니다.

02 소스 영상에 맞는 해상도를 선택합니다. 숏폼 영상으로 제작하기 위해 동영상 항목의 '9:16'를 선택하였습니다.

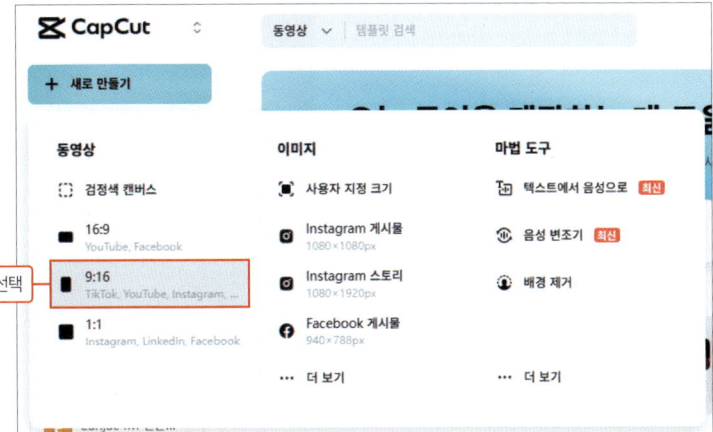

TIP 틱톡, 인스타그램, 유튜브 쇼츠 전용 영상을 생성할 때는 세로형 '9:16' 비율의 해상도 옵션을 선택합니다.

03 영상을 편집할 수 있는 프로젝트가 생성되면 왼쪽 (미디어) 메뉴의 〈업로드〉 버튼을 클릭합니다. 폴더 채로 업로드하여 사용하기 위해 '폴더 업로드'를 선택합니다.

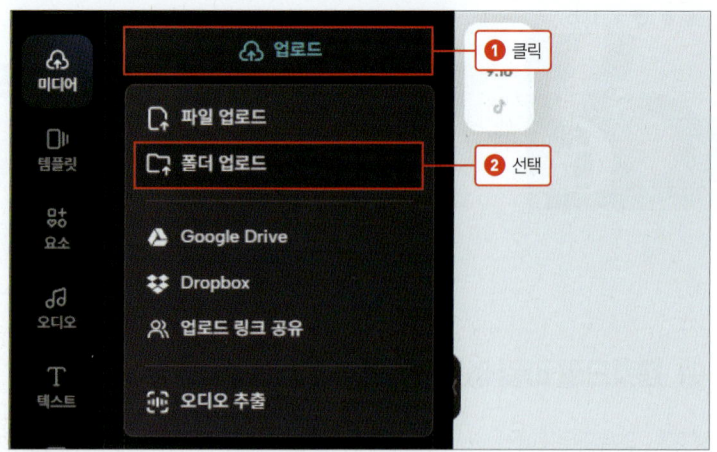

04 업로드할 폴더 대화상자가 표시되면 영상 소스가 있는 03 → 웹툰&실사 → '영상 소스' 폴더를 선택하고 〈업로드〉 버튼을 클릭합니다.

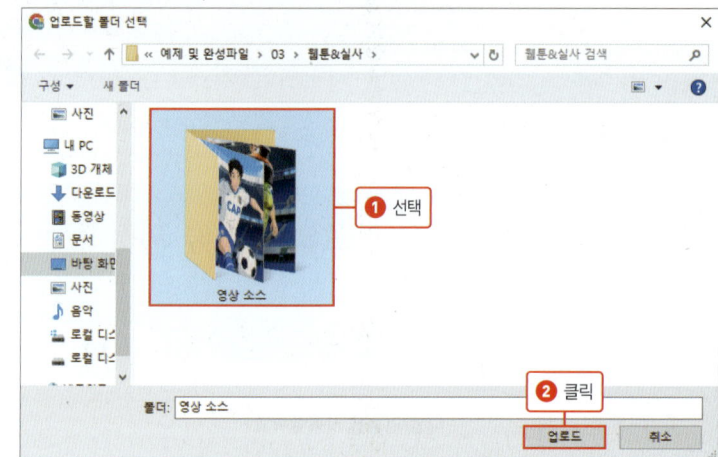

02 순서에 맞게 영상 구성하기

01 (미디어) 메뉴에 업로드된 '영상 소스' 폴더를 클릭합니다.

02 런웨이에서 생성한 전체 길이의 애니메이션 영상 '전체길이 영상.mp4' 파일을 타임라인으로 드래그합니다.

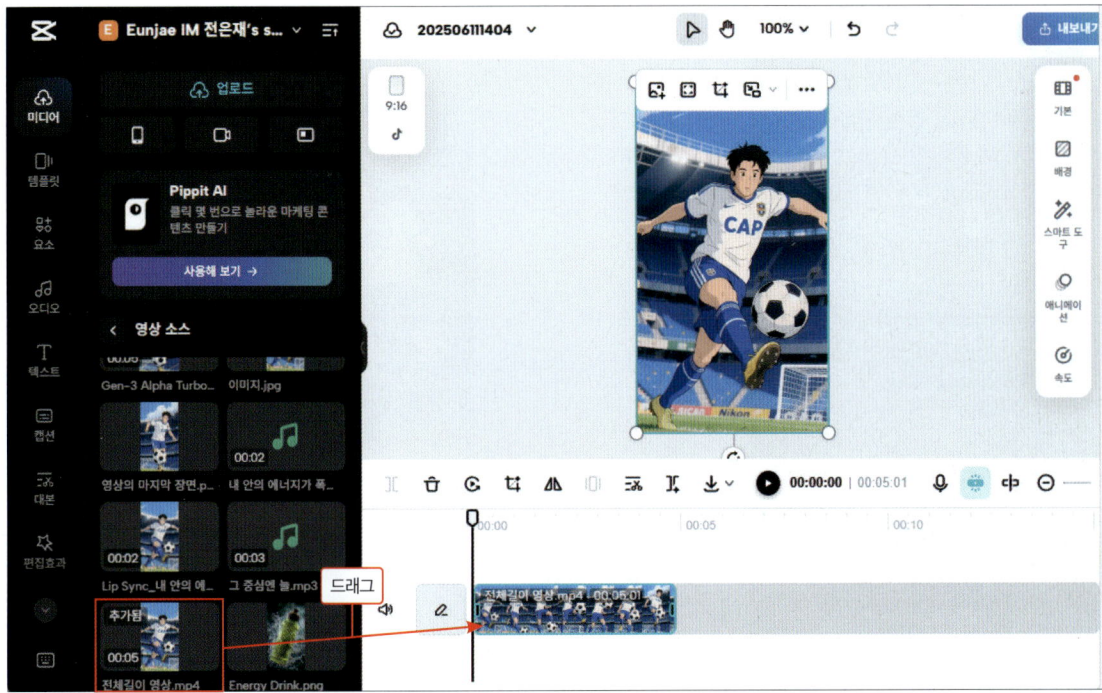

03 립싱크 영상 'Lip Sync 내 안의 에너지가 폭발.mp4' 파일을 시작 지점에 그림과 같이 타임라인으로 드래그합니다.
립싱크 영상의 순서가 전체 영상보다 위에 위치하고 있어 우선적으로 립싱크 영상이 표시됩니다.

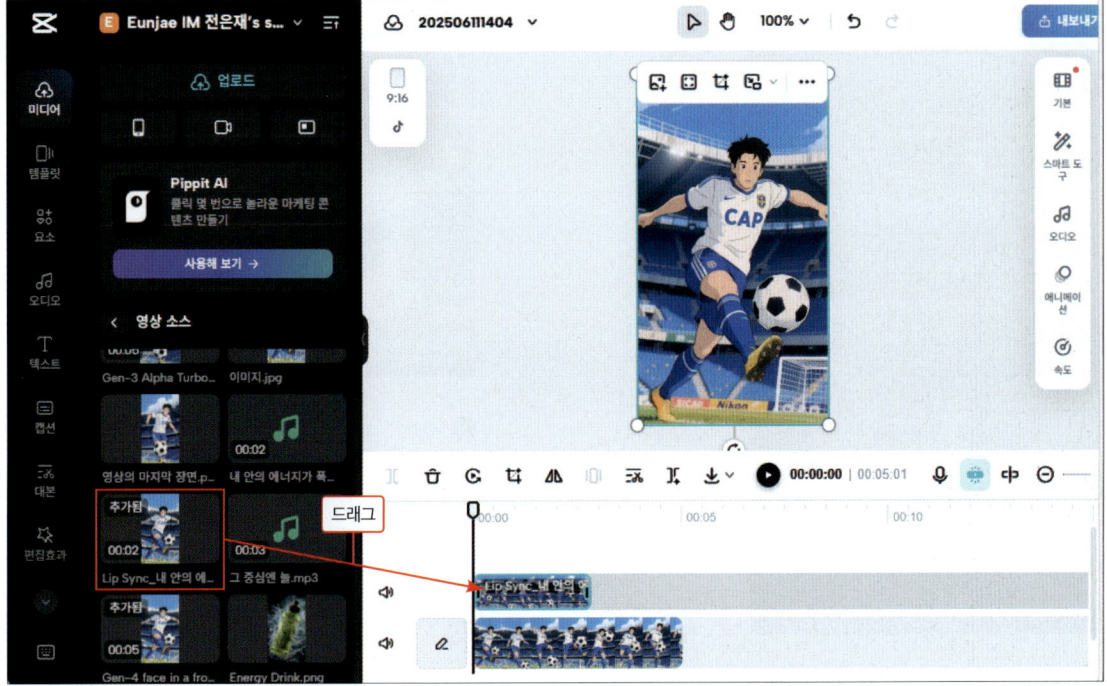

04 이후 '그 중심엔 늘.mp3' 음성 파일을 전체 영상 아래 타임라인으로 드래그합니다. 영상에서 입이 움직이는 '00:03:11' 구간으로 이동합니다.

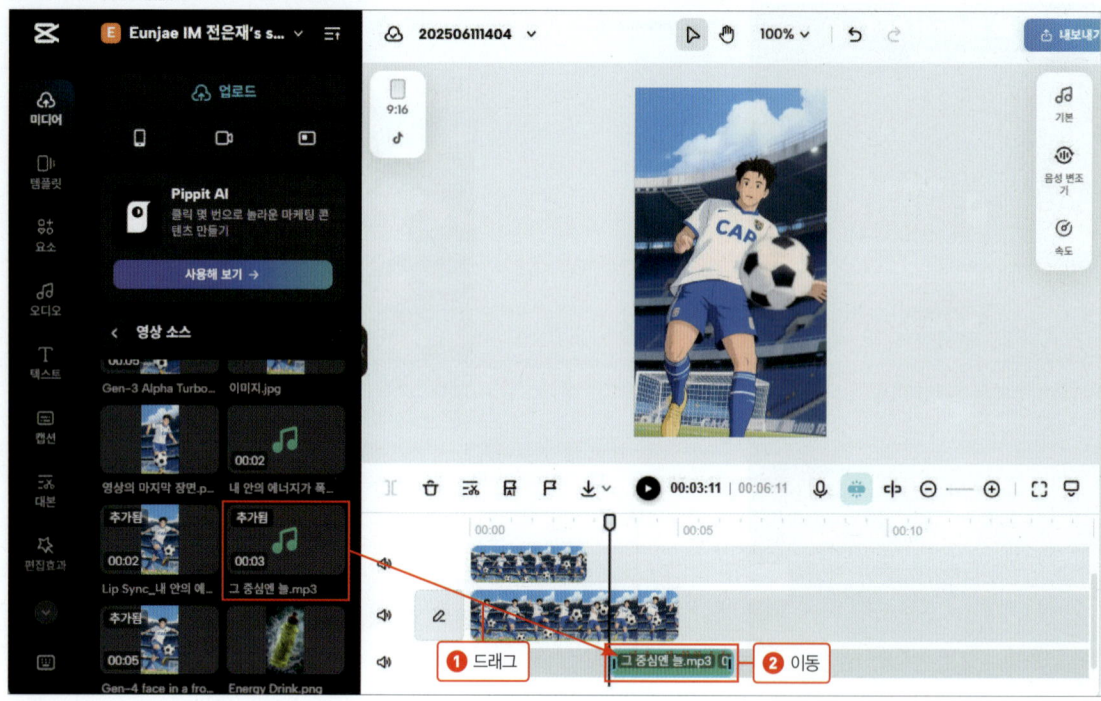

05 Gen-3로 만든 '아웃트로.mp4' 파일을 첫 번째 타임라인으로 드래그하고 전체 영상의 마지막 부분과 이어지도록 그림과 같이 이동합니다.

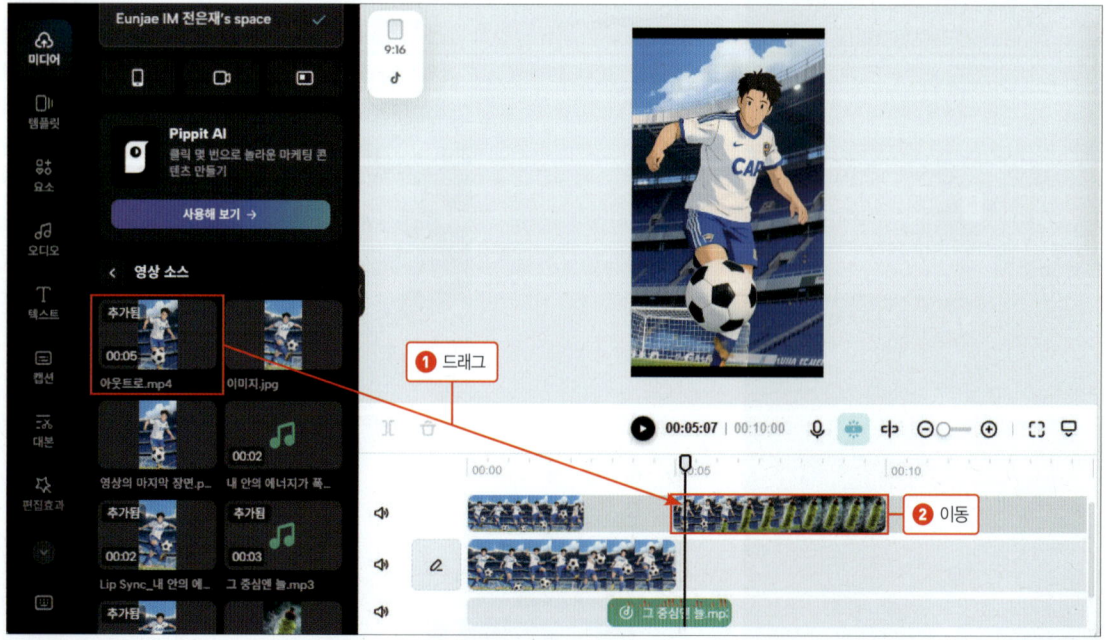

TIP Gen-3에서는 9:16의 비율의 영상이 생성되지 않으므로, 윗부분과 아랫부분에 그림과 같이 검은 선이 생깁니다. 이 현상은 영상을 완성한 후에 캡컷에서 해당 부분을 수정하는 방식으로 해결할 수 있습니다.

03 텍스트 설정 추가하기

01 텍스트를 추가하기 위해 왼쪽 메뉴바에서 (텍스트) 메뉴를 클릭합니다.

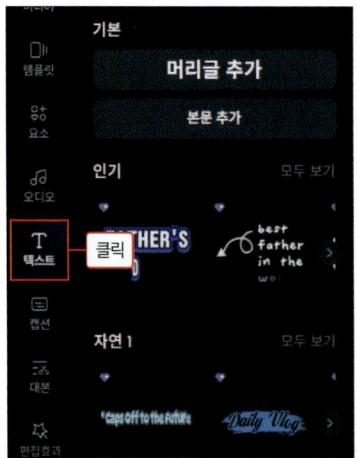

02 목록을 스크롤하여 스포츠에 있는 텍스트 템플릿들을 살펴보기 위해 '모두 보기'를 클릭합니다.

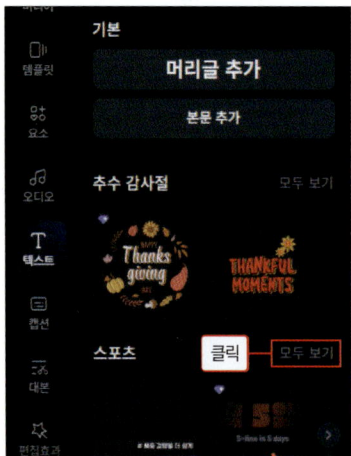

TIP 보라색 하트가 표시된 것은 'Pro' 템플릿으로 유료 결제를 해야 사용이 가능한 템플릿입니다. 무료 버전의 경우, 보라색 하트가 없는 것을 선택하면 됩니다.

03 대사와 어울리는 텍스트 템플릿을 클릭해 선택합니다. 예제에서는 그림과 같은 템플릿을 선택하였습니다.

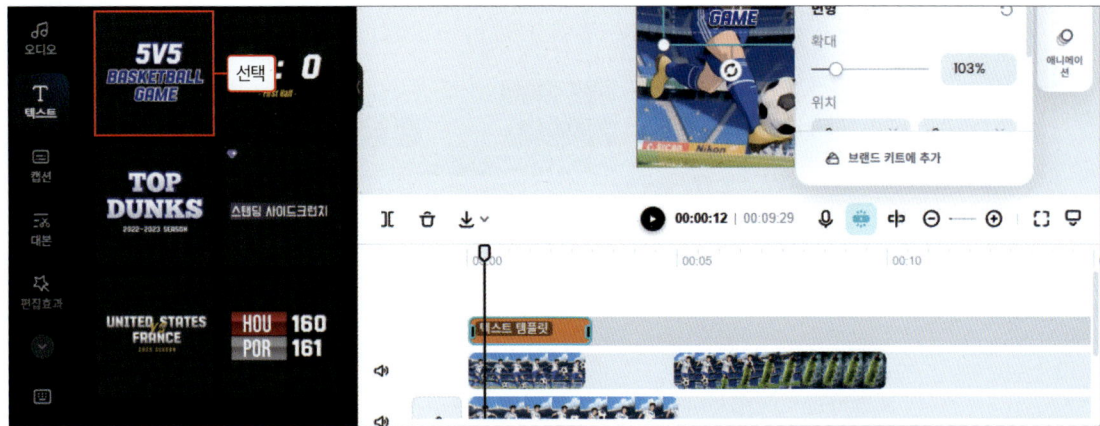

04 텍스트 템플릿이 화면에 표시되면 타임라인에 있는 텍스트 레이어를 아래 영상 길이에 맞춰 조절하고 오른쪽 사이드바에서 '기본'을 클릭해 세부 설정을 진행합니다. 예제에서 사용하는 템플릿의 경우, 1에 '내 안의 에너지가', 2에 '폭발하는 순간'을 입력하였습니다.

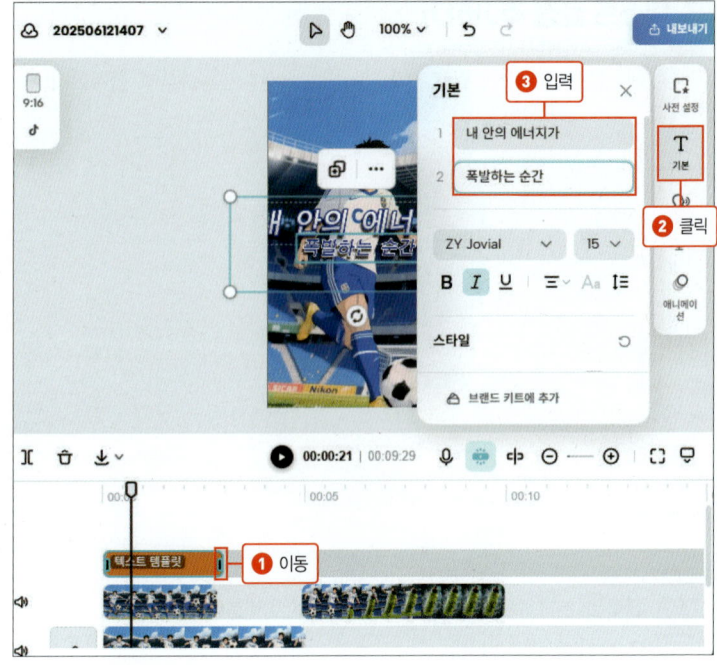

05 프리뷰 화면에 있는 텍스트 상자의 꼭짓점을 드래그하여 크기를 조절하고 그림과 같이 화면의 중앙에 위치하도록 배치합니다.

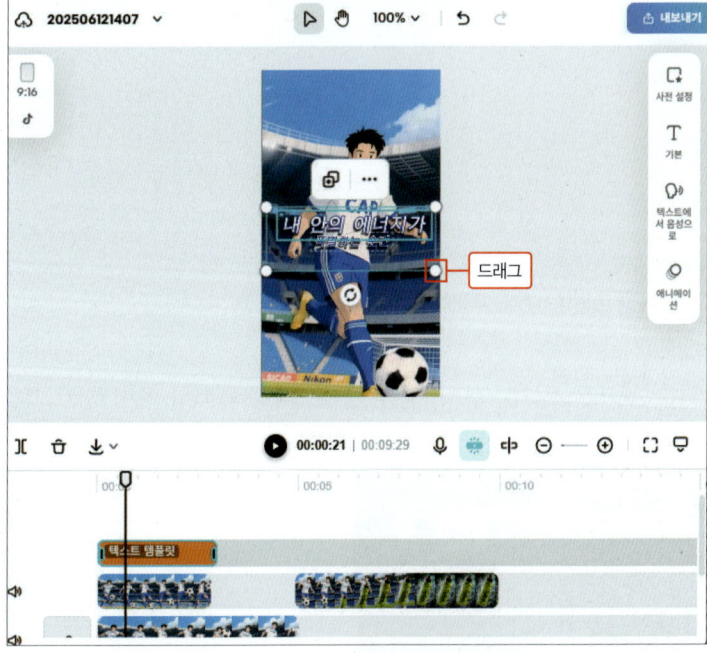

06 가독성을 높이기 위해 오른쪽 사이드바에서 '사전 설정'을 클릭하고 그림과 같이 흰색에 검은색 선이 있는 테마를 클릭합니다. 사이드바에서 '기본'을 클릭하여 두 단락 모두 폰트를 '검은 고딕체'로 설정합니다.

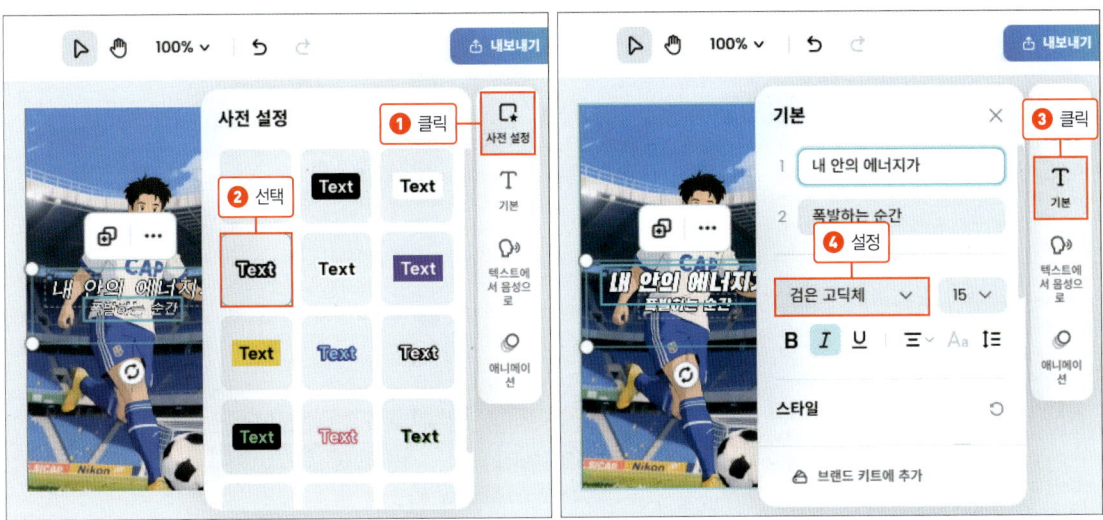

TIP 이와 같이 단락이 나뉘어 있는 템플릿은 단락별로 다른 폰트를 설정할 수도 있습니다.

07 다음 대사를 추가하기 위해 시간 표시자를 '00:03:26' 구간으로 이동하고 왼쪽에 있는 템플릿 선택창에서 원하는 템플릿을 선택합니다. 예제에서는 그림과 같은 템플릿을 선택하였습니다.

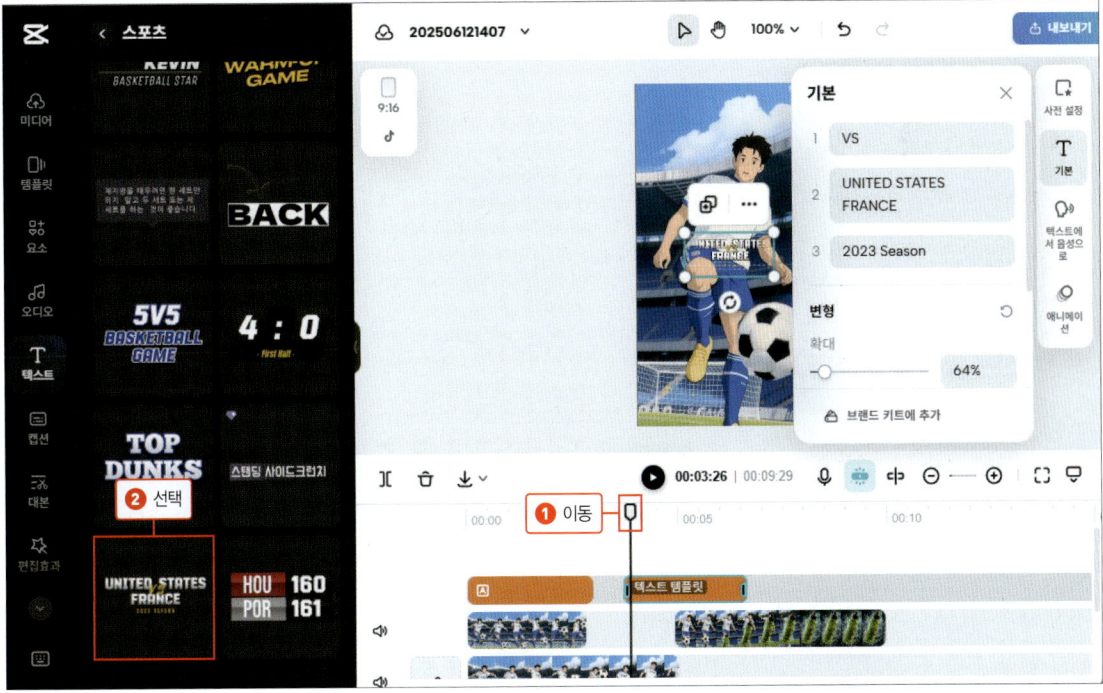

08 타임라인에 있는 텍스트 레이어의 오른쪽 조절바를 영상의 끝에 맞춰 드래그합니다. 예제에서 사용한 템플릿의 경우, 1은 내용을 삭제하여 공란으로 두고, 2에 'POWER EXTREME', 3에 '에너지 폭발의 순간'을 입력하였습니다.

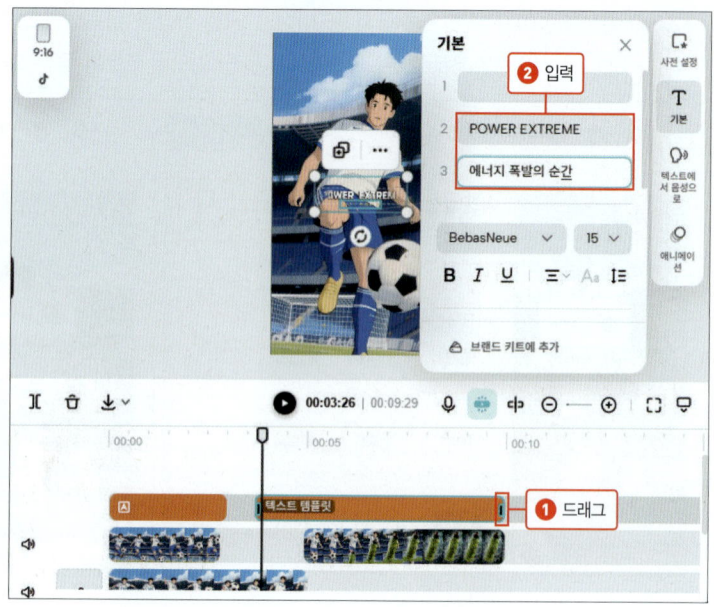

09 3에 있는 텍스트의 폰트를 '검은 고딕체'로, 크기를 '31'로 설정합니다. 스타일에 채우기를 '#ffffff'로 설정합니다.

04 텍스트 템플릿 활용하기

01 가독성을 높이기 위해 2의 텍스트를 클릭하고 오른쪽 사이드바에서 '사전 설정'을 클릭한 다음, 그림과 같은 테마를 선택합니다.

02 새로 전환 효과를 적용하기 위해 오른쪽 사이드바에서 '애니메이션'을 클릭하고 글리치 효과를 클릭합니다. 인/아웃 모션 지속 시간은 '2.0s'로 설정합니다.

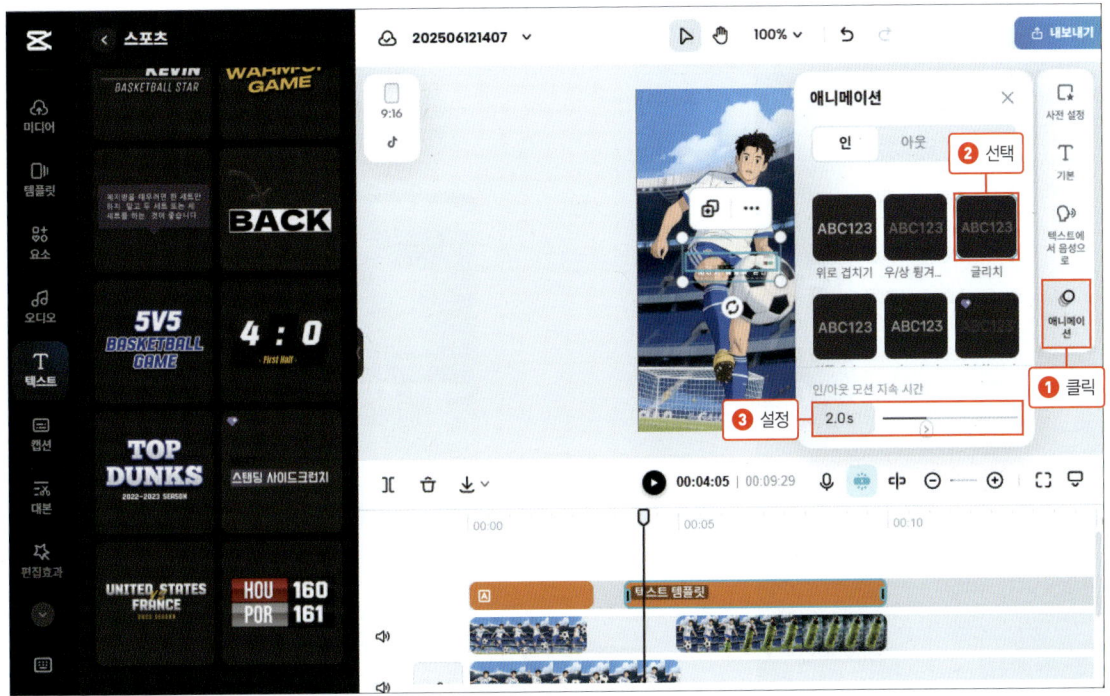

03 마찬가지로 프리뷰 화면에 있는 텍스트 상자의 꼭짓점을 드래그하여 그림과 같이 화면에 가득 차도록 크기를 조절합니다.

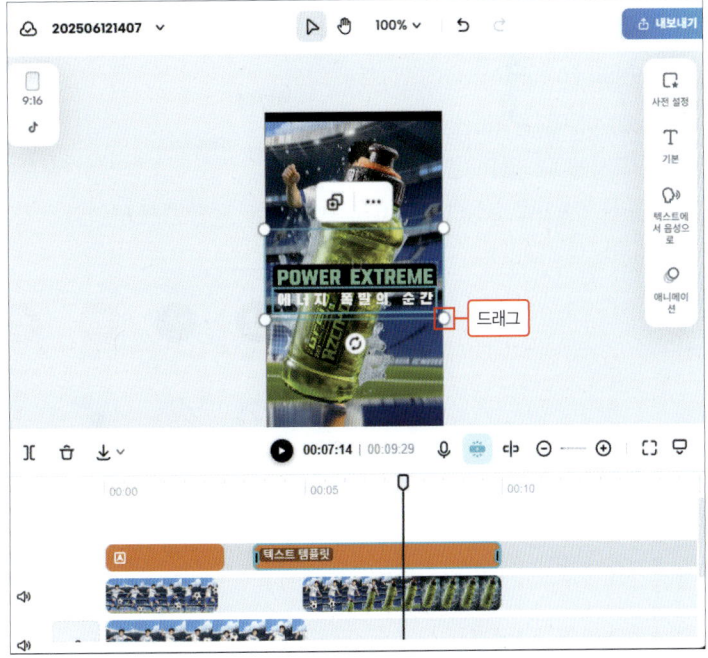

05 완성한 영상 저장하기

01 영상의 배치와 음성과 자막의 싱크, 입 모양이 맞는지 Spacebar 를 눌러 영상을 재생하여 확인합니다. 이상이 없다면 상단에 있는 〈내보내기〉 버튼을 클릭합니다.

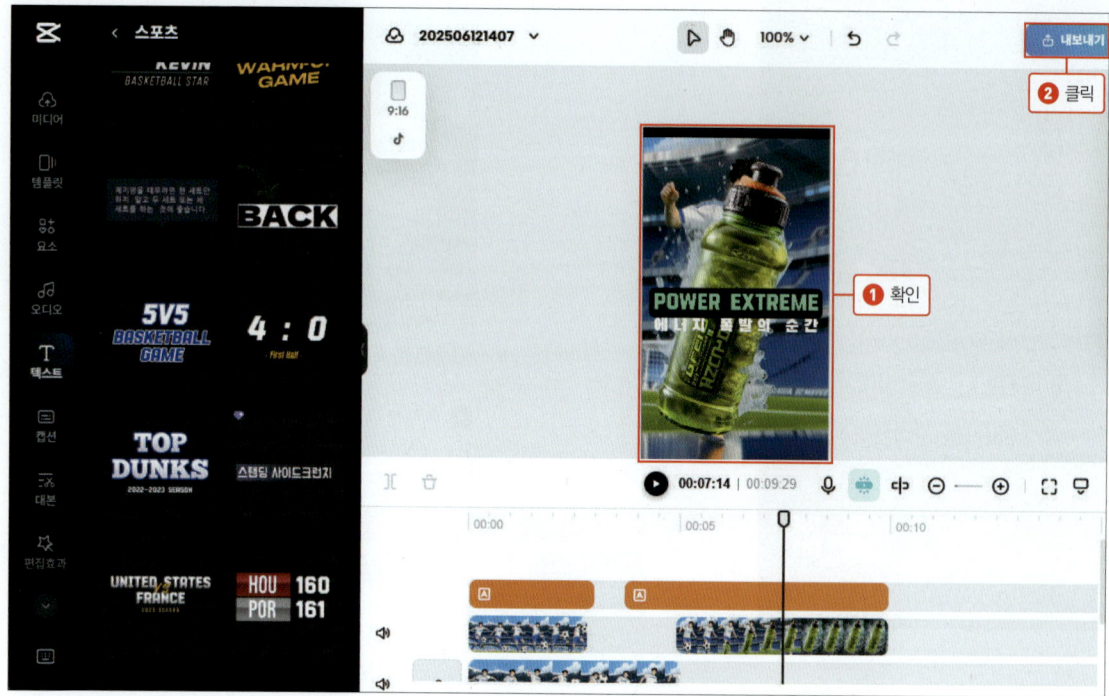

02 내보내기 창이 표시되고 〈다운로드〉 버튼을 클릭하면 내보내기 설정 창이 표시됩니다. 해상도를 '1080p', 프레임 속도를 '30fps'로 설정한 다음, 〈내보내기〉 버튼을 클릭합니다.

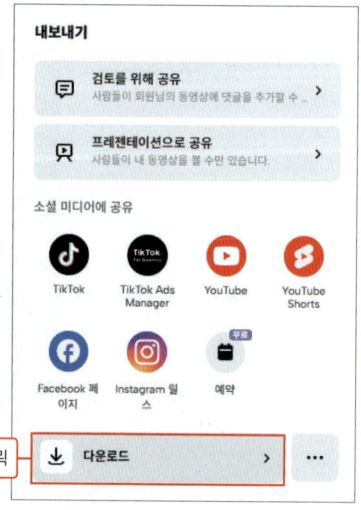

TIP 프레임 속도의 경우 영화 같은 프레임이 끊기면서 감성적인 느낌을 원한다면 '24fps'로 설정하는 것을 추천합니다.

03 화면에 영상이 출력되는 과정이 표시되고 100%가 되면 〈다운로드〉 버튼을 클릭합니다.

 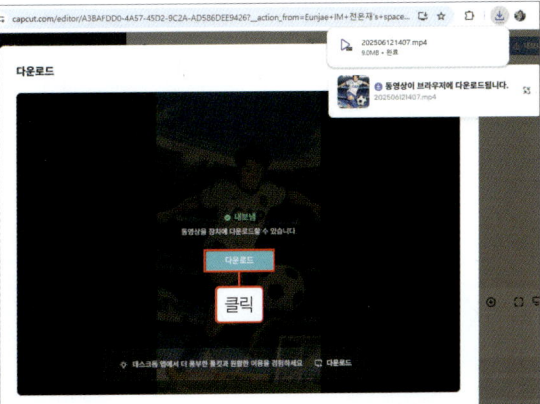

04 다운로드한 영상은 다운로드 폴더에서 확인할 수 있으며 영상을 재생하여 효과가 모두 적용되었는지 최종 확인합니다.

05 영상을 재생하여 립싱크와 음성이 싱크가 맞는지, 뒤쪽에 에너지 드링크 영상이 잘 이어졌는지 등을 확인하도록 합니다.

AI SKILL

스토리보드 기능으로 순차적인 푸드점 광고 영상 생성하기

소라 AI의 스토리보드 기능을 활용하면 광고 영상을 구조적이고 감성적으로 기획할 수 있습니다. 예제에서는 골든 리트리버가 도시를 걷다 상점 앞에 도착하고, 친절한 종업원이 개를 안아주는 장면을 설정해 보겠습니다. 각 장면은 브랜드의 따뜻함과 정서적 연결을 시각적으로 전달하는 역할을 합니다. 소라 AI는 이러한 장면을 텍스트 프롬프트만으로 시각화하며, 장면 흐름도 직관적으로 조정할 수 있습니다. 이후 캡컷을 통해 텍스트 애니메이션을 추가하여 광고 영상의 완성도를 높일 수 있습니다. 결과적으로 기획부터 완성까지 전 과정을 빠르고 창의적으로 제작할 수 있는 새로운 영상 제작 방식입니다.

소라 AI의 스토리보드 기능은 생성형 AI 기반 영상 제작 도구 중에서도 영상 기획과 연출 측면에서 독보적인 차별성을 갖는 고급 기능입니다. 이 기능의 핵심은 영상의 시간 흐름에 따라 장면을 순차적으로 배치하고 설계할 수 있다는 점으로, 이는 단순히 개별 장면을 생성하는 기존 AI 영상 생성 툴과는 근본적인 구조의 차이를 가집니다. 사용자는 영상의 시작 시점부터 끝까지, 예를 들어 0초에서 3초는 '인트로 장면', 3초에서 5초는 '전개 장면' 등 각 시간 구간에 맞춰 장면을 분할하고 그에 맞는 비주얼과 전개를 직접 설정할 수 있습니다.

이와 같은 기능은 단편적인 비주얼 생성에 머무르지 않고, 스토리텔링이 중심이 되는 광고 콘텐츠나 브랜드 메시지를 서사적으로 풀어내는 콘텐츠를 제작할 때 결정적인 강점을 발휘합니다. 특히 기존 생성형 AI 도구를 활용할 경우, 각 장면을 독립적으로 생성한 뒤 영상 편집 툴을 별도로 활용해 하나하나 조합해야 했던 반면, 소라 AI는 영상 생성과 타임라인 기반의 장면 배치, 시각적 흐름 조정을 모두 하나의 인터페이스 내에서 처리할 수 있어 제작 속도, 완성도, 연출 일관성 측면에서 압도적인 효율성을 제공합니다.

이러한 기능은 챗GPT와 연계했을 때 효율성을 발휘합니다. 예를 들어 챗GPT를 통해 브랜드 콘셉트에 맞는 대본, 영상 톤, 캐릭터의 동선, 장면 전환 구조 등을 사전에 기획하고, 이를 소라 AI에 입력하면 바로 스토리보드 기반의 영상으로 시각화가 가능합니다. 챗GPT는 창의적인 스토리 구조는 물론, 각 장면의 메시지 목적이나 감정적 흐름까지 텍스트로 설계할 수 있기 때문에, 두 도구의 결합은 기획-제작-완성까지의 전 과정을 하나의 유기적 흐름으로 연결하는 이상적인 작업 방식이라 할 수 있습니다.

또한 소라 AI의 스토리보드는 각 장면마다 인물의 표정, 배경 분위기, 조명 톤, 카메라 시점 등의 세부 설정을 가능하게 하여, 단순한 시각화에 그치지 않고 감정선을 따라가는 연출도 가능하게 만듭니다. 결과적으로 소라 AI의 스토리보드 기능은 단순한 영상 생성 툴이 아닌, 영상 연출 기획 도구로서의 가능성을 지닌 플랫폼이며, 특히 빠른 시간 안에 브랜드의 정체성과 메시지를 명확하게 전달해야 하는 디지털 광고, 소셜 콘텐츠 제작 현장에서 전략적 자산으로 활용될 수 있습니다.

SECTION 7.

패스트푸드점 광고 스토리 구성하기

챗GPT를 활용하면 기획한 콘셉트를 바탕으로 따뜻하고 친근한 분위기의 패스트푸드 광고 장면을 구체화할 수 있습니다.

● 완성파일 : 03\패스트푸드 광고\프롬프트.txt

친근한 분위기로 스토리를 구성하기 위해 강아지가 혼자 도시를 걷는 모습, 맥도날드 매장 앞에 멈춰 선 장면, 종업원의 따뜻한 미소, 강아지를 안아주는 순간 등 각 장면의 시각적 요소를 텍스트로 구성하고, 소라 AI에 입력할 수 있는 형태로 정리합니다. 이를 통해 광고 영상의 분위기와 메시지를 자연스럽게 전달할 수 있으며, 감성적인 스토리텔링이 강조된 프롬프트 초안을 설계할 수 있습니다.

챗GPT에 접속하고 사전에 설정한 이야기 흐름을 중심으로 장면의 특징과 분위기를 묻는 질문 프롬프트를 입력합니다.

사용자

영상 개요 : 맥도날드 광고 영상

#1 골든 리트리버가 도시를 걷고 있다.
#2 맥도날드 상점 옆에 있는 골든 리트리버
#3 친절하게 웃고 있는 맥도날드 종업원
#4 맥도날드 종업원이 골든 리트리버를 안고 있는 장면

위 형식에 맞춰 소라 AI 영상 프롬프트를 영어로 작성해 줘.

챗GPT에서 제공한 소라 AI 영문 프롬프트 중 영상 제작 과정에 필요한 실제 시각적인 비주얼에 관련된 요소만 본문에서 추출하여 장면별로 정리합니다.

#1
Golden Retriever dog walking through a bustling city street, surrounded by tall buildings and busy people. The dog looks content and curious, walking confidently along the sidewalk. The atmosphere is bright and lively, with the city background featuring cars, pedestrians, and a sunny day

#2
A Golden Retriever dog stops in front of the door. The dog is looking up, perhaps waiting for someone, with its tail wagging slightly. The scene takes

place during the day, with a few people walking by the McDonald's entrance

#3

A friendly McDonald's employee with a warm smile, standing behind the counter. They are wearing the McDonald's uniform, including a red cap and apron. The employee is looking directly at the camera, radiating kindness and customer service, with a welcoming atmosphere inside the restaurant

#4

A McDonald's employee gently picking up and holding a Golden Retriever dog in their arms. The dog looks calm and happy, with its tail wagging. The scene is warm and affectionate, with the employee smiling and the dog gazing up at them. The background shows a cozy, clean interior of the McDonald's restaurant

한글 번역

#1

골든 리트리버 강아지가 분주한 도시 거리를 걷고 있다. 강아지는 높은 빌딩과 바쁜 사람들 사이에서 호기심 가득한 표정으로 편안하게 걸어간다. 도시는 활기차고 밝은 분위기로, 배경에는 자동차와 보행자들이 있으며 햇살이 비치는 낮 장면이다.

#2

한 골든 리트리버 강아지가 문 앞에서 멈춰 서 있다. 강아지는 위를 올려다보며 누군가를 기다리는 듯하고, 꼬리를 살짝 흔들고 있다. 이 장면은 낮 시간대에 이루어지며, 맥도날드 입구 근처에서 몇몇 사람들이 지나가고 있다.

#3

친절한 맥도날드 직원이 환한 미소를 지으며 카운터 뒤에 서 있다. 직원은 빨간색 모자와 앞치마를 포함한 맥도날드 유니폼을 착용하고 있다. 따뜻하고 친근한 분위기 속에서 직원은 카메라를 바라보며 고객 서비스를 제공하는 친절한 모습을 보여 준다.

#4

맥도날드 직원이 골든 리트리버 강아지를 부드럽게 안아 올리고 있다. 강아지는 차분하고 행복한 표정을 짓고 있으며, 꼬리를 흔들고 있다. 직원은 미소를 짓고 있고, 강아지는 직원을 올려다보며 따뜻한 교감을 나누는 모습이다. 배경에는 아늑하고 깨끗한 맥도날드 매장 내부가 보인다.

SECTION 8.

예제파일 : 03\패스트푸드 광고\프롬프트.txt   완성파일 : 03\패스트푸드 광고\골든리트리버.mp4

스토리보드 기능으로 시간대별 장면 구성하기

소라 AI는 한 편의 이야기를 시간 흐름에 따라 자연스럽게 전개하는 데 적합한 도구입니다. 스토리보드 기능을 활용하면 아침, 점심, 저녁 등 시간대별로 변화하는 장면을 순차적으로 구성할 수 있으며, 장소나 분위기의 전환도 시각적으로 효과적으로 전달할 수 있습니다.

01 스토리보드 설정하기

01 웹브라우저에서 'sora.com'을 입력하여 소라 AI 사이트에 접속하고 〈Storyboard〉 버튼을 클릭합니다.

TIP 소라AI 무료 버전에서는 이미지 3장만 생성이 가능하며, 무료로 영상 생성을 하려면 런웨이, 캡컷 PC와 같은 무료 생성이 가능한 툴킷을 활용하세요.

02 스토리보드 기능이 활성화되면 하단 메뉴바에서 영상에 대한 설정을 진행하겠습니다. 화면 비율인 Aspect radio를 '16:9', Resolution을 '720p', Duration을 '10s(seconds)'로 선택하여 설정합니다.

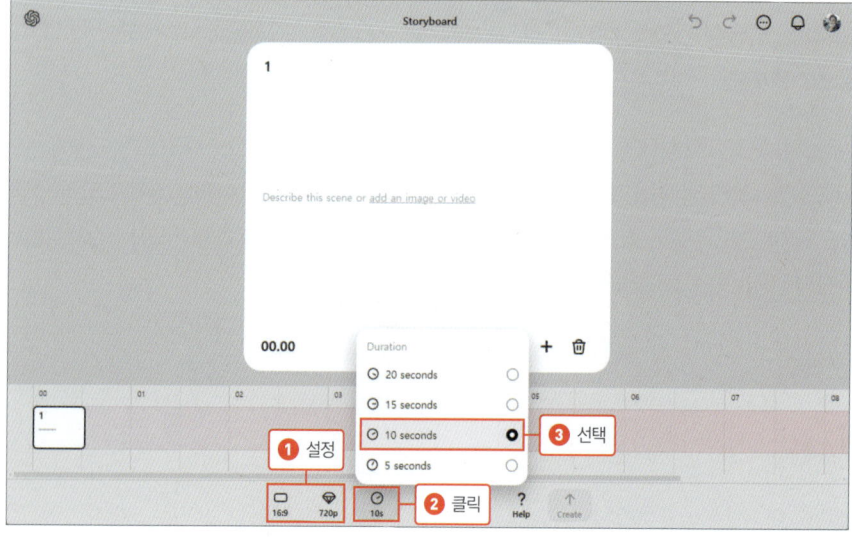

TIP 스토리보드 기능은 구간별로 영상을 지정하는 기능인 만큼 영상의 길이가 5초인 경우보다 10초인 경우 더 효과적으로 작동합니다. Pro 버전을 구독하는 경우, 15초나 20초 길이의 영상을 생성할 수 있습니다.

03 영상이 생성되는 개수를 설정하는 Variations를 '2v(2 videos)'로 선택하면 동시에 2개의 결과 영상이 생성되며 두 영상을 비교해 좋은 영상을 선택할 수 있습니다.

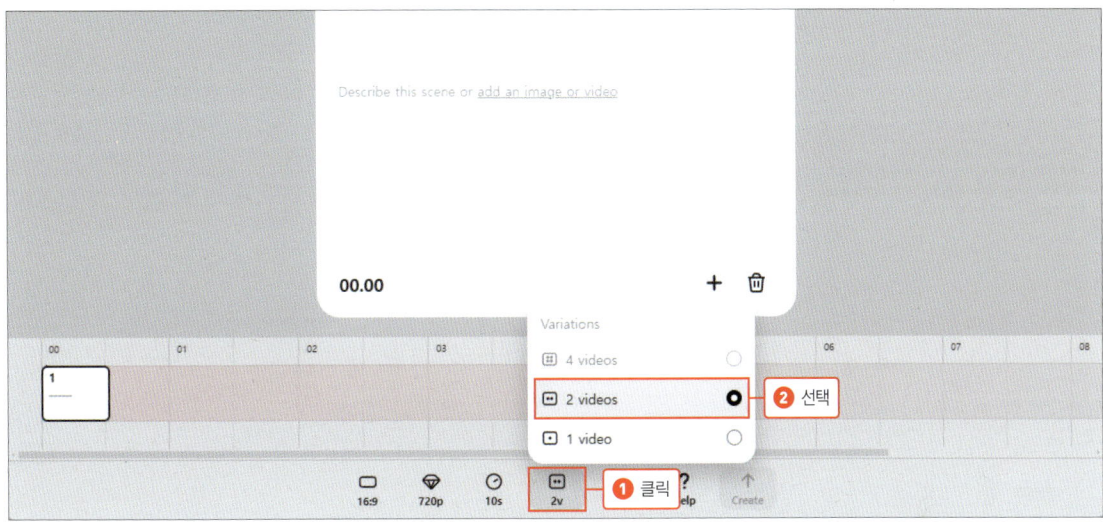

02 대시보드에 영상 프롬프트 적용하기

01 챗GPT에서 생성한 프롬프트 중 '장면 1'에 해당하는 프롬프트를 복사(Ctrl+C)하고 붙여 넣습니다(Ctrl+V).

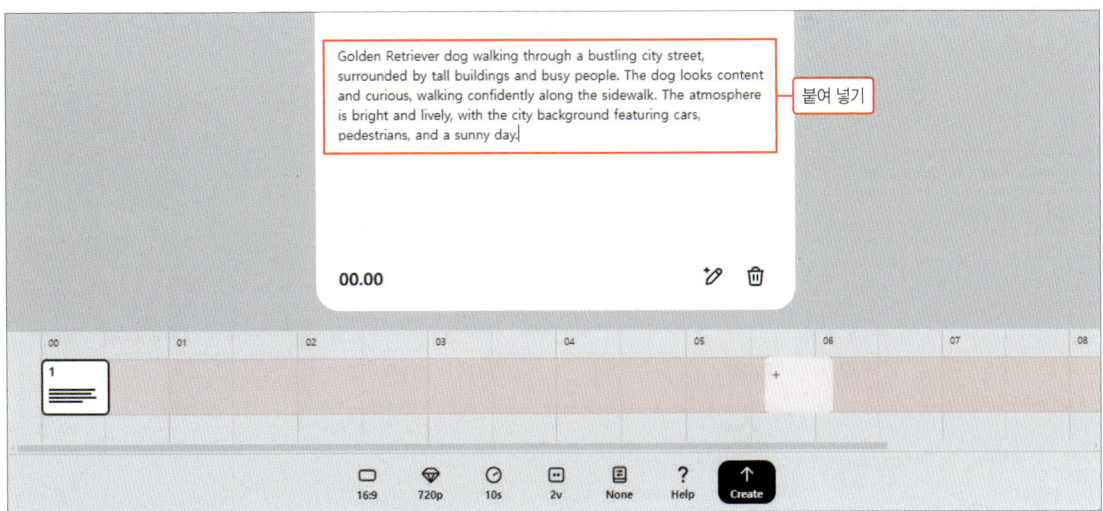

프롬프트 Golden Retriever dog walking through a bustling city street, surrounded by tall buildings and busy people. The dog looks content and curious, walking confidently along the sidewalk. The atmosphere is bright and lively, with the city background featuring cars, pedestrians, and a sunny day

TIP 스토리보드의 대시보드에 텍스트를 입력하거나 이미지 및 비디오를 첨부하여 영상 프롬프트를 적용할 수 있습니다.

02 다음 장면을 구현하기 위해 타임라인의 '03'을 클릭하여 3초에 이어지는 대시보드를 생성합니다.

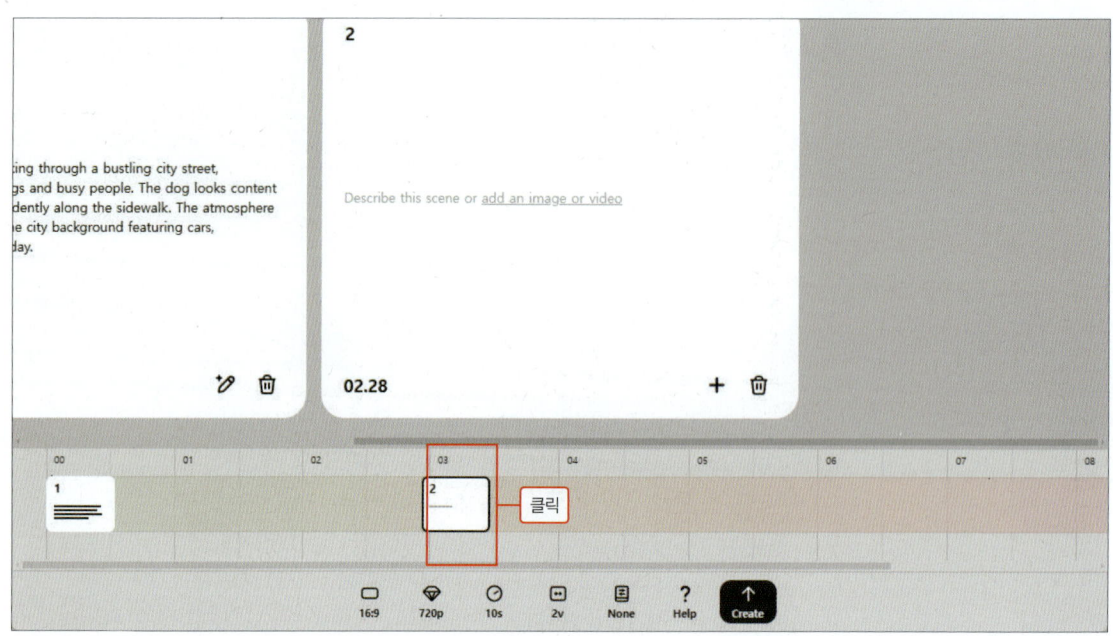

TIP 대시보드를 만든다는 것은 첫 번째 프롬프트에서 두 번째 프롬프트로 넘어가는 것을 의미합니다. 0~3초까지는 첫 번째 프롬프트에 해당하는 스토리가 전개되고, 3초부터는 두 번째 스토리가 이어지는 구조입니다.

03 챗GPT에서 생성한 프롬프트 중 '장면 2'에 해당하는 프롬프트를 복사(Ctrl+C)하고 붙여 넣습니다(Ctrl+V).

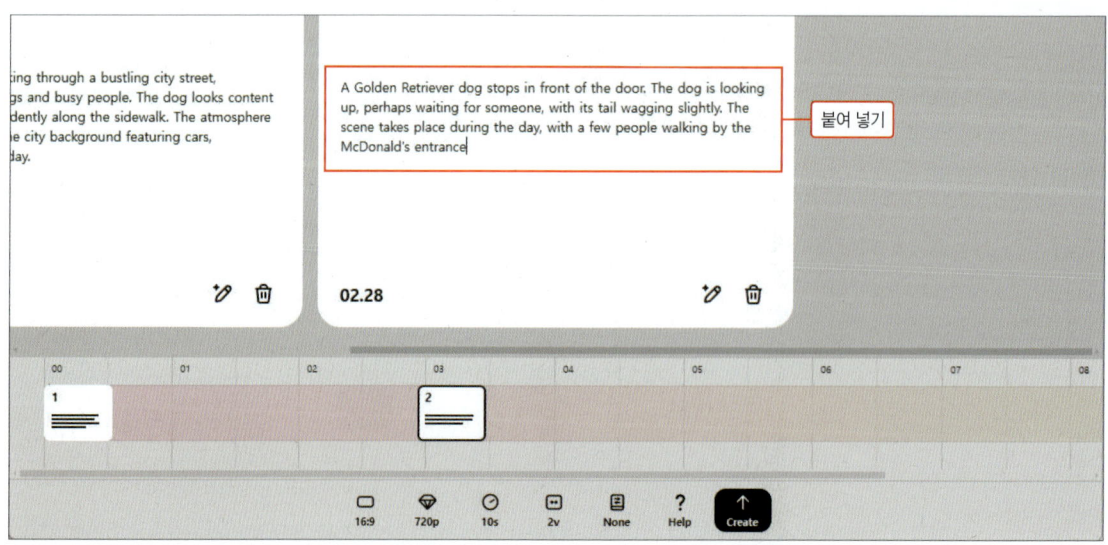

프롬프트

A Golden Retriever dog stops in front of the door. The dog is looking up, perhaps waiting for someone, with its tail wagging slightly. The scene takes place during the day, with a few people walking by the McDonald's entrance

04 다음 장면을 구현하기 위해 타임라인의 '05'와 '06' 사이를 클릭하여 5초에서 6초 사이 구간(5.5초)에 이어지는 대시보드를 생성합니다.

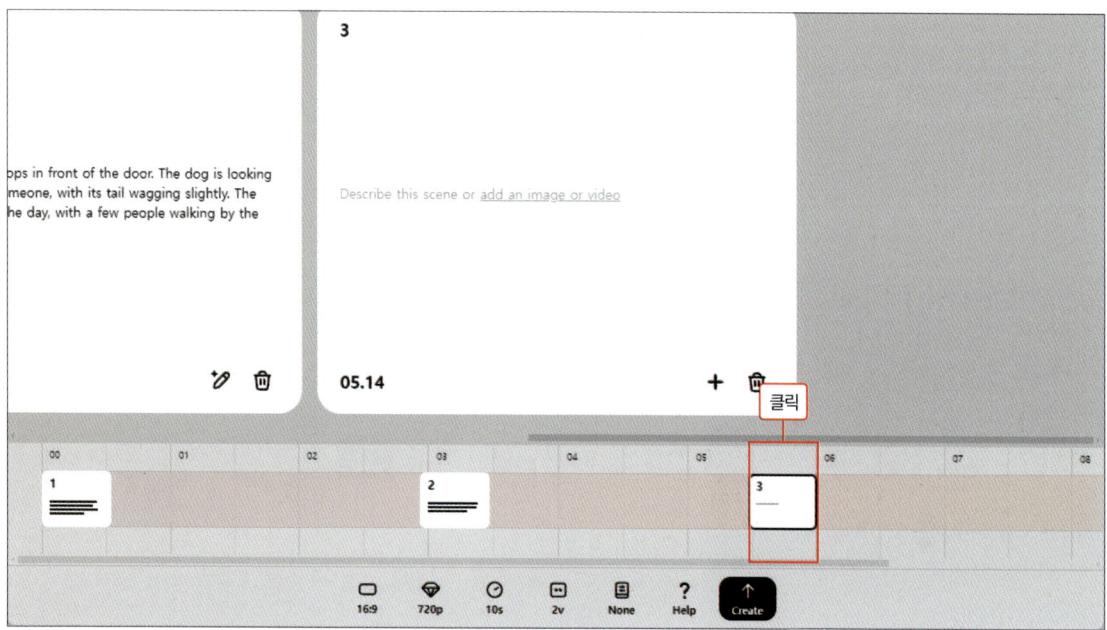

TIP 소라 AI에서는 시간을 초 단위가 아닌 프레임 단위로 표시하기 때문에 1초에 30프레임 기준으로 '05(초).15(프레임)'은 '05.5초'를 의미합니다. 즉, 스토리보드 하단에 표시된 05.14는 '05.14초'를 의미하는 것이 아닙니다.

05 챗GPT에서 생성한 프롬프트 중 '장면 3'에 해당하는 프롬프트를 복사(Ctrl+C)하고 붙여 넣습니다(Ctrl+V).

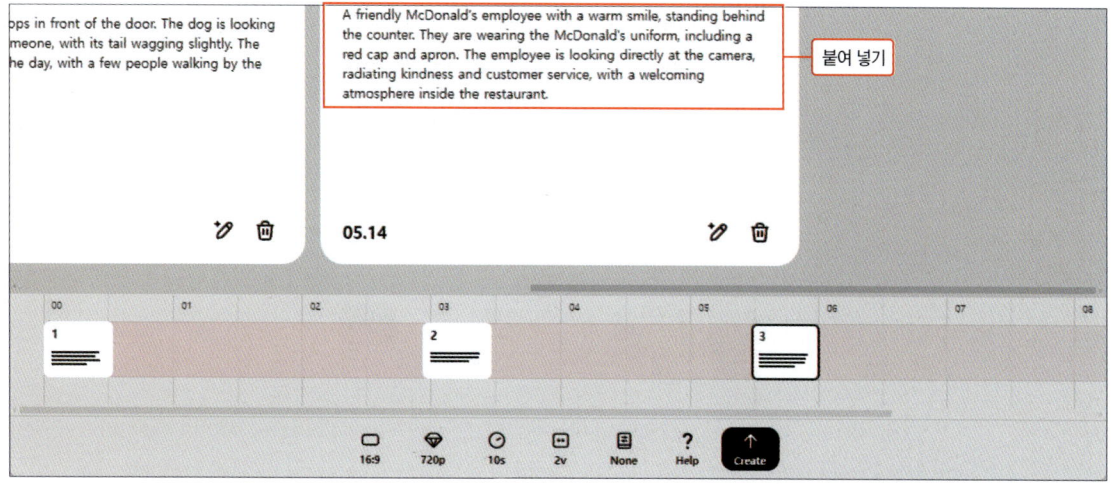

프롬프트 A friendly McDonald's employee with a warm smile, standing behind the counter. They are wearing the McDonald's uniform, including a red cap and apron. The employee is looking directly at the camera, radiating kindness and customer service, with a welcoming atmosphere inside the restaurant

06 마지막 장면을 구현하기 위해 타임라인의 '08'을 클릭하여 8초에 이어지는 대시보드를 생성합니다.

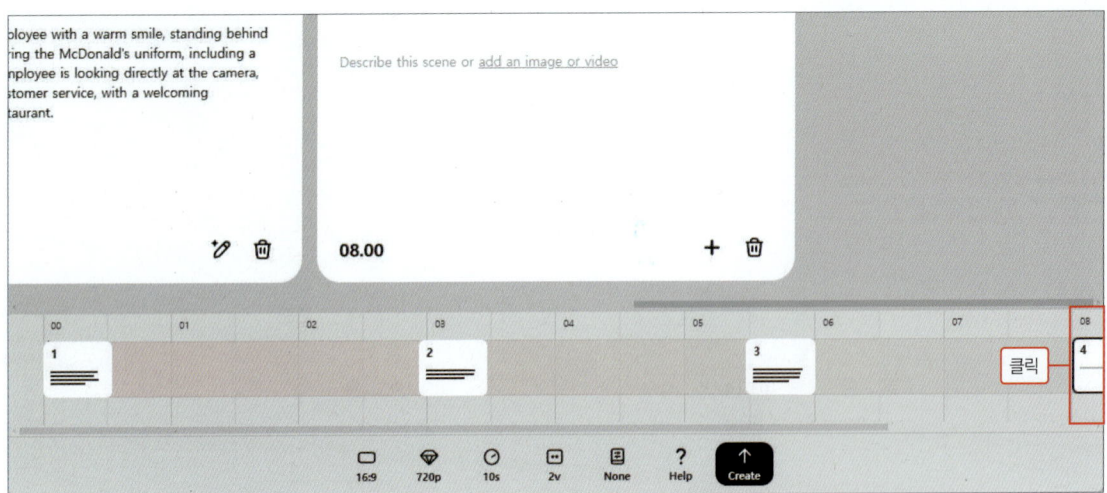

07 챗GPT에서 생성한 프롬프트 중 '장면 4'에 해당하는 프롬프트를 복사(Ctrl+C)하고 붙여 넣습니다(Ctrl+V).

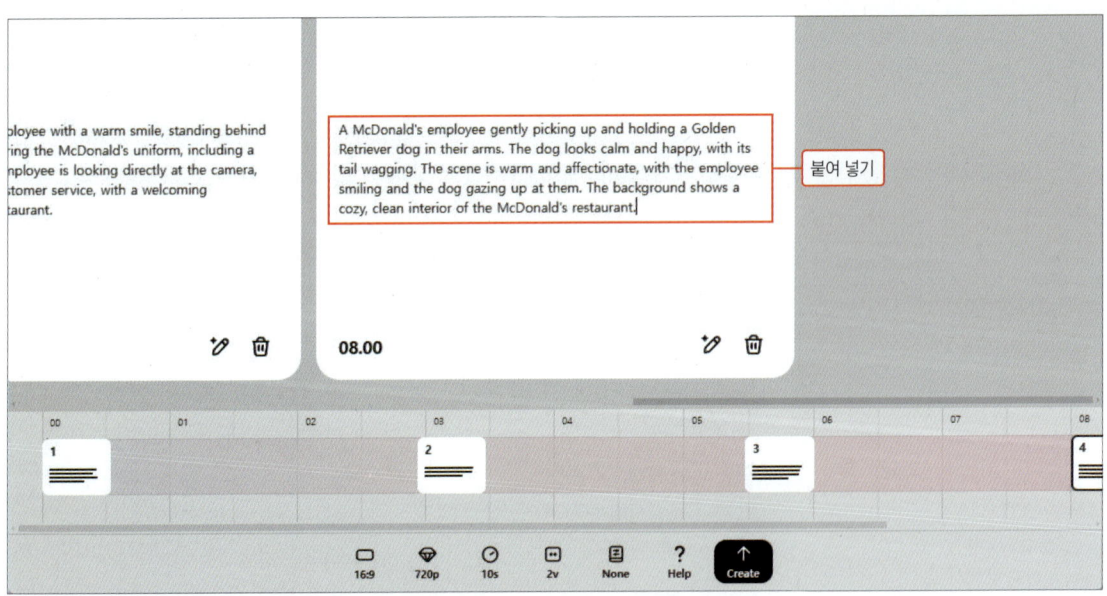

프롬프트
A McDonald's employee gently picking up and holding a Golden Retriever dog in their arms. The dog looks calm and happy, with its tail wagging. The scene is warm and affectionate, with the employee smiling and the dog gazing up at them. The background shows a cozy, clean interior of the McDonald's restaurant

TIP 해당 예제에서는 엔딩 부분에 광고 문구와 같은 텍스트를 적용할 예정입니다. 소라 AI에서 영상과 함께 텍스트 애니메이션을 한 번에 구현할 수도 있지만, 텍스트 애니메이션은 변수도 많고 생성이 원활하게 이루어지지 않을 수 있으므로 소라 AI에서는 영상만 생성하고, 이후에 캡컷을 활용해 텍스트 애니메이션을 적용할 계획입니다.

08 전체 스토리보드에 작성한 내용을 모두 확인한 다음 이상이 없으면 아래 〈Create〉 버튼을 클릭합니다.

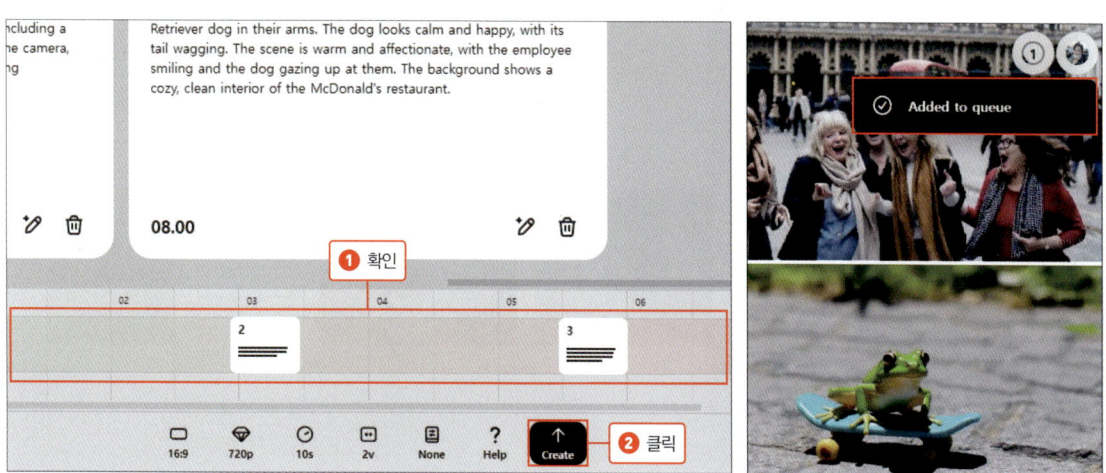

09 영상 생성이 완료되면 영상을 확인하기 위해 'Acitivty' 아이콘(🔔)을 클릭하고 영상의 섬네일을 클릭합니다.

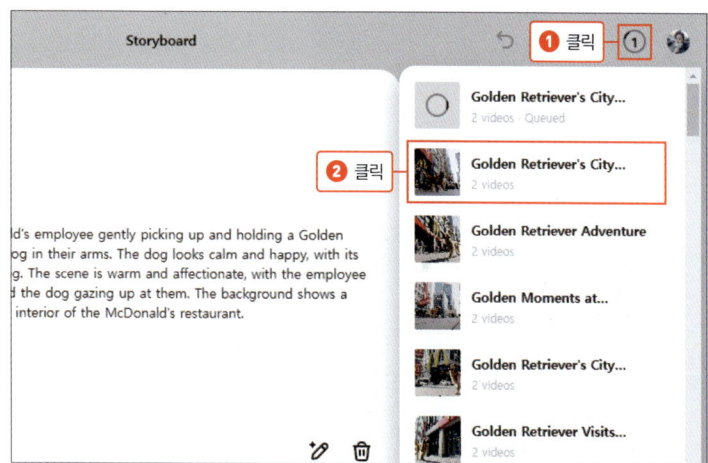

TIP 영상의 제목은 키워드에 맞게 소라 AI에서 임의로 생성합니다.

10 스토리보드에 맞게 생성된 2개의 영상을 확인하고 마음에 드는 영상의 섬네일을 선택합니다. 예제에서는 왼쪽 섬네일 영상을 선택하였습니다.

스토리보드 기능을 활용한 영상 확인하기

스토리보드 기능을 활용해 영상을 생성한 경우, 영상 하단의 스토리보드에서 장면을 선택하면 입력한 프롬프트를 확인할 수 있습니다. 이를 통해 프롬프트의 내용이 잘 반영되었는지 비교하여 확인할 수 있습니다.

11 선택한 영상을 저장하기 위해 'Download' 아이콘(⊙)을 클릭하고 'Video'를 선택합니다. Download ready 창이 표시되면 〈Download〉 버튼을 클릭하여 PC에 저장합니다.

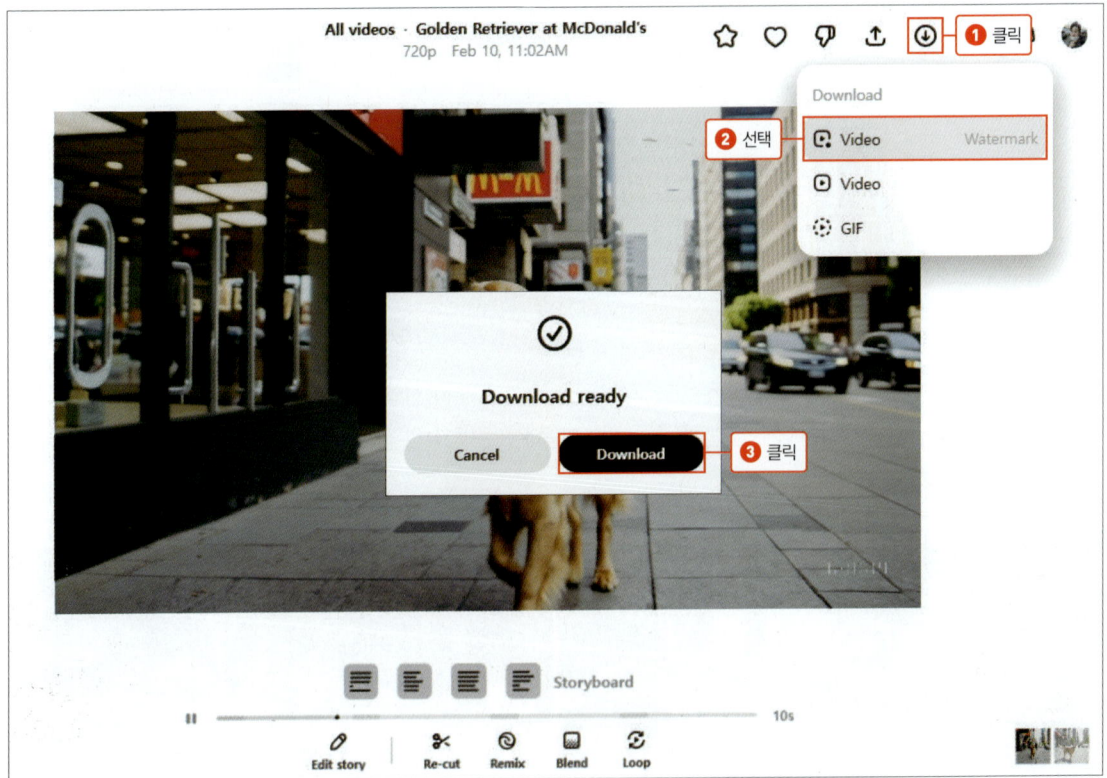

SECTION 9.

● 예제파일 : 03\패스트푸드 광고\골든리트리버.mp4   ● 완성파일 : 03\패스트푸드 광고\패스트푸드광고_완성.mp4

텍스트 애니메이션이 적용된 패스트푸드점 광고 완성하기

캡컷은 광고 영상의 메시지를 직관적으로 전달할 수 있도록 다양한 텍스트 애니메이션 기능을 제공합니다. 광고 장면 위에 문구를 입히고, 강조할 단어나 브랜드 메시지를 움직이는 효과로 표현하면, 영상의 전달력을 높일 수 있습니다. 문구의 위치, 애니메이션 효과 등을 지정해 직관적이고 감각적인 광고 영상을 완성하는 과정을 살펴보겠습니다.

01 캡컷에 영상 소스 업로드하기

01 웹브라우저에서 'capcut.com'을 입력하여 캡컷 사이트에 접속하고 로그인합니다. 〈+ 새로 만들기〉 버튼을 클릭하고 소스 영상 비율에 맞춰 동영상 항목의 '16:9'를 선택합니다.

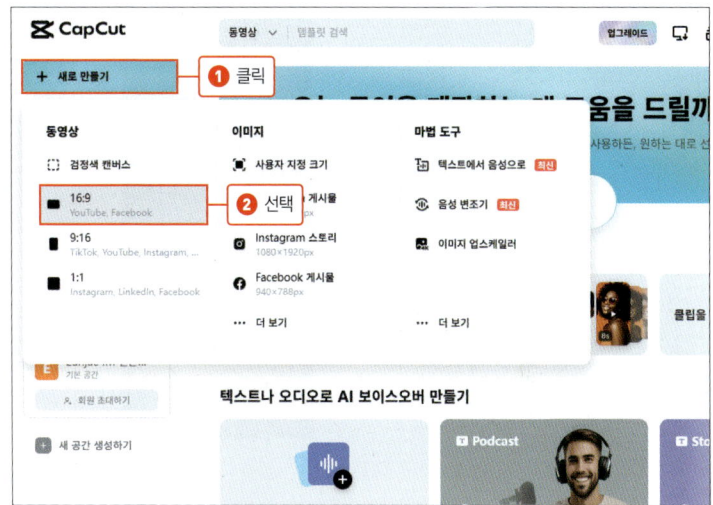

02 영상을 편집할 수 있는 프로젝트가 생성되면 파일을 업로드하여 사용하기 위해 (미디어) 메뉴의 〈업로드〉 버튼을 클릭하고 '파일 업로드'를 선택합니다.

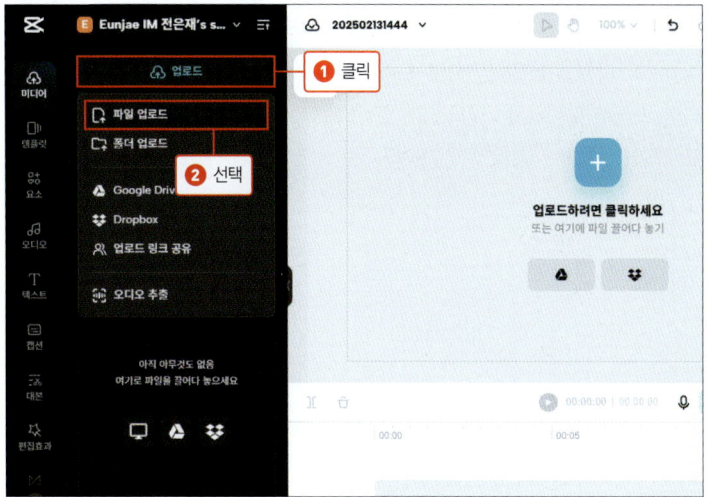

03 열기 대화상자가 표시되면 03 → 패스트푸드 광고 폴더에서 '골든 리트리버.mp4' 파일을 선택하고 〈열기〉 버튼을 클릭합니다.

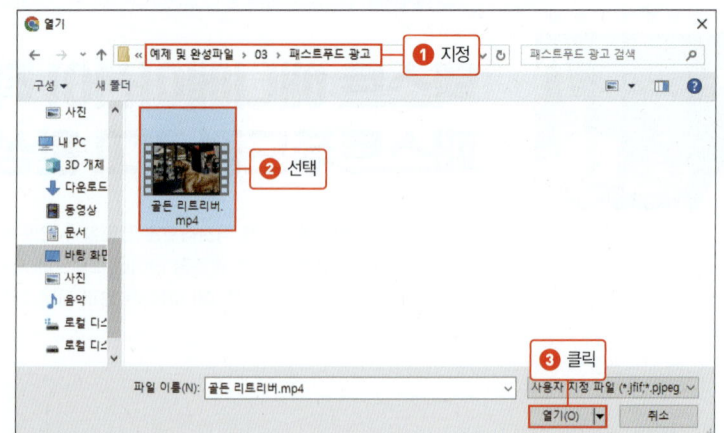

NOTE

폴더에서 드래그하여 파일 가져오기

〈업로드〉 버튼을 클릭하여 파일을 가져오는 방법 외에도 폴더에서 바로 드래그하여 캡컷에 불러올 수 있습니다. 파일도 폴더도 모두 가져올 수 있으니 편리한 방법을 사용해 필요한 파일을 불러오세요.

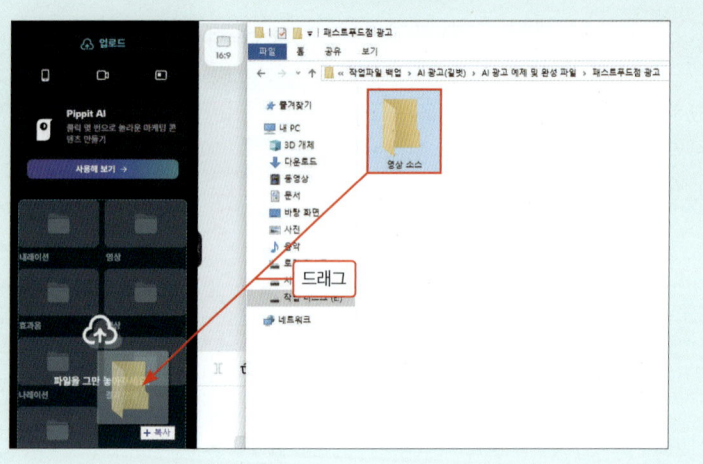

04 업로드한 영상 파일이 [미디어] 메뉴에 표시되며, '골든 리트리버.mp4' 파일을 타임라인으로 드래그합니다. 프리뷰 모니터와 타임라인에 영상이 표시되어 편집을 진행할 수 있습니다.

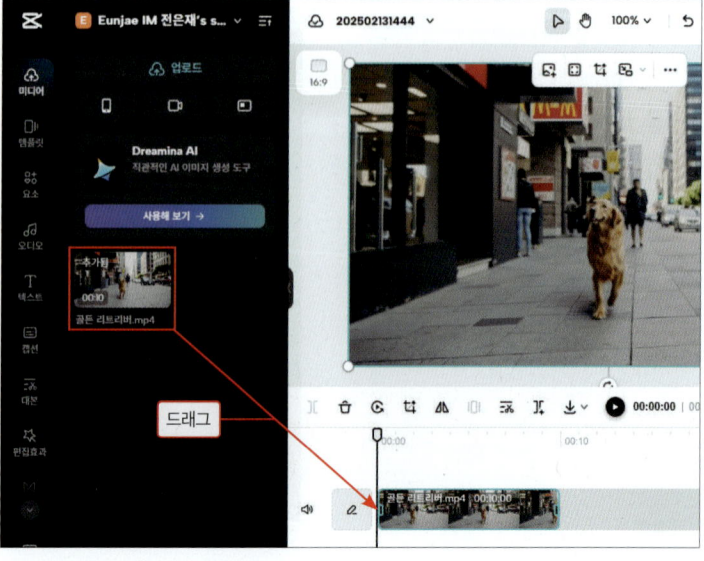

TIP [미디어] 메뉴에 있는 영상 파일을 클릭해도 자동으로 타임라인에 배치됩니다.

02 텍스트 애니메이션 적용하기

01 텍스트 애니메이션을 추가하기 위해 시간 표시자를 '00:06:00'으로 이동하고 왼쪽 메뉴바에서 (텍스트) 메뉴를 선택한 다음 〈머리글 추가〉 버튼을 클릭합니다.

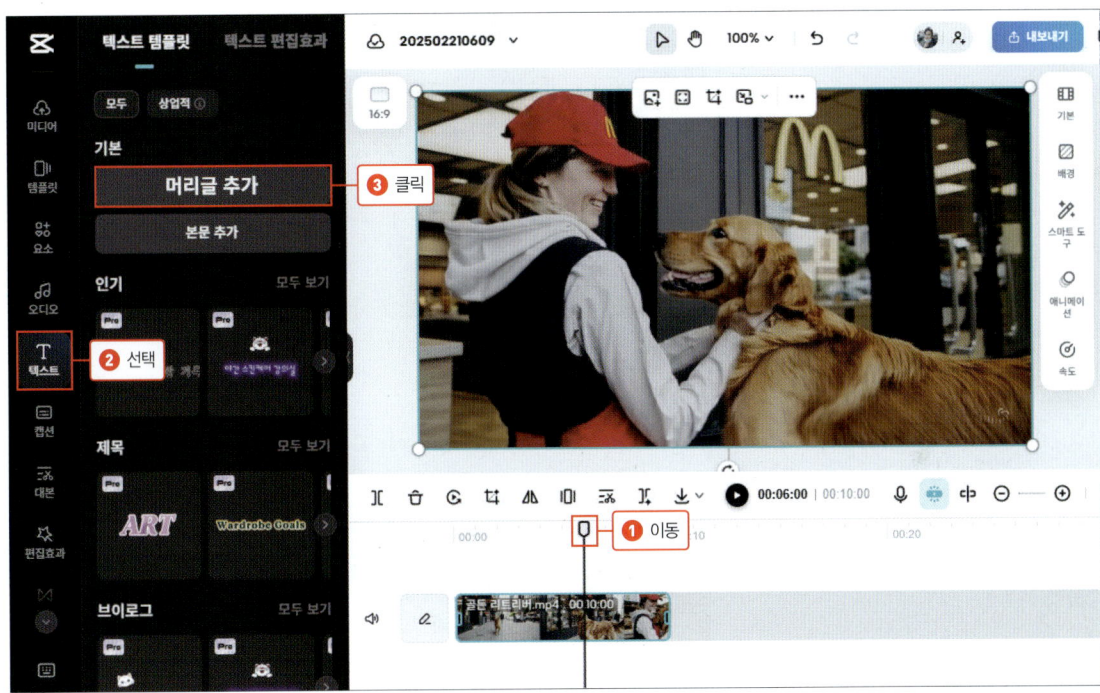

02 타임라인의 시간 표시자가 있는 곳을 기준으로 텍스트 프리셋이 생성됩니다. 'A Moment of Sharing Happiness/행복을 나누는 순간'을 입력하고 텍스트 설정을 위해 오른쪽 사이드바에서 '기본'을 선택합니다.

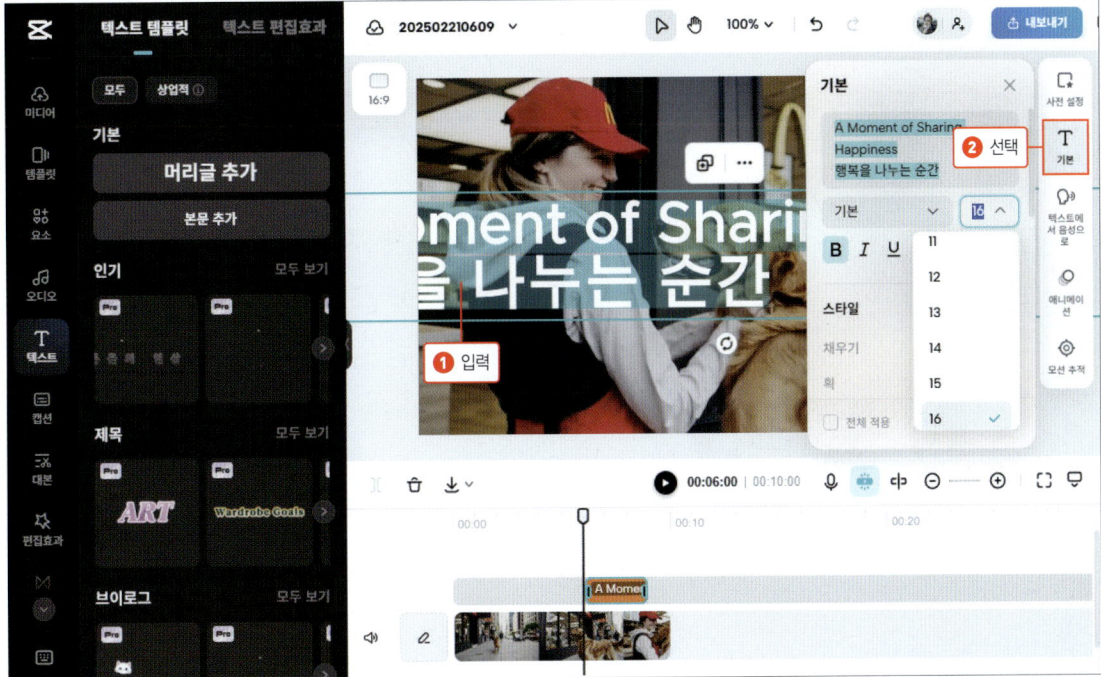

03 글꼴을 '나눔고딕', 글꼴 크기를 '9'로 지정하고 '진하게' 아이콘(B)과 '가운데 정렬' 아이콘(≡)을 클릭하여 텍스트를 설정합니다.

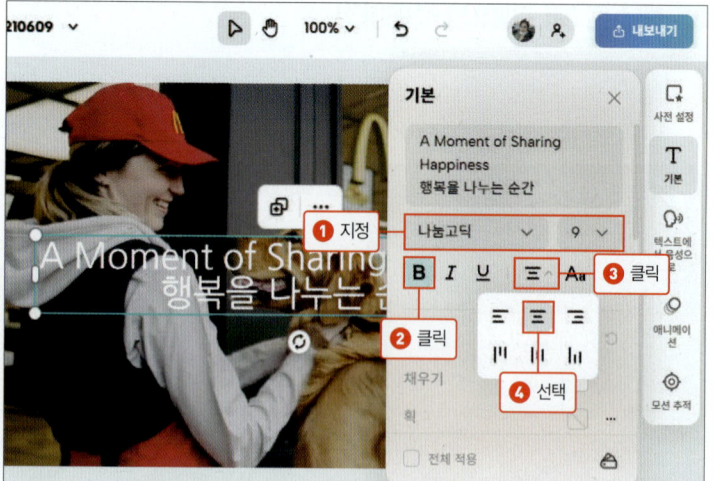

TIP 텍스트를 부분적으로 드래그해서 선택하여 부분별로 글꼴, 정렬, 굵기, 글자 크기 등을 각각 설정할 수도 있습니다.

04 원하는 형태로 텍스트 스타일을 설정합니다. 예제에서는 '행복을 나누는 순간'을 부분적으로 드래그하여 선택하고 글꼴 크기를 '6'으로 지정하여 변경하였습니다.

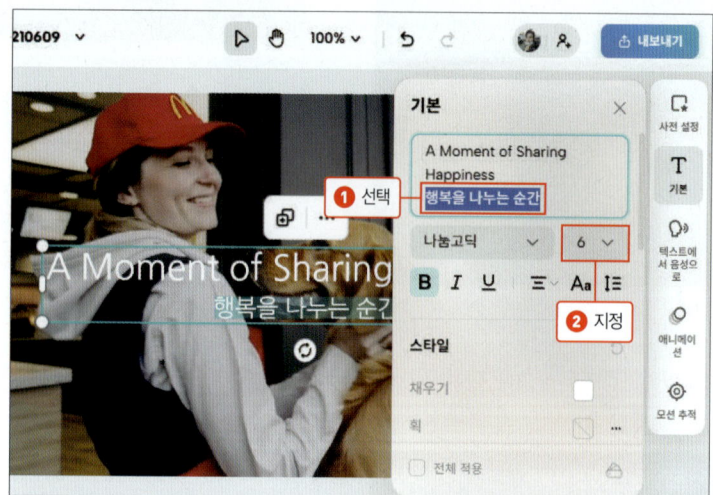

05 타임라인에서 텍스트 클립의 오른쪽 끝부분을 드래그하여 영상에 길이를 맞춥니다.

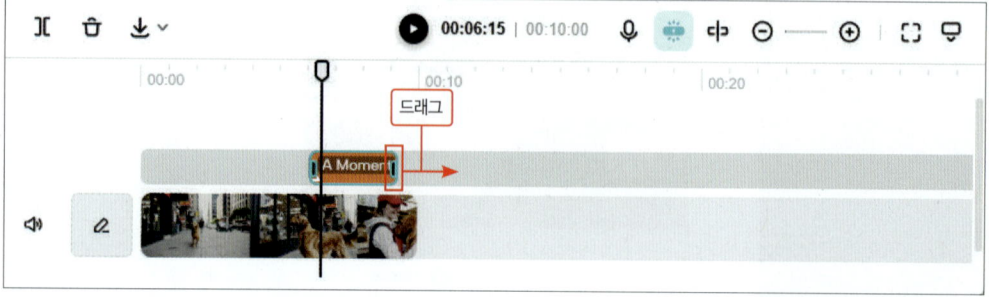

06 오른쪽 사이드바에서 '애니메이션'을 선택하고 효과를 설정하기 위해 (인) 탭을 선택합니다. 텍스트가 위에서 아래로 내려오면서 생성되는 애니메이션을 적용하기 위해 '밀기 D'를 클릭하고 애니메이션 설정을 마칩니다.

03 텍스트 애니메이션 영상 출력하기

01 편집이 완료되면 영상을 출력하기 위해 오른쪽 상단의 〈내보내기〉 버튼을 클릭하고 내보내기 창이 표시되면 〈다운로드〉 버튼을 클릭합니다.

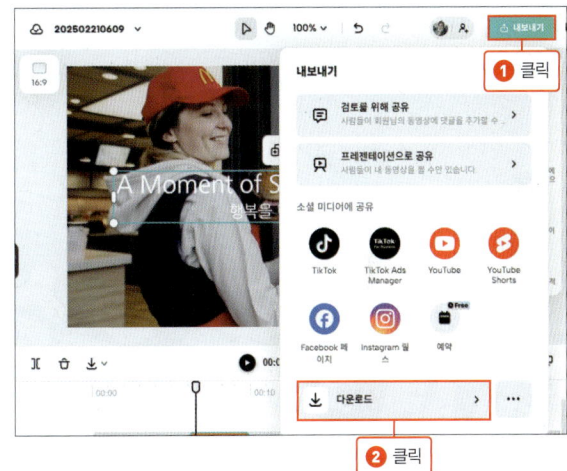

02 내보내기 설정이 표시되면 해상도를 '1080p', 프레임 속도를 '30fps'로 지정한 다음 〈내보내기〉 버튼을 클릭합니다. 내보내기가 '100%'로 완료되면 표시되는 〈다운로드〉 버튼을 클릭합니다. 다운로드 폴더에서 결과 영상을 확인합니다.

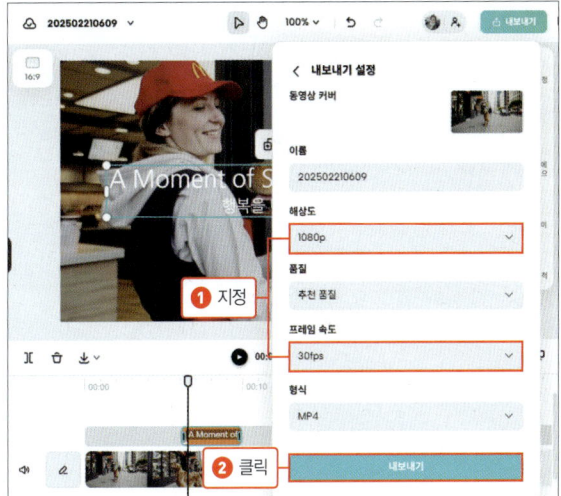

AI SKILL

딥페이크로 인물 생성을 자유롭게,
패션 숏폼 영상 만들기

홍보나 광고 제작에서 딥페이크 기술은 기존 영상의 인물 얼굴을 자연스럽게 다른 인물로 교체할 수 있는 혁신적인 수단으로 주목받고 있습니다. 특히 모델이나 상품 콘텐츠 제작, 예산 및 일정상의 제약을 극복할 수 있는 방법으로 활용되며, 기존 영상의 의상, 소품, 배경은 그대로 유지하면서 얼굴만 정밀하게 바꿀 수 있기 때문에 재촬영 없이도 새로운 버전의 광고를 손쉽게 제작할 수 있습니다. 예제에서는 딥페이크 기술로 다양한 인물 모델의 의상과 가방은 유지하면서 모델의 얼굴만 교체하여 새로운 영상으로 제작하는 방법에 대해 알아보겠습니다.

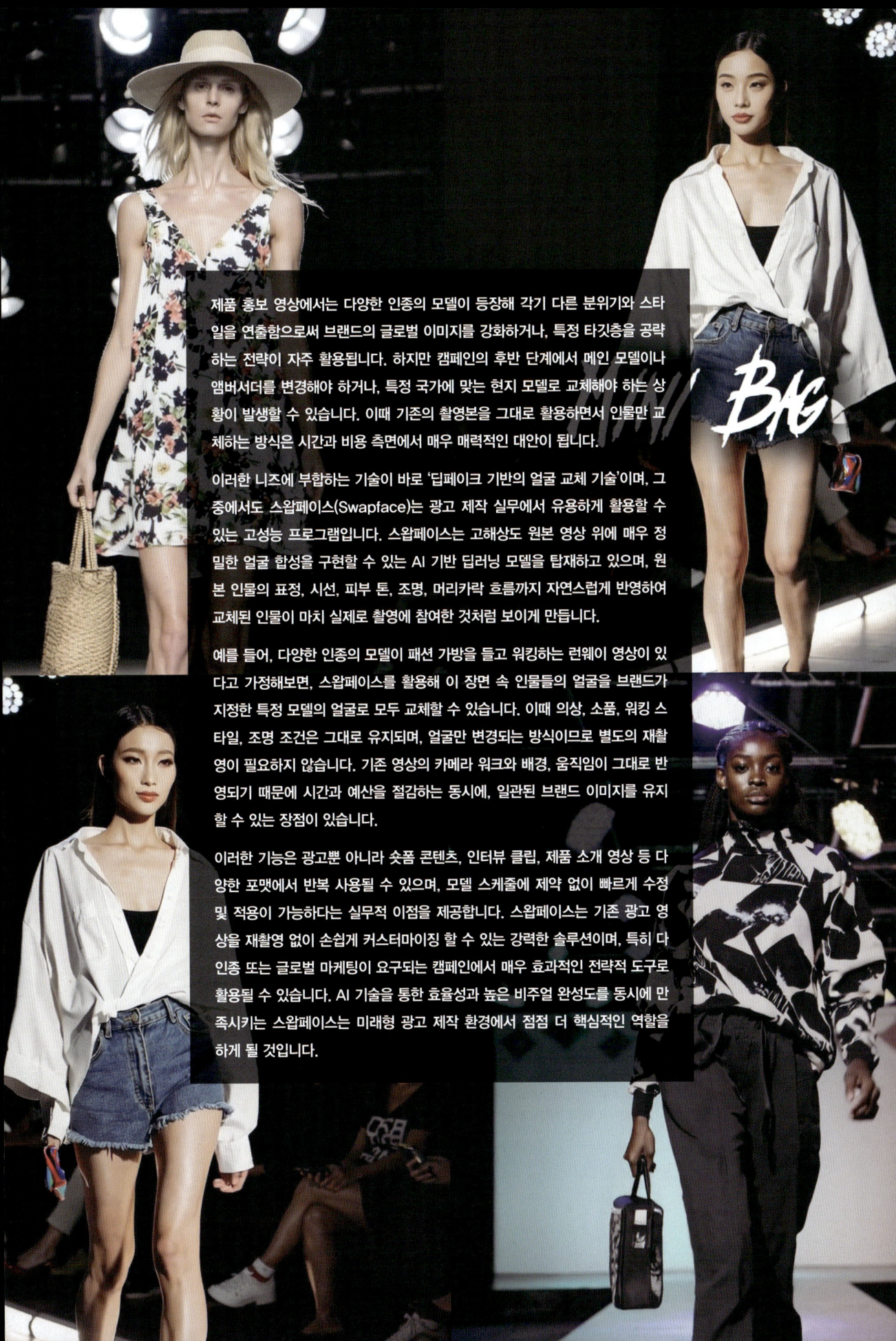

제품 홍보 영상에서는 다양한 인종의 모델이 등장해 각기 다른 분위기와 스타일을 연출함으로써 브랜드의 글로벌 이미지를 강화하거나, 특정 타깃층을 공략하는 전략이 자주 활용됩니다. 하지만 캠페인의 후반 단계에서 메인 모델이나 앰버서더를 변경해야 하거나, 특정 국가에 맞는 현지 모델로 교체해야 하는 상황이 발생할 수 있습니다. 이때 기존의 촬영본을 그대로 활용하면서 인물만 교체하는 방식은 시간과 비용 측면에서 매우 매력적인 대안이 됩니다.

이러한 니즈에 부합하는 기술이 바로 '딥페이크 기반의 얼굴 교체 기술'이며, 그 중에서도 스왑페이스(Swapface)는 광고 제작 실무에서 유용하게 활용할 수 있는 고성능 프로그램입니다. 스왑페이스는 고해상도 원본 영상 위에 매우 정밀한 얼굴 합성을 구현할 수 있는 AI 기반 딥러닝 모델을 탑재하고 있으며, 원본 인물의 표정, 시선, 피부 톤, 조명, 머리카락 흐름까지 자연스럽게 반영하여 교체된 인물이 마치 실제로 촬영에 참여한 것처럼 보이게 만듭니다.

예를 들어, 다양한 인종의 모델이 패션 가방을 들고 워킹하는 런웨이 영상이 있다고 가정해보면, 스왑페이스를 활용해 이 장면 속 인물들의 얼굴을 브랜드가 지정한 특정 모델의 얼굴로 모두 교체할 수 있습니다. 이때 의상, 소품, 워킹 스타일, 조명 조건은 그대로 유지되며, 얼굴만 변경되는 방식이므로 별도의 재촬영이 필요하지 않습니다. 기존 영상의 카메라 워크와 배경, 움직임이 그대로 반영되기 때문에 시간과 예산을 절감하는 동시에, 일관된 브랜드 이미지를 유지할 수 있는 장점이 있습니다.

이러한 기능은 광고뿐 아니라 숏폼 콘텐츠, 인터뷰 클립, 제품 소개 영상 등 다양한 포맷에서 반복 사용될 수 있으며, 모델 스케줄에 제약 없이 빠르게 수정 및 적용이 가능하다는 실무적 이점을 제공합니다. 스왑페이스는 기존 광고 영상을 재촬영 없이 손쉽게 커스터마이징 할 수 있는 강력한 솔루션이며, 특히 다인종 또는 글로벌 마케팅이 요구되는 캠페인에서 매우 효과적인 전략적 도구로 활용될 수 있습니다. AI 기술을 통한 효율성과 높은 비주얼 완성도를 동시에 만족시키는 스왑페이스는 미래형 광고 제작 환경에서 점점 더 핵심적인 역할을 하게 될 것입니다.

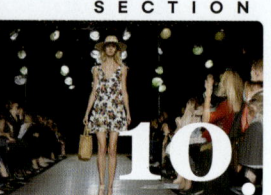

SECTION 10.

챗GPT로 트렌디한 가방과 홍보 모델 프롬프트 작성하기

여름 트렌드에 맞춘 가방을 광고하는 영상을 제작하기 위해 가방의 세부적 묘사와 가방과 어울리는 모델의 워킹 영상 프롬프트를 챗GPT를 활용하여 생성하겠습니다.

● 완성파일 : 03\패션 숏품\상품 프롬프트.txt

챗GPT에 접속한 다음 프롬프트 입력창에 사전에 러프하게 기획한 스토리를 바탕으로 질문 프롬프트를 입력합니다.

사용자

> 올해 여름 트렌드에 맞는 여성 패션과 어울리는 가방을 묘사해 줘.

라피아 백(Raffia Bag)
여름 패션과 아주 잘 어울리는 아이템으로, 자연적인 소재인 라피아로 만든 백은 시원하고 여유로운 느낌을 줍니다. 플로럴 원피스나 크롭탑과 하이웨이스트 팬츠 스타일에 잘 어울려요.

미니 백(Mini Bag)
미니멀리즘이 중요한 요즘, 작은 크기의 가방이 인기입니다. 작은 사이즈지만 다양한 컬러나 디자인으로 스타일을 더할 수 있어요. 크롭탑과 청반바지 스타일에 가볍게 매치할 수 있어요.

스포츠 백(Sporty Bag)
여름에 활동적인 스타일을 선호한다면, 스포츠 백이나 더플 백도 트렌디한 선택이 될 수 있어요. 그래픽 디자인이나 유니크한 디테일이 있는 스포츠 백은 그래픽 티셔츠와 반바지 스타일과 잘 어울려요.

챗GPT에서 제공한 정보를 바탕으로 질문을 확장하여 모델별로 어울리는 가방과 매치한 다음 소라 AI로 만들 워킹 영상을 프롬프트를 생성합니다.

사용자

> 백인 여성의 라피아 백, 동양 여성의 미니 백, 흑인 여성의 스포츠 백과 매치해서 어울리는 패션으로 모델 워킹 영상을 소라 AI로 생성하려고 해. 프롬프트를 영문으로 작성해 줘.

Caucasian Woman with a Raffia Bag
The model is a white woman wearing a lightweight floral-print sundress made of breathable linen or cotton. She carries a chic raffia tote bag that exudes a natural and summery vibe. she has blonde hair. Her look is completed with a straw hat and beige sandals. As she confidently walks

down the runway, the camera follows her, capturing the graceful flow of her dress and the texture of the raffia bag, emphasizing her elegant stride.

Asian Woman with a Mini Bag

The model is an East Asian woman wearing a trendy oversized white shirt paired with high-waisted denim shorts. She carries a small, colorful mini bag that adds a playful touch to her casual yet sophisticated look. The mini bag features a bold design with vibrant colors, perfectly complementing her minimalistic style. As she confidently walks down the runway, the camera follows her, capturing the graceful flow of her dress and the texture of the raffia bag, emphasizing her elegant stride.

Black Woman with a Sporty Bag

The third model is a Black woman, wearing a sporty, stylish outfit perfect for summer. She has on a graphic tee, paired with a sleek pair of high-waisted joggers or leggings, and is carrying a functional yet fashionable sporty bag. The bag is dynamic in design, with clean lines and a striking pattern. Her look is bold and athletic, showing off her strong, confident presence on the runway. The camera zooms in on her sporty bag and the energy she brings to the walk, with emphasis on her athleticism and the bag's practical appeal.

한글 번역

백인 여성과 라피아 백

첫 번째 모델은 백인 여성으로, 통기성이 좋은 린넨 또는 코튼 소재의 가벼운 플로럴 프린트 썬 드레스를 입고 있습니다. 그녀는 자연스럽고 여름 느낌이 나는 세련된 라피아 토트백을 들고 있습니다. 이 룩은 스트로우 햇과 베이지색 샌들로 마무리됩니다. 모델은 런웨이를 자신감 있게 걸으며, 카메라는 드레스의 흐름과 라피아 백의 질감을 강조하면서 그녀의 우아한 워킹을 포착합니다.

동양 여성과 미니 백

두 번째 모델은 동양 여성으로, 트렌디한 오버사이즈 화이트 셔츠와 하이웨이스트 데님 쇼츠를 입고 있습니다. 그녀는 작은 크기의 컬러풀한 미니 백을 들고 있는데, 이는 캐주얼 하면서도 세련된 룩에 발랄한 포인트를 더해 줍니다. 미니 백은 대담한 디자인으로 색감이 돋보이며, 그녀의 미니멀한 스타일을 완성합니다. 모델은 자신감 있게 런웨이를 걷고, 카메라는 미니 백이 그녀의 간결한 스트리트 스타일에 어떻게 잘 어울리는지 강조합니다.

흑인 여성과 스포츠 백

세 번째 모델은 흑인 여성으로, 여름에 딱 맞는 스포티하고 스타일리시한 의상을 입고 있습니다. 그녀는 그래픽 티셔츠와 하이웨이스트 조거 팬츠나 레깅스를 매치하고, 실용적이면서도 패셔너블한 스포츠 백을 들고 있습니다. 가방은 깔끔한 라인과 강렬한 패턴으로 디자인되어 있으며, 모델은 그 강렬한 존재감과 에너지를 런웨이에서 발산합니다. 카메라는 그녀의 역동적인 워킹과 스포츠 백이 어떻게 실용적이면서도 스타일리시함을 보여줍니다.

> 완성파일 : 03\패션 숏폼\#1~3.mp4

SECTION 11
세부적인 묘사로 다양한 인물 생성하기

챗GPT를 이용한 세부적인 프롬프트를 이용하여 서양인과 동양인, 아프리카계 모델이 패션쇼에서 워킹하는 영상을 생성합니다.

01 자연 소재의 백을 든 서양 모델의 워킹 영상 생성하기

01 모자를 쓰고 자연 소재의 라피아 백을 들고 워킹을 하는 서양 모델 영상을 생성한 다음 동영상 파일로 저장하겠습니다. 웹브라우저에서 'sora.com'을 입력하여 소라 AI 사이트에 접속합니다.

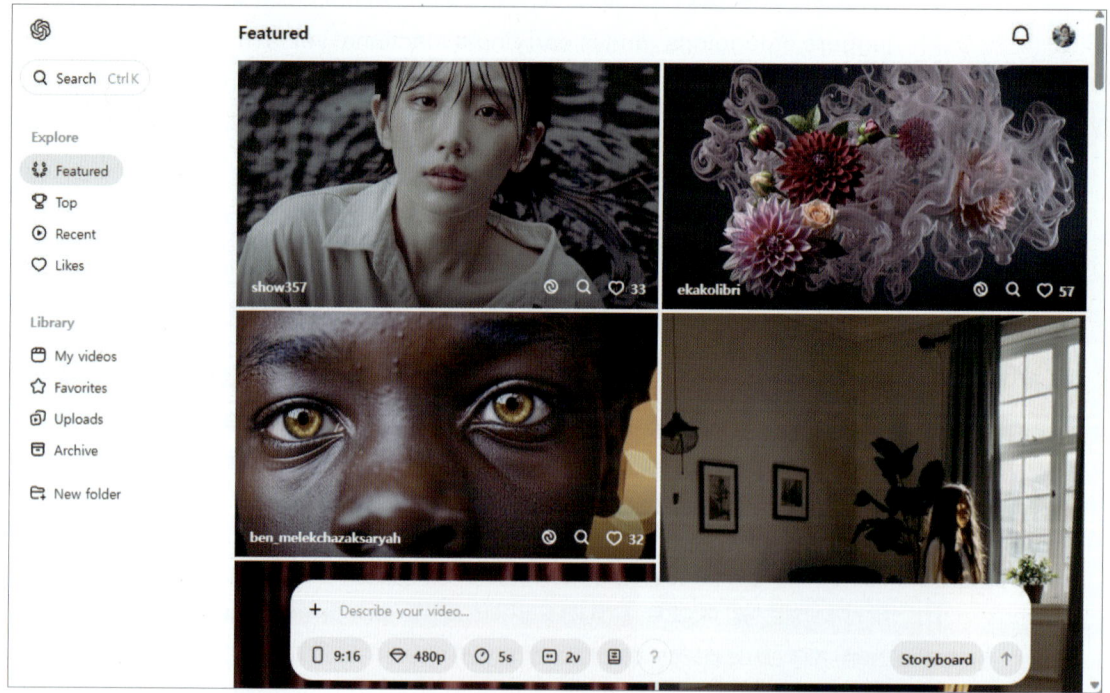

TIP 워킹 장면에서는 다리의 움직임만큼이나 시선 처리와 팔의 스윙이 관건입니다. 프롬프트에 '모델이 카메라를 향해 시선을 주며 자연스럽게 걷는다', '팔이 리듬감 있게 앞뒤로 흔들린다'는 식으로 구체적인 자세와 동작을 서술하면 더 사실적인 워킹 애니메이션이 생성됩니다. 예제에서는 가방을 중점적으로 광고하고 있어 서술하지 않았습니다.

02 프롬프트 입력창에 챗GPT에서 생성한 '서양 모델의 라피아 백'에 대한 프롬프트를 복사하여 붙여 넣기((Ctrl)+(V))합니다.

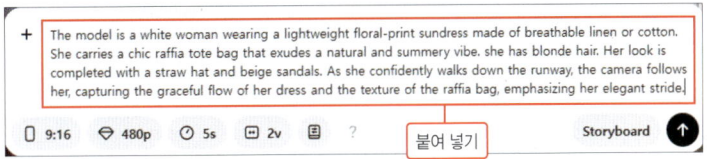

프롬프트

The model is a white woman wearing a lightweight floral-print sundress made of breathable linen or cotton. She carries a chic raffia tote bag that exudes a natural and summery vibe. she has blonde hair. Her look is completed with a straw hat and beige sandals. As she confidently walks down the runway, the camera follows her, capturing the graceful flow of her dress and the texture of the raffia bag, emphasizing her elegant stride

03 영상의 세부 설정을 진행합니다. 화면 비율을 '9:16', 해상도를 '720p', 영상 길이를 '5s', 영상 생성 개수를 '2v(2개)'로 지정하고 'Create' 아이콘(◉)을 클릭합니다.

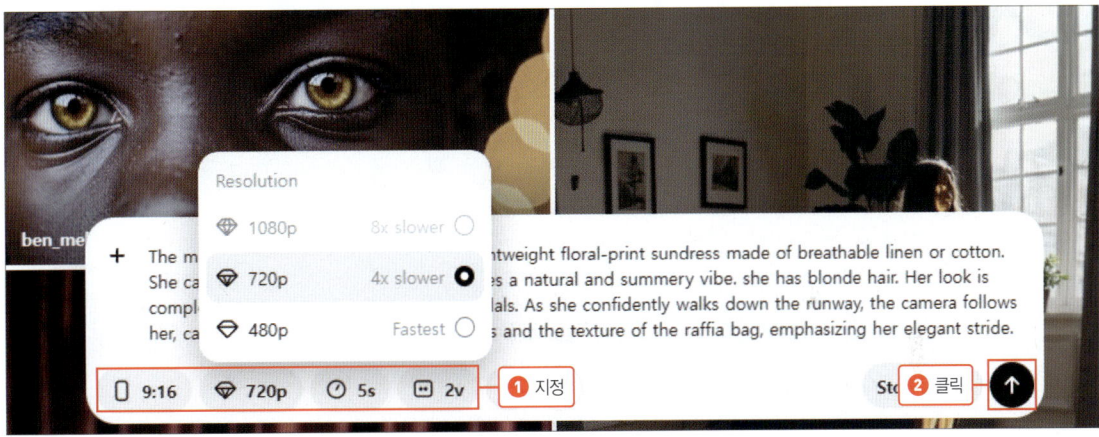

TIP 'Help' 아이콘(?)에 마우스 커서를 위치하면 해당 영상을 생성하는데 소요되는 크레딧을 확인할 수 있습니다. 해당 예제에서는 '120' 크레딧이 소모됩니다. 소라에서는 소진된 크레딧을 추가로 충전하는 방법이 없으므로 신중하게 남은 크레딧을 계산하여 생성하는 것이 중요합니다.

04 'Added to queue' 텍스트가 표시되고 생성이 완료되면 원하는 섬네일을 클릭하여 생성된 영상을 확인할 수 있습니다.

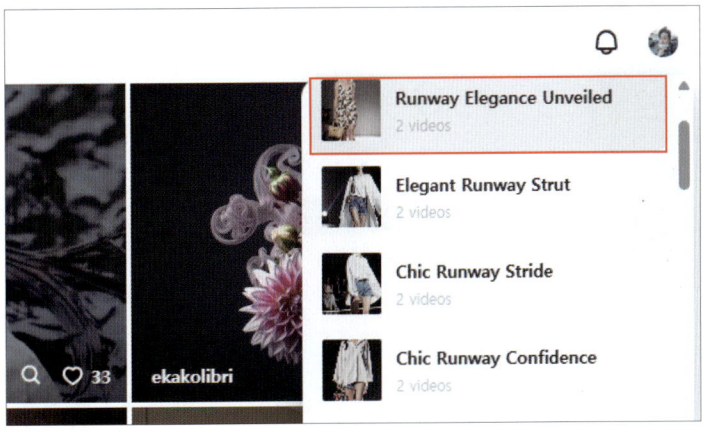

05 프롬프트에 맞게 2개의 영상이 생성된 것을 확인할 수 있으며 마음에 드는 영상의 섬네일을 클릭합니다. 예제에서는 오른쪽 섬네일의 영상을 선택하였습니다.

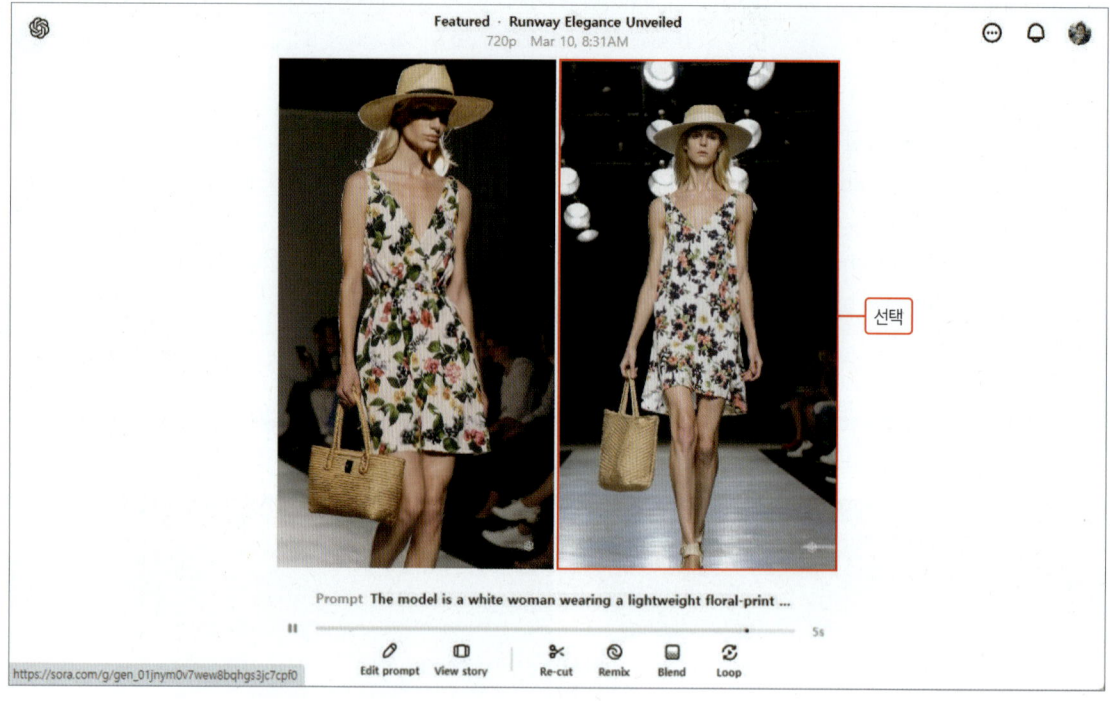

TIP 2개의 영상을 생성한 것이므로, 선택되지 않은 영상도 언제든지 소라AI 사이트에서 다운로드를 진행할 수 있습니다.

06 선택한 영상을 저장하기 위해 'Download' 아이콘(◉)을 클릭하고 'Video'를 선택합니다. Download ready 창이 표시되면 〈Download〉 버튼을 클릭하고 다운로드 폴더에서 확인할 수 있습니다.

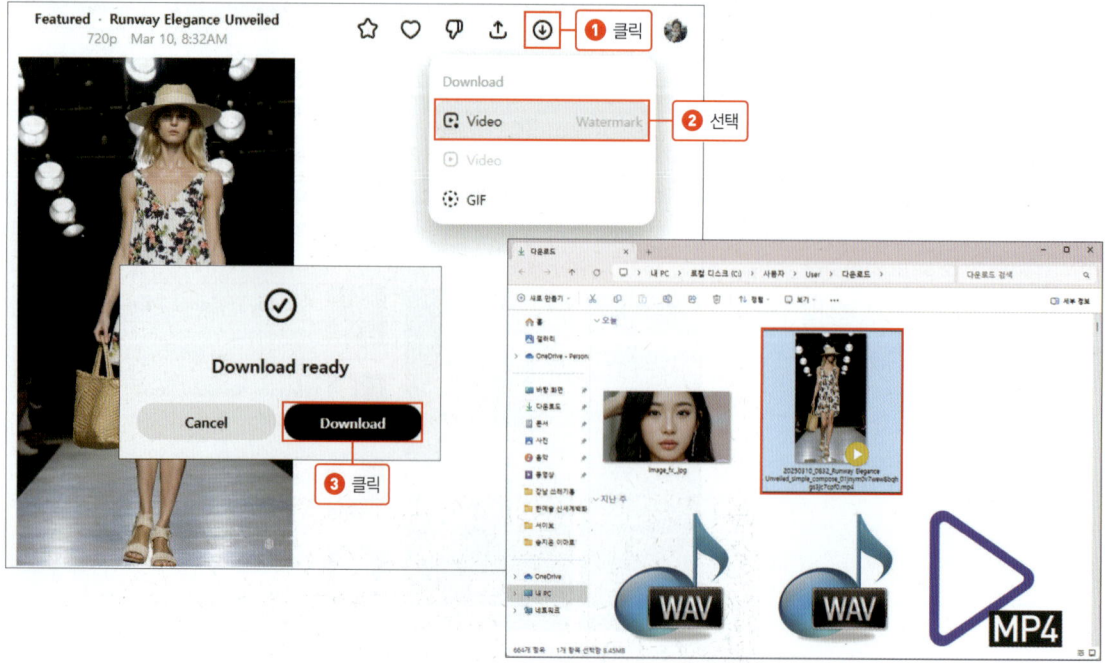

160

02 미니 백을 든 동양 모델의 워킹 영상 생성하기

01 오버사이즈 셔츠를 입고 다채로운 색감의 미니 백을 든 동양 모델 영상을 생성한 다음 동영상 파일로 저장합니다. 소라 AI 홈 화면의 프롬프트 입력창에 '동양 모델과 미니 백'에 대한 프롬프트를 복사하여 붙여 넣기([Ctrl]+[V])합니다. 'Create' 아이콘( )을 클릭합니다.

프롬프트

The model is an East Asian woman wearing a trendy oversized white shirt paired with high-waisted denim shorts. She carries a small, colorful mini bag that adds a playful touch to her casual yet sophisticated look. The mini bag features a bold design with vibrant colors, perfectly complementing her minimalistic style. As she confidently walks down the runway, the camera follows her, capturing the graceful flow of her dress and the texture of the raffia bag, emphasizing her elegant stride

TIP 세부 설정은 이전 영상과 동일하게 설정되므로 설정을 바꿀 필요는 없습니다.

02 'Added to queue' 텍스트가 표시되고 생성이 완료되면 섬네일을 클릭하여 생성된 영상을 확인할 수 있습니다.

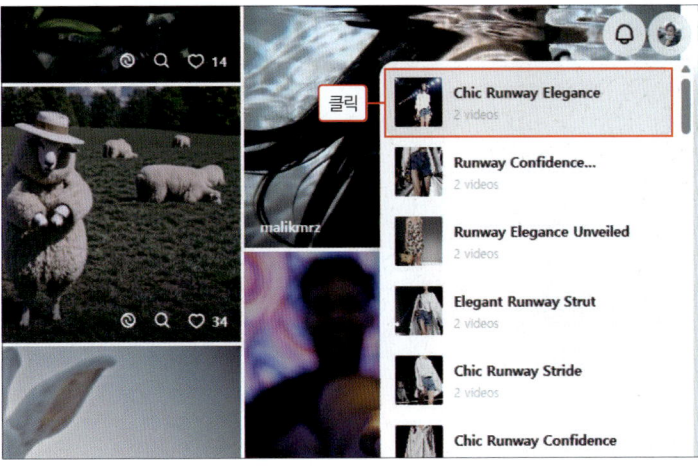

03 입력한 프롬프트에 맞춰 영상이 2개 생성되면 마음에 드는 영상의 섬네일을 선택합니다. 예제에서는 왼쪽 섬네일 영상을 선택하였습니다.

04 선택한 영상을 저장하기 위해 'Download' 아이콘(⊙)을 클릭하고 'Video'를 선택합니다. Download ready 창이 표시되면 〈Download〉 버튼을 클릭합니다.

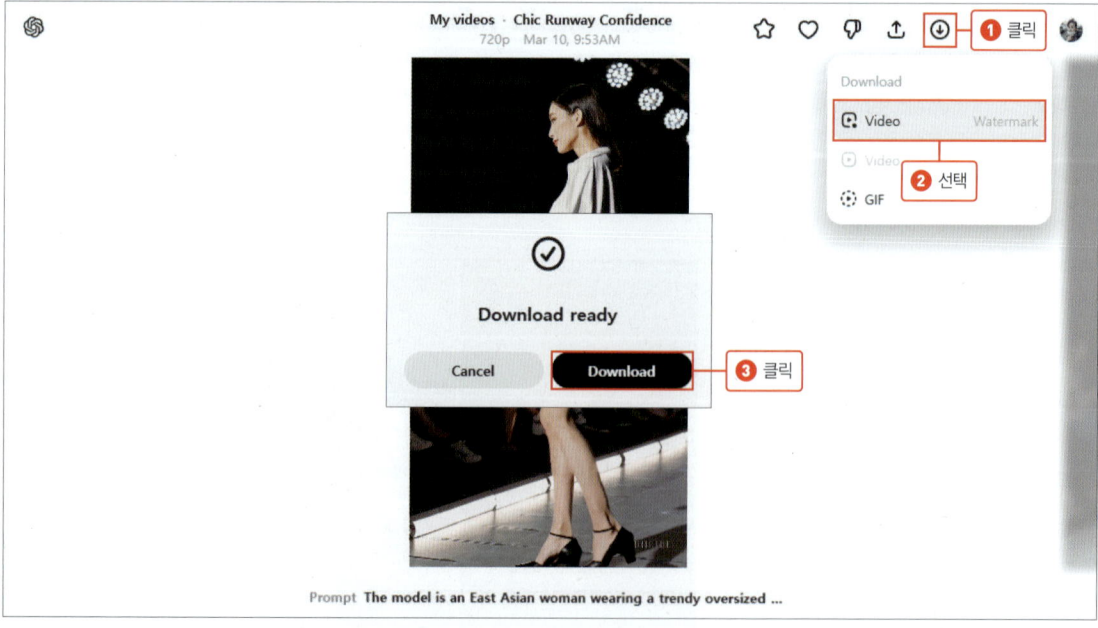

03 스포츠 백을 든 아프리카계 모델의 워킹 영상 생성하기

01 스포티한 의상을 입고 스포츠 백을 든 아프리카계 모델 영상을 생성한 다음 동영상 파일로 저장합니다. 소라 AI 홈 화면의 프롬프트 입력창에 '아프리카계 모델과 스포츠 백'에 대한 프롬프트를 복사, 붙여 넣기(Ctrl+V)하고 'Create' 아이콘( )을 클릭합니다.

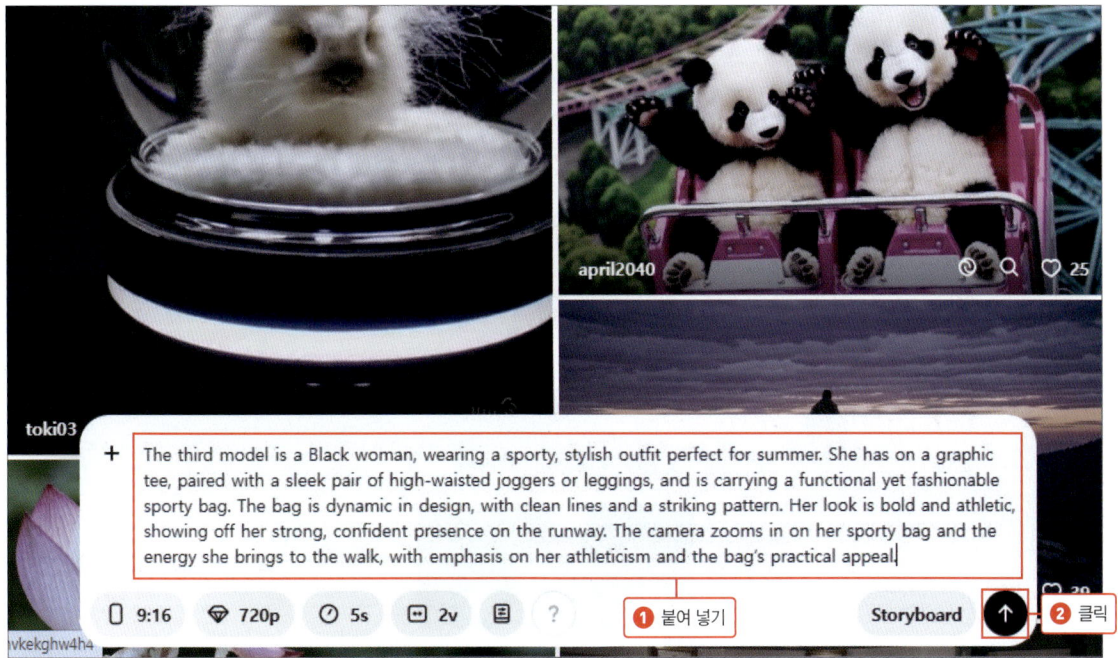

프롬프트 The third model is a Black woman, wearing a sporty, stylish outfit perfect for summer. She has on a graphic tee, paired with a sleek pair of high-waisted joggers or leggings, and is carrying a functional yet fashionable sporty bag. The bag is dynamic in design, with clean lines and a striking pattern. Her look is bold and athletic, showing off her strong, confident presence on the runway. The camera zooms in on her sporty bag and the energy she brings to the walk, with emphasis on her athleticism and the bag's practical appeal

02 'Added to queue' 텍스트가 표시되고 생성이 완료되면 원하는 섬네일을 클릭하여 생성된 영상을 확인할 수 있습니다.

03 입력한 프롬프트에 맞춰 영상이 2개 생성되면 마음에 드는 영상의 섬네일을 선택합니다. 예제에서는 오른쪽 섬네일 영상을 선택하였습니다.

04 'Download' 아이콘(⬇)을 클릭하여 생성한 영상을 PC에 저장할 수 있습니다. 'Video'를 선택하고 〈Download〉 버튼을 클릭합니다.

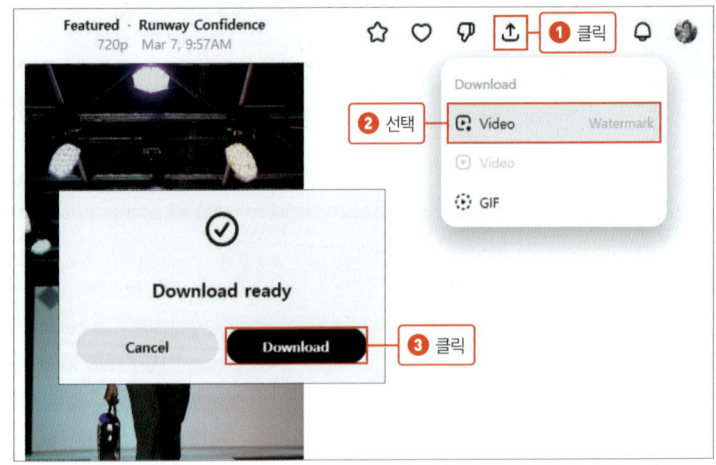

05 다운로드한 영상들을 하나의 폴더로 이동합니다. 생성한 순서대로 각각 '#1', '#2', '#3'로 이름을 변경합니다.

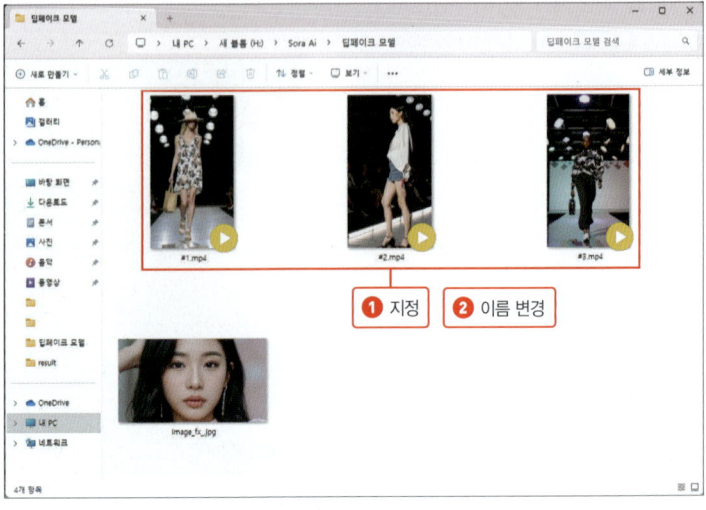

완성파일 : 03\패션 숏폼\image_fx_.jpg

SECTION 12. 딥페이크로 변경시킬 인물 얼굴 생성하기

앞서 생성한 영상 속 다양한 인종의 모델 얼굴을 동양인의 동일 인물로 만드는 딥페이크 기술을 적용하기 위해, ImageFX를 활용하여 기준이 되는 가상의 인물을 따로 생성하겠습니다.

01 간단한 프롬프트로 인물 생성하기

01 웹브라우저에서 'labs.google/fx/tools/image-fx'를 입력하여 ImageFX에 접속합니다. 〈Sign in with Google〉 버튼을 클릭하고 구글 아이디로 로그인합니다.

TIP 비슷한 역할을 하는 미드저니를 사용해 이미지를 생성할 수도 있지만, 현재 ImageFX는 무료이며, 실사적인 느낌의 이미지 생성에 더 강점이 있다는 평가가 있습니다. 따라서 이번 예제에서는 ImageFX를 사용하여 이미지를 생성합니다.

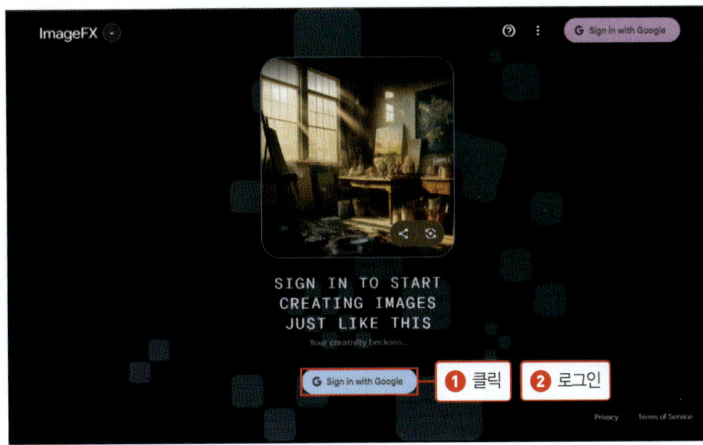

02 프롬프트 입력창에 원하는 스타일의 프롬프트를 입력하고 〈만들기〉 버튼을 클릭합니다. 예제에서는 K-pop 아이돌의 느낌을 원하여 다음과 같은 프롬프트를 입력하였습니다.

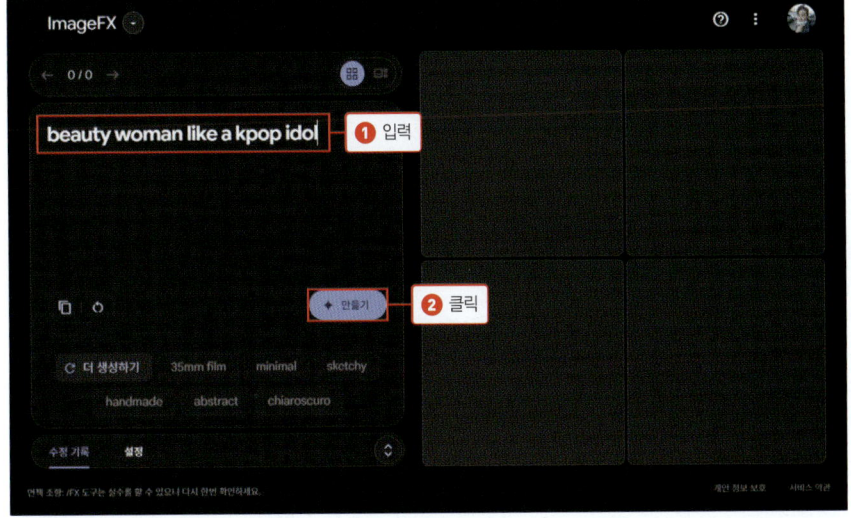

프롬프트 beauty woman like a kpop idol

03 생성된 이미지 중 마음에 드는 이미지를 클릭합니다. 만약 이미지가 마음에 들지 않는다면, 프롬프트를 변경하거나 동일한 프롬프트로 원하는 이미지가 나올 때까지 생성을 반복합니다. 예제에서는 한번 더 생성하기 위해 프롬프트를 수정하겠습니다.

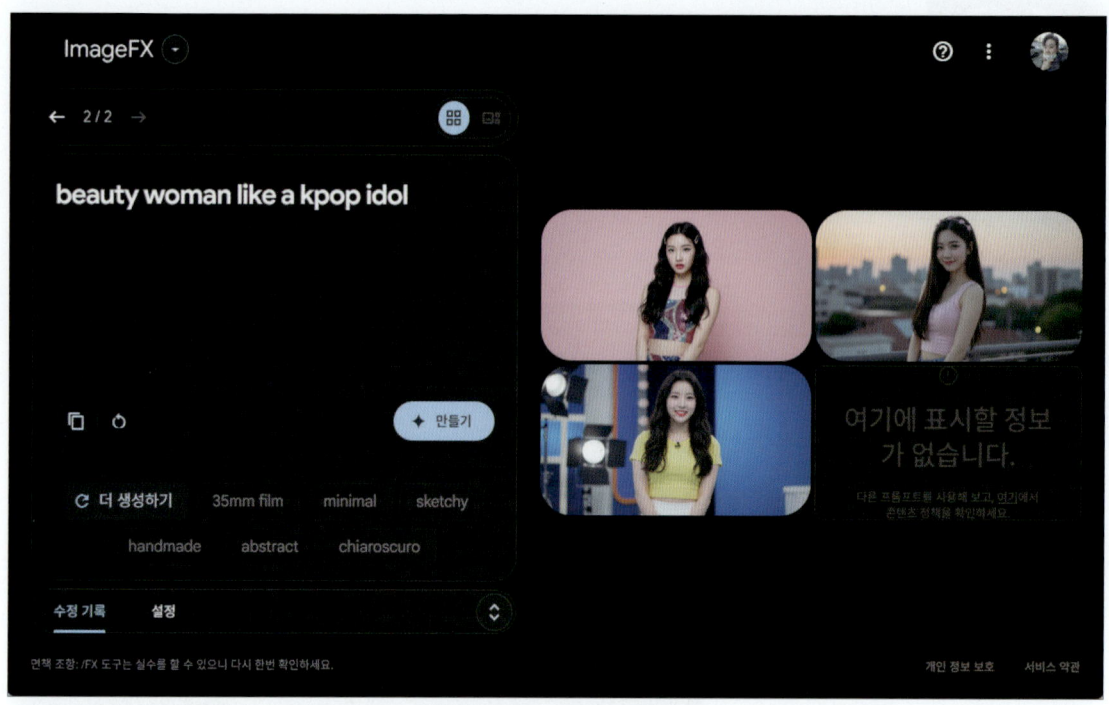

04 얼굴이 강조된 이미지를 생성하기 위해 프롬프트를 'beauty woman like a kpop idol, close-up shot'으로 수정하고 〈만들기〉 버튼을 클릭합니다.

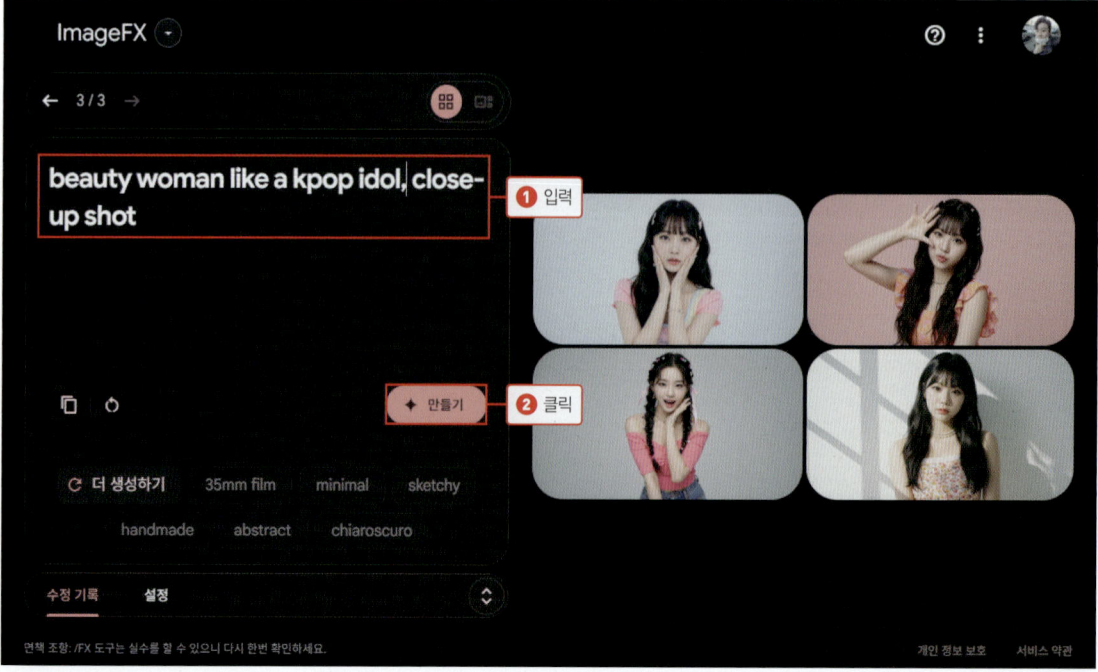

02 생성된 이미지 저장하기

01 얼굴이 좀 더 강조된 이미지가 표시되고, 마음에 드는 이미지를 클릭합니다. 예제에서는 첫 번째 이미지를 선택하였습니다.

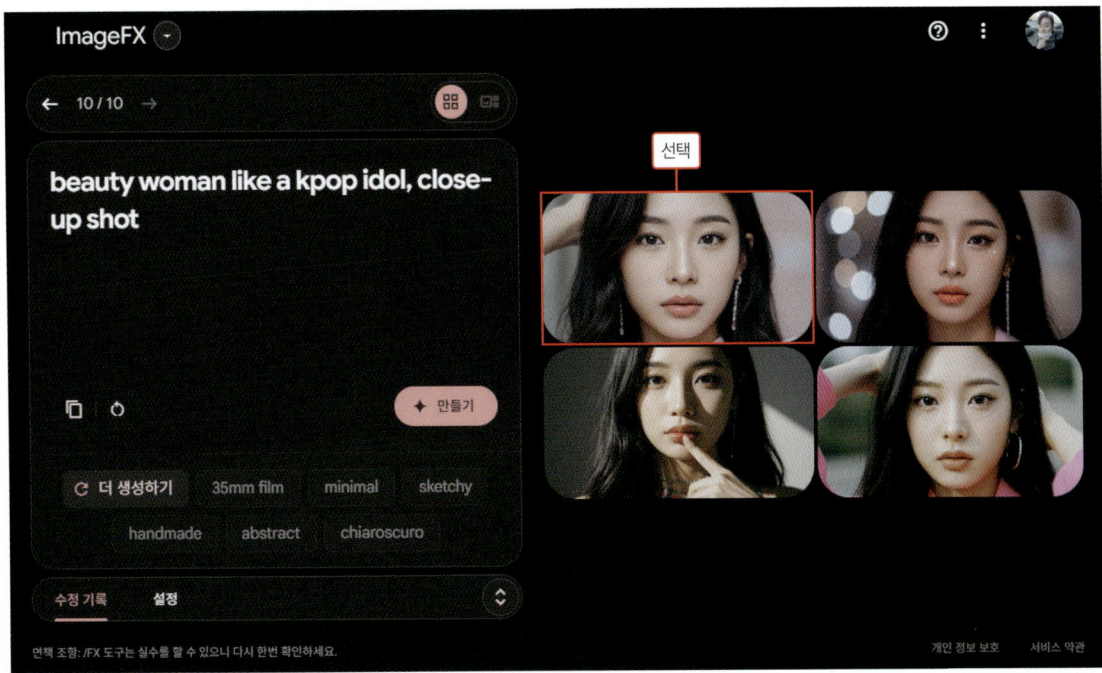

02 선택한 이미지에 마우스를 위치하면 나타나는 '다운로드' 아이콘(⬇)을 클릭합니다. ImageFX에서 생성한 이미지는 다운로드 폴더에서 확인할 수 있습니다.

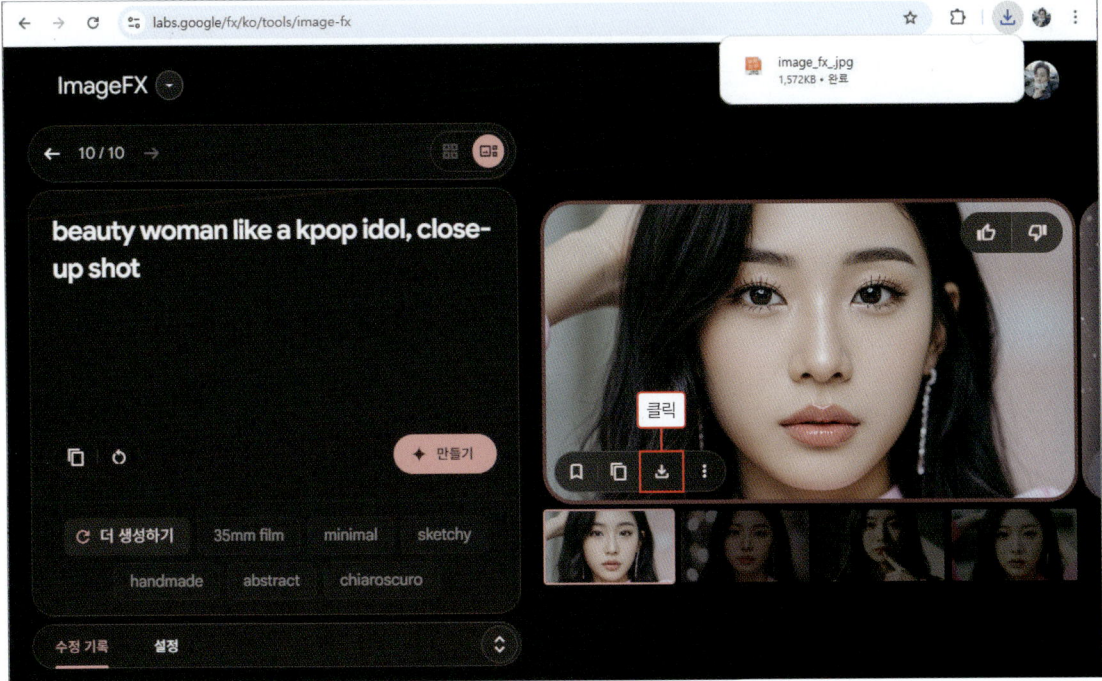

SECTION 13.

예제파일 : 03\패션 숏폼\image_fx_.jpg

스왑페이스의 딥페이크 기능으로 인물 변경하기

다양한 인종의 모델의 워킹 영상과 교체시킬 인물의 얼굴 이미지를 활용하여 스왑페이스를 이용하여 딥페이크 기능을 적용해 보겠습니다.

01 웹브라우저에서 'swapface.org'를 입력하여 홈페이지로 접속합니다. 사용자의 운영체제에 맞게 Swapface 프로그램을 다운로드하고 설치한 앱을 실행합니다. 예제에서는 Swapface 2.1.0 버전을 사용합니다.

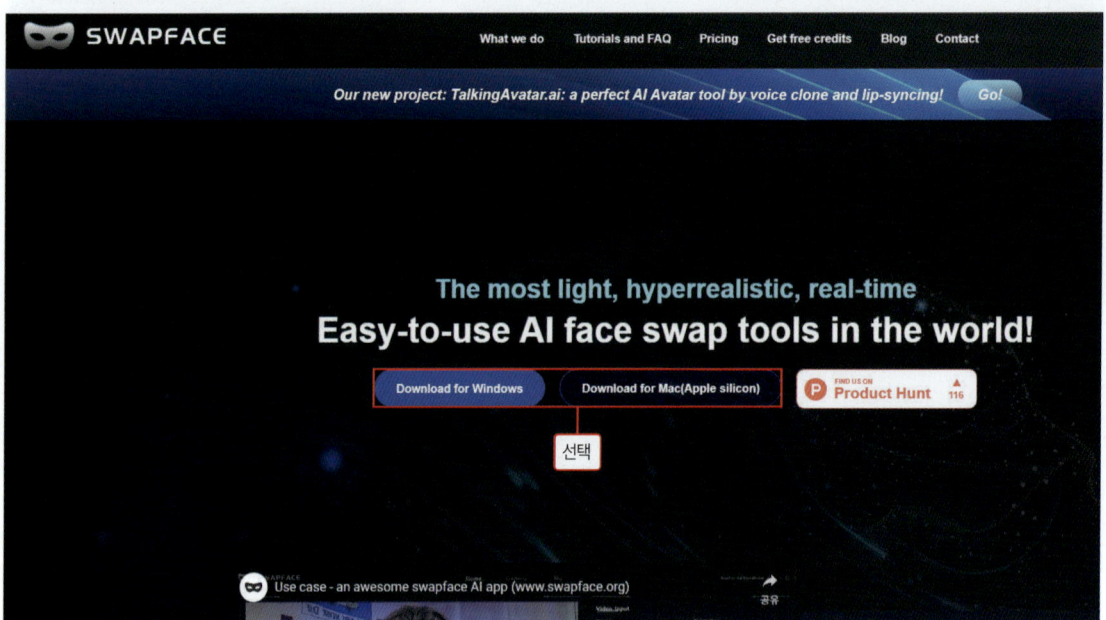

선택

> **NOTE**
>
> **설치한 앱이 보이지 않을때?**
>
> 설치 후 프로그램을 바탕 화면에 설치 하지 않거나 다른 경로에 설치했을 경우에는 찾기 어려울 수 있습니다. 이럴때는 윈도우 기준으로 '시작'에서 앱의 이름을 검색하면 쉽게 찾을 수 있습니다.

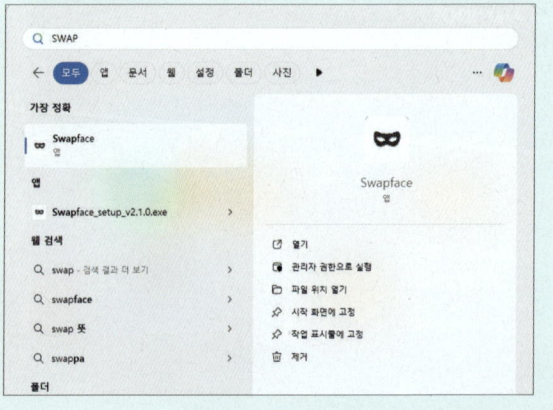

02 Swapface.org 창이 열리면 가입하기 위해 이메일 주소와 비밀번호를 입력하고 〈Go〉 버튼을 클릭해 로그인합니다.

03 영상 속 얼굴을 변화시키기 위해 Swapface 프로그램의 메인 화면 상단에 있는 [Video Faceswap] 메뉴를 클릭합니다.

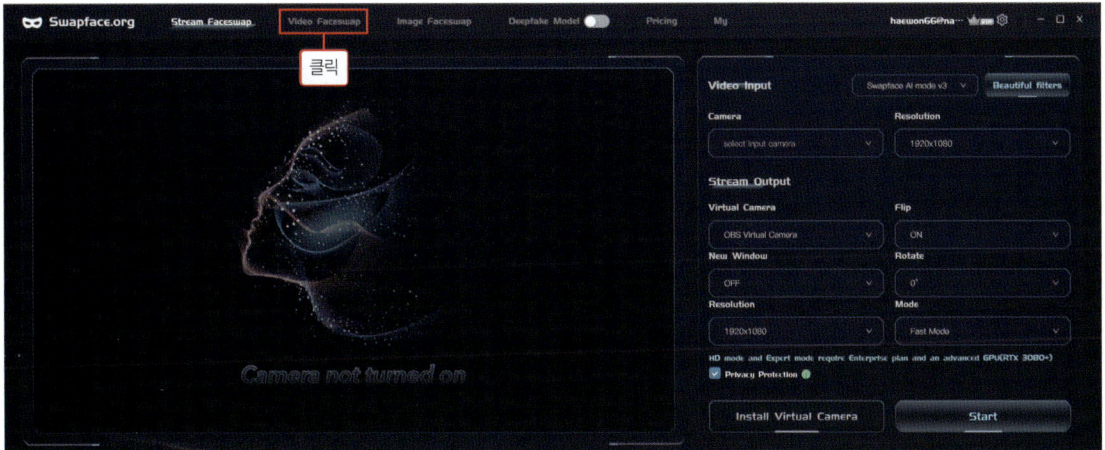

딥페이크 기술 활용 시 유의사항

이 책에서는 가상의 인물을 생성하여 덧씌우는 형태로 진행하였으나 실존 인물의 얼굴을 무단으로 사용하면 문제가 생길 수 있습니다. 다음의 유의사항을 반드시 숙지하세요.

- 타인의 얼굴이나 콘텐츠를 허락 없이 사용하면 법적 문제가 발생할 수 있습니다.
- 딥페이크 영상은 반드시 윤리적, 비상업적 목적으로 사용해야 합니다.
- 생성된 영상이 AI로 만든 것임을 명확히 표시하는 것이 바람직합니다.
- 고사양 장비와 데이터 보안에 유의하며 책임감 있게 활용해야 합니다.

04 Video Faceswap 모드가 표시되면, 소스를 불러오기 위해 〈Select Videos or Gif〉 버튼을 클릭합니다.

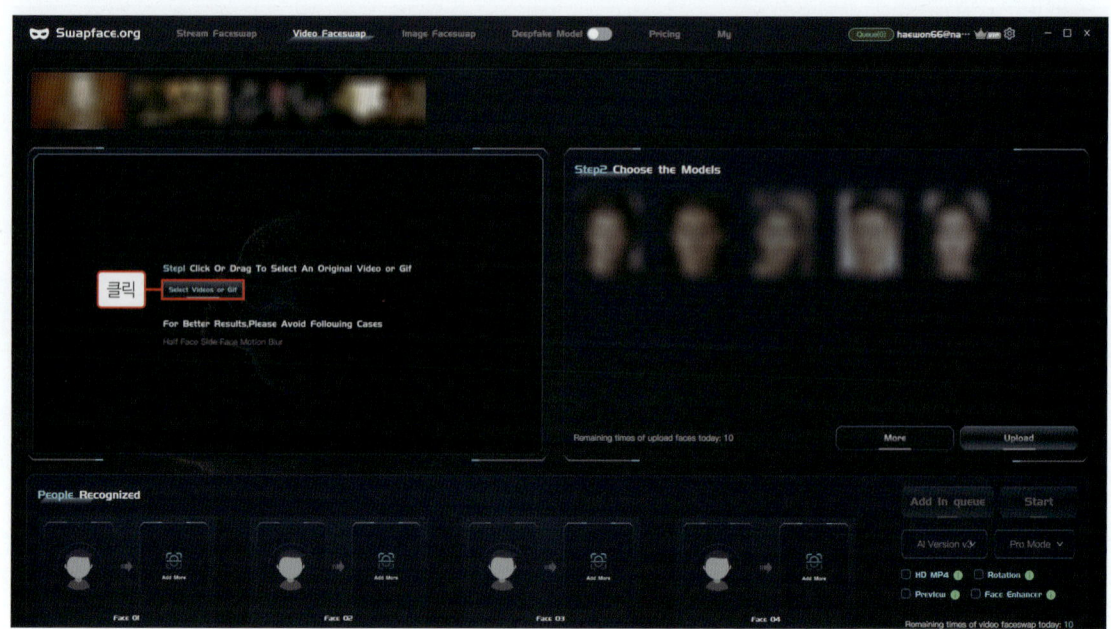

05 열기 대화상자가 표시되면 딥페이크를 적용할 소스를 불러오겠습니다. 03 → 패션 숏폼 폴더의 '#1.mp4' 영상 파일을 선택하여 〈열기(O)〉 버튼을 클릭합니다.

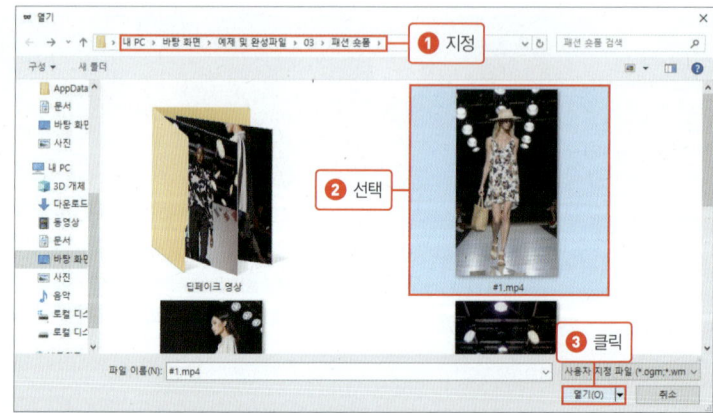

06 Replace 창이 표시됩니다. 영상 소스에서 자동으로 얼굴을 분석하여 섬네일 형태로 얼굴 사진을 표시해 줍니다. 얼굴 사진을 클릭하고 〈Choose〉 버튼을 클릭합니다.

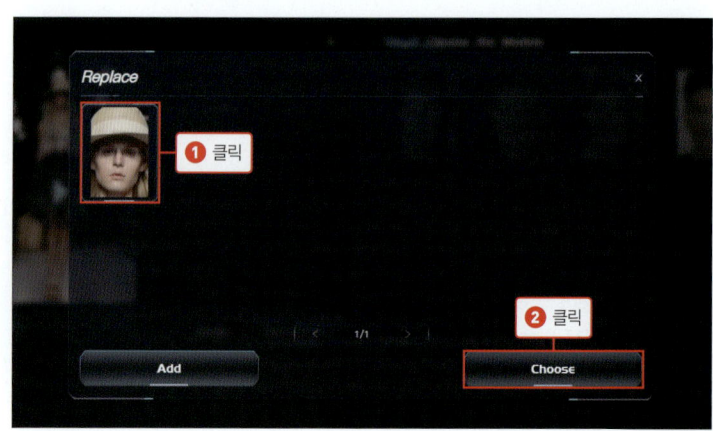

TIP 사람이 여러 명인 영상에서는 여러 장의 섬네일 형태로 얼굴 사진이 표시됩니다.

07 하단 People 영역에 영상 속 인물 얼굴이 들어가 있는 것을 확인할 수 있습니다. 이번에는 얼굴을 대체할 사진 소스를 불러오기 위해 Step2 영역에 위치한 〈Upload〉 버튼을 클릭합니다.

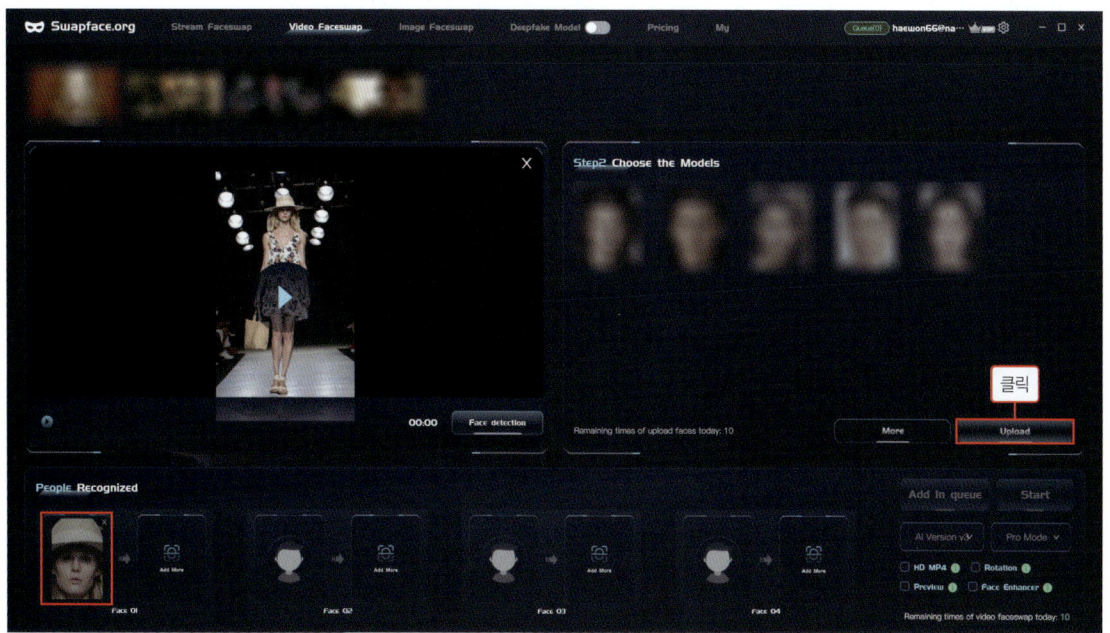

08 열기 대화상자가 표시되면 03 → 패션 숏폼 폴더의 'image_fx_.jpg' 파일을 선택하고 〈열기(O)〉 버튼을 클릭하여 적용할 얼굴 소스를 불러옵니다.

09 Step2 영역에 불러오기한 얼굴 이미지가 섬네일 형태로 표시된 것을 확인할 수 있습니다.

TIP 한번 업로드해두면 다른 작업 시 별도의 업로드를 하지 않아도 사용가능합니다.

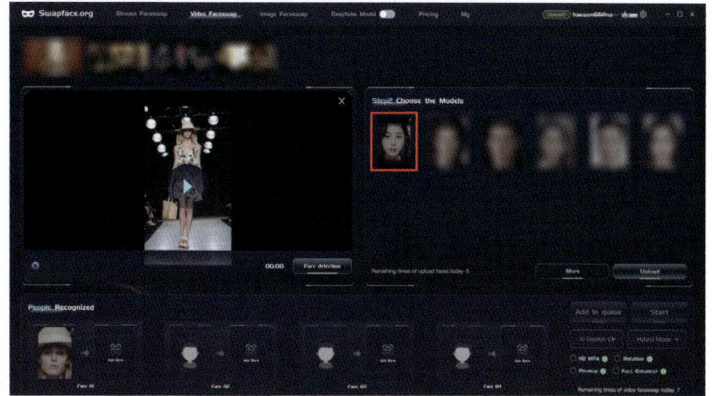

SECTION 14

● 예제파일 : 03\패션 숏폼\#1.mp4   ● 완성파일 : 03\패션 숏폼\#1_Hyb.mp4

서양 모델의 얼굴을 교체하여 숏폼 영상으로 저장하기

서양 모델의 의상과 소품 그대로 유지한 상태에서 교체시킬 인물의 얼굴을 딥페이크 기술로 교체하고 숏폼 영상으로 저장합니다.

01 Step2 영역에 불러온 얼굴 이미지를 클릭합니다. 하단에 People 영역에 변경될 이미지 칸으로 이동한 것을 확인할 수 있습니다.

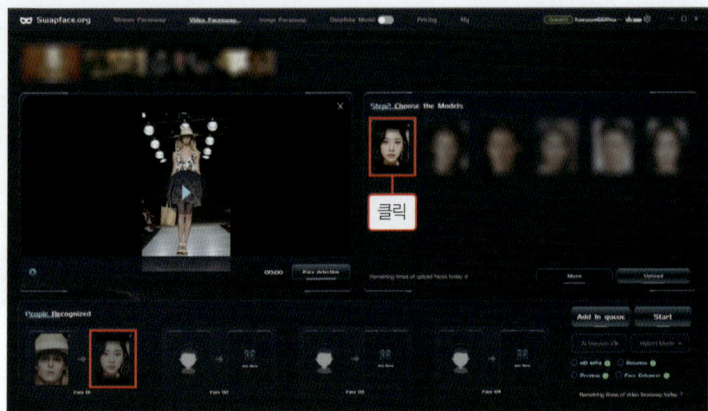

02 오른쪽 하단에서 딥페이크의 다양한 모드를 변경할 수 있으며 기본 설정은 'Fast Mode'로 되어 있습니다. 예제에서는 'Hybrid Mode'를 선택하겠습니다. 설정을 마치면 〈Start〉 버튼을 클릭합니다.

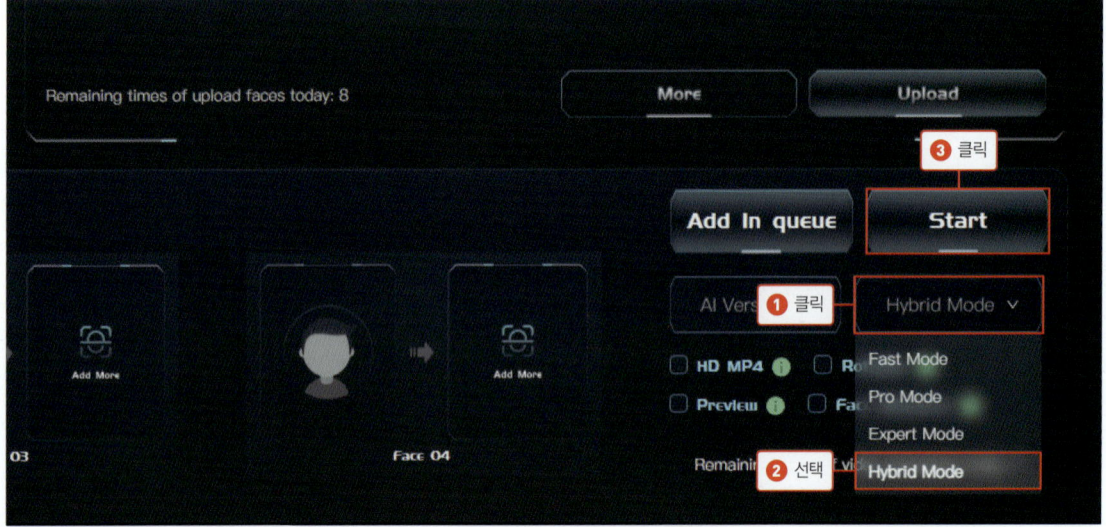

TIP Fast Mode는 비교적 스펙이 낮은 PC에서도 쾌적하게 잘 적용됩니다. 대신 결과물의 퀄리티가 상대적으로 만족스럽지 않을 수 있습니다.

Kind Reminder 안내창

Fast Mode를 제외한 나머지 모드에서는 컴퓨터의 그래픽 카드의 어느정도 스펙이 요구된다고 표시됩니다. 만약 컴퓨터의 스펙이 낮다면 Fast Mode에서 진행하고 그렇지 않다면 〈OK〉 버튼을 클릭하여 해당 모드에서 진행하도록 합니다.

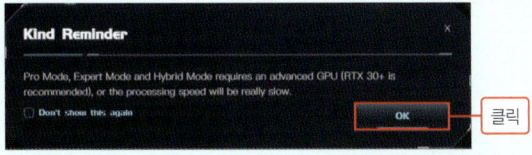

03 작업에는 약간의 시간이 소요되며 작업이 완료될 때까지 기다립니다.

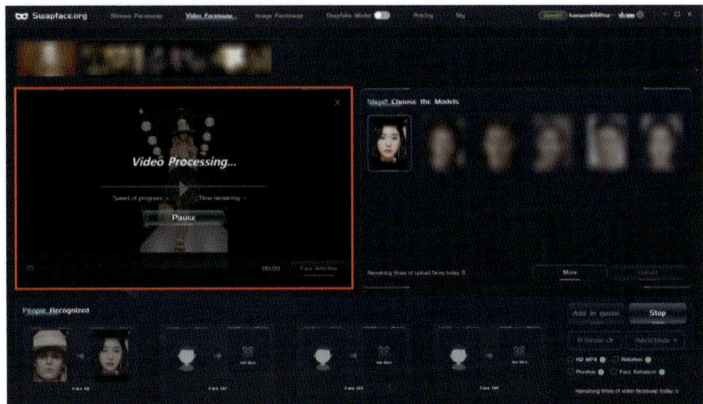

04 작업이 완료되면 〈Open〉 버튼을 클릭하여 결과물이 저장된 폴더에서 영상을 확인합니다.

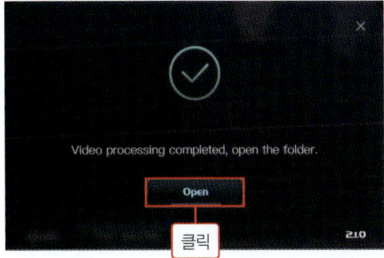

SECTION
15.

● 예제파일 : 03\패션 숏폼\#2.mp4   ● 완성파일 : 03\패션 숏폼\#2_Exp.mp4

동양 모델의 얼굴을 교체하여 숏폼 영상으로 저장하기

동양 모델의 의상과 소품 그대로 유지한 상태에서 교체시킬 인물의 얼굴을 딥페이크 기술로 교체하고 숏폼 영상으로 저장합니다.

01 작업이 끝난 이전 영상은 '닫기' 아이콘(☒)을 클릭하여 작업창을 비웁니다.

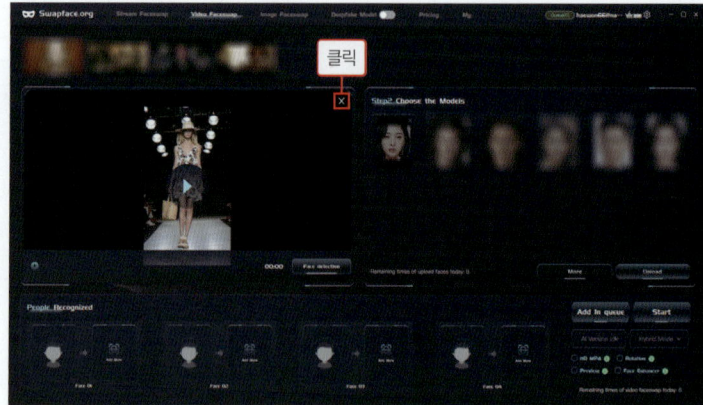

02 두 번째 모델의 영상 소스를 불러오기 위해 〈Select Videos or Gif〉 버튼을 클릭합니다.

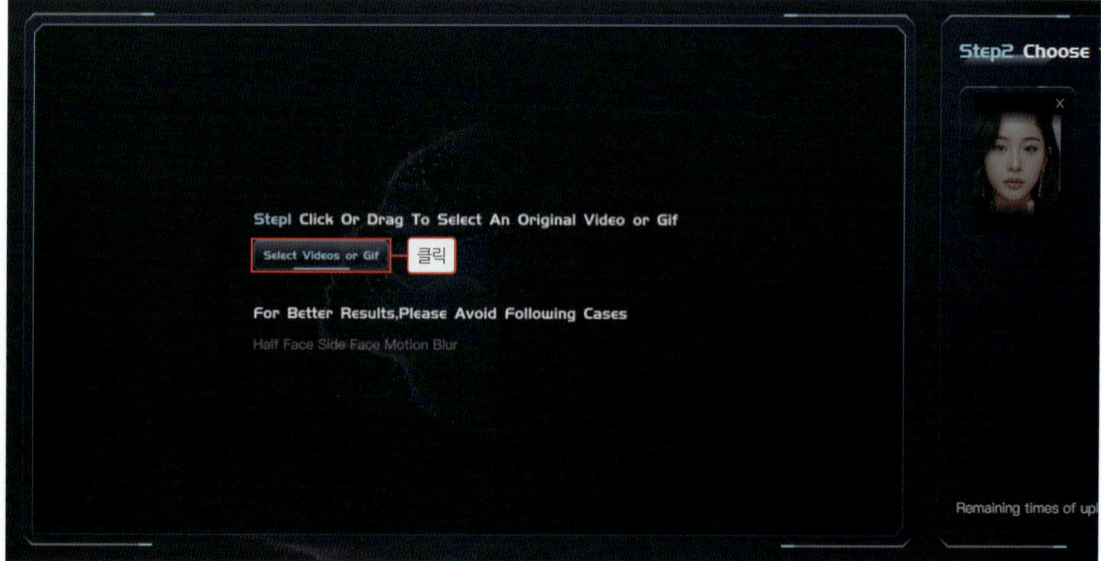

03 열기 대화상자가 표시되면 03 → 패션 숏폼 폴더의 '#2.mp4' 영상 파일을 선택하고 〈열기(O)〉 버튼을 클릭하여 불러오기합니다.

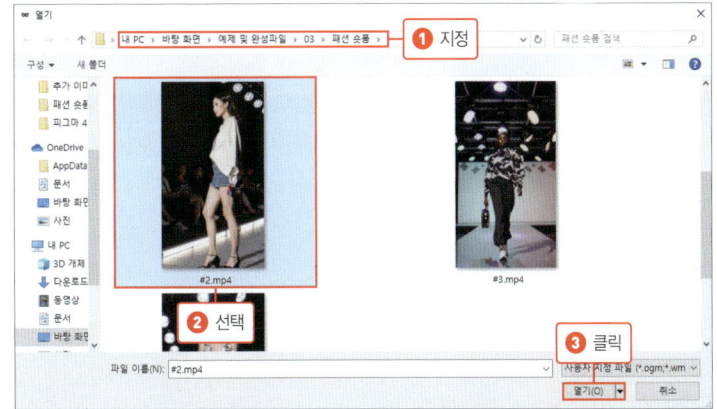

04 Replace 창에 자동으로 얼굴을 분석하여 섬네일 형태로 얼굴 사진을 표시합니다. 얼굴 사진을 클릭하고 〈Choose〉 버튼을 클릭합니다.

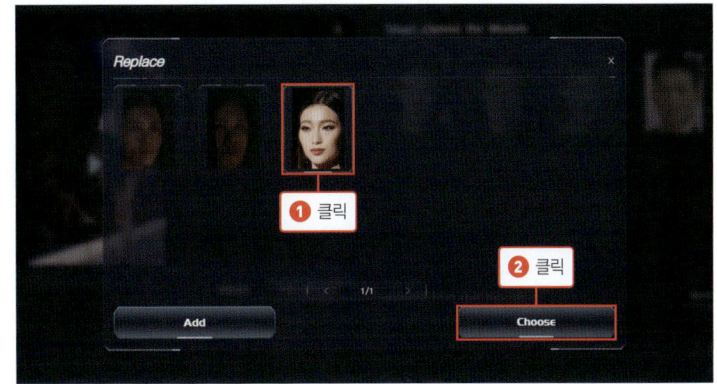

05 Step2 영역에 불러온 얼굴 이미지를 클릭합니다. 하단에 People 영역에 변경될 이미지 칸으로 이동한 것을 확인할 수 있습니다.

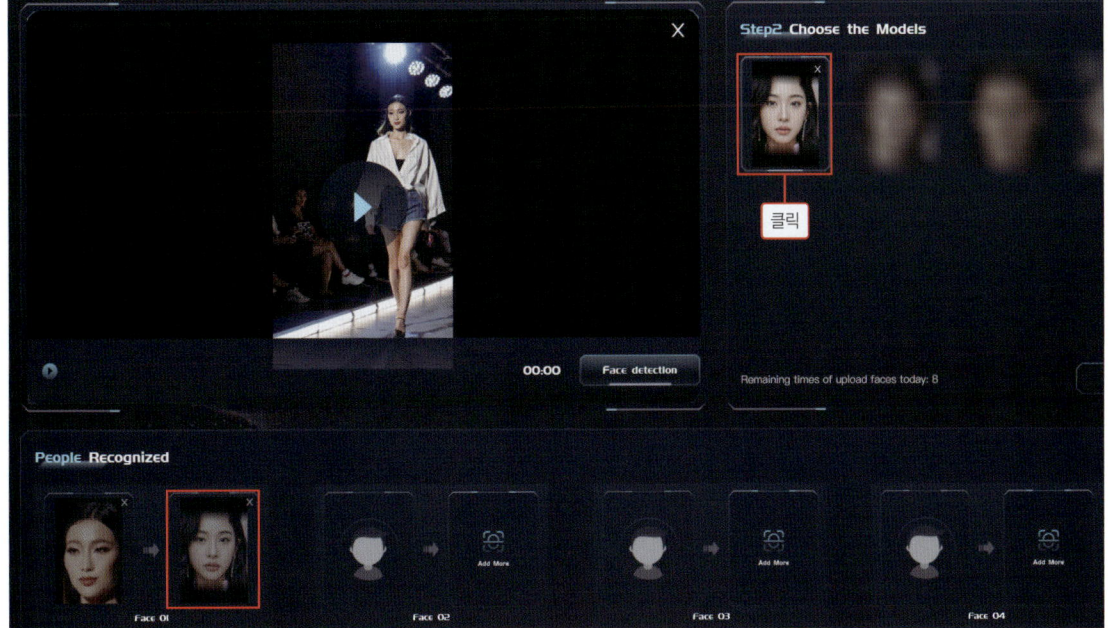

06 오른쪽 하단에서 딥페이크의 다양한 모드를 변경할 수 있으며 이번에는 'Expert Mode'로 변경합니다. 좀 더 좋은 퀄리티를 위해 'Face Enhancer'를 체크 표시하고 〈Start〉 버튼을 클릭합니다.

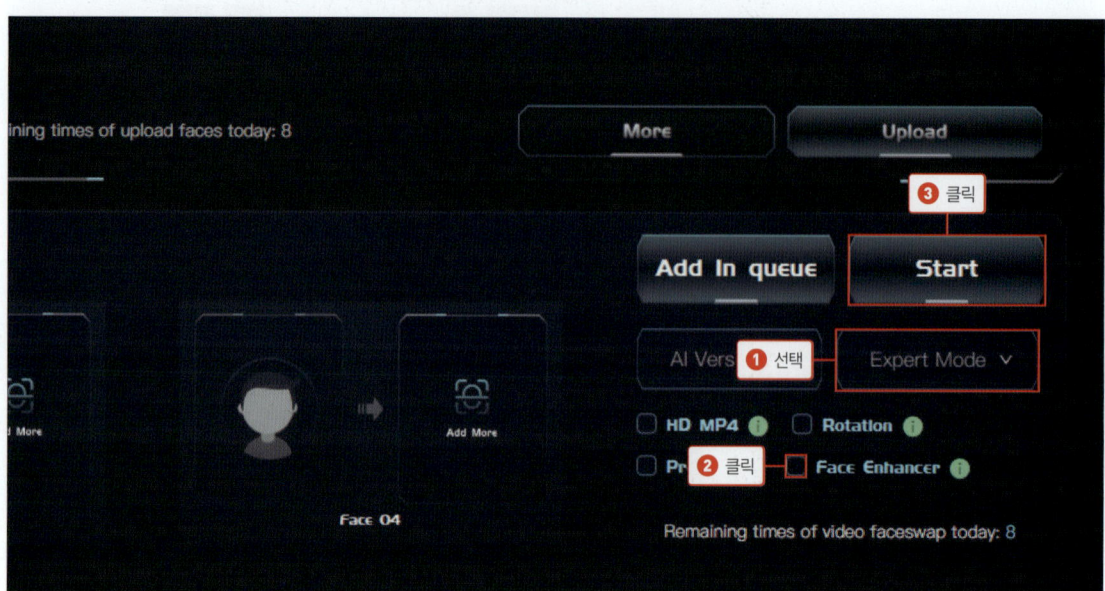

> **NOTE**
>
> 체크 상자로 표시된 옵션에 대한 설명
>
> ❶ **HD MP4** : 체크하면 결과물이 HD(고해상도) MP4 파일로 저장됩니다.
> ❷ **Rotation** : 영상의 회전을 설정하는 기능입니다.
> ❸ **Preview** : 체크하면 본격적으로 처리하기 전에 간단한 결과 미리보기 영상이 만들어집니다.
> ❹ **Face Enhancer** : 얼굴 인식을 통해 인물의 얼굴 부분만 디테일을 더 살려 주는 AI 보정 기능입니다.

07 영상 생성이 완료되면, 〈Open〉 버튼을 클릭하여 결과물이 저장된 폴더에서 영상을 확인할 수 있습니다.

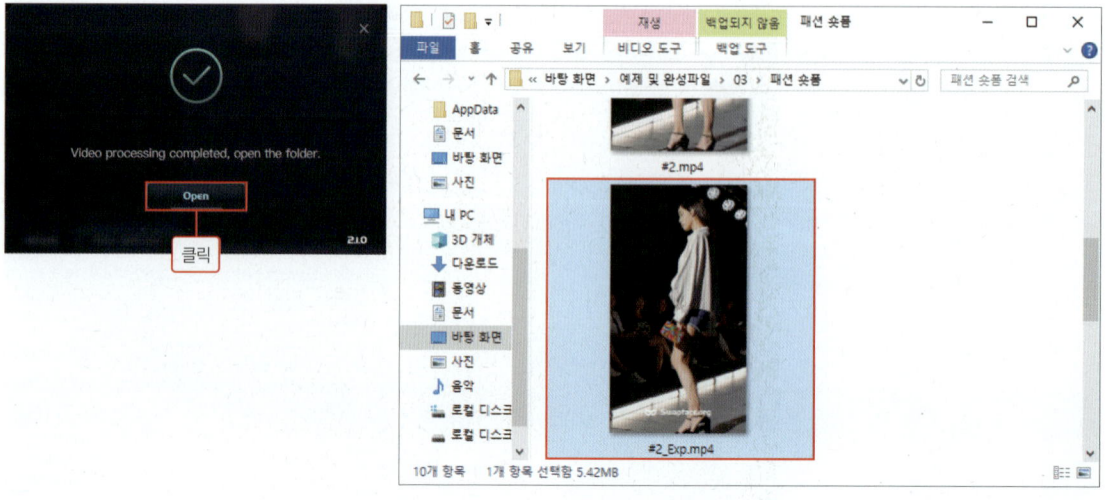

● 예제파일 : 03\패션 숏폼\#3.mp4   ● 완성파일 : 03\패션 숏폼\#3_Exp.mp4

S E C T I O N
16

아프리카계 모델의 얼굴을 교체하여 숏폼 영상으로 저장하기

아프리카계 모델의 의상과 소품 그대로 유지한 상태에서 교체시킬 인물의 얼굴을 딥페이크 기술로 교체하고 숏폼 영상으로 저장합니다.

01 다음 영상 소스를 불러오기 위해 〈Select Videos or Gif〉 버튼을 클릭합니다.

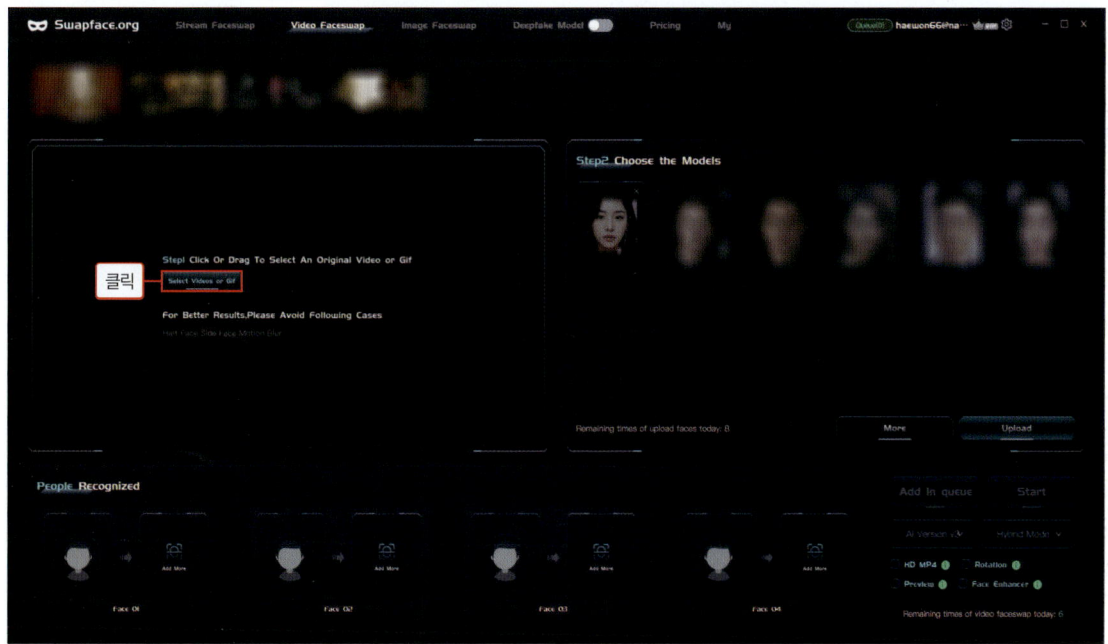

03 열기 대화상자가 표시되면 03 → 패션 숏폼 폴더의 '#3.mp4' 영상 파일을 선택하고 〈열기(O)〉 버튼을 클릭하여 불러옵니다.

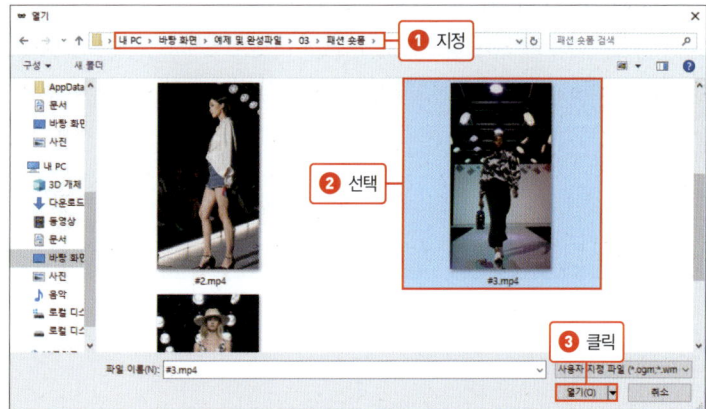

177

03 Replace 창이 표시되고, 영상 소스에서 자동으로 얼굴을 분석하여 섬네일 형태로 얼굴 사진을 표시합니다. 얼굴 사진을 클릭하고 〈Choose〉 버튼을 클릭합니다.

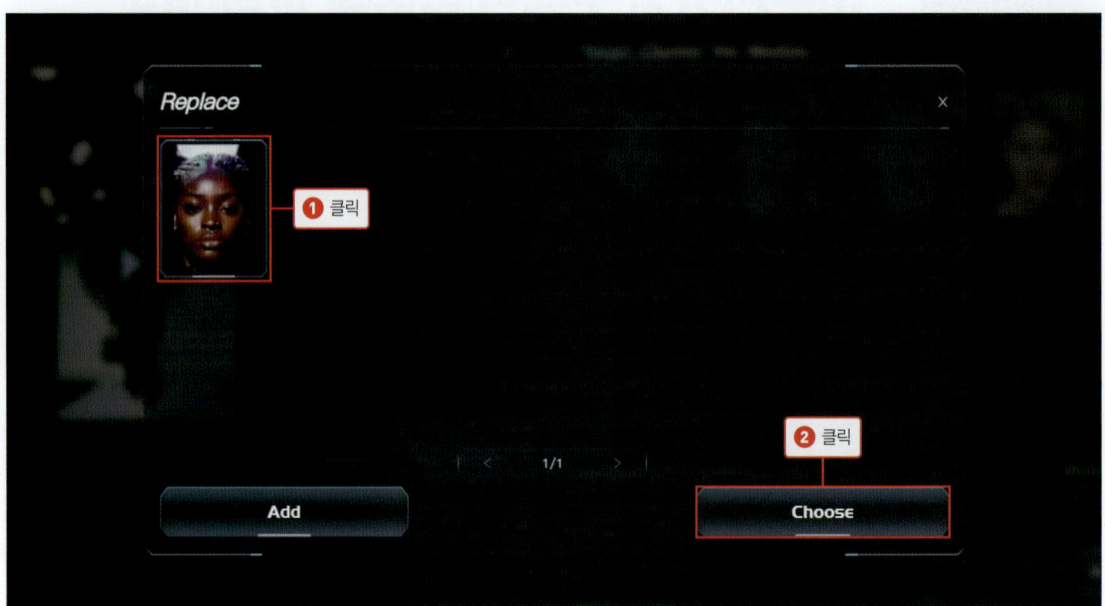

04 Step2 영역에 불러온 얼굴 이미지를 클릭합니다. 하단에 People 영역에 변경될 이미지 칸으로 이동한 것을 확인할 수 있습니다.

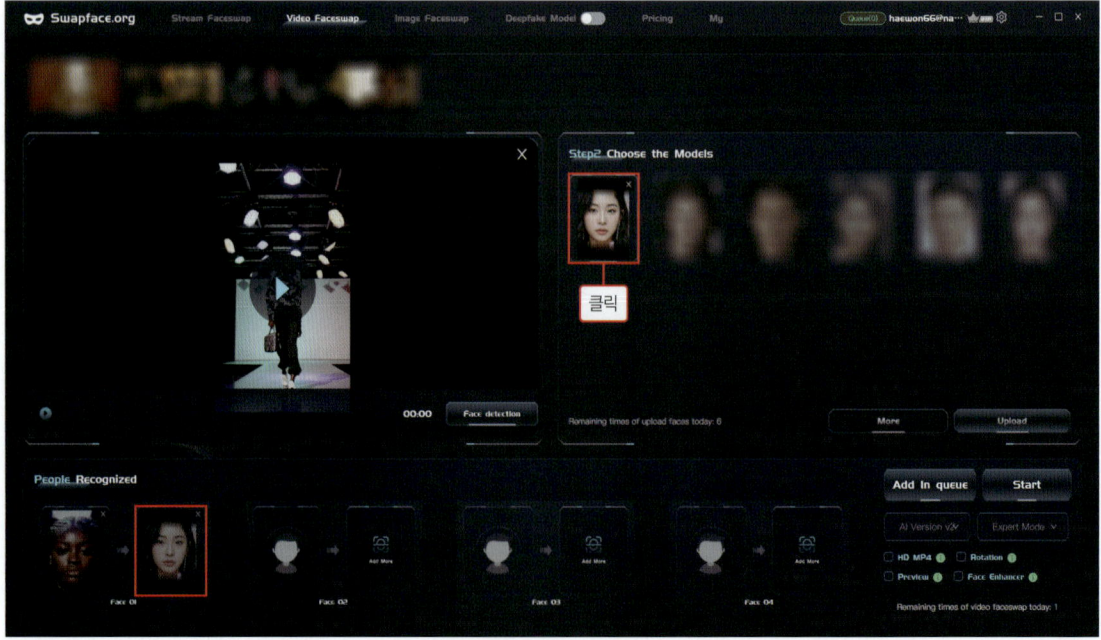

05 오른쪽 하단에 딥페이크의 모드 설정 중 이번에도 'Expert Mode'로 설정한 다음 〈Start〉 버튼을 클릭합니다.

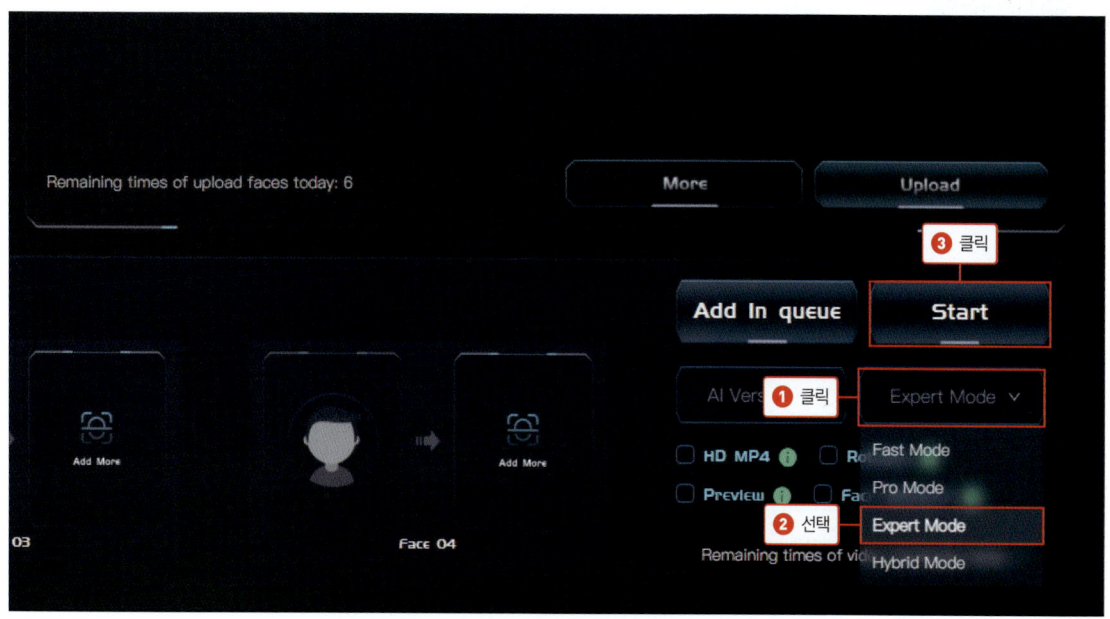

06 영상 생성이 완료되면, 〈Open〉 버튼을 클릭하여 결과물이 저장된 폴더에서 영상을 확인합니다.

> **NOTE**
>
> **스왑페이스와 유사한 딥페이크 프로그램 비교하기**
>
> | 툴명 | 특징 |
> | --- | --- |
> | DeepFaceLab | 고품질 얼굴 합성, 커스터마이징에 최적화된 전문가용 툴 |
> | FaceSwap | 오픈소스, GUI 지원, 학습 기반 얼굴 교체 |
> | Zao | 중국 앱, 실시간 얼굴 바꾸기 기능, 속도 빠름 |
> | Reface | 모바일 앱 기반, 짧은 영상 얼굴 바꾸기 |
> | SwapSpace | 실시간 미리보기, 얼굴 자동 추적 기능 예상 |

SECTION 17.

예제파일 : 03\패션 숏폼\딥페이크 영상 폴더   **완성파일** : 03\패션 숏폼\패션 숏폼_완성.mp4

딥페이크 영상으로
제품 홍보 영상 완성하기

딥페이크 기능을 이용하여 생성한 영상을 이용하여 제품 홍보 숏폼 영상으로 편집하기 위해 텍스트와 애니메이션 효과, 배경 음악을 적용하여 영상을 완성합니다.

01 캡컷에 딥페이크 영상 소스 업로드하기

01 웹브라우저에서 'www.capcut.com'을 입력하여 캡컷 사이트에 접속하고 로그인한 다음 〈＋ 새로 만들기〉 버튼을 클릭합니다.

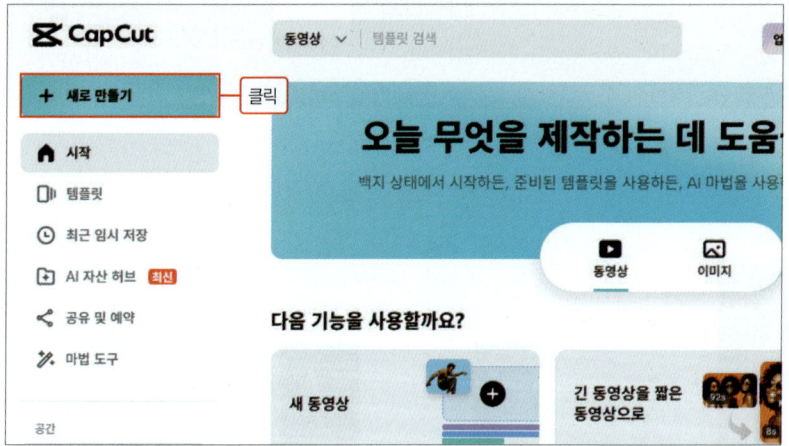

02 소스 영상에 맞는 해상도를 선택합니다. 예제에서는 제작한 영상과 동일하게 동영상 항목의 '9:16'을 선택하였습니다.

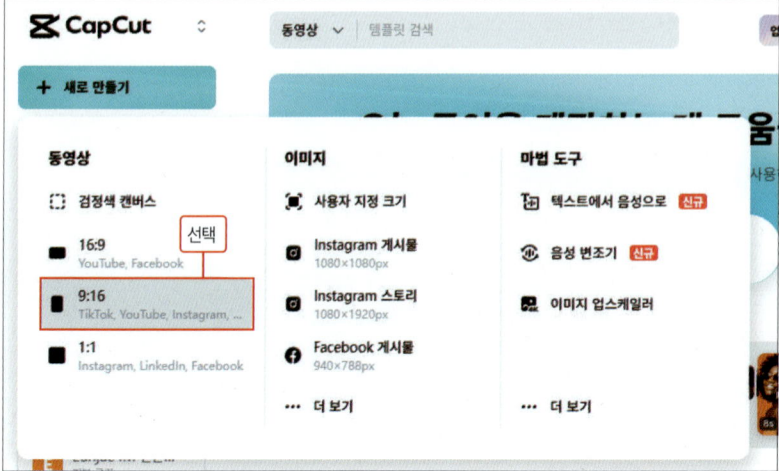

03 영상을 편집할 수 있는 프로젝트가 생성되면 폴더 채로 업로드하여 사용하기 위해 (미디어) 메뉴의 〈업로드〉 버튼을 클릭하고 '폴더 업로드'를 선택합니다.

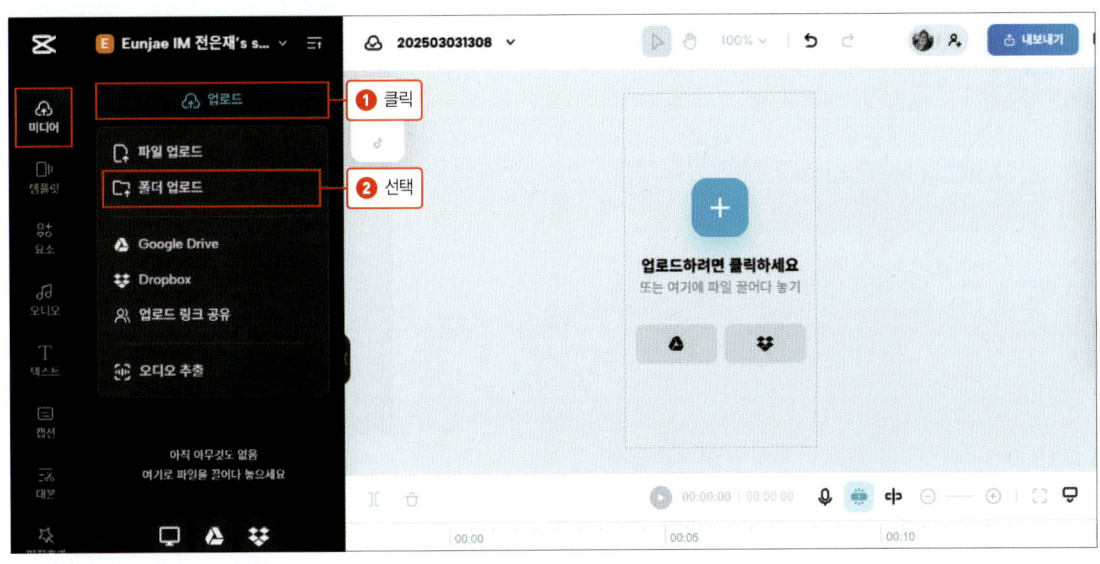

> **NOTE**
> **캡컷에 파일 업로드하기**
>
> 책에서 설명한 방법 외에 폴더나 파일을 그대로 작업영역으로 드래그해 업로드하거나, 작업영역 중앙에 표시된 〈+〉 버튼을 클릭해 업로드할 수 있습니다. 저장공간인 Google Drive, Dropbox에서 가져올 수도 있습니다.

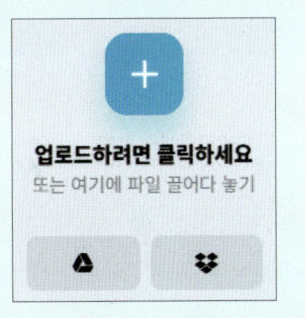

04 업로드할 폴더 대화상자가 표시되면 03 → 패션 숏폼 → 딥페이크 영상 폴더를 선택하고 〈업로드〉 버튼을 클릭합니다.

02 장면에 텍스트 애니메이션 효과 적용하기

01 불러온 폴더를 클릭하면 폴더 안의 영상들을 확인할 수 있으며 작업을 위해 '딥페이크 영상' 폴더를 클릭합니다.

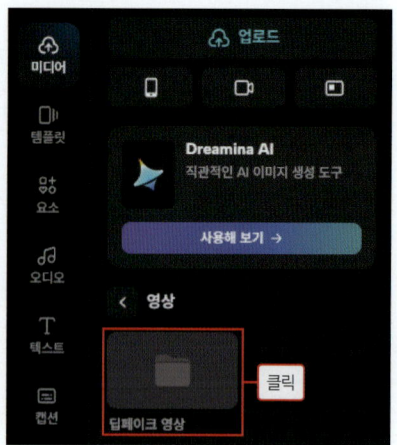

02 (미디어) 메뉴에서 첫 번째 영상인 '#1_Hyb.mp4' 파일을 타임라인으로 드래그하여 배치합니다.

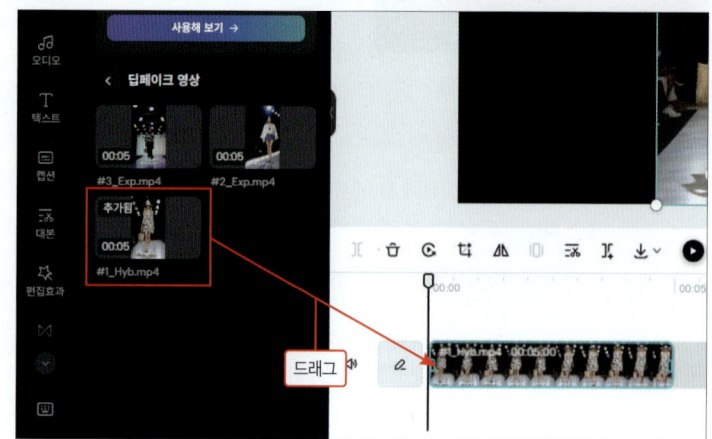

TIP 하단에 있는 타임라인 축소 및 확대(　　)를 활용하여 타임라인의 보이는 크기를 축소 및 확대할 수 있습니다.

03 '#2_Exp.mp4', '#3_Exp.mp4' 영상 소스도 동일한 과정으로 순서에 맞게 타임라인에 드래그하여 배치합니다.

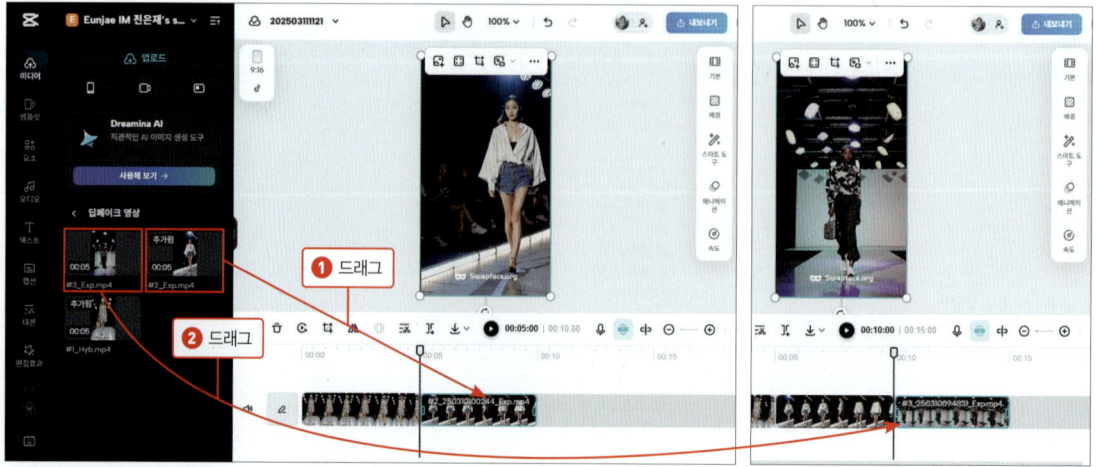

04 시간 표시자를 영상이 시작하는 '00:00:00' 구간으로 이동합니다. 왼쪽 메뉴바에서 (텍스트) 메뉴를 클릭하고 〈머리글 추가〉 버튼을 클릭합니다.

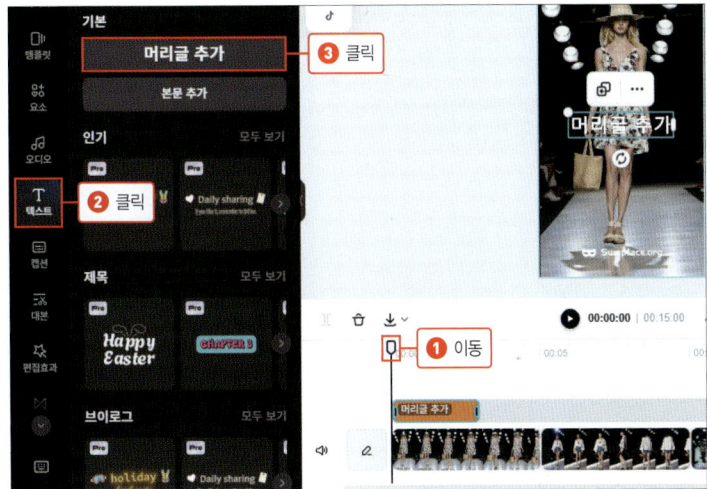

05 프리뷰 화면 가운데에 텍스트가 생성되면, 오른쪽 기본 메뉴를 클릭하여 텍스트 입력창에 'Raffia Bag'을 입력합니다.

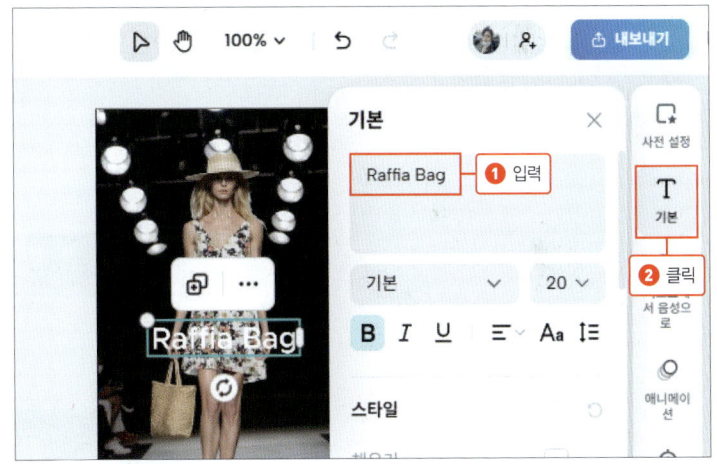

06 글꼴을 'Evora', 글씨 크기를 '32'로 지정하고 '진하게' 아이콘(B), '가운데 정렬' 아이콘(≡)을 클릭합니다.

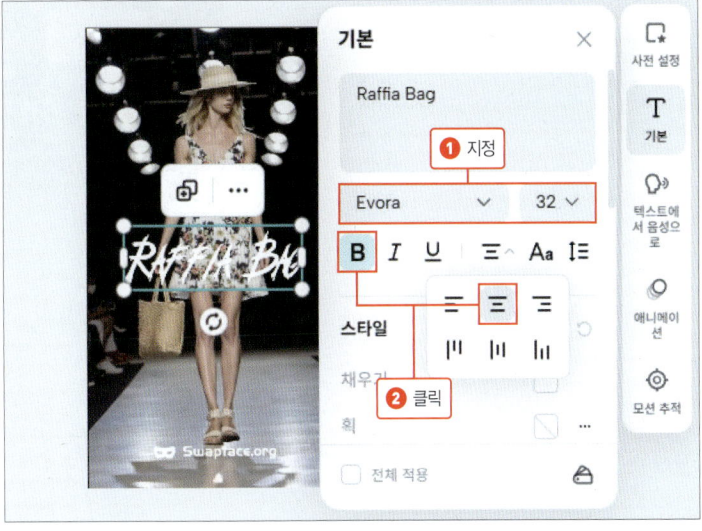

07 텍스트가 눈에 잘 들어오도록 그림자 설정을 추가하겠습니다. 스타일의 그림자 색상상자를 클릭하여 '검은색'을 선택합니다.

08 그림자의 세부 설정을 진행하기 위해 '더보기' 아이콘([…])을 클릭합니다. 불투명도를 '75%', 흐리게를 '50%', 거리를 '15', 각도를 '0'으로 설정합니다.

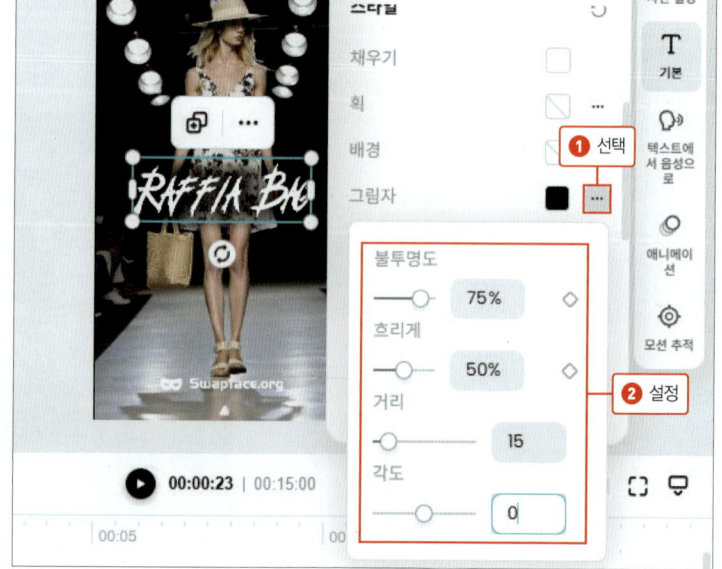

TIP 그림자를 삽입하는 이유는 글씨가 배경에 묻혀 잘 보이지 않는 경우, 가독성을 높이기 위함입니다. 글씨와 대비되는 색을 그림자로 삽입하여 글씨가 더 잘 보이게 할 수 있습니다.

09 텍스트 설정 창을 닫고, 텍스트 레이어의 오른쪽 끝부분을 드래그하여 라피아 백이 보이는 영상과 길이를 맞춰줍니다.

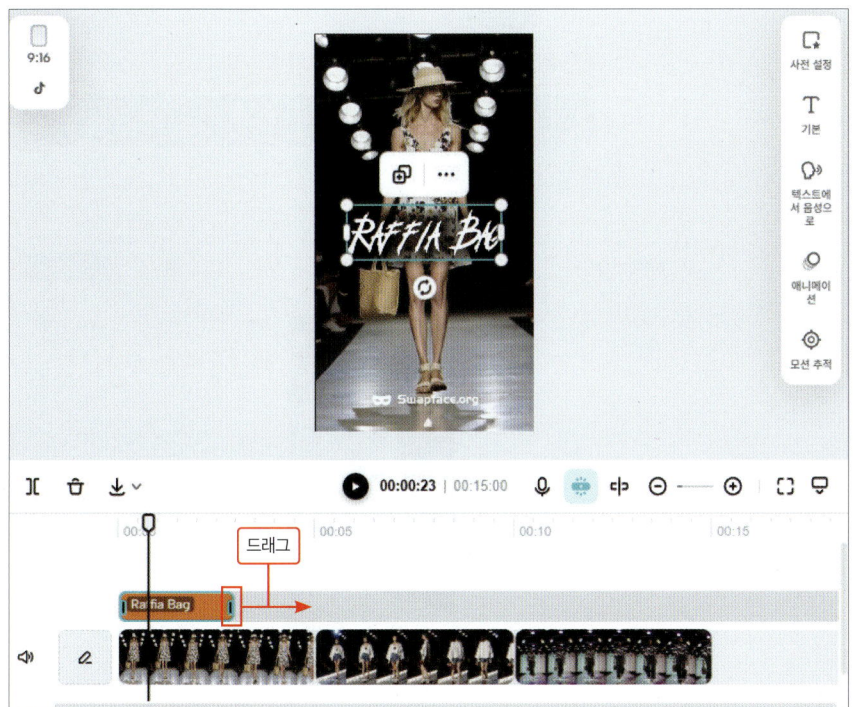

10 오른쪽 메뉴의 애니메이션 설정을 클릭하고, '뒤뚱뒤뚱' 효과를 선택하여 잉크가 흐르는 것처럼 서서히 생성되는 애니메이션 효과를 적용합니다. '인/아웃 모션 지속시간'은 '2.0s'로 설정합니다.

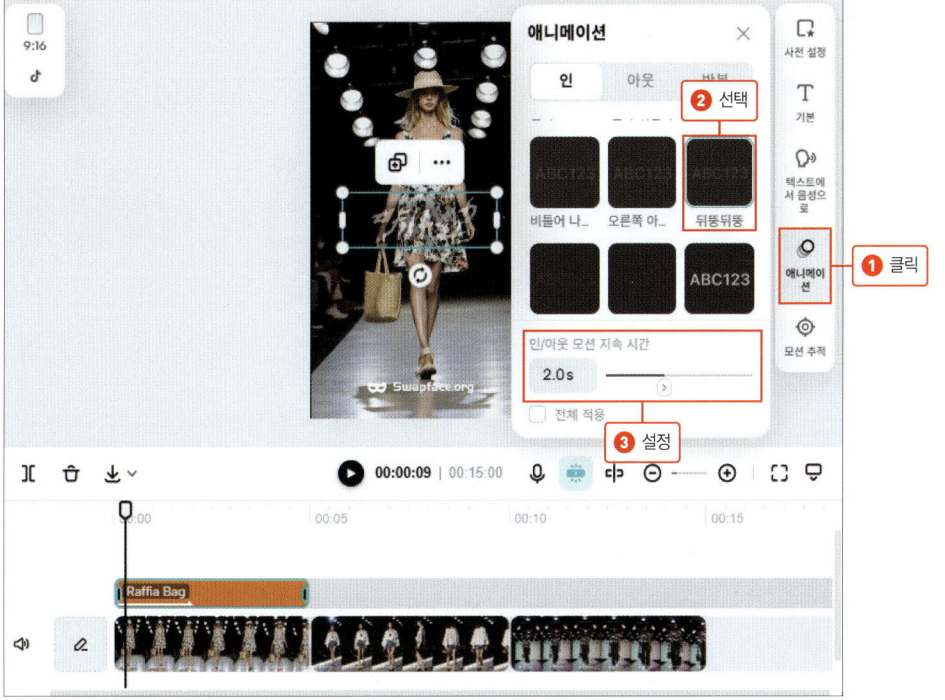

11 시간 표시자를 두 번째 영상이 시작하는 '00:05:00' 구간으로 드래그하고 타임라인에 'Raffia Bag' 텍스트 상자를 클릭합니다. 복사(Ctrl+C), 붙여 넣기(Ctrl+V)하면, 같은 설정의 텍스트 상자가 이어집니다.

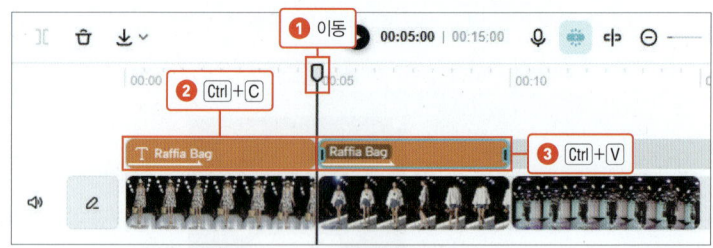

12 복사한 텍스트 상자를 더블클릭하여 'Raffia Bag'을 'Mini Bag'으로 입력하고 설정을 마칩니다.

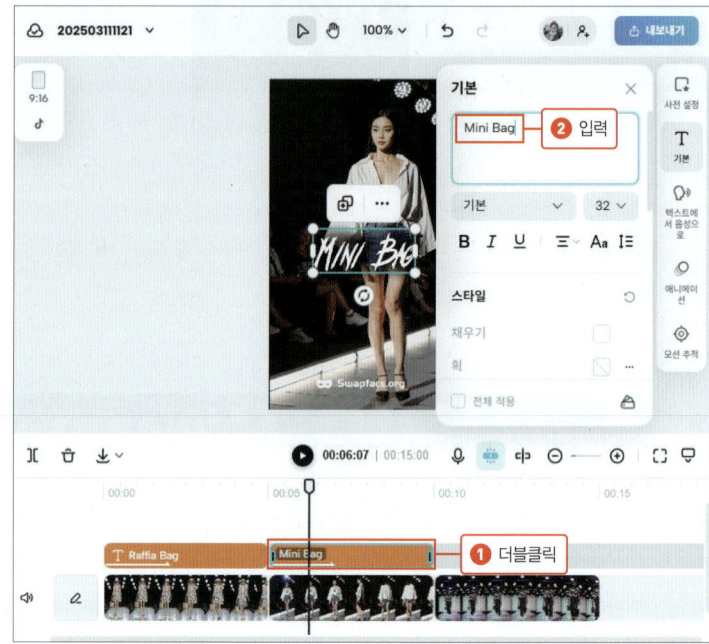

13 다음 영상이 시작하는 '00:10:00' 구간으로 시간표시자를 이동하고 동일한 방법으로 텍스트 상자를 붙여 넣습니다.

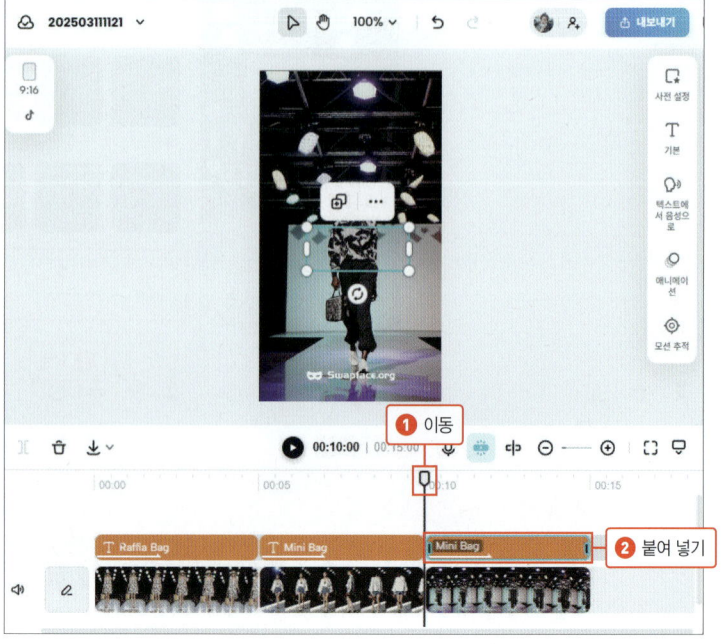

14 복사한 텍스트 상자를 더블클릭하여 'Sporty Bag'으로 입력하고 설정을 마칩니다.

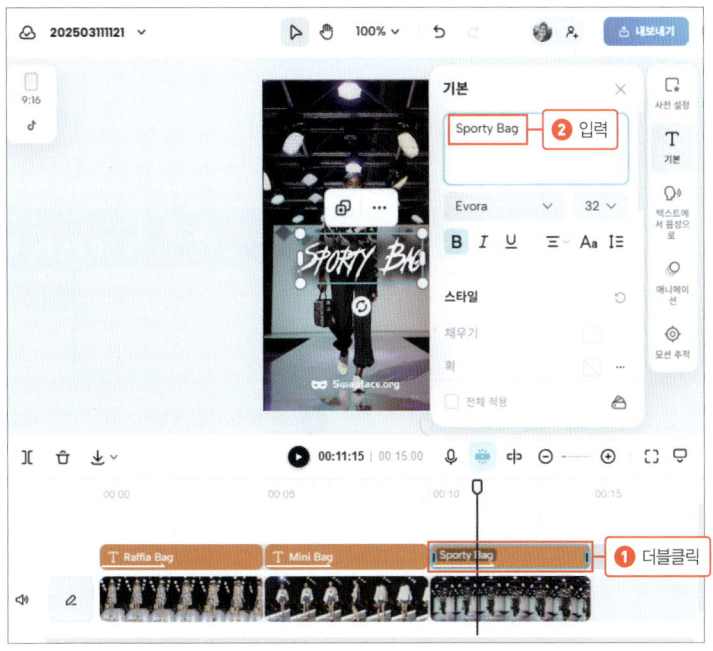

03 장면과 효과음을 순서대로 컷 편집하기

01 패션에 맞는 배경 음악을 삽입하기 위해 왼쪽 메뉴바에 [오디오] 메뉴를 클릭합니다. 캡컷에서는 상업적으로 사용할 수 있는 배경 음악을 프로그램 내에서 제공하고 있어서 영상에 바로 삽입할 수 있습니다.

02 검색창에 'Fashion'을 입력하고 관련된 음악을 클릭하여 들어봅니다. 원하는 음악을 찾았다면 '타임라인에 추가' 아이콘(⊕)을 클릭합니다.

03 시간 표시자를 기준으로 선택한 음악이 타임라인에 추가됩니다. 영상의 시작 부분인 '00:00:00' 구간으로 드래그하여 이동합니다. 배경음악으로 쓰기 위해 전체 영상 길이에 맞춥니다.

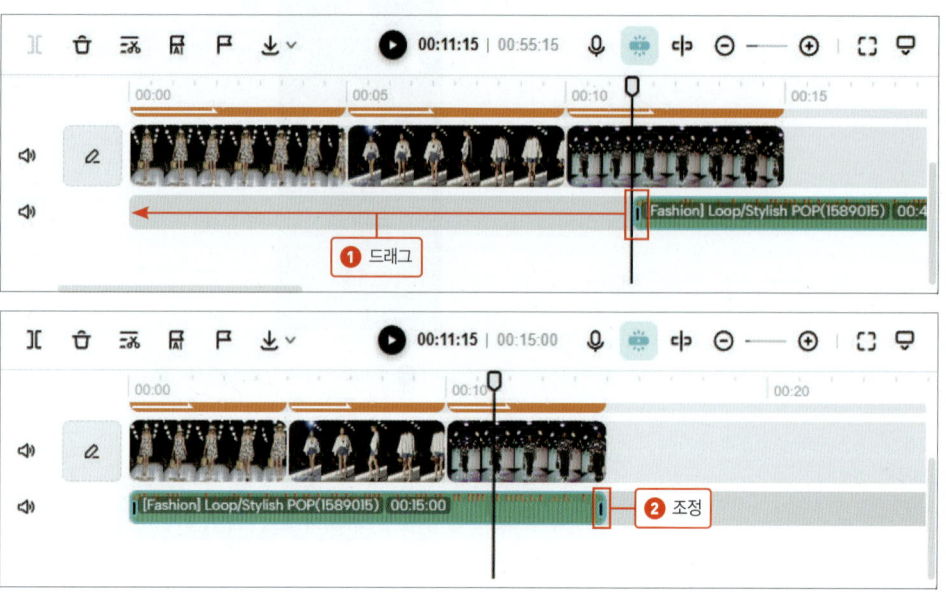

04 오른쪽 메뉴에서 기본을 클릭하고, 페이드 아웃 지속 시간을 '1s'로 설정하여 영상의 마지막 1초 동안 서서히 작아지면서 음악이 줄어들도록 합니다.

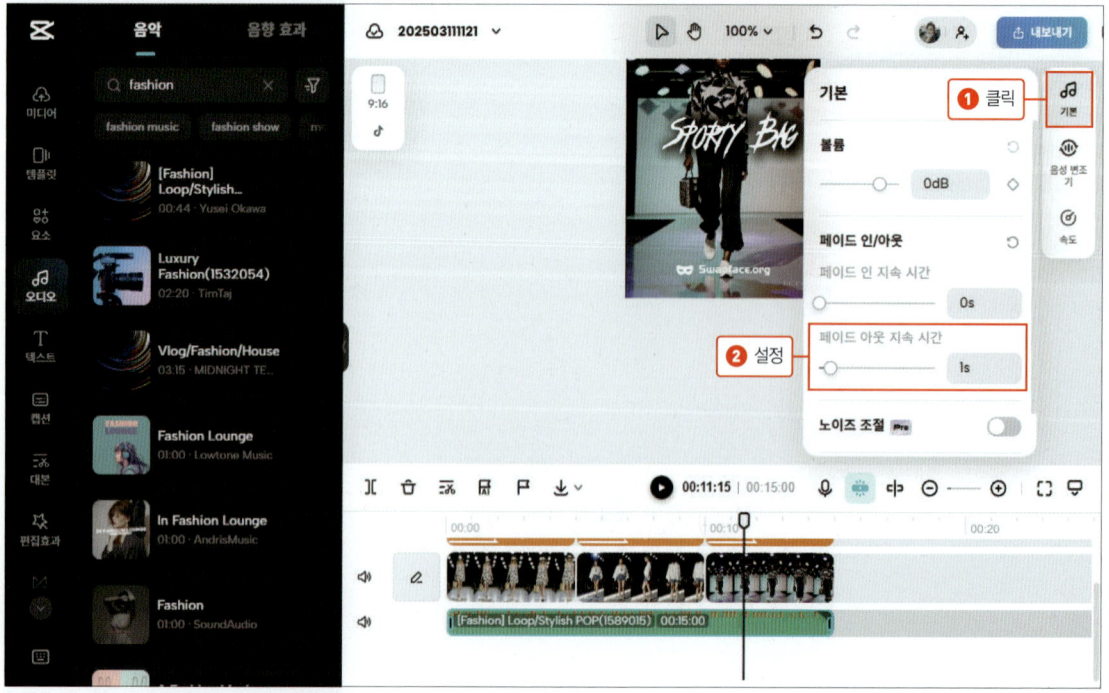

TIP 페이드 인/아웃을 통해 시작과 끝 부분의 음악의 볼륨을 자연스럽게 음악이 커지고 꺼지는 듯한 효과를 연출할 수 있습니다.

04 하나의 영상으로 저장하기

01 전체 영상 설정을 마치면 저장하기 위해 오른쪽 상단의 〈내보내기〉 버튼을 클릭하고 내보내기 창이 표시되면 〈다운로드〉 버튼을 클릭합니다. 내보내기 설정이 표시되면 해상도를 '1080p', 프레임 속도를 '30fps'로 설정하고 〈내보내기〉 버튼을 클릭합니다.

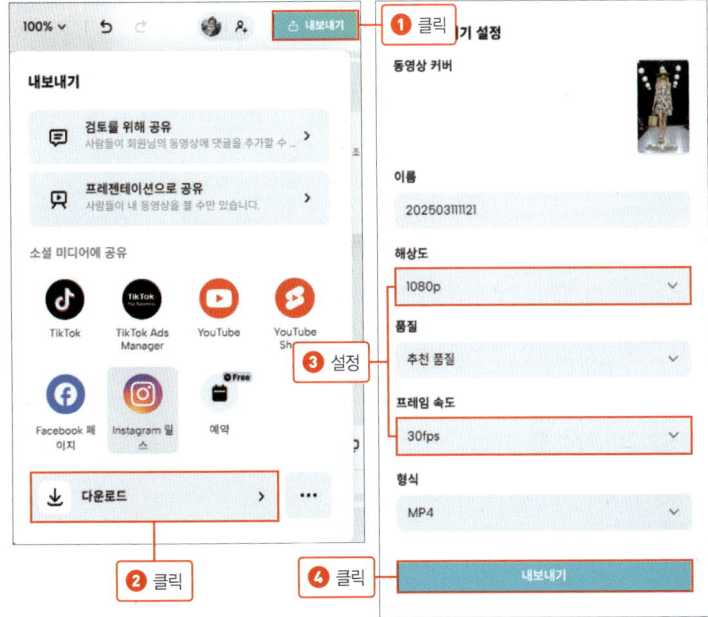

02 캡컷 화면에 영상 출력 과정이 표시됩니다. '100%'가 되면 표시되는 〈다운로드〉 버튼을 클릭합니다.

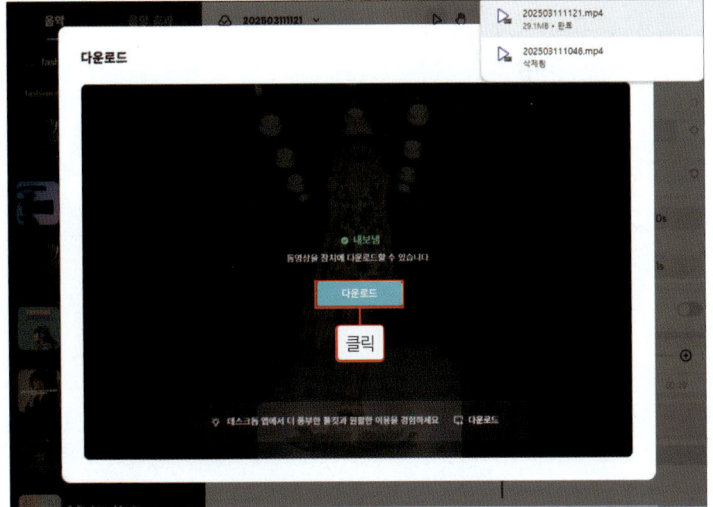

AI SKILL

제작 프로세스의 정석,
AI 애니메이션 숏폼 홍보 영상 제작하기

최근 디지털 광고 시장에서는 짧은 시간 안에 강렬한 인상을 남길 수 있는 숏폼 콘텐츠가 주요 트렌드로 자리 잡고 있습니다. 특히 젊은 세대를 타깃으로 한 광고에서는 감각적인 시각 요소와 몰입감 있는 스토리텔링이 결합된 콘텐츠가 높은 반응을 이끌어내고 있습니다. 이러한 흐름 속에서, 실사 영상만으로는 표현하기 어려운 정서적 깊이와 브랜드의 독창성을 효과적으로 전달할 수 있는 방법으로 2D 애니메이션 스타일의 숏폼 광고가 주목받고 있습니다. 예제에서는 2D 애니메이션을 활용해 짧은 시간 안에 브랜드 메시지를 효과적으로 전달하는 숏폼 광고 제작 방식에 대해 살펴보겠습니다.

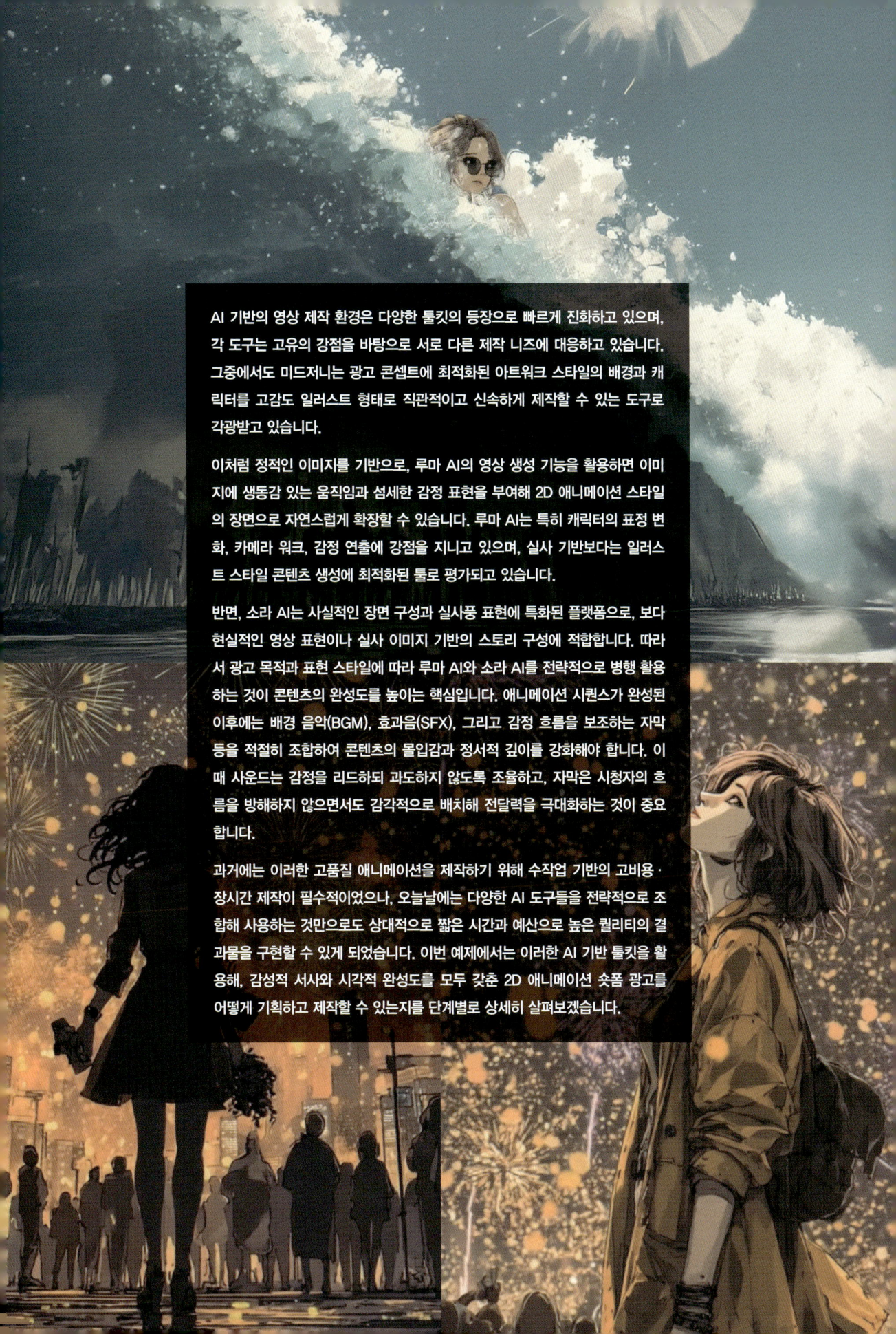

AI 기반의 영상 제작 환경은 다양한 툴킷의 등장으로 빠르게 진화하고 있으며, 각 도구는 고유의 강점을 바탕으로 서로 다른 제작 니즈에 대응하고 있습니다. 그중에서도 미드저니는 광고 콘셉트에 최적화된 아트워크 스타일의 배경과 캐릭터를 고감도 일러스트 형태로 직관적이고 신속하게 제작할 수 있는 도구로 각광받고 있습니다.

이처럼 정적인 이미지를 기반으로, 루마 AI의 영상 생성 기능을 활용하면 이미지에 생동감 있는 움직임과 섬세한 감정 표현을 부여해 2D 애니메이션 스타일의 장면으로 자연스럽게 확장할 수 있습니다. 루마 AI는 특히 캐릭터의 표정 변화, 카메라 워크, 감정 연출에 강점을 지니고 있으며, 실사 기반보다는 일러스트 스타일 콘텐츠 생성에 최적화된 툴로 평가되고 있습니다.

반면, 소라 AI는 사실적인 장면 구성과 실사풍 표현에 특화된 플랫폼으로, 보다 현실적인 영상 표현이나 실사 이미지 기반의 스토리 구성에 적합합니다. 따라서 광고 목적과 표현 스타일에 따라 루마 AI와 소라 AI를 전략적으로 병행 활용하는 것이 콘텐츠의 완성도를 높이는 핵심입니다. 애니메이션 시퀀스가 완성된 이후에는 배경 음악(BGM), 효과음(SFX), 그리고 감정 흐름을 보조하는 자막 등을 적절히 조합하여 콘텐츠의 몰입감과 정서적 깊이를 강화해야 합니다. 이 때 사운드는 감정을 리드하되 과도하지 않도록 조율하고, 자막은 시청자의 흐름을 방해하지 않으면서도 감각적으로 배치해 전달력을 극대화하는 것이 중요합니다.

과거에는 이러한 고품질 애니메이션을 제작하기 위해 수작업 기반의 고비용·장시간 제작이 필수적이었으나, 오늘날에는 다양한 AI 도구들을 전략적으로 조합해 사용하는 것만으로도 상대적으로 짧은 시간과 예산으로 높은 퀄리티의 결과물을 구현할 수 있게 되었습니다. 이번 예제에서는 이러한 AI 기반 툴킷을 활용해, 감성적 서사와 시각적 완성도를 모두 갖춘 2D 애니메이션 숏폼 광고를 어떻게 기획하고 제작할 수 있는지를 단계별로 상세히 살펴보겠습니다.

SECTION 18.

완성파일 : 03\2D 숏폼\2D프롬프트.txt

여행 스토리를
2D 애니메이션 광고로 기획하기

챗GPT를 활용하여 여행사 광고 스토리 기획안을 구상하고, 각 장면의 디테일을 추가하여 2D 애니메이션으로 표현하기 위해 생성형 AI인 미드저니에 사용할 영문 프롬프트를 정리해 보겠습니다.

아이디어 구상을 위해 챗GPT에 접속합니다. 프롬프트 입력창에 아래와 같이 사전에 기획한 스토리를 바탕으로 질문 프롬프트를 입력하고 답변을 정리합니다.

사용자

영상 개요 : 여행사 광고 영상
사무실에서 일하면서 생각하는 모습
해변가에서 서핑하는 20대 단발 여성 모습
야경의 불꽃놀이 하늘, 즐거워하는 20대 단발 여성 모습

장면 설정
애니메이션 스타일 :
카메라 워크 :
내레이션 :

작성된 영상 구성에 맞게 기획안을 작성해 줘.

장면 1 : 사무실에서 일하며 생각에 잠긴 여성

• 장면 설정

무채색 톤의 사무실. 책상에는 산더미 같은 서류와 커피잔.
단발머리 20대 여성이 컴퓨터 화면을 보다가 멍하니 창밖을 바라본다.
창밖으로는 햇살이 살짝 비치지만, 실내는 답답하고 정적인 분위기.

• 애니메이션 스타일

부드러운 2D 애니메이션. 사무실은 둔탁한 회색과 베이지톤.
주인공만 살짝 따뜻한 톤으로 표현해 감정의 중심을 강조.

• 카메라 워크

줌 인 : 얼굴 클로즈업 → 눈동자에 창밖 반사.
컷 전환 : 눈 깜빡임과 함께 다음 장면으로 자연스럽게 전환.

- 내레이션(속마음 톤)

"내가 지금, 이걸 위해 사는 걸까?"

장면 2 : 해변가에서 서핑하는 여성

- 장면 설정

햇빛이 반짝이는 바닷가. 푸른 파도 위에 서핑보드를 타는 여성.
미소 짓는 얼굴, 물살을 가르며 활기차게 움직이는 몸짓.
배경에는 자유로운 젊음의 분위기, 주변엔 서퍼들과 관광객.

- 애니메이션 스타일

컬러풀하고 밝은 톤. 바다색은 청록, 하늘빛 그라데이션.
머리카락과 물결이 부드럽게 흩날리는 디테일 중심의 2D 애니메이션.

- 카메라 워크

드론 샷 : 바다 위에서 위로 올라가며 파도 타는 모습 강조.
슬로우 모션 : 파도를 넘기 직전의 순간, 얼굴 클로즈업.

- 내레이션(밝고 확신 있는 톤)

"지금, 내가 나답게 살아가는 중."

장면 3 : 불꽃놀이 & 야경 속 미소 짓는 여성

- 장면 설정

해변가 혹은 놀이공원 근처
밤하늘에 화려한 불꽃이 터지고, 사람들 속에서 여성이 하늘을 올려다본다.
혼자지만 전혀 외롭지 않은 모습. 손엔 작은 기념품이나 먹거리.

- 애니메이션 스타일

야경의 반짝임과 불꽃의 색감이 돋보이는 디테일 강조.
따뜻한 야간 톤과 얼굴의 감정선을 섬세하게 표현한 2D 스타일.

- 카메라 워크

360도 회전 – 그녀를 중심으로 불꽃과 주변 풍경이 천천히 도는 장면.

- 내레이션

"당신의 자유를 응원합니다."

이 기획안을 2D 애니메이션으로 제작하려면 장면별 이미지가 필요합니다. 이를 위해 챗GPT 프롬프트 입력창에 장면별로 유효한 미드저니용 프롬프트를 요청하는 질문을 입력하고 답변을 정리합니다.

#1
무채색 톤의 사무실. 책상에는 산더미 같은 서류와 커피잔.
단발머리 20대 여성이 컴퓨터 화면을 보다가 멍하니 창밖을 바라본다.
창밖으로는 햇살이 살짝 비치지만, 실내는 답답하고 정적인 분위기.
#2
햇빛이 반짝이는 바닷가. 푸른 파도 위에 서핑보드를 타는 여성.
미소 짓는 얼굴, 물살을 가르며 활기차게 움직이는 몸짓.
배경에는 자유로운 젊음의 분위기, 주변엔 서퍼들과 관광객.
#3
밤하늘에 화려한 불꽃이 터지고, 사람들 속에서 여성이 하늘을 올려다본다.
혼자지만 전혀 외롭지 않은 모습.

각각의 장면을 2D 애니메이션 광고에 맞게 미드저니용 프롬프트로 변환해 줘.

#1
anime-style soft illustration, a 20s short-haired woman with light brown hair, wearing bright and warm colored cloth, sitting in a modern gray tone office, thinking deeply while working on her computer, soft lighting through the window, warm tones highlighting her face, reflective expression, papers and coffee mug on the desk, cinematic framing, front view, full shot, wide shot

#2
a smiling young woman surfing on sparkling blue waves under the sun, energetic pose slicing through the water, bright seaside filled with surfers and tourists, vibrant youthful summer atmosphere, full shot

#3
a woman looking up at brilliant fireworks lighting up the purple color night sky, surrounded by a crowd, holding a small snack or souvenir in one hand, a peaceful expression as she enjoys the moment alone, warm and festive night atmosphere, full shot

TIP 챗GPT의 답변은 매번 다르게 생성되기 때문에 동일한 결과가 나올 확률은 매우 낮습니다. 따라서 단순히 정해진 절차를 기계적으로 따르기보다는, 전체적인 맥락을 이해하고 요청한 내용을 얼마나 충실하게 반영했는지에 집중하는 것이 중요합니다. 이런 방식으로 챗GPT를 활용하면 보다 폭 넓고 유연하게 다양한 작업에 활용할 수 있습니다.

SECTION 19.

● 예제파일 : 03\2D 숏폼\2D프롬프트.txt, 생각에잠긴회사원1.png   ● 완성파일 : 03\2D 숏폼 폴더

아이디어 구성에 맞게 프롬프트로 이미지 생성하기

정리한 영문 프롬프트를 생성형 AI인 미드저니에 입력하여 여행 광고 스토리를 반영한 2D 스타일의 장면 이미지를 생성해 보겠습니다.

01 미드저니에 프롬프트 입력하기

01 웹브라우저에서 'www.midjourney.com'을 입력하고 미드저니 사이트에 접속하여 로그인합니다. 프롬프트 입력창에 '장면 1'에 대한 프롬프트를 입력한 다음 'Settings' 아이콘(⚙)을 클릭합니다.

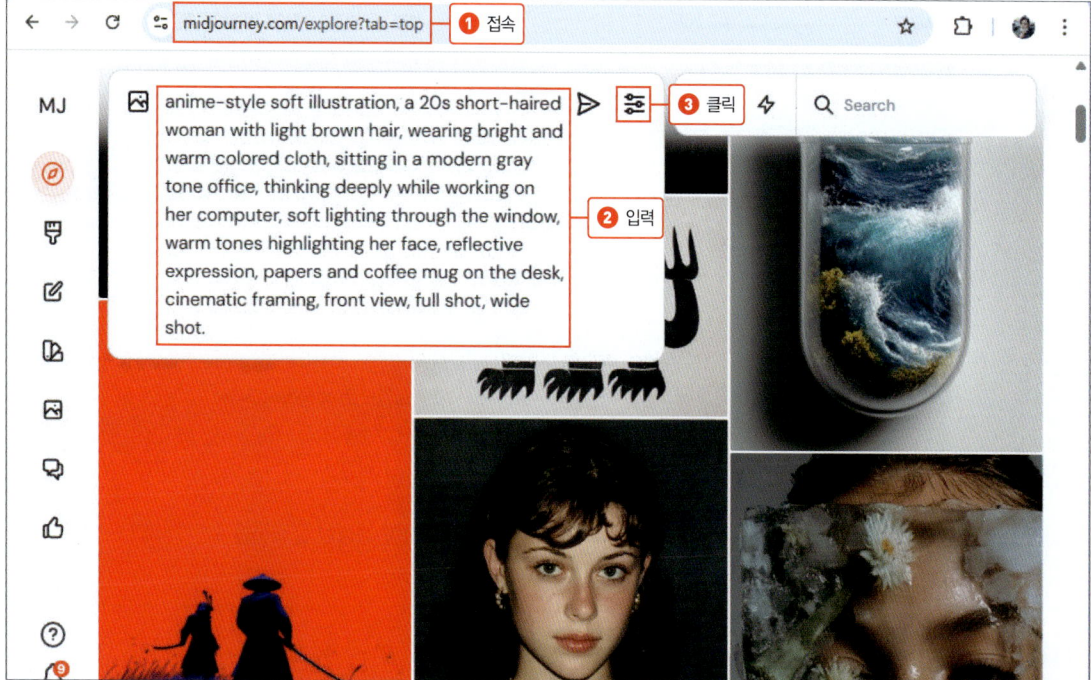

프롬프트 anime-style soft illustration, a 20s short-haired woman with light brown hair, wearing bright and warm colored cloth, sitting in a modern gray tone office, thinking deeply while working on her computer, soft lighting through the window, warm tones highlighting her face, reflective expression, papers and coffee mug on the desk, cinematic framing, front view, full shot, wide shot

TIP 미드저니는 지속적인 업데이트를 통해 이미지 생성 퀄리티가 꾸준히 향상되고 있습니다. 특히 V7 버전에서는 이전 버전에서 나타나던 AI 특유의 어색함이 크게 개선되어, 상업적인 활용 측면에서도 높은 평가를 받고 있습니다. 따라서 이미지 생성 작업에서는 미드저니를 활용할 경우 뛰어난 퍼포먼스를 기대할 수 있습니다.

02 이미지 생성 시 세부 설정 옵션을 확인할 수 있습니다. 비율은 숏폼 사이즈인 '9:16'으로 설정하고 Version은 '7'로 설정합니다. 설정이 완료되면 'Submit' 아이콘(▷)을 클릭합니다.

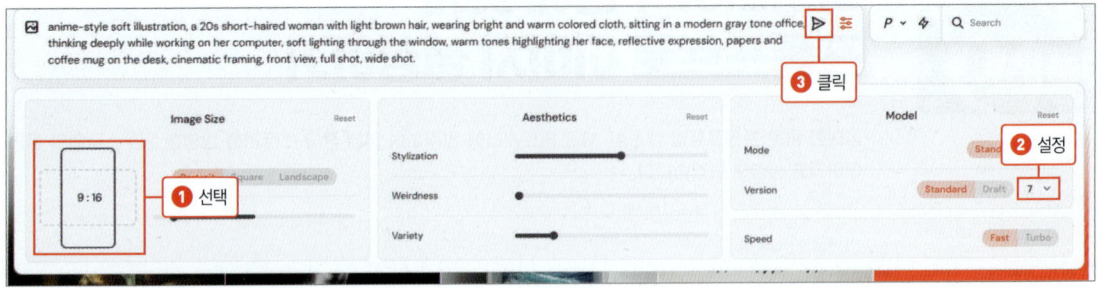

TIP 최초로 V7 버전을 이용하는 경우, 모드를 선택 할 때 개인의 취향을 반영하는 이미지 선택 과정을 진행할 수 있으며, 과정을 완료 후 모델을 선택하면 됩니다.

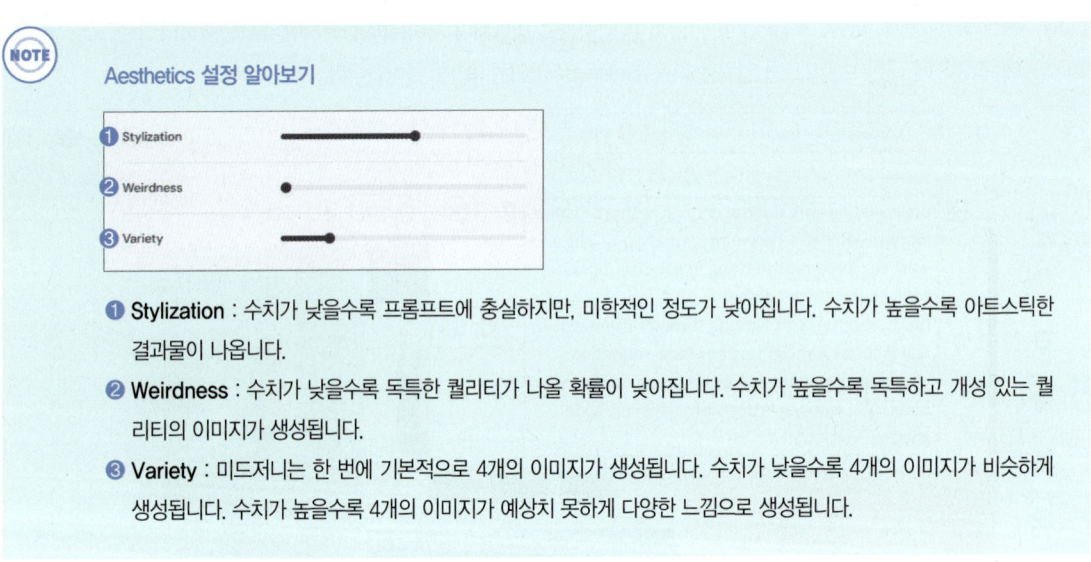

❶ **Stylization** : 수치가 낮을수록 프롬프트에 충실하지만, 미학적인 정도가 낮아집니다. 수치가 높을수록 아트스틱한 결과물이 나옵니다.

❷ **Weirdness** : 수치가 낮을수록 독특한 퀄리티가 나올 확률이 낮아집니다. 수치가 높을수록 독특하고 개성 있는 퀄리티의 이미지가 생성됩니다.

❸ **Variety** : 미드저니는 한 번에 기본적으로 4개의 이미지가 생성됩니다. 수치가 낮을수록 4개의 이미지가 비슷하게 생성됩니다. 수치가 높을수록 4개의 이미지가 예상치 못하게 다양한 느낌으로 생성됩니다.

03 이미지가 생성되면 왼쪽에 (Create) 메뉴가 숫자로 표기됩니다. 클릭하여 생성한 결과물을 확인합니다.

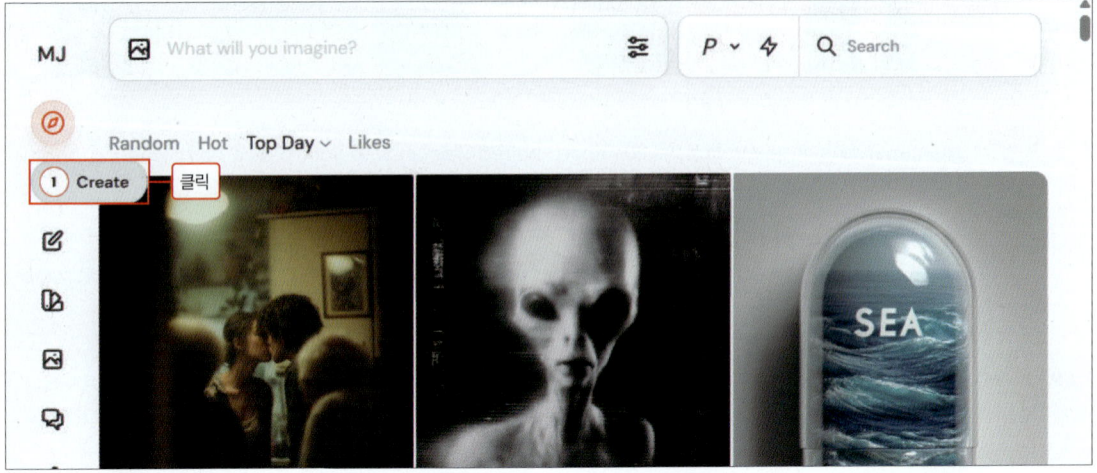

196

04 프롬프트에 따라 애니메이션 스타일의 이미지가 생성됩니다. 예제에서는 다른 느낌을 원하여 동일한 프롬프트를 입력하고 'Settings' 아이콘(≆)을 클릭하여 Stylization을 '350'으로 조정한 다음 'Submit' 아이콘(▷)을 클릭하겠습니다.

TIP 이때, 처음 생성된 이미지는 이후 생성될 모든 이미지의 스타일과 분위기에 기준이 되므로, 전체 영상의 화풍을 좌우하게 됩니다. 따라서 더 다양한 결과물을 확인하기 위해 동일한 프롬프트를 유지하면서 설정값을 조금씩 조정해 반복 생성하는 방식이 효과적입니다. 필요에 따라서는 프롬프트를 추가 및 제거하는 것도 방법입니다.

05 요청에 따라 다시 생성된 이미지에서 마음에 드는 이미지를 선택합니다. 예제에서는 2번째 이미지를 선택하겠습니다.

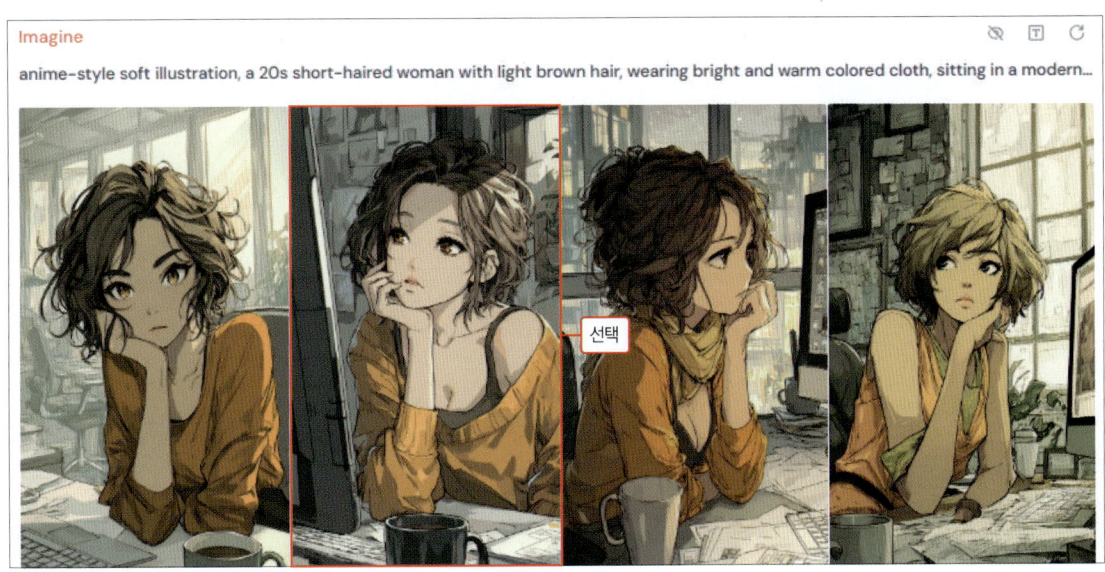

06 선택한 이미지를 '다운로드' 아이콘(⬇)을 클릭하여 다운로드합니다. 저장된 이미지는 다운로드 폴더에서 확인할 수 있으며 해당 이미지는 작업을 위해 하나의 폴더로 이동하겠습니다.

TIP 다운로드를 하기 전, Creation Actions에서 추가적으로 이미지를 변형하거나 고화질로 바꾸는 등 설정이 가능합니다.

02 생성한 이미지로 줌 인 효과 적용하기

01 홈 화면에서 프롬프트 창 앞에 위치한 '이미지' 아이콘(🖼)을 클릭하고 'Choose a file or drop it here'를 클릭합니다. 열기 대화상자 창이 표시되면 03 → 2D 숏폼 폴더에서 '생각에잠긴회사원1.png' 파일을 선택한 다음 〈열기(O)〉 버튼을 클릭합니다.

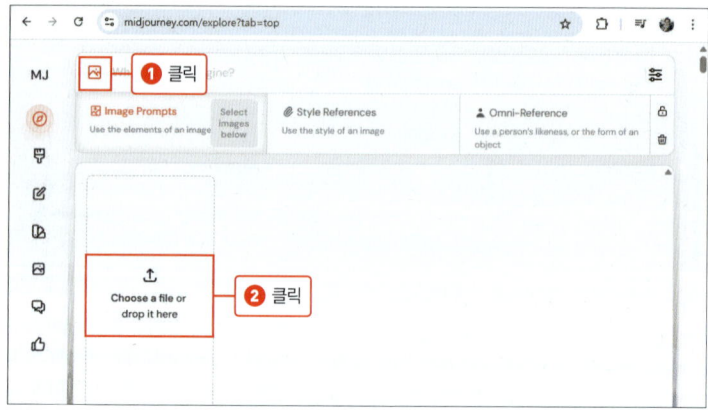

02 화면에 이미지가 첨부된 것을 확인할 수 있습니다. 이번에는 생성한 이미지에 변형을 주기 위해 왼쪽 (Create) 메뉴를 클릭하여 이전에 생성한 이미지가 있는 화면으로 이동합니다.

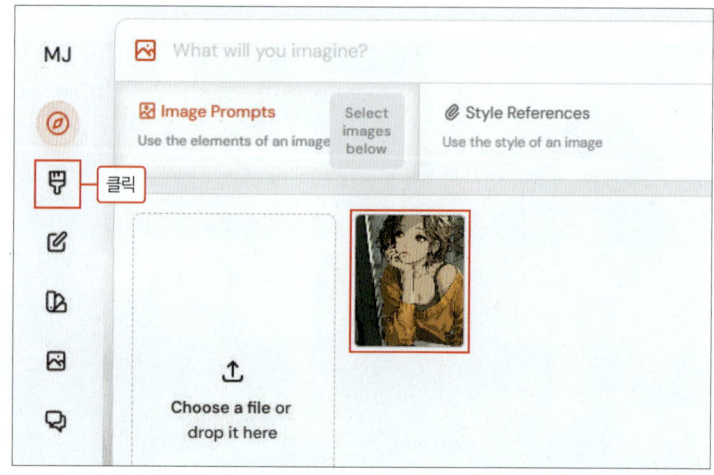

TIP 한번 첨부한 이미지는 기록이 남아 이후 작업에도 계속 사용할 수 있습니다. 추후 과정에서 스타일 레퍼런스와 옴니 레퍼런스 용도로 사용할 예정입니다.

03 영상의 첫 장면에서 줌 인 효과를 넣기 위해 동일한 이미지를 확장하여 생성하겠습니다. 이전과 동일하게 2번째 이미지를 선택합니다.

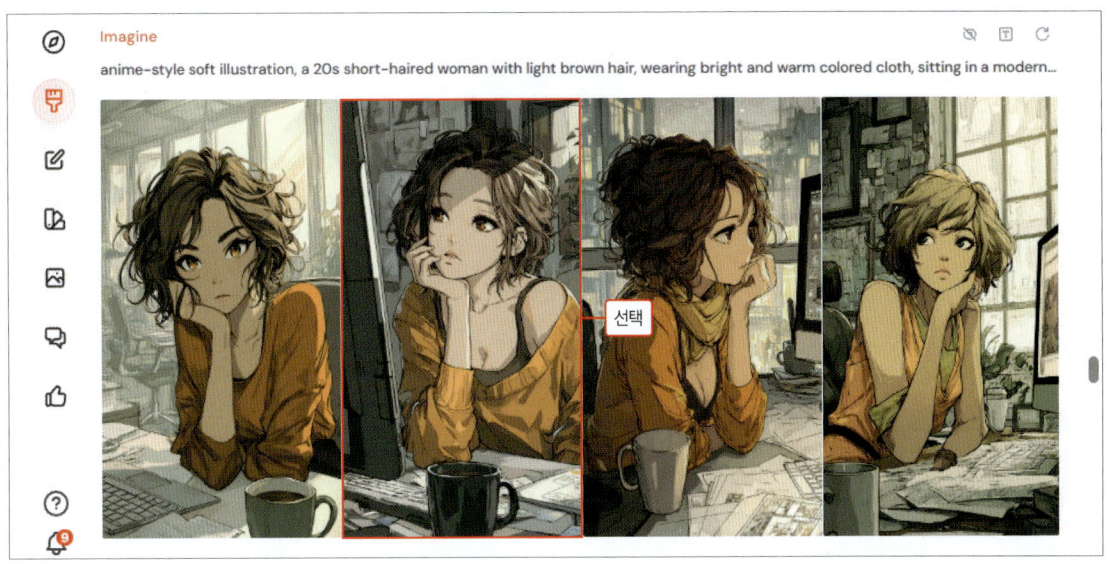

04 Creation Actions에서 Zoom의 〈2x〉 버튼을 클릭하여 2배 확장되어 줌 아웃 설정을 적용한 이미지를 생성합니다.

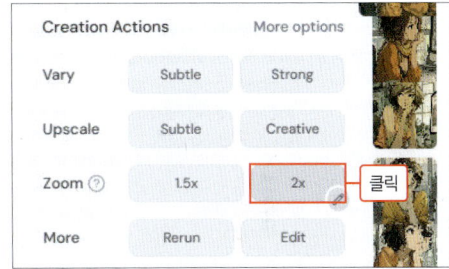

05 생성에는 약간의 시간이 소요되며 확장된 이미지 중 마음에 드는 이미지를 선택합니다. 예제에서는 3번째 이미지를 선택하였습니다.

06 이미지를 다운로드 하기 위해 '다운로드' 아이콘(⬇)을 클릭합니다. 저장된 이미지는 다운로드 폴더에서 확인할 수 있습니다.

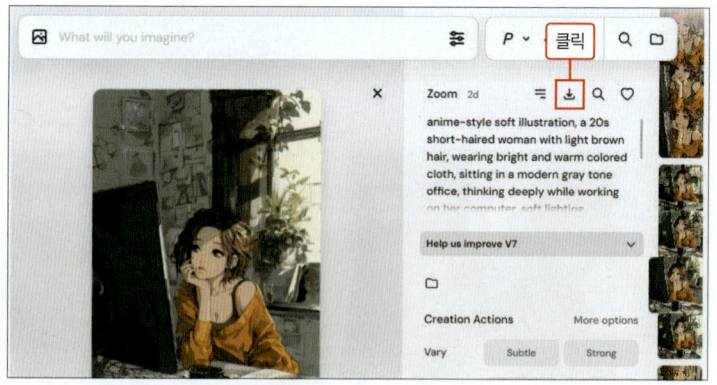

03 레퍼런스 기능으로 일관성 유지하기

01 미드저니의 레퍼런스 기능을 활용하여 이미지의 다른 구도를 생성하겠습니다. '이미지' 아이콘(🖼)을 클릭하고 이전에 업로드한 이미지 파일을 Style Reference와 Omni-Reference로 드래그합니다. 프롬프트는 동일하게 입력하고 'Submit' 아이콘(▶)을 클릭합니다.

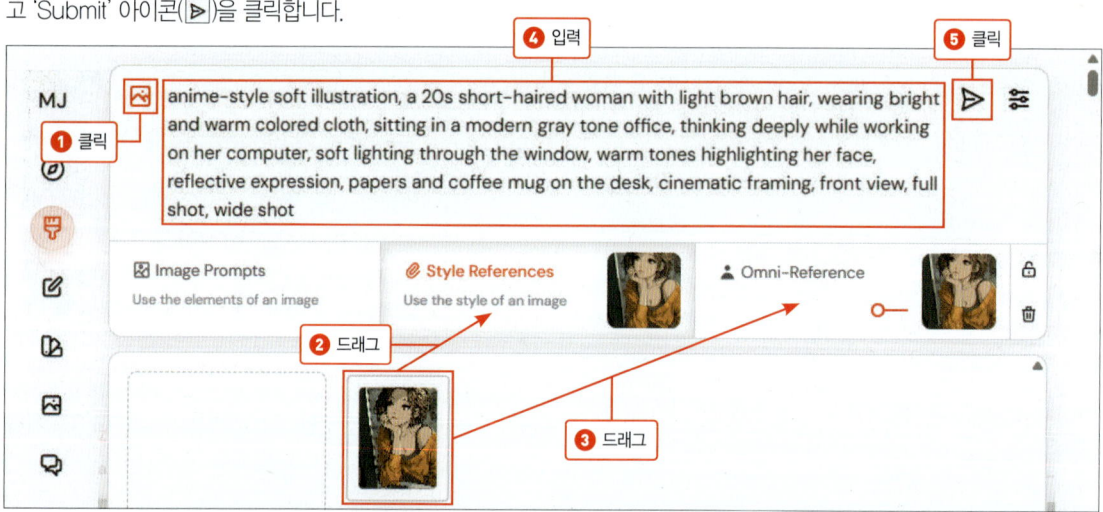

프롬프트 anime-style soft illustration, a 20s short-haired woman with light brown hair, wearing bright and warm colored cloth, sitting in a modern gray tone office, thinking deeply while working on her computer, soft lighting through the window, warm tones highlighting her face, reflective expression, papers and coffee mug on the desk, cinematic framing, front view, full shot, wide shot

Omni-Reference란?
옴니 레퍼런스는 캐릭터의 의상과 얼굴을 반영하는 수치를 관장합니다. 수치 조절 아이콘 '○—'을 클릭하여 '1~1000'까지의 수치를 조절할 수 있으며, 기본값은 '100'입니다. 수치가 낮을수록 일관성을 지키지 않는 이미지가 생성되며, 1000에 가까울수록 일관성에 충실한 이미지가 생성됩니다. 대신 일관성이 높을수록 구도는 단조로워집니다.

02 레퍼런스 설정이 반영된 같은 스타일로 일관된 인물의 다른 이미지가 생성됩니다. 마음에 드는 이미지를 선택합니다. 예제에서는 4번째 이미지를 선택하겠습니다.

03 오른쪽 상단에 '다운로드' 아이콘(⬇)을 클릭해 다운로드합니다. 저장된 이미지는 다운로드 폴더에서 확인할 수 있으며 이후 작업을 위해 하나의 폴더로 이동하겠습니다.

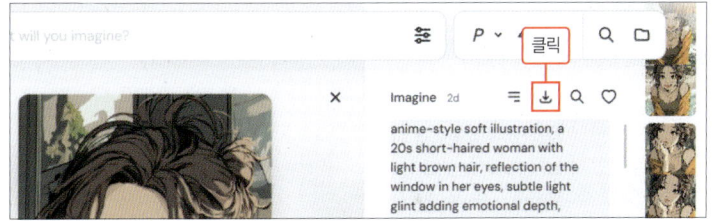

04 캐릭터의 시선에 따른 장면 추가하기

01 캐릭터의 시선에 화면이 전환되는 장면을 구현하기 위해 다음의 프롬프트를 입력하여 추가 이미지를 생성하겠습니다. '이미지' 아이콘(🖼)을 클릭하고 이전에 업로드한 캐릭터 이미지를 Style Reference에만 드래그한 다음, 'Submit' 아이콘(▷)을 클릭합니다.

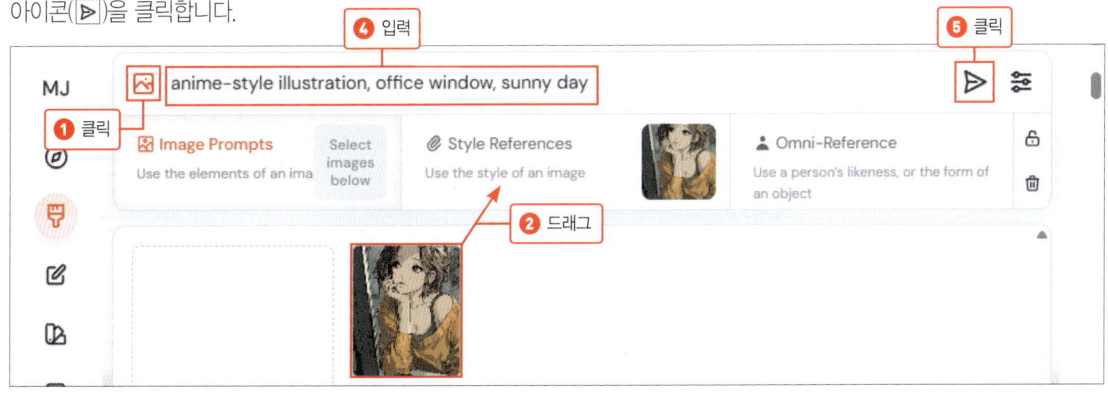

프롬프트   anime-style illustration, office window, sunny day

TIP 이번 장면에는 인물이 나오지 않으므로, 옴니 레퍼런스에는 이미지를 첨부할 필요가 없습니다.

02 생성한 이미지 중 마음에 드는 이미지를 선택합니다. 예제에서는 3번째 이미지를 선택하겠습니다.

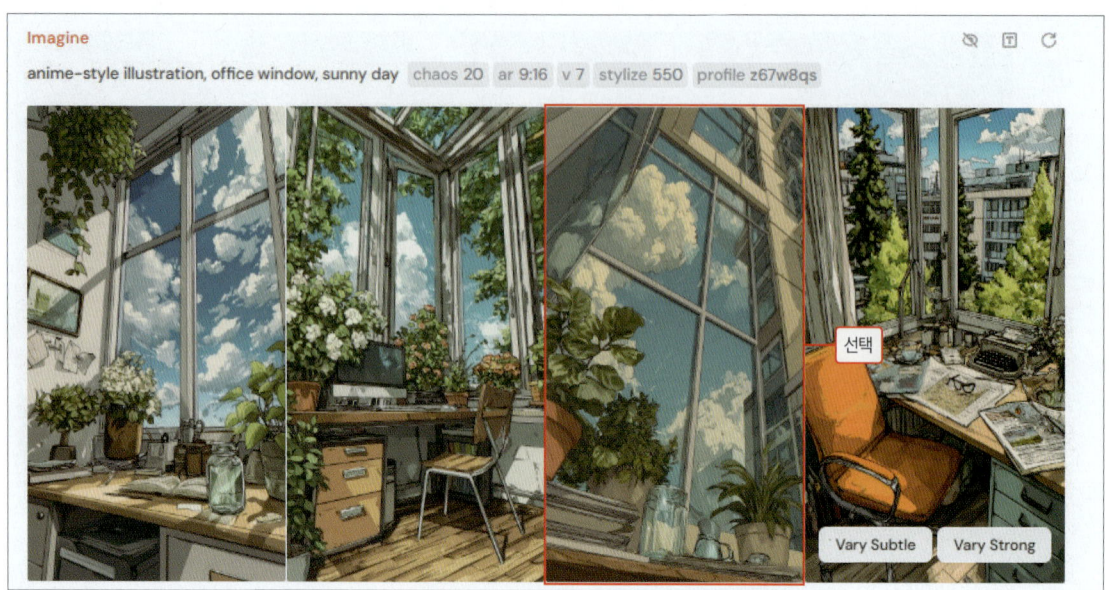

TIP 마음에 드는 이미지가 나오지 않았다면, 다시 생성하거나 이미지에 마우스를 위치하면 표시되는 〈Vary Strong〉 버튼을 클릭해 다양하게 베리에이션 해볼 수 있습니다. 원하는 이미지가 나올 때까지 생성하도록 합니다.

03 오른쪽 상단에 '다운로드' 아이콘(⤓)을 클릭해 다운로드합니다. 저장된 이미지는 다운로드 폴더에서 확인할 수 있으며 이후 작업을 위해 하나의 폴더에 첫 번째 장면 이미지들을 이동하였습니다.

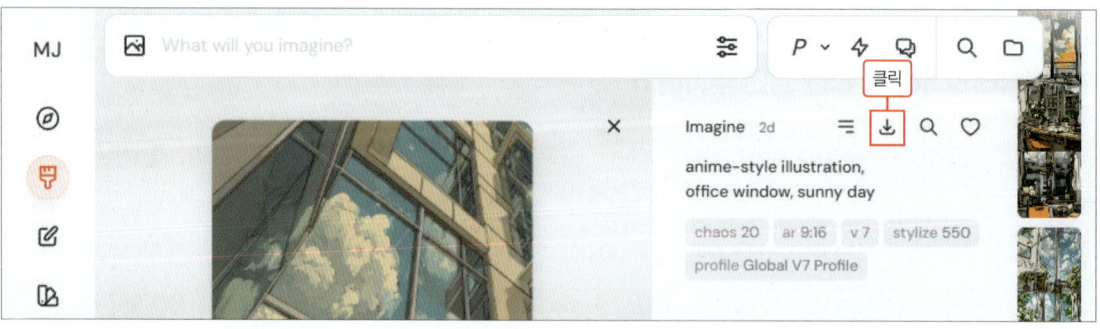

05 해변가에서 서핑하는 인물 생성하기

01 바다에서 서핑을 즐기는 여성의 이미지를 만들기 위해 정리한 2번째 장면 프롬프트를 입력합니다.

> a smiling young woman surfing on sparkling blue waves under the sun, energetic pose slicing through the water, bright seaside filled with surfers and tourists, vibrant youthful summer atmosphere, full shot

입력

프롬프트
a smiling young woman surfing on sparkling blue waves under the sun, energetic pose slicing through the water, bright seaside filled with surfers and tourists, vibrant youthful summer atmosphere, full shot

02 이미지 첨부를 위해 '이미지' 아이콘(🖼)을 클릭하고 이전에 업로드한 '생각에잠긴회사원1.png' 파일을 Style Reference와 Omni-Reference로 드래그합니다. Omni-Reference의 수치 값을 '1'로 설정한 다음, 'Submit' 아이콘(▷)을 클릭합니다.

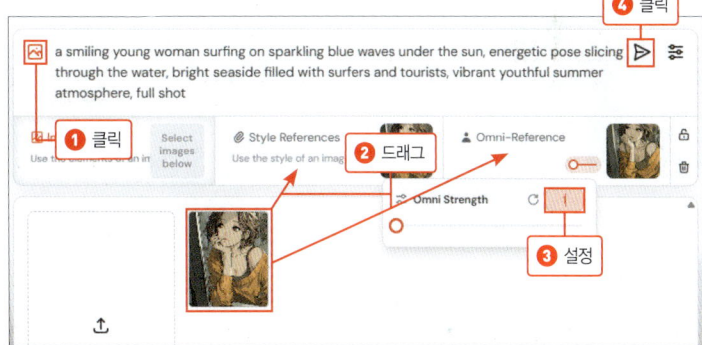

TIP 옴니 레퍼런스의 값이 '100'이 되면 현재 입고 있는 옷과 구도까지도 반영이 되는 정도가 심하기 때문에, 바닷가에서 서핑을 즐기는 모습과 사무실에서 사색에 잠긴 모습이 매칭이 되지 않습니다. 따라서, 옴니 레퍼런스에서 최소한으로 참조할 수 있게 '1'로 설정하는 것입니다.

▲ 옴니 레퍼런스 값이 '100'인 경우의 생성 결과물

◀ 옴니 레퍼런스 값이 '25'인 경우의 생성 결과물

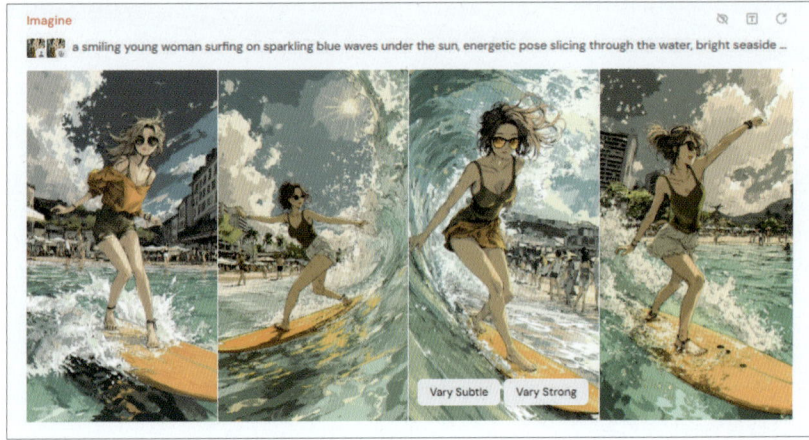

◀ 옴니 레퍼런스 값이 '1'인 경우의 생성 결과물

03 프롬프트에 맞게 바다에서 서핑을 타는 여성의 이미지가 생성되면 마음에 드는 이미지를 선택합니다. 예제에서는 4번째 이미지를 선택하겠습니다.

04 오른쪽 상단에 '다운로드' 아이콘(⬇)을 클릭해 다운로드합니다. 저장된 이미지는 다운로드 폴더에서 확인할 수 있으며 이후 작업을 위해 하나의 폴더로 이동하겠습니다.

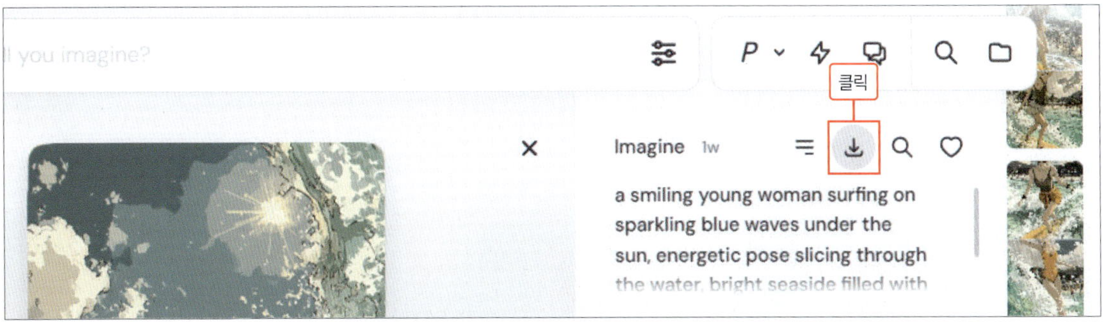

05 역동적인 영상을 구성하기 위해 동일한 프롬프트로 같은 장면을 한 번 더 생성합니다. 설정 또한 동일하게 유지하여 마음에 드는 결과물이 나올 때까지 생성합니다. 예제에서는 2번째 이미지를 선택합니다.

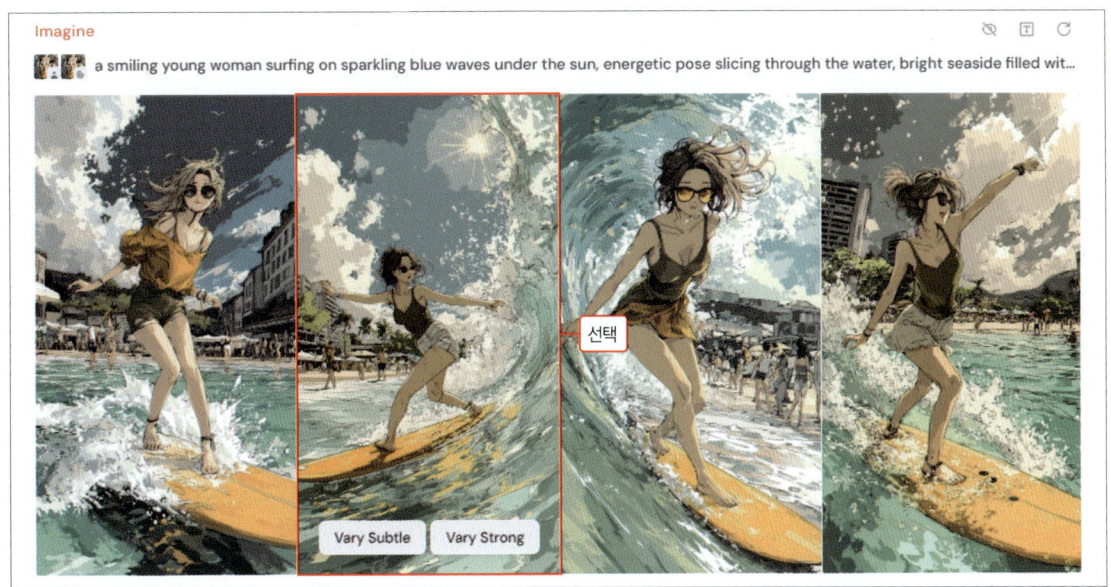

06 오른쪽 상단에 '다운로드' 아이콘(⬇)을 클릭해 다운로드합니다. 저장된 이미지는 다운로드 폴더에서 확인할 수 있으며 이후 작업을 위해 하나의 폴더로 이동하겠습니다. 이렇게 해서 두 번째 장면에 들어가는 이미지 생성을 완료했습니다.

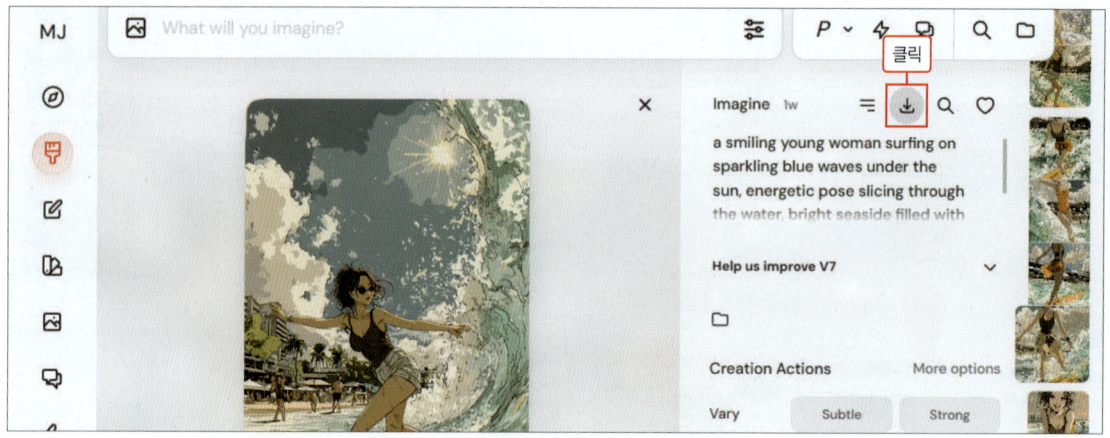

06 화려한 불꽃놀이를 감상하는 장면 생성하기

01 밤하늘 배경으로 불꽃놀이를 즐기는 여성의 이미지를 만들기 위해 정리한 3번째 장면의 프롬프트를 입력합니다.

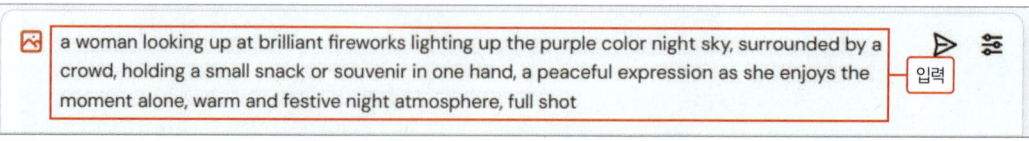

> **프롬프트** a woman looking up at brilliant fireworks lighting up the purple color night sky, surrounded by a crowd, holding a small snack or souvenir in one hand, a peaceful expression as she enjoys the moment alone, warm and festive night atmosphere, full shot

02 이미지 첨부를 위해 '이미지' 아이콘(🖼)을 클릭하고 이전에 업로드한 '생각에 잠긴 회사원 1.png' 파일을 Style Reference와 Omni-Reference로 드래그합니다. Omni-Reference의 수치값을 '1'로 설정한 다음, 'Submit' 아이콘(▷)을 클릭합니다.

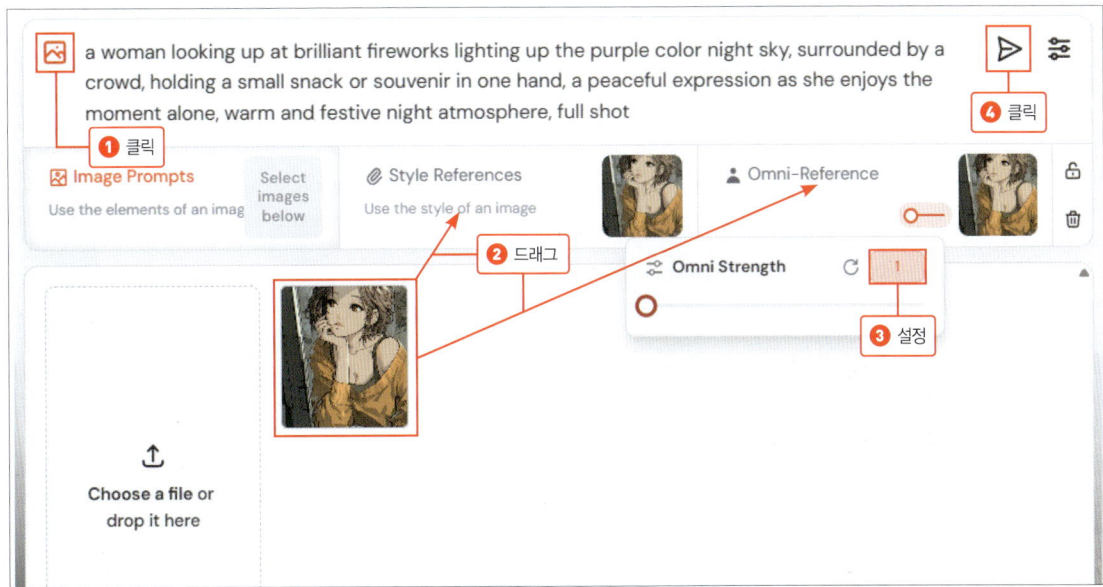

03 프롬프트에 맞게 밤하늘 배경으로 불꽃놀이를 즐기는 여성의 이미지가 생성됩니다. 여기서는 1번째와 3번째 이미지가 둘 다 마음에 들어 각각 선택하겠습니다.

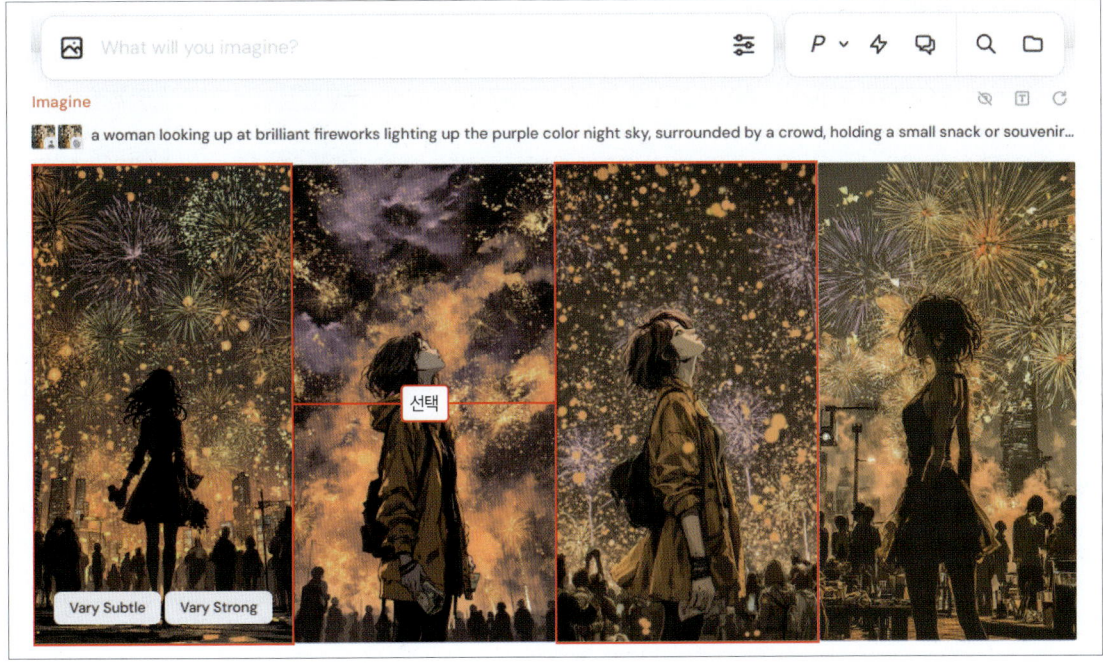

04 오른쪽 상단에 '다운로드' 아이콘(⬇)을 클릭합니다. 저장된 이미지는 다운로드 폴더에서 확인할 수 있으며 이후 작업을 위해 하나의 폴더로 이동하겠습니다.

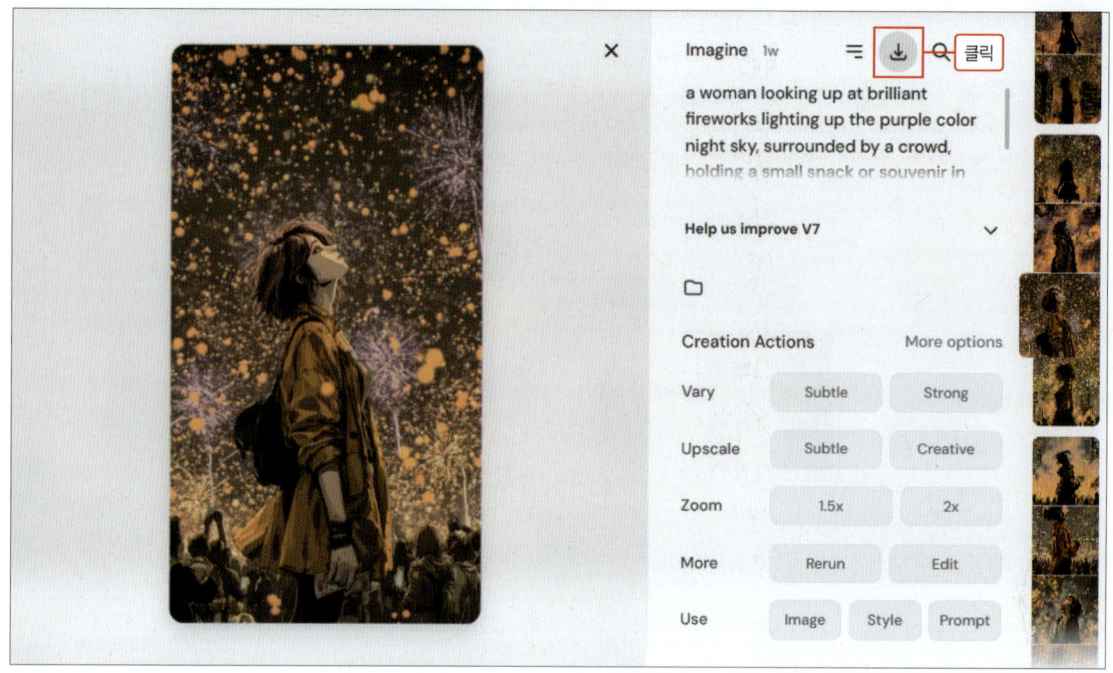

TIP 1번째 이미지도 같은 방법으로 다운로드합니다.

05 각 장면에 필요한 이미지를 모두 생성했습니다. 지정된 폴더에 장면별 또는 순서로 정리하면 이후 작업 시 편리할 수 있습니다.

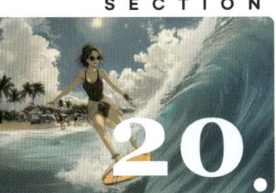

SECTION 20.
생성한 장면 이미지로 애니메이션 영상 생성하기

○ 예제파일 : 03\2D 숏폼\생각에잠긴회사원2~3, 창문, 서핑1~2, 불꽃놀이1~2.png
○ 완성파일 : 03\2D 숏폼\루마 드림머신 소스 폴더

루마 AI는 카툰 스타일, 애니메이션 풍, 손그림 느낌과 같은 감성적인 비주얼을 자연스럽게 표현하는 데 특화된 생성형 AI 도구입니다. 루마 AI로 2D 애니메이션 영상을 생성해 보겠습니다.

01 루마 AI에서 이미지 첨부하기

01 웹브라우저에 'lumalabs.ai/dream-machine'를 입력하고 루마 AI 드림머신에 접속합니다. 〈Try Now〉 버튼을 클릭하여 로그인합니다. 계정을 연동하여 사용할 수 있으며 예제에서는 〈Sign in with google〉 버튼을 클릭하여 로그인 하겠습니다.

TIP 루마 AI는 처음 가입시 무료 플랜으로 사용이 가능합니다. 다만, 제약이 많아 영상을 제작하려면 라이트(유료 플랜) 이상의 플랜을 사용해야 합니다.

02 화면 하단에 〈+〉 버튼을 클릭하여 프롬프트 입력창을 활성화합니다.

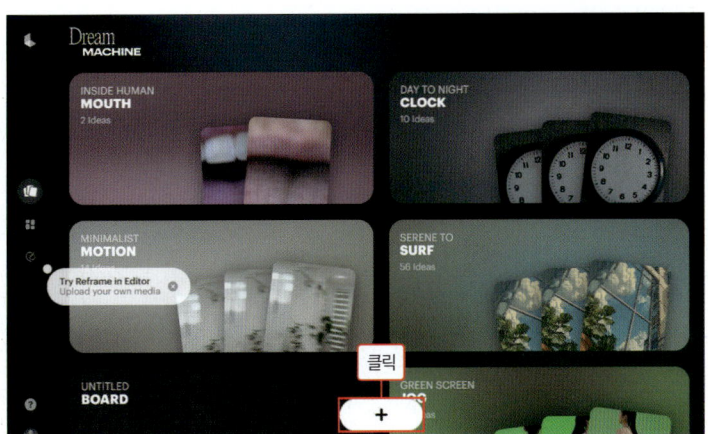

루마 AI를 처음 사용하는 경우

로그인 이후 생성한 보드가 없기에 다음과 같은 화면이 나옵니다. 〈Start a board〉 버튼을 클릭하여 프롬프트 입력창을 확인할 수 있습니다.

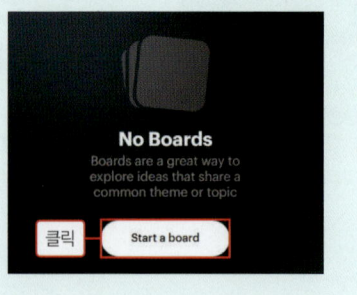

03 이미지를 첨부하기 위해 프롬프트 입력창 하단에 있는 '업로드' 아이콘( )을 클릭합니다.

04 열기 대화상자가 표시되면 03 → 2D 숏폼 폴더에서 Ctrl 를 누른 채 진행 순서에 맞게 '생각에잠긴회사원3.png'와 '생각에잠긴회사원2.png' 파일을 선택하고 〈열기(O)〉 버튼을 클릭합니다.

TIP 줌 아웃 장면에서 클로즈업 장면을 생성할 것이기에, 멀리서 찍은 장면에서 가까이에서 찍은 장면을 차례대로 선택합니다.

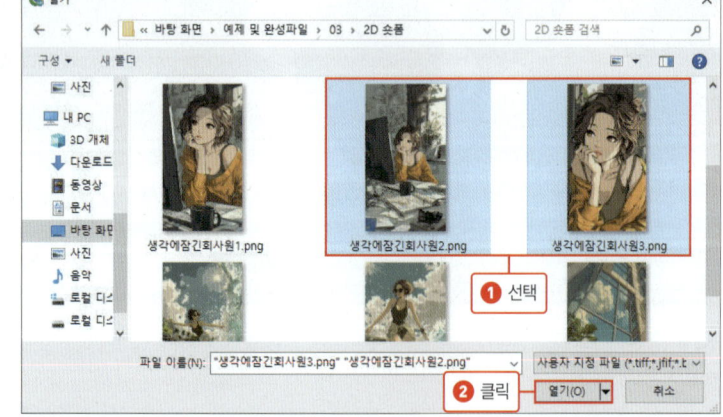

05 프롬프트 입력창에 두 이미지가 순서대로 선택했음에도 바뀌어 표시됩니다. 이런 경우에는 이미지를 드래그하여 조정할 수 있습니다. 예제에서는 첫 번째 이미지를 뒤로 드래그하여 두 번째로 순서 변경하겠습니다.

TIP 첨부한 이미지 순서에 맞게 영상이 시작되고 영상이 끝납니다. 이를 'First-Last Frame' 영상이라고 합니다.

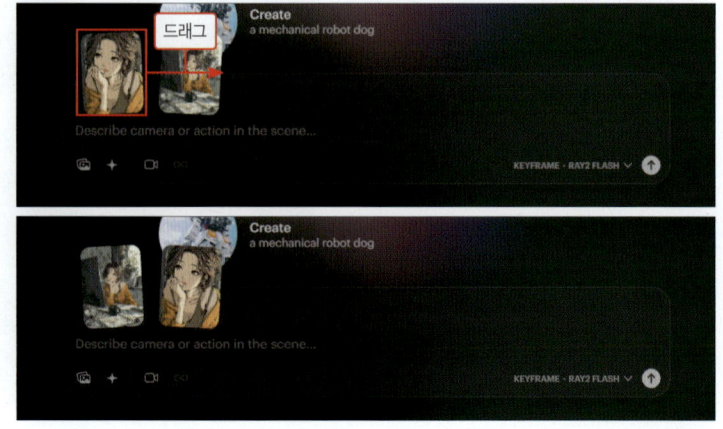

02 루마 AI의 카메라 워킹 설정하기

01 두 장의 이미지를 활용하여 줌 인 카메라 효과를 적용하겠습니다. 프롬프트 입력창 하단에 있는 'Camera' 아이콘 (▢)을 클릭합니다.

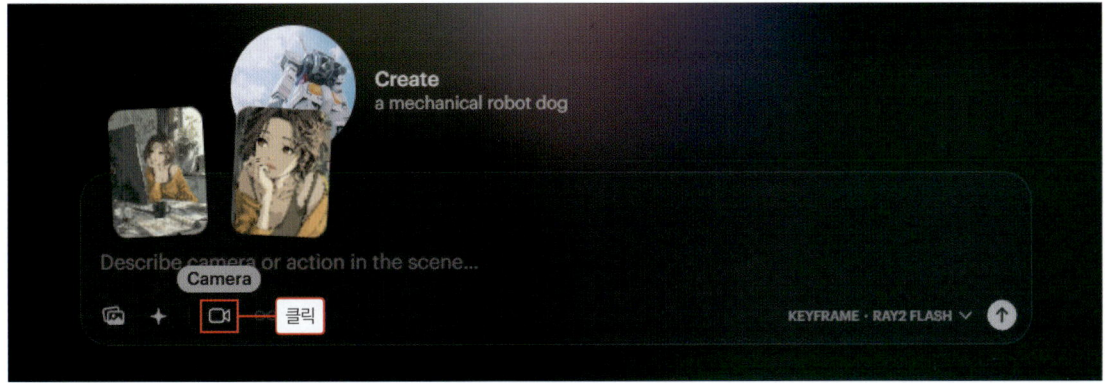

02 다양한 카메라 워킹과 관련된 프리셋을 확인할 수 있으며 예제에서는 'Zoom in'을 선택하겠습니다.

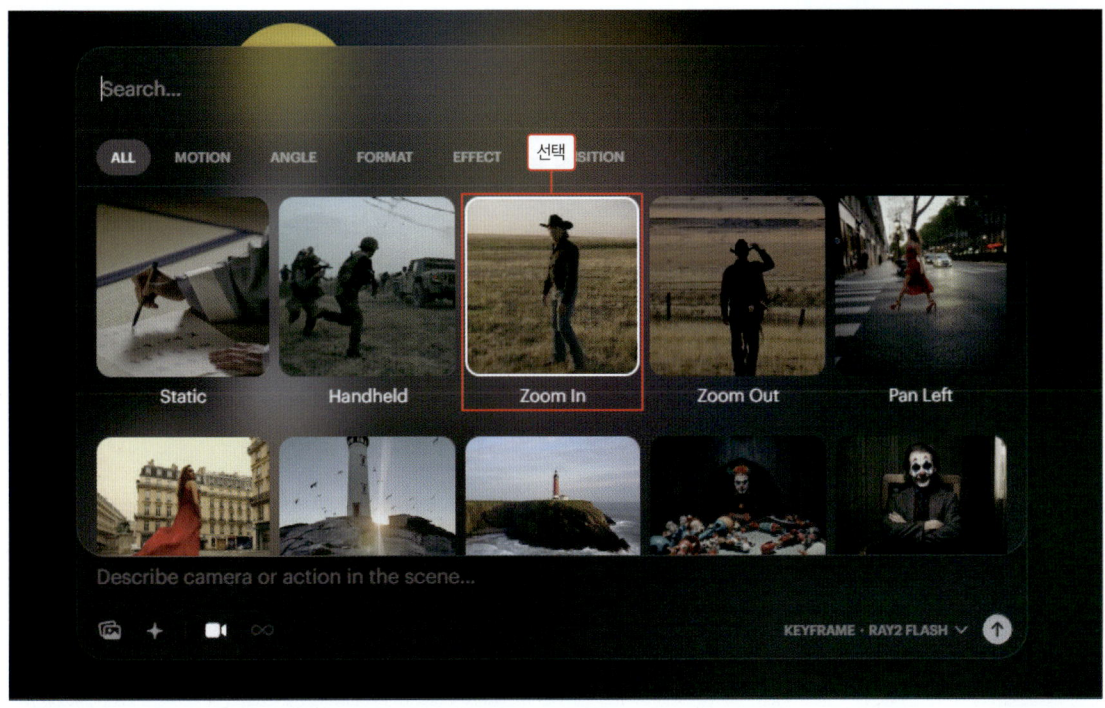

TIP 시네마틱한 현실적인 카메라 워킹을 직관적으로 제어할 수 있는 점이 루마 드림머신의 장점입니다. 카메라 워킹에 대한 자세한 설명은 57쪽을 참고하세요.

03 프롬프트 입력창 오른쪽으로 설정창이 표시되면 영상의 개수를 '2v', 길이를 '5s', 해상도를 '720p', 생성 모델을 'Ray2 Flash'로 설정합니다.

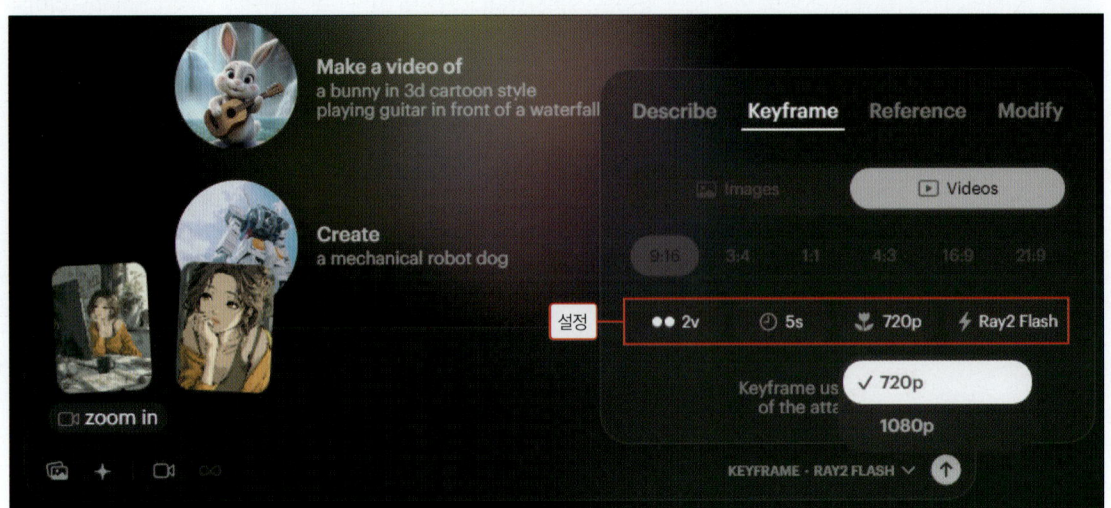

 루마 드림머신 생성 모델

- **Ray 1.6** : 가장 구형 버전으로 표준적인 영상을 제공합니다.
- **Ray2** : 성능과 기능이 향상된 차세대 모델로 생성 시간이 매우 길다는 단점이 있습니다.
- **Ray2 Flash** : Ray2를 기반으로 속도에 중점을 두어 빠르게 작동하도록 최적화되어 생성 시간이 Ray2에 비해 짧습니다.

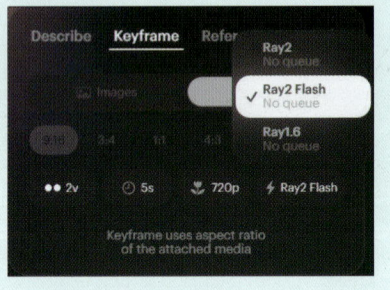

04 설정을 마치면 별다른 프롬프트 입력 없이 '⬆' 아이콘을 클릭하여 영상을 생성합니다.

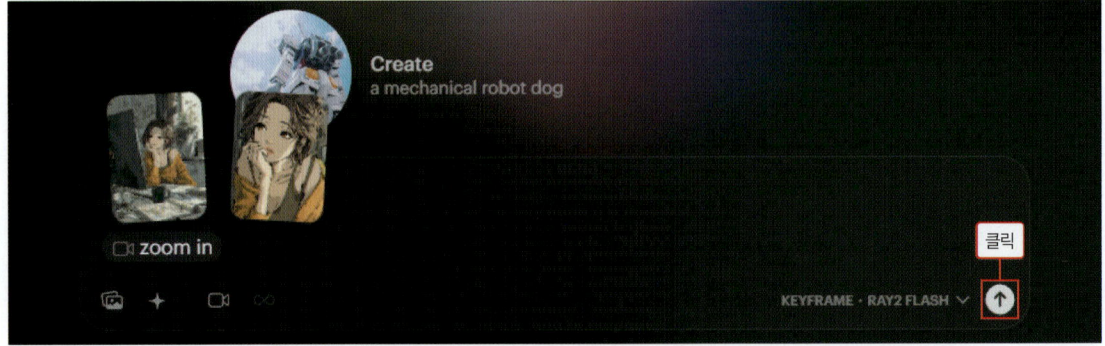

TIP 특별히 의도한 장면이 없다면 텍스트 프롬프트를 꼭 추가하지 않아도 오히려 더 만족스러운 결과가 나오는 경우가 많습니다. 특히 이미지(예 : 콘티, 콘셉트 아트)를 기반으로 영상을 생성할 때는, 루마 AI가 이미지 속 정보와 분위기를 분석하여 자연스럽고 극적인 영상을 만들어냅니다.

05 2개의 영상이 생성되면 마우스를 위치하여 결과물을 확인하고, 마음에 드는 영상을 선택하도록 합니다. 예제에서는 첫 번째 영상을 선택하겠습니다.

TIP 마음에 들지 않는다면, 프롬프트 아래에 〈Show More〉 버튼을 클릭하거나, 프롬프트와 설정을 다시 입력하여 재생성하도록 합니다.

06 다운로드를 하기 전, 추가 옵션 설정이 가능하며 예제에서는 기본 화질로 다운로드 하기 위해 바로 상단에 위치한 '(↓)' 아이콘을 클릭하여 다운로드하였습니다. 다운로드한 영상은 다운로드 폴더에서 확인할 수 있으며, 작업하기 편리하도록 지정된 경로로 이동합니다.

TIP 루마 드림머신에는 업스케일 기능을 제공합니다. 영상의 해상도를 다운로드 이전에 늘릴 수 있으며, 최대 4K 해상도까지 높이는 것이 가능합니다.

03 자연스러운 눈 깜빡임 연출하기

01 클로즈업되어있는 이미지를 활용하여 캐릭터가 눈을 깜빡이는 장면을 생성하도록 하겠습니다. 이미지를 첨부하기 위해 프롬프트 입력창 하단에 있는 '업로드' 아이콘( )을 클릭합니다.

02 열기 대화상자가 표시되면 이전 영상에서 사용한 03 → 2D 숏폼 폴더의 '생각에잠긴회사원3.png' 파일을 선택한 다음, 〈열기(O)〉 버튼을 클릭합니다. 선택한 이미지가 첨부되면 '⬆' 아이콘을 클릭합니다.

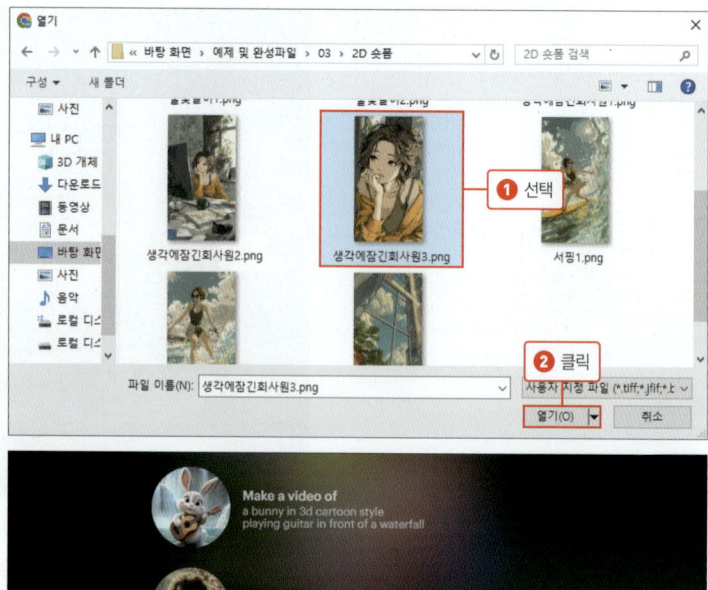

TIP 이전에 설정한 설정이 그대로 적용되므로, 따로 조정할 필요는 없습니다.

03 루마 드림머신이 이미지에서 움직임이 가능한 부분을 분석하여 임의의 장면을 연출합니다. 마음에 드는 영상을 클릭하여 선택하도록 합니다. 예제에서는 여성이 한숨을 쉬는 장면이 마음에 들어 첫 번째 영상을 선택하였습니다.

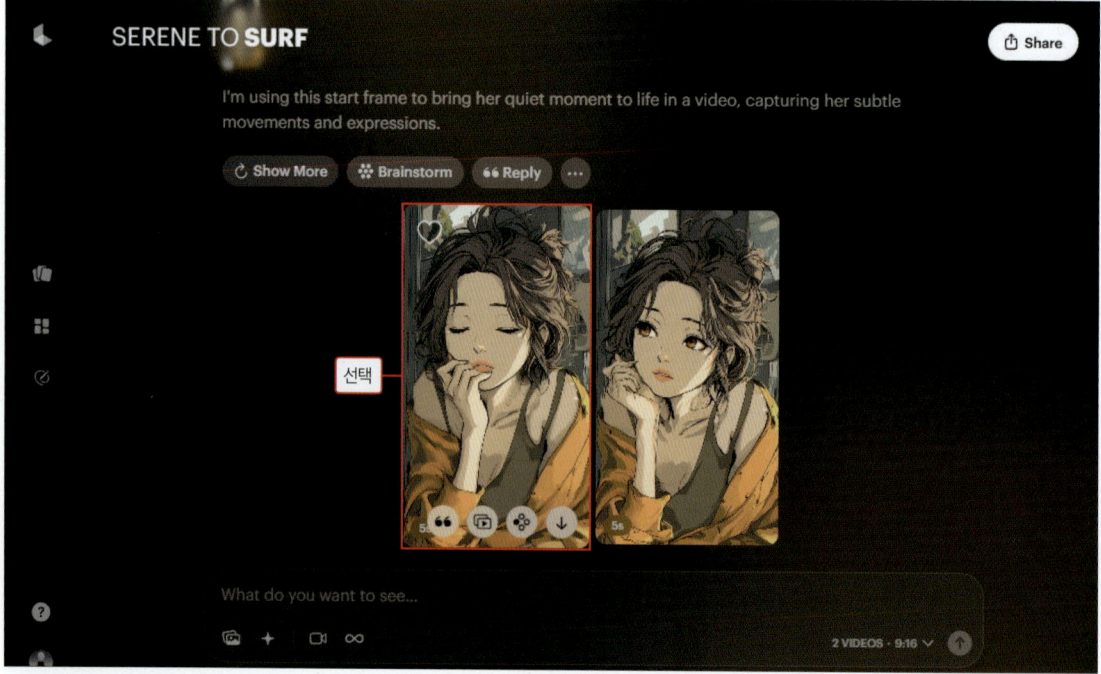

04 생성한 영상에 이어서 영상 생성하기

01 생성한 영상에 이어서 연장해 보겠습니다. 선택한 영상에서 〈Extend Video〉 버튼을 클릭합니다.

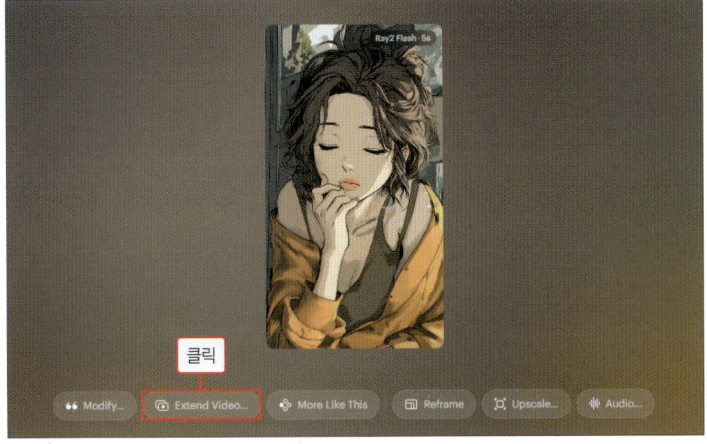

02 기존에 생성한 영상이 첨부된 것을 확인할 수 있습니다. 'END Frame'을 클릭하여 마지막 장면 이미지를 불러오겠습니다. 열기 대화상자가 표시되면 03 → 2D 숏폼 폴더에서 '창문.png' 파일을 불러옵니다.

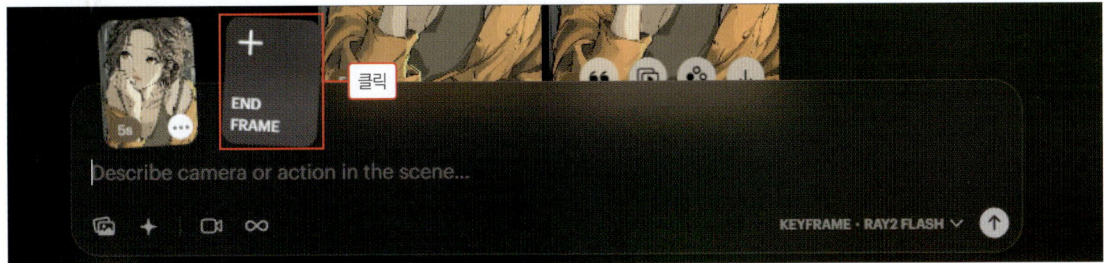

03 한숨을 쉬고 있는 여성의 시선에 맞게 카메라가 왼쪽으로 패닝하여 창문으로 넘어가는 카메라 워킹을 적용해 보겠습니다. 프롬프트 입력창 하단에 있는 'Camera' 아이콘(📹)을 클릭합니다.

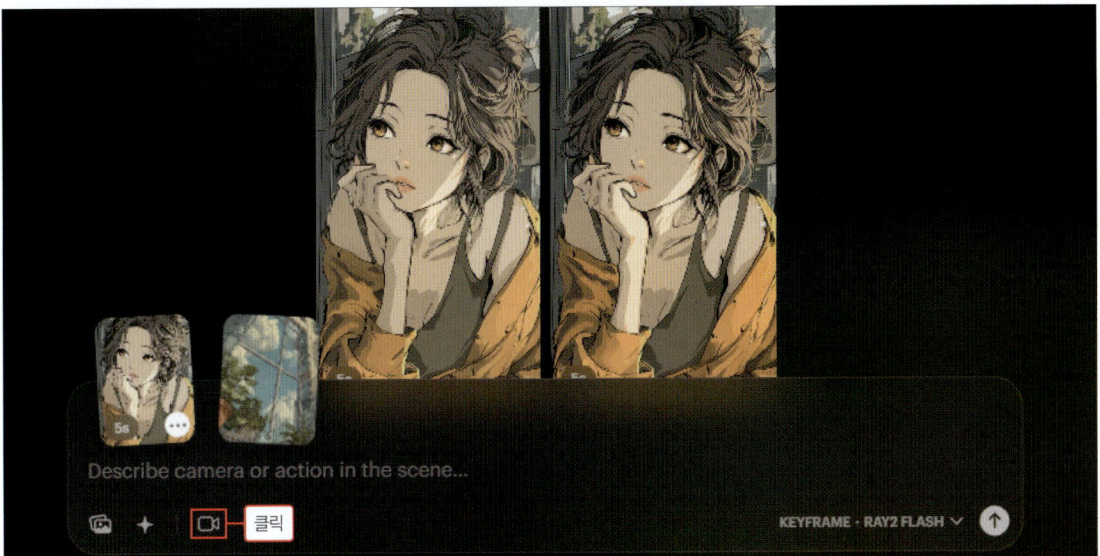

04 'Pan Left' 효과를 선택하고 '↑' 아이콘을 클릭하여 영상을 생성합니다.

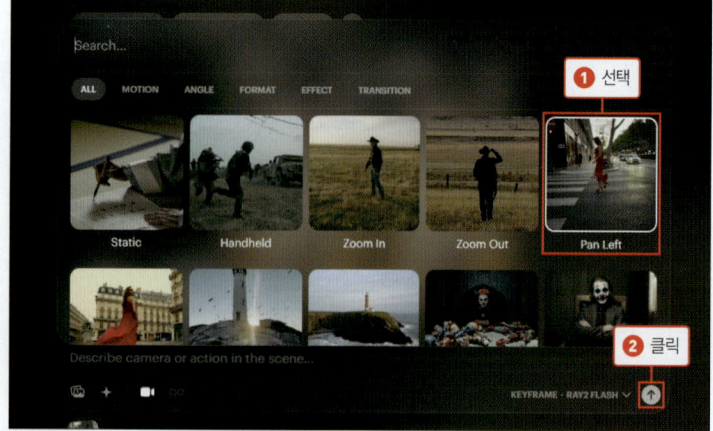

TIP 카메라 앵글에 대한 세부 설명은 56쪽을 참고하세요.

05 여성이 한숨을 쉬고 카메라가 패닝하여 창문을 비추는 영상이 생성되면 마음에 드는 영상을 클릭하여 선택합니다. 예제에서는 두 번째 영상을 선택합니다.

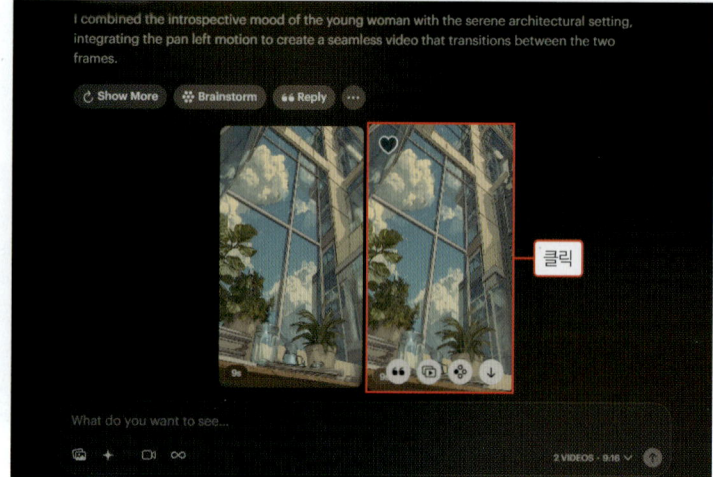

06 결과물을 확인하고 마음에 들게 생성 되었다면 기본 화질로 아이콘 '↓'을 클릭하여 영상을 다운로드합니다. 다운로드한 영상은 다운로드 폴더에서 확인할 수 있으며, 작업하기 편리하도록 지정된 경로로 이동합니다.

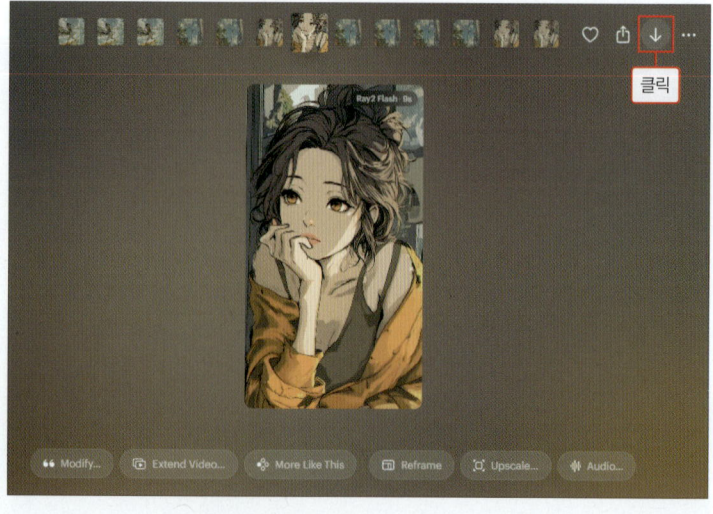

05 창문을 가로지르는 서핑보드 액션 영상 만들기

01 화면의 왼쪽 상단에서 '🌙' 아이콘을 클릭하여 홈 화면으로 이동하고 〈+〉 버튼을 클릭하여 새 보드를 활성화합니다.

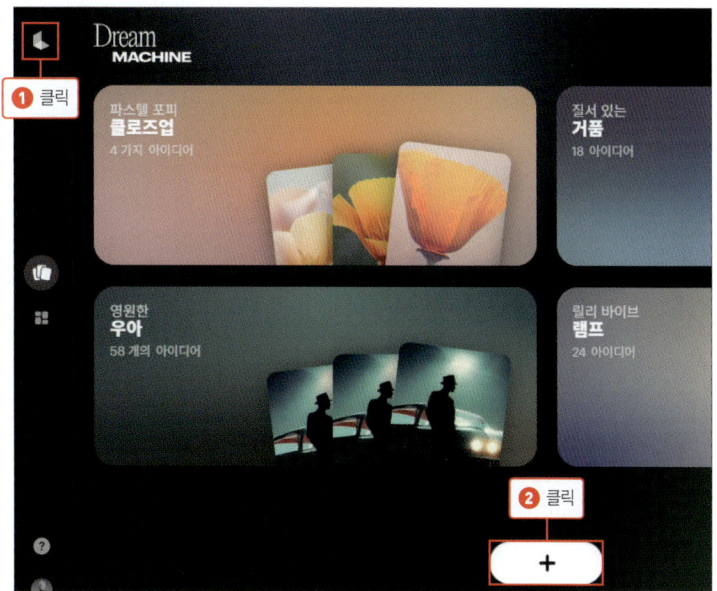

02 창문 이미지에서 이어지는 장면을 생성하기 위해 프롬프트 입력창 하단에 있는 '업로드' 아이콘(🖼)을 클릭합니다.

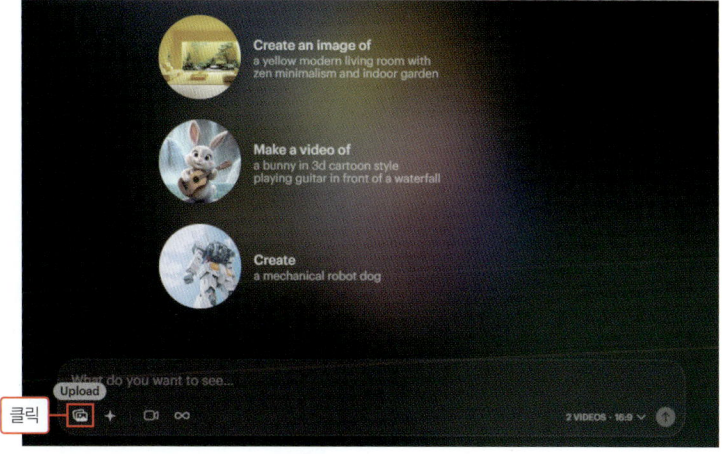

03 열기 대화상자가 표시되면 03 → 2D 숏폼 폴더에서 Ctrl 을 누른채 '창문.png'와 '서핑1.png'를 차례대로 선택한 다음 〈열기(O)〉 버튼을 클릭합니다.

TIP 카메라의 이동 동선을 창문 → 서핑보드를 타고 → 점점 가까워지는 장면을 떠올리며 순서를 정하였습니다.

217

04 이미지 첨부가 완료되면 '⬆' 아이콘을 클릭하여 영상을 생성합니다.

TIP 이전에 설정한 설정이 그대로 적용되므로, 설정을 따로 조정할 필요는 없습니다.

05 영상 생성이 완료되면 영상에 마우스를 위치하여 확인하고 마음에 드는 영상을 선택합니다. 예제에서는 화분에 있는 풀이 아래로 내려가면서 자연스럽게 디졸브 되는 왼쪽 영상을 선택하였습니다.

06 생성한 영상에 이어서 서핑을 즐기며 앞으로 점차 다가오는 장면을 연결해 보겠습니다. 선택한 영상에서 〈Extend Video〉 버튼을 클릭합니다.

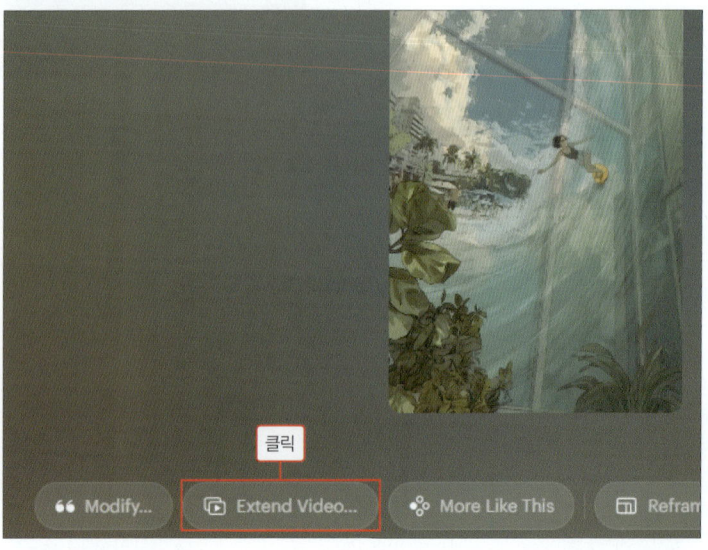

07 이미지 프롬프트에 기존에 생성한 영상이 첨부된 것을 확인할 수 있습니다. 'END Frame'을 클릭하여 마지막 장면에 들어갈 '서핑2.png' 파일을 불러옵니다.

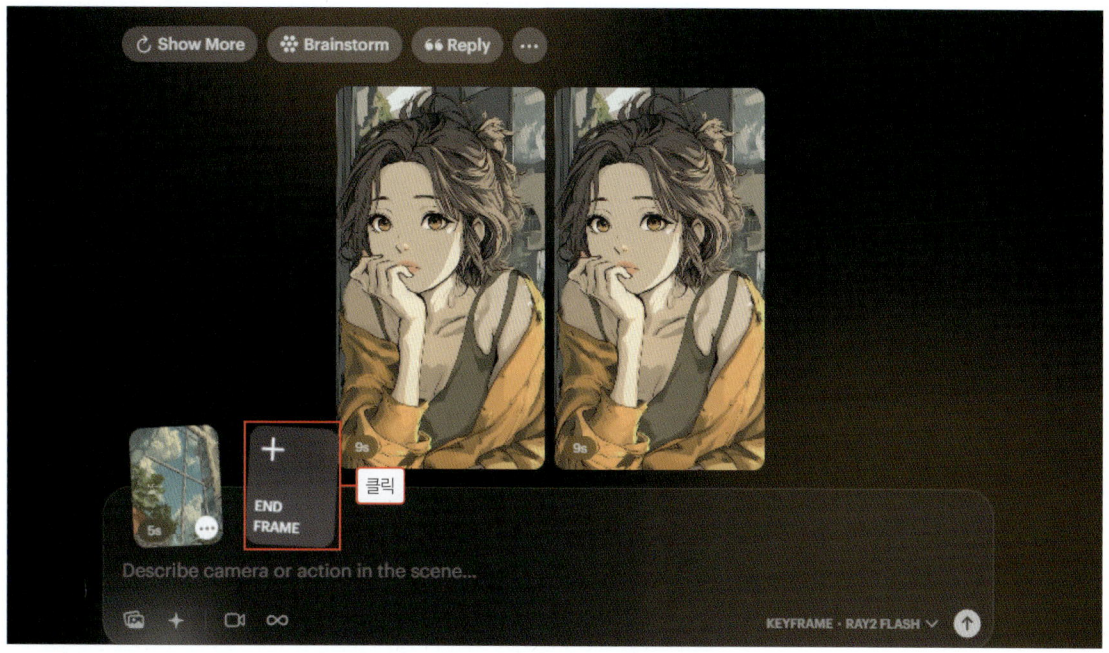

08 카메라 워킹이 필요한 장면이 아니므로 설정은 따로 하지 않고 '⬆' 아이콘을 클릭하여 영상을 생성합니다.

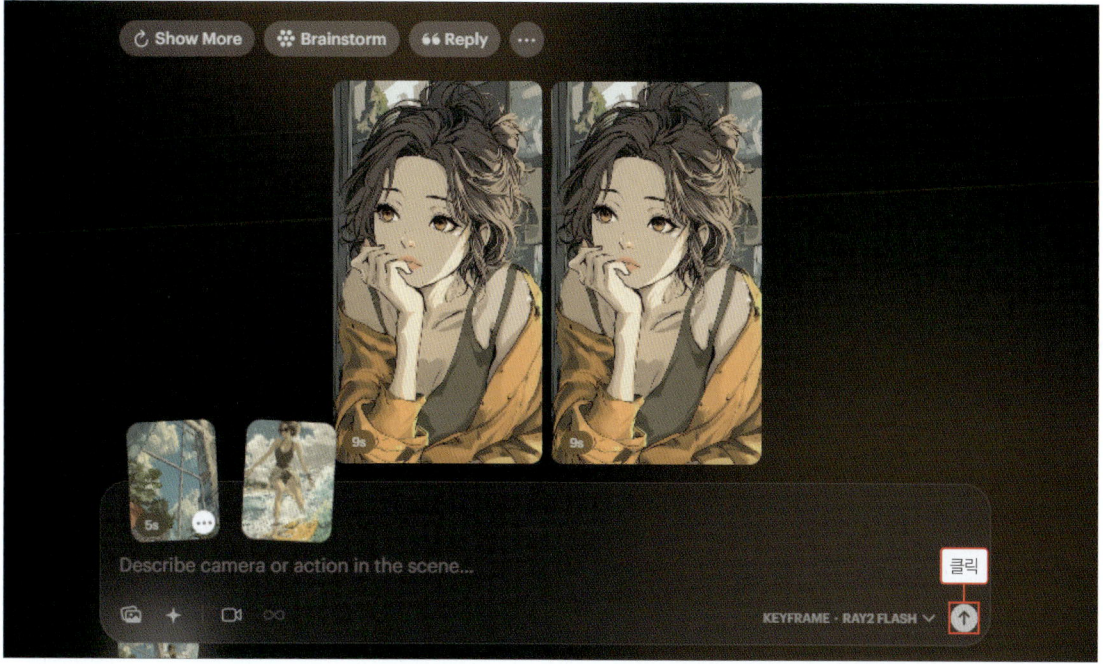

09 기존 영상에 이어서 9~10초짜리 영상이 생성됩니다. 예제에서는 결과물이 마음에 들게 나오지 않아서 〈Show More〉 버튼을 클릭하여 영상을 재생성하겠습니다.

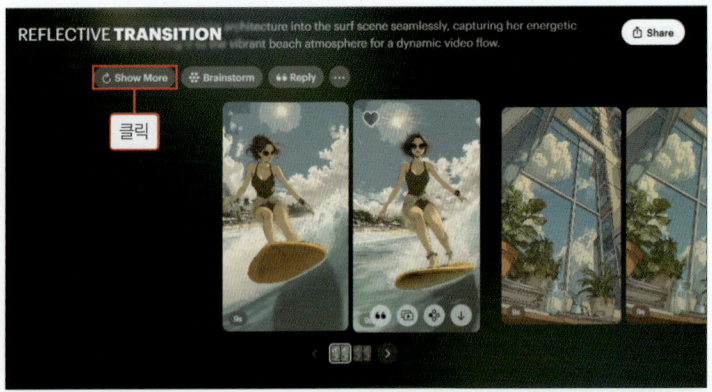

10 바로 옆 부분에 그림과 같이 영상이 생성됩니다. 창문에서 서핑을 즐기며 앞으로 다가오는 장면까지 매끄럽게 이어지는 왼쪽 영상을 선택하겠습니다.

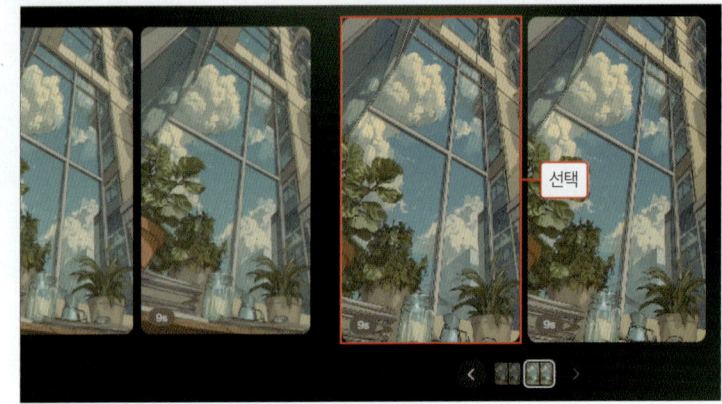

11 결과물을 확인하고 기본 화질로 아이콘 '⬇'을 클릭하여 영상을 다운로드합니다. 다운로드한 영상은 다운로드 폴더에서 확인할 수 있으며, 작업하기 편리하도록 지정된 경로로 이동합니다.

06 화려한 불꽃놀이를 감상하는 인물 영상 만들기

01 이제 마지막 장면까지 완성하여 영상 생성을 마무리하겠습니다. 화면의 왼쪽 상단에서 '🌙' 아이콘을 클릭하여 홈 화면으로 이동하고 〈+〉 버튼을 클릭하여 새 보드를 활성화합니다.

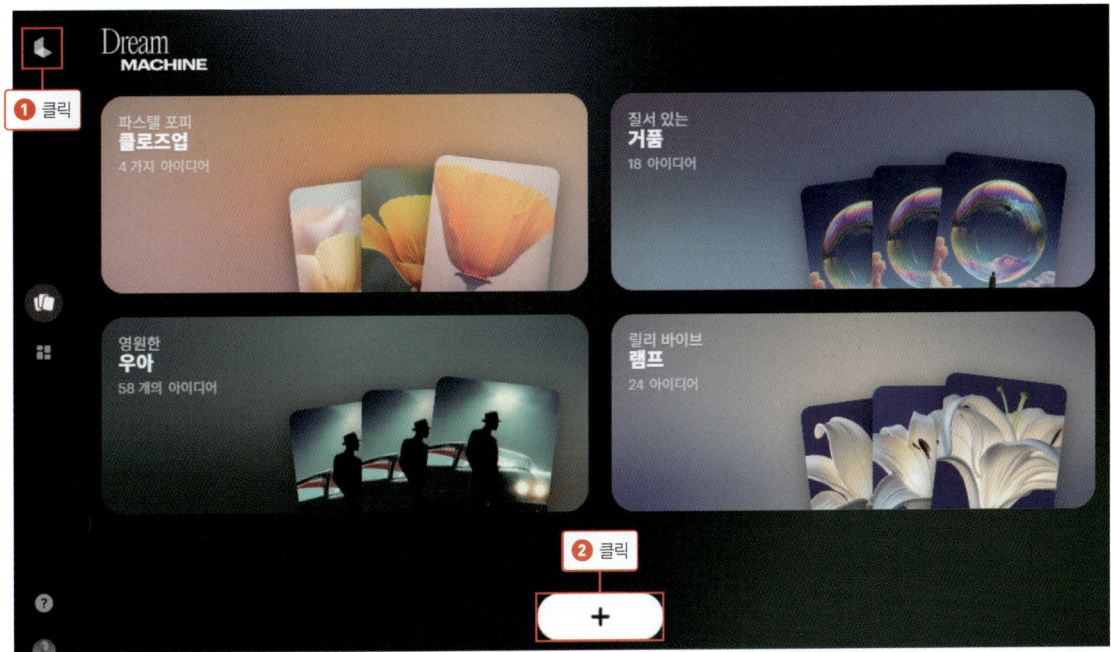

02 프롬프트 입력창 하단에 있는 '업로드' 아이콘(🖼)을 클릭합니다.

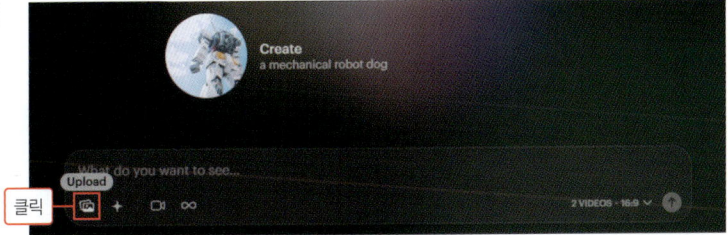

03 열기 대화상자가 표시되면 03 → 2D 숏폼 폴더에서 Ctrl를 누른 상태로 '서핑2.png'와 '불꽃놀이1.png'를 차례대로 선택한 다음 〈열기(O)〉 버튼을 클릭합니다.

TIP 장면을 상상하면, 서핑 타는 장면에서 장면이 전환돼 불꽃놀이를 보고 있는 여자가 있고 감성적으로 옆모습을 보여주면서 영상이 마무리될 예정입니다.

04 이미지 첨부가 완료되면 '⬆' 아이콘을 클릭하여 영상을 생성합니다. 이전 설정을 그대로 사용하겠습니다.

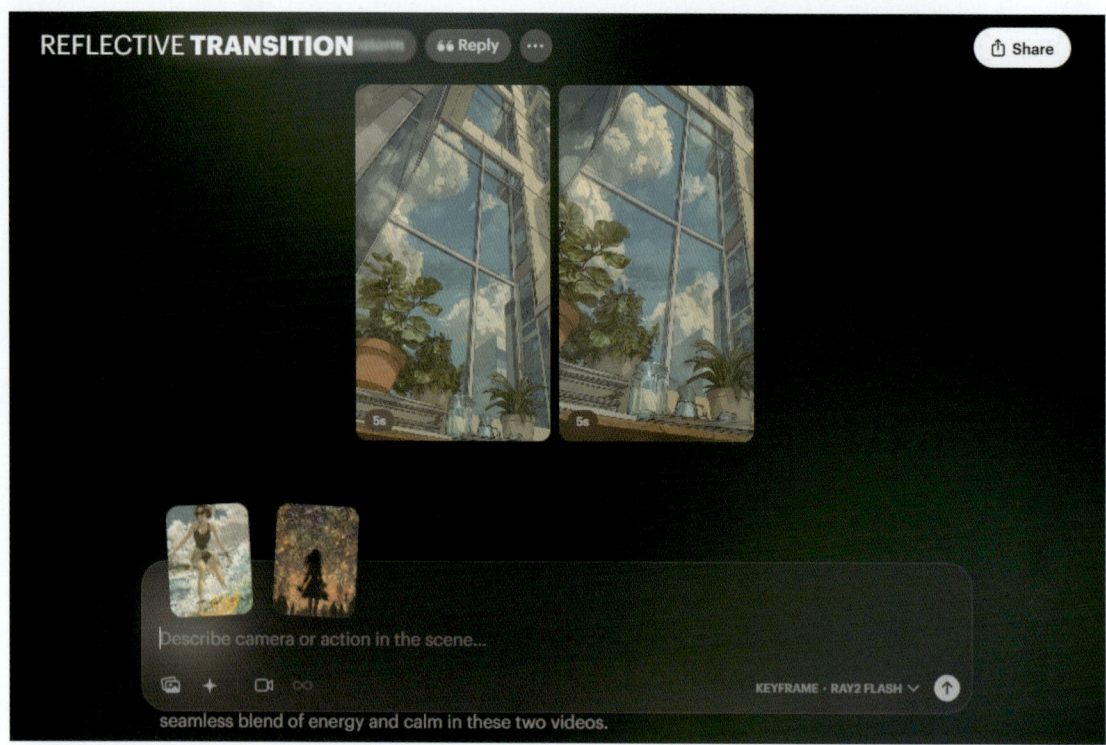

05 영상 생성이 완료되면 영상에 마우스를 위치하여 확인하고 마음에 드는 영상을 선택합니다. 예제에서는 바닷물이 화면을 덮으면서 다음 장면으로 넘어가는 시네마틱한 전환이 돋보이는 왼쪽 영상을 선택하겠습니다.

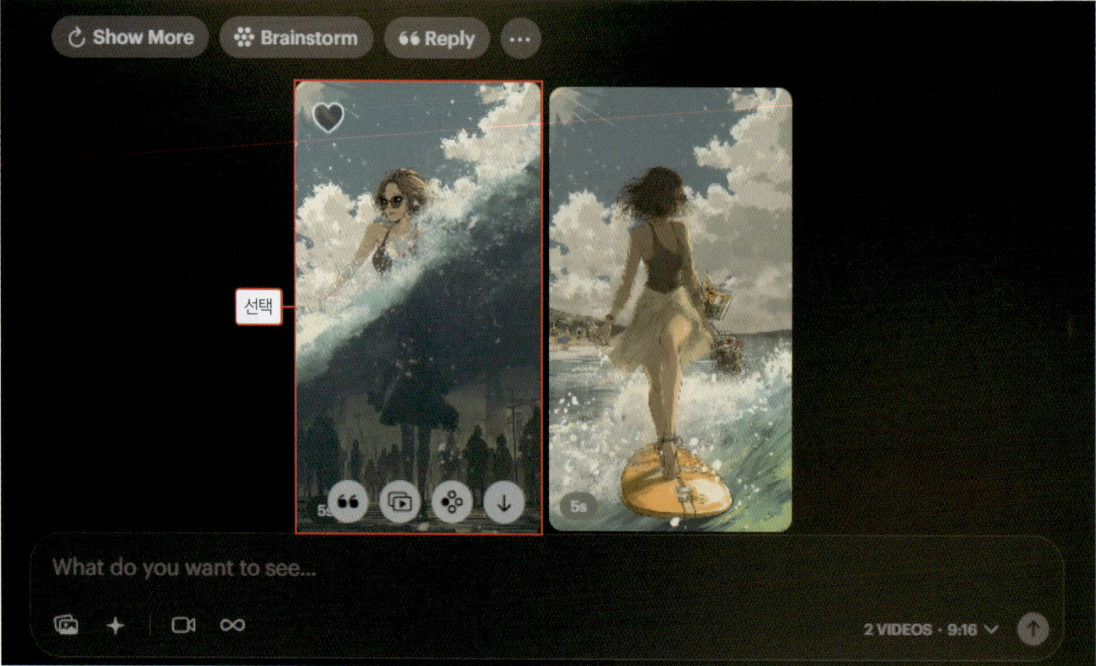

06 생성한 영상에 이어서 불꽃놀이를 감상하는 여성의 옆모습을 클로즈업하는 영상을 연결해 보겠습니다. 선택한 영상에서 〈Extend Video〉 버튼을 클릭합니다.

07 이미지 프롬프트에 기존에 생성한 영상이 첨부된 것을 확인할 수 있습니다. 'END Frame'을 클릭하여 마지막 장면에 들어갈 이미지를 선택합니다.

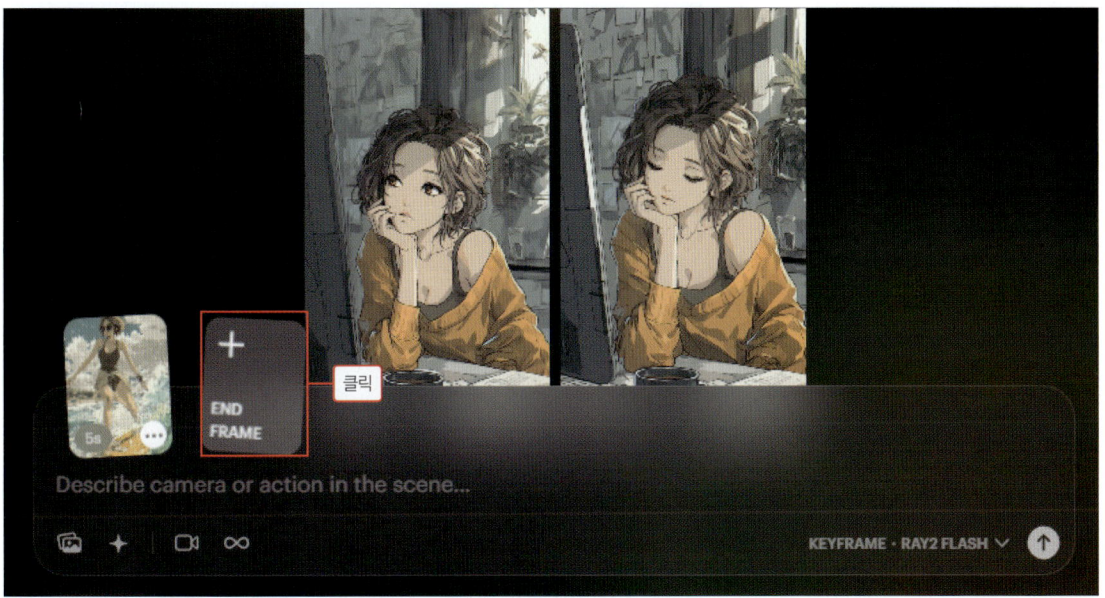

08 열기 대화상자가 표시되면 03 → 2D 숏폼 폴더에서 마지막에 들어갈 '불꽃놀이2.png' 파일을 선택하고 〈열기(O)〉 버튼을 클릭합니다.

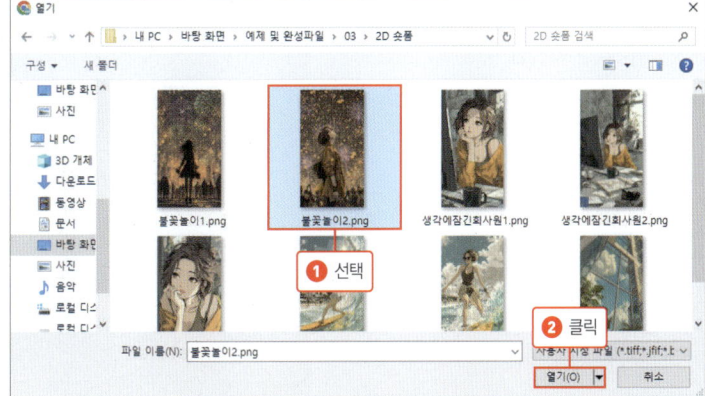

09 카메라 워킹이 필요한 장면이 아니므로 설정은 따로 하지 않고 '⬆' 아이콘을 클릭하여 영상을 생성합니다.

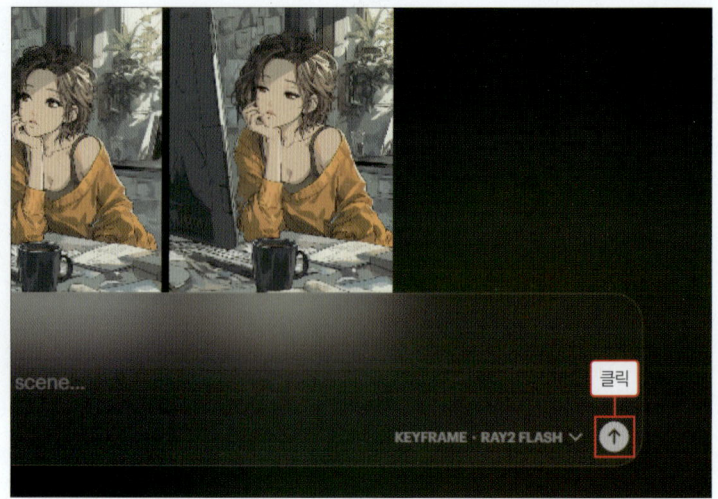

10 기존 영상에 이어서 9~10초짜리 영상이 생성됩니다. 예제에서는 마음에 드는 첫 번째 영상을 선택하겠습니다.

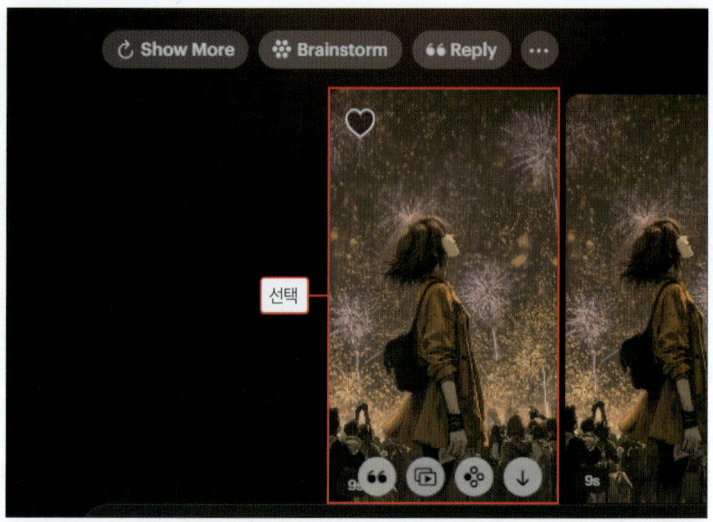

11 결과물을 확인하고 기본 화질로 아이콘 '⬇'을 클릭하여 영상을 다운로드합니다. 다운로드한 영상은 다운로드 폴더에서 확인할 수 있으며, 작업하기 편리하도록 지정된 경로로 이동합니다.

TIP 해당 영상에서 〈Extend Video〉를 추가로 클릭하면 계속 연장할 수 있습니다. 끝에 여운을 주고 싶다면, 해당 장면에서 한번 더 연장하도록 합니다.

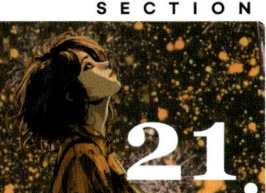

SECTION 21.

● 완성파일 : 03\2D 숏폼\효과음 소스 폴더

영상 장면과 어울리는 효과음 생성하기

일레븐랩스를 이용하여 각각의 영상 장면에 어울리는 효과음을 프롬프트로 입력하여 오디오 파일로 생성해 보겠습니다.

01 사무실 환경음 프롬프트 입력하기

01 웹브라우저에서 'elevenlabs.io'를 입력하여 일레븐랩스 사이트에 접속하고 효과음을 생성하기 위해 〈GET STARTED FREE〉 버튼을 클릭해 로그인합니다.

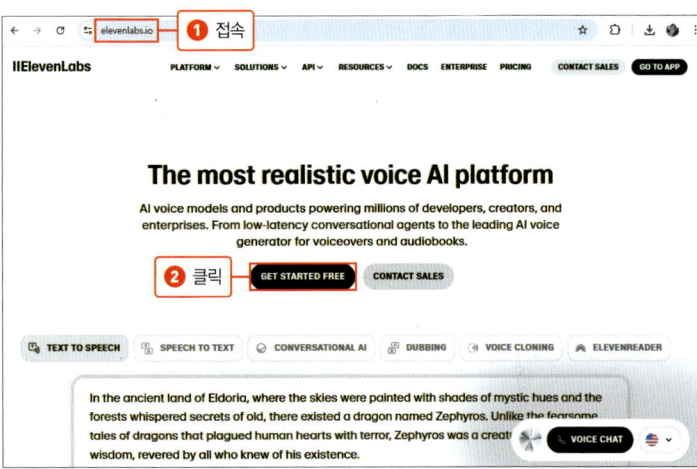

02 효과음 생성 AI를 활용하기 위해 왼쪽 메뉴바에서 (Sound Effects) 메뉴를 클릭합니다.

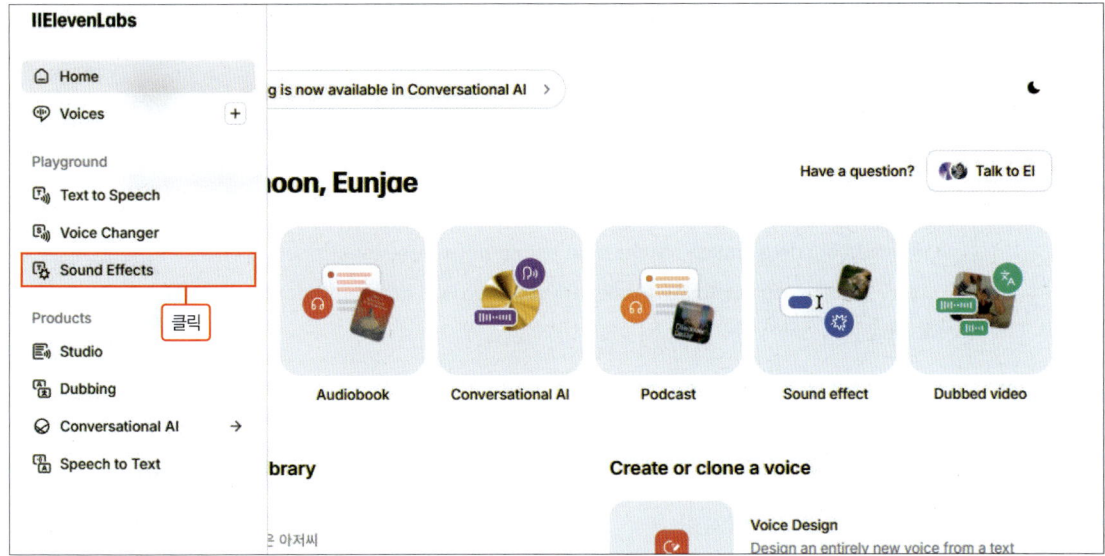

03 Sound Effects 창이 표시되고 세부 설정하기 위해 하단의 프롬프트창에 있는 Duration을 'Auto'로, Prompt Influence를 '50%'로 설정합니다.

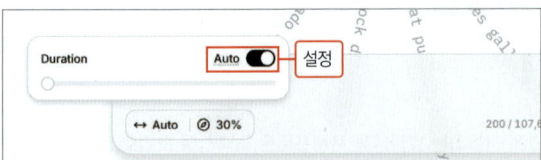
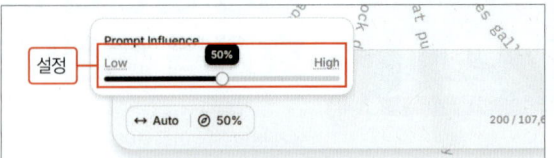

일레븐랩스의 Settings 메뉴

- **Duration** : 효과음의 길이를 관장합니다. Auto를 체크하면 AI 효과음의 길이가 랜덤하게 자동으로 설정됩니다.
- **Prompt Influence** : 효과음의 결과물이 입력하는 프롬프트에 충실할지, 혹은 창의적으로 생성될지에 관한 설정입니다. Follow Prompt에 가까울수록 프롬프트에 충실한 효과음이 생성됩니다.

04 첫 번째 영상에 배경인 사무실의 환경음을 생성하겠습니다. 다음과 같이 프롬프트를 영어로 작성한 다음, 〈Generate〉 버튼을 클릭합니다.

프롬프트

A busy modern office environment during working hours. Sounds of people typing on keyboards, low murmurs of conversation, occasional phone rings, footsteps, printers operating, and distant laughter. The atmosphere is professional yet lively, with constant background noise indicating a productive workday

한글 번역 근무 시간 동안의 분주한 현대 사무실 환경. 키보드를 두드리는 소리, 낮게 웅성거리는 대화, 간헐적으로 울리는 전화벨 소리, 사람들의 발걸음, 작동 중인 프린터 소리, 멀리서 들려오는 웃음소리가 들린다. 전반적인 분위기는 전문적이면서도 활기차며, 끊임없이 이어지는 배경 소음이 생산적인 업무 환경임을 보여준다.

TIP 시각적인 묘사보다는 상황에 맞는 프롬프트를 입력하는 것이 중요합니다. 프롬프트 작성에 챗GPT의 도움을 받으면 훨씬 수월하게 프롬프트를 작성할 수 있습니다.

05 4개의 결과물이 생성되고 마우스를 위치하면 나타나는 '재생' 아이콘(▶)을 클릭해 들어보고 원하는 결과물을 'Download' 아이콘(⬇)을 클릭하여 다운로드합니다. 예제에서는 'Sample 1' 효과음을 선택했습니다.

TIP 원하는 결과물이 나오지 않았다면, 다시 〈Generate〉 버튼을 클릭하거나 텍스트 프롬프트를 변형한 다음 〈Generate〉 버튼을 클릭해 새로 효과음을 생성합니다.

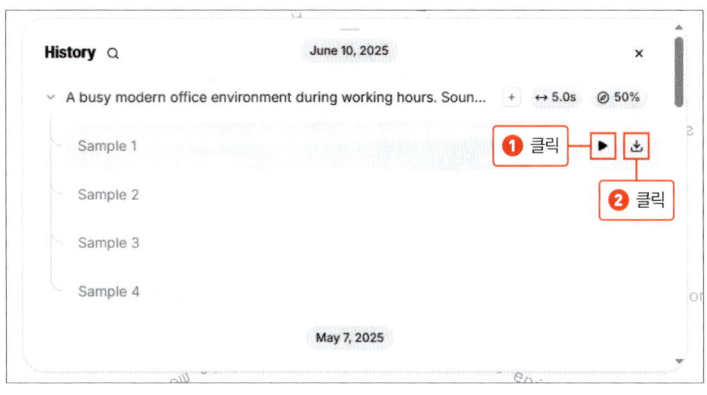

06 다운로드한 음원은 다운로드 폴더에서 확인할 수 있으며, 작업하기 편리하도록 지정된 경로로 이동합니다. 편의를 위해 파일의 이름을 '사무실 환경음'으로 변경합니다.

TIP 사운드의 경우 섬네일이 제공되는 것이 아니므로 이름을 변경해 주는 것이 좋습니다.

07 이어서 여성이 한숨 쉬는 장면에 해당하는 프롬프트를 영어로 입력하고 〈Generate〉를 클릭합니다.

프롬프트 A young adult woman lets out a realistic, soft sigh

한글 번역 젊은 여성 한 명이 현실감 있게, 부드럽게 한숨을 내쉰다.

TIP 프롬프트를 융통성 있게 사용하는 것에 익숙해져야 높은 퀄리티의 효과음을 생성할 수 있습니다.

227

03 화면 전환 시 환경음 생성하기

01 바닷가에서 불꽃놀이로 화면이 전환되는 효과음으로 파도소리를 생성하겠습니다. 다음의 프롬프트를 입력하고 Duration을 클릭해 '3.0s'로 설정한 다음 〈Generate〉 버튼을 클릭합니다.

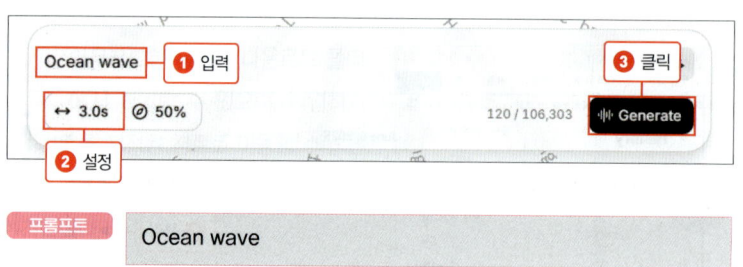

| 프롬프트 | Ocean wave |

02 마우스를 위치하면 나타나는 '재생' 아이콘(▶)을 클릭해 들어보고 원하는 결과물을 'Download' 아이콘(⬇)을 클릭합니다. 예제에서는 'Sample 1' 효과음을 다운로드합니다.

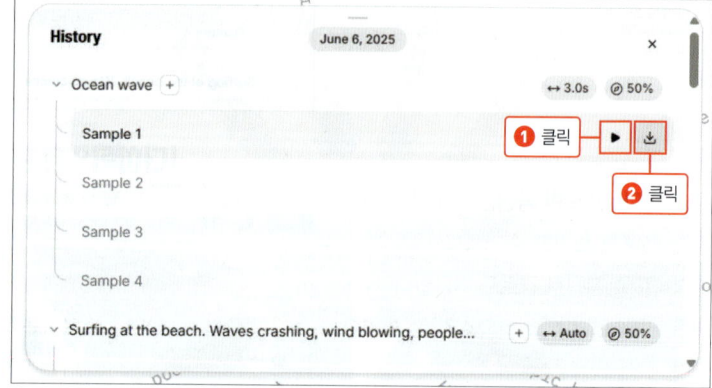

03 다운로드한 음원은 다운로드 폴더에서 확인할 수 있으며, 작업하기 편리하도록 지정된 경로로 이동합니다. 편의를 위해 파일명을 '파도소리'로 변경합니다.

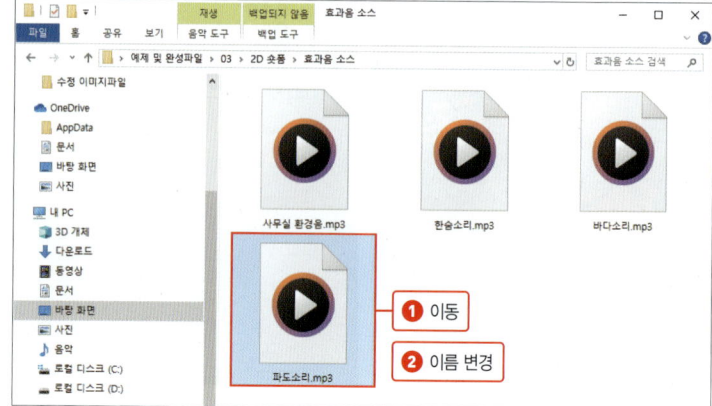

04 화려한 축제 속 불꽃놀이 효과음 생성하기

01 세 번째 불꽃놀이 축제에서 불꽃이 터지는 장면의 환경음 프롬프트를 영어로 입력하고 Duration을 'Auto'로 설정한 다음 〈Generate〉 버튼을 클릭합니다.

프롬프트 Fireworks exploding in the night sky. Whooshing sounds as they launch, followed by loud bangs, pops, and crackles. People cheer and react with excitement

한글 번역 밤하늘에 터지는 불꽃놀이. 쏘아 올릴 때 나는 쉭 하는 소리, 이어지는 커다란 폭음과 퍽, 바삭거리는 소리. 사람들은 환호하며 들뜬 반응을 보인다.

02 4개의 결과물이 생성되고 마우스를 위치하면 나타나는 '재생' 아이콘(▶)을 클릭해 들어보고 원하는 결과물을 'Download' 아이콘(⬇)을 클릭합니다. 예제에서는 'Sample 2' 효과음을 선택했습니다.

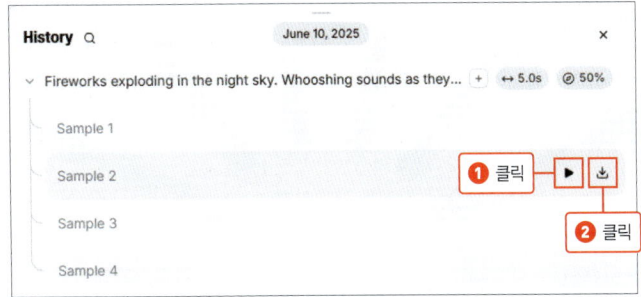

03 다운로드한 음원은 다운로드 폴더에서 확인할 수 있으며, 작업하기 편리하도록 지정된 경로로 이동합니다. 편의를 위해 파일명을 '폭죽소리'로 이름을 변경합니다.

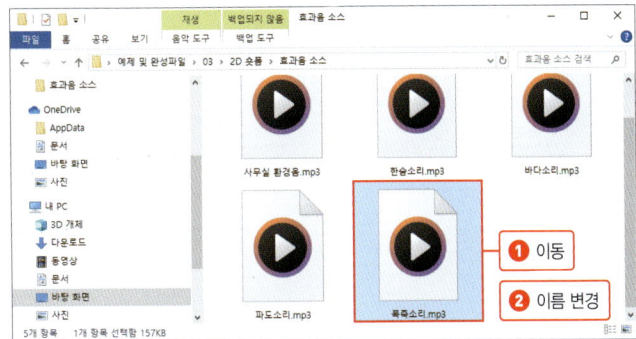

SECTION 22.

일레븐랩스에서 텍스트 프롬프트로 내레이션 생성하기

● 완성파일 : 03\2D 숏폼\내레이션 소스 폴더

일레븐랩스의 AI 성우 기능을 활용하여 광고와 어울리는 음성을 채택하여 텍스트 프롬프트로 내레이션을 생성해 보겠습니다.

01 영상에 들어갈 내레이션 설정하기

01 웹브라우저에서 'elevenlabs.io'를 입력하여 일레븐랩스 사이트에 접속하고 왼쪽 메뉴바에서 (Text to Speech) 메뉴를 클릭합니다.

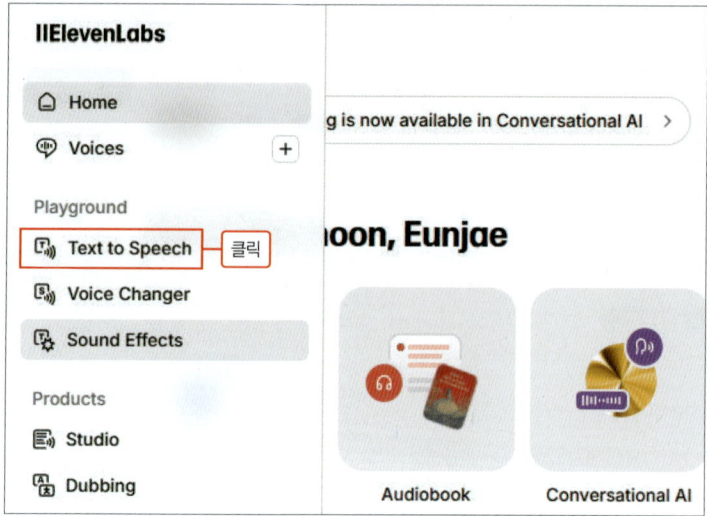

02 한국어 더빙을 사용하기 위해 오른쪽에서 Voice 항목을 클릭하고 표시되는 'Explore Vioce Library'를 클릭합니다.

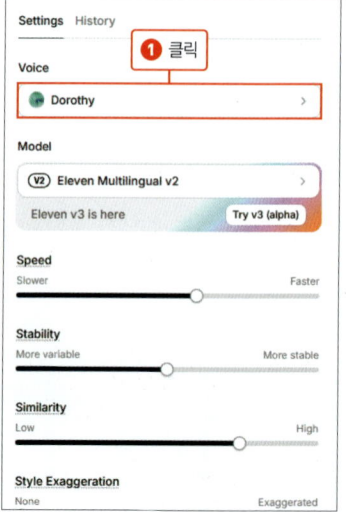
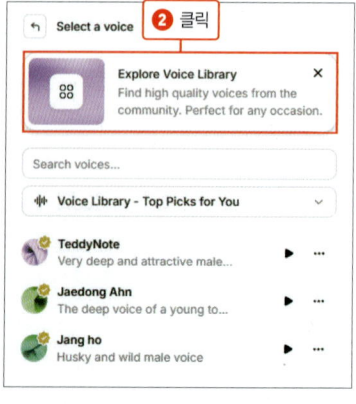

232

03 다양한 목소리를 확인할 수 있으며 예제에서는 한국어 성우를 채택하기 위해 화면 상단 검색창에 'Korea'를 입력합니다.

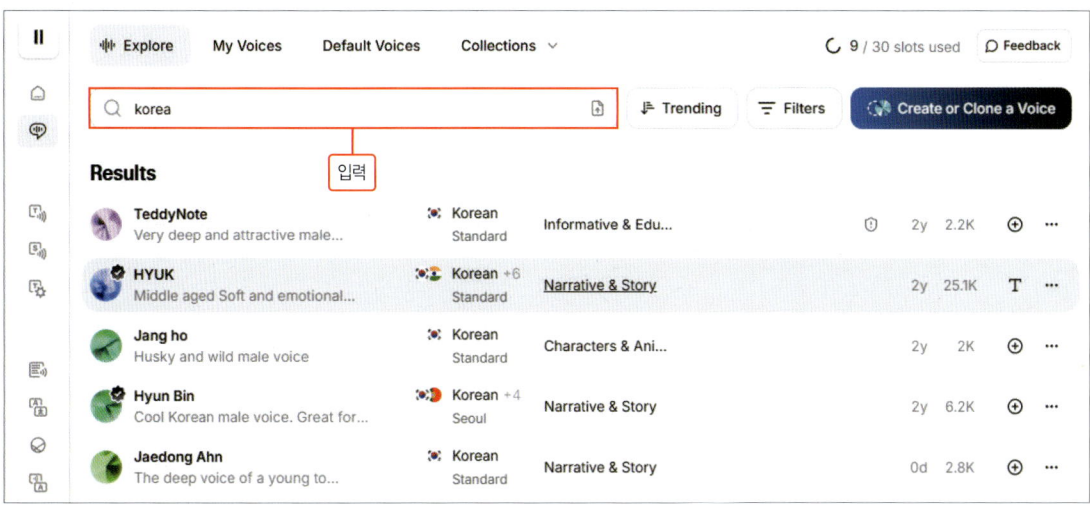

TIP 목록을 확인하고 이름을 클릭하면 목소리 샘플을 미리 들어볼 수 있습니다.

04 원하는 목소리에서 'Add my voices' 아이콘(⊕)을 클릭합니다. 예제에서는 'JiYoung'을 선택하였습니다. 이후 같은 자리에 'Use voice' 아이콘(T)이 나타나면 클릭합니다.

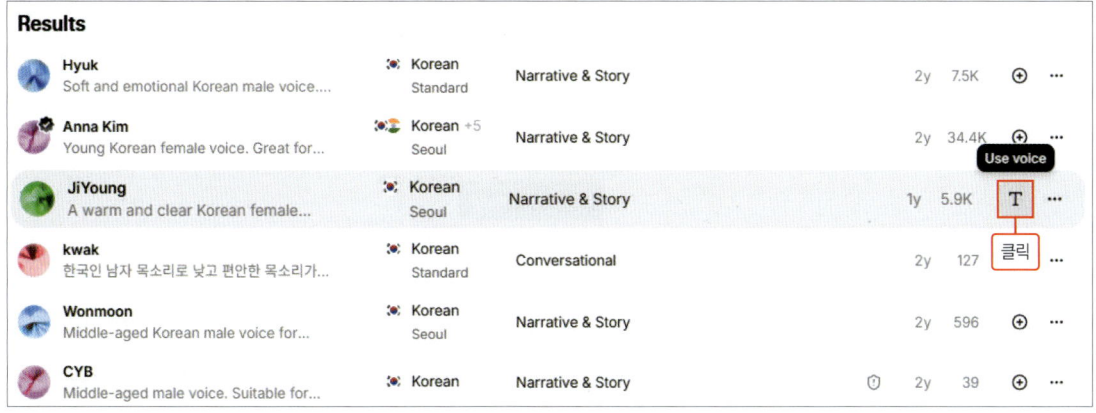

TIP 예제에서는 내레이션 목소리를 통일하기 위해 해당 성우를 고정으로 사용하여 진행합니다. 실제 작업시 다양한 성우를 활용하여 대화 형태의 영상 제작도 가능합니다.

Voics settings 설정 시 참고사항

- **Model** : 한국어를 사용할 경우, Eleven Multilingyal v2 모델을 사용하는 것이 좋습니다.
- **Speed** : 높을수록 음성의 속도가 빠릅니다.
- **Stability** : 높을수록 안정적인 발음과 음성 내레이션을 제공합니다.
- **Similarity** : 높을수록 일관된 톤과 음의 높낮이의 목소리가 생성됩니다.
- **Style Exaggeration** : 높을수록 과장된 스타일의 목소리가 생성됩니다.

02 일상에 지루함을 표현하는 내레이션 생성하기

01 입력창에 여성이 사무실에서 생각에 잠길 때 나올 내레이션인 '내가 지금, 이걸 위해 사는 걸까?'를 입력합니다. Model은 'Eleven Multilingual v2'를 유지합니다.

02 오른쪽 세부 설정을 Speed는 '1.03', Stability는 '30%', Similarity는 '93%', Style Exaggeration은 '0%'로 설정하고 〈Generate Speech〉 버튼을 클릭합니다.

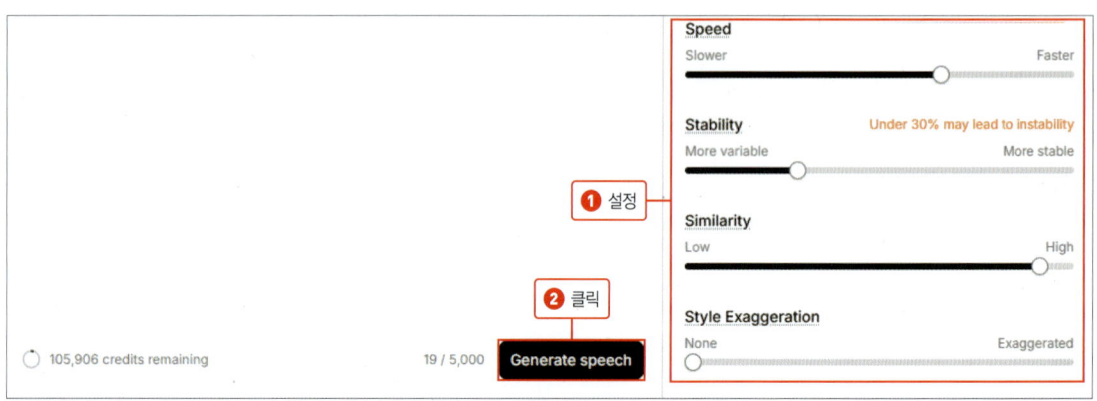

03 하단의 '재생' 아이콘(▶)을 클릭하여 결과물을 청취할 수 있습니다. 원하는 내레이션 결과물이 나왔다면, '다운로드' 아이콘(⬇)을 클릭해 다운로드합니다. 다운로드한 영상은 다운로드 폴더에서 확인할 수 있으며, 작업하기 편리하도록 지정된 경로로 이동합니다. 편의를 위해 파일명을 '내가 지금 이걸 위해.mp3'로 변경하겠습니다.

TIP 원하는 결과물이 나오지 않았다면, Settings의 설정을 변경하거나, 〈Regenerate Speech〉 버튼을 눌러 새로 음성 내레이션을 생성하도록 합니다.

03 자유로운 기분을 표현한 내레이션 생성하기

01 두 번째 장면에 해당하는 내레이션을 입력창에 입력합니다. 예제에서는 '지금, 내가 나답게 살아가는 중'을 입력했습니다.

02 세부 설정은 살짝 밝고 인간적인 느낌을 주기 위해 Style Exaggeration 수치를 '50%'로 설정한 다음, 〈Generate Speech〉를 클릭하여 내레이션을 생성합니다.

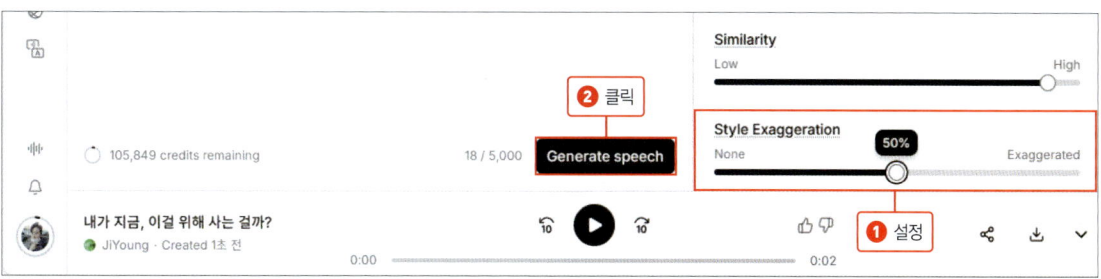

> **NOTE**
>
> **Style Exaggeration란?**
>
> 텍스트 음성 변환(TTS) 시 적용된 말하기 스타일(예 : 친절함, 화남, 설득력 있음 등)의 강도를 조절할 수 있게 해 주는 기능으로 제작하는 콘텐츠 목적에 따라 조절이 필요합니다.
> - 다큐멘터리, 강의 : 낮은 수치 추천(30~50%)
> - 광고, 드라마틱한 내레이션 : 높은 수치 추천(70~100%)

03 하단의 '재생' 아이콘(▶)을 클릭하여 결과물을 청취할 수 있습니다. 원하는 내레이션 결과물이 나왔다면, '다운로드' 아이콘(⬇)을 클릭해 다운로드합니다. 다운로드한 영상은 다운로드 폴더에서 확인할 수 있으며, 작업하기 편리하도록 지정된 경로로 이동합니다. 편의를 위해 파일명을 '지금 내가 나답게 살아가는 중.mp3'로 변경하였습니다.

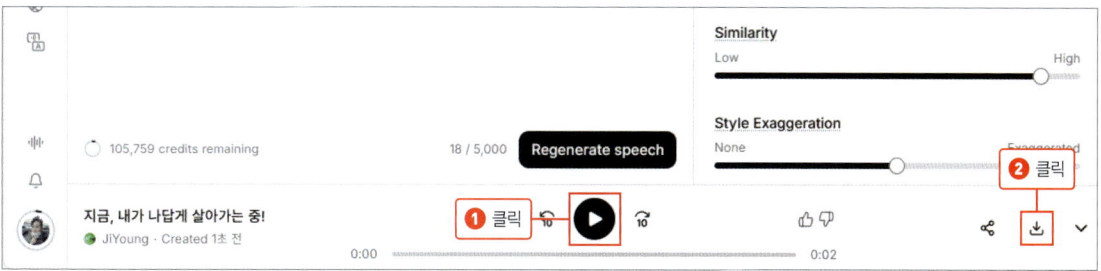

04 광고 영상의 마무리 내레이션 생성하기

01 마지막에 담백하게 들어가는 내레이션을 위해 예제에서는 '당신의 자유를 응원합니다.'를 입력하겠습니다. 세부 설정은 Style Exaggeration를 '0%'로 설정한 다음, 〈Generate Speech〉를 클릭하여 내레이션을 생성합니다.

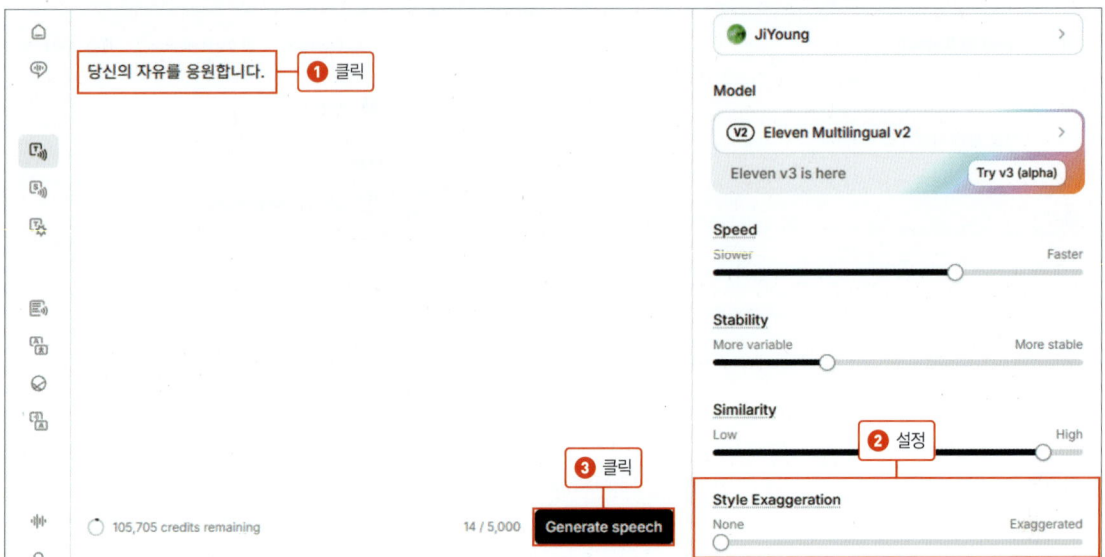

> **NOTE** 내레이션 음성 생성시 유의할 점
>
> • **텍스트는 '읽히는 글'로 써야 한다.**
> 텍스트를 입력할 때 문어체보다는 구어체가 자연스럽고 이해하기 쉽습니다. 너무 복잡한 문장, 수식적인 표현은 피하는 것이 좋습니다.
>
> • **문장 구조는 짧고 명확하게 입력하기.**
> TTS는 긴 문장에서 호흡이나 억양 처리를 자연스럽게 하지 못하는 경우가 있습니다. 쉼표, 마침표 등으로 문장을 명확히 끊어 입력하세요.
>
> • **문단별로 나눠서 생성하기.**
> 전체 텍스트를 한 번에 생성하면 톤이 흐려지거나, 중간에서 이상한 멈춤 현상이 생길 수 있습니다. 1~3문장 단위로 생성하고, 편집 툴에서 자연스럽게 이어 붙이면 좋습니다.

02 하단의 '재생' 아이콘(▶)을 클릭하여 결과물을 청취할 수 있습니다. 원하는 내레이션 결과물이 나왔다면, '다운로드' 아이콘(⬇)을 클릭해 다운로드합니다. 다운로드한 영상은 다운로드 폴더에서 확인할 수 있으며, 작업하기 편리하도록 지정된 경로로 이동합니다. 편의를 위해 파일명을 '당신의 자유를 응원합니다.mp3'로 변경합니다.

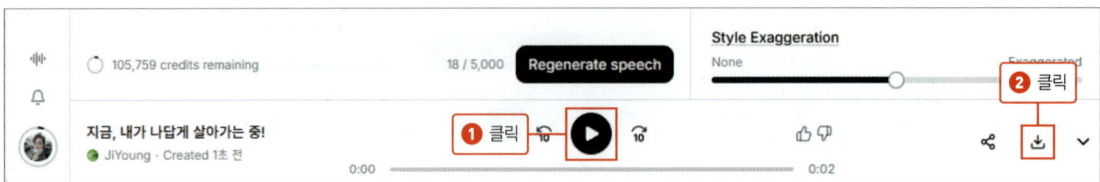

SECTION 23.
수노 AI를 활용한 광고영상 BGM 생성하기

● 완성파일 : 03\2D 숏폼\Golden Horizon.mp3

BGM은 시청자가 장면에 감정적으로 몰입할 수 있도록 돕고, 영상의 전개 속도와 장면 전환 타이밍을 리듬감 있게 연결하는 역할을 합니다. 수노 AI로 배경음악을 생성해 봅니다.

01 광고와 어울리는 배경음악 생성하기

01 웹브라우저에서 'suno.com'을 입력하여 수노 사이트에 접속하고 로그인합니다. 왼쪽에서 (Create) 메뉴를 클릭합니다.

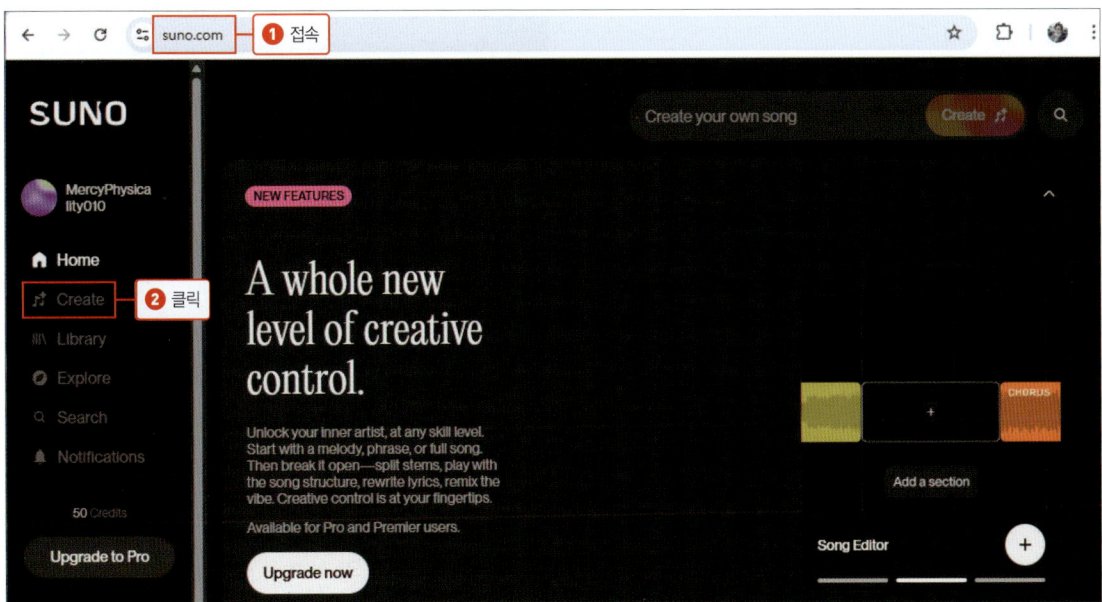

02 상단에 Simple 탭을 클릭하고 Describe your song에 전체 영상의 핵심 키워드를 입력합니다. 예제에서는 광고, 따뜻한, 평화로운 느낌의 키워드를 영문으로 입력하였습니다.

프롬프트 : modern commercial, warm, peaceful

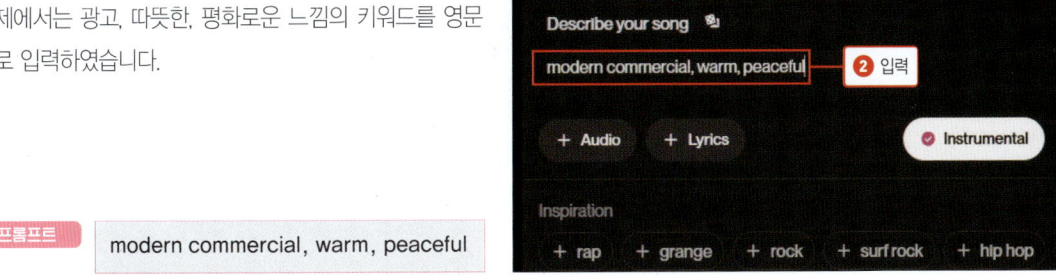

237

03 이 음원에 보컬이 필요하지 않기에 'Instrumental' 를 클릭한 다음, 〈Create〉 버튼을 클릭하여 BGM 을 생성합니다.

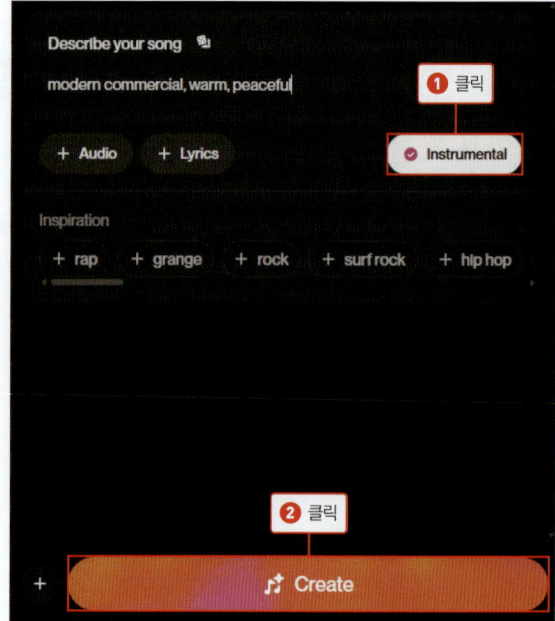

TIP Instrumental을 체크 표시하지 않으면 노래에 목소리가 들어간 보컬 노래가 생성됩니다.

02 생성한 배경음악 저장하기

01 오른쪽에 프롬프트가 반영된 노래가 표시됩니다. 마우스로 섬네일을 클릭하여 들어보고 마음에 드는 결과물의 '더보기' 아이콘(■)을 클릭합니다. Download → MP3 Audio를 클릭하여 다운로드합니다.

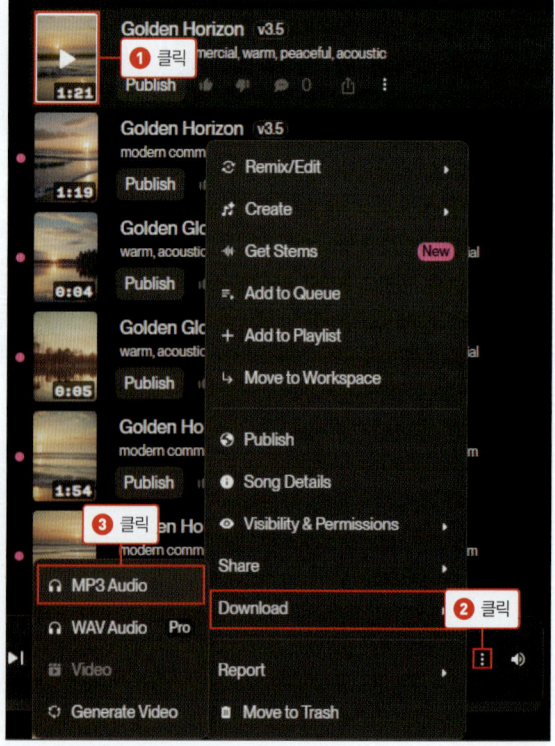

02 무료 버전 이용 시에는 생성한 음원을 상업적인 영상에 사용할 경우, 업그레이드를 하라는 팝업창이 표시됩니다. 추후 문제가 있을 수 있으니 확인 후 진행합니다. 〈Download Anyway〉를 클릭해 다운로드합니다.

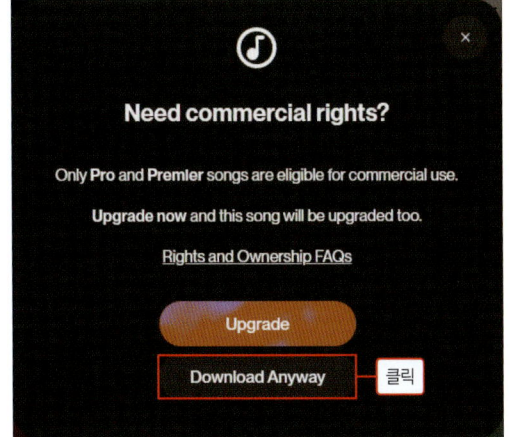

TIP 생성한 음원을 상업적으로 사용하려면 반드시 요금제를 업그레이드 한 후 생성하여 사용해야합니다.

03 다운로드한 영상은 다운로드 폴더에서 확인할 수 있으며, 작업하기 편리하도록 지정된 경로로 이동합니다.

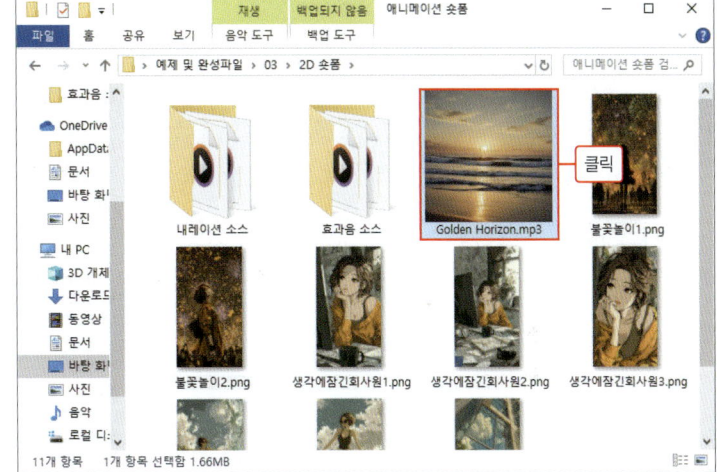

수노AI로 음원을 생성할 때 유용한 팁

- **프롬프트는 '가사+설명'의 구조로 작성하라.**
  프롬프트에는 가사뿐만 아니라 장르, 분위기, 악기 구성, 보컬 스타일 등의 설명을 함께 포함하는 것이 좋습니다.

- **가사는 짧고 명확하게 하라.**
  너무 길거나 복잡한 가사는 AI가 구조를 인식하지 못할 수 있습니다.

- **장르를 구체적으로 명시하라.**
  단순히 'Rock' 보다는 '90s-style alternative rock'/'Lo-fi chillhop with vinyl texture'와 같이 상세히 적는 것이 AI의 이해를 돕습니다.

- **보컬 스타일을 명확히 설정하자.**
  보컬 음색, 감정, 효과(예: autotune, reverb 등)를 지정하면 더 원하는 결과가 나옵니다.

● 예제파일 : 03\2D 숏폼\영상 소스 폴더　　● 완성파일 : 03\2D 숏폼\2D 애니메이션 광고.mp4

SECTION 24. 소스를 편집하여 애니메이션 영상 완성하기

장면을 영상화한 동영상 파일부터 다양한 효과음과 내레이션, 배경음악, 텍스트 애니메이션 효과를 적용한 자막까지 캡컷에서 편집하여 광고 영상을 완성합니다.

01 캡컷으로 파일 업로드하기

01 웹브라우저에서 'www.capcut.com'을 입력하여 캡컷 사이트에 접속하고 로그인한 다음 〈+ 새로 만들기〉 버튼을 클릭합니다.

02 소스 영상에 맞는 해상도를 선택합니다. 생성한 영상과 동일하게 동영상 항목의 '9:16'를 선택하였습니다.

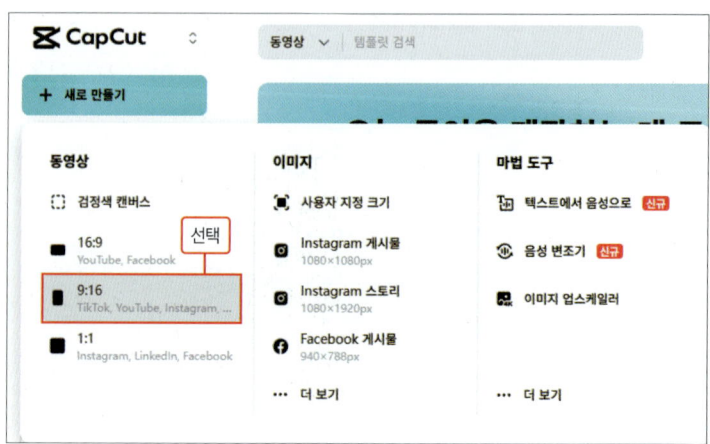

TIP 틱톡, 인스타그램, 유튜브 쇼츠 전용 영상을 생성할 때는 '9:16' 비율의 해상도 옵션이 적정 크기입니다.

03 영상을 편집할 수 있는 프로젝트가 생성되면 왼쪽 (미디어) 메뉴의 〈업로드〉 버튼을 클릭합니다. 폴더 채로 업로드하여 사용하기 위해 '폴더 업로드'를 선택합니다.

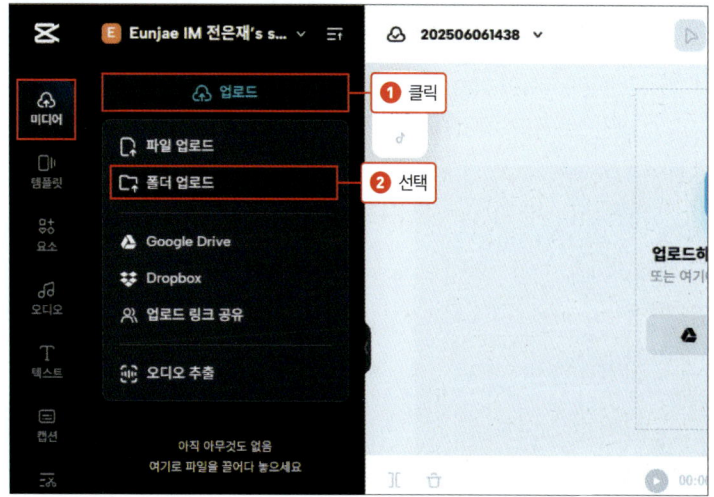

04 업로드할 폴더 대화상자가 표시되면 03 → 2D 숏폼 → 영상 소스 폴더에서 '루마 드림머신 소스' 폴더를 선택하고 〈업로드〉 버튼을 클릭합니다.

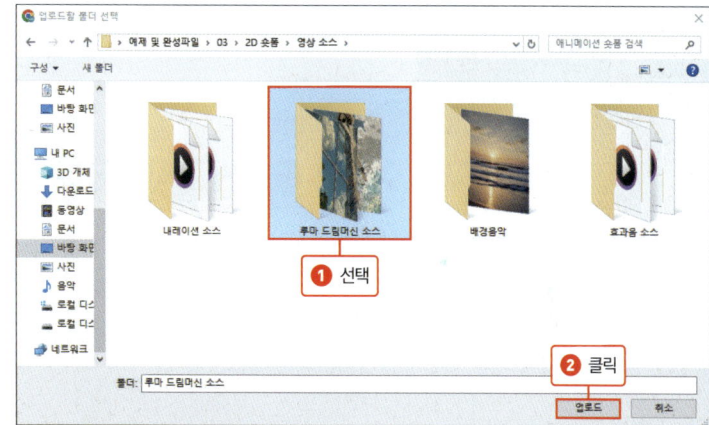

05 같은 방법으로 다른 소스 폴더도 업로드 합니다. 이후 (미디어) 메뉴에 있는 '루마 드림머신 소스' 폴더를 클릭합니다.

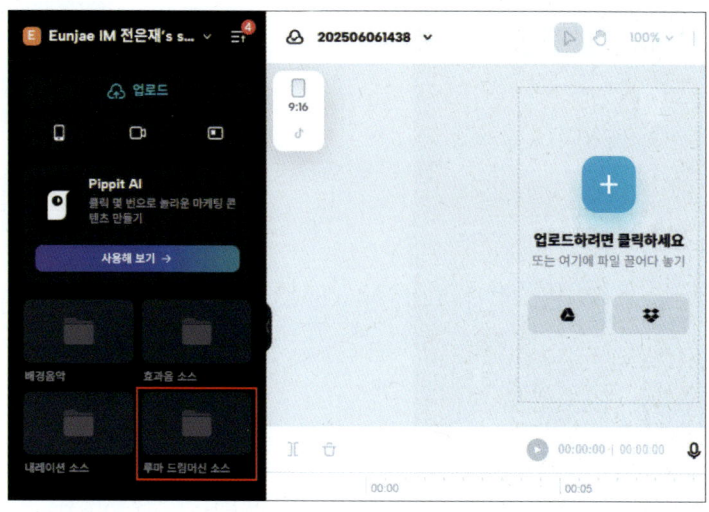

TIP 효과음, 내레이션, 배경음악이 포함된 폴더를 모두 업로드합니다.

02 순서대로 영상 나열하기

01 [미디어] 메뉴에 있는 영상 소스를 스토리 흐름 순서대로 타임라인에 드래그합니다. 첫 번째 장면의 영상 소스를 타임라인으로 드래그하겠습니다.

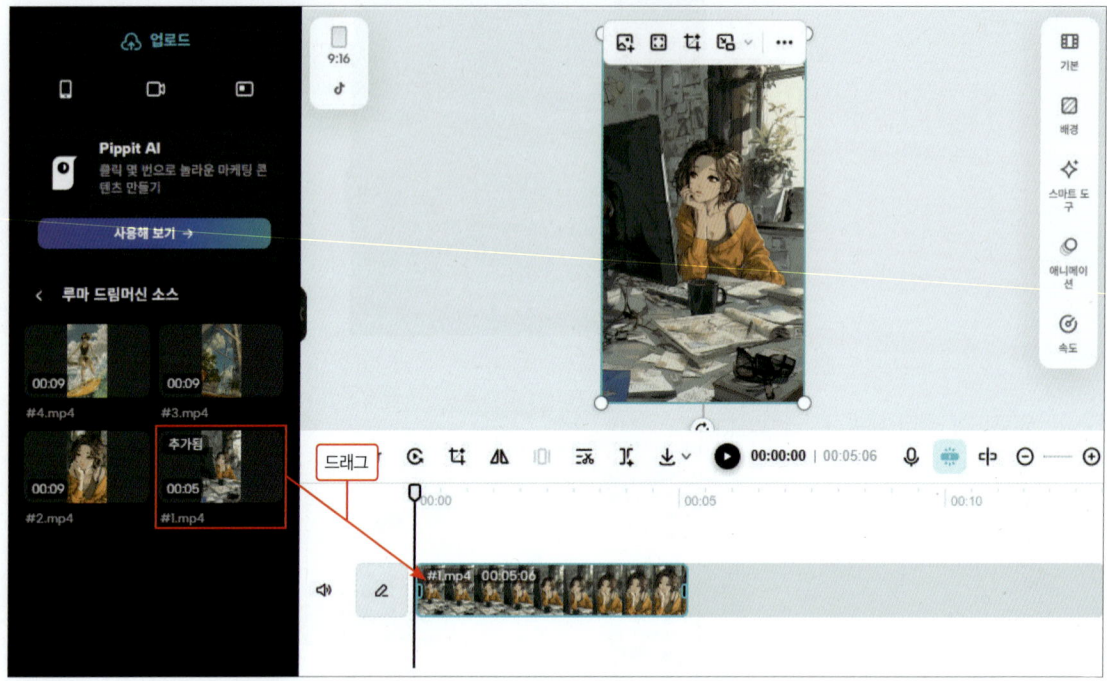

02 나머지 영상들도 순서에 맞게 동일한 과정으로 타임라인으로 드래그하여 배치합니다.

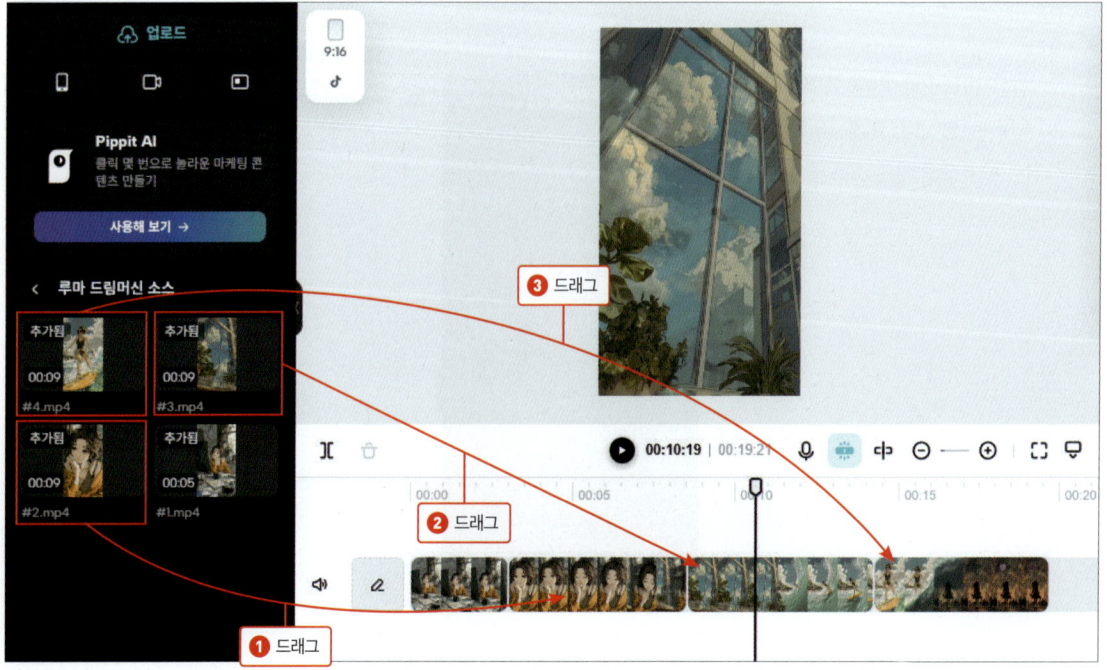

03 영상에 효과 추가하기

01 속도 조절을 위해 시간 표시자를 세 번째 영상의 '00:20:04'로 드래그하여 이동합니다. 세 번째 영상을 클릭하고 오른쪽 사이드바에 있는 '속도'를 클릭합니다.

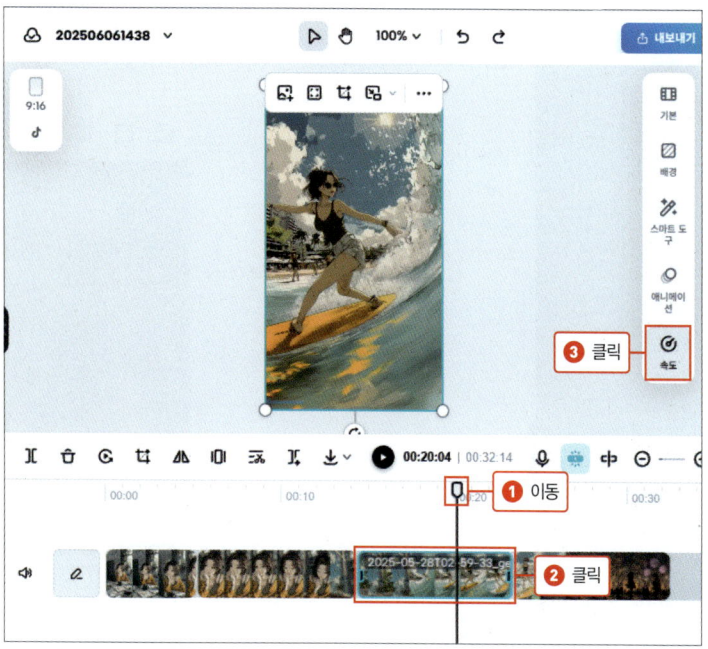

02 캡컷에서 제공하는 속도 프리셋을 넣어 빠르게 속도 조절을 하겠습니다. [곡선] 탭을 클릭하고 '영웅'을 선택합니다.

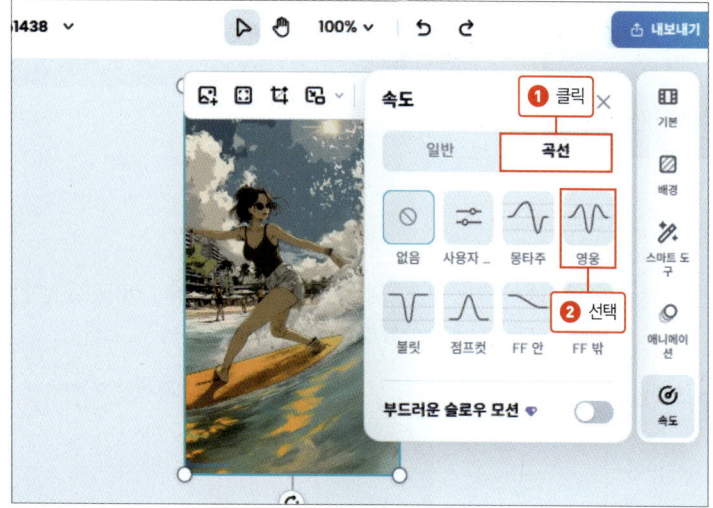

TIP `Spacebar`를 눌러 영상을 재생하면 처음에는 영상이 빨랐다가 중반에는 느려졌다가 다시 영상이 빨라지는 형태로 영상이 변형된 것을 알 수 있습니다.

 캡컷 속도 그래프 해석하기
그래프의 시작 부분은 영상의 초반 부분의 속도 그래프의 끝은 영상의 끝부분의 속도를 의미합니다. 그래프가 위에 있다는 것은 속도가 빠르다는 것으로, 그래프가 위에서 아래로 내려온다는 것은 속도가 처음에는 빨랐다가 서서히 느려진다는 것을 의미합니다.

03 시간 표시자를 마지막 순서에 배치된 영상이 있는 '00:21:24' 구간으로 드래그하여 이동합니다. 오른쪽 사이드바에 있는 '속도'를 클릭하고 'FF 안'을 선택합니다.

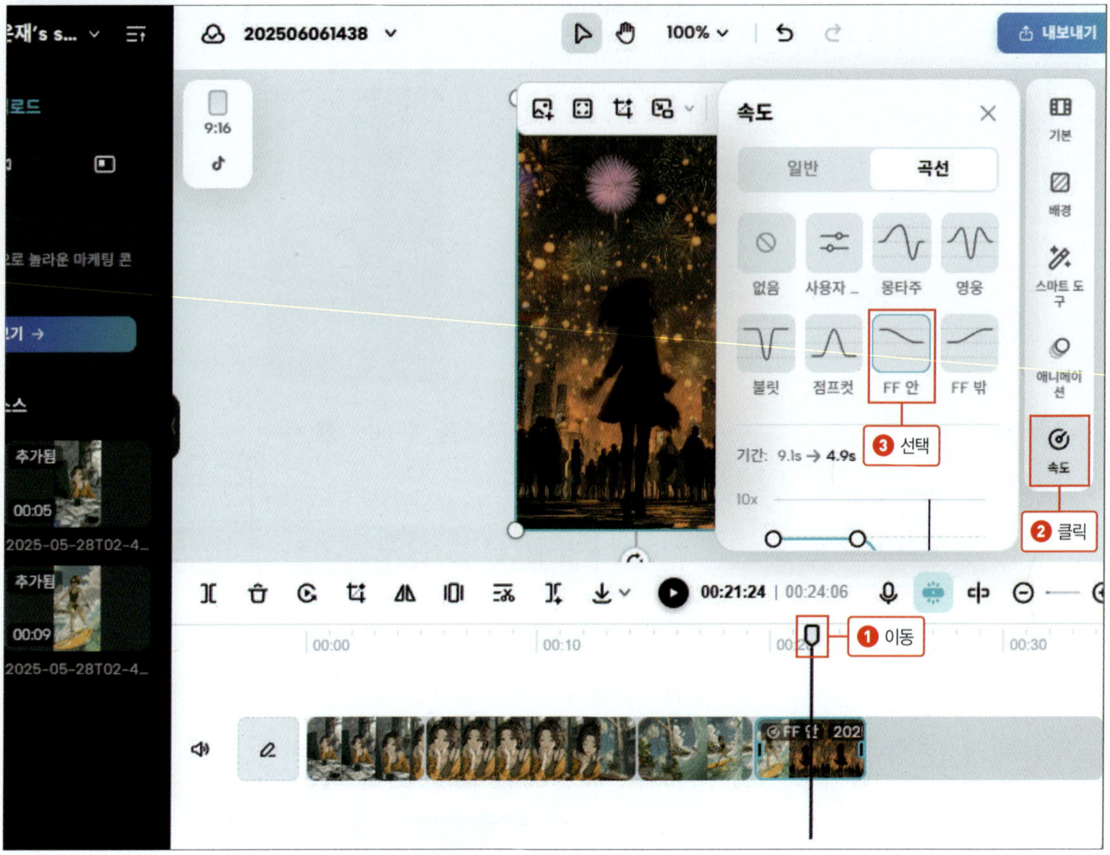

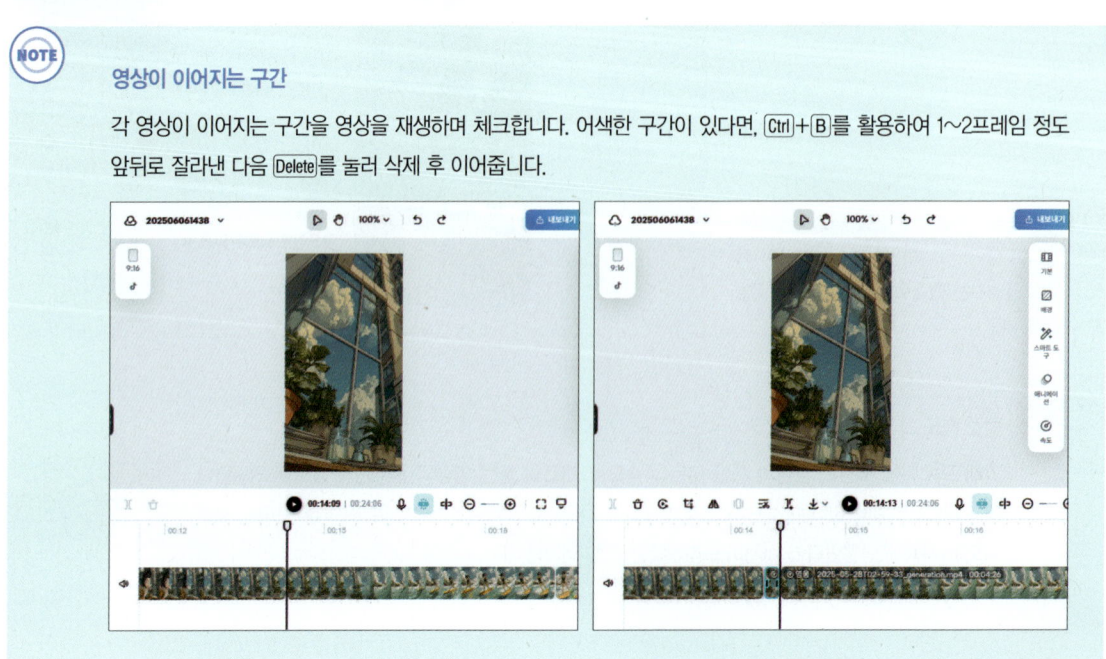

> **NOTE**
>
> **영상이 이어지는 구간**
>
> 각 영상이 이어지는 구간을 영상을 재생하며 체크합니다. 어색한 구간이 있다면, Ctrl + B 를 활용하여 1~2프레임 정도 앞뒤로 잘라낸 다음 Delete 를 눌러 삭제 후 이어줍니다.

04 두 번째 영상을 클릭하여 전체 속도를 조절 하겠습니다. 오른쪽 사이드바에서 속도를 클릭해 '1.8x'로 설정합니다.

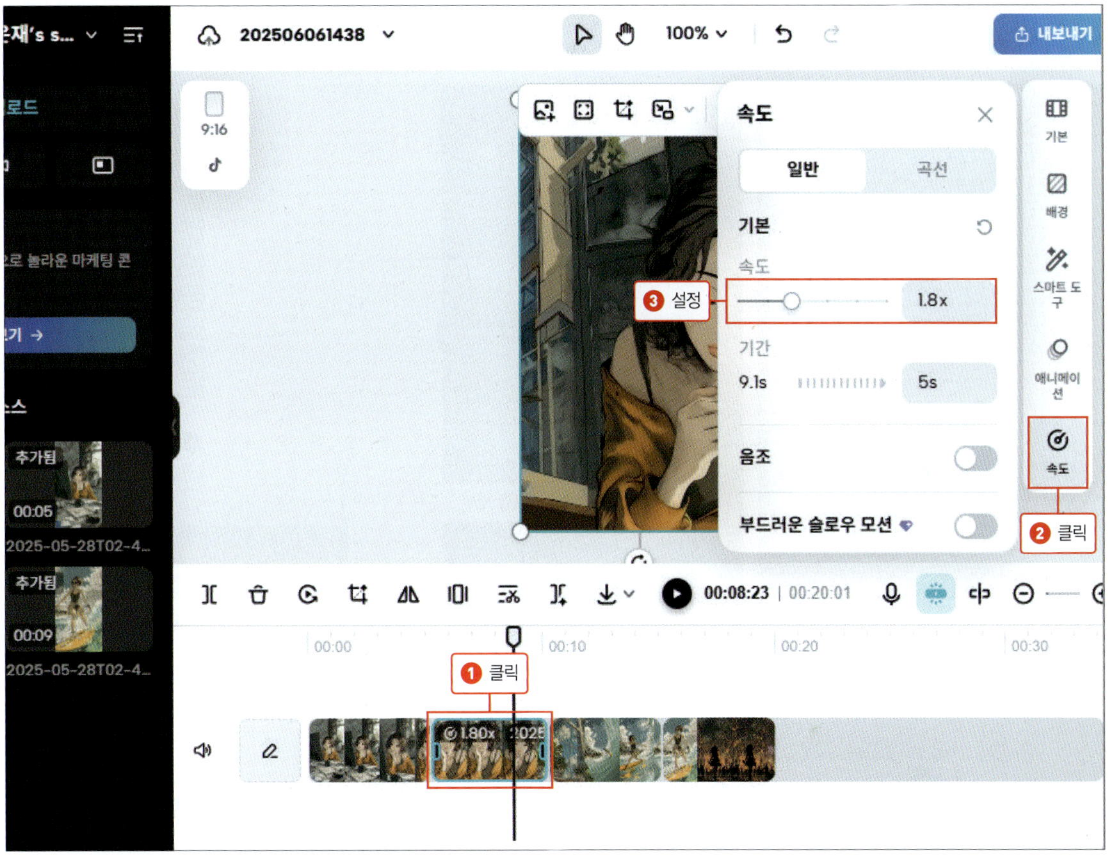

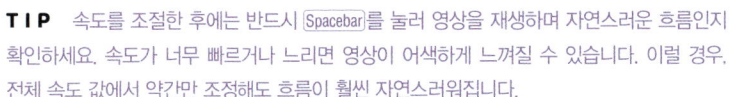

05 다른 소스들을 넣기 위해 폴더명 왼쪽에 '◁' 아이콘을 클릭합니다.

TIP 속도를 조절한 후에는 반드시 Spacebar를 눌러 영상을 재생하며 자연스러운 흐름인지 확인하세요. 속도가 너무 빠르거나 느리면 영상이 어색하게 느껴질 수 있습니다. 이럴 경우, 전체 속도 값에서 약간만 조정해도 흐름이 훨씬 자연스러워집니다.

04 영상에 어울리는 효과음 추가하기

01 효과음 소스 폴더를 클릭합니다. 첫 번째 장면에 해당하는 '사무실 환경음.mp3' 효과음을 타임라인에 첫 번째 장면 아래로 드래그합니다.

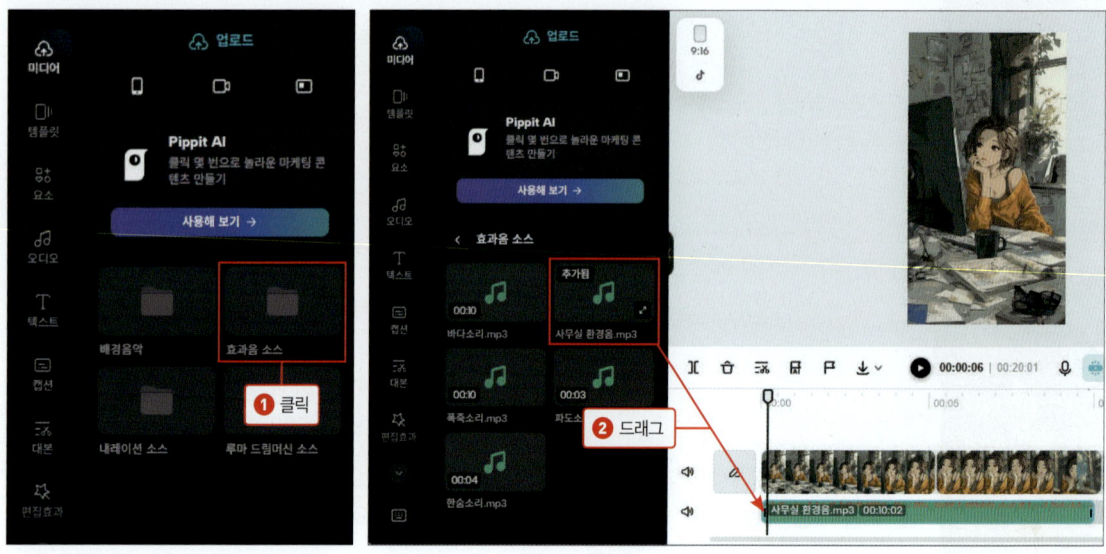

02 시간 표시자를 '00:07:13' 구간으로 드래그하여 이동한 다음, 여성이 한숨 쉬는 장면에 '한숨소리.mp3' 파일을 사무실 환경음 아래 트랙으로 드래그하고 사무실 환경음과 끝나는 구간을 맞춰줍니다.

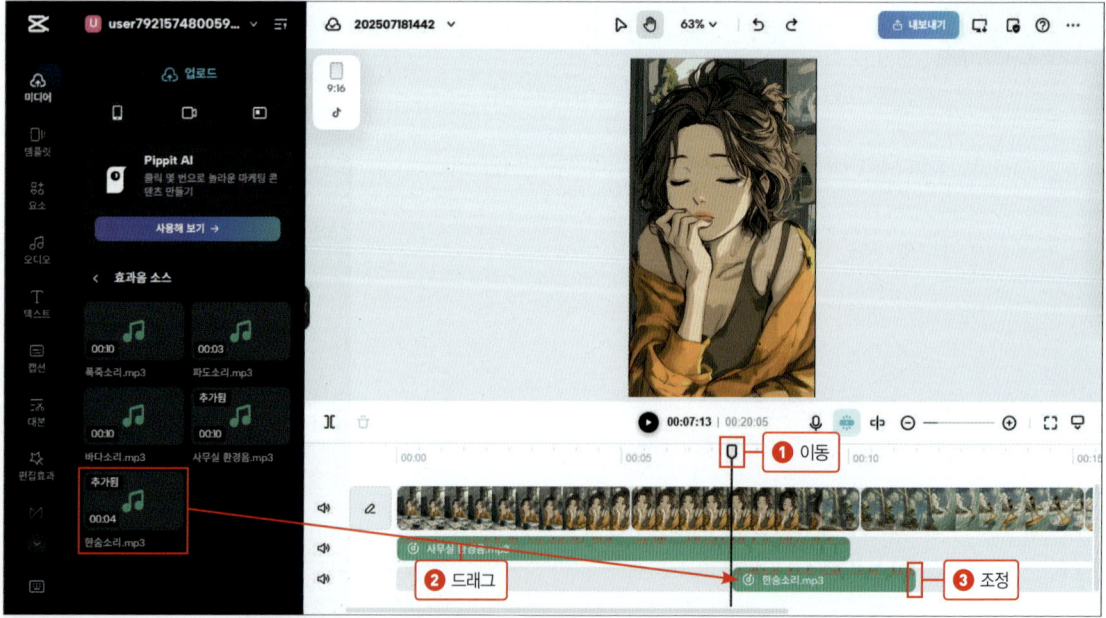

TIP 캡컷에서는 소리를 여러 레이어로 얹어서 배치할 수 있습니다. 이 경우, 해당 장면에는 2개의 소리가 들리게 됩니다.

03 마찬가지로 바다가 나오는 장면의 '00:10:02' 구간으로 시간 표시자를 드래그하여 이동한 다음, '바다소리.mp3' 파일을 드래그합니다.

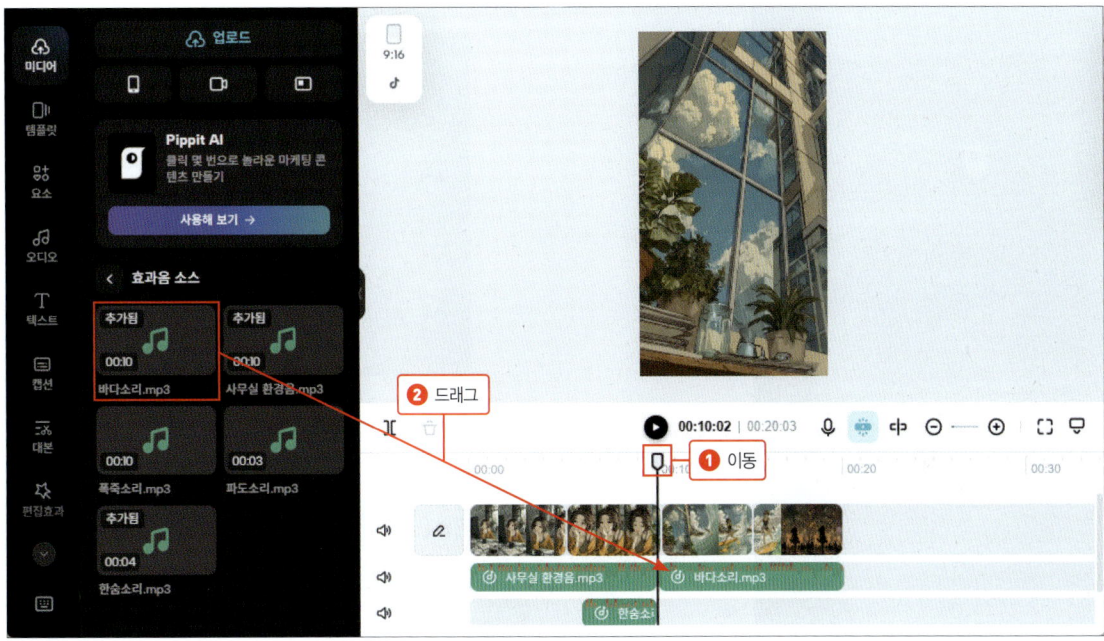

04 이후 불꽃놀이가 나오는 장면으로 전환 되기 전인 '00:15:16' 구간으로 시간 표시자를 드래그하여 위치한 다음, '바다소리' 효과음의 오른쪽 바를 드래그하여 그림과 같이 길이를 조정합니다.

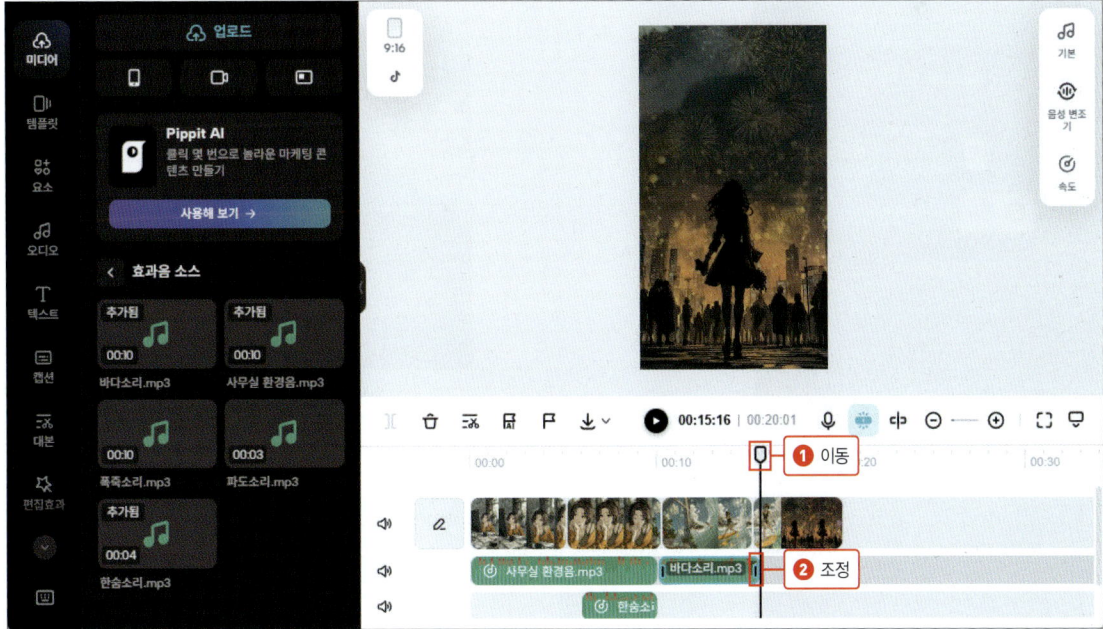

05 '폭죽소리.mp3' 파일을 타임라인으로 드래그합니다. 배치한 효과음의 오른쪽 끝 부분을 왼쪽으로 드래그하여 영상이 끝나는 위치까지 길이를 조정합니다.

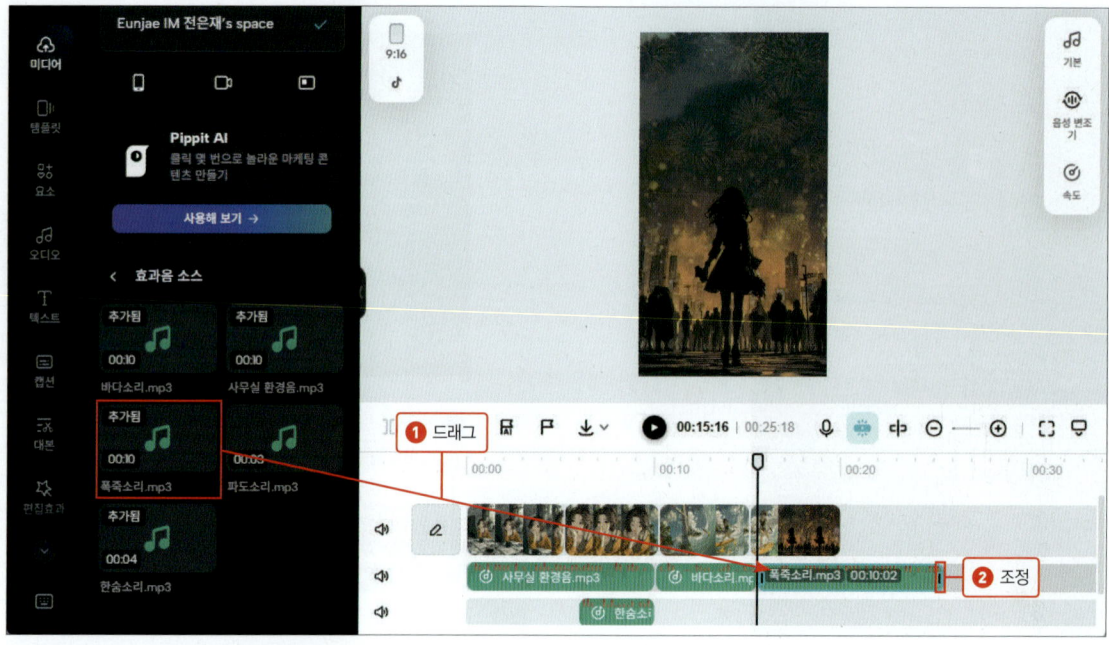

06 마지막으로 파도로 장면이 전환되는 '00:15:11' 구간에 '파도소리.mp3' 파일을 드래그합니다. 효과음 추가 작업을 마무리하고 다른 소스들을 넣기 위해 폴더명 왼쪽에 '◀' 아이콘을 클릭합니다.

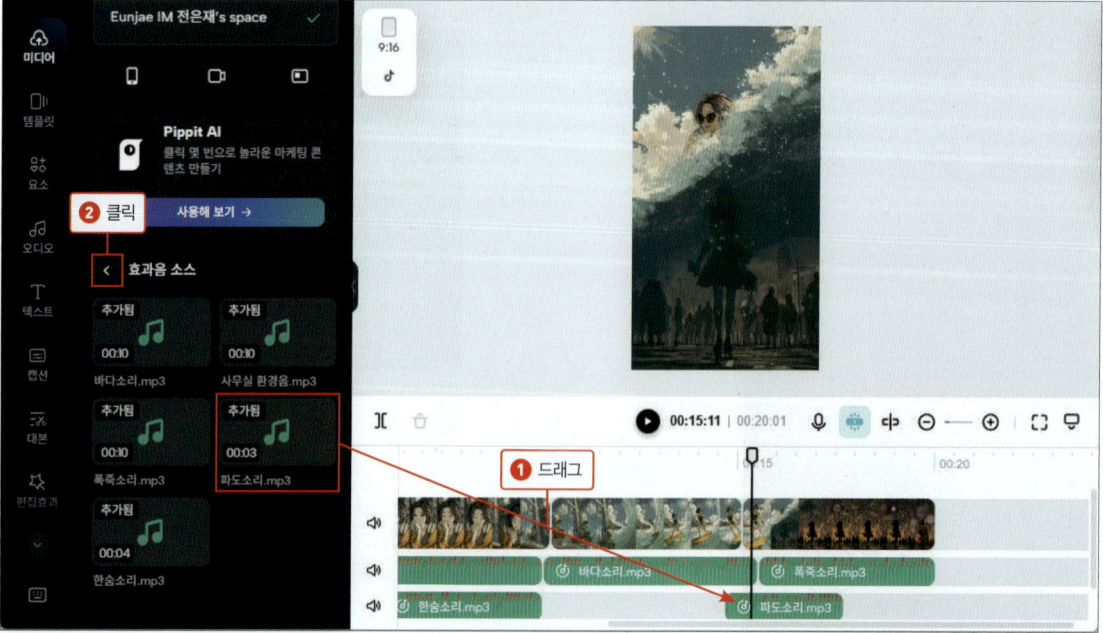

05 영상에 내레이션 음성 추가하기

01 영상에 들어갈 내레이션 음성을 추가하겠습니다. '내레이션 소스' 폴더를 클릭합니다.

02 효과음과 동일한 방법으로 각 장면마다 끝 부분에 내레이션을 드래그하여 배치합니다.

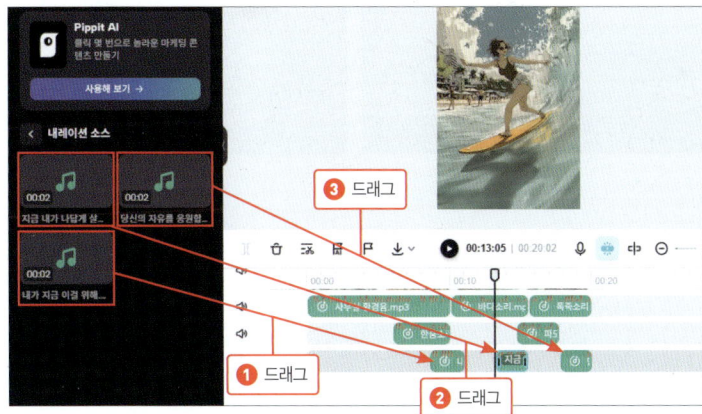

장면별 내레이션 파일 추가 위치 확인하기

'내가 지금 이걸 위해....mp3'는 '00:08:15'
'지금 내가 나답게 살....mp3'는 '00:13:05'
'당신의 자유를 응원합....mp3'는 '00:18:15'

03 음성 소리가 잘 들리도록 볼륨 설정을 하겠습니다. 조정할 내레이션을 클릭한 다음, 오른쪽 사이드바에 기본을 클릭하고 볼륨 수치를 '7.3dB'로 설정합니다. 모든 내레이션에 같은 설정을 적용합니다.

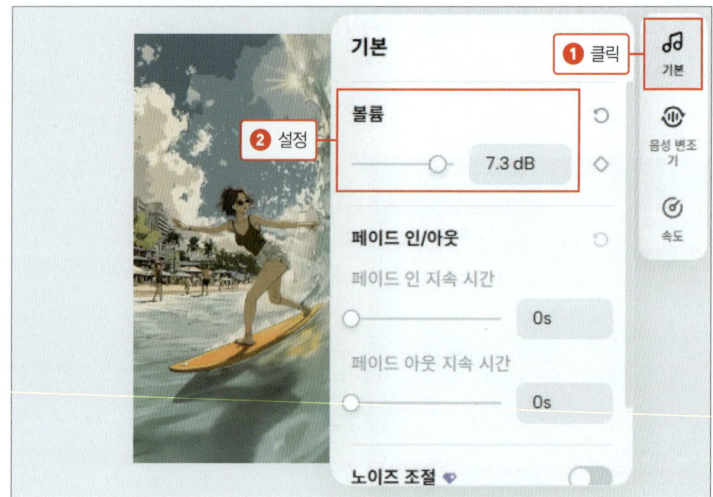

04 배경음악 소스를 넣기 위해 폴더명 왼쪽에 '◀' 아이콘을 클릭합니다. '배경음악' 폴더를 클릭합니다.

06 장면에 어울리는 배경음악 추가하기

01 수노 AI에서 생성한 배경음악을 그림과 같이 타임라인 가장 하단으로 드래그하여 배치합니다.

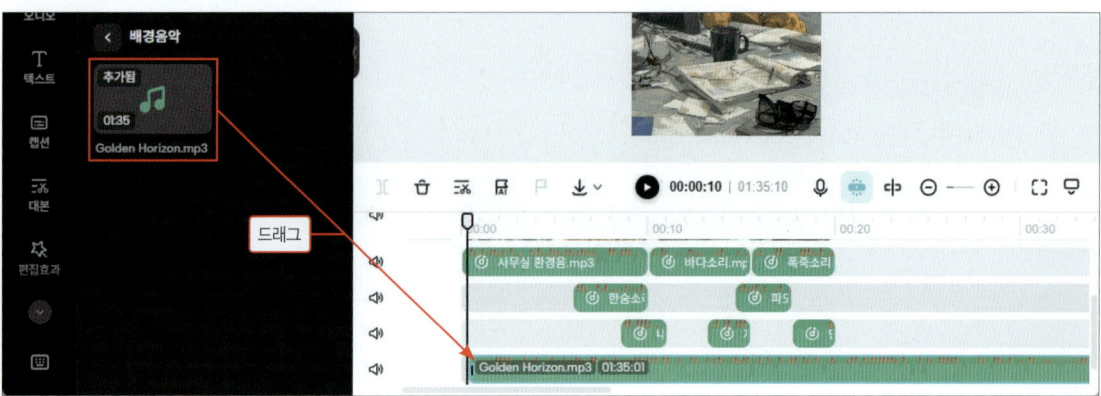

250

02 배경음악을 전체 영상 길이에 맞춰 자르겠습니다. 영상의 끝부분인 '00:20:01' 구간에 시간 표시자를 위치하고 분할(Ctrl+B)한 다음 뒷부분은 Delete로 삭제합니다.

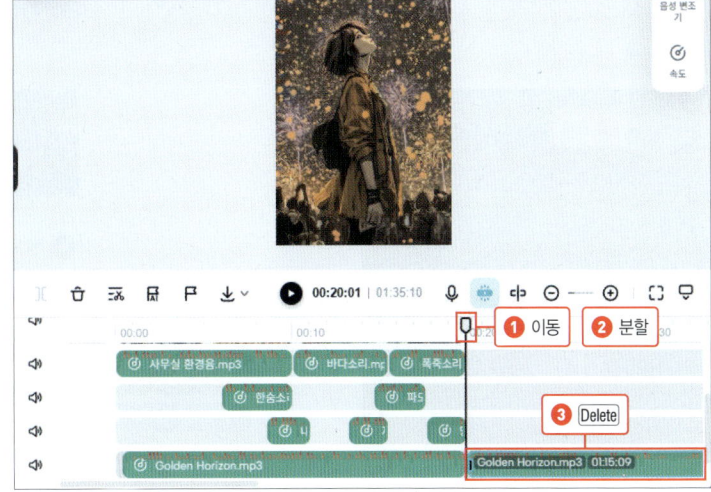

TIP 잘못 삭제했다면 Ctrl+Z를 눌러 이전으로 되돌릴 수 있습니다.

03 음악의 끝부분에 서서히 끝나는 '페이드 아웃' 효과를 적용하기 위해 배경음악 트랙을 클릭하고 오른쪽 사이드바의 기본을 클릭합니다. 페이드 인/아웃 설정에서 페이드 아웃 지속 시간을 '2s'로 설정합니다.

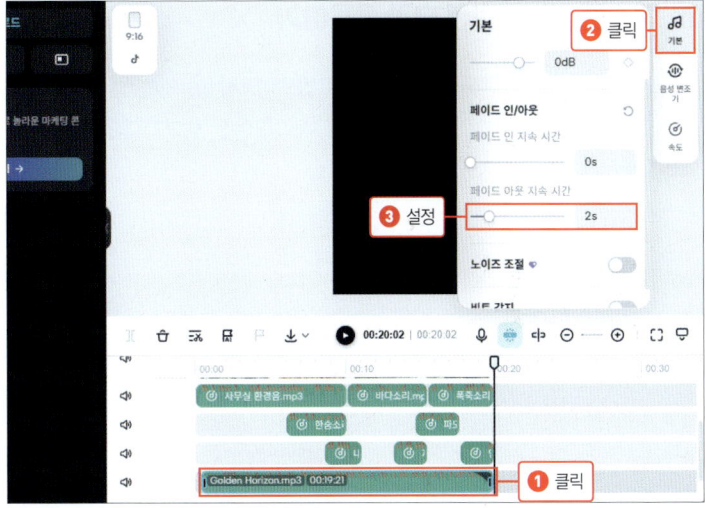

TIP
- 페이드 인 : 음성의 경우 시작 부분이 서서히 볼륨이 커지는 효과입니다.
- 페이드 아웃 : 음성의 경우 끝부분이 서서히 볼륨이 줄어드는 효과입니다.

04 배경음악을 은은하게 들리도록 설정하기 위해 볼륨을 '-10dB'로 설정합니다.

TIP 그래도 잘 들리지 않는다면, 효과음의 볼륨을 각각 조절해서 낮추는 것이 좋습니다. 환경마다 상황마다 소리가 다르게 들리므로, 유연하게 대처하도록 합니다.

251

05 내레이션의 문구를 넣기 위해 시간 표시자를 마지막 장면의 내레이션이 시작하는 '00:20:02' 구간으로 이동합니다. 왼쪽 메뉴바에 있는 (텍스트) 메뉴를 클릭합니다.

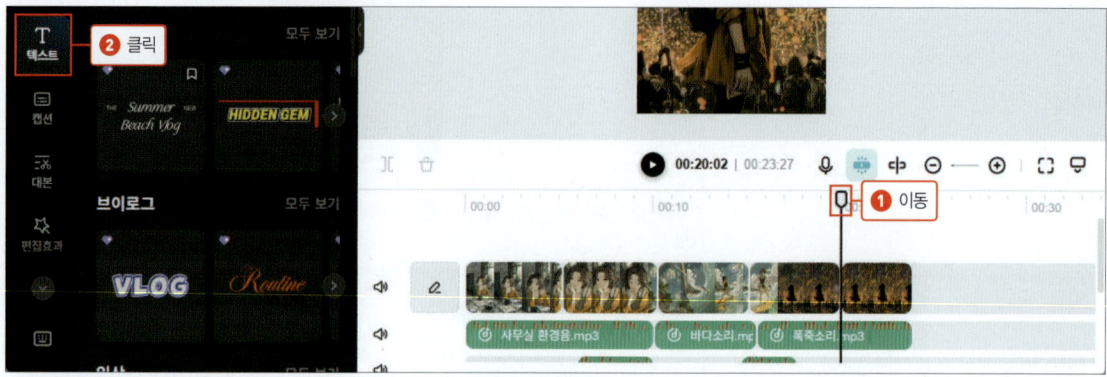

07 텍스트 애니메이션 효과 적용하기

01 다양한 텍스트 템플릿을 확인할 수 있으며 마음에 드는 템플릿을 클릭합니다. 예제에서는 축소에 첫 번째 텍스트 애니메이션 효과가 감성적인 느낌을 준다 생각하여 선택하였습니다.

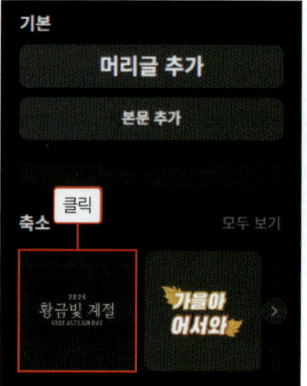

TIP 보라색 하트로 표시된 것은 'Pro' 템플릿으로 유료 결제를 해야 사용이 가능한 프리셋입니다. 무료 버전의 경우, 보라색 하트가 없는 것을 선택하면 됩니다.

02 선택한 템플릿에 3의 메인 텍스트 부분만 필요하므로, 1, 2의 텍스트를 지우고, 3에 '당신의 자유를 / 응원합니다.'를 입력하고 폰트를 '학교안심 가을소리', 텍스트 크기를 '60'으로 설정합니다.

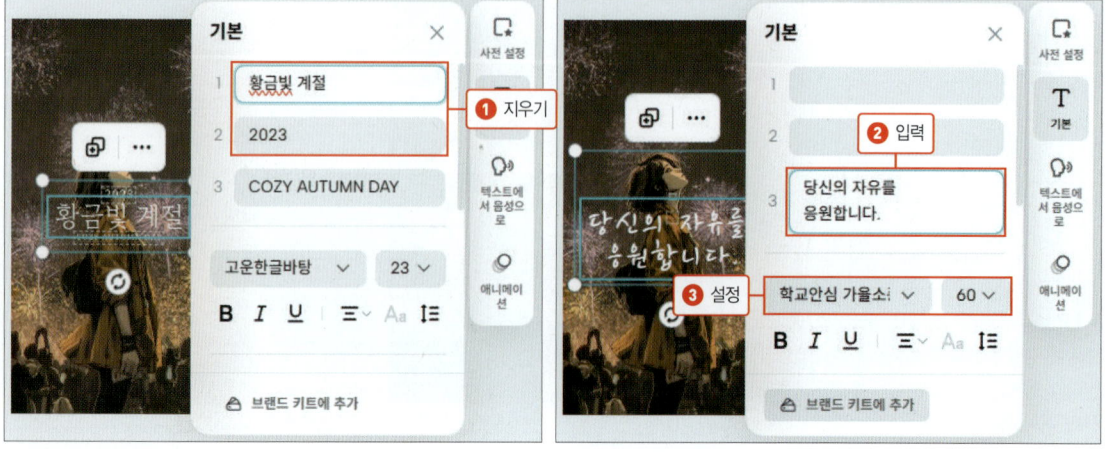

03 자막의 위치를 캐릭터의 머리 위로 드래그하여 자막이 잘 보이도록 위치합니다. Spacebar를 눌러 영상을 재생해 보고 텍스트 편집이 잘 이루어졌는지 확인합니다.

TIP 영상 제작에는 정해진 답이 있는 것이 아니라 변수를 대응하는 과정이 중요합니다. 유연하게 상황에 맞게 소스가 부족하면 소스를 생성하여 길게 늘리거나 속도 조절을 통해 해결해나가는 것이 중요합니다.

08 편집한 영상 출력하기

01 오른쪽 상단에 있는 〈내보내기〉 버튼을 클릭하고 내보내기 창이 표시되면 〈다운로드〉 버튼을 클릭합니다. 내보내기 설정창이 표시되면 이름을 '2D 애니메이션 광고'로 입력하고, 해상도를 '1080p', 프레임 속도를 '24fps'로 설정한 다음 〈내보내기〉 버튼을 클릭합니다.

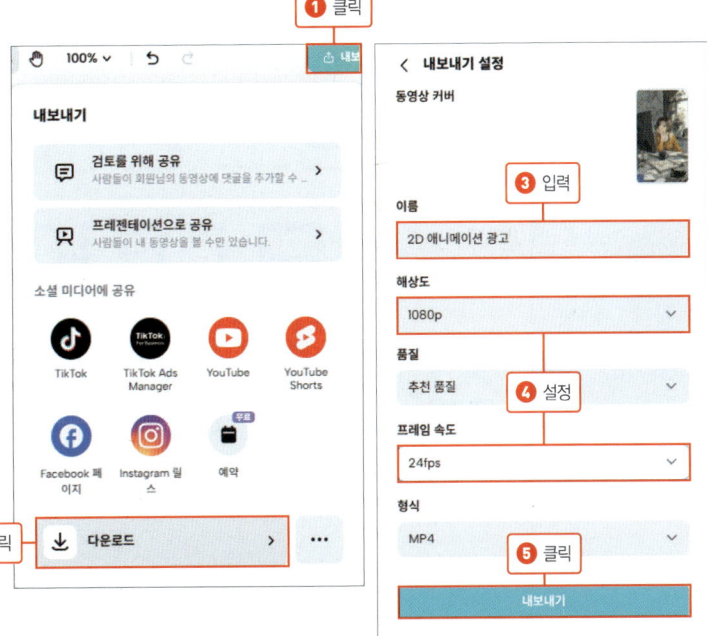

02 캡컷 화면에 영상이 출력되는 과정이 표시됩니다. '100%'가 되면 〈다운로드〉 버튼을 클릭해 저장합니다. 저장한 영상은 다운로드 폴더에서 확인할 수 있습니다.

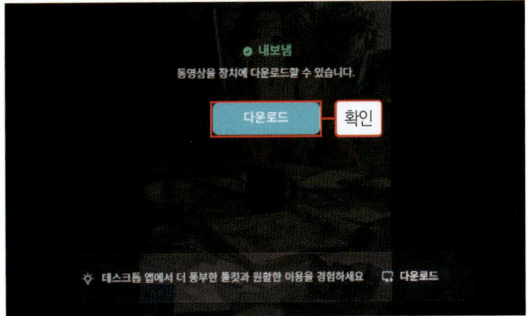

PART 4

숏폼 광고부터 홍보 영상까지, 실무 디자이너의 실전 AI 광고 프로젝트

AI ADVERTISING DESIGN

이 파트는 실무 디자이너의 시선으로 구성된 AI 기반 광고 영상 프로젝트를 소개합니다. 자동차, 화장품, 음료, VR 기기 등 실제 브랜드를 상정해 스토리 구성부터 촬영 장면 생성, 사운드 디자인, 편집까지 전 과정을 다룹니다. 특히 숏폼, 브랜디드 콘텐츠, 캐릭터 기반 광고, 1인칭 VR 광고 등 광고 장르별 특화 작업 방식을 체계적으로 안내합니다. 각 단계는 실무 흐름에 맞춰 구성되어 있어 AI 도구를 처음 접하는 소상공인이나 디자이너도 실제 제작에 바로 활용할 수 있습니다. 실제 사례 중심으로, 광고 전략과 콘텐츠 완성도 모두 잡을 수 있는 AI 실전 제작법을 공개합니다.

PROJECT

The Journey Continues

스토리 구성과 영상 생성까지, 장면별 자동차 광고 영상 만들기

소라 AI를 활용하면 실제로는 고도의 장비와 인력, 안전장치가 필요한 고위험 장면도 손쉽게 구현할 수 있습니다. 예제에서는 낙하산에 매달린 채 정글 한가운데로 투하되는 지프 차량과, 그 차량을 타고 거친 자연 속을 탐험하는 여성 캐릭터를 중심으로 한 광고 영상을 제작해 보겠습니다. 이처럼 영화적 상상력이 필요한 장면은 실제 촬영으로 옮기기엔 리스크가 크고 비용도 막대하지만, 소라 AI를 통해 가상의 시나리오를 정교하게 시각화함으로써 안전하고 효율적으로 제작이 가능합니다.

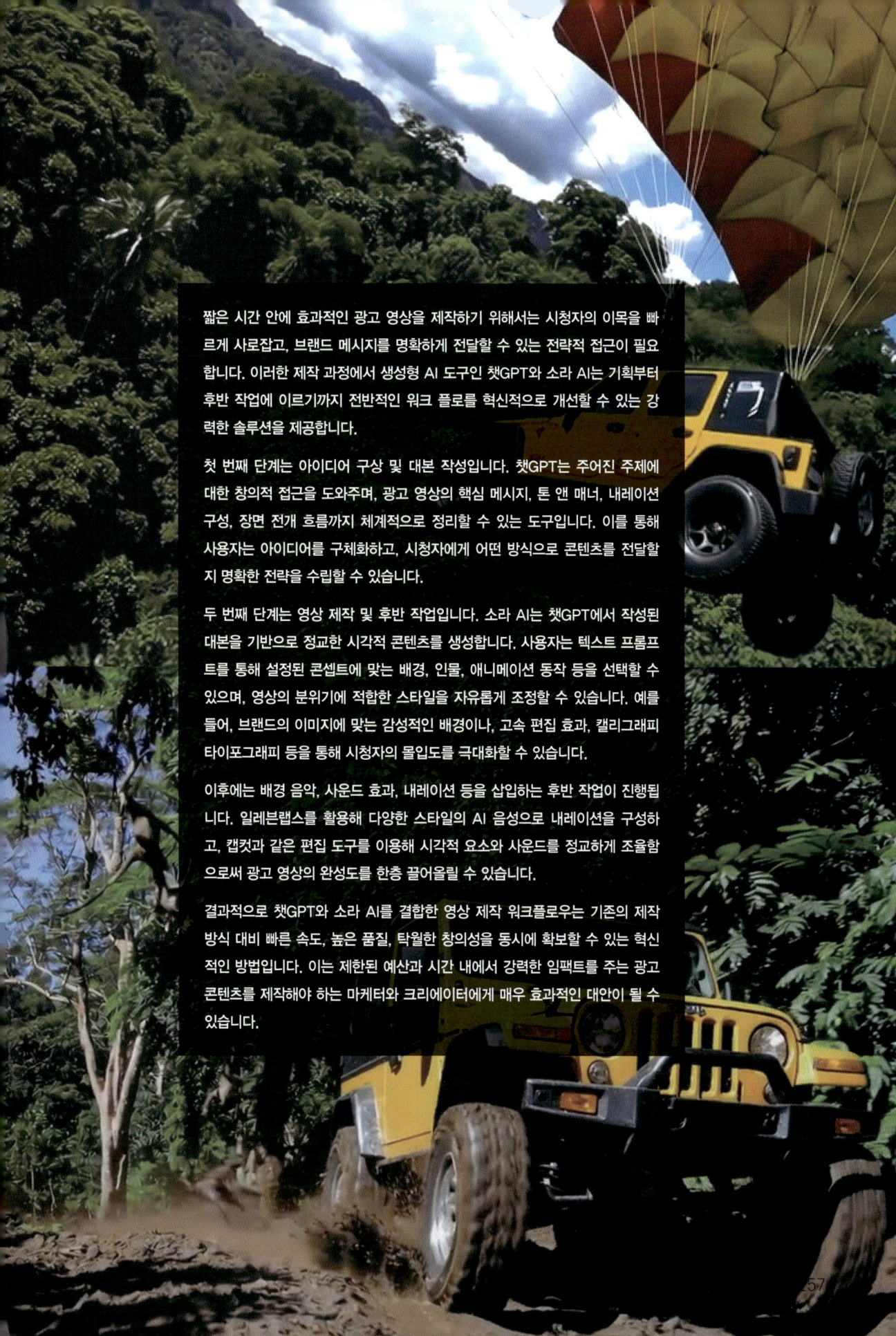

짧은 시간 안에 효과적인 광고 영상을 제작하기 위해서는 시청자의 이목을 빠르게 사로잡고, 브랜드 메시지를 명확하게 전달할 수 있는 전략적 접근이 필요합니다. 이러한 제작 과정에서 생성형 AI 도구인 챗GPT와 소라 AI는 기획부터 후반 작업에 이르기까지 전반적인 워크 플로를 혁신적으로 개선할 수 있는 강력한 솔루션을 제공합니다.

첫 번째 단계는 아이디어 구상 및 대본 작성입니다. 챗GPT는 주어진 주제에 대한 창의적 접근을 도와주며, 광고 영상의 핵심 메시지, 톤 앤 매너, 내레이션 구성, 장면 전개 흐름까지 체계적으로 정리할 수 있는 도구입니다. 이를 통해 사용자는 아이디어를 구체화하고, 시청자에게 어떤 방식으로 콘텐츠를 전달할지 명확한 전략을 수립할 수 있습니다.

두 번째 단계는 영상 제작 및 후반 작업입니다. 소라 AI는 챗GPT에서 작성된 대본을 기반으로 정교한 시각적 콘텐츠를 생성합니다. 사용자는 텍스트 프롬프트를 통해 설정된 콘셉트에 맞는 배경, 인물, 애니메이션 동작 등을 선택할 수 있으며, 영상의 분위기에 적합한 스타일을 자유롭게 조정할 수 있습니다. 예를 들어, 브랜드의 이미지에 맞는 감성적인 배경이나, 고속 편집 효과, 캘리그래피 타이포그래피 등을 통해 시청자의 몰입도를 극대화할 수 있습니다.

이후에는 배경 음악, 사운드 효과, 내레이션 등을 삽입하는 후반 작업이 진행됩니다. 일레븐랩스를 활용해 다양한 스타일의 AI 음성으로 내레이션을 구성하고, 캡컷과 같은 편집 도구를 이용해 시각적 요소와 사운드를 정교하게 조율함으로써 광고 영상의 완성도를 한층 끌어올릴 수 있습니다.

결과적으로 챗GPT와 소라 AI를 결합한 영상 제작 워크플로우는 기존의 제작 방식 대비 빠른 속도, 높은 품질, 탁월한 창의성을 동시에 확보할 수 있는 혁신적인 방법입니다. 이는 제한된 예산과 시간 내에서 강력한 임팩트를 주는 광고 콘텐츠를 제작해야 하는 마케터와 크리에이터에게 매우 효과적인 대안이 될 수 있습니다.

SECTION 1.

완성파일 : 04\자동차 광고\자동차광고프롬프트.txt

모험에 어울리는 자동차 광고 스토리 구성하기

작업자가 미리 구상한 간략한 스토리를 완성도 있는 영상 프롬프트로 작성하기 위해 챗GPT를 이용하여 질문 프롬프트를 작성합니다. 정보 요청 프롬프트는 영상 개요와 필요한 정보를 묻는 형식으로 작성합니다.

챗GPT를 활용하면 기획된 스토리를 구체적인 광고 장면으로 확장할 수 있습니다. 예를 들어, 풍경, 등장인물의 행동, 날씨나 시간대 등 시각적 요소들을 텍스트로 구성하고, 소라 AI에 입력할 수 있는 형태로 정리할 수 있습니다. 이를 통해 영상 제작을 위한 프롬프트 초안을 만들고, 원하는 분위기의 광고 영상을 설계할 수 있습니다.

챗GPT에 접속한 다음 프롬프트 입력창에 사전에 기획한 스토리를 바탕으로 질문 프롬프트를 입력합니다.

사용자

> 영상 개요 : 지프 자동차 광고 영상(주제 : 여행은 계속된다.)
>
> #1 낙하산으로 하늘에서 내려오는 노란색 지프 자동차
> #2 젊은 탐험가 여성이 하늘을 쳐다보고 있는 모습
> #3 노란색 지프 자동차를 타고 밀림의 정글을 통과하는 모습, 밀림에 원숭이와 같은 야생 동물이 보임
> #4 지프 자동차에 기대어 있는 여성, 화면 위에 The journey continues 문구(캘리그래피 영문 필기체 느낌)
>
> 지프 자동차가 낙하산을 타고 내려오면 여성이 운전하여 정글과 밀림을 통과하여 비행기 공항에 도착한다.
> 사용 툴(소라 AI)&분량, 장면 설정, 영상 스타일, 캐릭터&오브젝트, 조명, 카메라 워크, 사운드 제안
>
> 위의 형식에 맞게 소라 AI에서 사용할 영상 프롬프트를 영어로 작성해 줘.

TIP 소라 AI를 비롯한 대부분의 생성형 AI로 영상을 제작할 때 문장 단위의 추상적이고 긴 프롬프트를 입력하면 영상의 방향성이 완전히 달라지거나 결과물의 품질이 저하될 수 있습니다. 따라서 키워드 중심의 간결한 프롬프트 작성이 중요합니다.

챗GPT에서 제공한 소라 AI 영문 프롬프트 중 영상 제작 과정에 필요한 실제 시각적인 비주얼에 관련된 요소만 본문에서 추출하여 장면별로 정리합니다.

> **#1** A yellow Jeep car descending slowly from the sky, attached to a colorful parachute. Slow motion with a bright blue sky background
>
> • **Tone&Style** : Dynamic, adventurous, free-spirited

- **Color Palette** : Yellow Jeep, blue sky, green jungle

#2 A woman in her 20s dressed like an explorer, shading her eyes with one hand as she looks up at the sky. Her expression shows surprise and anticipation. close-up-shot

- **Tone&Style** : Dynamic, adventurous, free-spirited
- **Color Palette** : live color, blue sky, green jungle

#3 The yellow Jeep car powers through a dense jungle. Wild monkeys appear in the background, and the Jeep moves with motocross-style energy

- **Tone&Style**: Dynamic, adventurous, free-spirited
- **Color Palette** : Yellow Jeep, blue sky, green jungle

#4 A woman in her 20s dressed like an jungle explorer, The woman leans casually against the yellow Jeep. Over this scene, text appears: "The Journey Continues", in a calligraphy-style script font

- **Tone&Style** : Dynamic, adventurous, free-spirited
- **Color Palette** : Yellow Jeep, blue sky, green jungle, live color

한글 번역

#1 밝은 노란색 지프 차량이 형형색색의 낙하산에 매달려 하늘에서 천천히 내려오고 있다. 밝은 파란 하늘을 배경으로 슬로우 모션 연출.

- **톤&스타일** : 역동적이고, 모험심 넘치며, 자유로운 느낌
- **컬러 팔레트** : 노란색 지프, 파란 하늘, 초록색 정글

#2 탐험가처럼 차려입은 20대 여성. 한 손으로 햇빛을 가리며 하늘을 올려다보고 있다. 그녀의 표정에는 놀라움과 기대감이 담겨 있다. 클로즈업 샷.

- **톤&스타일** : 역동적이고, 모험심 넘치며, 자유로운 느낌
- **컬러 팔레트** : 생생한 색감, 파란 하늘, 초록색 정글

#3 노란색 지프 차량이 울창한 정글 속을 힘차게 돌파한다. 배경에는 야생 원숭이들이 보이고, 지프는 모터크로스 스타일의 에너지로 달린다.

- **톤&스타일** : 역동적이고, 모험심 넘치며, 자유로운 느낌
- **컬러 팔레트** : 노란색 지프, 파란 하늘, 초록색 정글

#4 정글 탐험가 복장을 한 20대 여성. 노란색 지프에 기대어 여유롭게 서 있다. 이 장면 위로 필기체 스타일의 스크립트 폰트로 "The Journey Continues(여정은 계속된다)"라는 문구가 등장한다.

- **톤&스타일** : 역동적이고, 모험심 넘치며, 자유로운 느낌
- **컬러 팔레트** : 노란색 지프, 파란 하늘, 초록색 정글, 생생한 색감

SECTION 2.

● 완성파일 : 04\자동차 광고\영상 소스\#1.mp4

모험을 즐기는 인물과 자동차 영상 생성하기

소라 AI는 상상력을 기반으로 한 독창적인 장면을 구현 할 수 있어 강렬한 콘셉트 영상 제작에 적합합니다. 모험을 즐기기 위해, 탐험가는 자동차를 낙하산으로 공수 받아 정글에 투입된 뒤, 그 자동차를 타고 정글을 누비며 모험을 시작한다는 콘셉트로 영상을 생성해 보겠습니다.

01 비현실적인 장면을 현실적으로, 낙하 영상 생성하기

Key Prompts • yellow Jeep, descending slowly, colorful parachute, slow motion

01 기획안을 바탕으로, 장면의 구조와 시각적 요소를 효과적으로 전달할 수 있는 프롬프트를 입력해 영상을 얻는 방법을 살펴보겠습니다. 웹브라우저에서 'sora.com'을 입력하여 소라 AI 사이트에 접속합니다.

TIP 소라 AI는 Plus 플랜 이상에서 영상을 생성할 수 있으며, 예제에서는 소라 AI Pro 플랜을 사용하고 있습니다.

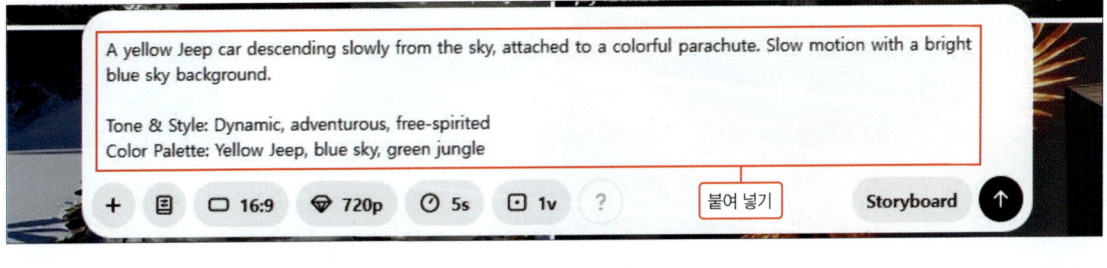

02 프롬프트 입력창에 '장면 1'에 대한 프롬프트를 복사(Ctrl+C)하고 붙여 넣기(Ctrl+V)합니다.

프롬프트 A yellow Jeep car descending slowly from the sky, attached to a colorful parachute. Slow motion with a bright blue sky background

Tone & Style Dynamic, adventurous, free-spirited

Color Palette Yellow Jeep, blue sky, green jungle

03 영상의 세부 설정을 진행합니다. Aspect radio를 '16:9', Resolution을 '720p'로 선택하여 설정합니다.

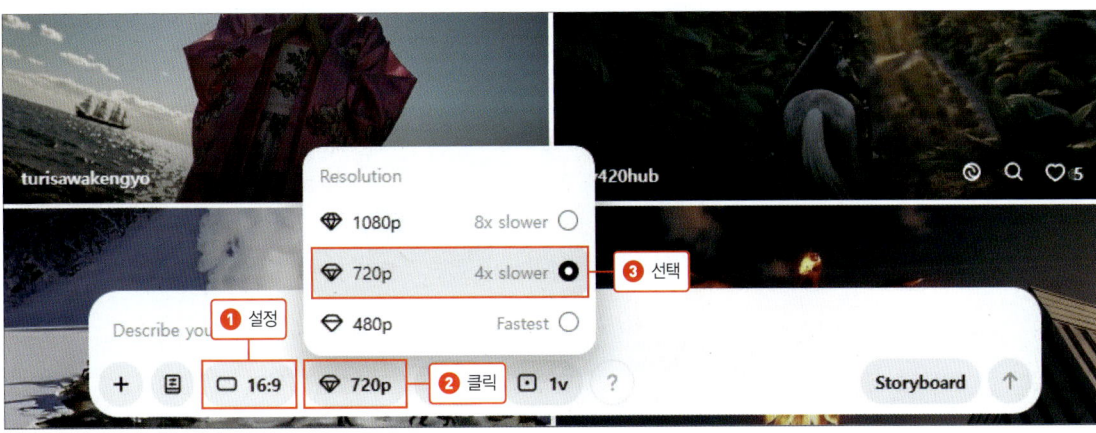

TIP Aspect radio는 화면 비율을, Resolution은 해상도를 설정하는 기능입니다.

04 영상 길이는 '5s'로 설정하고 좋은 결과물을 선택하기 위해 영상 생성 개수는 '2v(2 videos)'로 선택하여 설정한 다음 'Create' 아이콘(⬆)을 클릭합니다.

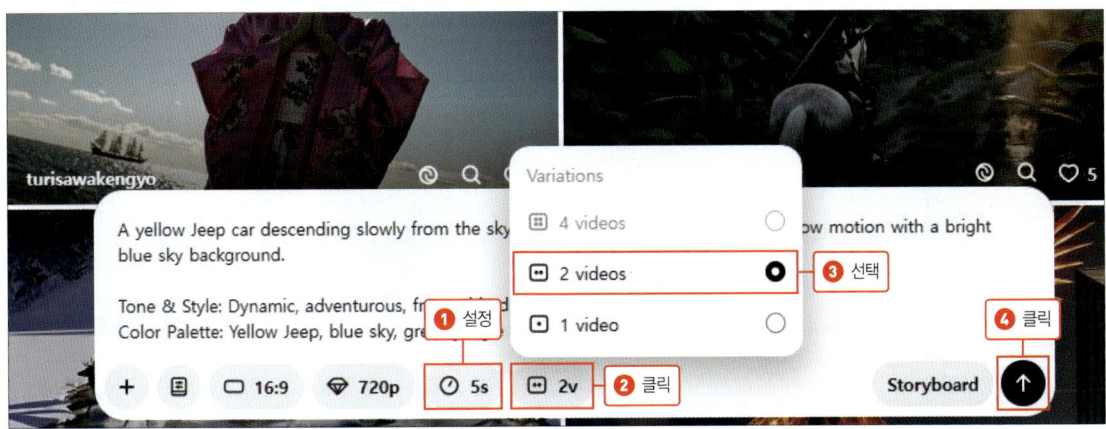

NOTE 소라 AI의 크레딧

'Help' 아이콘(?)에 마우스 커서를 위치하면 해당 영상을 생성하는 데 소요되는 크레딧을 확인할 수 있습니다. 해당 과정에서 영상을 생성하는데에 '120' 크레딧이 소모됩니다. 소라 AI에서는 소진된 크레딧을 추가로 충전하는 방법이 없으므로 신중하게 남은 크레딧을 계산하여 생성하는 것이 중요합니다.

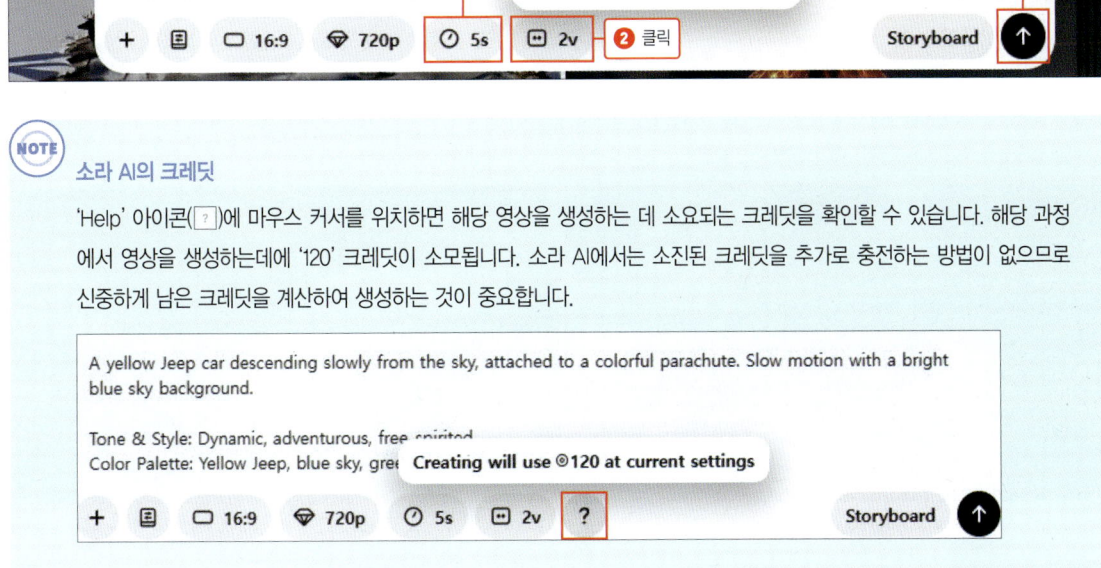

05 오른쪽 상단에 'Added to queue' 텍스트가 표시되며 영상 생성이 시작됩니다.

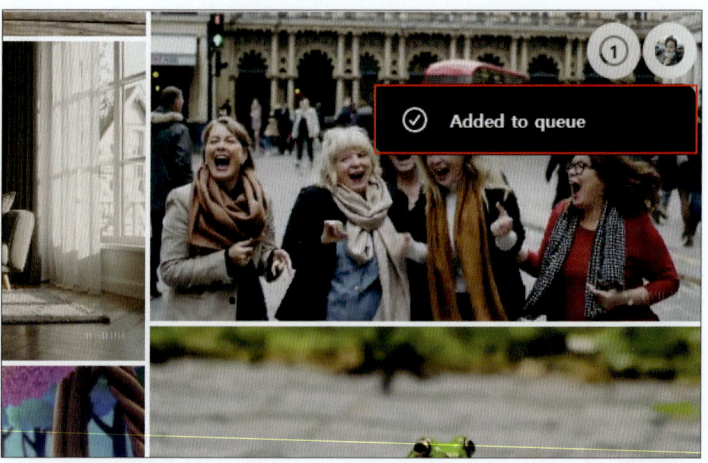

06 생성까지는 약간의 시간이 소요되며 영상을 확인하기 위해 'Acitivity' 아이콘(🔔)을 클릭하고 섬네일을 클릭합니다.

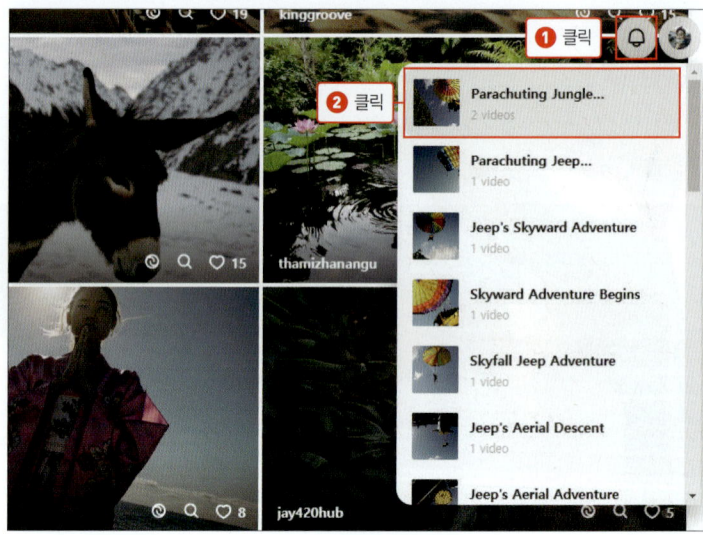

07 입력한 프롬프트에 맞게 영상이 2개 생성되었습니다. 생성된 영상의 구성을 살펴보고 마음에 드는 영상의 섬네일을 선택합니다. 예제에서는 오른쪽 섬네일 영상을 선택하였습니다.

TIP 2개의 영상을 생성했으므로 선택되지 않은 영상도 언제든지 소라 AI 사이트에서 다운로드할 수 있습니다.

08 선택한 영상을 저장하기 위해 'Download' 아이콘(⊙)을 클릭하고 'Video'를 선택합니다. Download ready 창이 표시되면 〈Download〉 버튼을 클릭합니다. 소라 AI에서 생성한 영상은 다운로드 폴더에서 확인할 수 있습니다.

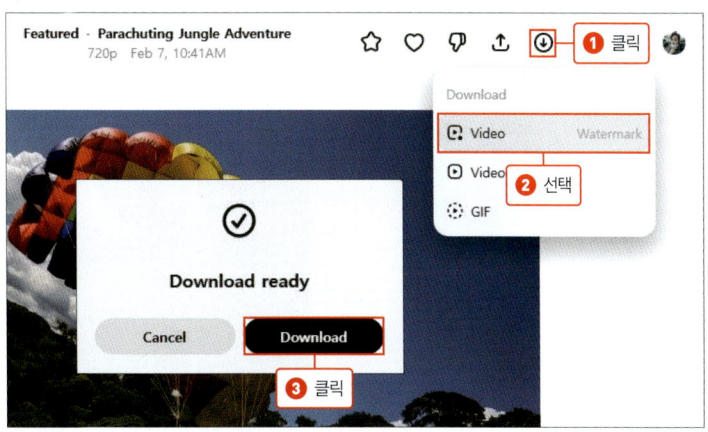

02 감정과 인물 시선까지 표현하는 탐험가 영상 생성하기

Key Prompts • woman in her 20s, looking up at sky, close-up shot

01 기획한 콘셉트를 바탕으로, 인물의 시선과 배경 분위기를 효과적으로 전달하는 프롬프트 입력법을 살펴봅니다. 웹브라우저에서 'sora.com'을 입력하여 소라 AI 사이트에 접속합니다.

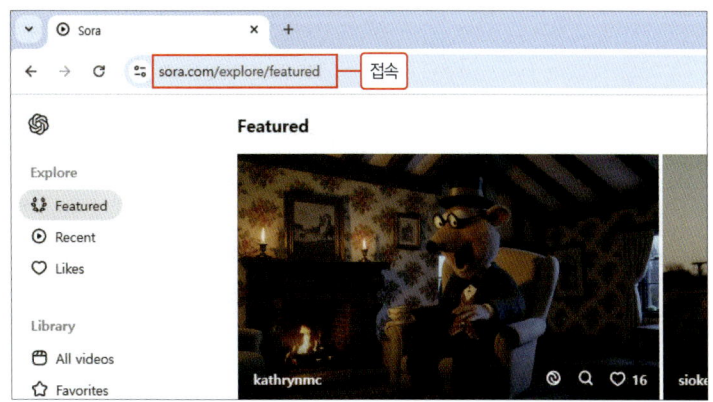

02 프롬프트 입력창에 '장면 2'에 대한 프롬프트를 복사(Ctrl+C)하고 붙여 넣은(Ctrl+V) 다음 'Create' 아이콘(⊙)을 클릭합니다.

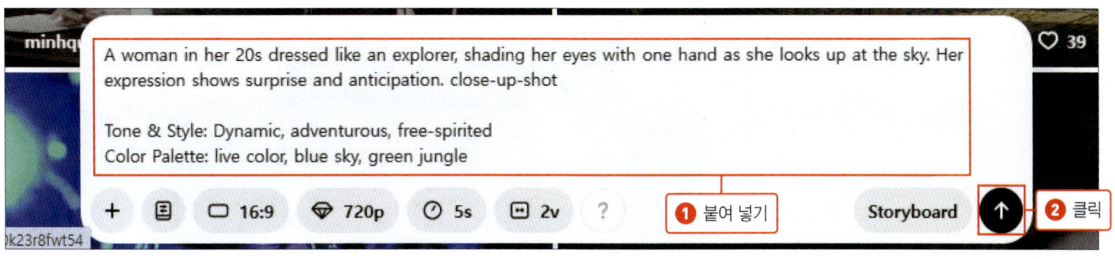

프롬프트 A woman in her 20s dressed like an explorer, shading her eyes with one hand as she looks up at the sky. Her expression shows surprise and anticipation. close-up-shot

Tone & Style Dynamic, adventurous, free-spirited **Color Palette** Yellow Jeep, blue sky, green jungle

TIP 세부 설정은 '장면 1'과 동일하므로 변경할 필요 없습니다.

03 'Added to queue' 텍스트가 표시되며 영상 생성이 시작됩니다. 생성까지는 약간의 시간이 소요되므로 생성이 완료될 때까지 기다립니다. 생성이 완료되면 섬네일을 클릭하여 영상을 확인할 수 있습니다.

04 입력한 프롬프트에 맞게 생성된 2개의 영상을 확인하고 마음에 드는 영상의 섬네일을 선택합니다. 예제에서는 왼쪽 섬네일 영상을 선택하였습니다.

TIP 2개의 영상을 생성한 것이므로 선택되지 않은 영상도 언제든지 소라 AI 사이트에서 다운로드할 수 있습니다.

05 선택한 영상을 저장하기 위해 'Download' 아이콘(⊙)을 클릭하고 'Video'를 선택합니다. Download ready 창이 표시되면 〈Download〉 버튼을 클릭하여 PC에 저장합니다.

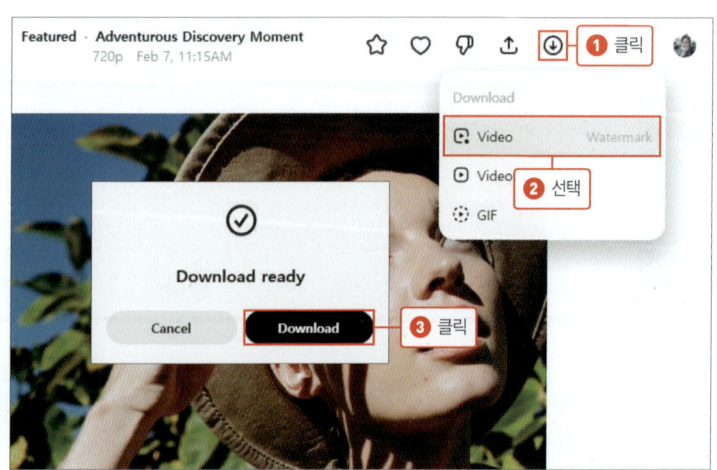

03 역동적인 자동차 동작과 배경 영상 생성하기

Key Prompts • yellow Jeep, dense jungle, motocross style energy, green jungle

01 소라 AI를 활용해 자연, 차량의 움직임을 조화롭게 표현하는 과정과 적절한 프롬프트 구성과 시각적 요소 설정 방법을 중심으로 알아봅니다. 웹브라우저에서 'sora.com'을 입력하여 소라 AI 사이트에 접속합니다.

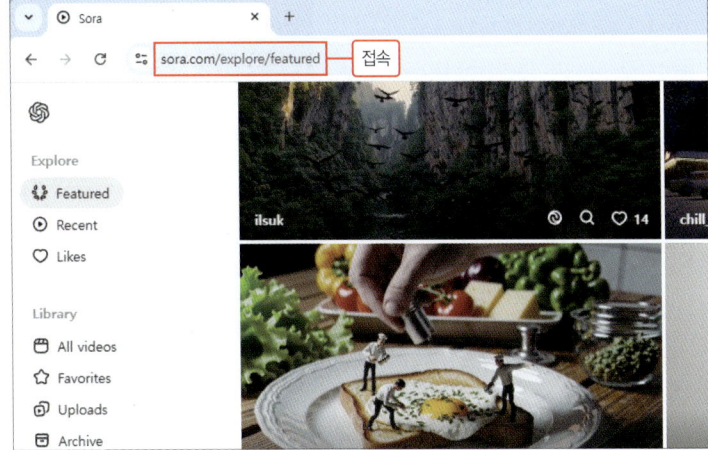

02 프롬프트 입력창에 '장면 3'에 대한 프롬프트를 복사(Ctrl+C)하고 붙여 넣은(Ctrl+V) 다음 'Create' 아이콘(⬆)을 클릭합니다.

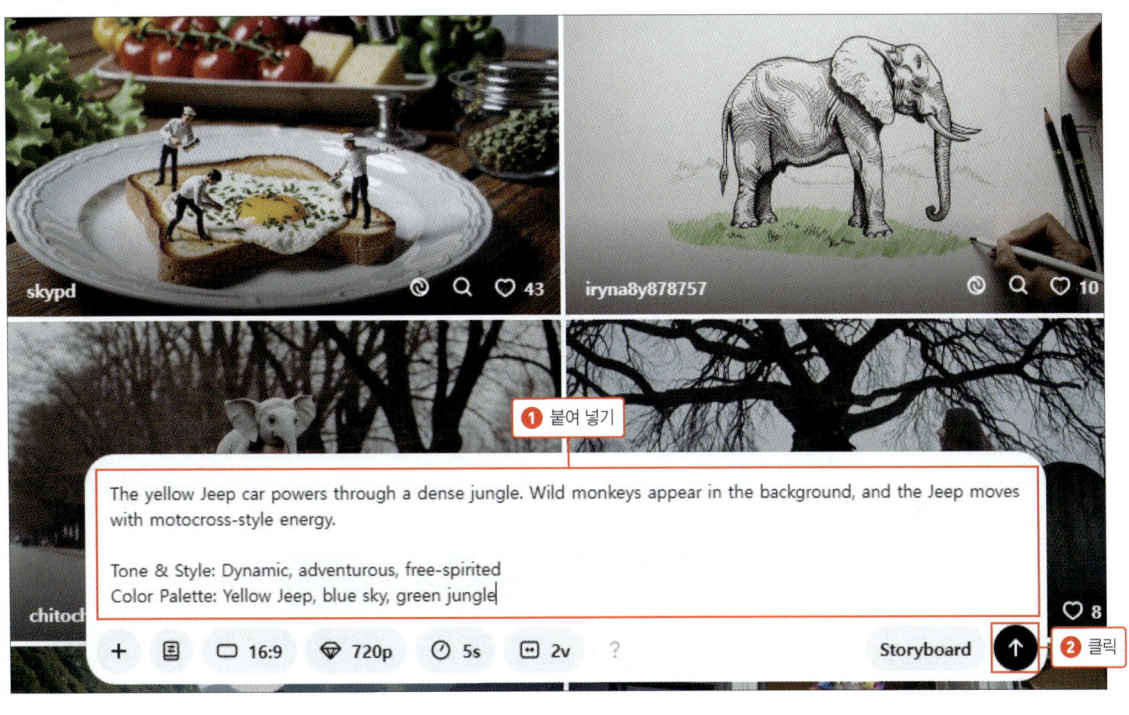

프롬프트 The yellow Jeep car powers through a dense jungle. Wild monkeys appear in the background, and the Jeep moves with motocross-style energy

Tone & Style Dynamic, adventurous, free-spirited

Color Palette Yellow Jeep, blue sky, green jungle

03 'Added to queue' 텍스트가 표시되며 영상 생성이 시작됩니다. 생성까지는 약간의 시간이 소요되므로 생성이 완료될 때까지 기다립니다. 생성이 완료되면 섬네일을 클릭하여 영상을 확인합니다.

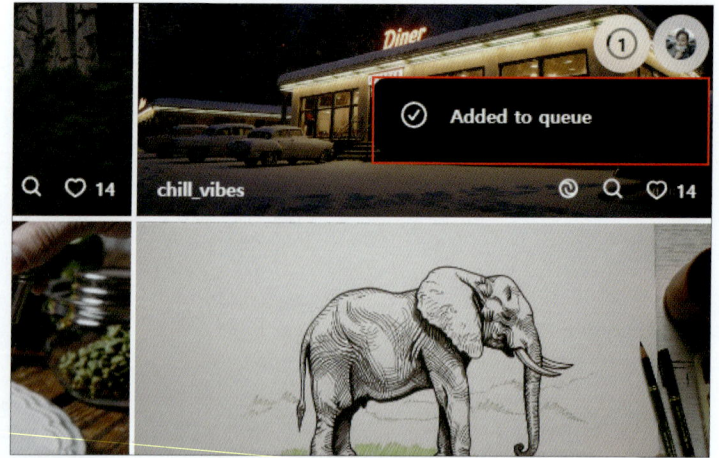

04 입력한 프롬프트에 맞게 생성된 2개의 영상을 확인하고 마음에 드는 영상의 섬네일을 선택합니다. 예제에서는 왼쪽 섬네일 영상을 선택하였습니다.

TIP 영상이 잘 생성되었는지 판단하는 기준은 키워드로 구성된 프롬프트의 내용이 영상에 제대로 반영되었는지 입니다. 만약 프롬프트의 내용이 누락되어 영상에 반영되지 않았다면, 잘 생성된 영상이 아니므로 다시 생성하여 목적에 맞는 영상을 만드는 것이 좋습니다.

05 선택한 영상을 저장하기 위해 'Download' 아이콘(◉)을 클릭하고 'Video'를 선택합니다. Download ready 창이 표시되면 〈Download〉 버튼을 클릭하여 PC에 저장합니다.

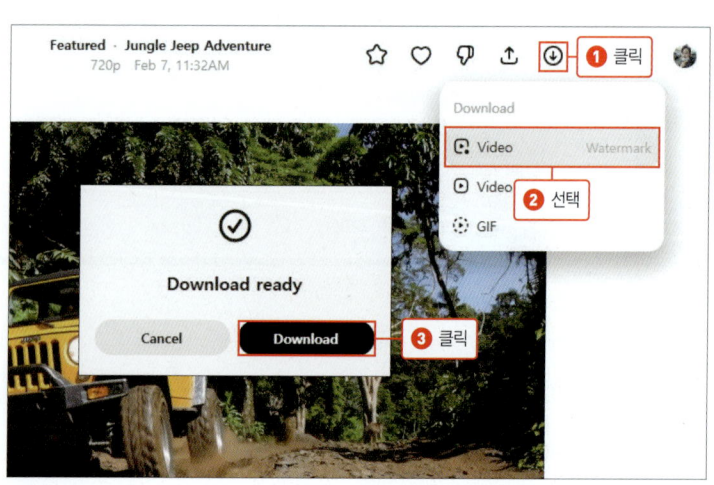

SECTION

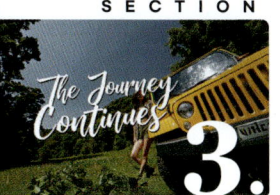

> 완성파일 : 04\자동차 광고\영상 소스\#4.mp4

캘리그라피 스타일의 카피 문구를 영상에 추가 생성하기

영상에 문구를 삽입하면 메시지를 명확하게 전달할 수 있습니다. 소라 AI에서 장면과 어울리는 문구를 텍스트 프롬프트로 함께 입력해, 효과적인 시각 연출과 글자 표현이 조화를 이루는 영상 제작 방법을 살펴봅니다.

01 일관성을 유지한 영상에 조화로운 카피 문구 배치하기

Key Prompts • over this scene, text appears: "The Journey Continues", caliigraphy-style script font

01 웹브라우저에서 'sora.com'을 입력하여 소라 AI 사이트에 접속합니다.

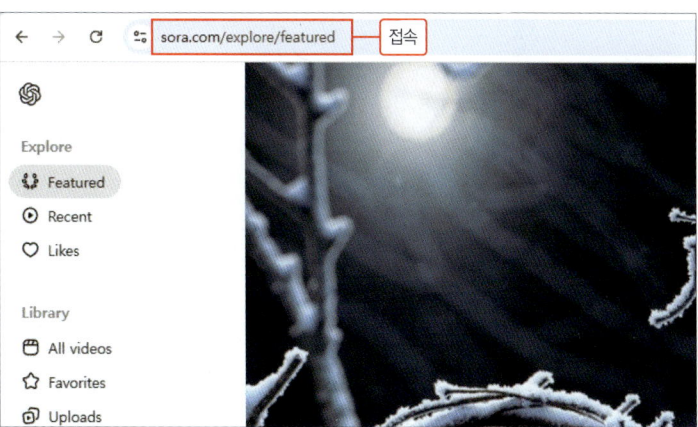

02 프롬프트 입력창에 '장면 4'에 대한 프롬프트를 복사(Ctrl+C)하고 붙여 넣은(Ctrl+V) 다음 'Create' 아이콘(↑)을 클릭합니다.

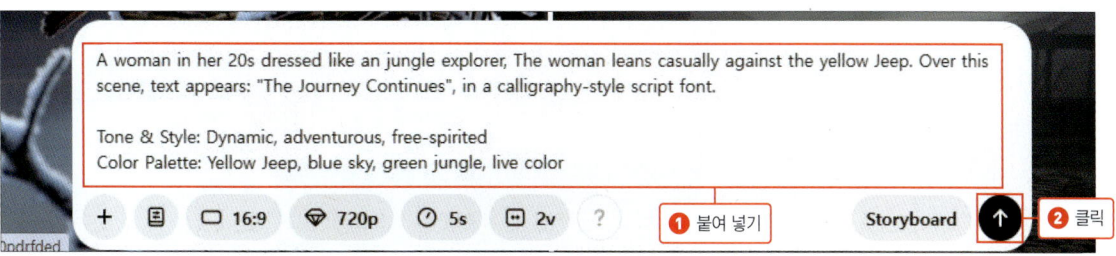

프롬프트 A woman in her 20s dressed like an jungle explorer, The woman leans casually against the yellow Jeep. Over this scene, text appears: "The Journey Continues", in a calligraphy-style script font

Tone & Style Dynamic, adventurous, free-spirited　**Color Palette** Yellow Jeep, blue sky, green jungle, live color

TIP 소라 AI에서 장면별로 텍스트만으로 영상을 만들 때 전체 영상의 인물과 톤의 일관성을 유지하기는 어렵습니다. 따라서 앞선 장면의 내용, 분위기, 색감 등을 구체적으로 프롬프트에 포함해 전체 영상의 분위기를 맞추는 것이 중요합니다. 예를 들어, 단순히 'Woman' 대신 '장면 2'에서 사용한 프롬프트인 'A woman in her 20s dressed like a jungle explorer'를 입력하여 일관성을 최대한 유지합니다.

03 'Added to queue' 텍스트가 표시되며 생성이 완료되면 섬네일을 클릭하여 영상을 확인합니다.

04 입력한 프롬프트에 맞게 생성된 2개의 영상을 확인하고 마음에 드는 영상의 섬네일을 선택합니다. 예제에서는 오른쪽 섬네일 영상을 선택하였습니다.

TIP 소라 AI는 영문 텍스트 애니메이션을 고품질로 구현할 수 있으며, 캘리그래피 스타일, 고딕체, 세리프체 등 다양한 폰트와 모션 그래픽을 활용할 수 있습니다. 이를 적절히 활용하면 영상의 품질을 한층 높일 수 있습니다.

05 'Download' 아이콘(⬇)을 클릭하여 생성한 영상을 PC에 저장할 수 있습니다. 'Video'를 선택하고 완료되면 〈Download〉 버튼을 클릭합니다.

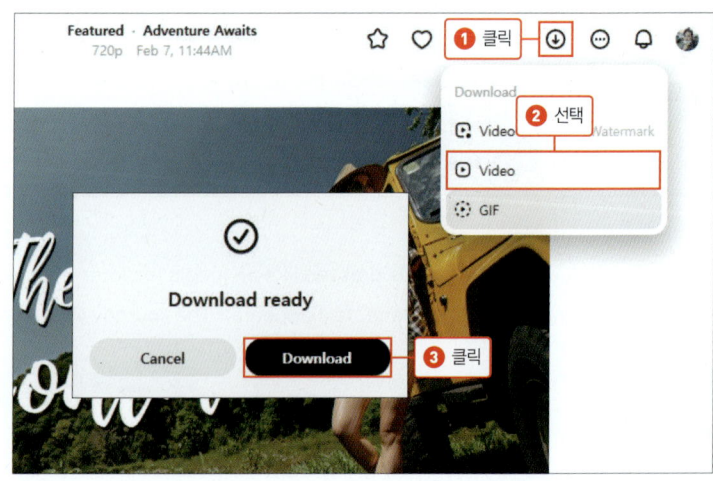

06 다운로드한 영상들을 하나의 폴더로 이동합니다. 이름을 장면에 맞게 순서대로 변경하기 위해 파일을 선택하고 F2를 누르거나 파일에서 마우스 오른쪽 버튼을 클릭한 다음 **이름 바꾸기**를 실행합니다.

07 모든 파일을 장면에 맞게 이름을 변경합니다. 예제에서는 '#1', '#2', '#3', '#4'로 각 장면에 맞게 이름을 변경하였습니다.

파일명을 정리하지 않는다면?

파일의 이름을 변경하지 않고 기존 소스에서 다운받은 상태 그대로 사용하면, 이름이 날짜와 프롬프트 기준으로 랜덤하게 생성되기 때문에 이후 과정에서 효과음을 생성하거나 편집할 때 혼선이 생길 수 있습니다.

임의로 지정된 파일명 예시 ▶

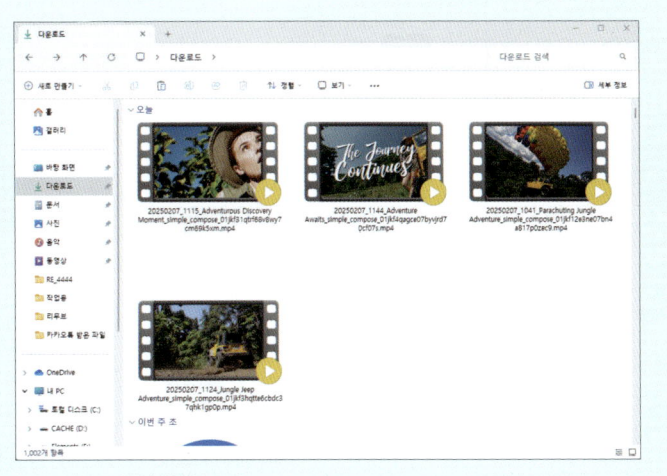

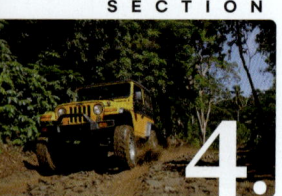

S E C T I O N

4.

일레브랩스로 상황에 맞는 효과음 생성하기

● 완성파일 : 04\자동차 광고\효과음 소스 폴더

영상 상황에 맞는 효과음을 녹음하거나 찾는 것은 번거로울 수 있습니다. 이때 일레브랩스를 활용하면 영상 스토리에 적합한 효과음을 쉽게 생성할 수 있어, 이후 영상 편집 단계에서 이 효과음을 믹싱하여 활용할 수 있습니다. 텍스트를 활용하여 스토리에 맞는 AI 효과음을 생성해 보겠습니다.

01 일레브랩스에서 효과음 세부 설정하기

01 웹브라우저에서 'elevenlabs.io'를 입력하여 일레브랩스 사이트에 접속하고 효과음을 생성하기 위해 〈GET STARTED FREE〉 버튼을 클릭해 로그인합니다.

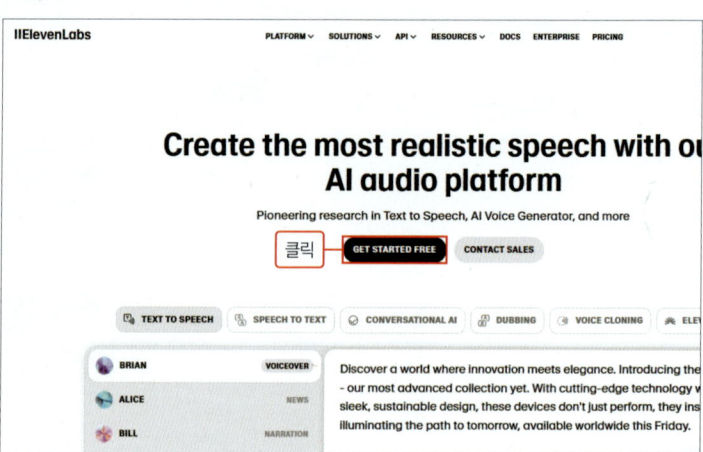

02 효과음 생성 AI를 활용하기 위해 왼쪽 바에서 (Sound Effects) 메뉴를 선택합니다.

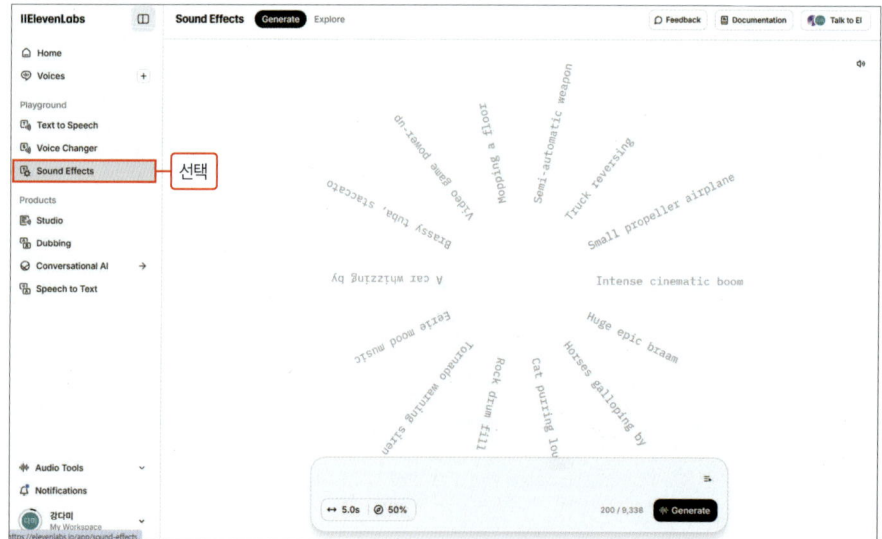

03 효과음을 설정하기 위해 프롬프트 입력창 하단에서 Duration을 '5.0s', Prompt Influence를 '50%'로 조절합니다.

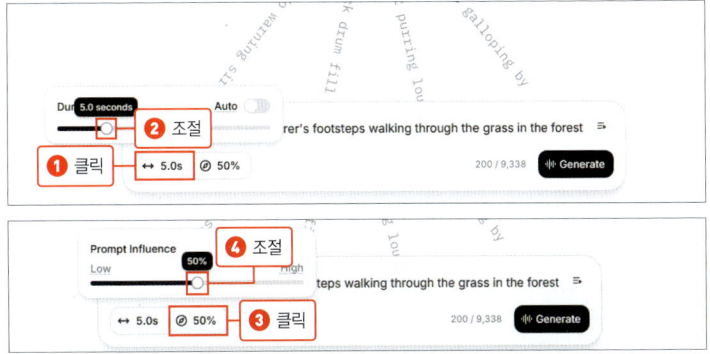

TIP
- Duration : 효과음의 길이를 조절합니다. 'Automatically pick the best length'를 활성화하면 AI 효과음의 길이가 랜덤하게 자동으로 설정됩니다.
- Prompt Influence : 효과음이 입력된 프롬프트에 충실하게 생성될지, 아니면 창의적으로 생성될지에 관한 설정입니다. Follow Prompt에 가까울수록 프롬프트에 충실한 효과음이 생성됩니다.

일레븐랩스의 다른 기능 알아보기

일레븐랩스에서는 효과음 외에도 텍스트 입력해 내레이션 음성 파일을 만들거나, 기준이 되는 음성 파일을 업로드하여 업로드한 음성으로 내레이션 음성 파일을 만들 수 있는 기능이 있습니다. 효과음이 아니라 내레이션이 필요한 경우 (Text to Speech) 메뉴와 (Voice Changer) 메뉴를 활용하여 다양하게 이용해 보세요.

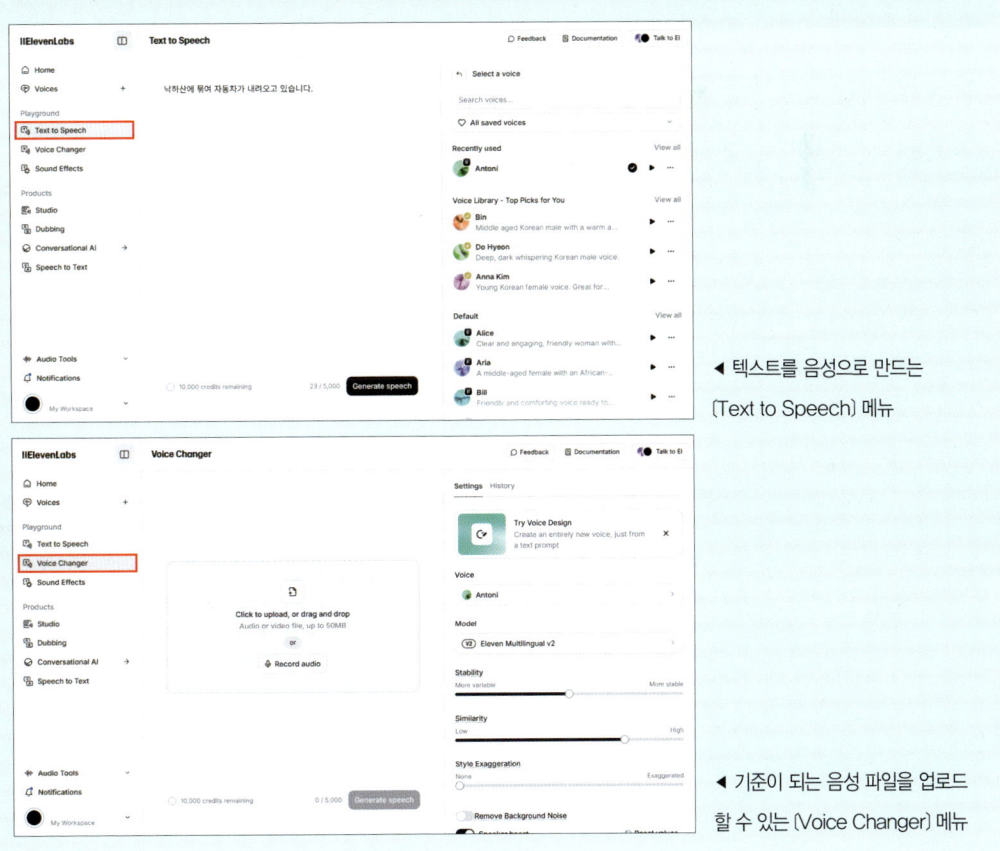

◀ 텍스트를 음성으로 만드는 (Text to Speech) 메뉴

◀ 기준이 되는 음성 파일을 업로드 할 수 있는 (Voice Changer) 메뉴

02 낙하산으로 내려오는 자동차의 바람 효과음 생성하기

01 프롬프트 입력창에 '장면 1'에 해당하는 스토리를 영어로 입력하고 〈Generate〉 버튼을 클릭합니다.

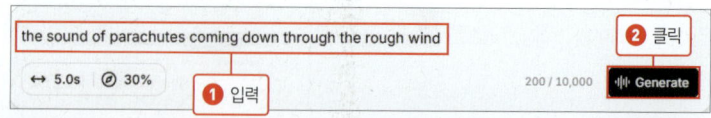

프롬프트 the sound of parachutes coming down through the rough wind

한글 번역 거친 바람을 가르며 낙하산이 내려오는 소리

02 4개의 결과물이 생성되고 곡에 커서를 위치하면 나타나는 '재생' 아이콘(▶)을 클릭해 들어보고 원하는 효과음 결과물을 'Download' 아이콘(⬇)을 클릭하여 다운로드합니다. 예제에서는 'Sample 1' 효과음을 선택하였습니다.

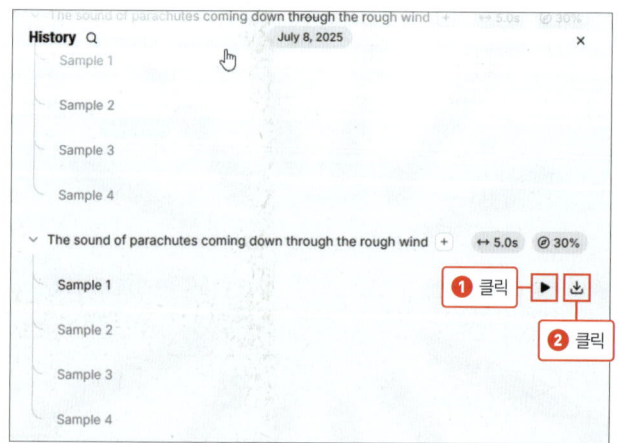

TIP 원하는 결과물이 나오지 않았다면, 다시 〈Generate〉 버튼을 클릭하거나 텍스트 프롬프트를 변형한 다음 〈Generate〉 버튼을 클릭하여 새로운 효과음을 생성합니다.

03 자동차 경적 효과음 생성하기

01 프롬프트 입력창에 '장면 2'에 해당하는 스토리를 영어로 입력하고 〈Generate〉 버튼을 클릭합니다.

프롬프트	the sound of a car horn
한글 번역	자동차 경적 소리

02 4개의 결과물이 생성되고 곡에 커서를 위치하면 나타나는 '재생' 아이콘(▶)을 클릭해 들어보고 원하는 효과음 결과물을 'Download' 아이콘(⬇)을 클릭하여 다운로드합니다. 예제에서는 'Sample 2' 효과음을 선택하였습니다.

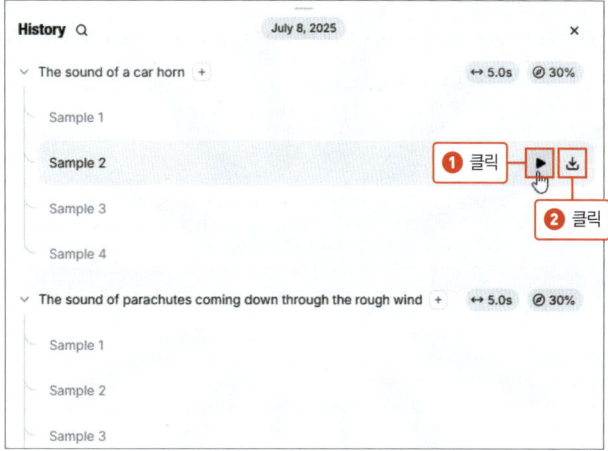

TIP '장면 2'의 경우, 생성된 이미지와 영상을 바탕으로 텍스트 프롬프트를 수정하여 입력했습니다. 인물이 대사를 말하거나 소리를 내는 것이 아니라, 배경 소리가 나야 하므로 프롬프트를 상황에 맞게 조정한 것입니다. 프롬프트를 융통성 있게 변형하는 데 익숙해지면 높은 품질의 효과음을 생성할 수 있습니다.

04 자동차가 정글을 통과하는 장면에 어울리는 효과음 생성하기

01 프롬프트 입력창에 '장면 3'에 해당하는 스토리를 영어로 입력하고 〈Generate〉 버튼을 클릭합니다.

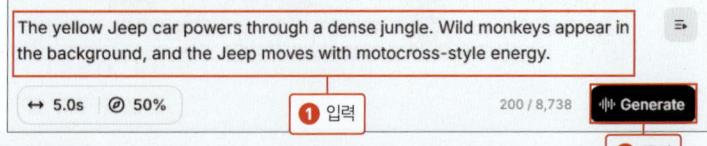

| 프롬프트 | The yellow Jeep car powers through a dense jungle. Wild monkeys appear in the background, and the Jeep moves with motocross-style energy |

| 한글 번역 | 노란 지프 자동차가 울창한 정글을 질주합니다. 야생 원숭이들이 배경에 나타나고 지프는 모터크로스 스타일의 에너지로 움직입니다. |

02 4개의 결과물이 생성되고 곡에 커서를 위치하면 나타나는 '재생' 아이콘(▶)을 클릭해 들어보고 원하는 효과음 결과물을 'Download' 아이콘(⬇)을 클릭하여 다운로드합니다. 예제에서는 'Sample 2' 효과음을 선택하였습니다.

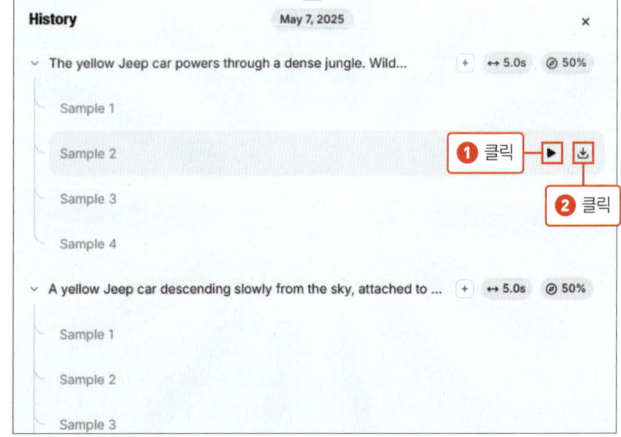

05 카피 문구를 성우 음성으로 생성하기

01 영상에 포함된 카피 문구를 AI 성우 음성으로 추가 생성해 보겠습니다. 왼쪽 [Text to Speech] 메뉴를 클릭해 이동합니다.

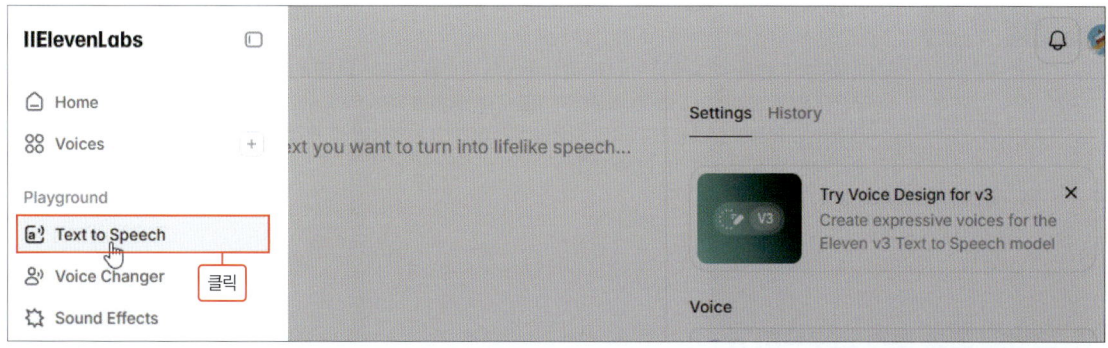

02 프롬프트 입력창에 카피 문구를 입력한 다음 성우를 선택하고 〈Generate speech〉 버튼을 클릭합니다. '재생' 아이콘을 클릭하여 생성된 음성을 확인하고 'Download' 아이콘을 클릭하여 다운로드합니다.

프롬프트

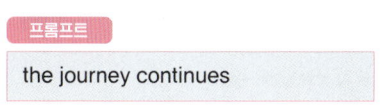

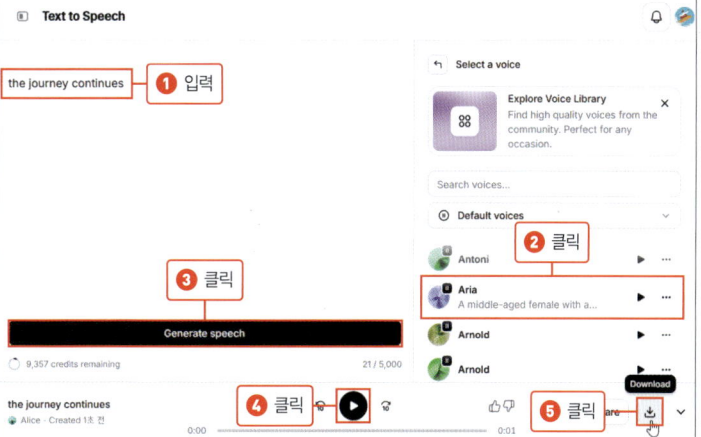

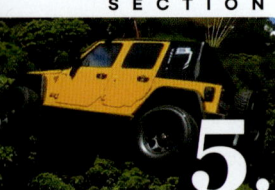

SECTION

5.

● 예제파일 : 04\자동차 광고\영상 소스 폴더, 효과음 소스 폴더   ● 완성파일 : 04\자동차 광고\자동차광고_완성.mp4

영상과 음원을 하나로 편집하여 자동차 광고 완성하기

마지막으로 만든 각 요소를 하나로 합쳐 완성된 영상을 만드는 과정이 필요합니다. 현재 소라 AI에서는 컷 편집을 위한 타임라인 기능을 제공하지 않으므로, 장면 순서에 맞게 하나의 유기적인 영상으로 만드는 작업은 온라인 편집 프로그램인 캡컷을 사용하여 진행합니다. 영상을 컷 편집하고 효과음을 추가하며, 배경 음악을 삽입한 후 영상을 출력하겠습니다.

01 캡컷에 영상 소스 업로드하기

01 웹브라우저에서 'www.capcut.com'을 입력하여 캡컷 사이트에 접속하고 로그인한 다음 〈+ 새로 만들기〉 버튼을 클릭합니다.

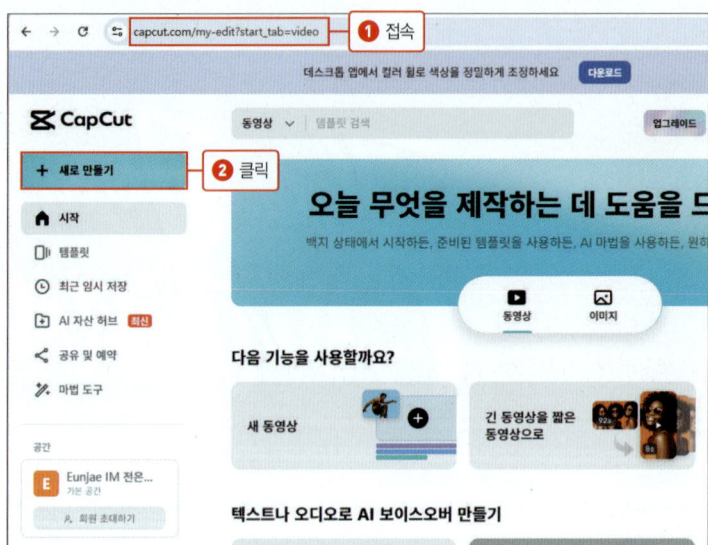

02 소스 영상에 맞는 해상도를 선택합니다. 예제에서는 동영상 항목의 '16:9'를 선택하였습니다.

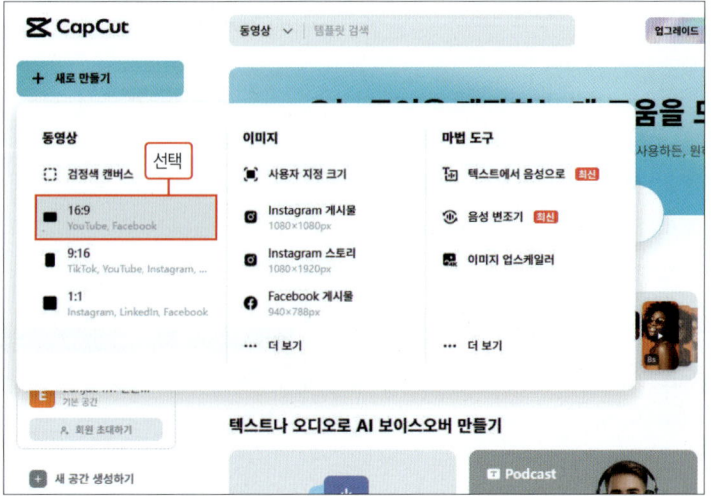

03 영상을 편집할 수 있는 프로젝트가 생성되면 폴더 채로 업로드하여 사용하기 위해 (미디어) 메뉴의 〈업로드〉 버튼을 클릭하고 '폴더 업로드'를 선택합니다.

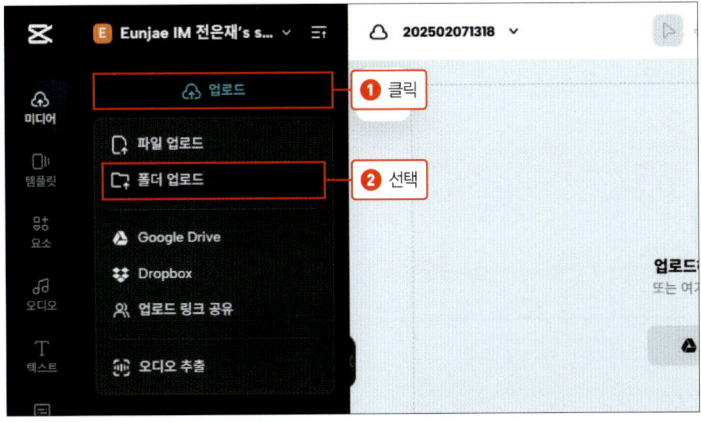

04 업로드할 폴더 대화상자가 표시되면 영상 소스가 있는 04 → 자동차 광고 폴더에서 '영상 소스' 폴더를 선택하고 〈업로드〉 버튼을 클릭합니다.

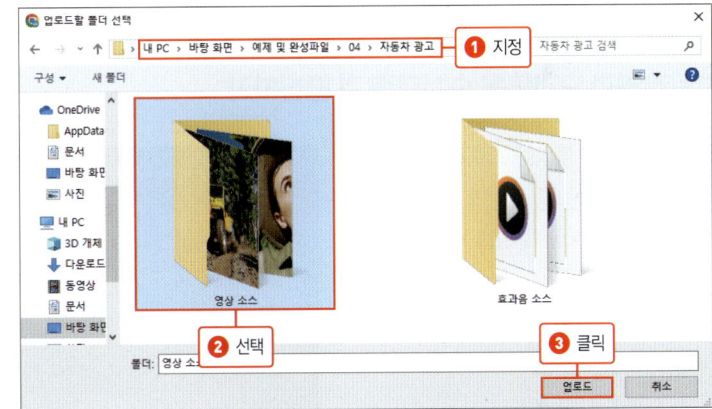

> **NOTE**
>
> **캡컷에서 파일을 불러올 때 알아두면 좋은 팁**
>
> 캡컷은 데스크톱(PC)과 모바일 앱 모두 지원하지만, 대량 파일 관리나 정리를 위해서는 데스크톱 버전 사용을 권장합니다. 또한, 영상을 편집할 경우 사용되는 소스를 먼저 폴더별로 정리하는 것이 좋습니다. 예제와 같이 사용되는 예제 폴더 안에 '영상 소스' 폴더, '효과음 소스' 폴더처럼 직관적인 이름 부여해 주면, 편집할 때 각 폴더에서 원하는 파일을 불러와 사용할 수 있어 편리합니다. 캡컷에서 불러올 수 있는 파일 형식은 다음과 같으니 편집에 참고하세요.
>
> - **영상** : MP4, MOV, AVI 등
> - **음원** : MP3, WAV
> - **이미지** : JPG, PNG, WEBP
> - **자막** : SRT(지원 여부는 버전 따라 다름)
>
>

05 같은 방법으로 '효과음 소스' 폴더도 캡컷에 업로드합니다.

TIP 일부 브라우저에서는 폴더 업로드 시 구조가 무너지는 경우가 있습니다. 폴더를 업로드할 때 폴더 구조가 유지되는지 확인하세요(크롬/엣지 최신 버전 사용 권장).

02 장면과 효과음을 순서대로 컷 편집하기

01 불러온 폴더를 클릭하면 폴더 안의 영상들을 확인할 수 있습니다. 영상을 먼저 배치하기 위해 '영상 소스' 폴더를 클릭합니다.

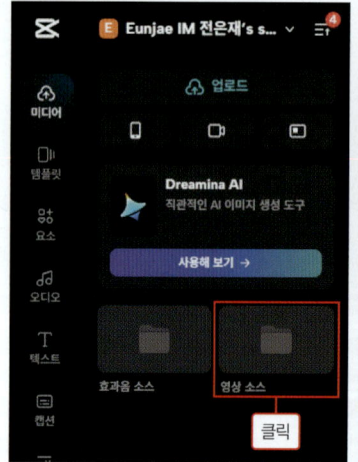
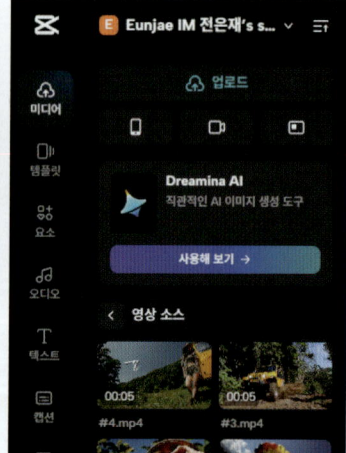

02 [미디어] 메뉴에 있는 영상 소스를 타임라인으로 드래그하거나 선택하여 편집을 진행할 수 있습니다. 첫 번째 장면인 '#1.mp4' 파일을 타임라인으로 드래그하여 배치합니다.

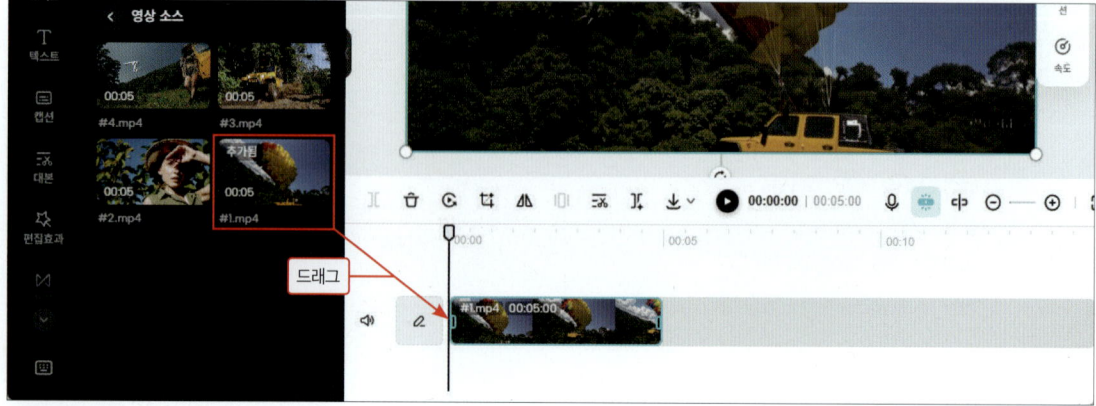

278

03 같은 방법으로 (미디어) 패널에서 장면 2에 해당하는 '#2.mp4' 파일을 타임라인에 있는 '#1' 클립 끝부분으로 드래그하여 배치합니다.

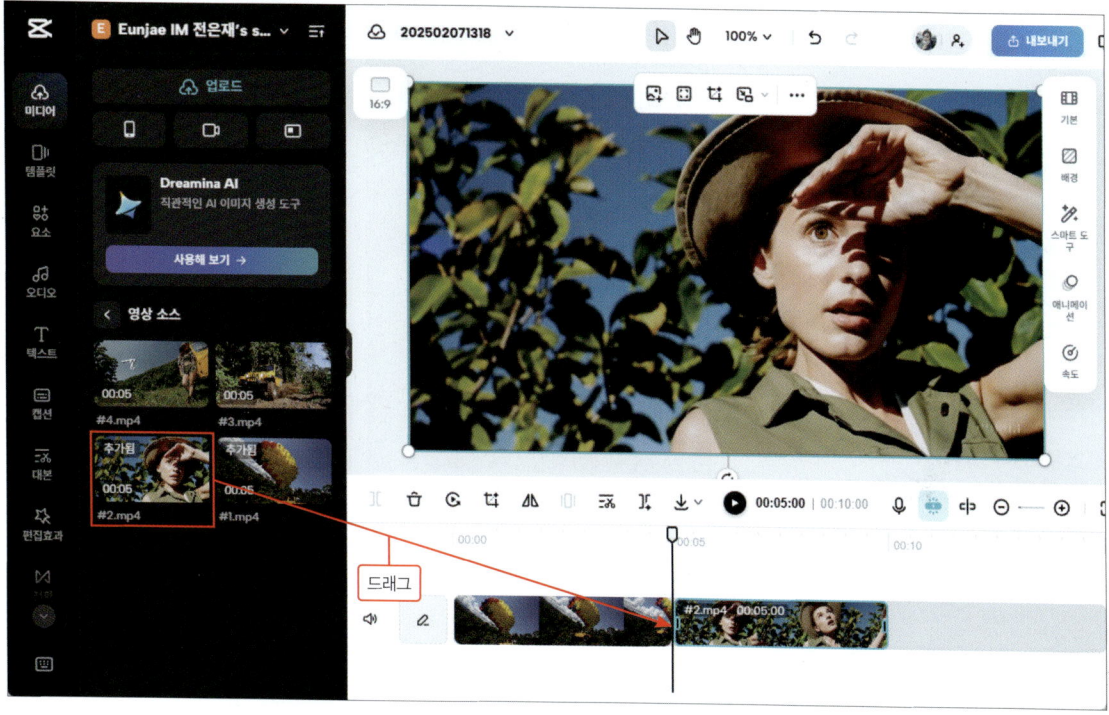

04 같은 방법으로 장면 3, 장면 4에 해당하는 '#3.mp4', '#4.mp4' 파일을 타임라인으로 드래그하여 그림과 같이 순서대로 배치합니다. 배치가 완료되면 총 20초 분량의 영상인 것을 확인할 수 있습니다.

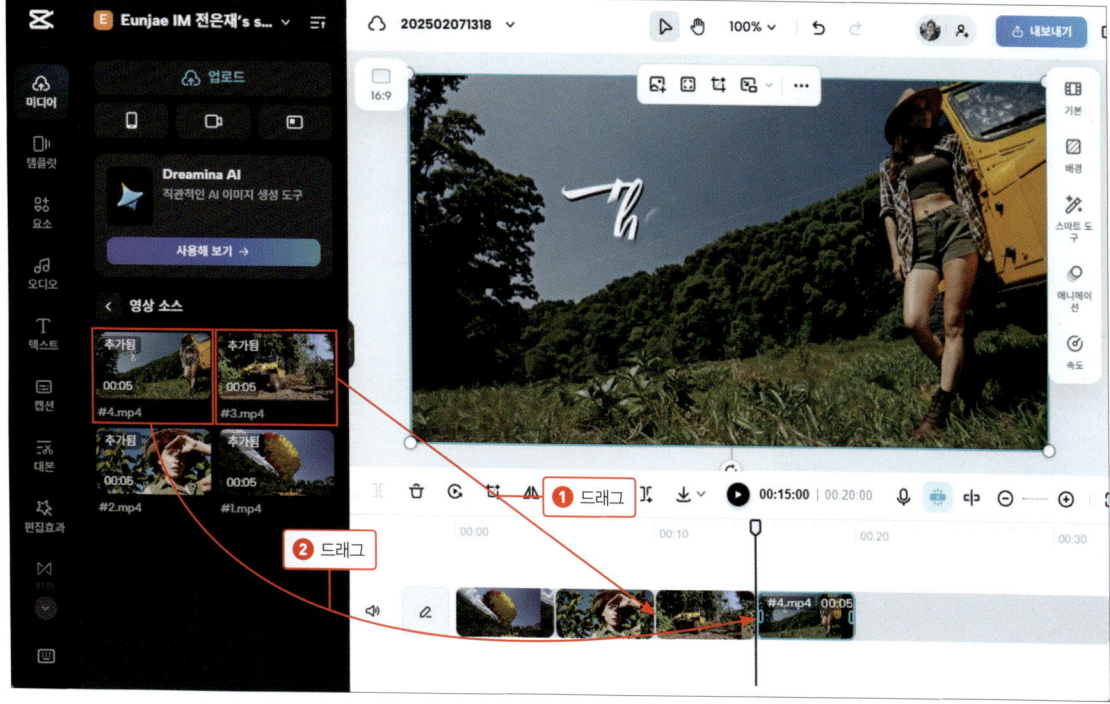

05 효과음을 배치하기 위해 영상 소스 폴더의 '⟨'를 클릭합니다. 업로드된 파일 중에서 '효과음 소스' 폴더를 클릭합니다.

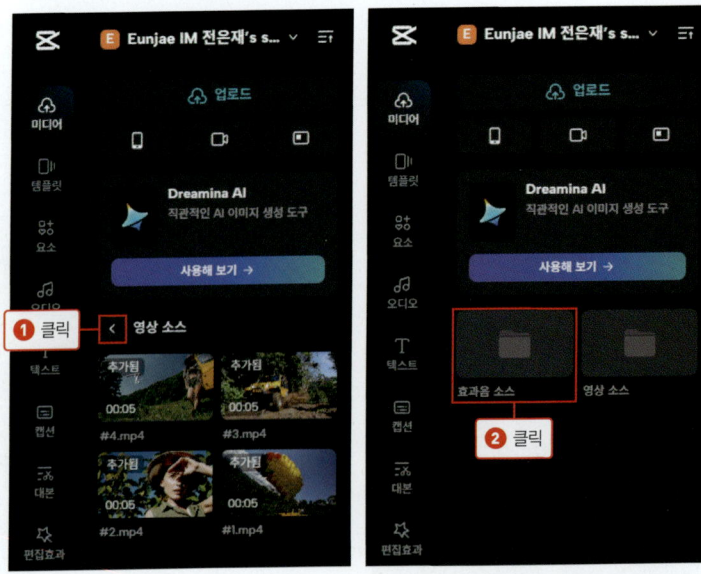

06 효과음 폴더의 파일들이 표시되면 '#1 Sound.mp3' 파일을 타임라인의 '#1' 클립 아래의 오디오 트랙으로 드래그하여 배치합니다.

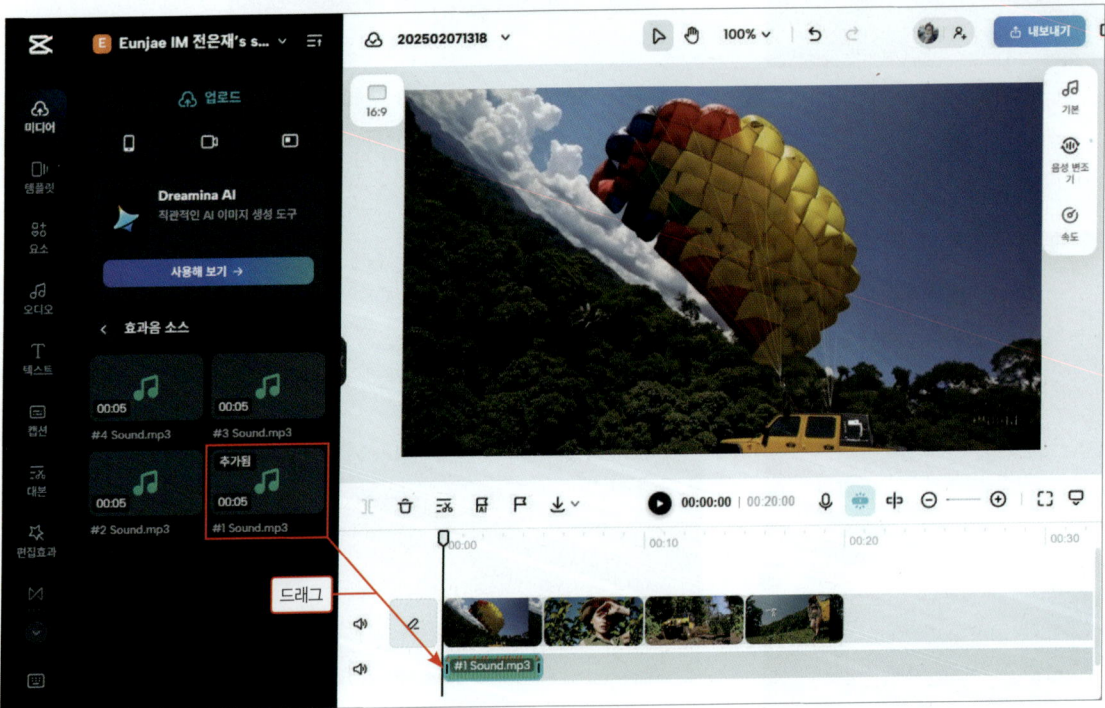

07 같은 방법으로 '#2 Sound.mp3' 파일을 타임라인의 '#2' 클립 아래의 오디오 트랙으로 드래그하여 배치합니다.

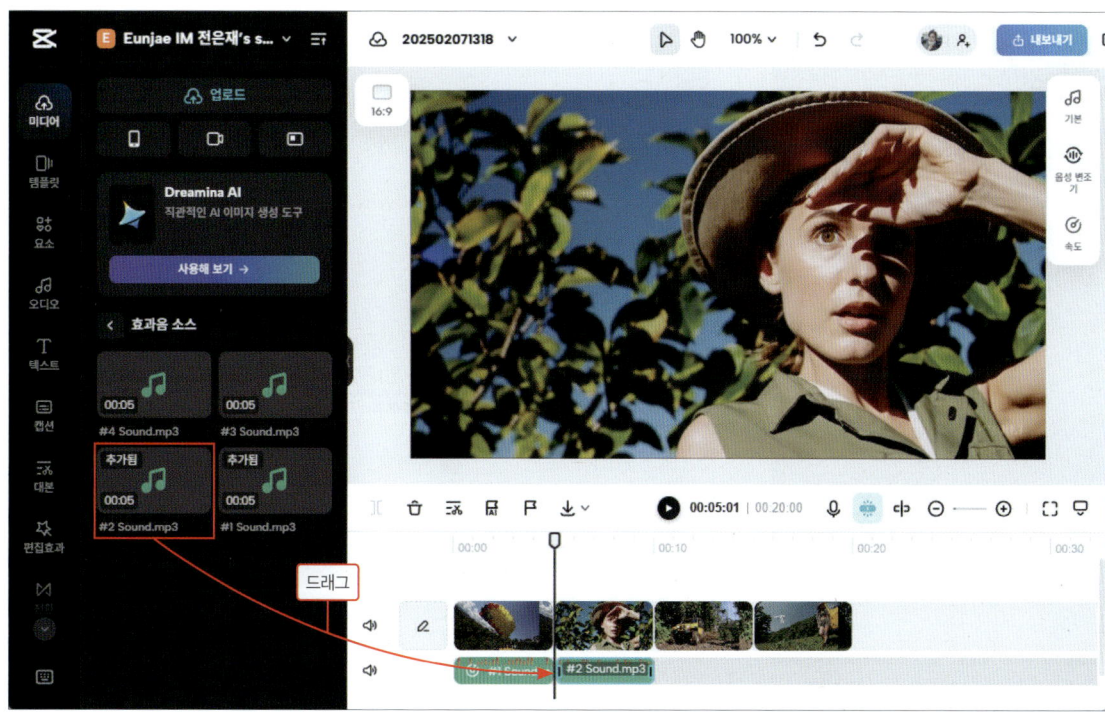

08 같은 방법으로 장면 3, 장면 4에 해당하는 '#3 Sound.mp3', '#4 Sound.mp3' 파일도 타임라인으로 드래그하여 그림과 같이 순서대로 배치합니다.

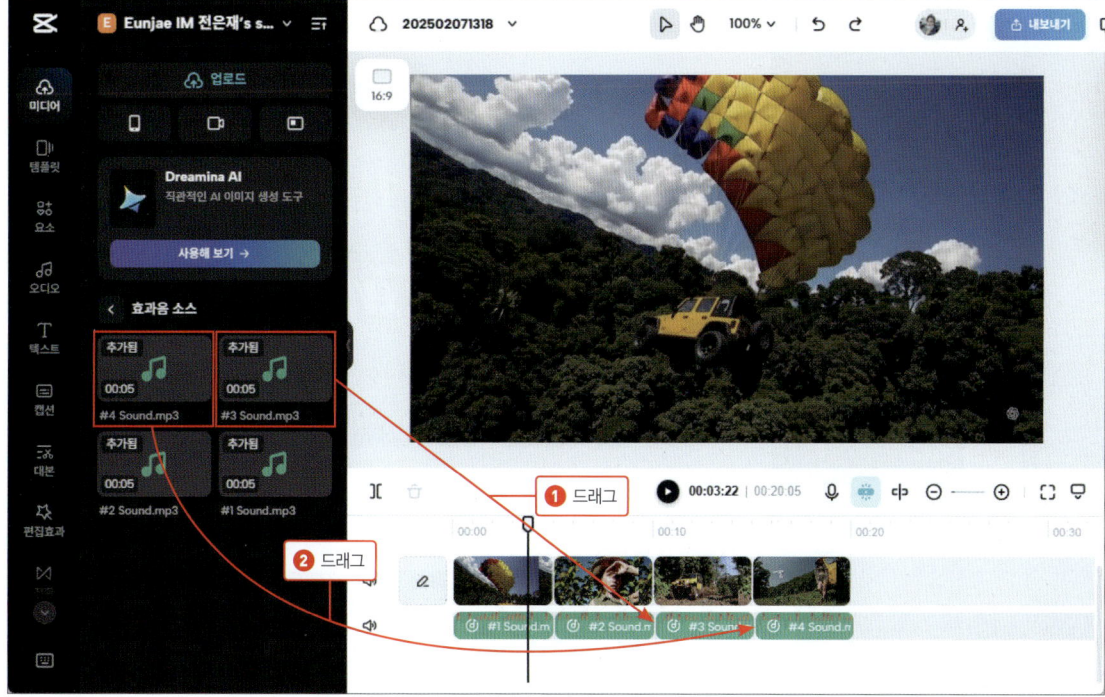

09 왼쪽 메뉴 바에서 배경 음악을 추가할 수 있는 (오디오) 메뉴를 선택합니다. 예제에서는 추천 항목에 있는 'Peace of Mind' 음악을 타임라인 효과음 소스 아래로 드래그하겠습니다.

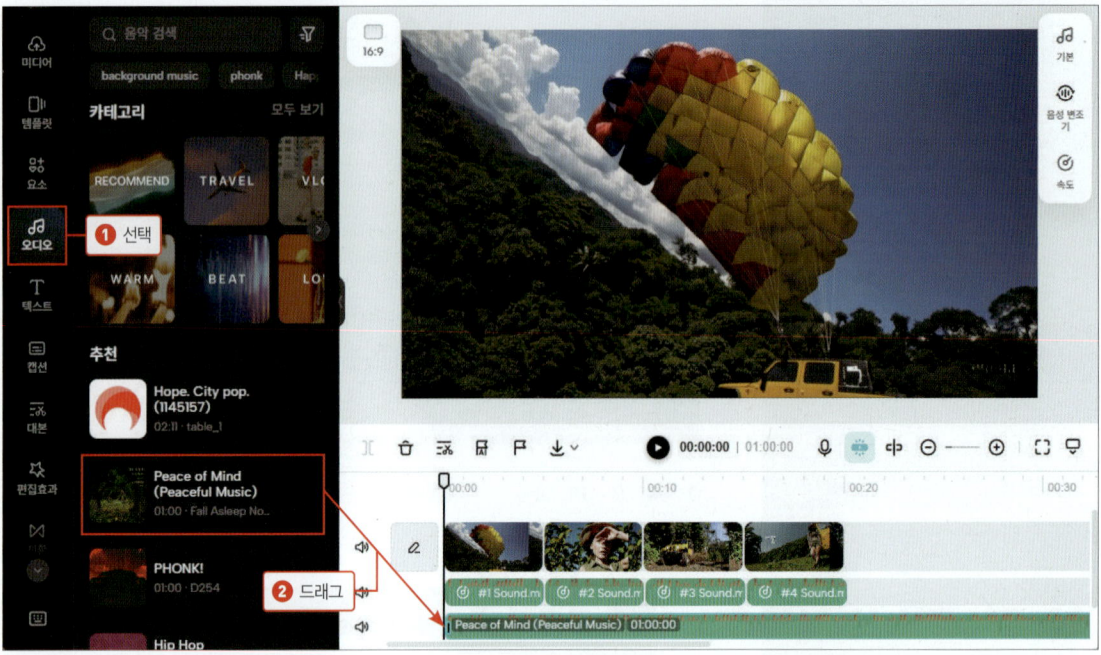

TIP 캡컷에서는 저작권 문제가 없는 음원을 배경 음악으로 지원합니다.

10 배경 음악이 배치되면 타임라인의 시간 표시자를 '00:20:00'으로 이동합니다. 해당 구간에서 전체 영상보다 길이가 긴 배경 음악을 자르기 위해 배경 음악 클립을 선택하고 Ctrl + B 를 눌러 컷 편집을 실행합니다.

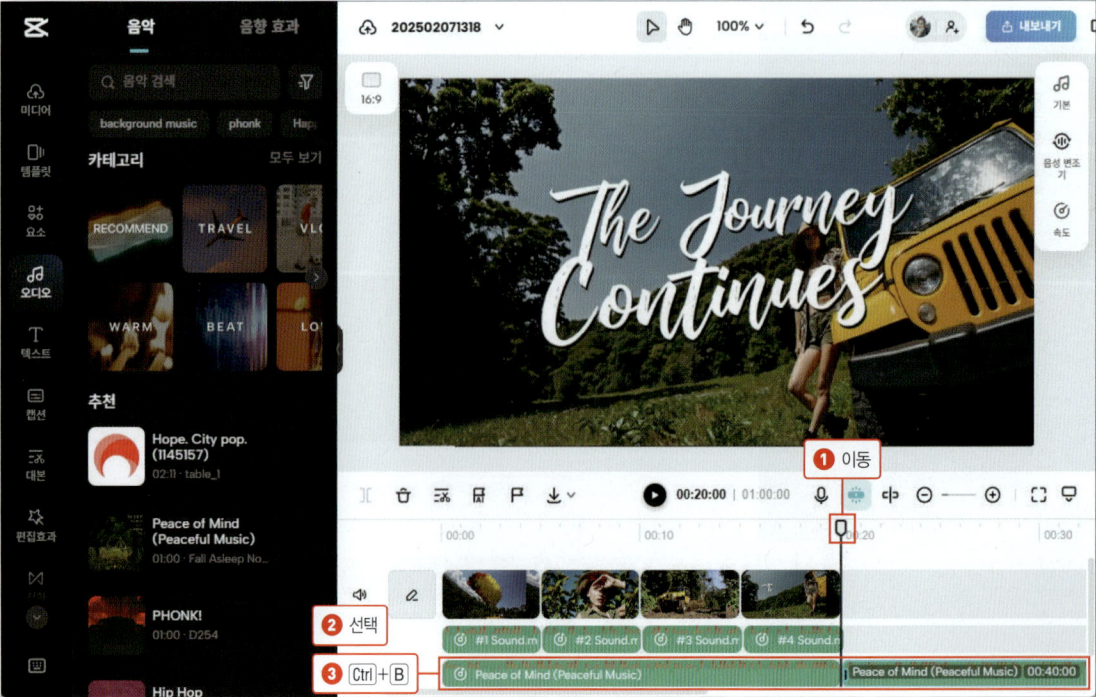

11 시간 표시자를 기준으로 나뉜 뒷 클립을 선택합니다. 해당 부분은 전체 영상보다 길이가 길어 Delete 를 눌러 삭제합니다.

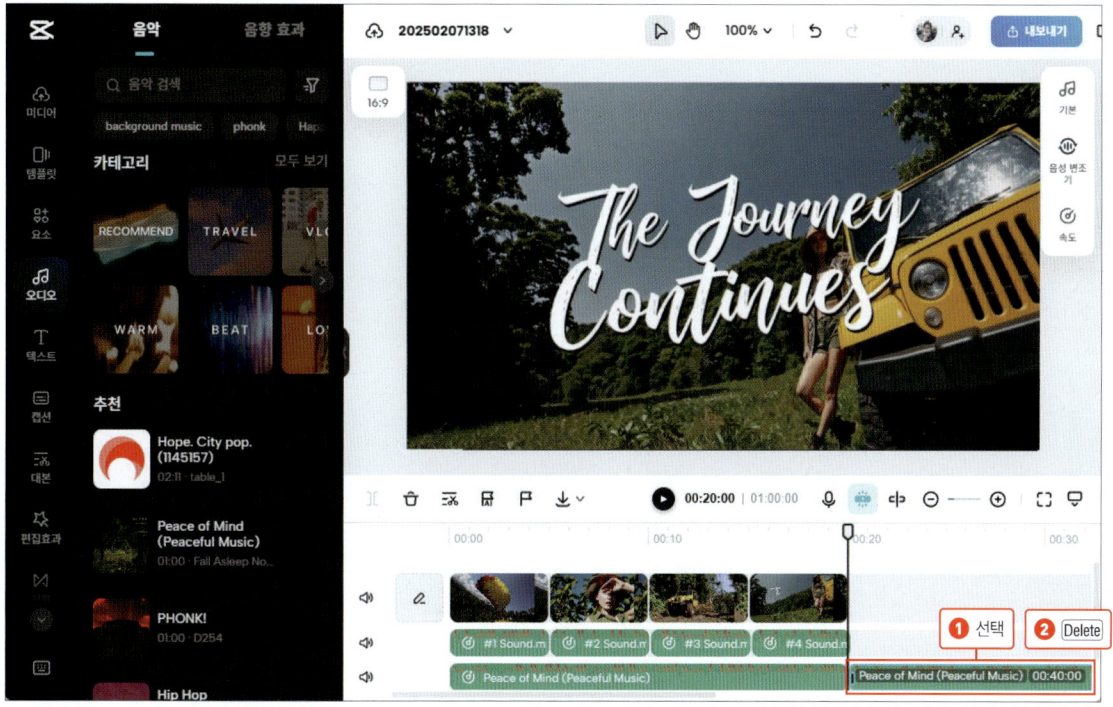

03 완성된 자동차 광고 영상 출력하기

01 편집이 완료되면 영상을 출력하겠습니다. 오른쪽 상단의 〈내보내기〉 버튼을 클릭하고 내보내기 창이 표시되면 〈다운로드〉 버튼을 클릭합니다. 내보내기 설정이 표시되면 해상도를 '1080p', 프레임 속도를 '24fps'로 지정하고 〈내보내기〉 버튼을 클릭하여 작업 영상을 다운로드 합니다.

TIP 특별한 장르나 기획적 의도가 없는 경우에는 기본 설정을 따르는 것이 좋습니다.

PROJECT

브랜드 광고 구성부터 카피, 영상까지
숏폼 화장품 광고 영상 만들기

숏폼 광고는 제한된 시간 안에 시청자의 주목을 끌고 브랜드 메시지를 각인시켜야 하는 고밀도 콘텐츠 형식으로, 최근 광고 시장의 흐름도 기존의 가로형 롱폼 중심에서 세로형 숏폼 중심으로 빠르게 이동하고 있습니다. 이러한 변화 속에서 소라 AI는 짧은 시간 안에 강한 임팩트를 전달할 수 있는 세로형 숏폼 광고 제작에 최적화된 생성형 AI 도구로 주목받고 있습니다.

소라 AI는 이러한 프롬프트를 기반으로 브랜드 이미지에 적합한 영상 클립을 순차적으로 구성하며, 각 장면 간의 전환이나 감정의 흐름까지도 자연스럽게 연출해 냅니다. 이번 예제에서는 챗GPT와 소라 AI를 활용해 화장품 광고를 어떻게 구상하고, 실제 영상으로 구현할 수 있는지 단계별 제작 과정을 구체적으로 살펴보겠습니다.

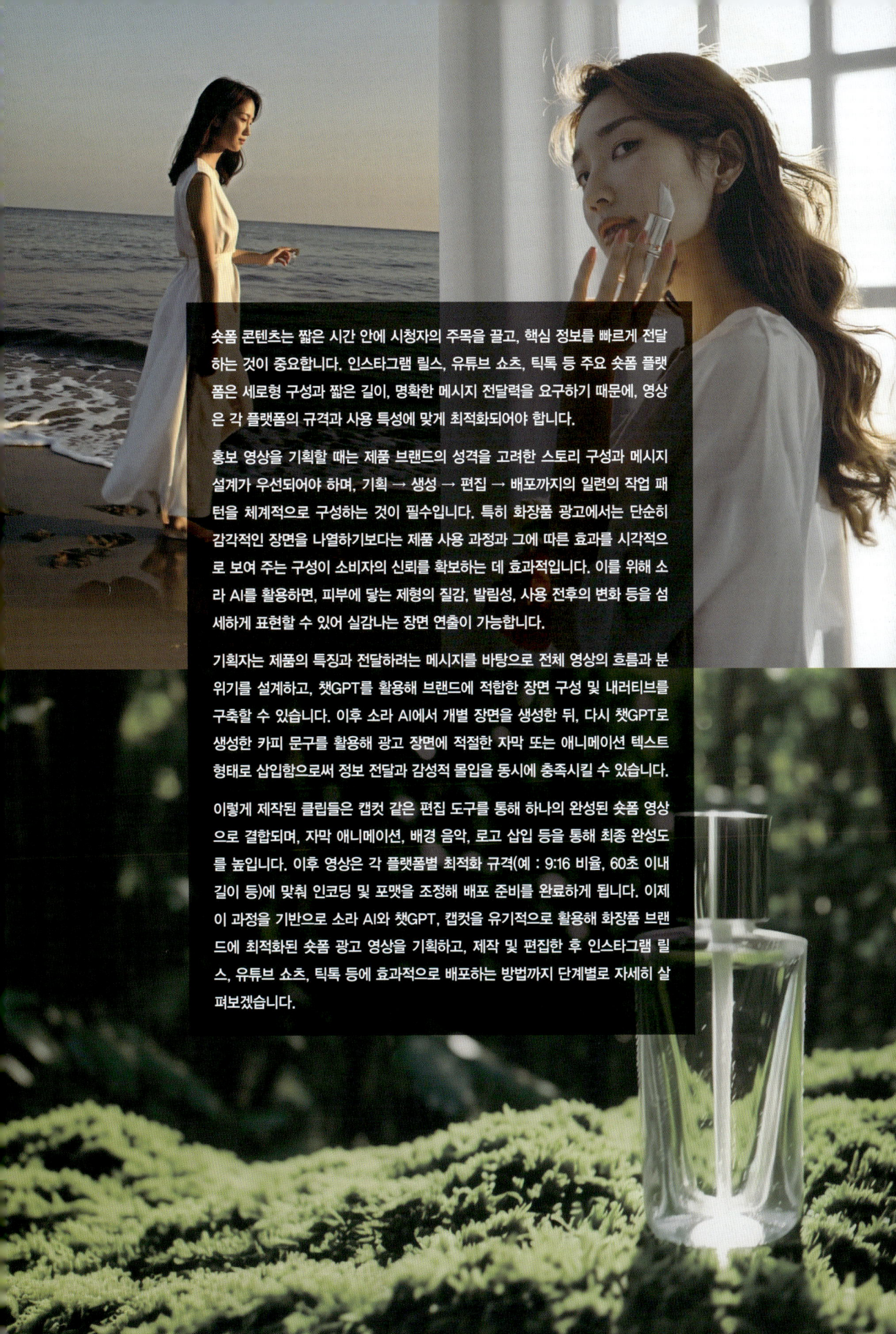

숏폼 콘텐츠는 짧은 시간 안에 시청자의 주목을 끌고, 핵심 정보를 빠르게 전달하는 것이 중요합니다. 인스타그램 릴스, 유튜브 쇼츠, 틱톡 등 주요 숏폼 플랫폼은 세로형 구성과 짧은 길이, 명확한 메시지 전달력을 요구하기 때문에, 영상은 각 플랫폼의 규격과 사용 특성에 맞게 최적화되어야 합니다.

홍보 영상을 기획할 때는 제품 브랜드의 성격을 고려한 스토리 구성과 메시지 설계가 우선되어야 하며, 기획 → 생성 → 편집 → 배포까지의 일련의 작업 패턴을 체계적으로 구성하는 것이 필수입니다. 특히 화장품 광고에서는 단순히 감각적인 장면을 나열하기보다는 제품 사용 과정과 그에 따른 효과를 시각적으로 보여 주는 구성이 소비자의 신뢰를 확보하는 데 효과적입니다. 이를 위해 소라 AI를 활용하면, 피부에 닿는 제형의 질감, 발림성, 사용 전후의 변화 등을 섬세하게 표현할 수 있어 실감나는 장면 연출이 가능합니다.

기획자는 제품의 특징과 전달하려는 메시지를 바탕으로 전체 영상의 흐름과 분위기를 설계하고, 챗GPT를 활용해 브랜드에 적합한 장면 구성 및 내러티브를 구축할 수 있습니다. 이후 소라 AI에서 개별 장면을 생성한 뒤, 다시 챗GPT로 생성한 카피 문구를 활용해 광고 장면에 적절한 자막 또는 애니메이션 텍스트 형태로 삽입함으로써 정보 전달과 감성적 몰입을 동시에 충족시킬 수 있습니다.

이렇게 제작된 클립들은 캡컷 같은 편집 도구를 통해 하나의 완성된 숏폼 영상으로 결합되며, 자막 애니메이션, 배경 음악, 로고 삽입 등을 통해 최종 완성도를 높입니다. 이후 영상은 각 플랫폼별 최적화 규격(예 : 9:16 비율, 60초 이내 길이 등)에 맞춰 인코딩 및 포맷을 조정해 배포 준비를 완료하게 됩니다. 이제 이 과정을 기반으로 소라 AI와 챗GPT, 캡컷을 유기적으로 활용해 화장품 브랜드에 최적화된 숏폼 광고 영상을 기획하고, 제작 및 편집한 후 인스타그램 릴스, 유튜브 쇼츠, 틱톡 등에 효과적으로 배포하는 방법까지 단계별로 자세히 살펴보겠습니다.

SECTION
6.

● 완성파일 : 04\화장품 광고\화장품광고프롬프트.txt, 영상 폴더

브랜드 분위기를 강조하는
화장품 광고 구성과 영상 생성하기

작업자가 미리 구상한 간략한 스토리를 완성도 있는 영상 프롬프트로 작성하기 위해 챗GPT를 이용하여 질문 프롬프트를 작성합니다. 정보 요청 프롬프트는 영상 개요와 필요한 정보를 묻는 형식으로 작성합니다.

소라 AI를 비롯한 대부분의 생성형 AI로 영상을 제작할 때, 타인에게 설명하듯 AI가 쉽게 이해할 수 있도록 스토리, 카메라 워킹, 조명, 소품 등 키워드 중심의 간결한 프롬프트 작성이 필수적입니다. 챗GPT와 소라 AI는 오픈 AI 사에서 만든 같은 메커니즘을 가진 도구이므로, 프롬프트 작성에서 키워드 및 핵심 프롬프트를 제공받을 수 있습니다.

챗GPT에 접속한 다음 프롬프트 입력창에 사전에 러프하게 기획한 스토리를 바탕으로 질문 프롬프트를 입력합니다.

사용자

영상 개요 : 제품과 모델이 강조된 숏폼 뷰티 광고

#1 열대림 속 화장품(제품 강조)
장소 : 수풀이 우거진 아침 햇살이 비치는 열대림 안의 화장품
카메라 : 와이드 샷 → 점점 줌 인
조명 : 자연광, 부드러운 아침 햇살이 스며드는 느낌

#2 해변가를 걷는 여성(브랜드 메시지 전달)
장소 : 햇살이 반짝이는 해변
카메라 : 미디엄 샷
조명 : 자연광(태양빛 반사, 부드러운 조명 톤)

#3 여성 얼굴 클로즈업(제품 사용 & 효과 강조)
장소 : 실내 또는 햇살이 드는 공간
카메라 : 타이트 클로즈업
조명 : 부드러운 확산광, 피부 결을 살리는 라이팅

작성된 영상 구성에 맞게 소라 AI에서 사용될 영상 프롬프트를 영문으로 작성해 줘.

챗GPT에서 제공한 소라 AI용 영문 프롬프트 중 영상 제작 과정에 필요한 실제 시각적인 비주얼에 관련된 요소만 본문에서 추출하여 장면별로 정리합니다.

#1 A lush tropical rainforest bathed in soft morning sunlight. The camera starts with a wide-angle shot, capturing the dense green foliage and shimmering morning dew. Slowly, the camera zooms in towards the center of the frame, revealing a sleek and elegant cosmetic bottle placed on a moss-covered rock. Sunlight filters through the leaves, creating a dreamy, natural glow around the product. Tiny water droplets slide down the surface of the cosmetic product bottle, emphasizing hydration and freshness. The atmosphere is tranquil, with gentle bird songs and a light breeze rustling the leaves

- **Camera** : Wide shot → slow zoom-in
- **Lighting** : Soft, natural morning light filtering through leaves
- **Atmosphere** : Fresh, calming, premium natural aesthetics

#2 A serene beach with golden sunlight reflecting off the gentle waves. A young Korean woman in a flowing white dress walks barefoot along the shoreline, leaving soft imprints on the sand. The camera captures her in a medium shot, slightly low angle, as she gracefully moves forward. Her fingers lightly touch the air, playing with the wind. She smiles softly, eyes closed, enjoying the warm sun on her skin. Her hair flows naturally with the sea breeze. The waves crash gently in the background, harmonizing with the soft, ambient soundtrack

- **Camera** : Medium shot, slightly low angle
- **Lighting** : Warm, golden-hour lighting with soft reflections
- **Props** : Flowing dress, ocean waves, delicate hair movement
- **Atmosphere** : Elegant, free-spirited, fresh & luxurious

#3 A bright, softly lit indoor setting with warm natural sunlight streaming in through a large window. The camera captures a tight close-up of a young Korean woman with flawless, radiant skin. Her hair flows naturally with the sea breeze. She holds a luxurious cosmetic bottle in one hand, while her other hand gently touches her cheek. Her skin glows as she applies a drop of the product, blending it effortlessly. The focus shifts to the texture of the serum as it melts into her skin, leaving a luminous finish. The atmosphere is serene, emphasizing hydration and beauty

- **Camera** : Tight close-up
- **Lighting** : Soft diffused light, Lighting that enhances skin texture
- **Atmosphere** : Indoors or in a sunlit space

한글 번역

#1 무성한 열대우림이 부드러운 아침 햇살에 물들어 있다. 카메라는 광각 샷으로 시작하여 울창한 초록빛 나뭇잎과 반짝이는 아침 이슬을 담아낸다. 천천히 화면 중앙으로 줌 인하면, 이끼로 덮인 바위 위에 놓인 세련되고 우아한 화장품 병이 모습을 드러낸다. 나뭇잎 사이로 스며드는 햇빛이 제품 주변에 꿈같고 자연스러운 광채를 만들어낸다. 작은 물방울이 화장품 병 표면을 타고 흘러내리며 촉촉함과 신선함을 강조한다. 새들의 잔잔한 노래와 가볍게 흔들리는 나뭇잎 소리가 어우러져 평온한 분위기를 연출한다.

- **카메라** : 와이드 샷 → 천천히 줌 인
- **조명** : 나뭇잎 사이로 스며드는 부드러운 자연광
- **분위기** : 신선하고 평온하며, 프리미엄 자연 감성

#2 고요한 해변 위로 부드러운 파도가 일렁이며, 황금빛 햇살이 반짝인다. 흰색의 하늘거리는 원피스를 입은 젊은 한국 여성이 맨발로 해변을 따라 걷고 있다. 그녀의 발걸음이 모래 위에 부드러운 자국을 남긴다. 카메라는 약간 낮은 각도의 미디엄 샷으로 그녀의 우아한 움직임을 포착한다. 그녀는 손끝으로 공기를 가볍게 만지며 바람과 장난치듯 움직인다. 눈을 감고 따뜻한 햇살을 느끼며 부드럽게 미소 짓는다. 바닷바람에 머리카락이 자연스럽게 흩날리고, 잔잔한 파도 소리가 부드러운 배경 음악과 어우러진다.

- **카메라** : 미디엄 샷, 약간 낮은 각도
- **조명** : 따뜻한 골든 아워 조명, 부드러운 반사광
- **소품** : 하늘거리는 원피스, 바다의 파도, 부드럽게 흩날리는 머리카락
- **분위기** : 우아하고 자유로운, 신선하고 럭셔리한 감성

#3 밝고 부드러운 조명이 감도는 실내 공간. 커다란 창문을 통해 따뜻한 자연광이 스며든다. 카메라는 젊은 한국 여성의 맑고 빛나는 피부를 타이트한 클로즈업 샷으로 포착한다. 그녀의 머리카락은 바닷바람에 자연스럽게 흩날린다. 한 손에는 고급스러운 화장품 병을 들고, 다른 손으로는 부드럽게 볼을 어루만진다. 피부 위에 제품을 한 방울 떨어뜨리자, 부드럽게 스며들며 은은한 광채를 남긴다. 초점이 제품의 텍스처로 이동하며, 촉촉하고 자연스럽게 블렌딩되는 모습을 강조한다. 공간 전체에 고요하고 편안한 분위기가 흐르며, 수분감과 아름다움을 극대화한다.

- **카메라** : 타이트 클로즈업
- **조명** : 부드러운 확산광, 피부 결을 살리는 라이팅
- **분위기** : 실내 또는 햇살이 드는 공간

01 자연과 어우러진 화장품 광고 영상 생성하기

Key Prompts • Fresh, slow zoom-in, premium natural aesthetics

01 기획한 콘셉트를 바탕으로, 나뭇잎 사이로 햇살이 비추는 숲, 피부에 닿는 자연의 느낌 등 시각적 요소를 중심으로 프롬프트를 구성해 열대림과 어우러진 감각적인 광고 영상을 제작하겠습니다. 웹브라우저에서 'sora.com'을 입력하여 소라 AI 사이트에 접속합니다.

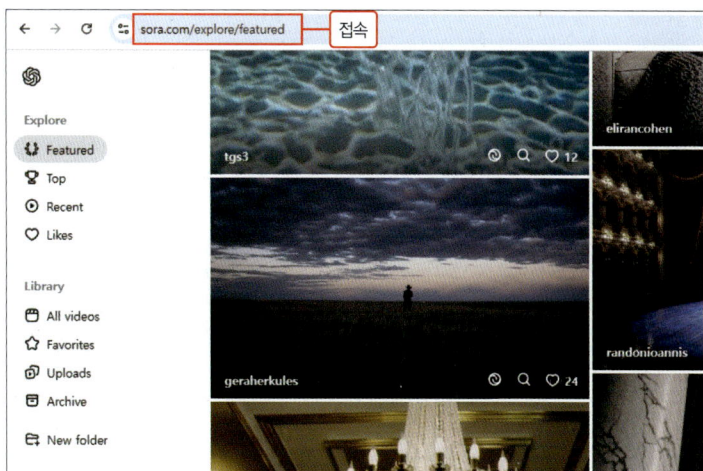

02 프롬프트 입력창에 '장면 1'에 대한 프롬프트를 복사(Ctrl)+(C)하고 붙여 넣습니다(Ctrl)+(V).

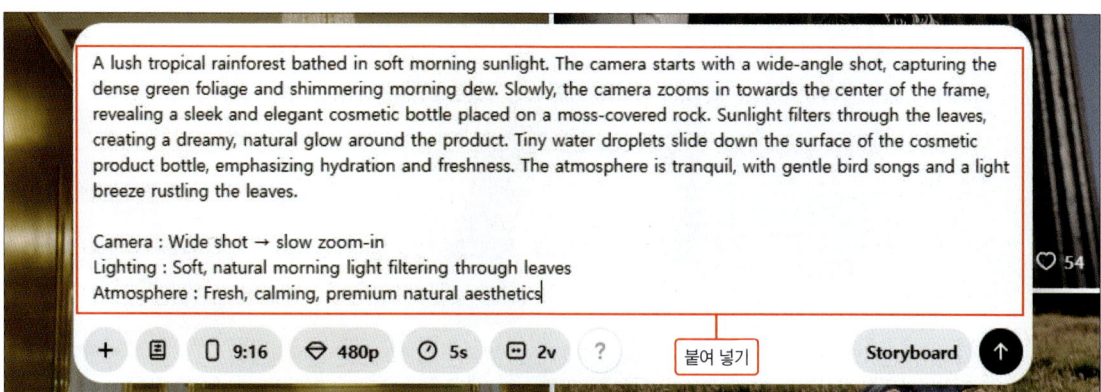

프롬프트
A lush tropical rainforest bathed in soft morning sunlight. The camera starts with a wide-angle shot, capturing the dense green foliage and shimmering morning dew. Slowly, the camera zooms in towards the center of the frame, revealing a sleek and elegant cosmetic bottle placed on a moss-covered rock. Sunlight filters through the leaves, creating a dreamy, natural glow around the product. Tiny water droplets slide down the surface of the cosmetic product bottle, emphasizing hydration and freshness. The atmosphere is tranquil, with gentle bird songs and a light breeze rustling the leaves

Camera Wide shot → slow zoom-in
Lighting Soft, natural morning light filtering through leaves
Atmosphere Fresh, calming, premium natural aesthetics

03 숏폼 영상 비율에 맞게 화면 비율을 '9:16', 해상도를 '720p', 영상 길이를 '5s', 좋은 결과물을 취사 선택하기 위해 영상 생성 개수를 '2v'로 설정합니다. 이후, 'Create' 아이콘( )을 클릭합니다.

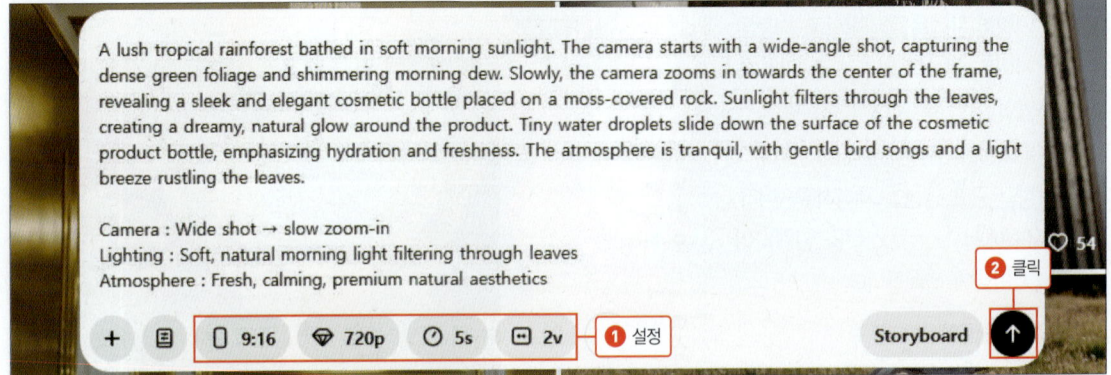

04 'Added to queue' 텍스트가 표시되고 완료될 때까지 기다립니다. 생성이 완료되면 영상을 확인하기 위해 'Acitivity' 아이콘( )을 클릭하고 원하는 영상의 섬네일을 클릭합니다.

05 프롬프트에 맞게 생성된 2개의 영상을 확인하고 마음에 드는 영상의 섬네일을 선택합니다. 예제에서는 오른쪽 섬네일의 영상을 선택하였습니다.

TIP 2개의 영상을 생성한 것이므로, 선택되지 않은 영상도 언제든지 소라 AI 사이트에서 다운로드를 진행할 수 있습니다.

06 선택한 영상을 저장하기 위해 오른쪽 상단에 'Download' 아이콘(⬇)을 클릭하고 'Video'를 선택합니다. Download ready 창이 표시되면 〈Download〉 버튼을 클릭하여 PC에 저장합니다.

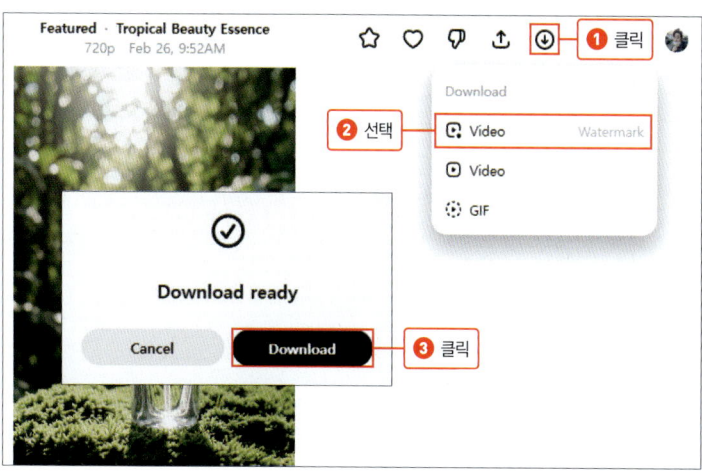

02 시원한 해변 분위기를 살린 화장품 광고 영상 생성하기

Key Prompts • fresh & luxurious, slightly low angle, Warm

01 시원하고 여유로운 해변 풍경은 청량감 있는 화장품 광고 연출에 잘 어울립니다. 모델의 행동, 카메라 앵글, 시간대 등을 함께 고려하여 구성한 프롬프트를 활용하여 브랜드의 계절감이나 분위기를 시각적으로 효과 있게 표현하겠습니다. 웹브라우저에서 'sora.com'을 입력하여 소라 AI 사이트에 접속합니다.

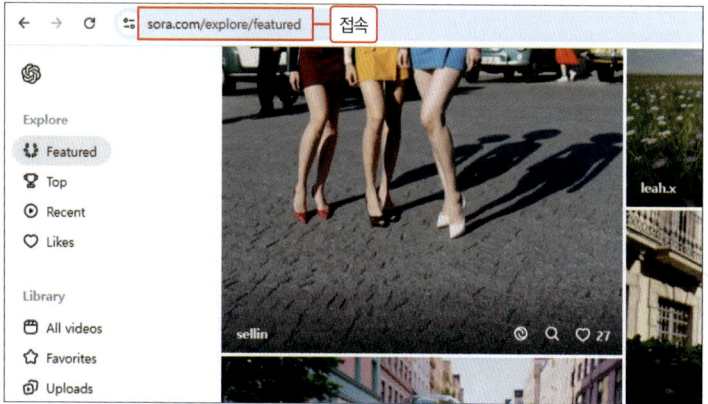

02 프롬프트 입력창에 '장면 2'에 대한 프롬프트를 복사(Ctrl+C)하고 붙여 넣기(Ctrl+V)합니다. 이전 영상의 설정과 동일하기 때문에 프롬프트만 변경한 다음 'Create' 아이콘(⬆)을 클릭합니다.

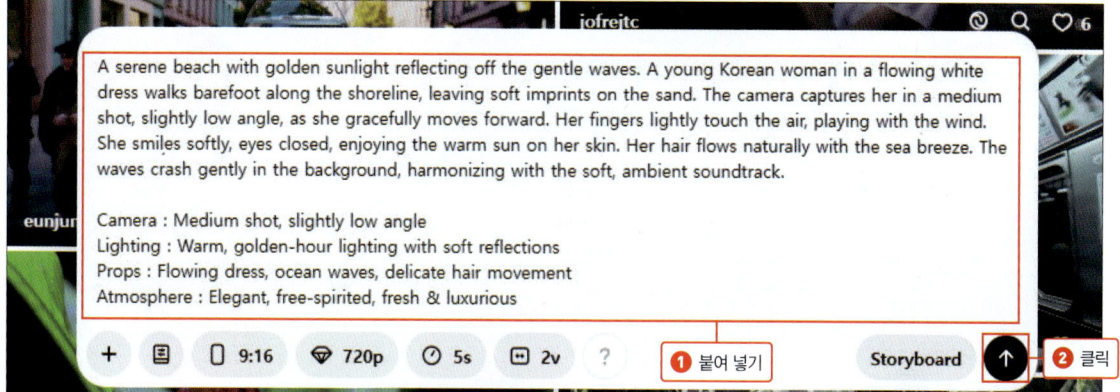

프롬프트 A serene beach with golden sunlight reflecting off the gentle waves. A young Korean woman in a flowing white dress walks barefoot along the shoreline, leaving soft imprints on the sand. The camera captures her in a medium shot, slightly low angle, as she gracefully moves forward. Her fingers lightly touch the air, playing with the wind. She smiles softly, eyes closed, enjoying the warm sun on her skin. Her hair flows naturally with the sea breeze. The waves crash gently in the background, harmonizing with the soft, ambient soundtrack

Camera Medium shot, slightly low angle
Lighting Warm, golden-hour lighting with soft reflections
Props Flowing dress, ocean waves, delicate hair movement
Atmosphere Elegant, free-spirited, fresh & luxurious

03 'Added to queue' 텍스트가 표시되며 영상 생성이 시작됩니다. 생성이 완료되면 영상을 확인하기 위해 'Acitivity' 아이콘()을 클릭하고 원하는 영상의 섬네일을 클릭합니다.

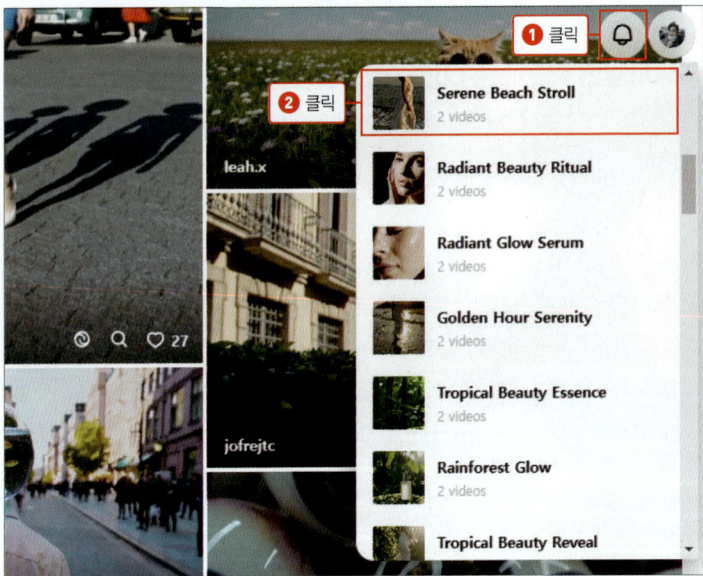

NOTE 소라 AI의 사용자 프로필 아이콘 알아보기

소라 AI에서 사용자가 설정한 계정의 프로필 아이콘을 클릭하면 그림과 같이 세부 메뉴가 표시됩니다. 각 기능을 간단히 알아보겠습니다.

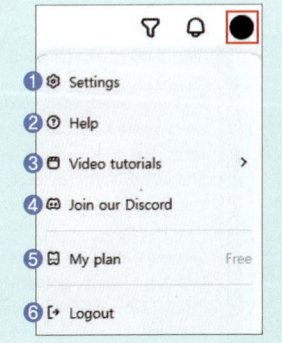

❶ **Settings** : 사용자 이름, 프로필 사진, 인터페이스 테마 등을 변경할 수 있는 설정 메뉴입니다.
❷ **Help** : 사용 중 문제가 생겼을 때 참고할 수 있는 도움말과 문서로 이동합니다.
❸ **Video tutorials** : 소라의 주요 기능을 익힐 수 있는 영상 튜토리얼을 제공합니다.
❹ **Join our Discord** : 소라 공식 디스코드 커뮤니티에 참여하여 다른 사용자와 소통할 수 있습니다.
❺ **My plan** : 현재 사용 중인 요금제 정보를 확인하거나 업그레이드할 수 있습니다.
❻ **Logout** : 현재 계정에서 로그아웃합니다.

04 프롬프트에 맞게 생성된 2개의 영상을 확인하고 마음에 드는 영상의 섬네일을 클릭합니다. 예제에서는 왼쪽 섬네일의 영상을 선택하였습니다.

05 선택한 영상을 저장하기 위해 오른쪽 상단에 'Download' 아이콘(⊙)을 클릭하고 'Video'를 선택합니다. Download ready 창이 표시되면 〈Download〉 버튼을 클릭하여 PC에 저장합니다.

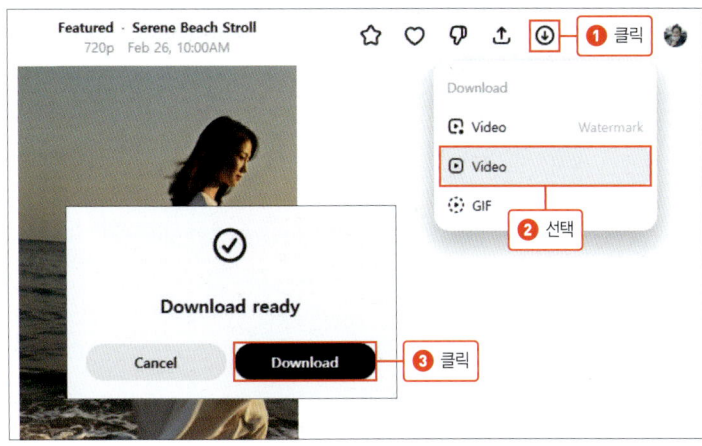

03 제품 사용과 효과를 강조한 광고 영상 생성하기

Key Prompts • Tight close-up, Indoors or in a sunlit space, Soft diffused light

01 소라 AI를 활용하여 피부에 닿는 질감, 발림성, 사용 전후의 변화 등을 시각화한 장면을 설계하겠습니다. 웹 브라우저에서 'sora.com'을 입력하여 소라 AI 사이트에 접속합니다.

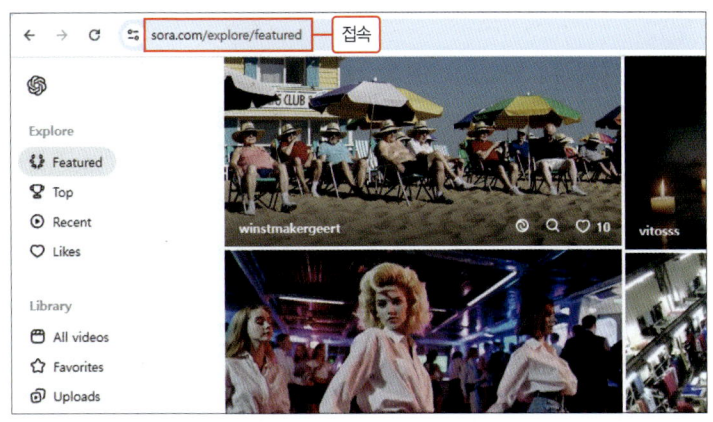

02 프롬프트 입력창에 '장면 3'에 대한 프롬프트를 복사(Ctrl + C), 붙여 넣기(Ctrl + V)하고 '●' 아이콘을 클릭합니다.

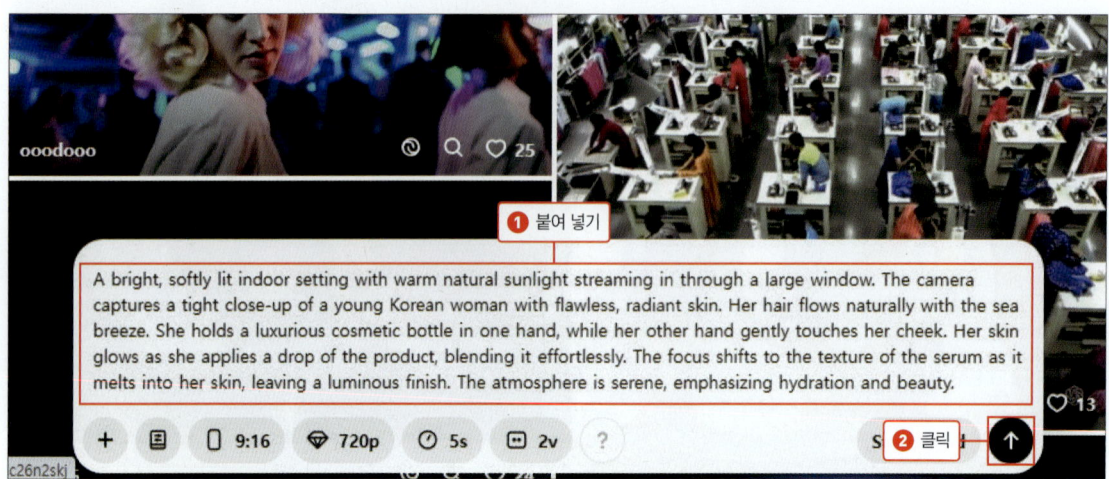

프롬프트 A bright, softly lit indoor setting with warm natural sunlight streaming in through a large window. The camera captures a tight close-up of a young Korean woman with flawless, radiant skin. Her hair flows naturally with the sea breeze. She holds a luxurious cosmetic bottle in one hand, while her other hand gently touches her cheek. Her skin glows as she applies a drop of the product, blending it effortlessly. The focus shifts to the texture of the serum as it melts into her skin, leaving a luminous finish. The atmosphere is serene, emphasizing hydration and beauty

Camera Tight close-up
Lighting Soft diffused light, Lighting that enhances skin texture
Atmosphere Indoors or in a sunlit space

03 'Added to queue' 텍스트가 표시되고 영상이 생성되면 영상을 확인하기 위해 'Acitivity' 아이콘(🔔)을 클릭하고 원하는 영상의 섬네일을 클릭합니다.

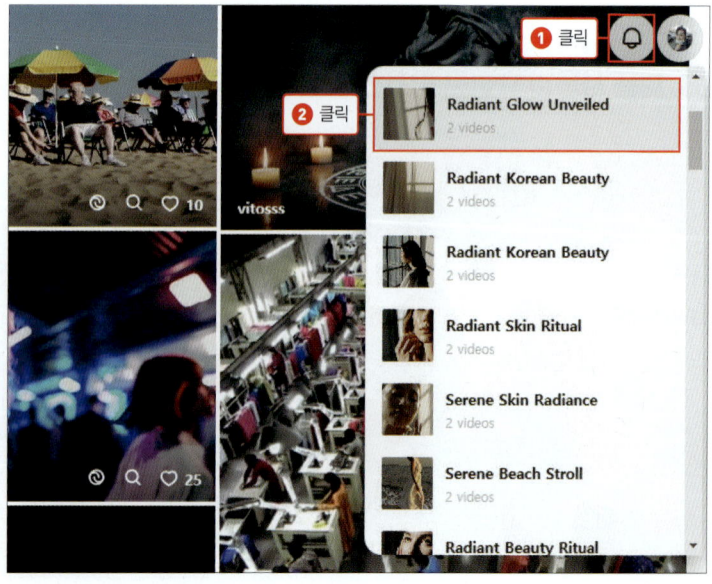

04 2개의 영상 중 마음에 드는 영상의 섬네일을 선택합니다. 예제에서는 오른쪽 섬네일의 영상을 선택하였습니다.

TIP 영상이 잘 생성됐는지는 키워드로 구성된 프롬프트의 내용이 영상에 다 담겨있는지로 판단합니다. 프롬프트의 내용이 누락되어 영상에 반영이 되지 않았다면 다시 생성하여 목적에 맞는 영상을 만들어 내는 것이 좋습니다.

05 선택한 영상을 저장하기 위해 'Download' 아이콘(⊙)을 클릭하고 'Video'를 선택합니다. Download ready 창이 표시되면 〈Download〉 버튼을 클릭하여 PC에 저장합니다.

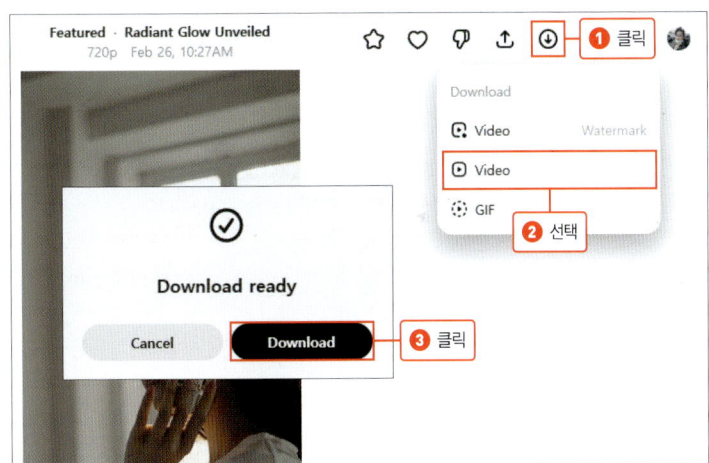

06 다운로드한 영상들을 하나의 폴더로 이동한 다음 장면별로 이름을 각각 '#1', '#2', '#3'으로 변경합니다.

SECTION 7.

● 완성파일 : 04\화장품 광고\카피문구.txt

챗GPT로 광고 목적에 맞는 카피 문구 구상하기

기획자가 의도한 분위기, 전달하고자 하는 메시지를 바탕으로 카피 아이디어를 구체화하고, 광고 장면에 자연스럽게 어우러지는 문장으로 다듬는 과정을 살펴보겠습니다.

챗GPT에 접속한 다음 프롬프트 입력창에 '#2'와 '#3'에 들어갈 카피 문구 작성을 요청합니다.

사용자

> 영상 개요 : 제품과 모델이 강조된 숏폼 뷰티 광고
>
> #2. 해변가를 걷는 여성(브랜드 메시지 전달)
> 장소 : 햇살이 반짝이는 해변
> 카메라 : 미디엄 샷
> 조명 : 자연광(태양빛 반사, 부드러운 조명 톤)
>
> #3. 여성 얼굴 클로즈업(제품 사용＆효과 강조)
> 장소 : 실내 또는 햇살이 드는 공간
> 카메라 : 타이트 클로즈업
> 조명 : 부드러운 확산광, 피부 결을 살리는 라이팅
>
> 여기에 맞는 카피 문구를 한글로 작성해 줘.

챗GPT에서 제공한 카피 문구를 장면별로 정리합니다.

영상 개요 : 제품과 모델이 강조된 숏폼 뷰티 광고

#2. 해변가를 걷는 여성(브랜드 메시지 전달)

장소 : 햇살이 반짝이는 해변
카메라 : 미디엄 샷
조명 : 자연광(태양빛 반사, 부드러운 조명 톤)

카피 문구 제안 :
"자연이 주는 순수한 힘, 피부를 위한 깊은 보습"
"햇살 속에서도 당당하게, 나의 아름다움을 믿어요"
"순수한 자연을 닮은, 진짜 나의 피부 이야기"

#3. 여성 얼굴 클로즈업(제품 사용 & 효과 강조)

장소 : 실내 또는 햇살이 드는 공간
카메라 : 타이트 클로즈업
조명 : 부드러운 확산광, 피부 결을 살리는 라이팅

카피 문구 제안 :
"한 방울의 촉촉한 광채, 자연스럽게 빛나다."
"촉촉함이 스며들고, 광채가 살아나다."
"내 피부에 녹아드는 고급스러움"

● 예제파일 : 04\화장품 광고\영상 폴더　● 완성파일 : 04\화장품 광고\화장품광고_완성.mp4

SECTION 8. 캡컷으로 숏폼 광고 영상 편집하기

이제 캡컷을 활용하여 앞선 과정에서 제작한 개별 영상을 하나의 화장품 숏폼 광고 영상으로 합하고 카피 문구를 추가해 영상을 완성해 보겠습니다.

01 영상 소스를 캡컷으로 불러와 편집 환경 만들기

01 웹브라우저에서 'www.capcut.com'을 입력하여 캡컷 사이트에 접속하고 로그인한 다음 〈+ 새로 만들기〉 버튼을 클릭합니다.

02 숏폼 영상으로 제작하기 위해 이전에 생성한 영상과 동일하게 동영상 항목의 '9:16'을 선택합니다.

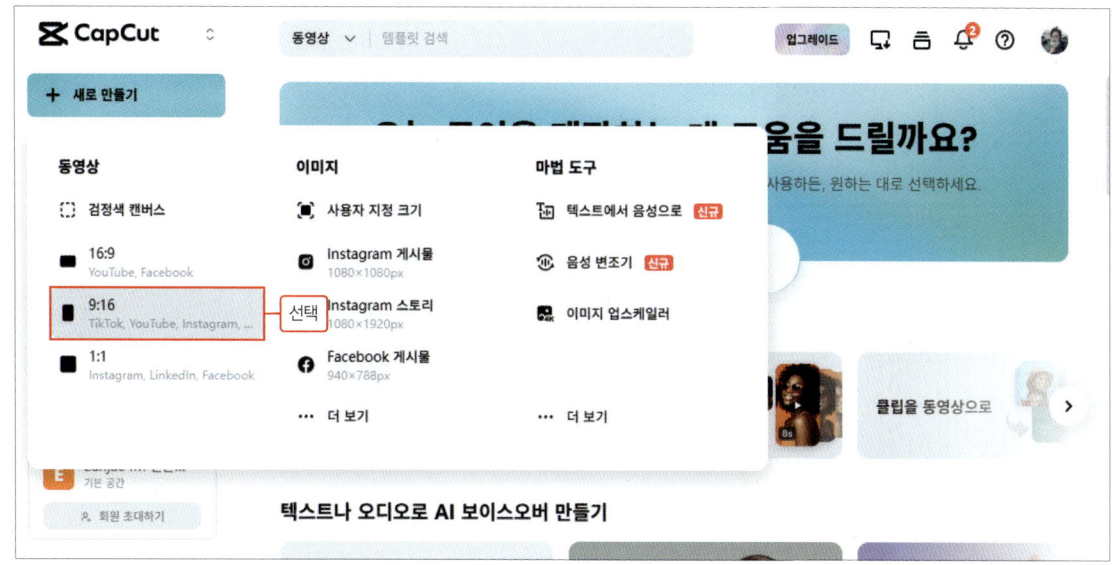

TIP 틱톡, 인스타그램, 유튜브 쇼츠 전용 영상을 생성할 때는 '9:16' 비율의 해상도 옵션을 선택해야 합니다.

03 영상을 편집할 수 있는 프로젝트가 생성됩니다. 〈업로드〉 버튼을 클릭하고 폴더 채로 업로드하여 사용하기 위해 '폴더 업로드'를 선택합니다. 업로드할 폴더 선택 대화상자가 표시되면 04 → 화장품광고 폴더에서 '영상' 폴더를 불러옵니다.

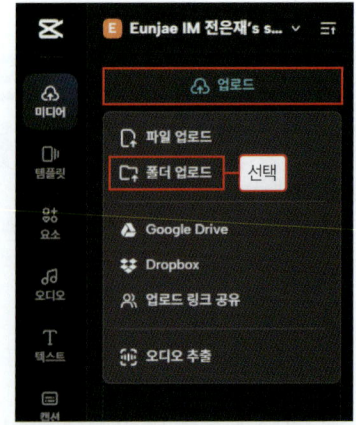

04 (미디어) 메뉴에 업로드한 폴더가 표시되면 '영상' 폴더를 선택합니다.

05 영상 소스를 타임라인에 드래그하면 편집을 진행할 수 있습니다. '#1' 영상 소스를 타임라인에 드래그하여 표시합니다.

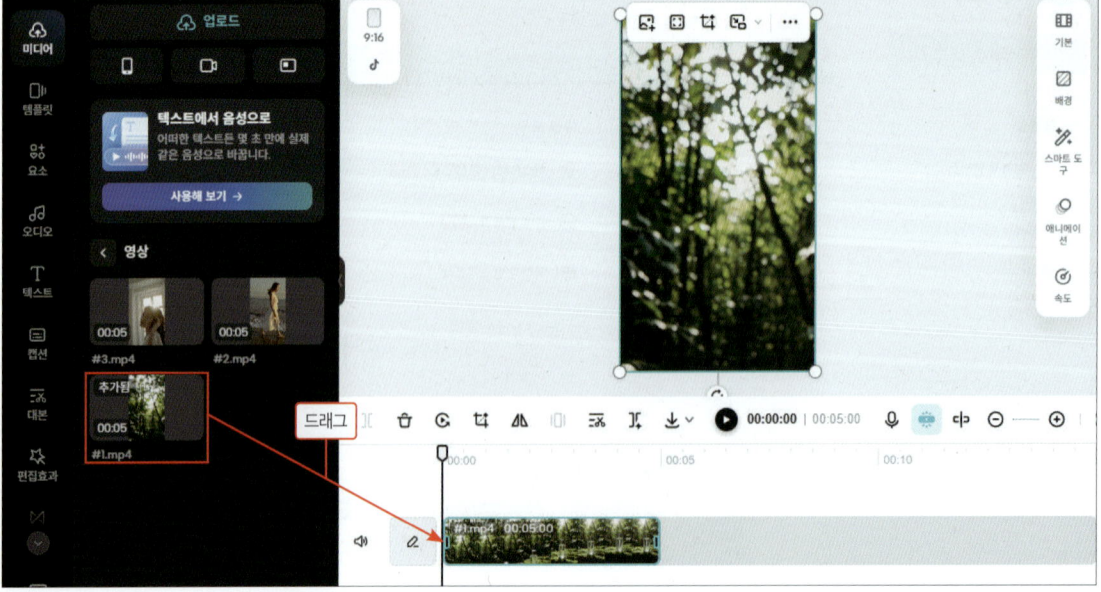

06 같은 방법으로 '#2', '#3' 영상들도 [미디어] 메뉴에서 타임라인으로 드래그하여 배치합니다.

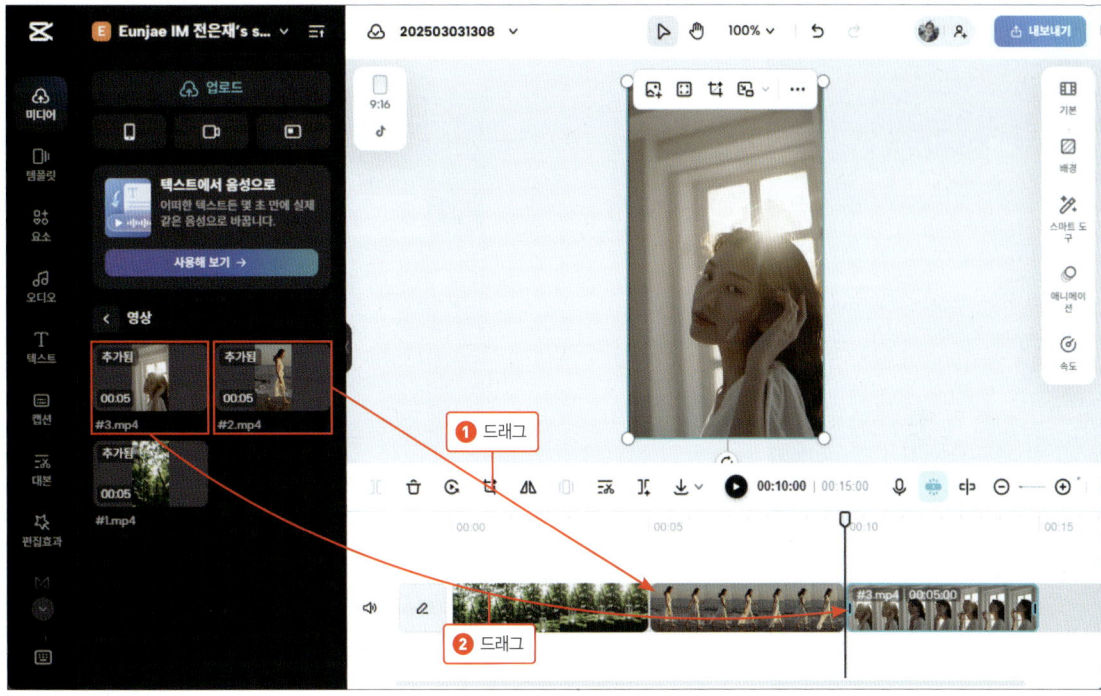

02 영상에 어울리는 머리글 추가와 텍스트 스타일 설정하기

01 영상에 머리글을 추가하기 위해 시간 표시자를 #2 영상이 시작하는 '00:05:00'으로 드래그하여 이동하고 왼쪽 패널에 있는 [텍스트] 메뉴를 선택한 다음 〈머리글 추가〉 버튼을 클릭합니다.

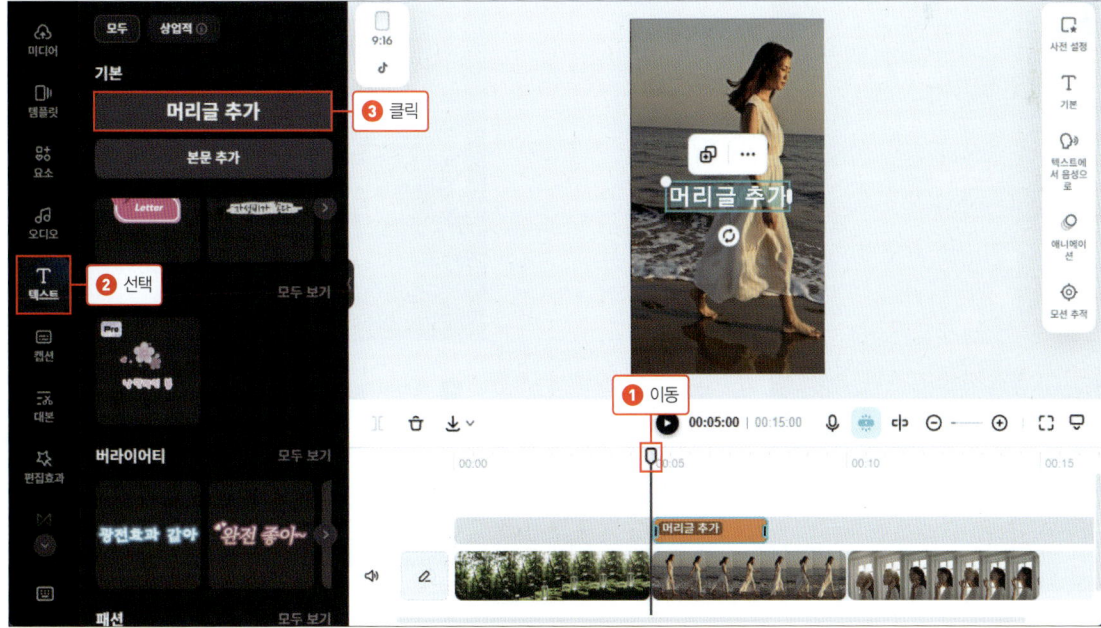

02 오른쪽 사이드바에서 '기본'을 선택하고 텍스트 입력창에 '자연이 주는 순수한 힘/피부를 위한 깊은 보습'을 입력합니다.

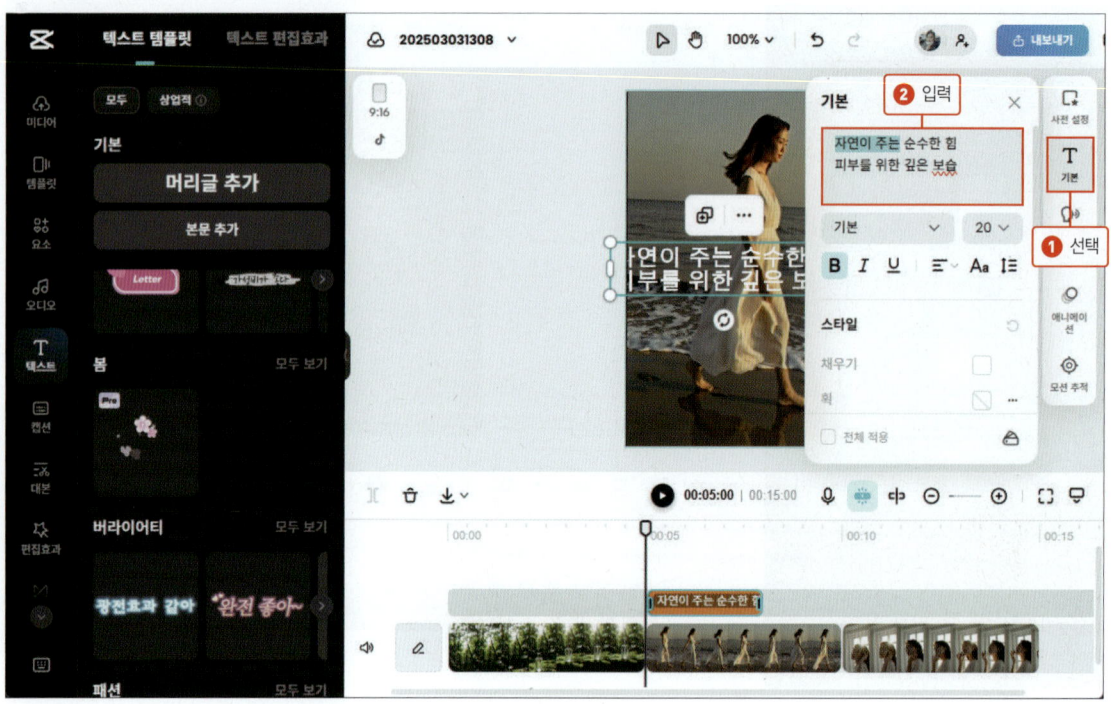

03 글꼴을 '스타일리시', 글꼴 크기를 '16'로 지정하고, '진하게' 아이콘(B)과 '가운데 정렬' 아이콘(≡)을 클릭하여 텍스트 스타일을 설정합니다.

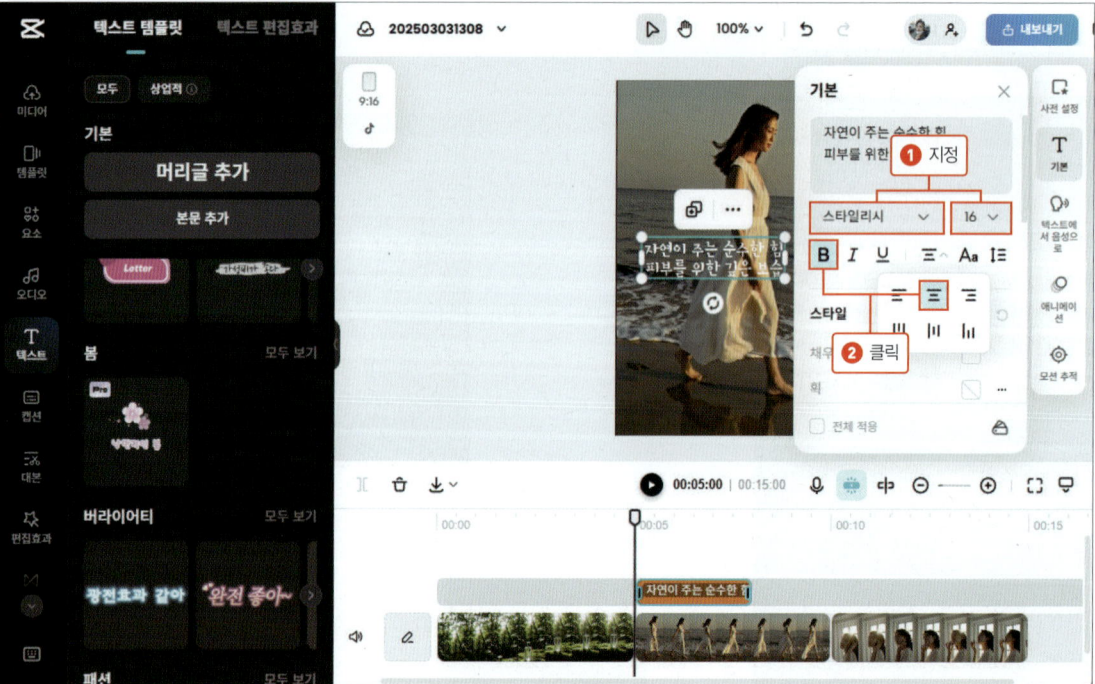

04 내용이 잘 보일 수 있도록 그림자를 설정하겠습니다. 스타일 항목에 있는 그림자의 색상 상자를 클릭하고 표시되는 그림자 색상 메뉴에서 '검은색'을 선택합니다.

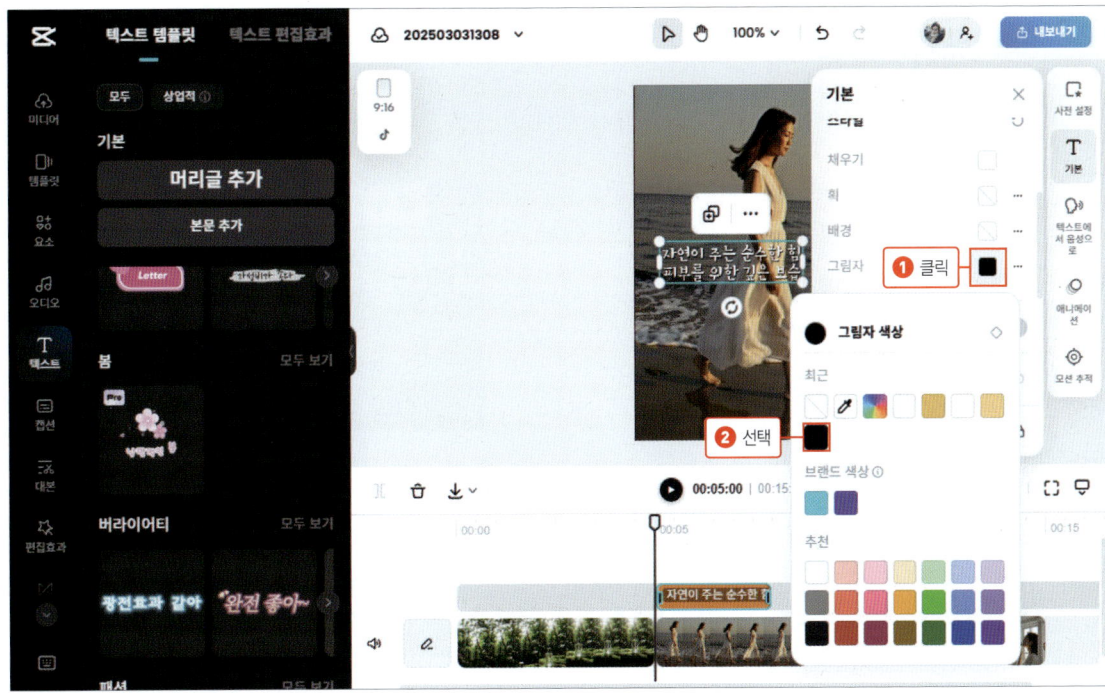

TIP 그림자를 삽입하는 이유는 글씨가 배경에 묻혀 잘 보이지 않는 경우, 가독성을 높이기 위함입니다. 글씨와 대비되는 색을 그림자로 삽입하여 글씨가 더 잘 보이게 할 수 있습니다.

05 '더보기' 아이콘(…)을 클릭하여 표시되는 메뉴에서 그림자의 세부 설정을 진행합니다. 불투명도를 '50%', 흐리게를 '20%', 거리를 '5', 각도를 '-45'로 설정하여 글씨에 그림자를 생성합니다.

06 텍스트 설정을 마쳤다면 '닫기' 아이콘(☒)을 클릭하여 설정창을 종료합니다.

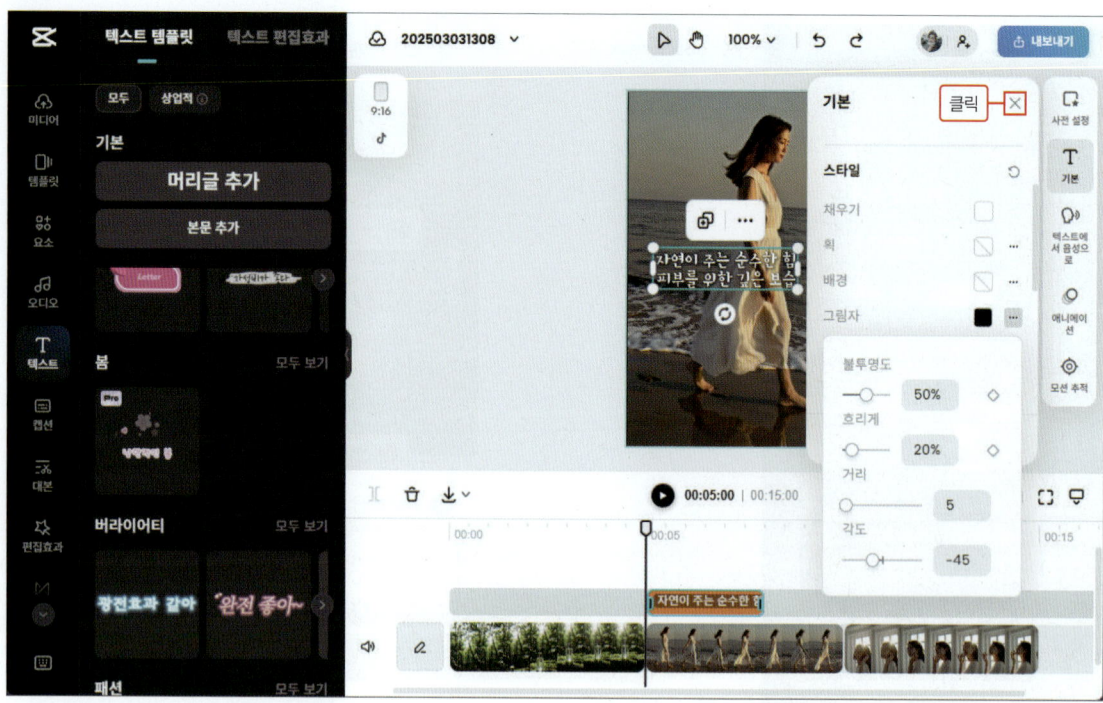

07 아래 타임라인에서 텍스트 클립의 오른쪽 끝부분을 드래그하여 길이를 영상에 맞게 맞춥니다.

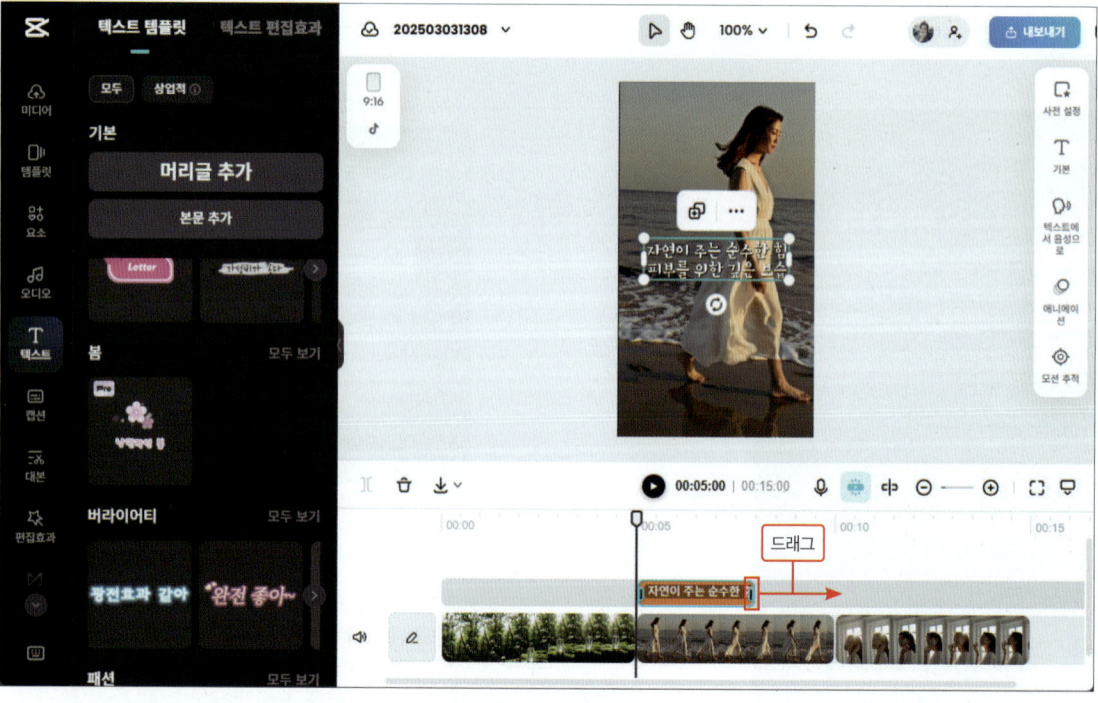

03 영상 효과를 적용하고 완성된 광고 영상 저장하기

01 오른쪽 사이드바에서 '애니메이션'을 선택하고 텍스트의 잉크가 흐르는 것처럼 서서히 생성되는 애니메이션 효과를 설정하기 위해 (인) 탭을 선택하고 '잉크가 흐려졌습니다'를 클릭합니다. 인/아웃 모션 지속시간은 '1.5s'로 지정합니다.

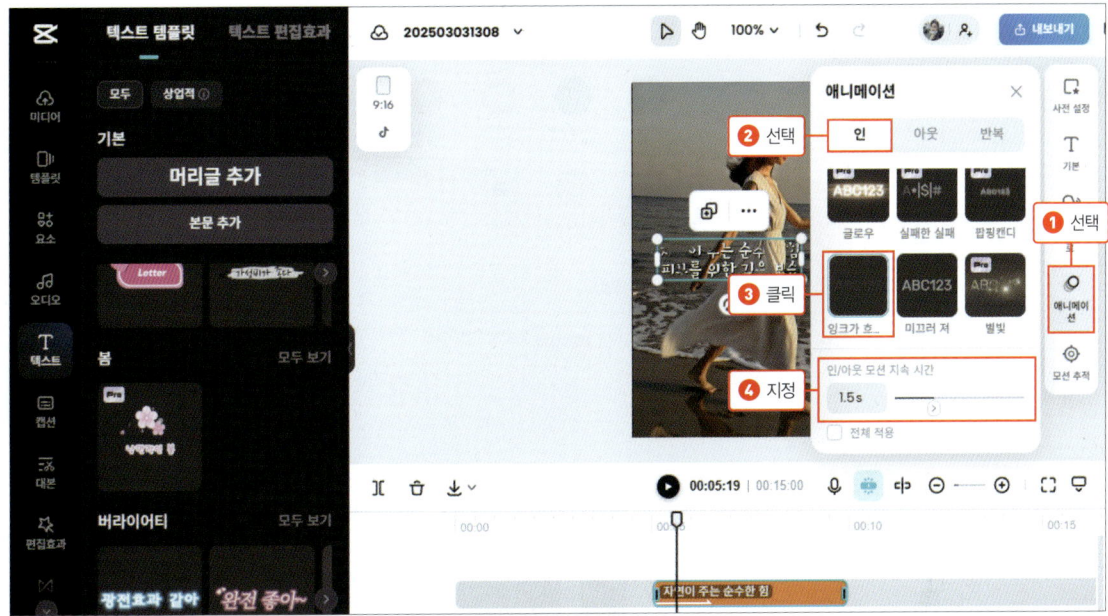

02 앞 과정과 같은 방법으로 텍스트 클립를 추가하고 '한 방울의 촉촉한 광채, 자연스럽게 빛나다.'를 입력합니다. 자막 위치를 모델의 얼굴을 가리지 않도록 위로 드래그합니다.

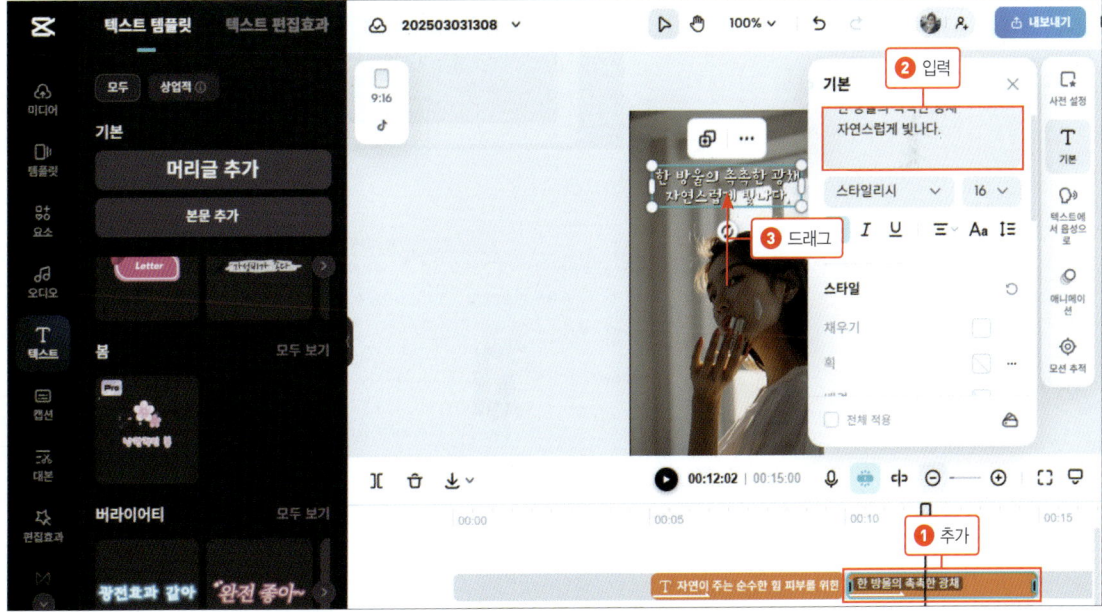

TIP #2의 텍스트 레이어를 선택하여 복사(Ctrl+C)하고 추가할 위치로 시간 표시자를 이동한 다음, 붙여 넣기(Ctrl+V)하면 동일한 설정으로 텍스트 레이어를 추가할 수 있습니다.

03 영상을 출력하기 위해 오른쪽 상단에 있는 〈내보내기〉 버튼을 클릭하고 내보내기 창이 표시되면 〈다운로드〉 버튼을 클릭합니다. 이후 내보내기 설정 화면에서 해상도를 '1080p', 프레임 속도를 '30fps'로 지정하고 〈내보내기〉 버튼을 클릭합니다.

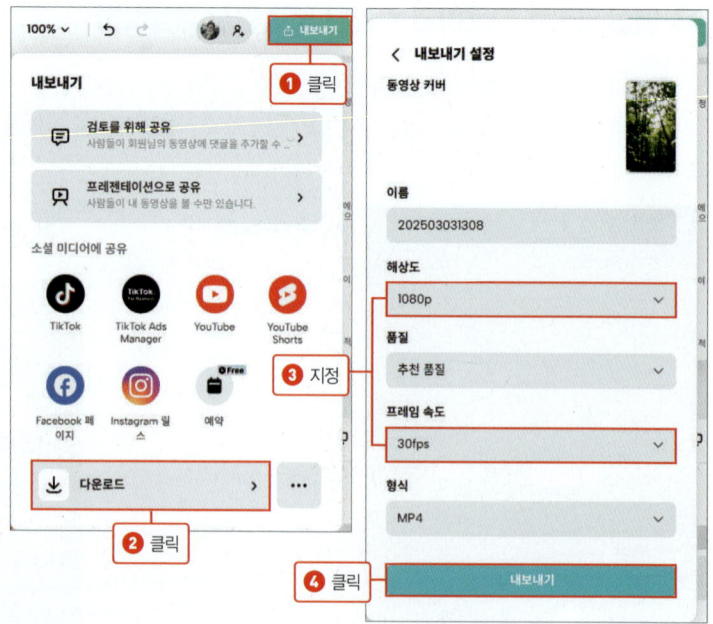

04 캡컷 화면에 영상이 출력되는 과정이 표시됩니다. '100%'가 되면 최종 영상을 다운로드 하기 위해 〈다운로드〉 버튼을 클릭합니다.

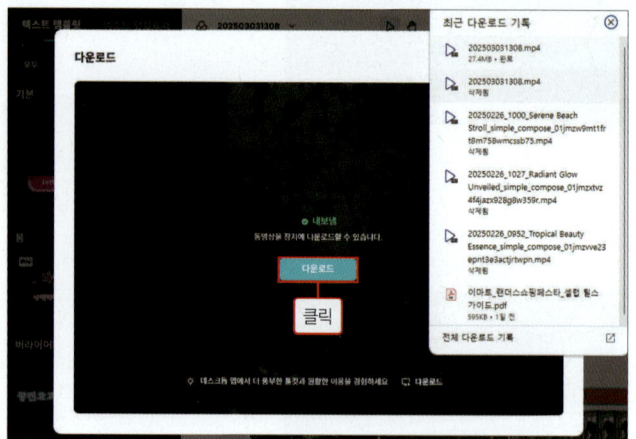

05 이후 다운로드 폴더에서 결과 영상을 확인합니다.

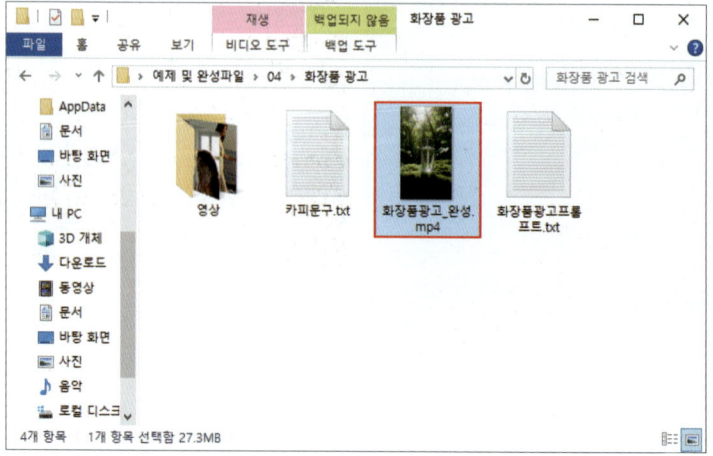

○ 예제파일 : 04\화장품 광고\화장품광고_완성.mp4

SECTION

9.

효과적인 홍보를 위한
플랫폼별 영상 업로드하기

숏폼 미디어는 짧은 시간 안에 재미와 정보를 효과적으로 전달하며, 빠르게 소비되는 특성이 있어 높은 중독성을 가집니다. 대표적인 숏폼 플랫폼은 인스타그램 릴스, 유튜브 쇼츠, 틱톡이 있으며, 각 플랫폼별 업로드 방법을 살펴보겠습니다.

01 인스타그램에서 릴스로 업로드하기

01 모바일로 인스타그램을 실행하고 '사진 및 동영상 업로드' 아이콘(⊞)을 탭합니다. 하단의 (릴스) 메뉴를 탭하고 새로운 릴스 화면이 표시되면 업로드를 진행할 숏폼 영상을 선택합니다.

TIP 모바일 기기를 사용하여 진행하므로 04 → 화장품 광고 폴더에서 '화장품광고_완성.mp4' 파일을 모바일 기기로 옮겨주세요.

02 업로드할 영상이 크게 표시되어 오디오 및 자막, 필터 등을 추가할 수 있습니다. '오디오 삽입' 아이콘(♫)을 탭하고 원하는 음악을 선택하여 '다음' 아이콘(→)을 탭합니다.

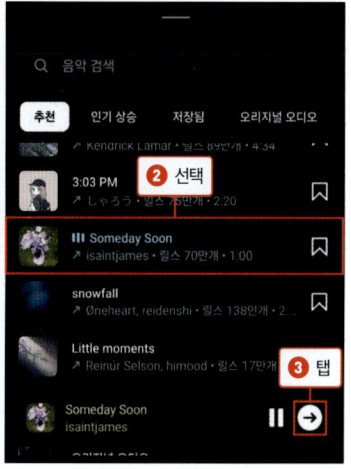

TIP 배경 음악의 경우, 인스타그램에서는 저작권에 문제가 없는 방식으로 계약을 하였기 때문에 저작권에 민감한 대중가요도 영상에 삽입할 수 있습니다.

305

03 게시글의 내용 및 사람 태그, 위치 추가를 할 수 있는 창이 표시되면, 인스타그램 릴스의 타임라인에 표시되는 사진인 커버를 수정하기 위해 〈커버 수정〉 버튼을 탭합니다. 커버로 원하는 구간을 선택하고 〈완료〉 버튼을 탭합니다.

TIP 외부에서 만든 커버를 사용하려면 〈카메라 롤에서 추가〉 버튼을 탭하여 외부 사진을 커버로 지정할 수도 있습니다.

04 다시 새로운 릴스 화면으로 돌아와서 릴스의 내용인 '자연을 담은 화장품, 촉촉한 광채'를 입력하고 〈#해시태그〉 버튼을 탭하고 '#화장품', '#코스메틱'을 추가합니다. 게시글 작성이 완료되면 〈공유하기〉 버튼을 탭합니다.

TIP 해시태그는 하나의 관심사를 토대로 이용자를 확보할 수 있는 인스타그램 및 틱톡의 바이럴 수단입니다. 영상의 주제로 해시태그를 작성하면 공통된 관심사를 가진 시청자에게 영상이 노출됩니다.

02 유튜브에서 쇼츠로 업로드하기

01 YouTube Studio를 실행하고 '동영상 업로드' 아이콘(⊕)을 탭합니다. 동영상 팝업창이 표시되면 업로드를 진행할 숏폼 영상을 선택합니다.

 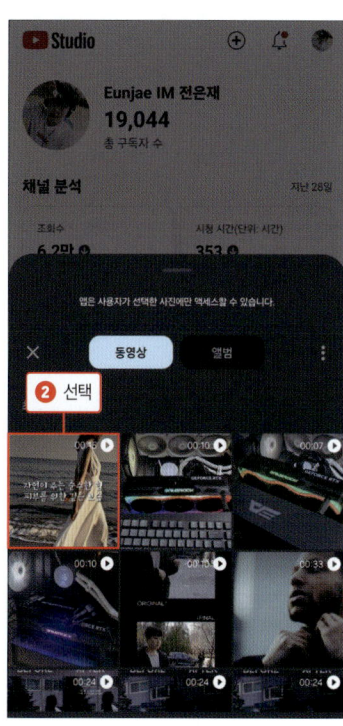

02 세부정보 추가 화면이 표시되면, 제목에 '자연을 담은 화장품, 촉촉한 광채'와 '#Shorts' 해시태그를 입력한 다음 〈Shorts 동영상 업로드〉 버튼을 탭하여 영상 업로드를 마무리합니다.

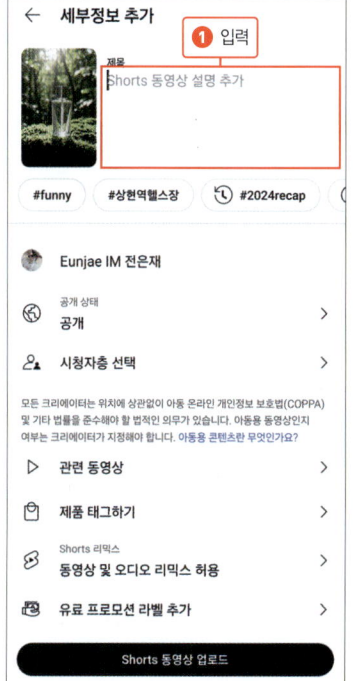 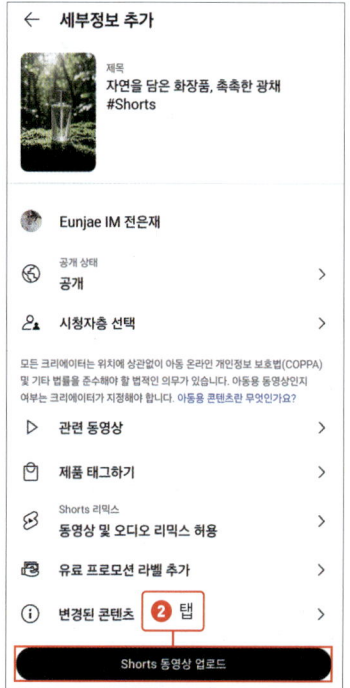

TIP 유튜브 쇼츠는 인스타그램이나 틱톡과 다르게 섬네일을 변경하는 기능을 제공하지 않으며, 배경 음악도 변경할 수 없습니다.

03 틱톡으로 영상 업로드하기

01 틱톡을 실행하고 '사진 및 동영상 업로드' 아이콘(■)을 탭합니다. 카메라 화면이 표시되면 하단에 있는 사진/동영상 갤러리를 탭합니다.

02 업로드할 영상을 선택하고 상단에 표시되는 오디오를 탭하여 원하는 음악을 선택합니다. 설정을 마치면 영상을 탭하여 창을 비활성화하고 〈다음〉 버튼을 탭합니다.

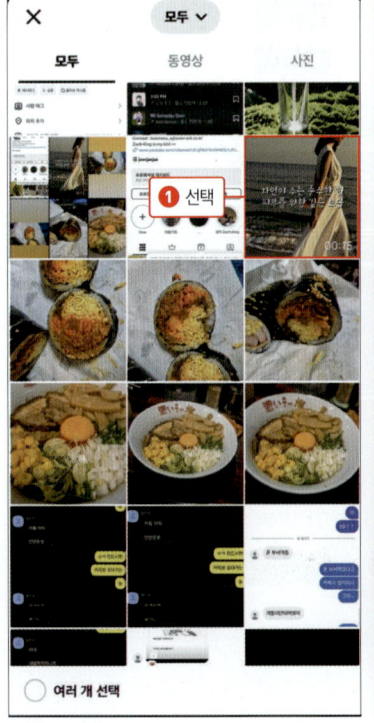  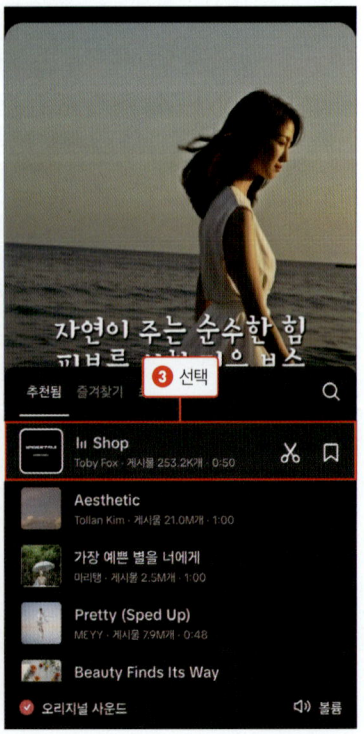

03 틱톡의 타임라인에 표시되는 커버를 수정하기 위해 〈커버 편집〉 버튼을 탭합니다. 영상의 장면 중 제일 인상적인 장면을 선택하여 커버로 설정하고 〈저장〉 버튼을 탭합니다.

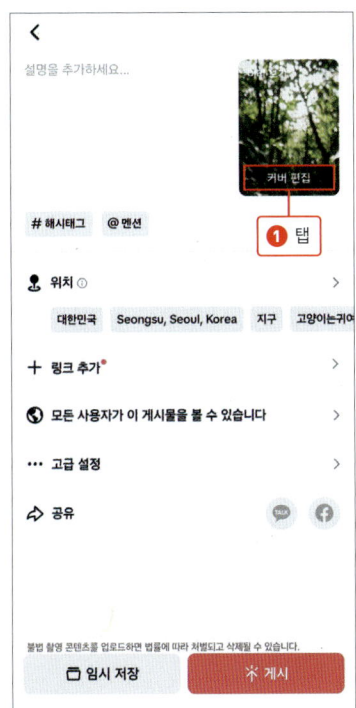

TIP 외부에서 만든 커버를 사용하려면 〈업로드〉 버튼을 클릭하여 외부 사진을 커버로 지정할 수도 있습니다.

04 내용으로 '자연을 담은 화장품, 촉촉한 광채'와 해시태그 '#화장품, #코스메틱'을 입력합니다. 영상의 화질을 기본 설정보다 높여서 업로드하기 위해 고급 설정의 '고품질 업로드 허용'을 탭하여 활성화한 다음 〈게시〉 버튼을 탭합니다.

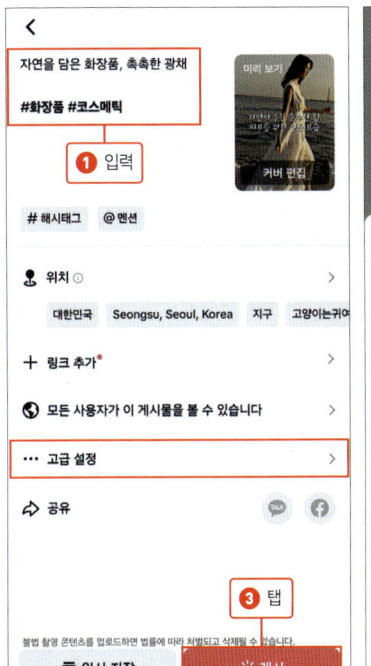
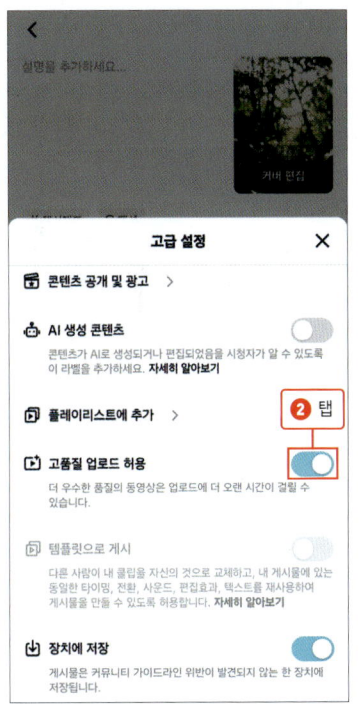

TIP '고품질 업로드 허용'을 활성화하면 업로드 시간이 길어진다는 단점이 있습니다. 상황에 맞게 활용하여 표시되는 영상의 퀄리티를 높여주도록 합니다.

PROJECT

생성 No! 외부 동물 캐릭터 이미지로 음료 홍보 영상 만들기

이번 예제에서는 동물을 의인화한 캐릭터 이미지를 활용하여 음료 제품을 홍보하는 AI 영상을 제작합니다. 사용자는 직접 생성한 동물 캐릭터 이미지를 영상 도구에 업로드한 후, 해당 이미지에 움직임과 표정을 부여해 자연스럽게 말하거나 행동하도록 연출할 수 있습니다. 이후 적절한 효과음과 내레이션을 추가함으로써 완성도 높은 홍보 영상을 구현합니다. 이와 같은 방식은 텍스트 기반 프롬프트만으로 제작할 때보다 원하는 메시지의 전달력과 시각적 몰입도를 훨씬 더 효과적으로 끌어올릴 수 있으며, 특히 어린이·패밀리 타깃의 감성 마케팅 콘텐츠에 적합한 전략적 제작 방식이라 할 수 있습니다.

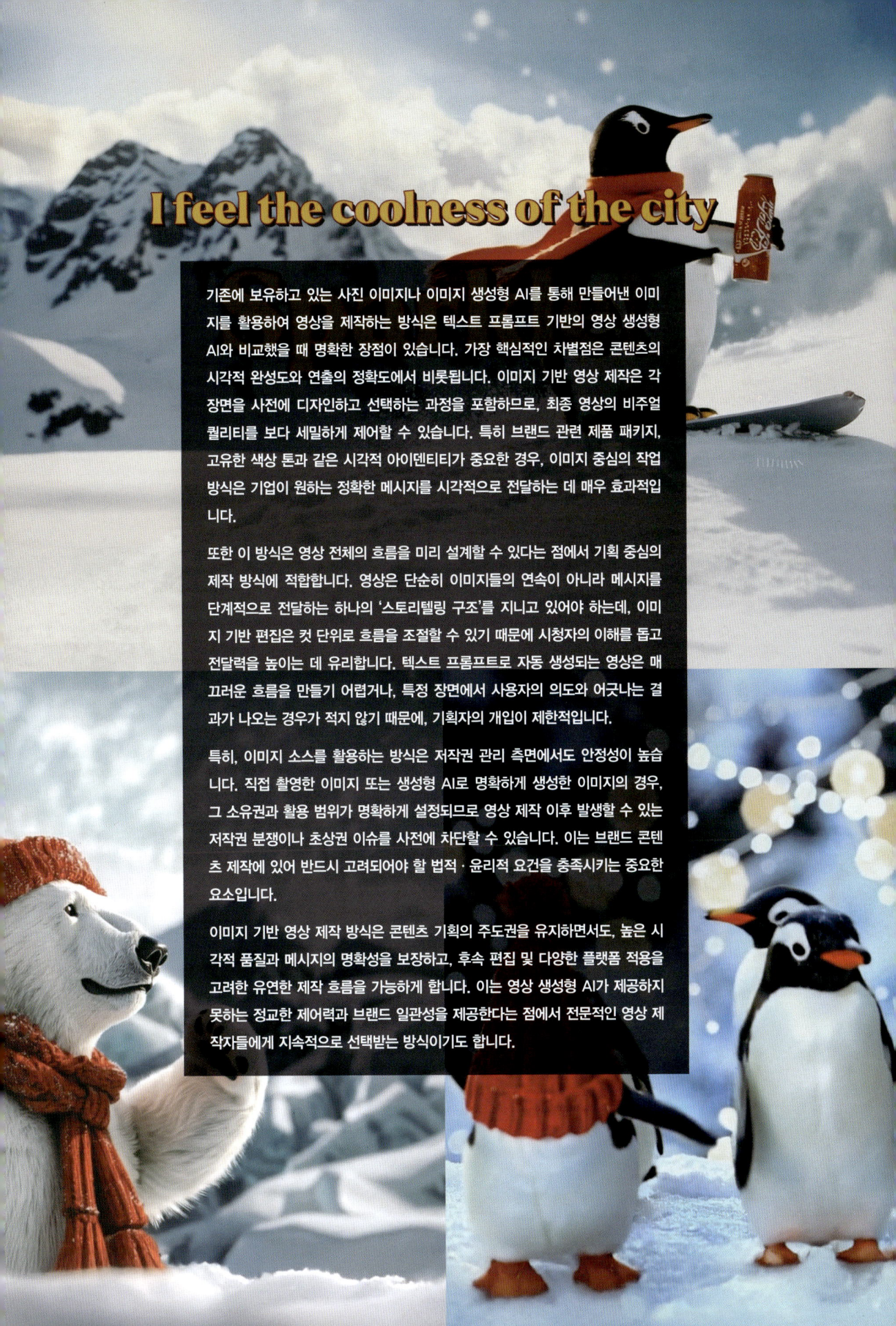

I feel the coolness of the city

기존에 보유하고 있는 사진 이미지나 이미지 생성형 AI를 통해 만들어낸 이미지를 활용하여 영상을 제작하는 방식은 텍스트 프롬프트 기반의 영상 생성형 AI와 비교했을 때 명확한 장점이 있습니다. 가장 핵심적인 차별점은 콘텐츠의 시각적 완성도와 연출의 정확도에서 비롯됩니다. 이미지 기반 영상 제작은 각 장면을 사전에 디자인하고 선택하는 과정을 포함하므로, 최종 영상의 비주얼 퀄리티를 보다 세밀하게 제어할 수 있습니다. 특히 브랜드 관련 제품 패키지, 고유한 색상 톤과 같은 시각적 아이덴티티가 중요한 경우, 이미지 중심의 작업 방식은 기업이 원하는 정확한 메시지를 시각적으로 전달하는 데 매우 효과적입니다.

또한 이 방식은 영상 전체의 흐름을 미리 설계할 수 있다는 점에서 기획 중심의 제작 방식에 적합합니다. 영상은 단순히 이미지들의 연속이 아니라 메시지를 단계적으로 전달하는 하나의 '스토리텔링 구조'를 지니고 있어야 하는데, 이미지 기반 편집은 컷 단위로 흐름을 조절할 수 있기 때문에 시청자의 이해를 돕고 전달력을 높이는 데 유리합니다. 텍스트 프롬프트로 자동 생성되는 영상은 매끄러운 흐름을 만들기 어렵거나, 특정 장면에서 사용자의 의도와 어긋나는 결과가 나오는 경우가 적지 않기 때문에, 기획자의 개입이 제한적입니다.

특히, 이미지 소스를 활용하는 방식은 저작권 관리 측면에서도 안정성이 높습니다. 직접 촬영한 이미지 또는 생성형 AI로 명확하게 생성한 이미지의 경우, 그 소유권과 활용 범위가 명확하게 설정되므로 영상 제작 이후 발생할 수 있는 저작권 분쟁이나 초상권 이슈를 사전에 차단할 수 있습니다. 이는 브랜드 콘텐츠 제작에 있어 반드시 고려되어야 할 법적·윤리적 요건을 충족시키는 중요한 요소입니다.

이미지 기반 영상 제작 방식은 콘텐츠 기획의 주도권을 유지하면서도, 높은 시각적 품질과 메시지의 명확성을 보장하고, 후속 편집 및 다양한 플랫폼 적용을 고려한 유연한 제작 흐름을 가능하게 합니다. 이는 영상 생성형 AI가 제공하지 못하는 정교한 제어력과 브랜드 일관성을 제공한다는 점에서 전문적인 영상 제작자들에게 지속적으로 선택받는 방식이기도 합니다.

S E C T I O N

10.

완성파일 : 04\동물캐릭터음료광고\이미지소스 폴더

생성형 AI를 활용하여
텍스트 프롬프트 정리하기

영상을 생성하기 전에, 제작하려는 영상의 전체적인 스토리를 떠올리며 작업자가 사전에 준비한 이미지와 영상화하기 위해 필요한 상황, 효과음 프롬프트를 정리해 보겠습니다.

기존 이미지를 활용하여 영상을 생성할 때, 효과적인 결과물을 얻기 위해서는 이미지에 적용할 동작 프롬프트와 효과음 프롬프트를 미리 준비하는 과정이 중요합니다. 이때 챗GPT를 활용하면 시각적 연출과 청각적 요소 모두에서 구체적이고 창의적인 프롬프트를 빠르게 도출할 수 있습니다.

장면 1

더운 도시의 카페, 선글라스를 낀 소녀가 더위를 피하고 있다.

프롬프트 A cafe in a hot city, a girl wearing sunglasses escaping the heat. People passing by

효과음 The sound of cars passing by, the sound of horns, the atmosphere of the city, human talking

한글 번역 자동차가 지나가는 소리, 경적 소리, 도시의 분위기, 사람들의 대화 소리

장면 2

눈이 내리는 날, 펭귄들이 걸어 다닌다.

| 프롬프트 | On a snowy day, penguins walk around |

| 효과음 | On a snowy day, penguins walk around, penguins howling |

| 한글 번역 | 자동차가 지나가는 소리, 경적 소리, 도시의 분위기, 사람들의 대화 소리 |

장면 3

빨간색 털모자와 목도리를 두른 북극곰이 주변을 둘러보고 있다.

| 프롬프트 | A polar bear wearing a red knit hat and scarf is looking around |

| 효과음 | On a snowy day, strong winter wind blow |

| 한글 번역 | 눈 내리는 날, 강한 겨울바람이 분다. |

장면 4

펭귄이 음료수를 들고, 스키를 타고 있다.

| 프롬프트 | A penguin is holding a drink while skiing |

| 효과음 | A penguin is skiing |

| 한글 번역 | 펭귄이 스키를 타고 있다. |

S E C T I O N

11.

📁 예제파일 : 04\동물캐릭터음료광고\이미지소스 폴더 📁 완성파일 : 04\동물캐릭터음료광고\영상 폴더

기존 인물 이미지와 상황 프롬프트로 인물과 동물 영상 생성하기

생성형 소라 AI를 활용하여 미리 준비한 이미지와 각 상황 프롬프트에 따라 이미지를 움직이는 영상으로 제작해 보겠습니다.

01 텍스트로 선글라스 쓴 소녀 영상 생성하기

01 웹브라우저에서 'sora.com'을 입력하여 소라 AI 사이트에 접속합니다. 하단 메뉴의 '미디어 추가' 아이콘(+)을 클릭하고 'Upload image or video'를 선택합니다.

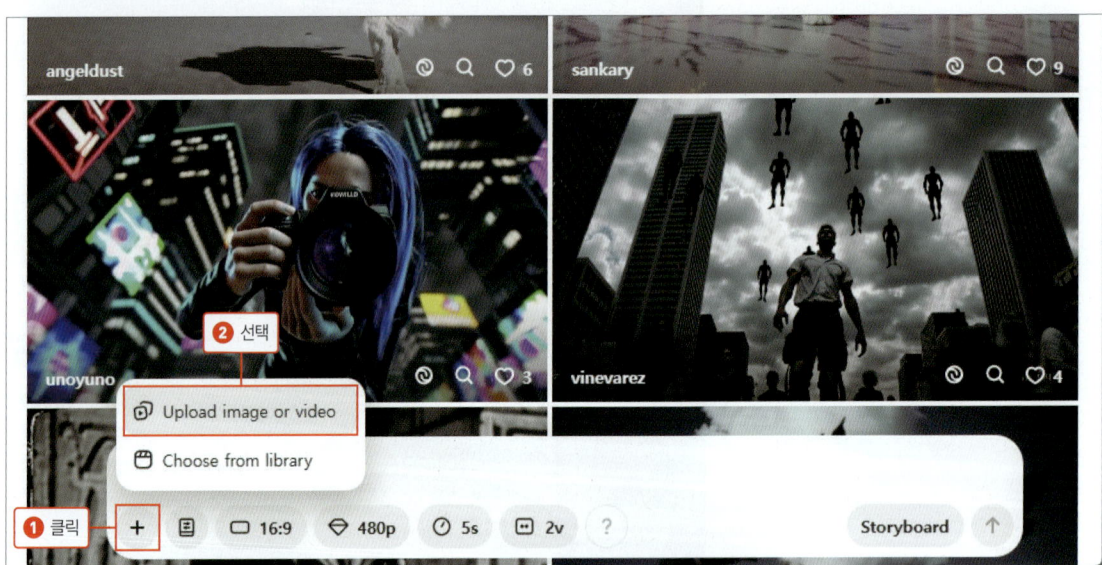

02 열기 대화상자가 표시되면 04 → 동물캐릭터음료광고 → 이미지소스 폴더에서 'Cafe.png' 파일을 선택하고 〈열기(O)〉 버튼을 클릭합니다.

314

03 프롬프트 입력창에 이미지가 표시되며, 위 과정에서 정리한 '장면 1'에 해당하는 상황 프롬프트를 입력합니다.

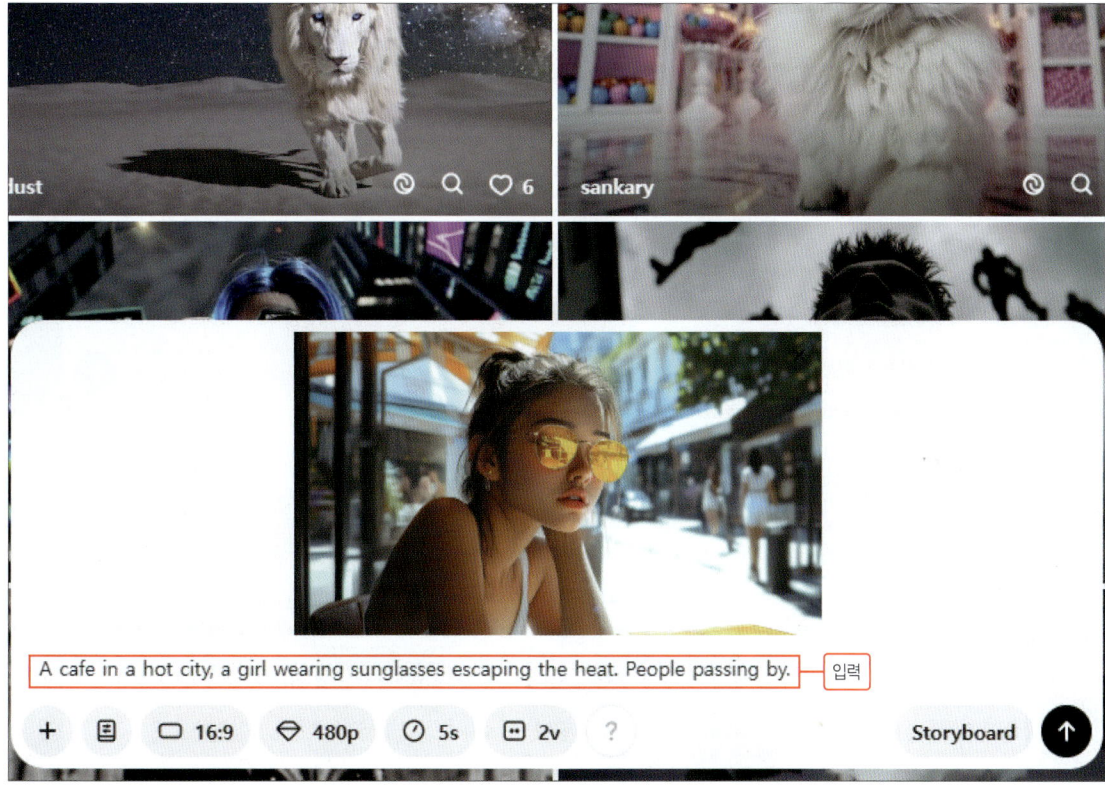

| 프롬프트 | A cafe in a hot city, a girl wearing sunglasses escaping the heat. People passing by |

 텍스트 프롬프트를 쓰지 않으면?

이미지 프롬프트의 경우, 이미지 상에 상황이 잘 나타나있어서 추가적으로 텍스트 프롬프트를 입력하지 않아도 됩니다. 실제로, 프롬프트를 입력하지 않은 결과물이 뛰어난 경우도 상당수 있지만, 해당 예제에서는 이미지 생성의 워크플로를 알아보는 과정이라 이미지 프롬프트에 텍스트 프롬프트까지 적용하여 살펴보도록 하겠습니다.

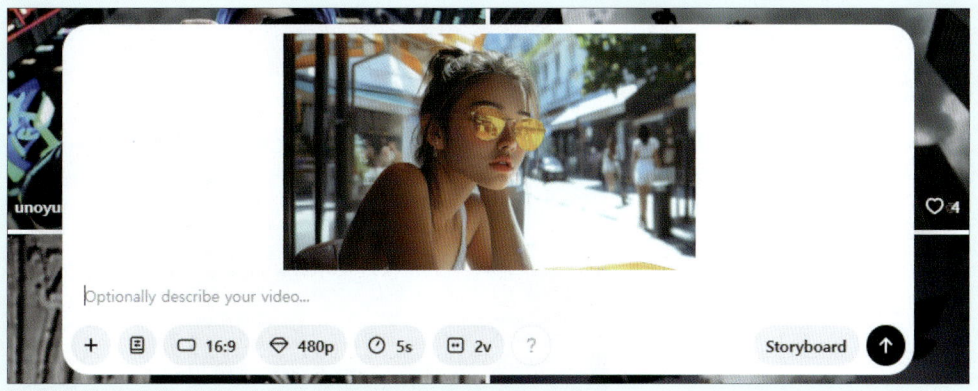

▲ 텍스트 프롬프트를 입력하지 않고 진행해도 무방합니다.

04 하단 메뉴바에서 영상 화면 비율을 '16:9', 해상도를 '720p', 영상의 시간을 '5s'로 설정합니다.

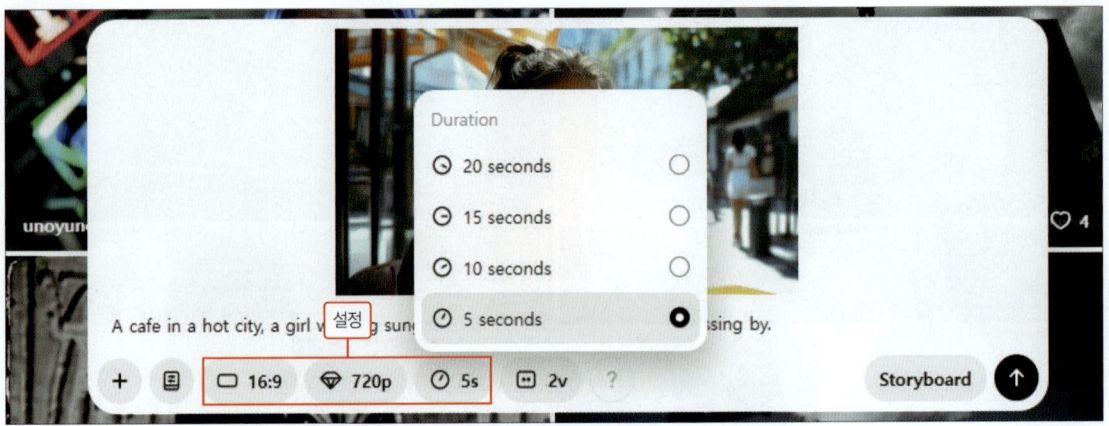

TIP Pro 버전을 구독하는 경우, 15초나 20초 길이의 영상 생성이 가능합니다.

05 영상이 생성되는 수는 '2v(2개)'로 설정하고 'Create' 아이콘(◉)을 클릭합니다.

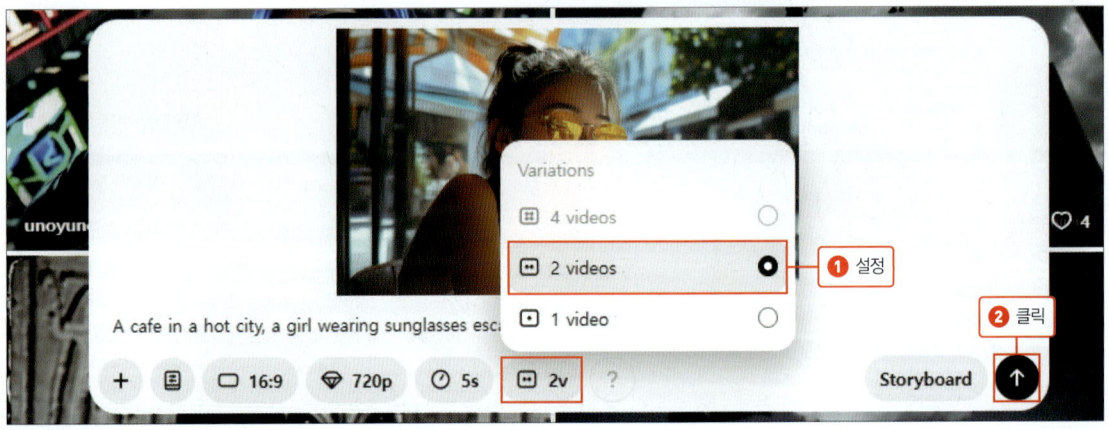

TIP ' ? ' 아이콘에 마우스를 위치하면 해당 영상을 생성하는데 소요되는 크레딧을 확인할 수 있습니다. 해당 예제에서는 '120' 크레딧이 소모됩니다. 소라 AI에서는 소진된 크레딧을 추가로 충전하는 방법이 없으므로 신중하게 남은 크레딧을 계산하여 생성하는 것이 중요합니다.

06 'Added to queue' 텍스트가 표시되고, 생성이 완료되면 섬네일을 클릭합니다.

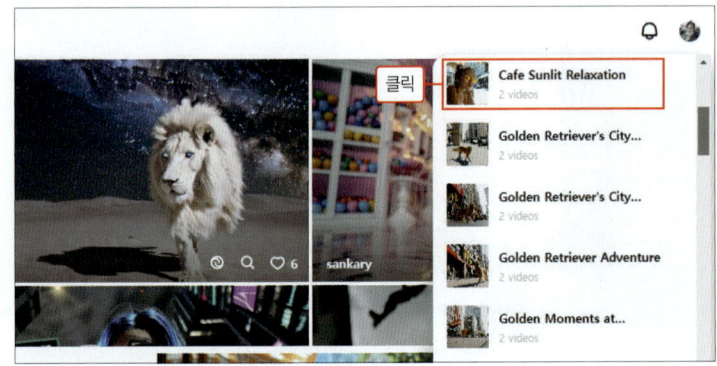

316

07 영상을 비교하여 마음에 드는 영상의 섬네일을 클릭합니다. 예제에서는 왼쪽 영상을 선택하였습니다.

08 오른쪽 상단에 'Download' 아이콘(⊙)을 클릭하고 'Video'를 선택합니다. Download ready 창이 표시되면 〈Download〉 버튼을 클릭합니다. 이후 다운로드 폴더에 저장한 영상을 확인합니다.

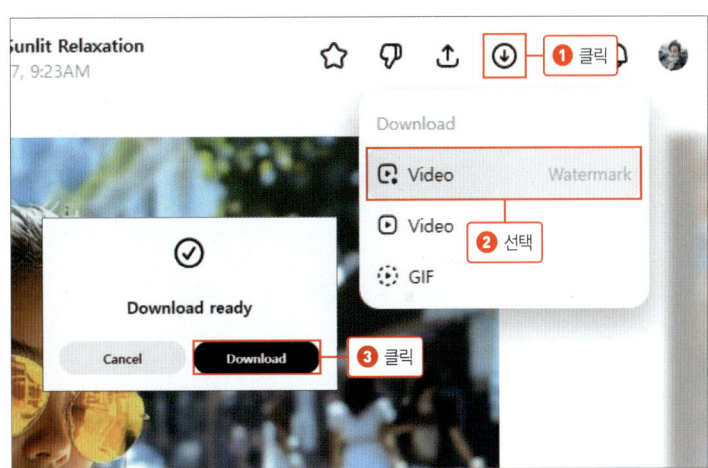

TIP Pro 버전의 요금제를 사용하는 경우, 워터마크가 없는 버전의 영상을 다운받을 수 있습니다.

02 텍스트로 정적인 펭귄 이미지를 걸어다니는 펭귄 영상으로 생성하기

01 첫 번째 장면과는 대비되는 시원한 장소를 표현한 이미지와 상황 프롬프트를 입력하여 영상으로 제작해 보겠습니다. 소라 AI 홈 화면에서 하단 메뉴의 '미디어 추가' 아이콘(+)을 클릭하고 'Upload image or video'를 선택합니다.

02 열기 대화상자가 표시되면 04 → 동물캐릭터음료광고 → 이미지소스 폴더에서 'Penguins.png' 파일을 선택하고 〈열기(O)〉 버튼을 클릭합니다.

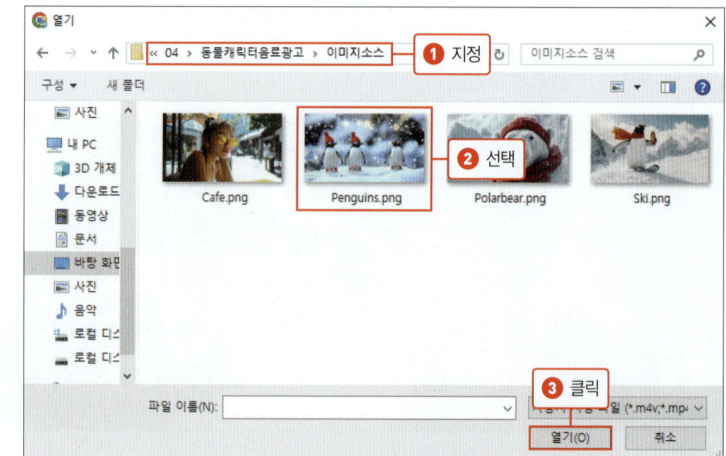

03 프롬프트 입력창에 이미지가 표시되면 '장면 2'에 해당하는 상황 프롬프트를 입력합니다.

| 프롬프트 | On a snowy day, penguins walk around |

04 영상의 세부 설정이 이전과 동일한 해상도, 길이, 개수인지 확인하고 'Create' 아이콘(⬆)을 클릭합니다.

TIP 하나의 영상으로 편집할 예정이기에 세부 설정이 같아야 합니다. 반드시 동일하게 설정하였는지 확인해주세요.

05 'Added to queue' 텍스트가 표시되고 생성이 완료되면 해당 섬네일을 클릭하여 생성된 영상을 확인합니다.

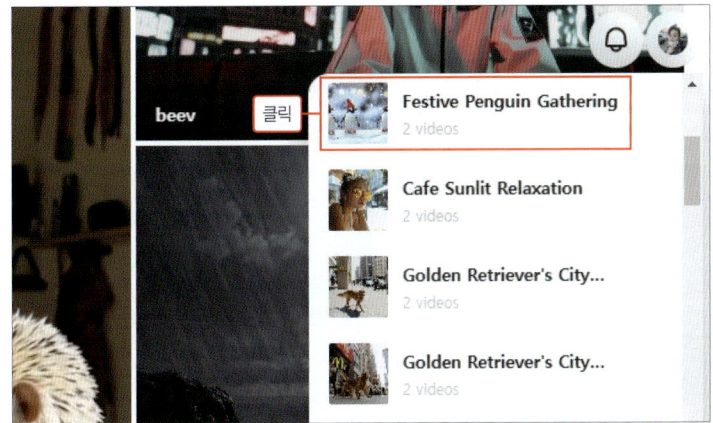

06 영상을 비교하여 마음에 드는 영상을 선택합니다. 예제에서는 왼쪽 영상을 선택하였습니다.

07 오른쪽 상단에 'Download' 아이콘(⊙)을 클릭하고 Video를 선택합니다. Down load ready 창이 표시되면, 〈Down load〉 버튼을 클릭하여 저장합니다. 다운로드 폴더에서 생성한 영상을 확인할 수 있습니다.

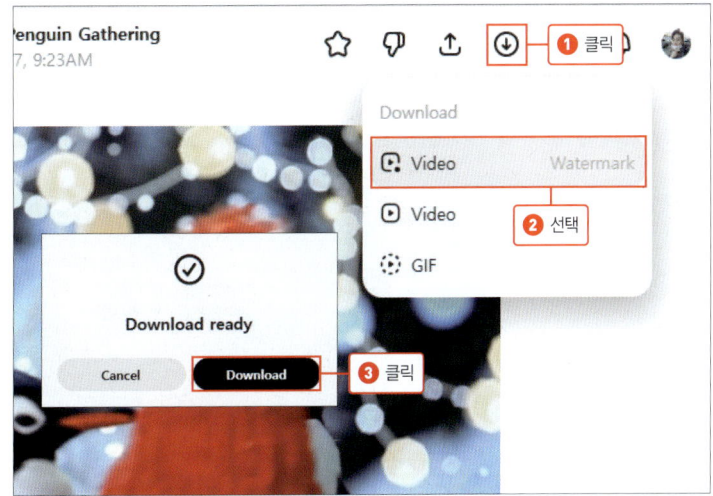

TIP Pro 버전의 요금제를 사용하는 경우, 워터마크가 없는 버전의 영상을 다운받을 수 있습니다.

319

03 텍스트로 의상을 입은 의인화된 북극곰 영상 생성하기

01 두리번거리는 북극곰의 이미지와 상황프롬프트를 입력하여 영상으로 제작해 보겠습니다. 소라 AI 홈 화면에서 하단 메뉴의 '미디어 추가' 아이콘(+)을 클릭하고 'Upload image or video'를 선택합니다.

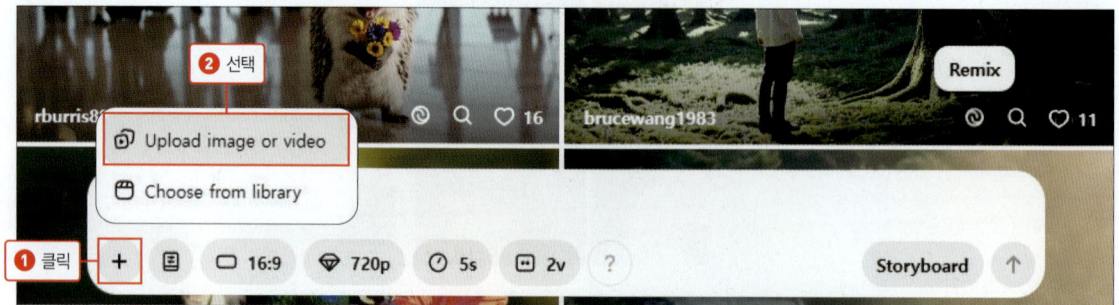

02 열기 대화상자가 표시되면 04 → 동물캐릭터음료광고 → 이미지소스 폴더에서 폴더의 'Polarbear.png' 파일을 선택하고 〈열기(O)〉 버튼을 클릭합니다.

03 프롬프트 입력창에 이미지가 표시됩니다. 과정에서 정리한 '장면 3'에 해당하는 상황 프롬프트를 입력합니다. 영상의 세부 설정이 이전과 동일한 해상도, 길이, 개수인지 확인하고 'Create' 아이콘(↑)을 클릭합니다.

프롬프트   A polar bear wearing a red knit hat and scarf is looking around

04 ‘Added to queue’ 텍스트가 표시되고, 영상 생성이 완료되면 섬네일을 클릭하여 생성된 영상을 확인합니다. 영상의 제목은 키워드에 맞게 임의로 소라 AI에서 생성합니다.

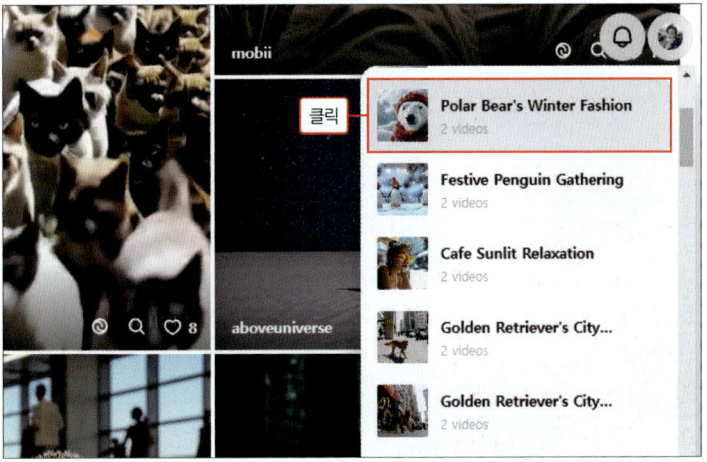

05 영상을 비교하여 마음에 드는 영상을 선택합니다. 예제에서는 왼쪽 영상을 선택하였습니다.

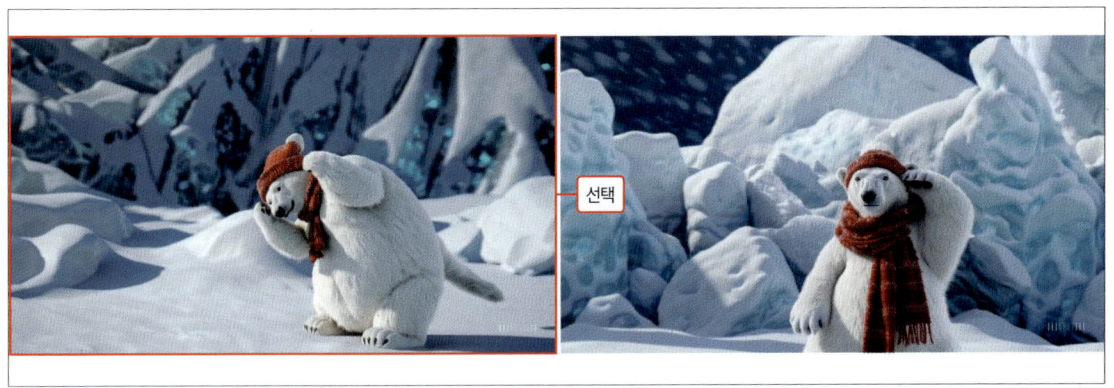

06 선택한 영상을 저장하기 위해 ‘Download’ 아이콘(⬇)을 클릭하고 ‘Video’를 선택합니다. Download ready 창이 표시되면 〈Download〉 버튼을 클릭합니다. 다운로드 폴더에서 생성한 영상을 확인할 수 있습니다.

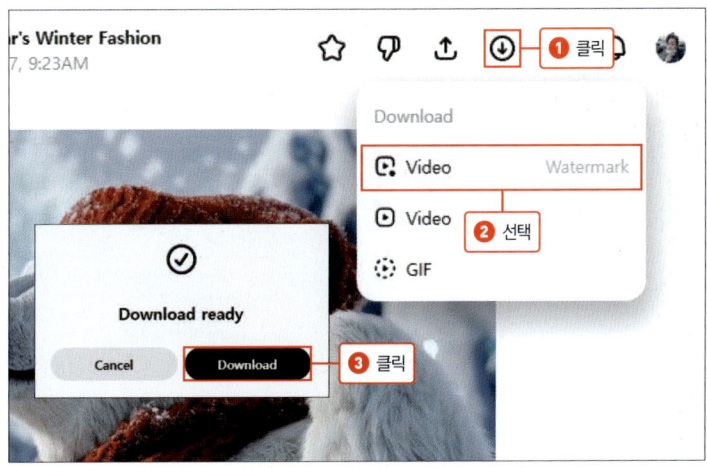

04 텍스트로 음료를 들고 스키타는 펭귄 영상 생성하기

01 마지막으로 시원한 음료를 들고 스키를 타는 펭귄의 이미지와 상황 프롬프트를 입력하여 영상을 제작하겠습니다. 소라 AI 홈 화면에서 하단 메뉴의 '미디어 추가' 아이콘(+)을 클릭하고 'Upload image or video'를 선택합니다.

02 열기 대화상자가 표시되면 04 → 동물캐릭터음료광고 → 이미지소스 폴더에서 'Ski.png' 파일을 선택하고 〈열기(O)〉 버튼을 클릭합니다.

03 프롬프트 입력창에 이미지가 표시되면 '장면 3'에 해당하는 상황 프롬프트를 입력하고 영상의 세부 설정이 이전과 동일한 해상도, 길이, 개수인지 확인한 다음 'Create' 아이콘(⬆)을 클릭합니다.

프롬프트 A penguin is holding a drink while skiing

04 'Added to queue' 텍스트가 표시되고, 생성이 완료되면 섬네일을 클릭하여 생성된 영상을 확인할 수 있습니다. 영상의 제목은 키워드에 맞게 임의로 소라 AI에서 생성합니다.

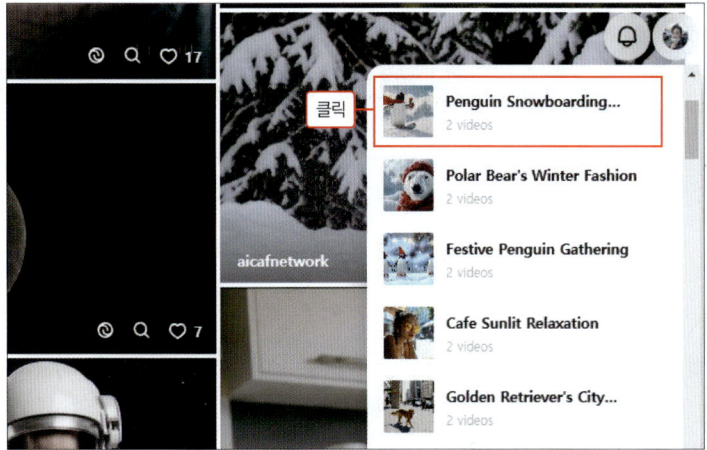

05 영상을 비교하여 마음에 드는 영상을 선택합니다. 예제에서는 왼쪽 영상을 선택하였습니다.

06 선택한 영상을 저장하기 위해 'Download' 아이콘(⊙)을 클릭하고 'Video'를 선택합니다. Download ready 창이 표시되면 〈Download〉 버튼을 클릭합니다. 생성된 영상들을 하나의 폴더로 이동하고 장면에 맞게 '#1', '#2', '#3', '#4'로 이름을 변경합니다.

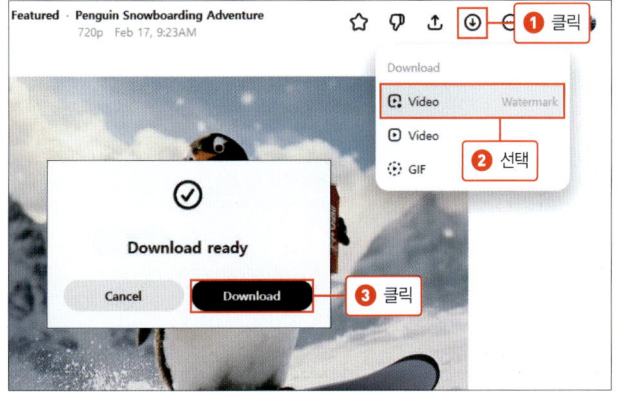 

SECTION 12.

● 완성파일 : 04\동물캐릭터음료광고\효과음소스 폴더

장면과 어울리는 효과음 생성하기

일레븐랩스를 활용하여 음료 광고 영상 스토리에 어울리는 효과음을 생성하고, 이후 영상 편집 단계에서 믹싱하여 활용해 보겠습니다.

01 효과음 일괄 설정하기

01 웹브라우저에서 'elevenlabs.io'를 입력하여 일레븐랩스 사이트에 접속하고 효과음을 생성하기 위해 〈GET STARTED FREE〉 버튼을 클릭해 로그인합니다.

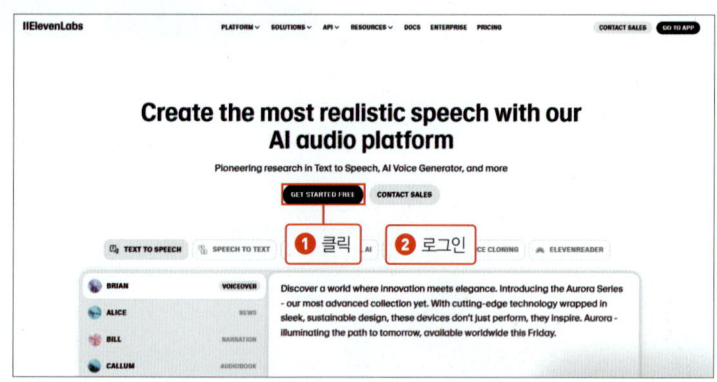

02 효과음 생성 AI를 활용하기 위해 왼쪽 메뉴바에서 (Sound Effects) 메뉴를 클릭합니다.

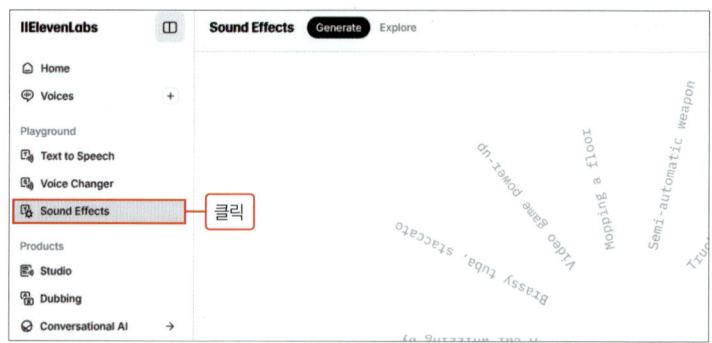

03 프롬프트 입력창 하단에 Duration을 '5.0s', Prompt Influence를 '50%'로 설정합니다.

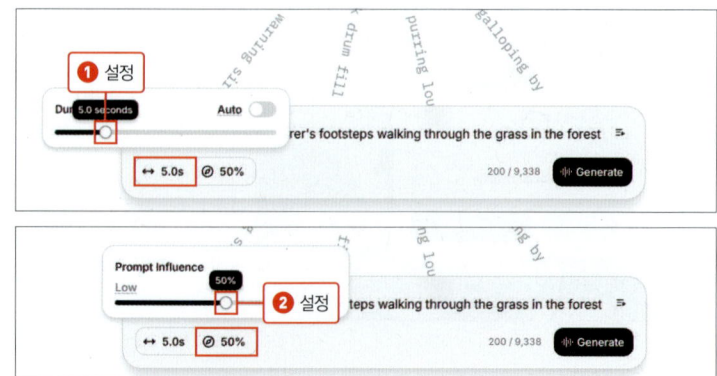

TIP 영상마다 다르게 설정할 수 있지만, 예제에서는 동일한 설정으로 일괄 편집 하겠습니다.

02 카페 주변 생활 효과음 생성하기

01 카페에 앉았을때 들릴 생활 소음을 떠올리며 사람들의 말소리, 걷는 소리 등을 효과음으로 생성해 보겠습니다. 프롬프트 입력창에 다음과 같이 입력하고 〈Generate〉 버튼을 클릭합니다.

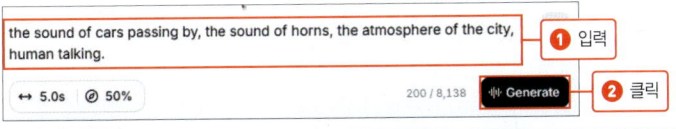

효과음 the sound of cars passing by, the sound of horns, the atmosphere of the city, human talking

TIP 영상 혹은 이미지를 보면서 필요한 소리 요소들을 텍스트에 빠짐없이 입력해야 높은 퀄리티의 결과물이 생성됩니다.

02 4개의 결과물이 생성되고 마우스를 위치하면 나타나는 '재생' 아이콘(▶)을 클릭해 들어보고 원하는 결과물을 'Download' 아이콘(⬇)을 클릭하여 다운로드합니다. 예제에서는 'Sample 1' 효과음을 선택했습니다.

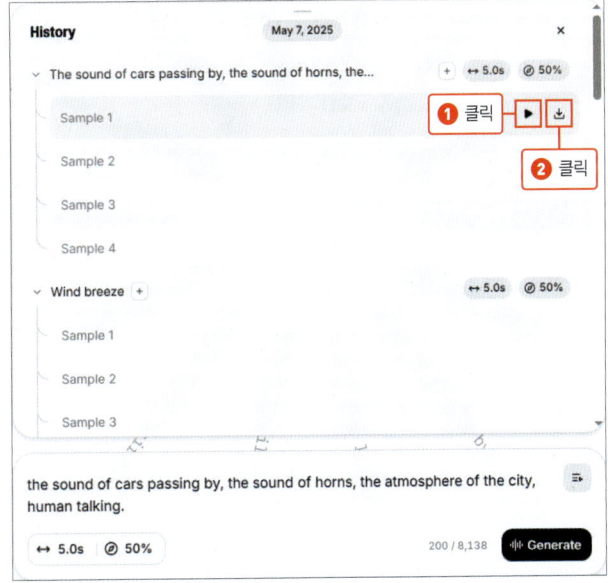

TIP 일레브랩스에서 다운로드 한 효과음은 다운로드 폴더에서 확인할 수 있습니다.

03 걸어다니는 펭귄 장면에 어울리는 효과음 생성하기

01 눈이 내리는 날, 펭귄이 걷는 장면을 생각하며 발소리나 울음소리를 효과음으로 생성해 보겠습니다. 프롬프트 입력창에 다음과 같이 입력하고 〈Generate〉 버튼을 클릭합니다.

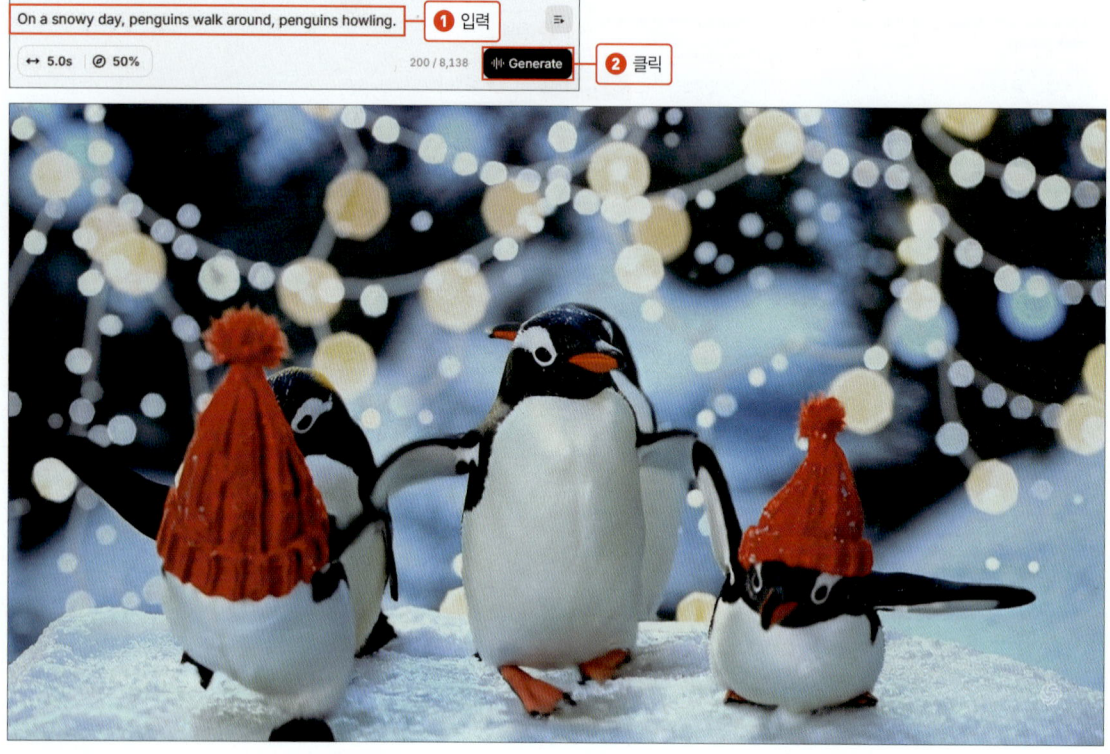

효과음 On a snowy day, penguins walk around, penguins howling

02 4개의 결과물이 생성되고 마우스를 위치하면 나타나는 '재생' 아이콘(▶)을 클릭해 들어보고 원하는 결과물을 'Download' 아이콘(⬇)을 클릭하여 다운로드합니다. 예제에서는 'Sample 3' 효과음을 선택했습니다.

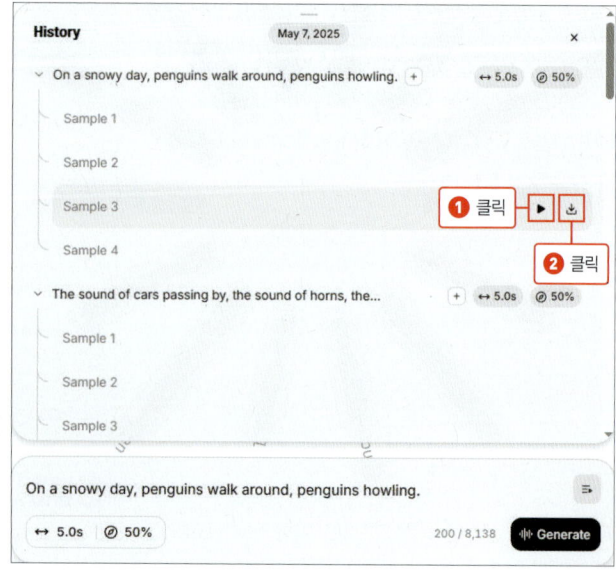

04 북극곰 장면에 어울리는 효과음 생성하기

01 눈이 내리는 날을 배경으로 강하게 겨울 바람이 부는 효과음을 생성해 보겠습니다. 프롬프트 입력창에 다음과 같이 입력하고 〈Generate〉 버튼을 클릭합니다.

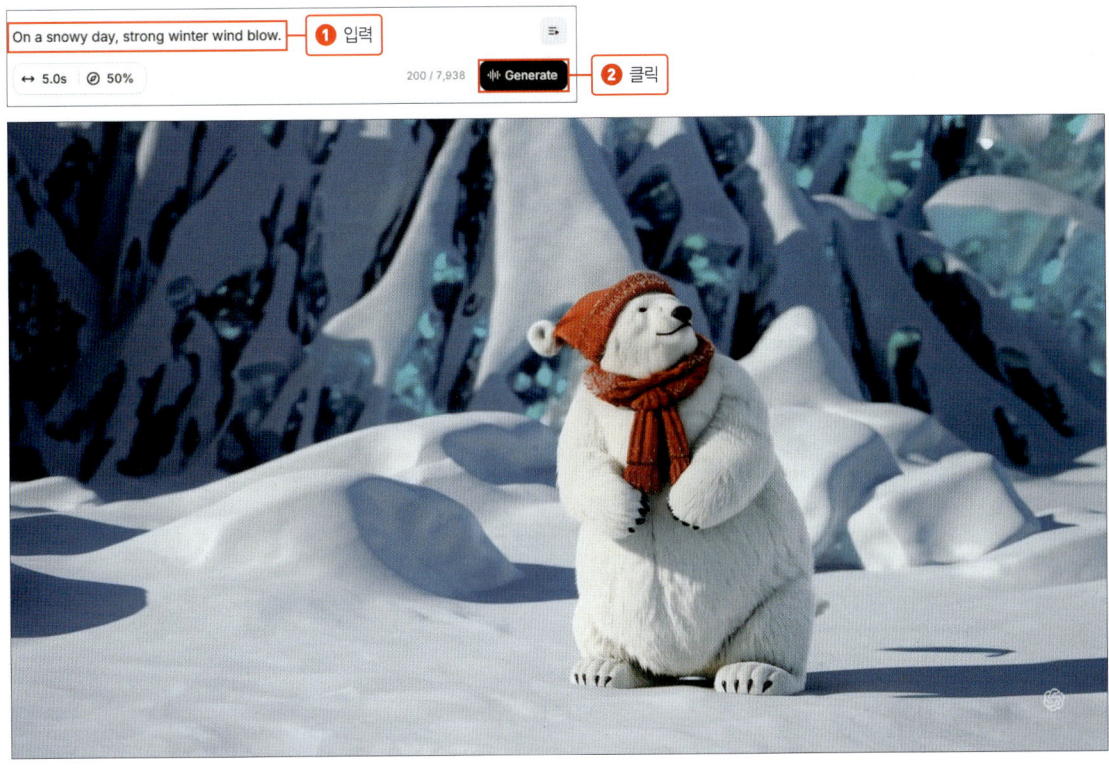

효과음 On a snowy day, strong winter wind blow

02 4개의 결과물이 생성되고 마우스를 위치하면 나타나는 '재생' 아이콘(▶)을 클릭해 들어보고 원하는 결과물을 'Download' 아이콘(⬇)을 클릭하여 다운로드합니다. 예제에서는 'Sample 1' 효과음을 선택했습니다.

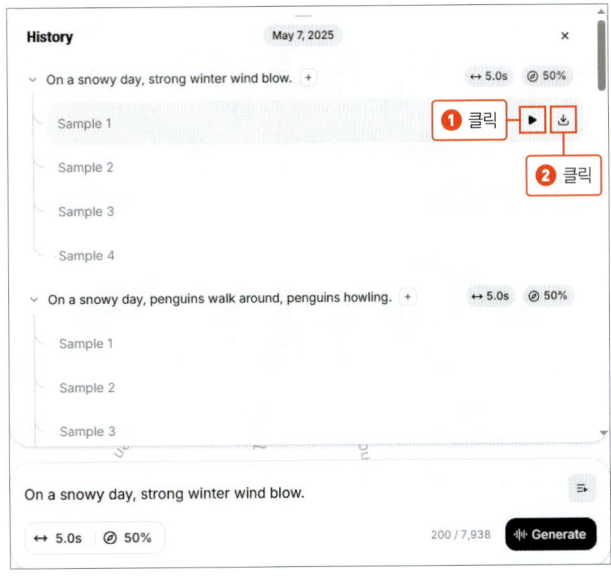

05 스키타는 장면에 어울리는 효과음 생성하기

01 이미지에 주변 환경음 없이 스키를 탈 때 들을 수 있는 효과음만 생성해 보겠습니다. 프롬프트 입력창에 다음과 같이 입력하고 〈Generate〉 버튼을 클릭합니다.

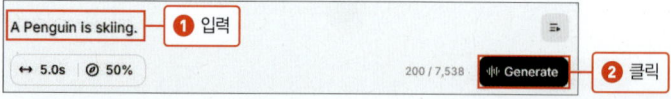

효과음 | A Penguin is skiing

02 4개의 결과물을 '재생' 아이콘(▶)을 클릭해 들어보고 원하는 결과물을 'Download' 아이콘(⬇)을 클릭하여 다운로드합니다. 예제에서는 'Sample 3' 효과음을 다운로드했습니다.

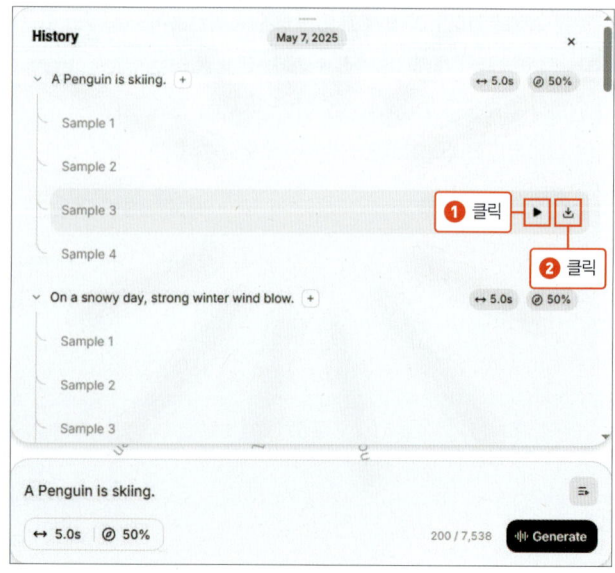

TIP 모든 장면에 어울리는 효과음을 하나의 폴더로 이동하고 이름을 장면 순서대로 변경합니다. 예제에서는 '#1 Sound', '#2 Sound', '#3 Sound', '#4 Sound'로 이름을 변경했습니다.

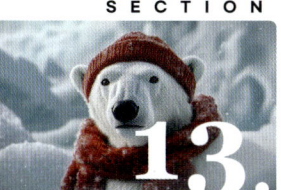

SECTION
13.

● 완성파일 : 04\동물캐릭터음료광고\효과음소스 폴더

음료 광고 내레이션 생성하기

이번에는 텍스트를 활용하여 마지막 장면의 내레이션을 생성해봅니다. 실제 성우를 구하여 직접 녹음을 하는 것은 시간과 비용적으로 부담인 경우가 있습니다. 일레븐랩스의 'Text to Speech' 기능을 활용하여 음성 내레이션을 생성하고 다운로드하여 영상 편집 단계에서 믹싱하여 활용할 수 있습니다.

01 웹브라우저에서 'elevenlabs.io'를 입력하여 일레븐랩스 사이트에 접속하고 효과음을 생성하기 위해 〈GET STARTED FREE〉 버튼을 클릭해 로그인합니다.

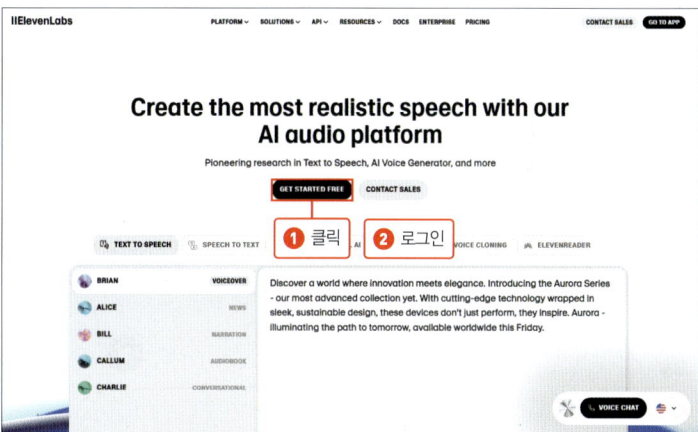

02 왼쪽 메뉴바에서 (Text to Speech) 메뉴를 클릭하여 내레이션 생성 AI 메뉴로 이동합니다.

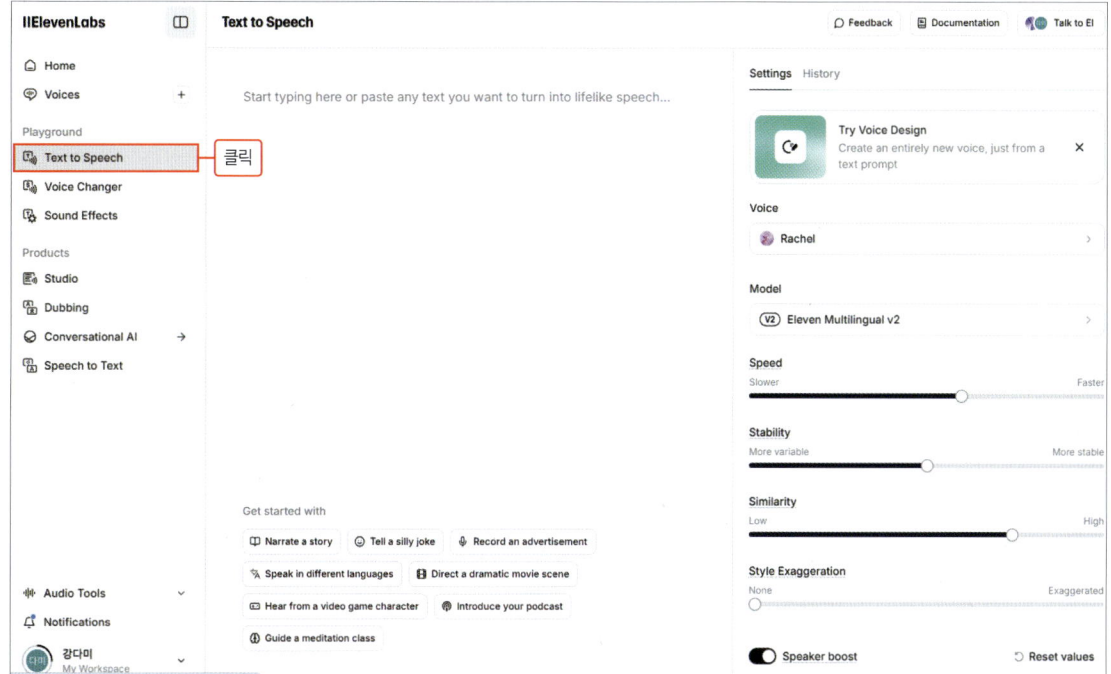

329

03 텍스트 입력창에 마지막 장면에서 사용할 대사인 'I feel the coolness of the city, Sparkle!'를 입력합니다. 이후 Voice 메뉴를 클릭하여 성우를 교체하도록 합니다.

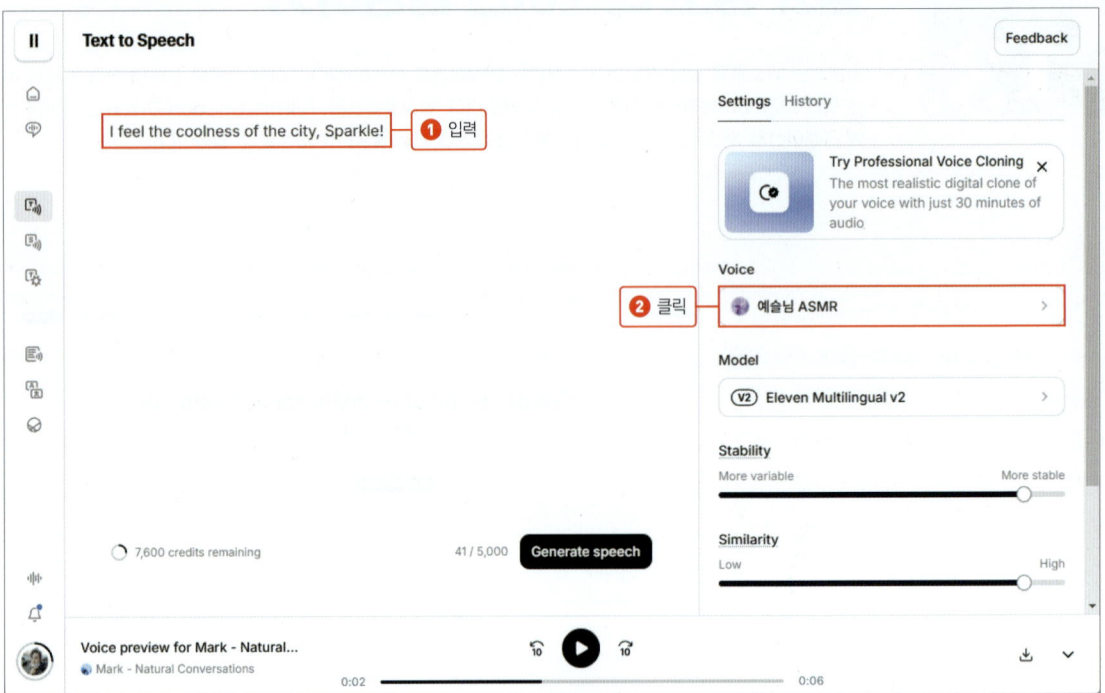

04 검색 창에 'Bill'을 입력합니다. 프로필 사진을 클릭하여 목소리를 들어볼 수 있습니다. 예제에서는 'Bill'을 클릭하여 성우를 확정하겠습니다.

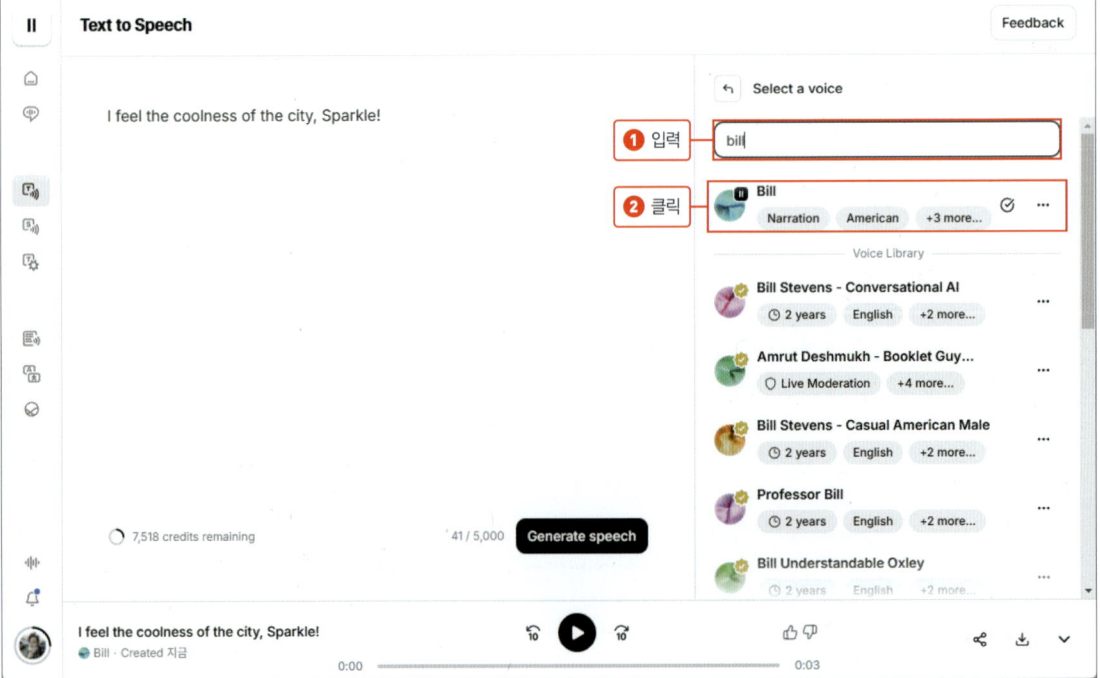

일렉브랩스의 보이스

일렉브랩스는 다양한 성우를 제공합니다. 성우별로 프리뷰 기능도 제공하여 목소리를 들어보고 성우를 선택하여 사용할 수 있습니다.

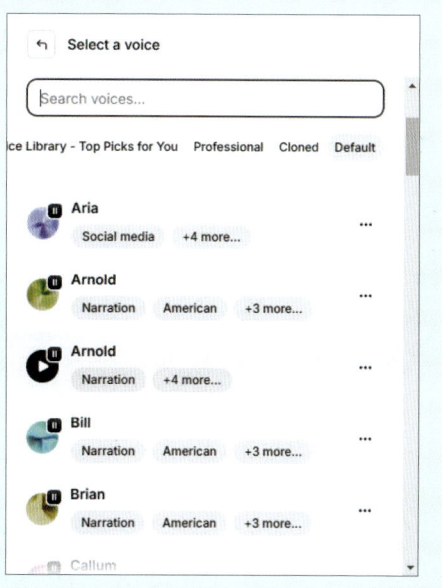

05 Settings 창에서 Model을 'Eleven Multilingual v2'로 선택하고 Stability, Similarity, Style Exaggeration를 각각 '50%', '75%', '75%'로 설정합니다.

 Settings 메뉴

- **Model** : 음성 모델을 설정할 수 있습니다. 한국어를 사용할 경우, Eleven Multilingyal v2 모델을 사용하는 것이 좋습니다.
- **Stability** : 음성의 안정성을 설정할 수 있습니다. 높을수록 안정적인 발음과 음성 내레이션을 제공합니다.
- **Similarity** : 음성의 일관성을 설정할 수 있습니다. 높을수록 일관된 톤과 음의 높낮이의 목소리가 생성됩니다.
- **Style Exaggeration** : 음성의 스타일을 설정할 수 있습니다. 높을수록 과장되고 오바하는 스타일의 목소리가 생성됩니다.

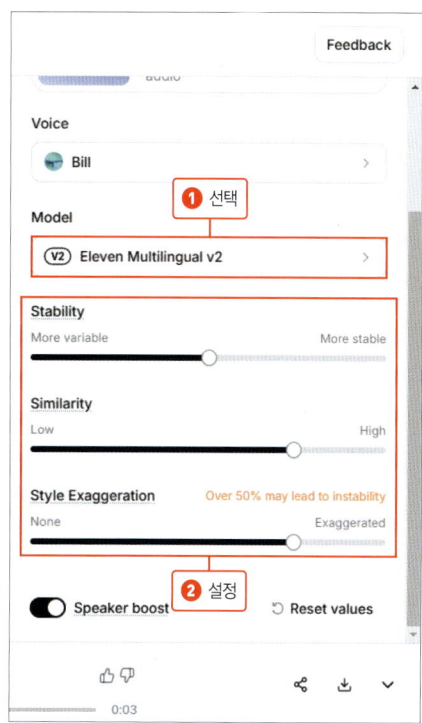

TIP Style Exaggeration에 슬라이더를 50%가 넘어가도록 설정하면 'Over 50% may lead to instability'라는 경고 문구가 뜹니다. 너무 높게 설정하면 출력의 품질이 떨어질 수 있으니 주의하세요.

06 아래의 '재생' 아이콘(▶)을 클릭하여 결과물을 청취할 수 있습니다. 원하는 내레이션 결과물이 나왔다면, '다운로드' 아이콘(⤓)을 클릭하여 다운로드합니다.

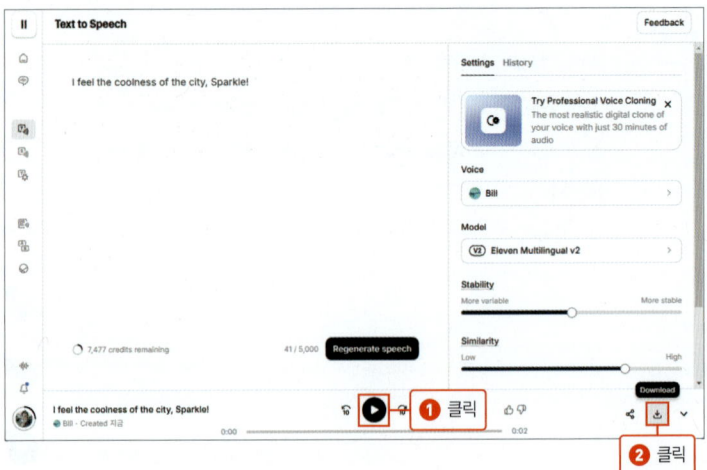

TIP 생성된 결과물이 마음에 들지 않는 경우, 〈Regenerate Speech〉 버튼을 클릭하여 내레이션을 재생성합니다.

07 다운로드 폴더에서 생성한 내레이션 파일을 확인할 수 있습니다.

08 다운로드한 내레이션 파일을 효과음이 있는 폴더로 옮기고 이름을 '내레이션'으로 변경합니다.

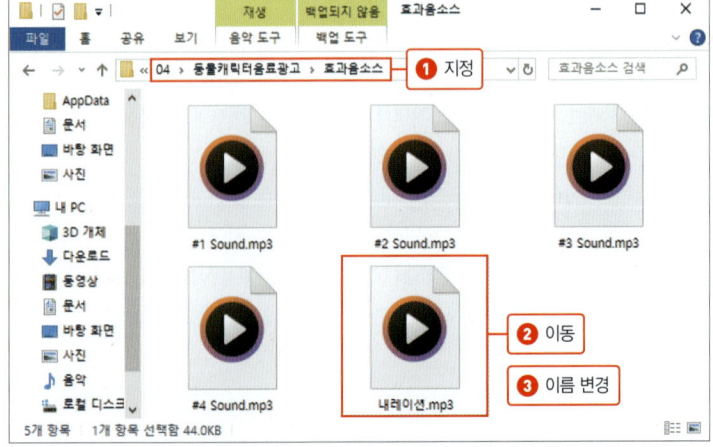

● 예제파일 : 04\동물캐릭터광고\영상, 효과음소스 폴더   ● 완성파일 : 04\동물캐릭터광고\동물캐릭터음료광고_완성.mp4

영상과 음원을 하나로 편집하여 음료 광고 완성하기

앞선 과정들을 통해 영상, 효과음과 내레이션 음원을 생성했습니다. 마지막으로 개별적인 요소들을 하나로 합쳐서 하나의 영상으로 만들기 위해 무료 영상 편집 툴인 캡컷을 활용하여 작업하겠습니다.

01 캡컷에 영상 소스 업로드하기

01 웹브라우저에서 'www.capcut.com'을 입력하여 캡컷 사이트에 접속하고 로그인한 다음 〈+ 새로 만들기〉 버튼을 클릭합니다.

02 이전 과정에서 생성한 영상과 같은 해상도로 진행하기 위해 동영상 항목의 '16:9'를 선택합니다.

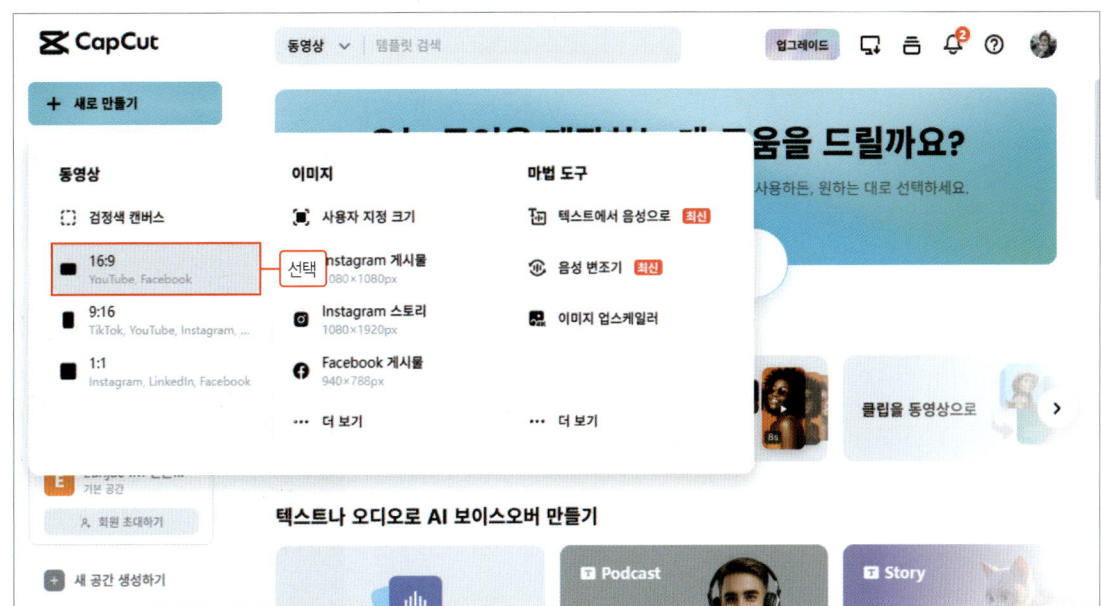

333

03 영상을 편집할 수 있는 프로젝트가 생성되면 폴더 채로 업로드하여 사용하기 위해 왼쪽 (미디어) 메뉴의 〈업로드〉 버튼을 클릭하고 '폴더 업로드'를 선택합니다.

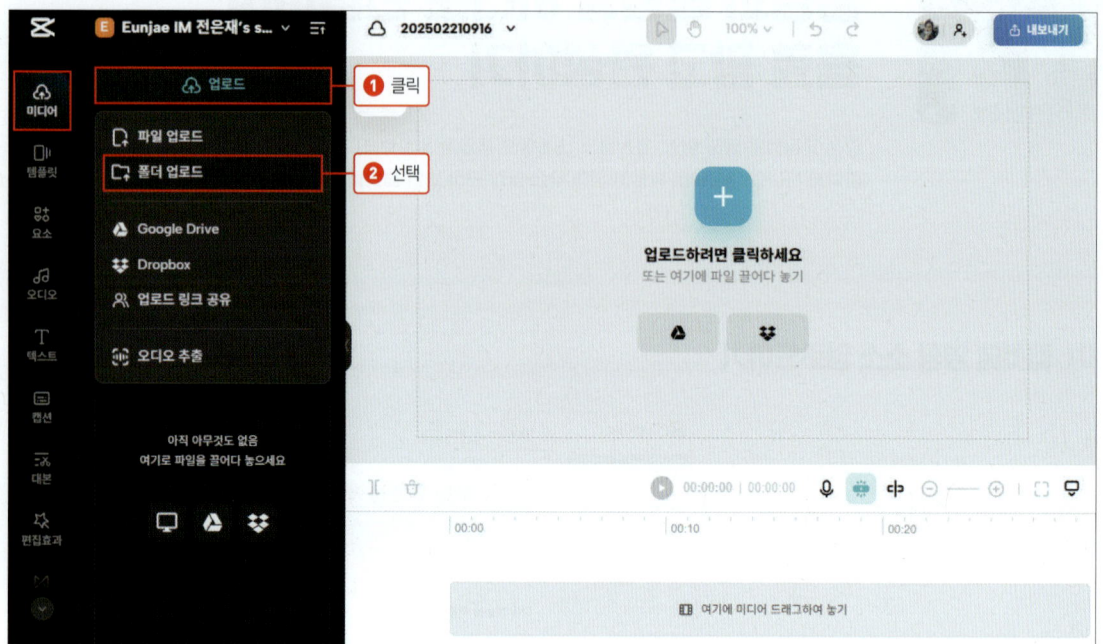

04 업로드할 폴더 선택 대화상자가 표시되면 04 → 동물캐릭터음료광고 폴더에서 '영상' 폴더를 선택하고 〈업로드〉 버튼을 클릭합니다.

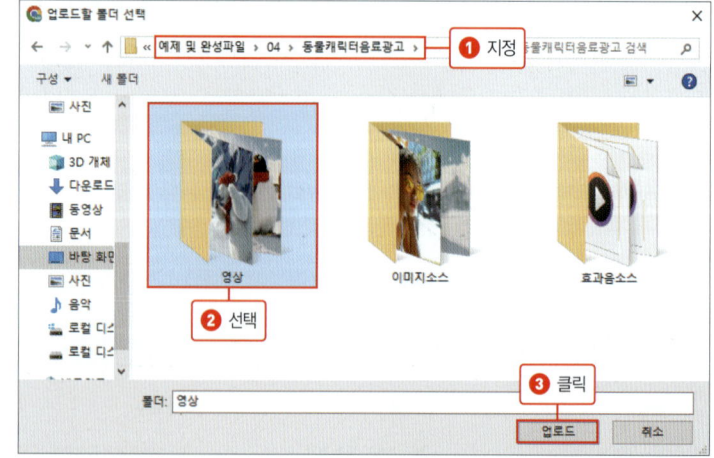

05 같은 방법으로 내레이션을 포함한 '효과음' 폴더도 캡컷에 업로드합니다.

02 장면과 효과음을 순서대로 컷 편집하기

01 업로드된 '소라AI 이미지 영상' 폴더에서 '#1.mp4' 영상 소스를 타임라인에 드래그합니다.

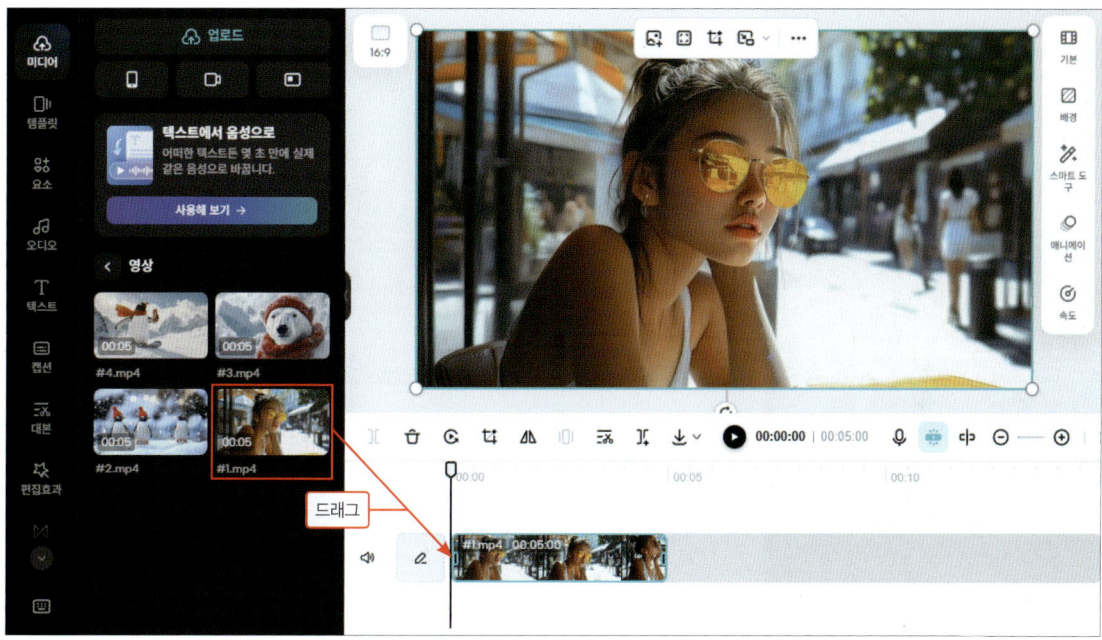

02 생성형 AI로 만든 영상들은 모든 부분이 완벽하지 않기 때문에 편집 프로그램에서 어색한 부분을 삭제하고 완성도가 높은 부분만 사용하는 것이 좋습니다. 어색한 부분을 삭제하기 위해 시간 표시자를 '00:00:02'으로 이동합니다.

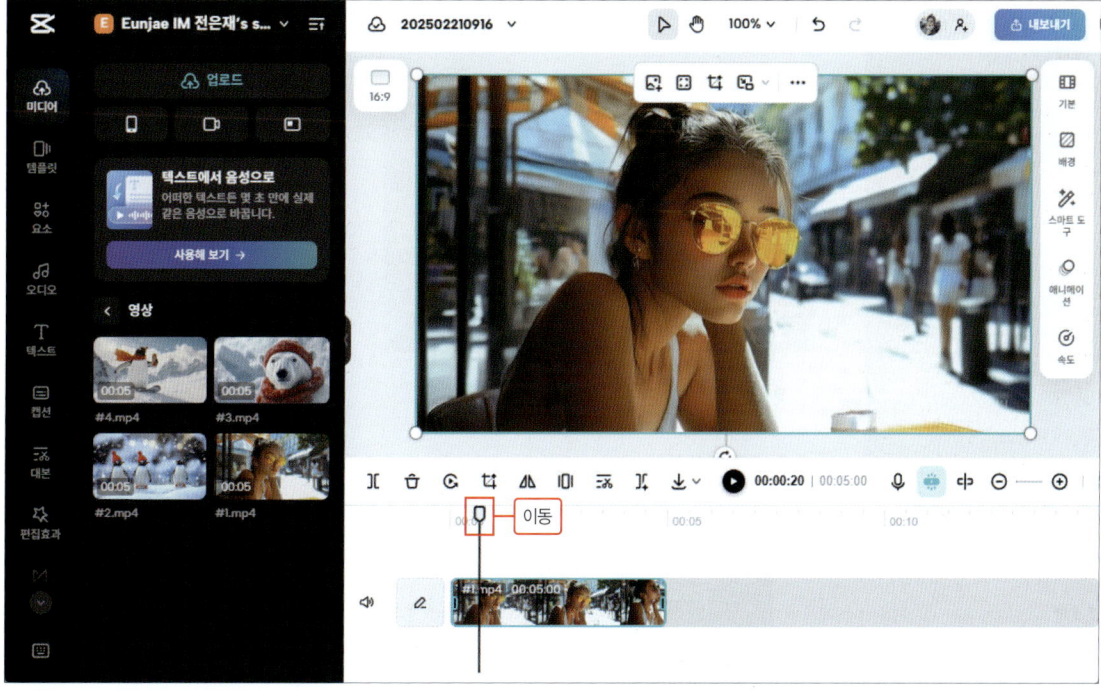

03 시간표시자를 기준으로 영상을 나누기 위해 분할(Ctrl+B)를 누릅니다. 앞 영상을 마우스로 클릭하고 Delete를 눌러 삭제합니다.

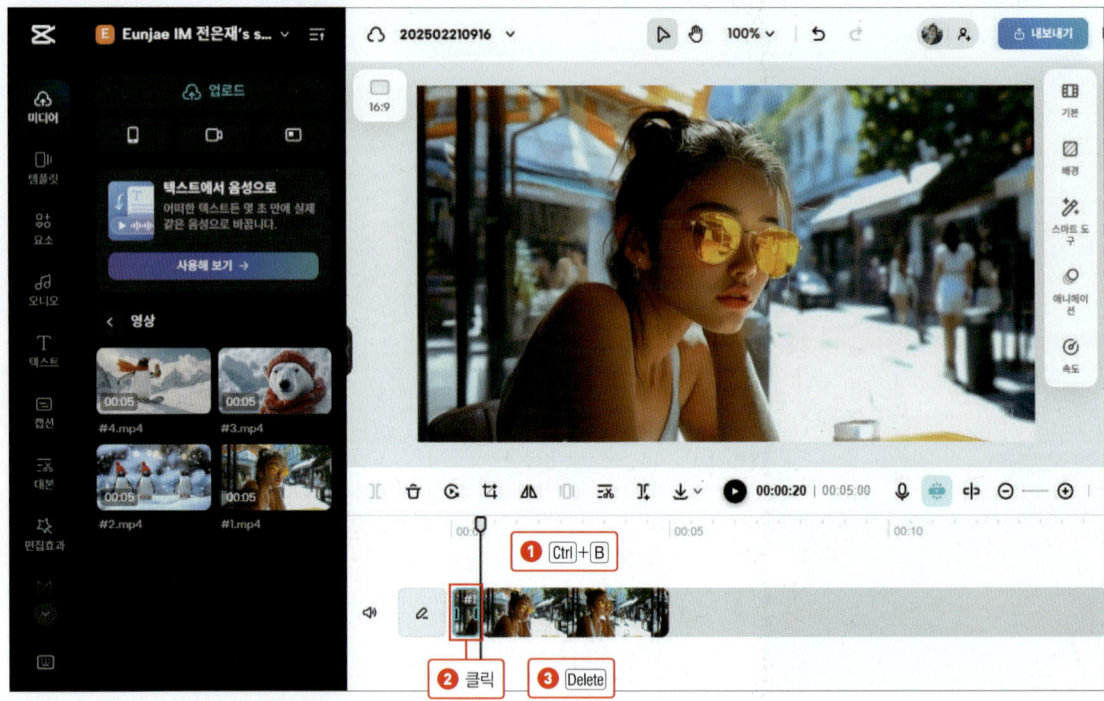

TIP 영상의 앞 부분에는 물컵이 없다가 2초 뒤 생겨나 어색해 보이기에 처음부터 물컵이 존재하도록 앞 부분을 잘라낸 것입니다.

04 이어지는 영상 소스도 동일한 과정으로 미디어 패널에서 타임라인으로 드래그하여 배치하고 어색한 부분을 컷 편집 및 삭제하도록 합니다.

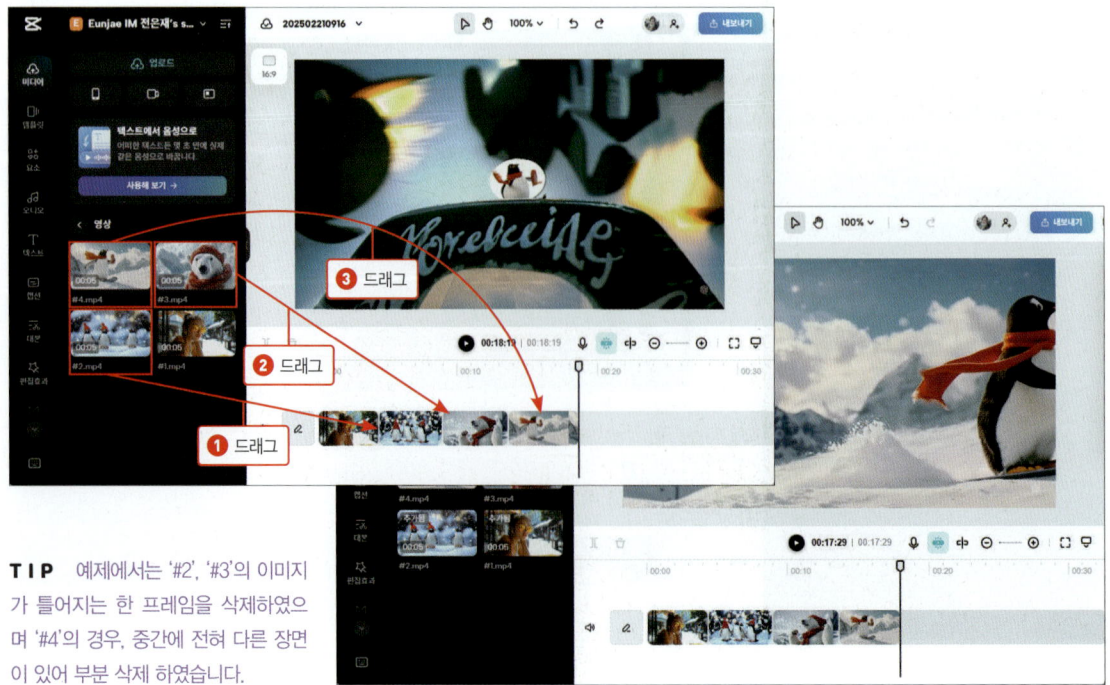

TIP 예제에서는 '#2', '#3'의 이미지가 틀어지는 한 프레임을 삭제하였으며 '#4'의 경우, 중간에 전혀 다른 장면이 있어 부분 삭제 하였습니다.

05 영상 소스 별 효과음 및 내레이션을 배치하기 위해 '효과음 소스' 폴더를 클릭합니다.

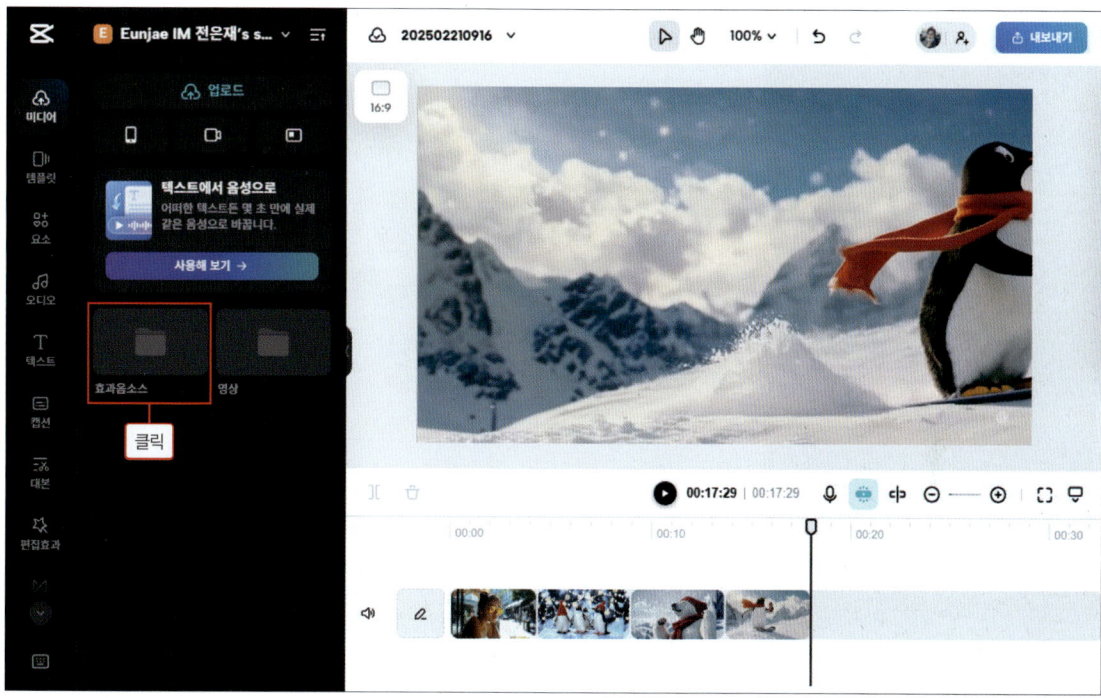

06 '#1 Sound.mp3' 효과음 소스를 타임라인에 드래그하여 표시합니다. 효과음의 길이를 영상의 길이에 맞게 오른쪽 끝 부분을 조정합니다.

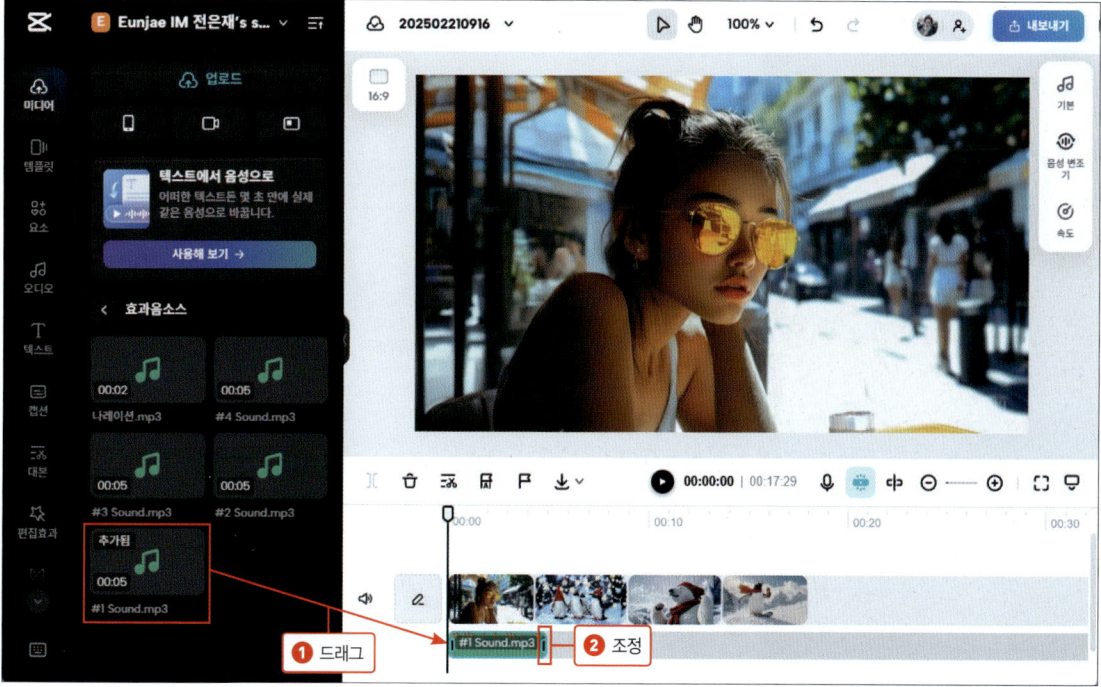

07 이어지는 효과음 소스도 동일한 과정으로 영상에 맞게 미디어 패널에서 타임라인으로 드래그하여 설정합니다.

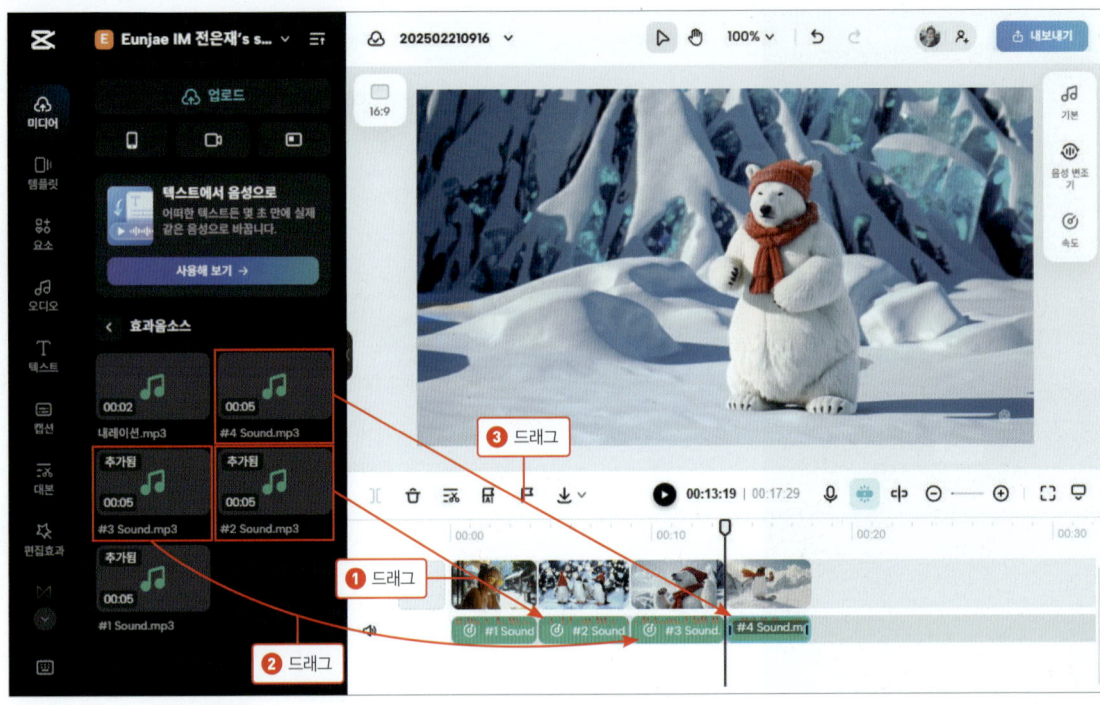

TIP 효과음의 길이는 영상의 길이에 맞게 조절하여야 자연스럽게 연출됩니다.

08 마지막 장면에는 내레이션을 추가하기 위해 '내레이션.mp3' 파일을 '#4 Sound.mp3' 장면 효과음 소스 아래로 드래그하여 배치합니다.

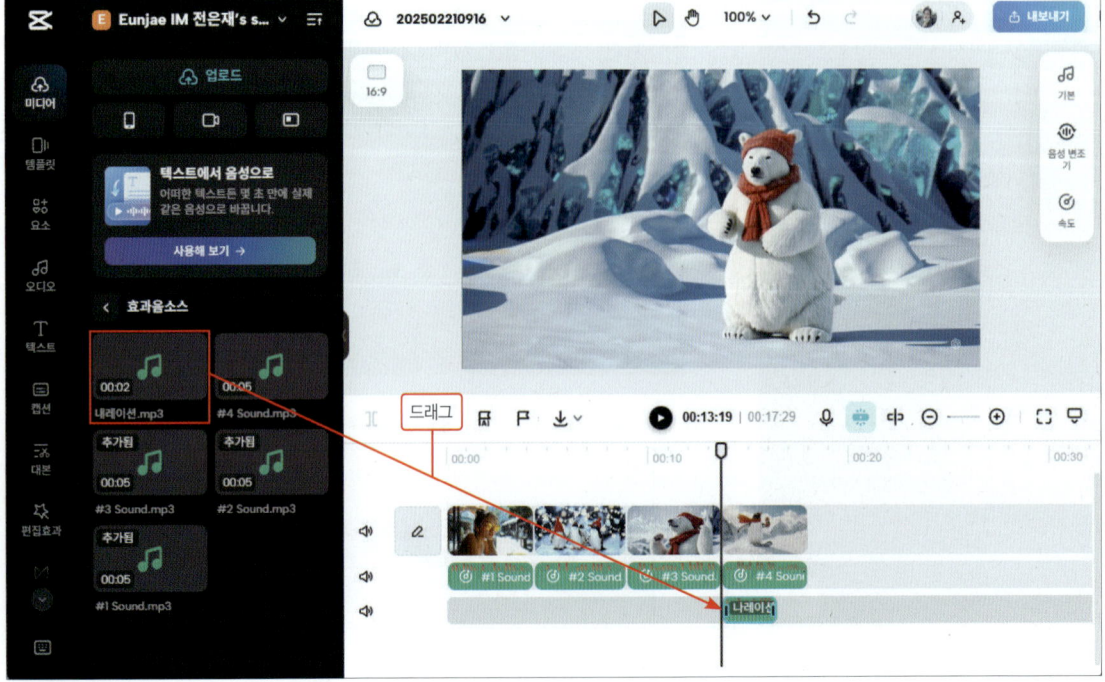

03 텍스트 프리셋을 활용하여 의미전달 하기

01 왼쪽 메뉴바에 있는 (텍스트) 메뉴를 클릭하고, 영상의 분위기에 맞는 텍스트 애니메이션을 적용하기 위해 크리스마스 테마에서 '모두 보기'를 클릭합니다.

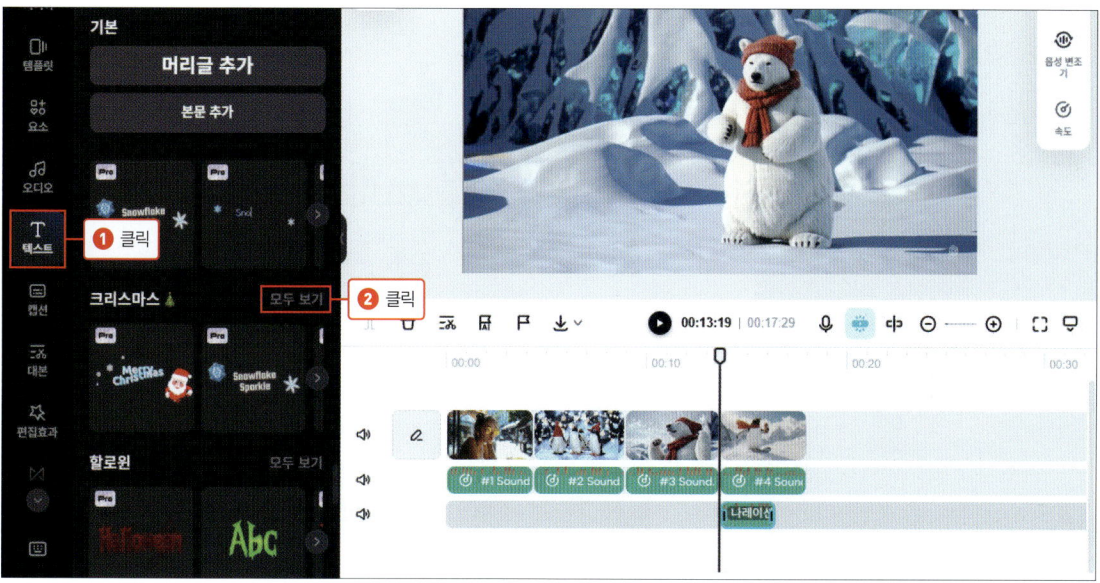

02 원하는 텍스트 프리셋을 선택합니다. 예제에서는 다음과 같은 텍스트 프리셋을 적용하였습니다.

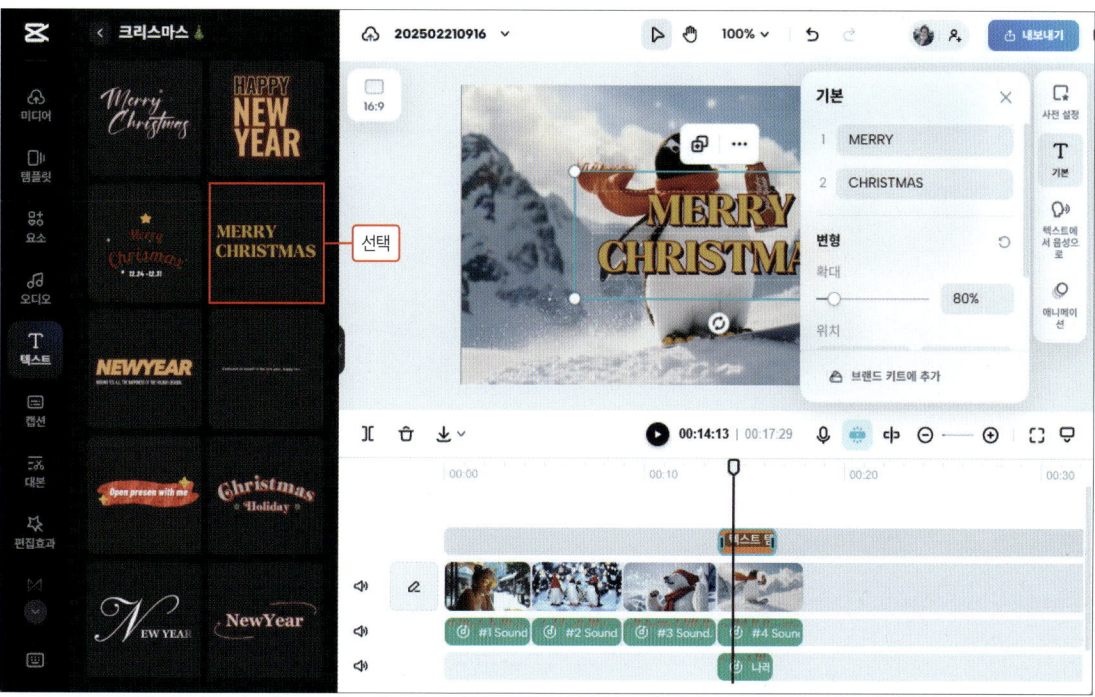

TIP 'Pro'가 적힌 프리셋은 유료 프리셋입니다. 캡컷 프로 버전을 결제를 하지 않았다면, 'Pro' 마크가 없는 텍스트 프리셋을 적용하도록 합니다.

03 해당 프리셋은 문장이 2개로 나뉘어져 있습니다. 1번째 문장에는 'I feel the coolness of the city'를 입력하고 2번째 문장에는 'Sparkle!'를 입력합니다.

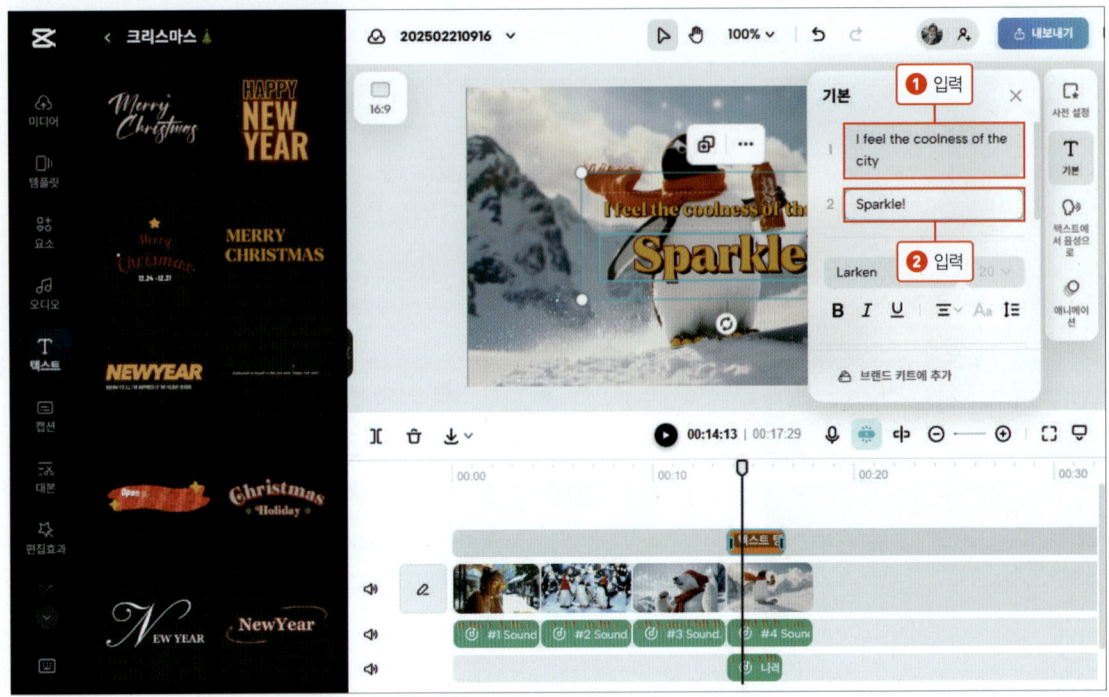

04 텍스트의 크기 변경을 위해 변형의 확대값을 '120%'로 설정하고, 영상의 길이에 맞게 조절합니다.

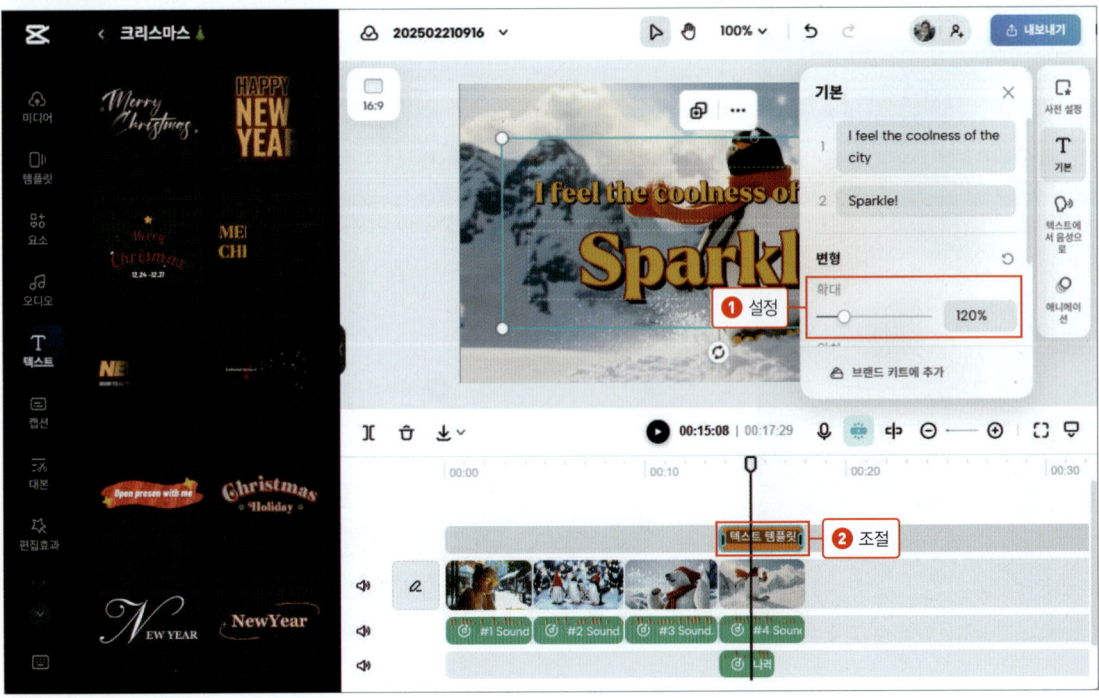

04 동물 캐릭터 음료 광고 영상 출력하기

01 편집이 완료되면 영상을 출력할 차례입니다. 오른쪽 상단의 〈내보내기〉 버튼을 클릭하고 내보내기 창이 표시되면 〈다운로드〉 버튼을 클릭합니다. 이후 내보내기 설정창에서 해상도를 '1080p', 프레임 속도를 '30fps'로 지정하고 〈내보내기〉 버튼을 클릭합니다.

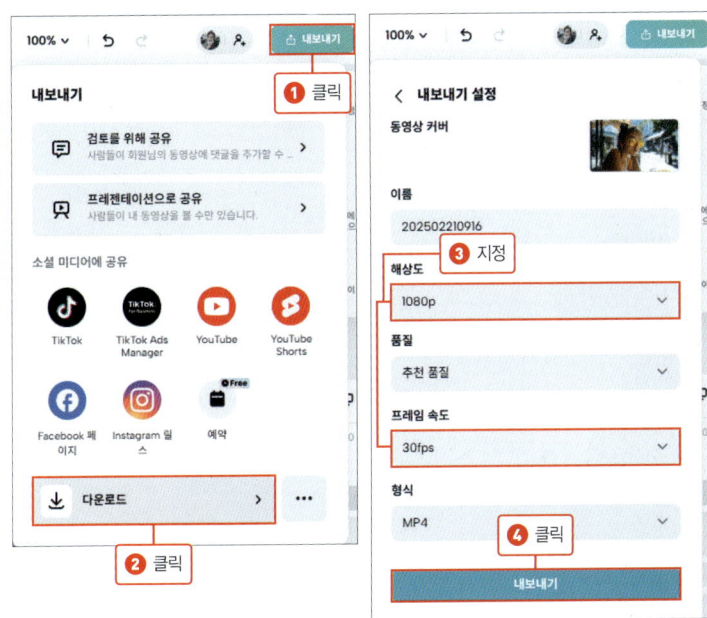

02 캡컷 화면에 영상 출력 과정이 표시됩니다. 과정이 '100%'가 되면 표시되는 〈다운로드〉 버튼을 클릭합니다.

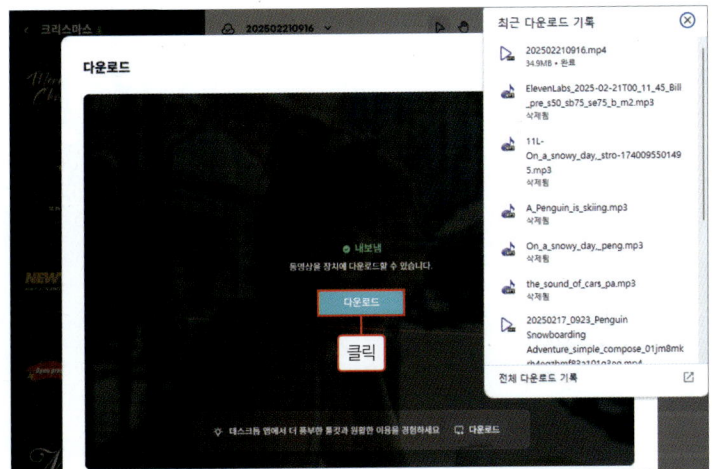

03 다운로드 폴더에서 생성한 영상을 확인하고 마무리합니다.

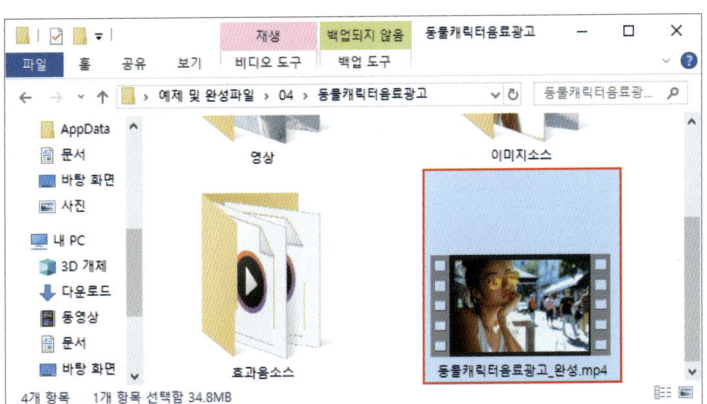

PROJECT

서로 다른 영상이 유사하게 변환되는
매치 컷으로 VR 광고 만들기

영화, 광고, 뮤직비디오를 보면서 '어떻게 저렇게 장면 전환이 매끄럽고 감각적으로 이어질 수 있을까?'라는 생각을 해보신 적이 있으신가요? 이는 단순한 편집이 아니라, 장면 간의 시각적 또는 동작적 유사성을 전략적으로 활용한 매치 컷(Match Cut) 기법 덕분입니다. 이번 콘텐츠에서는 VR 기기 광고 영상을 기획하고 제작하는 데 있어 매치 컷 기법을 효과적으로 활용하기 위한 구체적인 제작 프로세스와 실전 팁을 단계별로 소개해 드리겠습니다.

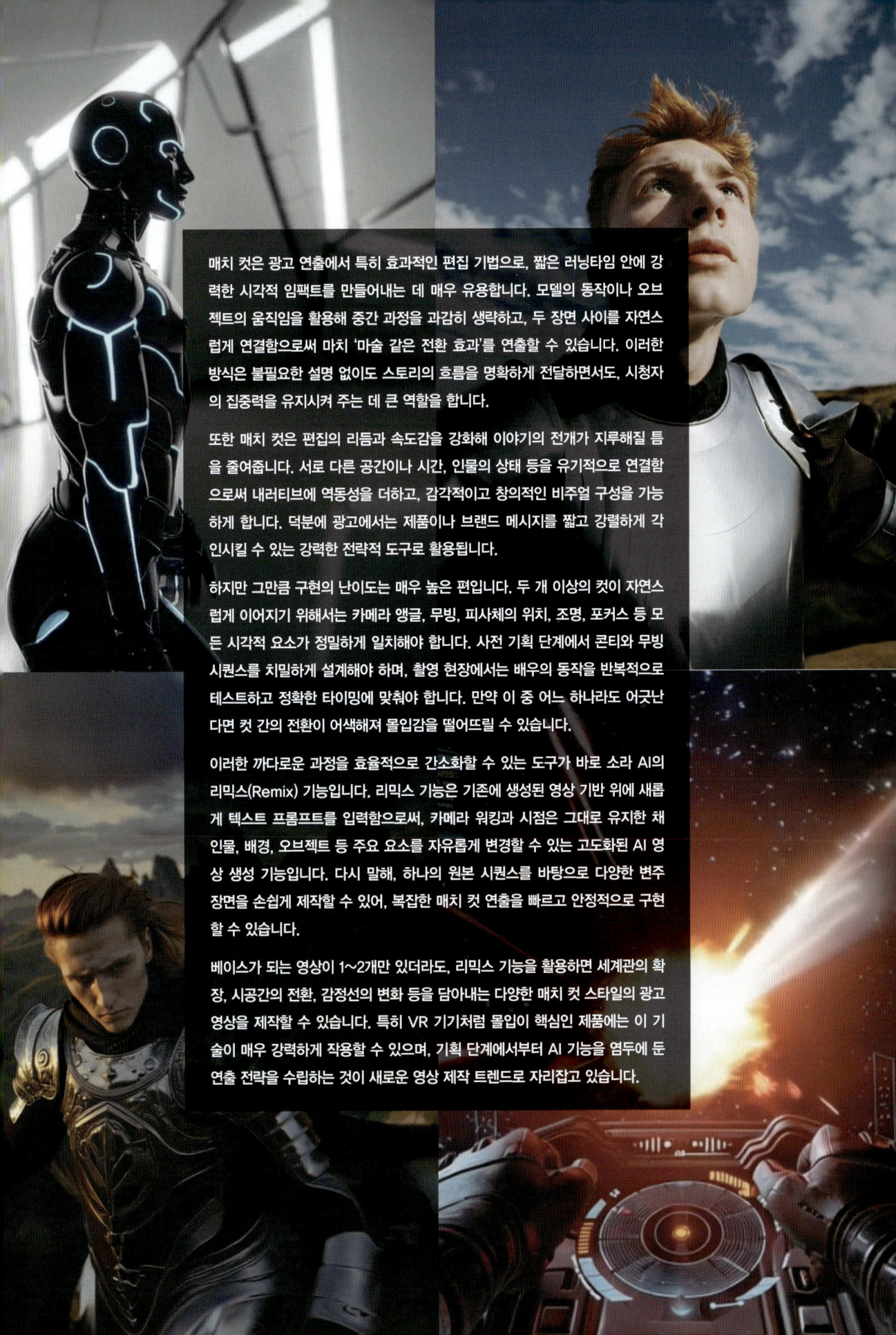

매치 컷은 광고 연출에서 특히 효과적인 편집 기법으로, 짧은 러닝타임 안에 강력한 시각적 임팩트를 만들어내는 데 매우 유용합니다. 모델의 동작이나 오브젝트의 움직임을 활용해 중간 과정을 과감히 생략하고, 두 장면 사이를 자연스럽게 연결함으로써 마치 '마술 같은 전환 효과'를 연출할 수 있습니다. 이러한 방식은 불필요한 설명 없이도 스토리의 흐름을 명확하게 전달하면서도, 시청자의 집중력을 유지시켜 주는 데 큰 역할을 합니다.

또한 매치 컷은 편집의 리듬과 속도감을 강화해 이야기의 전개가 지루해질 틈을 줄여줍니다. 서로 다른 공간이나 시간, 인물의 상태 등을 유기적으로 연결함으로써 내러티브에 역동성을 더하고, 감각적이고 창의적인 비주얼 구성을 가능하게 합니다. 덕분에 광고에서는 제품이나 브랜드 메시지를 짧고 강렬하게 각인시킬 수 있는 강력한 전략적 도구로 활용됩니다.

하지만 그만큼 구현의 난이도는 매우 높은 편입니다. 두 개 이상의 컷이 자연스럽게 이어지기 위해서는 카메라 앵글, 무빙, 피사체의 위치, 조명, 포커스 등 모든 시각적 요소가 정밀하게 일치해야 합니다. 사전 기획 단계에서 콘티와 무빙 시퀀스를 치밀하게 설계해야 하며, 촬영 현장에서는 배우의 동작을 반복적으로 테스트하고 정확한 타이밍에 맞춰야 합니다. 만약 이 중 어느 하나라도 어긋난다면 컷 간의 전환이 어색해져 몰입감을 떨어뜨릴 수 있습니다.

이러한 까다로운 과정을 효율적으로 간소화할 수 있는 도구가 바로 소라 AI의 리믹스(Remix) 기능입니다. 리믹스 기능은 기존에 생성된 영상 기반 위에 새롭게 텍스트 프롬프트를 입력함으로써, 카메라 워킹과 시점은 그대로 유지한 채 인물, 배경, 오브젝트 등 주요 요소를 자유롭게 변경할 수 있는 고도화된 AI 영상 생성 기능입니다. 다시 말해, 하나의 원본 시퀀스를 바탕으로 다양한 변주 장면을 손쉽게 제작할 수 있어, 복잡한 매치 컷 연출을 빠르고 안정적으로 구현할 수 있습니다.

베이스가 되는 영상이 1~2개만 있더라도, 리믹스 기능을 활용하면 세계관의 확장, 시공간의 전환, 감정선의 변화 등을 담아내는 다양한 매치 컷 스타일의 광고 영상을 제작할 수 있습니다. 특히 VR 기기처럼 몰입이 핵심인 제품에는 이 기술이 매우 강력하게 작용할 수 있으며, 기획 단계에서부터 AI 기능을 염두에 둔 연출 전략을 수립하는 것이 새로운 영상 제작 트렌드로 자리잡고 있습니다.

SECTION 15.

직감적인 인트로 영상 제작하기

> 완성파일 : 04\VR기기광고\영상 소스 폴더

보통 광고는 15초 안에 많은 정보를 전달해야 하기 때문에 광고 시작 1-2초 안에 어떤 제품 혹은 어떤 브랜드인지 직감적으로 파악할 수 있도록 인트로 컷을 활용할 수 있습니다. 짧은 시간이지만 브랜드의 인상이 결정되기에 어떤 느낌을 전달하고 싶은지 확실히 정하고 제작해야합니다.

01 몰입감을 높이는 VR 기기 광고 영상 제작 가이드

VR 기기 광고는 제품 설명보다 사용자의 몰입과 체험을 강조해야 합니다. 단순한 정보 전달이 아닌, '내가 직접 써보는 느낌'을 주는 연출이 중요합니다. 영상은 시청자의 시선 흐름에 맞춰 1인칭 시점이나 360도 시야를 연상시키는 방식으로 구성하며, 카메라 워킹은 부드럽고 자연스럽게 설계해야 합니다.

게임 외에도 교육, 피트니스, 회의 등 다양한 사용 사례를 보여 주면 VR의 활용도를 설득력 있게 전달할 수 있습니다. '쉽다', '가볍다', '멀미 없다' 같은 직관적인 메시지로 기술에 대한 거부감을 줄이고, 사용자의 신뢰를 높여야 합니다. 공간음향, 진동 등의 감각 요소는 시각적으로 표현해 실제 사용하는 느낌을 전달합니다. 숏폼 플랫폼에 맞춰 15~30초 내에 핵심 메시지를 압축하고, 초반 몇 초는 시선을 끄는 인트로로 구성해야 합니다. 결국 광고는 체험 중심의 메시지와 감각적 연출로, VR의 몰입감을 간결하게 전달하는 데 초점을 맞춰야 합니다.

02 인트로 영상 프롬프트 입력하기

01 웹브라우저에서 'sora.com'을 입력하여 소라 AI 사이트에 접속합니다.

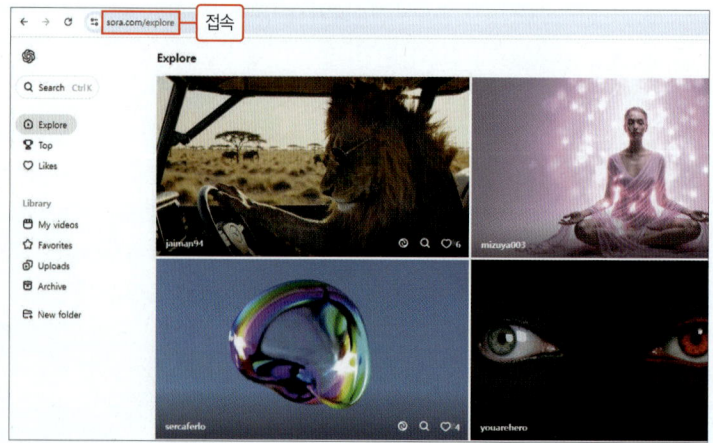

02 인트로에 제품명 또는 로고를 배치해 시청자의 호기심을 유도하되, 제품 전체를 노출하지 않고 클로즈업만 활용하기 위해 다음의 프롬프트를 입력합니다.

프롬프트 | VR glasses with a minimalist design. Extreme close-ups. Slow motion, moving lighting

TIP 해당 프롬프트는 제품 컷 자체를 타이틀 배경으로 삼아, 미니멀하면서도 미래적인 톤을 효과적으로 전달하려는 의도가 담겨 있습니다.

03 영상의 세부 설정을 진행합니다. 화면 비율을 '16:9', 해상도를 '480p', 영상 길이를 '10s'로 선택하고 영상 생성 개수를 2v로 선택합니다. 이후 'Create' 아이콘(●)을 클릭합니다.

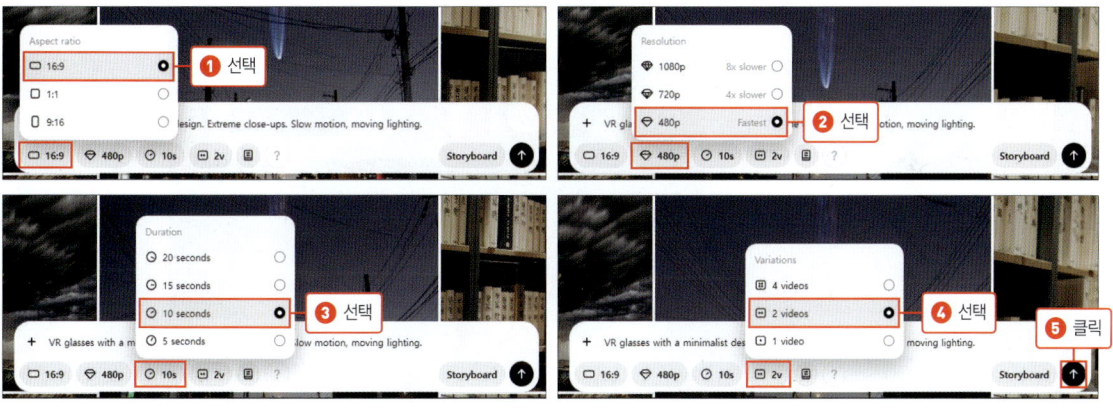

03 생성된 영상 저장하기

01 'Added to queue' 텍스트가 표시되고, 생성이 완료되면 섬네일을 클릭합니다.

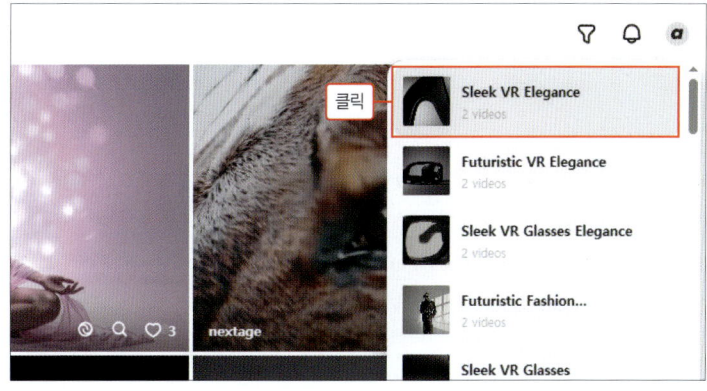

345

02 생성된 영상 중 마음에 드는 영상을 클릭합니다. 예제에서는 오른쪽 영상을 선택하였습니다.

03 선택한 영상을 저장하기 위해 'Download' 아이콘(◉)을 클릭하고 'Video'를 선택합니다. Download ready 창이 표시되면, 〈Download〉 버튼을 클릭합니다. 예제에서는 워터마크가 없는 버전을 다운받았습니다.

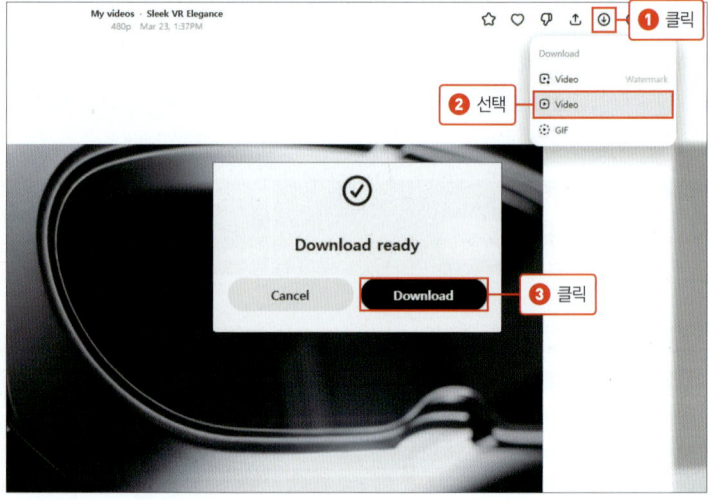

TIP 소라 AI 워터마크를 남기는 옵션과, 워터마크 없이 다운로드할 수 있는 옵션이 존재합니다.

04 다운로드 폴더를 살펴보면 소라 AI에서 생성한 영상을 확인할 수 있습니다.

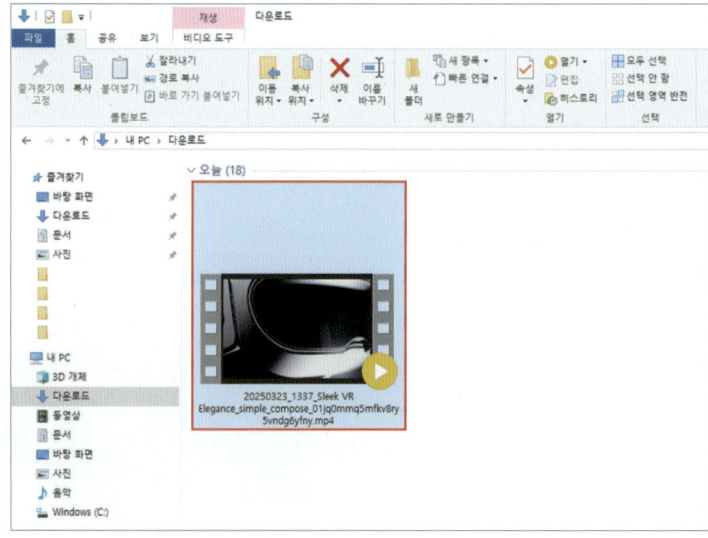

TIP 해당 영상의 이름을 '#1_INTRO.mp4'로 변경해 두면 이후 원활한 작업을 진행할 수 있습니다.

SECTION 16.

● 완성파일 : 04\VR기기광고\영상 소스 폴더

매치 컷 활용을 위한 인물 생성하기

매치 컷은 서로 다른 두 장면을 형태, 동작, 색상, 구도 또는 의미를 기준으로 자연스럽게 연결하는 편집 기법입니다. VR 기기를 착용한 인물을 시작점으로 삼아 다양한 세계관 속에서의 '또 다른 나'와 연결할 영상을 생성해 보겠습니다.

01 VR 기기를 착용한 인물 영상 생성하기

01 웹브라우저에서 'sora.com'을 입력하여 소라 AI 사이트에 접속하고 매치컷의 중심이 될 'VR 기기를 착용한 모델'을 표현하기 위한 프롬프트를 입력합니다. 세부 설정은 이전과 동일하므로 별도로 변경할 필요는 없으며, Enter를 눌러 영상을 생성합니다.

프롬프트 Zoom in. A minimalist white studio with light coming in through a large window. A black male model in a Balenciaga lookbook style wearing a VR device. White tone

TIP 인물을 멋지게 뽑고 싶을 때, 프롬프트에 '(브랜드 이름)look-book style'처럼 브랜드명이 들어가면 많은 프롬프트를 입력하지 않아도 원하는 스타일의 모델을 만들어낼 수 있습니다.

02 'Added to queue' 텍스트가 표시되고, 생성이 완료되면 섬네일을 클릭합니다.

03 생성된 영상 중 마음에 드는 영상을 선택합니다. 예제에서는 왼쪽 영상을 선택하였습니다.

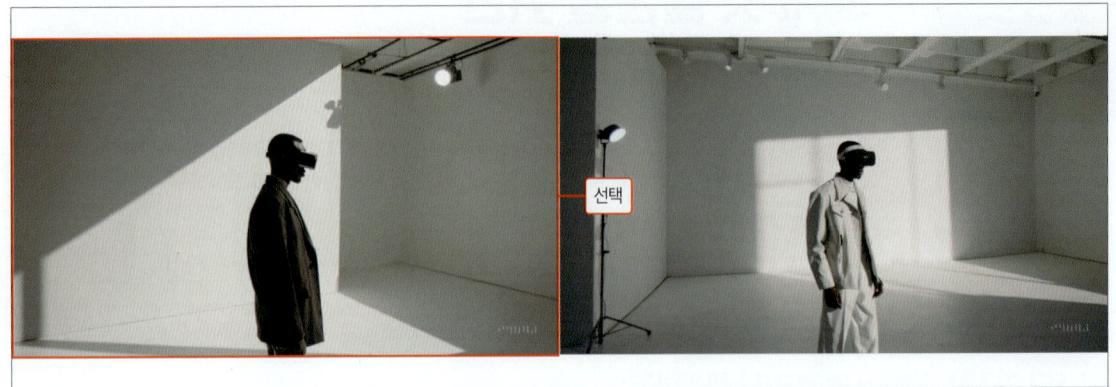

04 선택한 영상을 저장하기 위해 'Download' 아이콘(⊙)을 클릭하고 'Video'를 선택합니다. Download ready 창이 표시되면, 〈Download〉 버튼을 클릭합니다.

05 다운로드 폴더를 살펴보면 소라 AI에서 생성한 영상을 확인할 수 있습니다.

TIP 해당 영상의 이름을 '#2_MATCH.mp4'로 변경해두면 이후 원활한 작업을 진행할 수 있습니다.

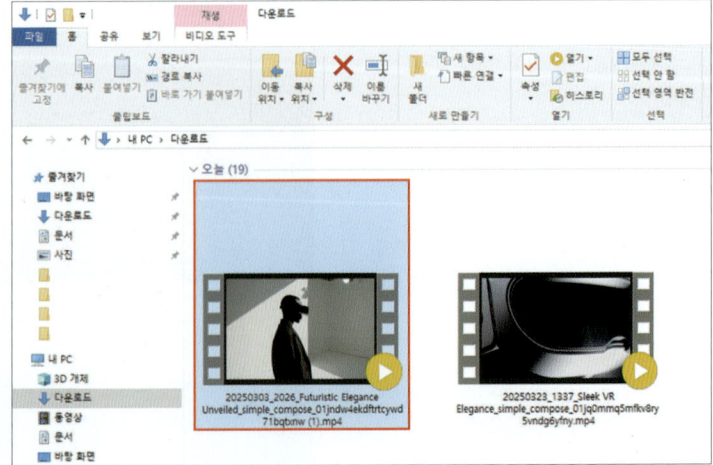

02 리믹스 기능으로 중세 기사로 전환되는 영상 생성하기

01 소라 AI의 리믹스 기능을 활용하여 자연스러운 화면 전환 효과로 마치 VR 기기를 착용하고 중세시대로 접속한 느낌을 받을 수 있는 영상을 연결해 보겠습니다. 자연스럽게 이어지도록 하단의 〈Remix〉 버튼을 클릭합니다.

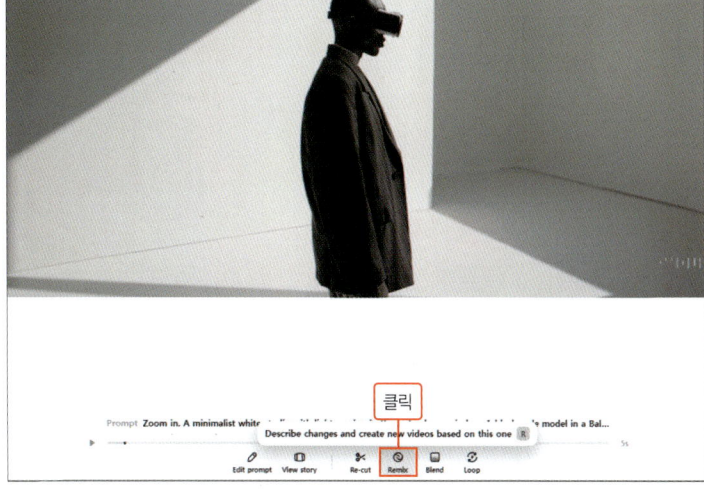

TIP 소라 AI에서 생성한 영상 중 인트로 영상의 섬네일을 클릭하면 이어서 작업이 가능합니다.

02 Remix 인터페이스로 바뀌면 이후, 바꾸고 싶은 장면에 맞는 캐릭터와 배경을 프롬프트로 입력합니다. 예제에서는 중세 판타지 세계관에 맞는 갑옷을 입은 기사의 이미지 프롬프트를 입력하였습니다.

프롬프트   A knight in silver armor on the ramparts of a medieval fantasy

03 이번에는 생성되는 영상의 수를 늘려 선택하기 위해 해상도를 '480p', 영상 개수를 '4V'로 설정하고 Remix 강도를 세부조정 하기 위해 Strong remix를 클릭하고 Custom을 선택하면 활성화 되는 Remix strength를 클릭하고 '7'로 설정합니다. 오른쪽 하단의 〈Remix〉 버튼을 클릭합니다.

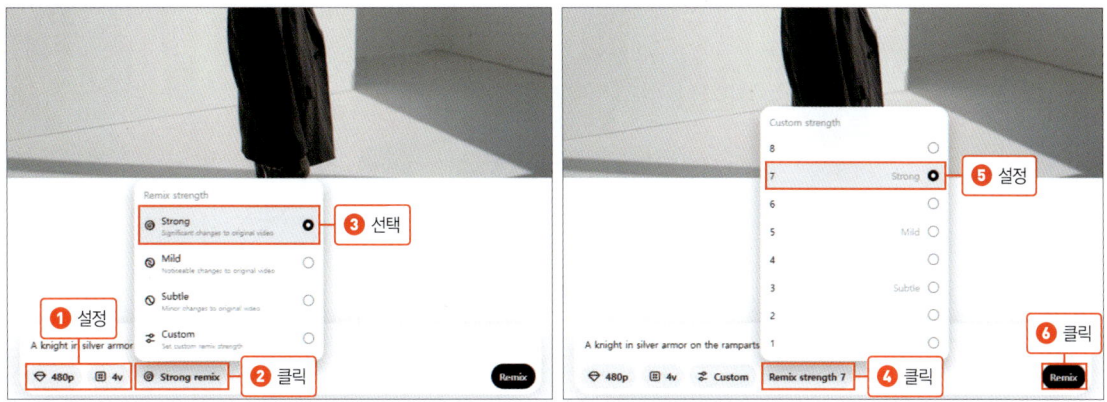

TIP 이전에 480p로 제작하였더라도 이 단계에서 1080p로 설정을 변경하면 이전 영상에도 반영되어 자연스럽게 생성합니다.

Remix 강도 설정
- **Strong** : 큰 변경에 적합
- **Mild** : 부분적 변경에 적합
- **Subtle** : 섬세한 변경에 적합 Remix 강도의 가장 하단 부분 Custom Remix를 선택하면 리믹스 강도를 1~8까지 섬세하게 조절할 수 있습니다.

04 'Added to queue' 텍스트가 표시되고, 생성이 완료되면 섬네일을 클릭합니다.

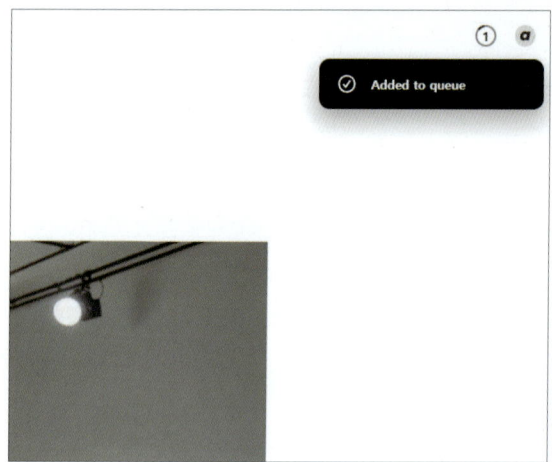
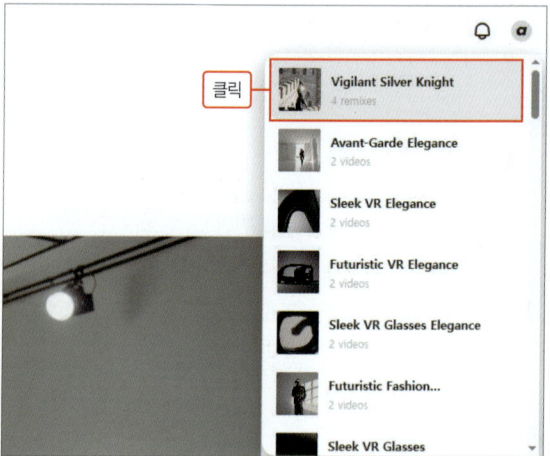

05 Remix된 4개의 영상을 확인할 수 있으며, 마음에 드는 영상을 클릭합니다. 예제에서는 4번째 영상을 선택하였습니다.

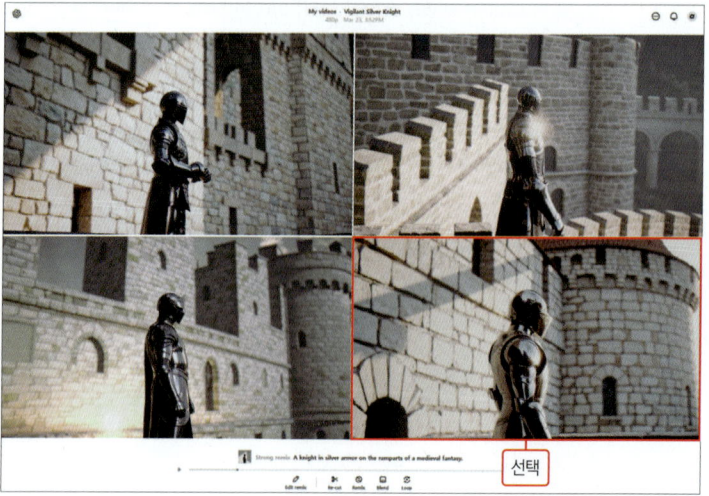

TIP 해당 영상의 이름을 '#5_MATCH.mp4'로 변경해두면 이후 원활한 작업을 진행할 수 있습니다.

06 선택한 영상을 저장하기 위해 'Download' 아이콘(⊙)을 클릭하고 'Video'를 선택합니다. Download ready 창이 표시되면, 〈Download〉 버튼을 클릭합니다. 다운로드 폴더에서 생성한 영상을 확인할 수 있습니다.

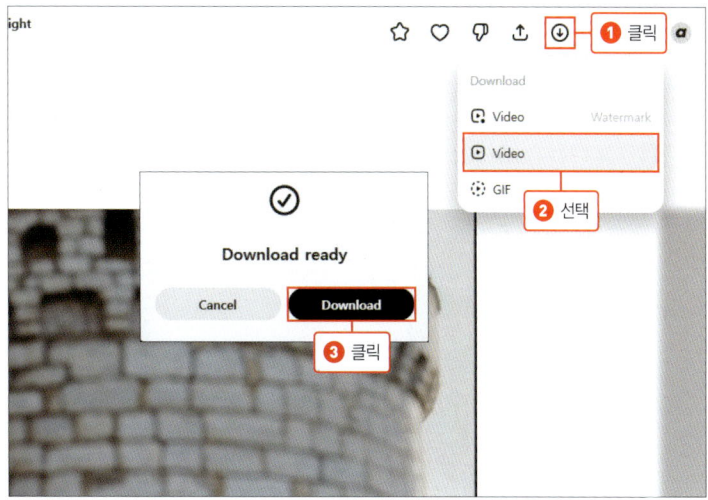

03 축구 선수로 전환되는 영상 생성하기

01 VR을 착용한 첫번째 영상으로 다시 돌아와 축구 경기에 참가한 축구선수가 되는 영상을 리믹스하겠습니다. 하단의 〈Remix〉 버튼을 클릭합니다.

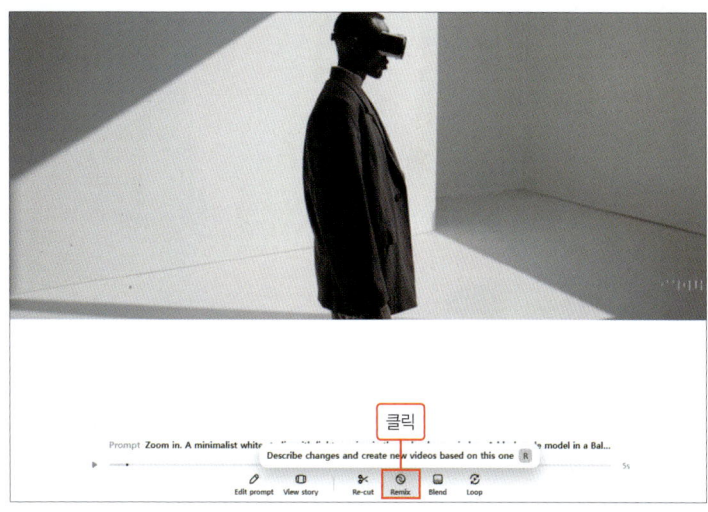

02 다음의 프롬프트를 입력하고 해상도를 '480p', 영상 개수를 '2V', Remix 강도를 'Strong'으로 설정하고 〈Remix〉 버튼을 클릭합니다. 예제에서는 축구 게임에 나오는 남성 아르헨티나 축구 선수를 생성하겠습니다.

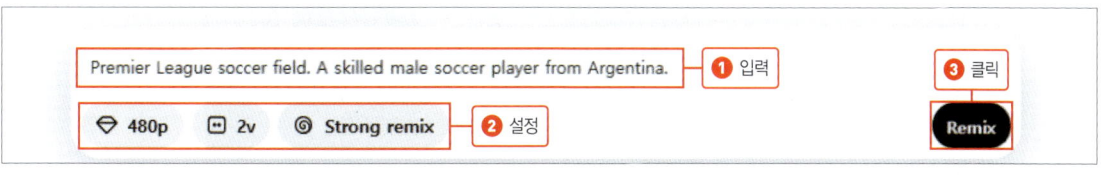

| 프롬프트 | Premier League soccer field. A skilled male soccer player from Argentina |

03 오른쪽 상단에 'Added to queue' 텍스트가 표시되고, 생성이 완료되면 섬네일을 클릭합니다.

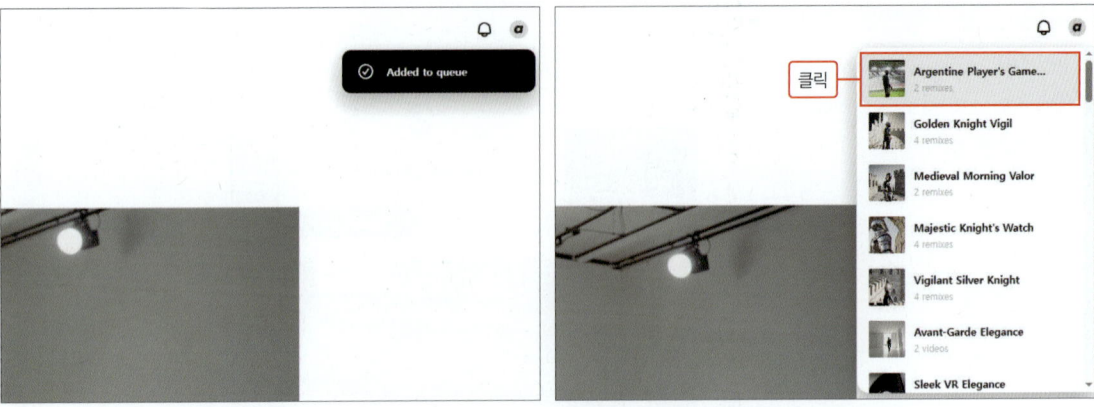

04 Remix된 2개의 영상을 확인하고, 마음에 드는 영상을 클릭합니다. 예제에서는 왼쪽의 영상을 선택하였습니다.

05 선택한 영상을 저장하기 위해 'Download' 아이콘(⊙)을 클릭하고 'Video'를 선택합니다. Download ready 창이 표시되면 〈Download〉 버튼을 클릭합니다. 다운로드 폴더를 살펴보면 소라 AI에서 생성한 영상을 확인할 수 있습니다.

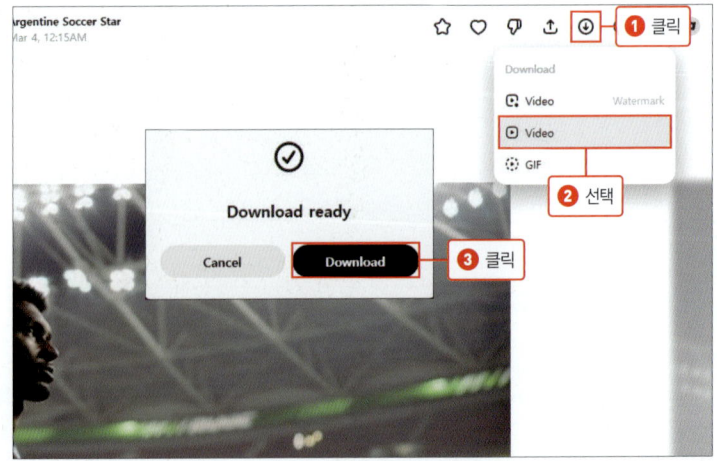

TIP 해당 영상의 이름을 '#3_MATCH.mp4'로 변경해두면 이후 원활한 작업을 진행할 수 있습니다.

04 SF 휴머노이드로 전환되는 영상 생성하기

01 첫번째 영상에서 SF 세계관의 휴머노이드가 되는 영상으로 리믹스하겠습니다. 하단의 〈Remix〉 버튼을 클릭합니다.

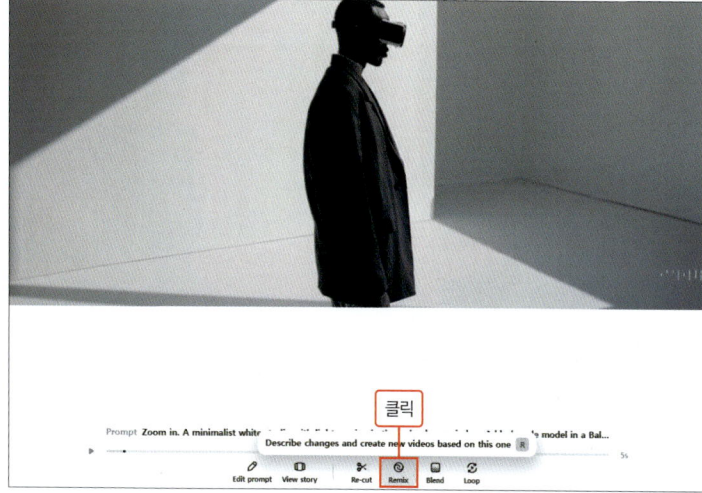

02 다음의 프롬프트를 입력하고 해상도를 '480p', 영상 개수를 '2V', Remix 강도를 'Strong'으로 설정하고 〈Remix〉 버튼을 클릭합니다. 예제에서는 SF에 등장하는 휴머노이드 캐릭터를 생성하겠습니다.

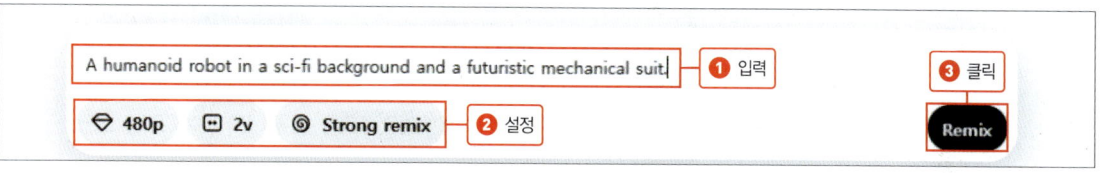

> **프롬프트** A humanoid robot in a sci-fi background and a futuristic mechanical suit

03 오른쪽 상단에 'Added to queue' 텍스트가 표시되고 영상 생성이 시작됩니다. 완료되면 섬네일을 클릭합니다.

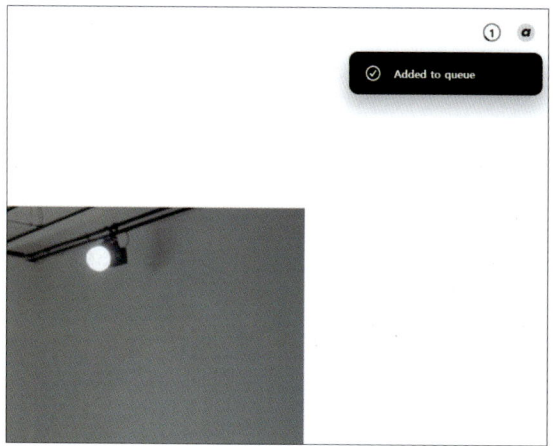
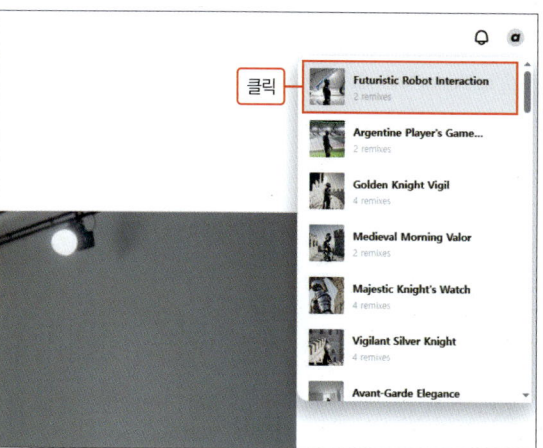

04 Remix된 2개의 영상을 확인하고, 마음에 드는 영상을 선택합니다. 예제에서는 오른쪽의 영상을 선택하였습니다.

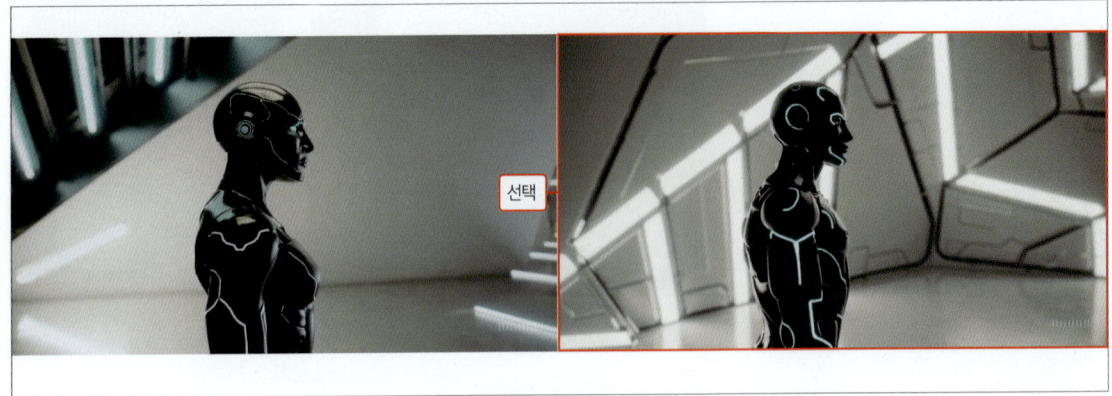

05 선택한 영상을 저장하기 위해 'Download' 아이콘(⊙)을 클릭하고 'Video'를 선택합니다. Download ready 창이 표시되면 〈Download〉 버튼을 클릭합니다.

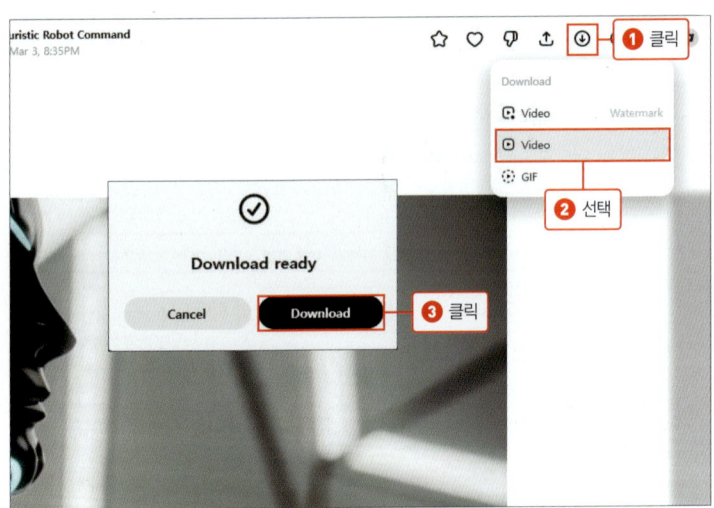

06 다운로드 폴더를 살펴보면 소라 AI에서 생성한 영상을 확인할 수 있습니다.

TIP 해당 영상의 이름을 '#4_MATCH.mp4'로 변경해두면 이후 원활한 작업을 진행할 수 있습니다.

05 악마로 전환되는 영상 생성하기

01 첫번째 영상에서 지옥의 악마가 되어보는 영상으로 리믹스하겠습니다. 하단의 〈Remix〉 버튼을 클릭합니다.

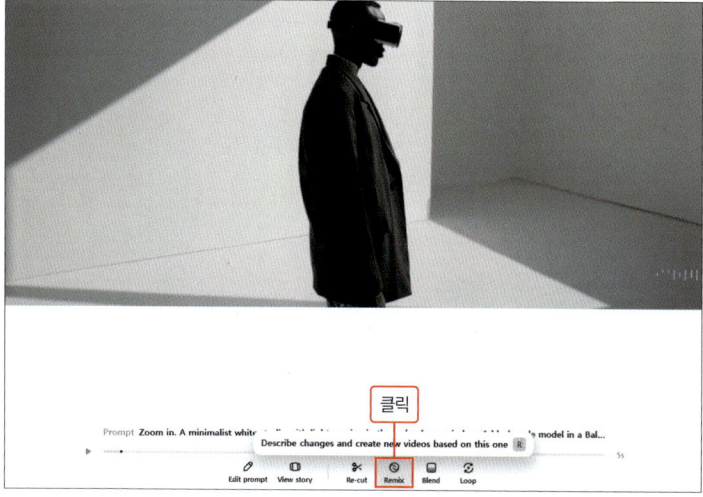

02 다음의 프롬프트를 입력하고 해상도를 '480p', 영상 개수를 '2V', Remix 강도를 'Strong'으로 설정하고 〈Remix〉 버튼을 클릭합니다. 예제에서는 지옥에 등장하는 악마 캐릭터를 생성하겠습니다.

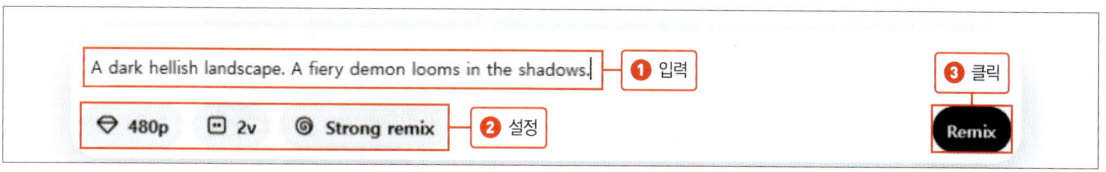

> 프롬프트
> A dark hellish landscape. A fiery demon looms in the shadows

03 오른쪽 상단에 'Added to queue' 텍스트가 표시되고 영상 생성이 시작됩니다. 완료되면 섬네일을 클릭합니다.

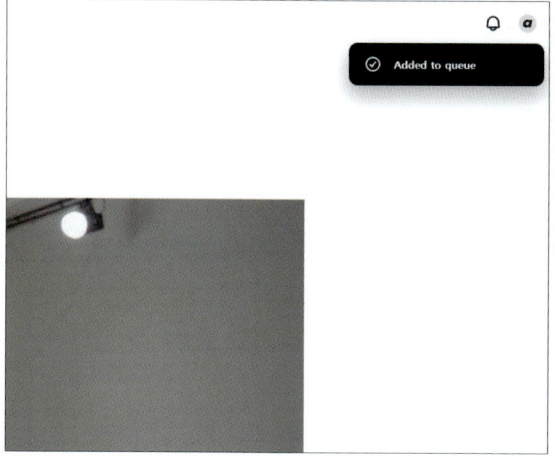
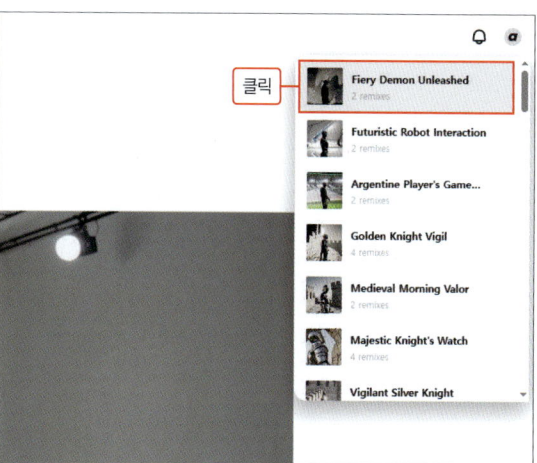

04 Remix된 2개의 영상이 생성된 것을 확인할 수 있습니다. 마음에 드는 영상의 섬네일을 선택합니다. 예제에서는 왼쪽 영상을 선택하였습니다.

05 선택한 영상을 저장하기 위해 'Download' 아이콘(⬇)을 클릭하고 'Video'를 선택합니다. Download ready 창이 표시되면 〈Download〉 버튼을 클릭합니다.

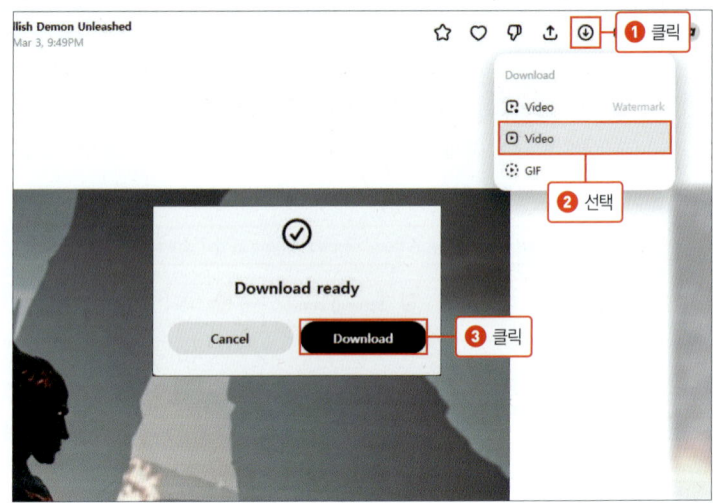

06 다운로드 폴더를 살펴보면 소라 AI에서 생성한 영상을 확인할 수 있습니다.

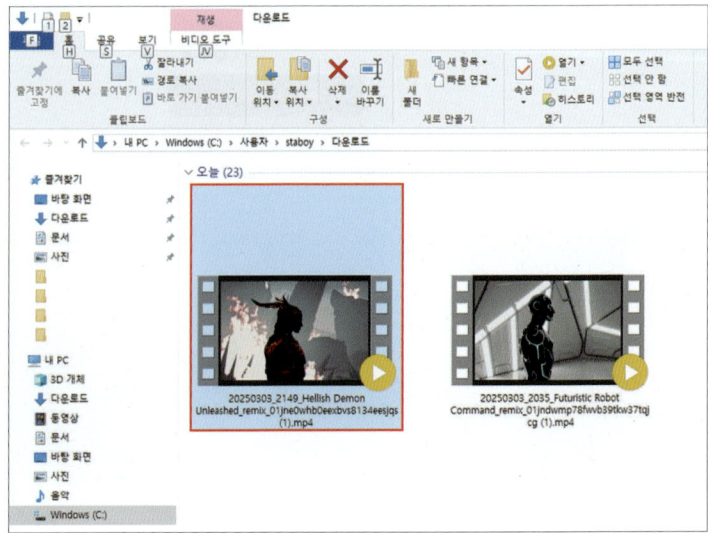

TIP 해당 영상의 이름을 '#6_MATCH.mp4'로 변경해두면 이후 원활한 작업을 진행할 수 있습니다.

06 임팩트 있는 브릿지 컷 영상 추가하기

01 매치 컷과 POV 영상을 지루하지 않게 연결할 브릿지 컷을 추가하겠습니다. 소라 AI 사이트의 홈 화면으로 이동합니다.

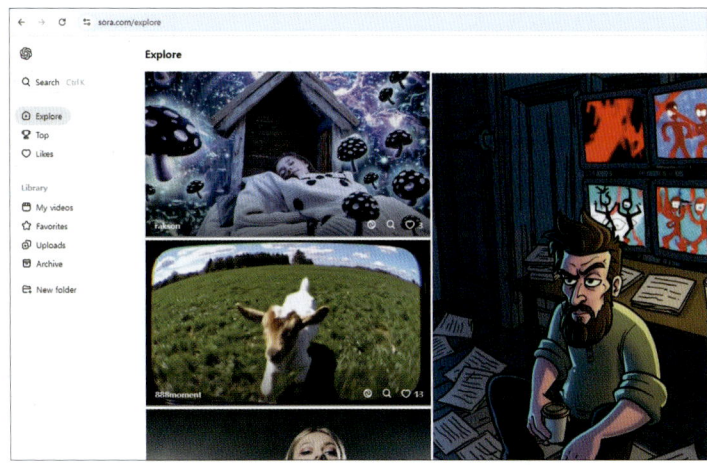

TIP 매치컷과 연결한 POV 영상이 모두 비슷한 구도에 짧은 컷 편집이 반복되는 구조이기 때문에 자칫 영상이 늘어질 수 있습니다.

02 이전에 생성한 악마 캐릭터가 강렬하게 등장하는 컷을 위해 다음과 같은 프롬프트를 입력하고 Enter 를 누릅니다. 세부 설정은 동일하게 진행하겠습니다.

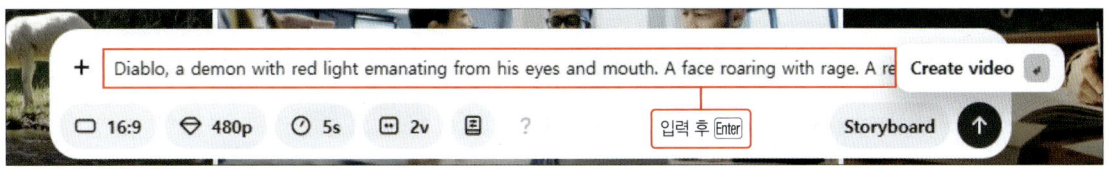

프롬프트 | Diablo, a demon with red light emanating from his eyes and mouth. A face roaring with rage. A red-hot

03 오른쪽 상단에 'Added to queue' 텍스트가 표시되고 영상 생성이 시작됩니다. 완료되면 섬네일을 클릭합니다.

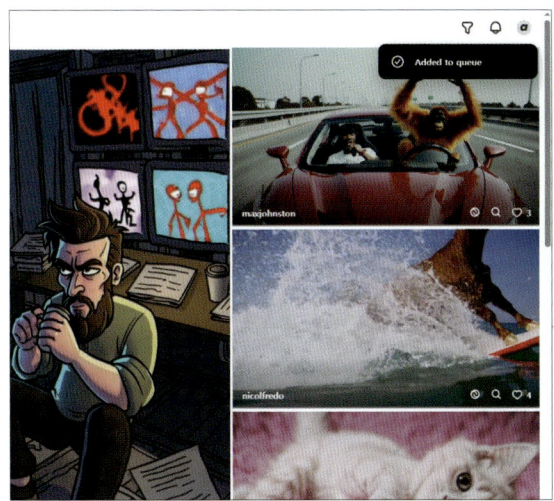 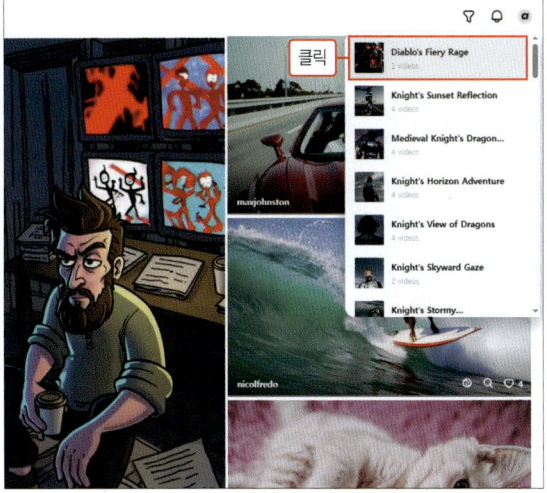

04 입력한 프롬프트에 맞게 강렬한 캐릭터 컷을 포함한 2개의 영상이 생성되면 마음에 드는 영상의 섬네일을 선택합니다. 예제에서는 오른쪽 영상을 선택하였습니다.

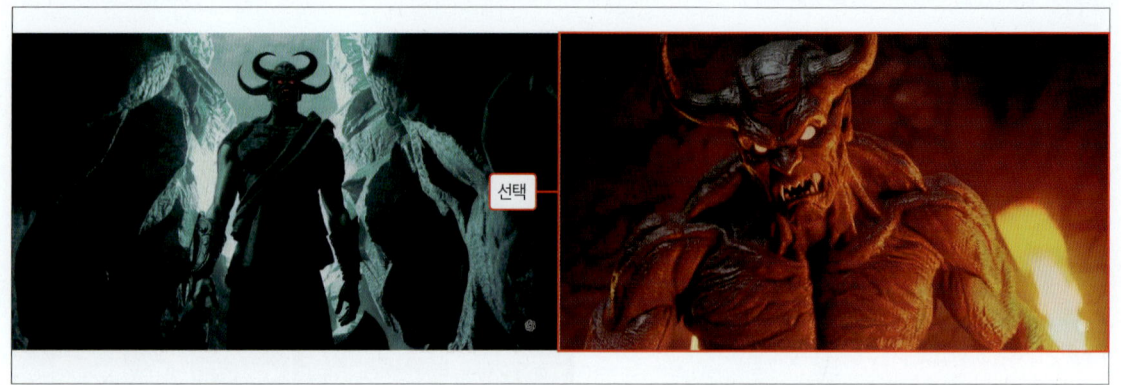

05 선택한 영상을 저장하기 위해 'Download' 아이콘(⊙)을 클릭하고 'Video'를 선택합니다. Download ready 창이 표시되면 〈Download〉 버튼을 클릭합니다.

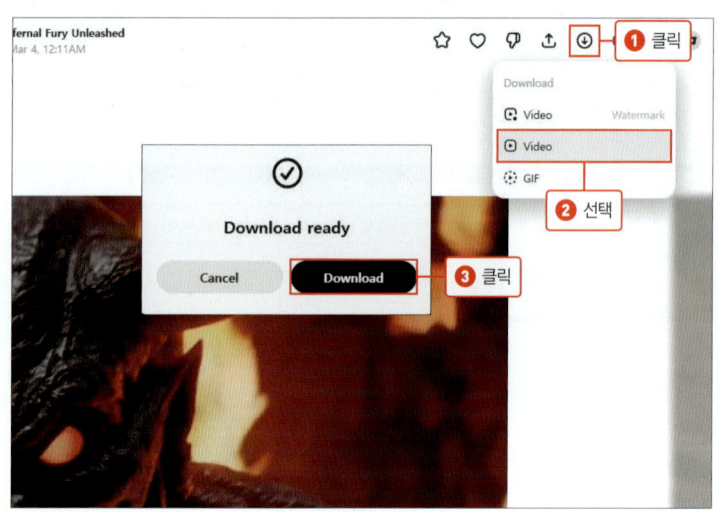

06 다운로드 폴더를 살펴보면 소라 AI에서 생성한 영상을 확인할 수 있습니다.

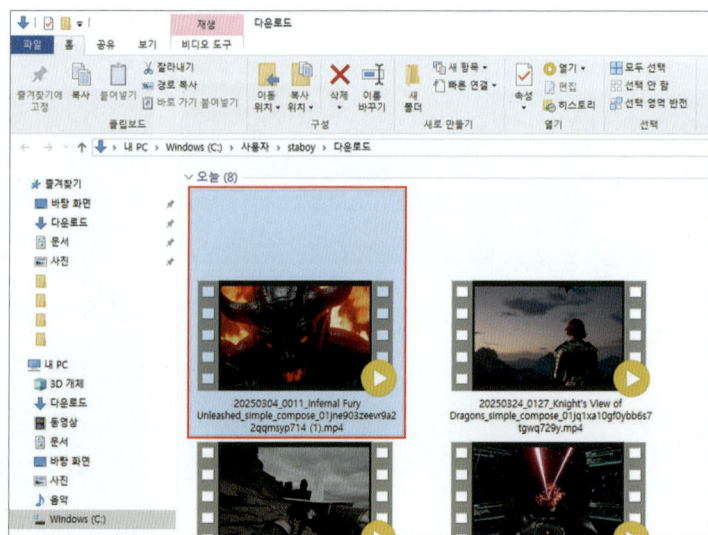

TIP 해당 영상의 이름을 '#7.mp4'로 변경해 두면 이후 원활한 작업을 진행할 수 있습니다.

● 완성파일 : 04\VR기기광고\영상 소스 폴더

SECTION 17. 캐릭터별 1인칭 시점의 영상 만들기

가상세계 속 1인칭 시점으로 촬영한 듯한 POV 영상을 통해 실제 VR 게임 속에 들어가 있는 느낌을 받을 수 있습니다. POV 영상을 만드는 구체적인 프로세스를 단계별로 소개해 드리겠습니다.

01 악마 시점의 1인칭 영상 만들기

01 VR 게임 속 캐릭터의 시점으로 영상을 생성하기 위해 소라 AI 사이트의 홈 화면으로 이동합니다.

> **NOTE**
>
> **POV(Point of View) 영상이란?**
>
> 어떤 인물의 시선에서 바라본 장면을 촬영·연출하는 기법입니다. 카메라가 시청자의 시선을 대신함으로써, 내가 직접 그 상황에 들어가 있다는 강렬한 몰입감을 유도하죠. 특히 VR 게임 광고에 이를 적용하면, 헤드셋을 쓰고 가상 세계에 들어간 플레이어의 시야를 그대로 보여줄 수 있어 시청자로 하여금 실제 게임 속에 들어가 있는 듯한 체험을 하게 만듭니다.

02 이전에 생성한 악마의 시점으로 손에서 불을 뿜어내는 프롬프트를 입력합니다. 세부 설정을 이전과 동일하게 설정되어 있는지 확인하고 Enter 를 눌러 생성합니다.

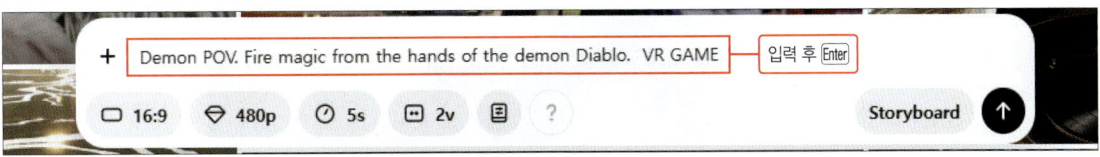

프롬프트 Demon POV. Fire magic from the hands of the demon Diablo. VR GAME

03 'Added to queue' 텍스트가 표시되며 영상 생성이 시작됩니다. 완료되면 섬네일을 클릭합니다.

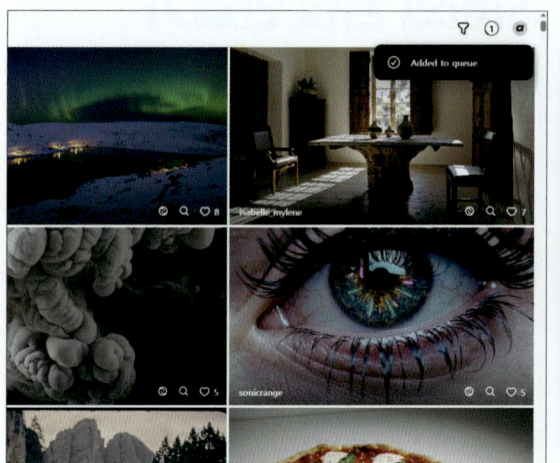
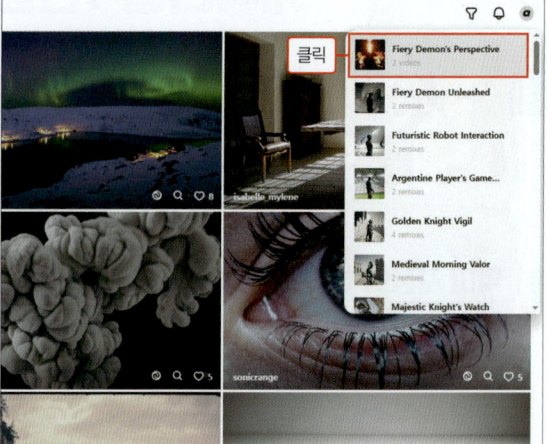

04 입력한 프롬프트에 맞게 영상이 2개 생성된 것을 확인할 수 있습니다. 마음에 드는 영상의 섬네일을 선택합니다. 예제에서는 오른쪽 영상을 선택하였습니다.

05 선택한 영상을 저장하기 위해 'Download' 아이콘(⬇)을 클릭하고 'Video'를 선택합니다. Download ready 창이 표시되면 〈Download〉 버튼을 클릭합니다. 다운로드 폴더를 살펴보면 소라 AI에서 생성한 영상을 확인할 수 있습니다.

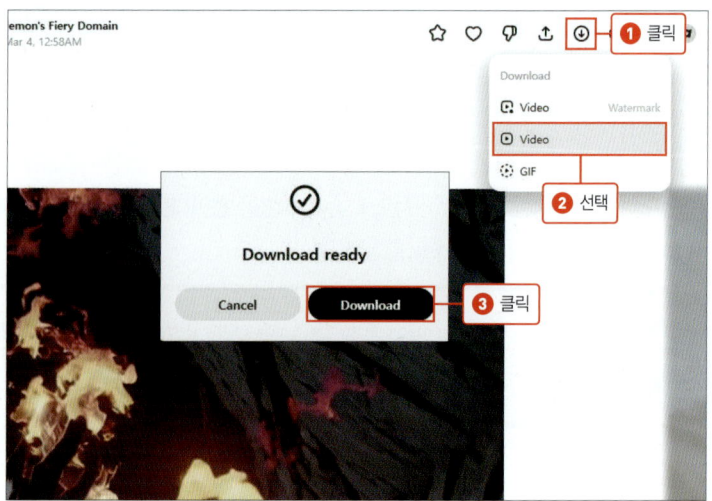

TIP 해당 영상의 이름을 '#8_POV.mp4'로 변경해두면 이후 원활한 작업을 진행할 수 있습니다.

02 장면의 풍성함을 더하기 위해 추가 영상 생성하기

01 이어지는 영상을 자연스럽게 하기 위해 동일한 방법으로 두가지 영상을 추가 제작하겠습니다.

추가 영상 1

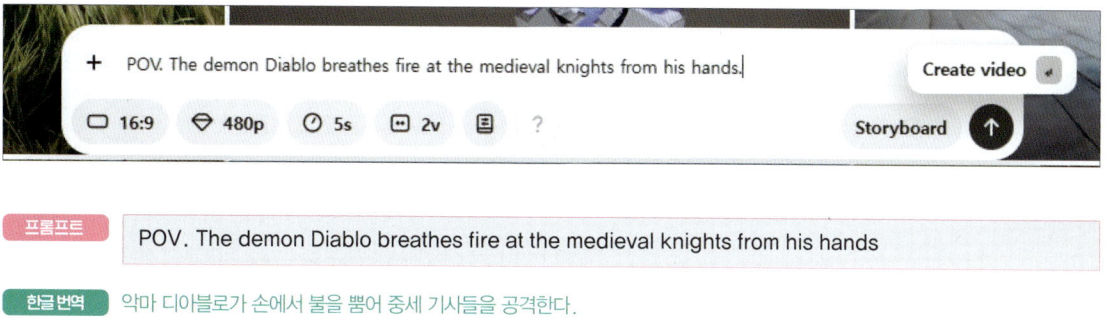

| 프롬프트 | POV. The demon Diablo breathes fire at the medieval knights from his hands |
| 한글 번역 | 악마 디아블로가 손에서 불을 뿜어 중세 기사들을 공격한다. |

추가 영상 2

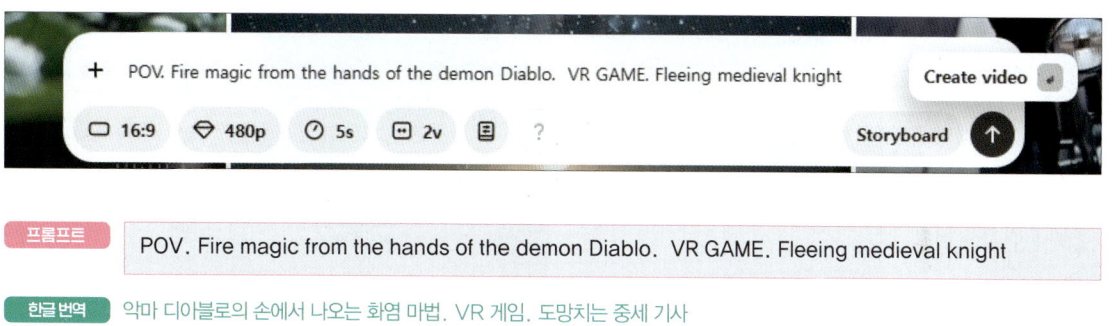

| 프롬프트 | POV. Fire magic from the hands of the demon Diablo. VR GAME. Fleeing medieval knight |
| 한글 번역 | 악마 디아블로의 손에서 나오는 화염 마법. VR 게임. 도망치는 중세 기사 |

02 같은 과정으로 생성된 2개의 영상 중 마음에 드는 영상을 선택하여 각각 저장합니다.

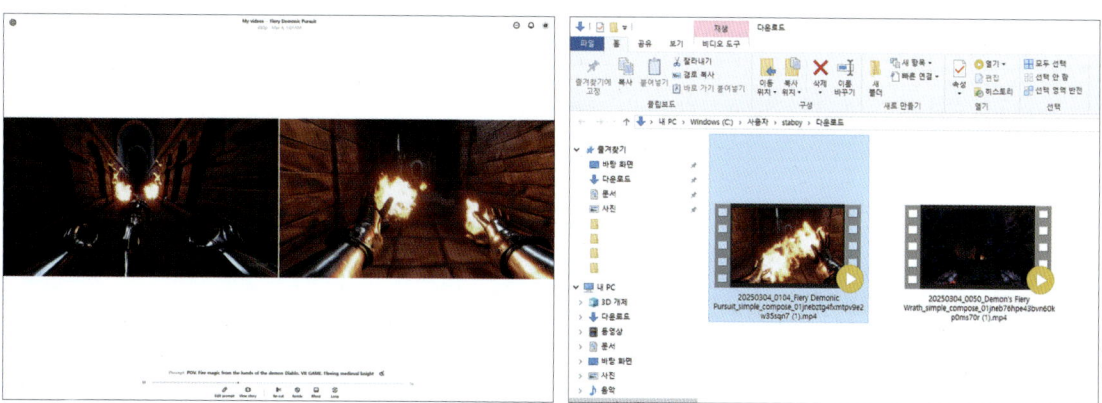

TIP 해당 영상의 이름을 '#9_POV.mp4', '#10_POV.mp4'로 변경해두면 이후 원활한 작업을 진행할 수 있습니다.

03 축구선수 시점의 1인칭 시점 영상 만들기

01 축구 선수의 시점으로 영상을 생성하기 위해 소라 AI 사이트의 홈 화면으로 이동합니다. 세부 설정은 동일하게 유지하고 축구 선수의 시점으로 필드를 달리며 드리블 하는 영상을 추가 하기 위해 다음의 프롬프트를 입력하고 [Enter]를 누릅니다.

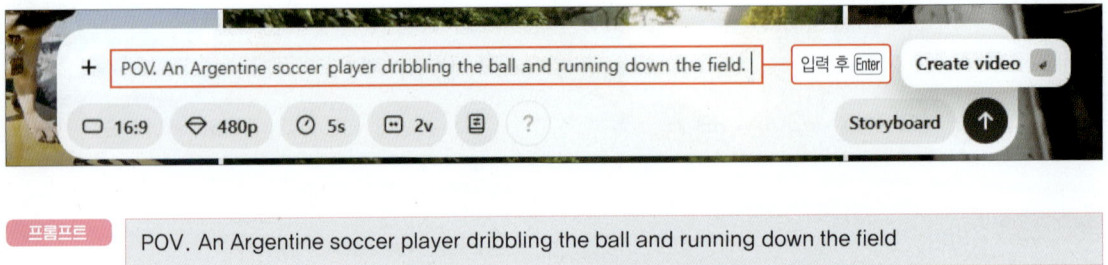

프롬프트 | POV. An Argentine soccer player dribbling the ball and running down the field

02 'Added to queue' 텍스트가 표시되며 영상 생성이 시작됩니다. 완료되면 섬네일을 클릭합니다.

03 생성된 영상 중 마음에 드는 영상을 클릭합니다. 예제에서는 왼쪽 영상을 선택하였습니다.

04 선택한 영상을 저장하기 위해 'Download' 아이콘(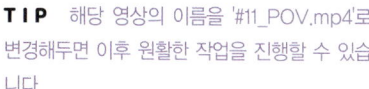)을 클릭하고 'Video'를 선택합니다. Download ready 창이 표시되면 〈Download〉 버튼을 클릭합니다. 다운로드 폴더를 살펴보면 소라 AI에서 생성한 영상을 확인할 수 있습니다.

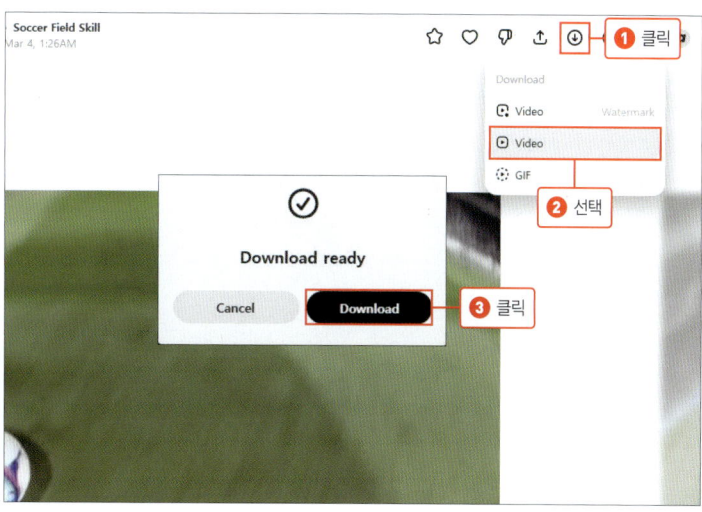

TIP 해당 영상의 이름을 '#11_POV.mp4'로 변경해두면 이후 원활한 작업을 진행할 수 있습니다.

04 FPS 게임 속 주인공 시점의 1인칭 영상 만들기

01 VR을 통한 다양한 경험을 보여주기 위해 소라 AI 홈 화면으로 이동하고 다음과 같이 입력합니다. 예제에서는 FPS 게임 속 인물의 1인칭을 표현하는 프롬프트를 입력합니다. 세부 설정은 이전과 동일한지 확인하고 Enter를 누릅니다.

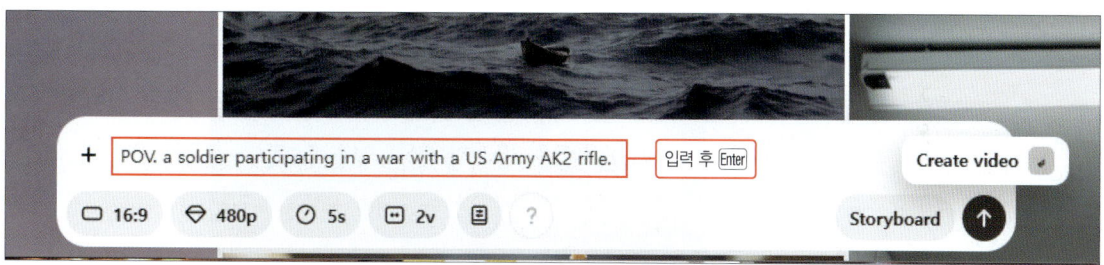

프롬프트 POV. a soldier participating in a war with a US Army AK2 rifle

02 'Added to queue' 텍스트가 표시되고 영상 생성이 시작됩니다. 완료되면 섬네일을 클릭합니다.

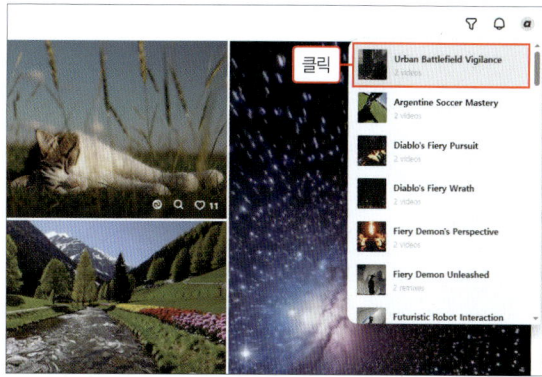

363

03 생성된 영상 중 마음에 드는 영상을 클릭합니다. 예제에서는 왼쪽 영상을 선택하였습니다.

04 선택한 영상을 저장하기 위해 'Download' 아이콘(⬇)을 클릭하고 'Video'를 선택합니다. Download ready 창이 표시되면, 〈Download〉 버튼을 클릭합니다.

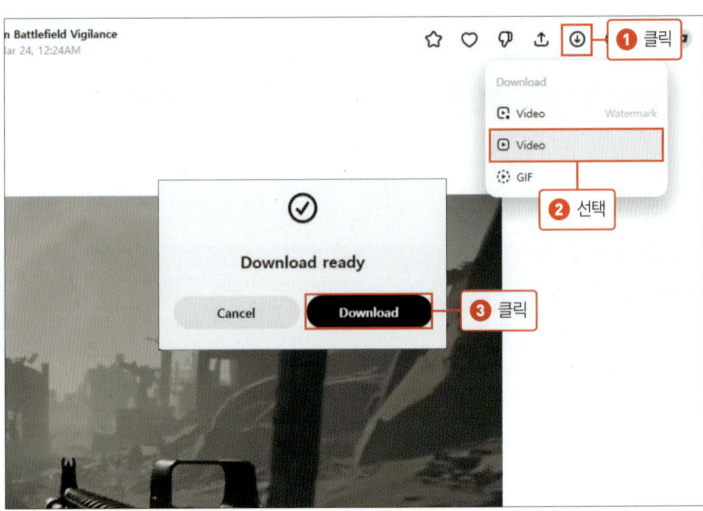

05 다운로드 폴더를 살펴보면 소라 AI에서 생성한 영상을 확인할 수 있습니다.

TIP 해당 영상의 이름을 '#12_POV.mp4'로 변경해두면 이후 원활한 작업을 진행할 수 있습니다.

05 SF 게임 속 캐릭터 시점의 1인칭 영상 만들기

01 소라 AI 홈 화면으로 이동하여 1인칭 시점으로 영상을 추가하기 위해 다음의 프롬프트를 입력합니다. 설정이 동일한지 확인하고 Enter를 누릅니다.

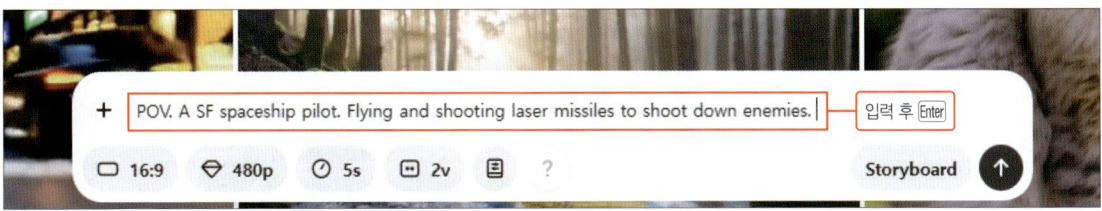

프롬프트 POV. A SF spaceship pilot. Flying and shooting laser missiles to shoot down enemies

02 'Added to queue' 텍스트가 표시되고 영상 생성이 시작됩니다. 완료되면 섬네일을 클릭합니다.

03 생성된 영상 중 마음에 드는 영상을 클릭합니다. 예제에서는 왼쪽 영상을 선택하였습니다.

04 선택한 영상을 저장하기 위해 'Download' 아이콘(⊙)을 클릭하고 'Video'를 선택합니다. Download ready 창이 표시되면, 〈Download〉 버튼을 클릭합니다. 다운로드 폴더를 살펴보면 소라 AI에서 생성한 영상을 확인할 수 있습니다.

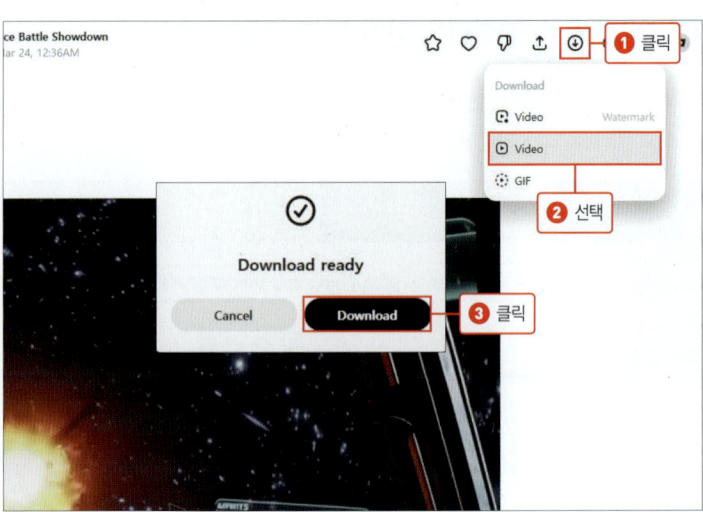

TIP 해당 영상의 이름을 '#13_POV.mp4'로 변경해두면 이후 원활한 작업을 진행할 수 있습니다.

06 중세 판타지 캐릭터 시점의 1인칭 영상 만들기

01 중세 판타지 세계관에 몰입감을 추가 하기 위해 소라 AI 사이트의 홈 화면으로 이동합니다. 1인칭으로 중세 기사가 다른 기사와 검을 겨루는 상황을 포함한 다음의 프롬프트를 입력합니다. 세부 설정은 이전과 동일한지 확인하고 Enter를 누릅니다.

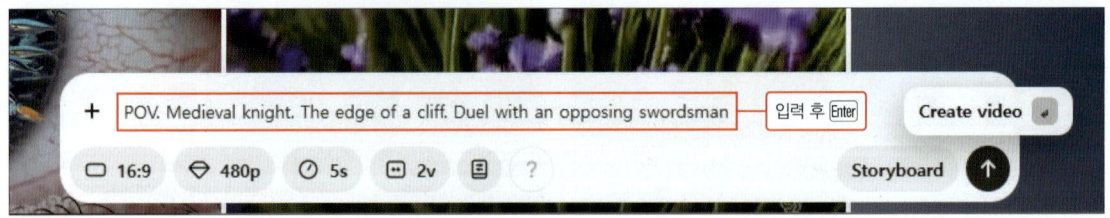

프롬프트   POV. Medieval knight. The edge of a cliff. Duel with an opposing swordsman

02 'Added to queue' 텍스트가 표시되며 영상 생성이 시작됩니다. 완료되면 섬네일을 클릭합니다.

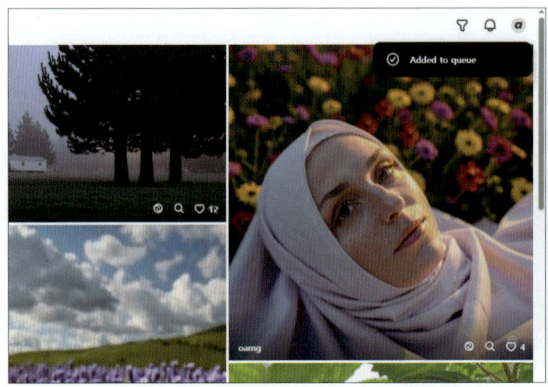
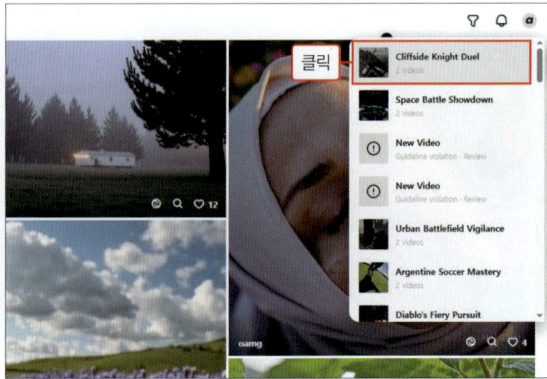

03 생성된 영상 중 마음에 드는 영상을 클릭합니다. 예제에서는 오른쪽 영상을 선택하였습니다.

04 선택한 영상을 저장하기 위해 'Download' 아이콘(⬇)을 클릭하고 'Video'를 선택합니다. Download ready 창이 표시되면 〈Download〉 버튼을 클릭합니다.

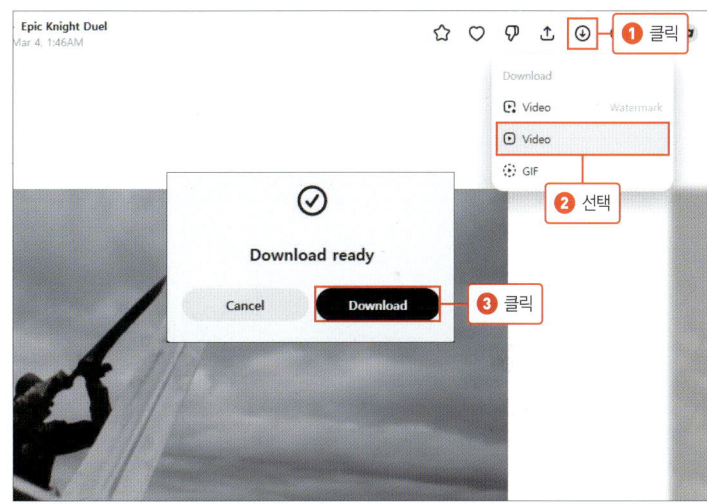

05 다운로드 폴더를 살펴보면 소라 AI에서 생성한 영상을 확인할 수 있습니다.

TIP 해당 영상의 이름을 '#14_POV.mp4'로 변경해두면 이후 원활한 작업을 진행할 수 있습니다.

07 몰입감을 더해줄 중세 판타지 캐릭터 컷 생성하기

01 영상의 자연스러운 연결을 위해, 후반부의 중세 판타지 게임 속 캐릭터의 감정이 드러나도록 표현해 보겠습니다. 소라 AI 사이트의 홈 화면으로 이동합니다. 현실과는 다른 차이점을 명확하게 하기 위해 인물과 배경에 집중된 프롬프트를 입력합니다. 세부 설정은 이전과 동일하게 유지하고 Enter 를 누릅니다.

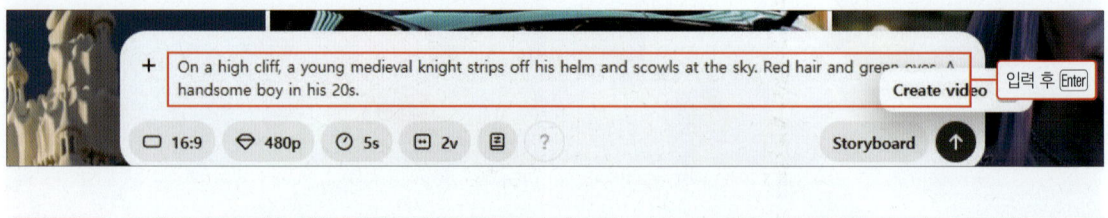

프롬프트: On a high cliff, a young medieval knight strips off his helm and scowls at the sky. Red hair and green eyes. A handsome boy in his 20s

02 'Added to queue' 텍스트가 표시되며 영상 생성이 시작됩니다. 완료되면 섬네일을 클릭합니다.

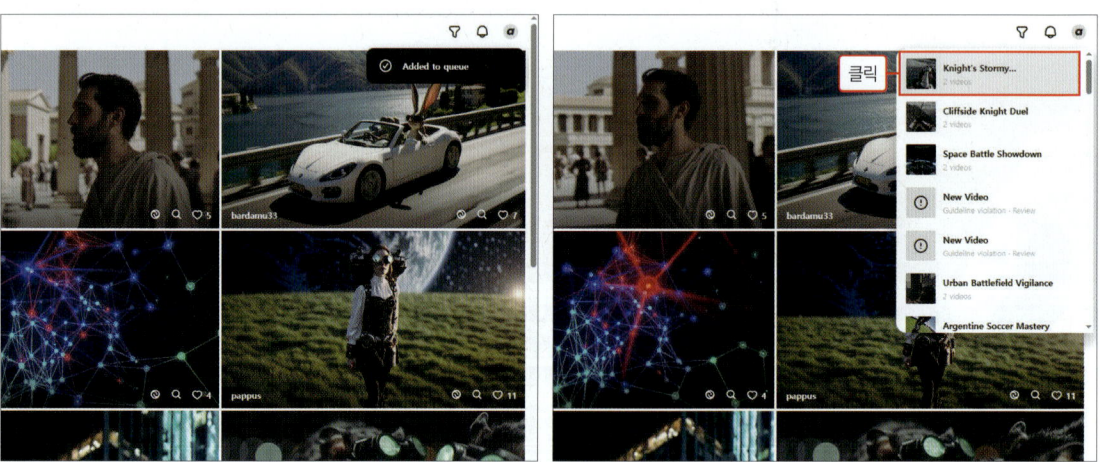

03 생성된 영상 중 마음에 드는 영상을 클릭합니다. 예제에서는 왼쪽 영상을 선택하였습니다.

04 선택한 영상을 저장하기 위해 'Download' 아이콘(⬇)을 클릭하고 'Video'를 선택합니다. Download ready 창이 표시되면 〈Download〉 버튼을 클릭합니다. 다운로드 폴더를 살펴보면 소라 AI에서 생성한 영상을 확인할 수 있습니다.

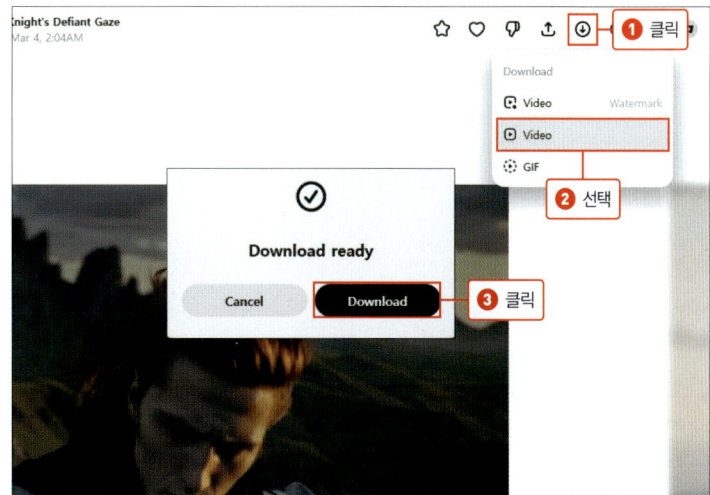

TIP 해당 영상의 이름을 '#15.mp4'로 변경해 두면 이후 원활한 작업을 진행할 수 있습니다.

08 세계관에 집중하는 중세 판타지 캐릭터 컷 생성하기

01 영상 후반부에 게임 속 캐릭터의 세계관에 집중하여 흥미로워 하는 감정 표현을 영상으로 생성해 보겠습니다. 소라 AI 홈화면에서 다음의 프롬프트를 입력하고 Enter를 누릅니다.

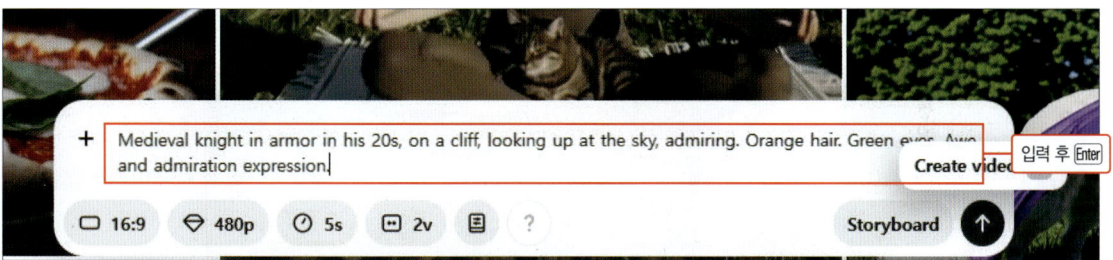

프롬프트
Medieval knight in armor in his 20s, on a cliff, looking up at the sky, admiring. Orange hair. Green eyes. Awe and admiration expression

02 'Added to queue' 텍스트가 표시되고 영상 생성이 시작됩니다. 완료되면 섬네일을 클릭합니다.

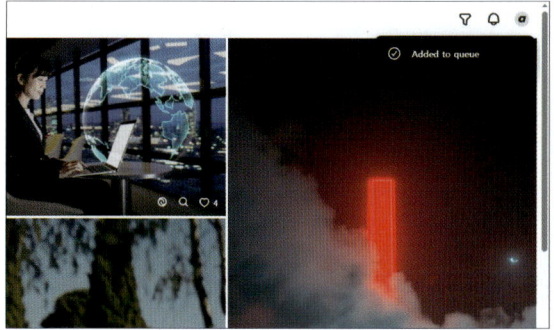
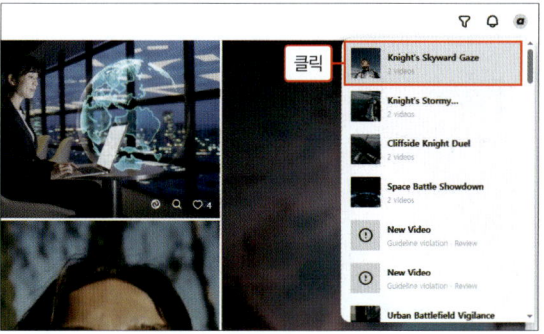

369

03 생성된 영상 중 마음에 드는 영상을 클릭합니다. 예제에서는 왼쪽 영상을 선택하였습니다.

04 선택한 영상을 저장하기 위해 'Download' 아이콘(⊙)을 클릭하고 'Video'를 선택합니다. Download ready 창이 표시되면 〈Download〉 버튼을 클릭합니다.

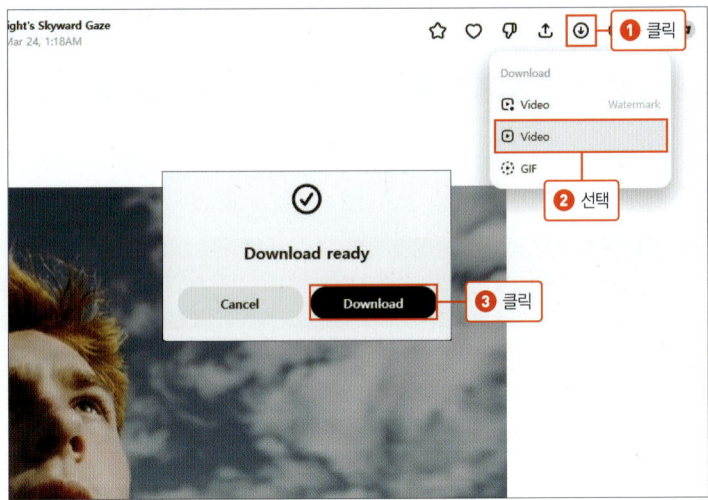

05 다운로드 폴더를 살펴보면 소라 AI에서 생성한 영상을 확인할 수 있습니다.

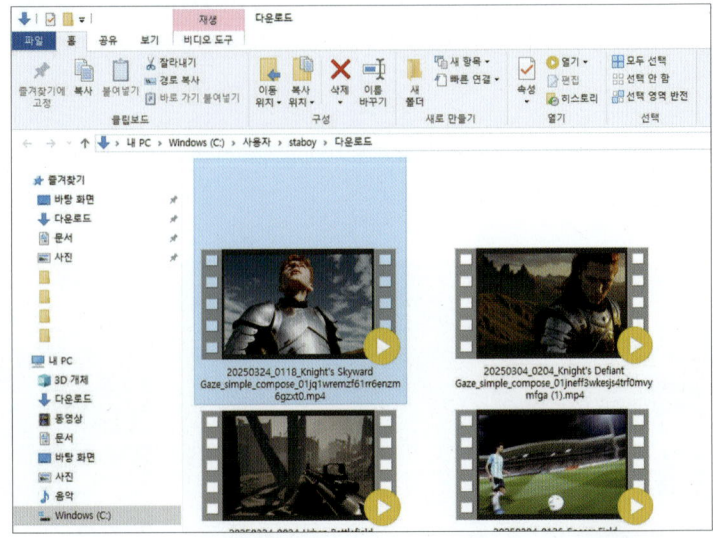

TIP 해당 영상의 이름을 '#16.mp4'로 변경해 두면 이후 원활한 작업을 진행할 수 있습니다.

09 광고 영상의 엔드 컷 생성하기

01 무한한 공간과 다양한 세계관을 느낄 수 있는 VR의 특성을 나타내는 컷으로 마무리 영상을 생성하기 위해 소라 AI 사이트의 홈 화면으로 이동합니다. 세부 설정은 이전과 동일하지만 이번에는 영상 개수를 '4V'로 설정하고 다음의 프롬프트를 입력한 다음, Enter 를 누릅니다.

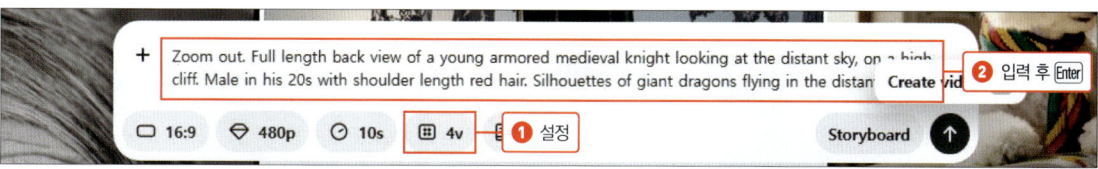

프롬프트
Zoom out. Full length back view of a young armored medieval knight looking at the distant sky, on a high cliff. Male in his 20s with shoulder length red hair. Silhouettes of giant dragons flying in the distant sky

02 'Added to queue' 텍스트가 표시되고 영상 생성이 시작됩니다. 완료되면 섬네일을 클릭합니다.

03 생성된 영상 중 마음에 드는 영상을 클릭합니다. 예제에서는 첫 번째 영상을 선택하였습니다.

TIP 해당 영상의 이름을 '#17.mp4'로 변경해 두면 이후 원활한 작업을 진행할 수 있습니다.

04 선택한 영상을 저장하기 위해 'Download' 아이콘(◉)을 클릭하고 'Video'를 선택합니다. Download ready 창이 표시되면 〈Download〉 버튼을 클릭합니다.

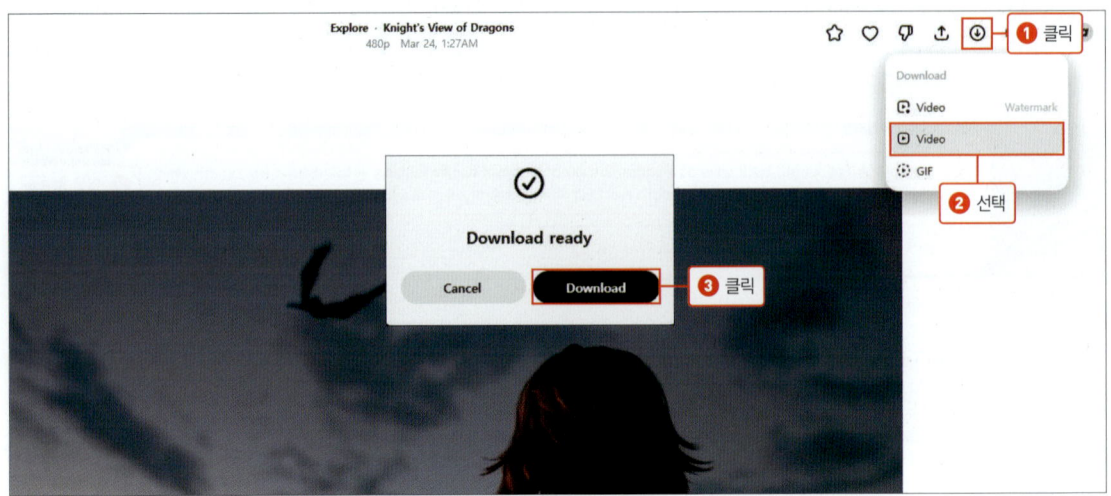

05 다운로드 폴더를 살펴보면 소라 AI에서 생성한 영상을 확인할 수 있습니다.

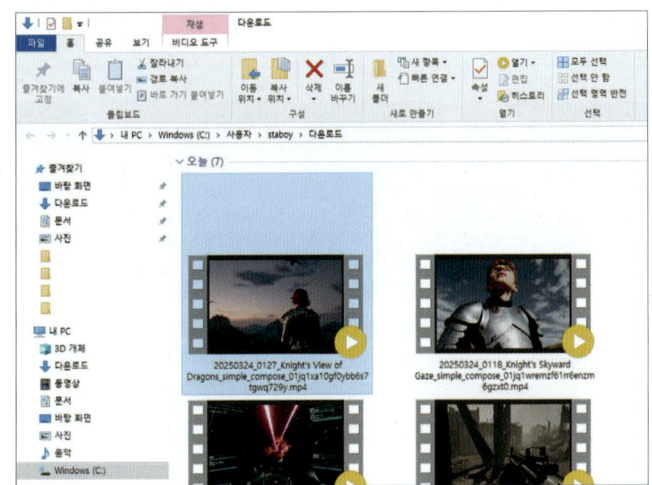

06 다운로드한 영상들을 하나의 폴더로 이동하고 장면 순서대로 이름을 입력합니다.

TIP 해당 영상들은 04 → VR기기광고 → '영상소스' 폴더에서 확인할 수 있습니다.

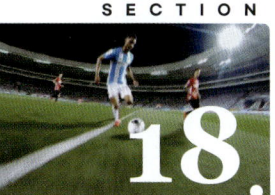

SECTION 18.

● 예제파일 : 04\VR기기광고\영상소스 폴더   ● 완성파일 : 04\VR기기광고\VR기기광고_완성.mp4

VR 기기 광고 영상 편집하기

이전 과정에서 생성한 영상들을 하나의 광고 영상으로 제작하기 위해 무료로 쉽게 이용할 수 있는 편집 툴인 캡컷을 활용하여 영상을 편집하겠습니다.

01 캡컷에 소스 업로드하기

01 웹브라우저에서 'www.capcut.com'을 입력하여 캡컷 사이트에 접속하고 로그인한 다음 〈+ 새로 만들기〉 버튼을 클릭합니다.

02 소스 영상과 동일한 해상도를 설정하기 위해 동영상에서 '16:9'를 선택합니다.

03 영상을 편집할 수 있는 프로젝트가 생성되면 왼쪽 (미디어) 메뉴에서 〈업로드〉 버튼을 클릭합니다. 영상 파일을 폴더 채로 업로드하여 사용하기 위해 '폴더 업로드'를 선택합니다.

 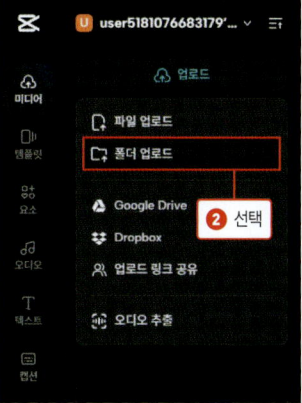

04 업로드할 폴더 선택창이 표시되면, 04 → VR기기광고 폴더에서 '영상소스' 폴더를 선택하고 〈업로드〉 버튼을 클릭합니다. 업로드한 영상 폴더를 클릭하면 이전에 편집하여 저장한 영상들을 확인할 수 있습니다.

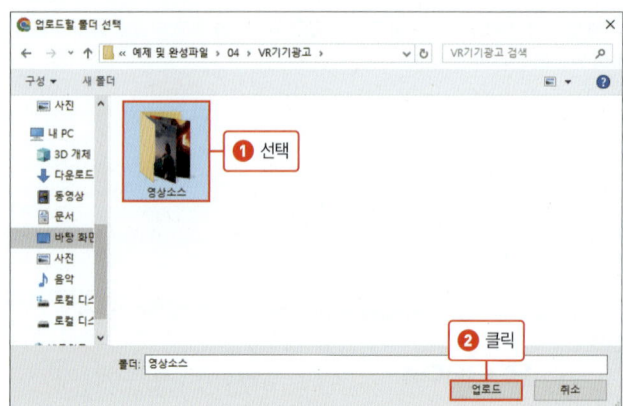
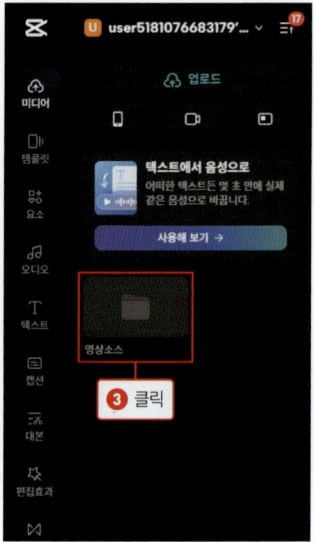

02 인트로 영상 편집하기

01 광고의 첫 번째 장면인 인트로 '#1_INTRO.mp4' 파일을 타임라인으로 드래그합니다.

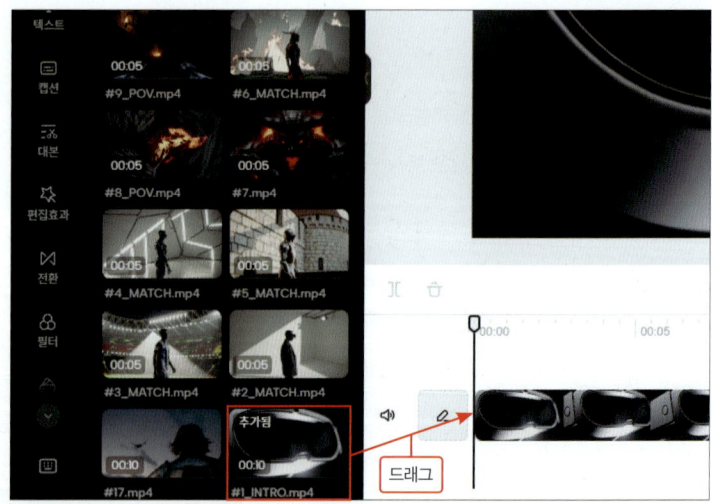

02 인트로 영상의 길이를 짧게 조절하기 위해 시간 표시자를 '00:01:15' 구간으로 이동합니다.

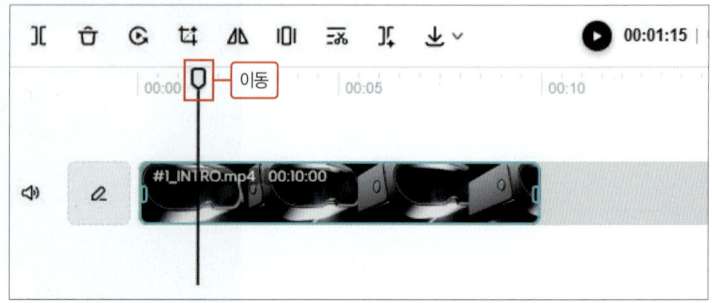

03 시간 표시자를 기준으로 오른쪽 구간을 삭제 하기 위해 영상을 나누겠습니다. 타임라인 위쪽의 도구 상자에서 '분할' 아이콘(▯)을 클릭합니다.

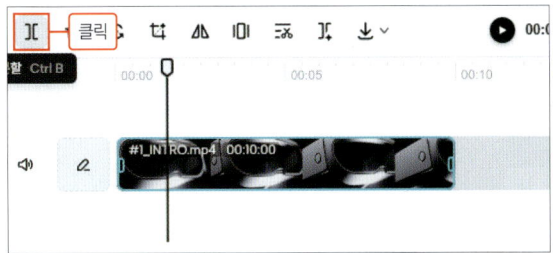 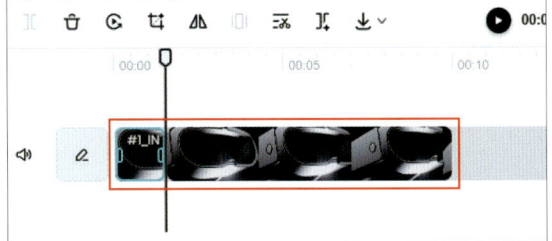

TIP 시간표시자를 기준으로 영상이 분할됩니다.

04 잘라낼 영상 소스를 클릭한 후, 타임라인 위 도구 상자에서 '삭제' 아이콘(🗑)을 클릭합니다.

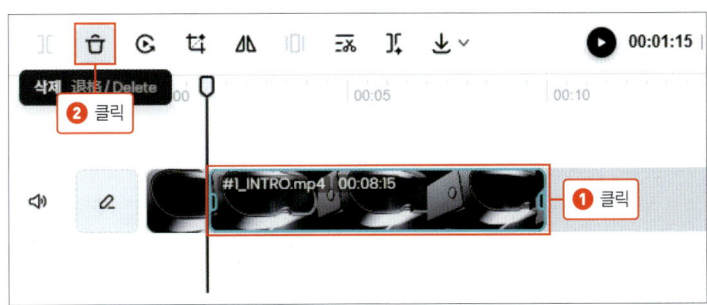

03 광고 문구 텍스트 설정하기

01 광고하고자 하는 기기의 브랜드명을 표기하기 위해 왼쪽 메뉴바에 있는 (텍스트) 메뉴를 클릭하고 〈머리글 추가〉 버튼을 클릭합니다.

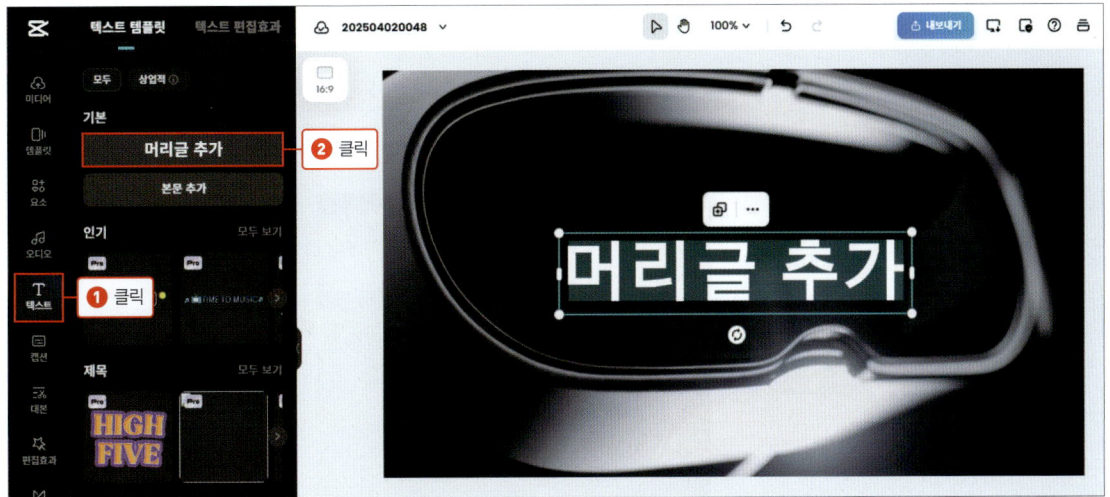

TIP 영상에 전환되는 장면과 화려한 연출이 포함된 광고이기에 텍스트는 간결하게 표현하는 것이 좋습니다.

02 텍스트 상자가 생성 되면 오른쪽 사이드바에서 기본을 클릭합니다. 입력창에 가상의 브랜드명인 'VIXION'를 입력합니다.

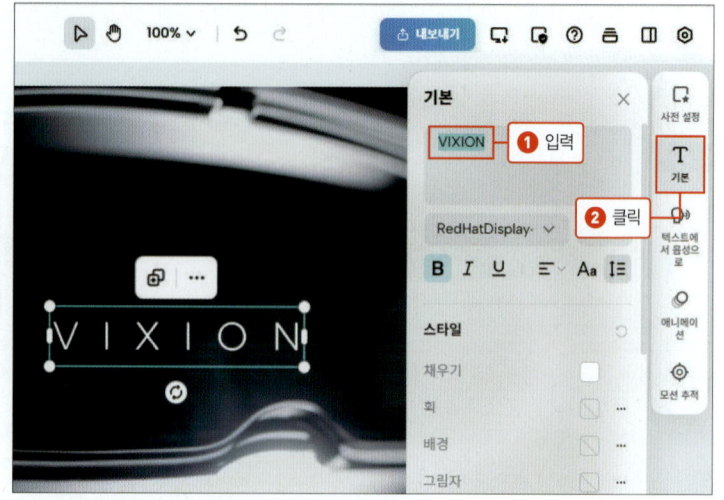

03 글꼴을 'RedHatDisplay-Light'로, 글씨 크기를 '10'으로 지정하고 '진하게' 아이콘(B)을 클릭합니다. '간격 설정' 아이콘(I≡)을 클릭하여 문자 간격을 '10'으로 지정합니다.

TIP 산세리프 서체로 간격을 넓게 조절하면 미래적인 느낌의 텍스트를 만들 수 있습니다.

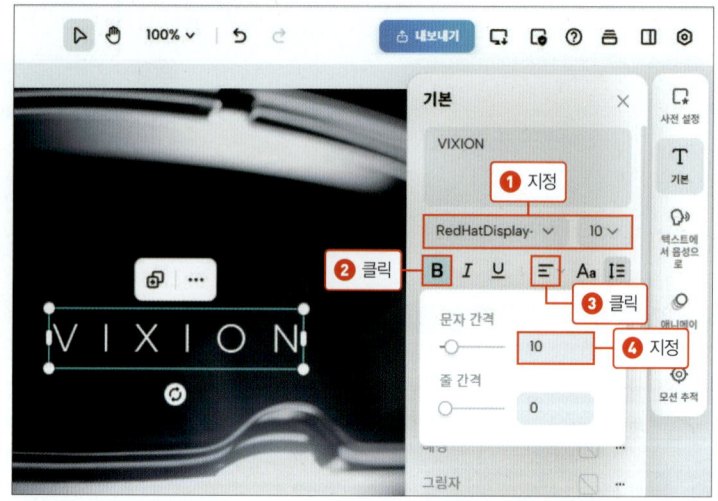

04 텍스트의 주목도를 높이기 위해 오른쪽 사이드바에서 애니메이션을 클릭하고, '페이드 인'을 선택합니다. 투명한 화면에서 서서히 텍스트가 드러나는 효과가 추가됩니다.

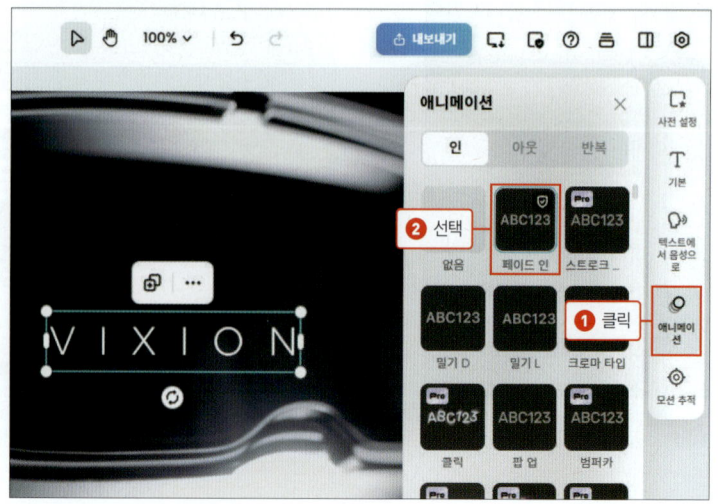

05 텍스트 설정 창을 닫고, 텍스트 레이어의 오른쪽 바를 드래그하여 영상 길이와 맞춰줍니다.

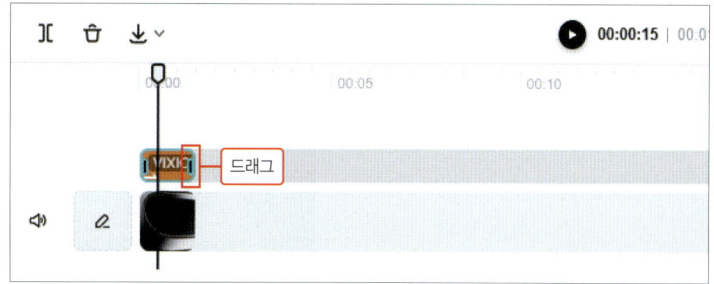

04 매치 컷 영상 순서대로 편집하기

01 시간 표시자를 '00:01:15'로 이동하고 업로드한 폴더에서 '#2_MATCH.mp4'를 타임라인으로 드래그합니다.

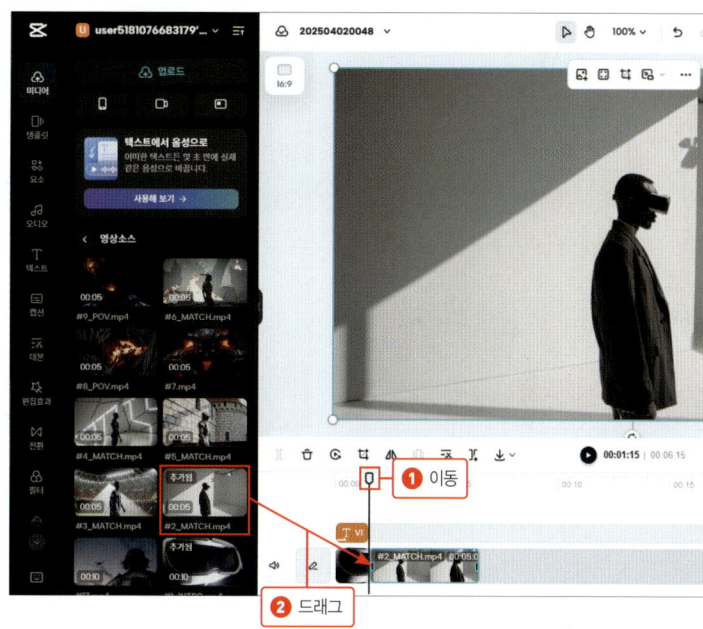

02 두 번째 영상 소스의 오른쪽 바를 '00:03:14'까지 드래그하여 영상의 시간을 줄입니다.

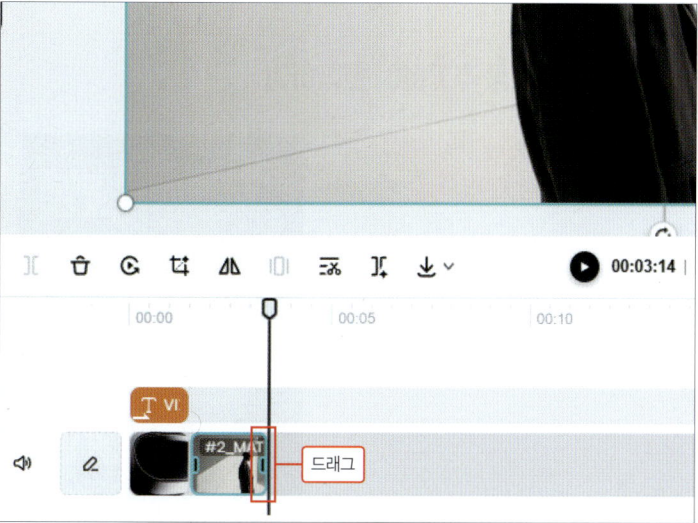

03 업로드한 폴더에서 '#3_MATCH.mp4'를 타임라인으로 드래그합니다. 같은 방법으로 영상 소스의 오른쪽 바를 클릭한 채 '00:04:04'까지 드래그하여 영상의 길이를 줄입니다. 두 번째 영상 소스와 자연스럽게 연결되는지 확인합니다.

04 이어지는 #4~#6 매치컷 영상도 동일하게 타임라인으로 드래그하고 다음과 같이 시간을 줄이겠습니다. 마지막 영상은 몰입도를 높이기 위해, 다른 영상 소스보다 길게 설정하였습니다.

TIP 매치 컷은 자연스러운 연결이 중요하기 때문에 타임라인 위에 위치한 아이콘 ''을 클릭해 재생시켜보며 전체적으로 영상이 매끄럽게 흘러갈 수 있도록 조정하는 것이 좋습니다.

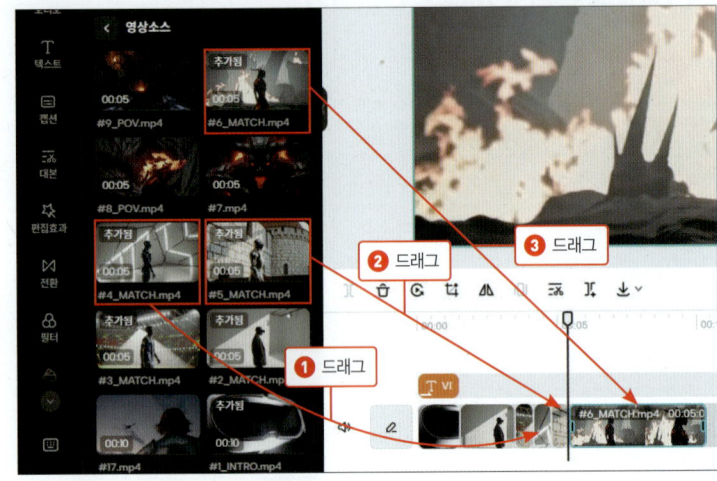

NOTE 예제와 같은 설정값 확인하기
- #4_MATCH.mp4 : '00:04:23'
- #5_MATCH.mp4 : '00:05:11'
- #6_MATCH.mp4 : '00:06:29'

05 브릿지 컷 영상 추가하여 편집하기

01 POV 컷으로 넘어가기 전에 임팩트 있는 브릿지 컷을 추가합니다. 업로드한 폴더에서 '#7.mp4'를 타임라인으로 드래그합니다.

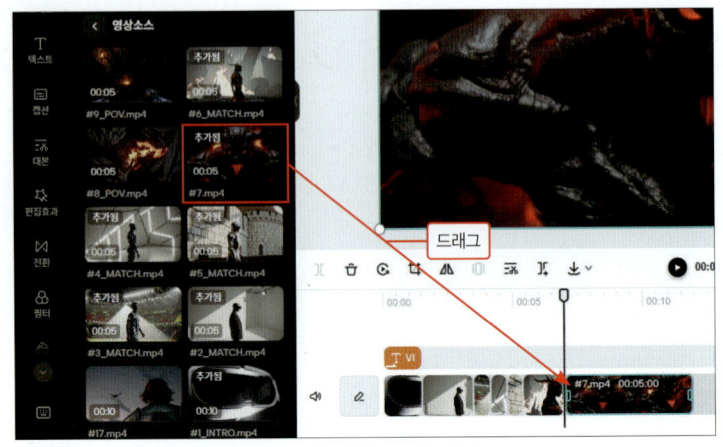

02 영상 소스의 오른쪽 바를 클릭하고 '00:08:28'까지 드래그하여 영상의 길이를 줄입니다.

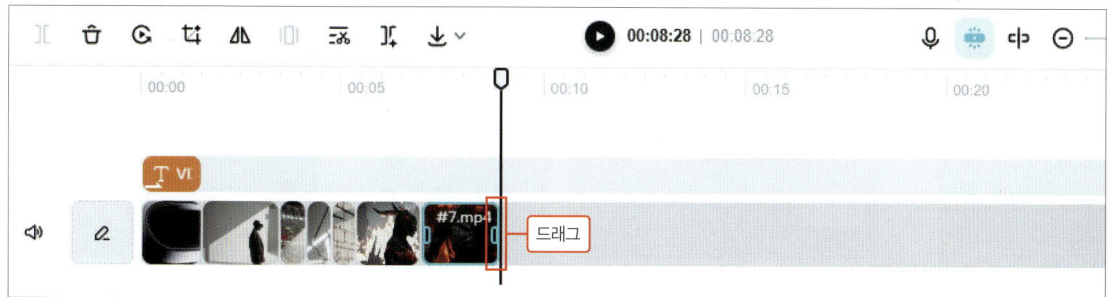

03 '#6_MATCH.mp4'와 '#7.mp4' 소스의 사이에 마우스를 위치하면 나타나는 '전환 추가' 아이콘(▷◁)을 클릭합니다. 왼쪽 [전환] 메뉴에서 빛 효과 항목에 '흑백 플래시' 효과를 선택합니다.

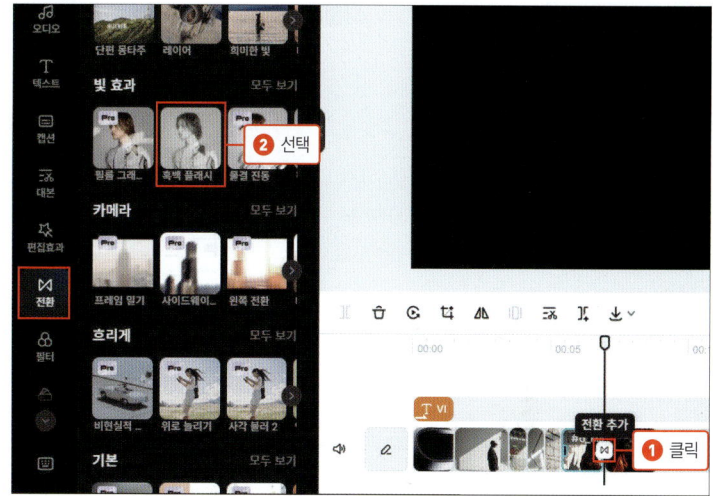

TIP 임팩트를 주고 싶은 컷 앞쪽에 블랙(암전)효과를 주면 뒤에 이어지는 컷이 부각됩니다.

06 POV 컷 순서대로 편집하기

01 업로드한 폴더에서 '#8_POV.mp4' 영상 소스를 타임라인으로 드래그합니다. 영상 소스의 오른쪽 바를 클릭하고 '00:09:27'까지 드래그하여 영상의 길이를 줄입니다.

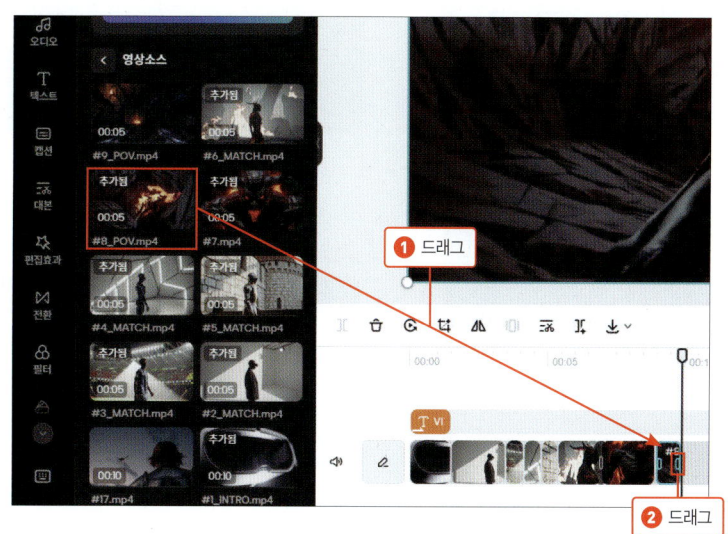

02 POV 컷에서는 별다른 추가 설정이 없기에 편집 과정이 같습니다. 예제에서는 다음과 같이 영상을 순서대로 드래그하여 추가하고 길이를 조절하였습니다.

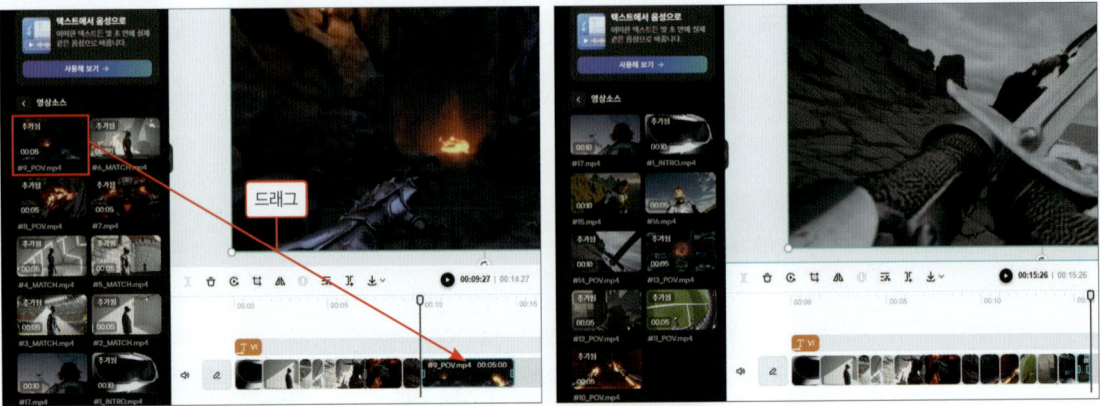

> **NOTE**
>
> 영상을 순서대로 추가하고 줄이는 위치 확인하기
>
> ① #9_POV.mp4 : '00:11:00'까지
> ② #10_POV.mp4 : '00:12:02'까지
> ③ #11_POV.mp4 : '00:13:01'까지
> ④ #12_POV.mp4 : '00:14:04'까지
> ⑤ #13_POV.mp4 : '00:15:02'까지
> ⑥ #14_POV.mp4 : '00:15:26'까지

07 엔드 컷 영상을 순서대로 편집하기

01 업로드한 폴더에서 '#15.mp4' 영상 소스를 타임라인으로 드래그하고, 영상 소스의 오른쪽 바를 클릭해 '00:17:11'까지 드래그하여 시간을 줄입니다.

02 마찬가지로 '#16.mp4' 영상 소스를 타임라인으로 드래그하고 영상 소스의 오른쪽 바를 클릭하고 '00:18:28'까지 드래그하여 영상의 길이를 줄인 다음, '#15' 파일과 자연스럽게 연결되는지 확인합니다.

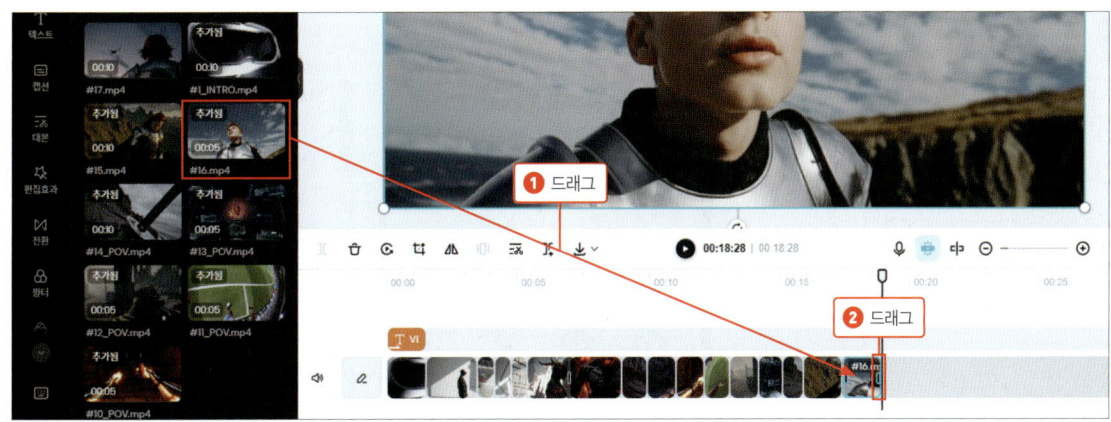

03 업로드한 폴더에서 '#17.mp4' 영상 소스를 타임라인으로 드래그하고 영상 소스의 오른쪽 바를 클릭하고 '00:25:01'까지 드래그하여 영상의 길이를 줄입니다.

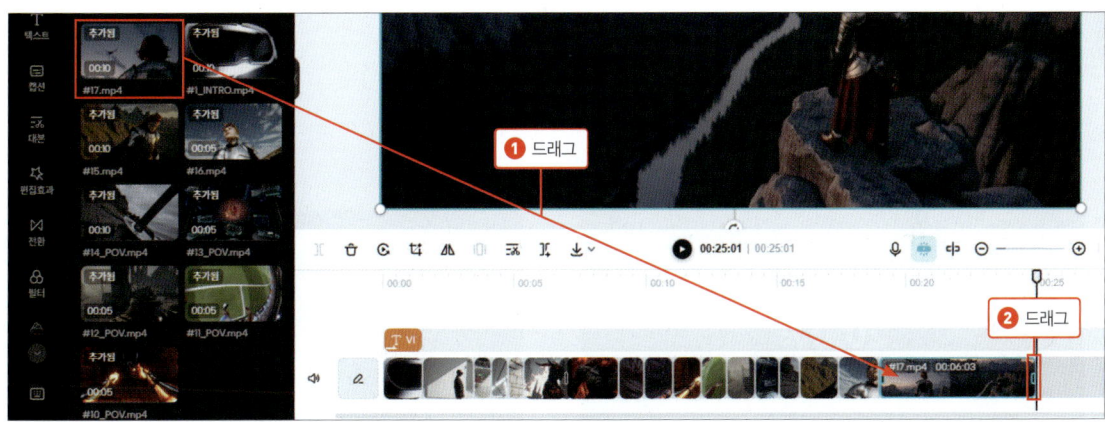

04 효과를 넣기 위해 타임라인에서 '#17.mp4'를 선택하고, 오른쪽 사이드바에서 애니메이션을 클릭합니다. (아웃) 탭에서 '페이드 아웃' 효과를 선택하고 효과를 확인합니다.

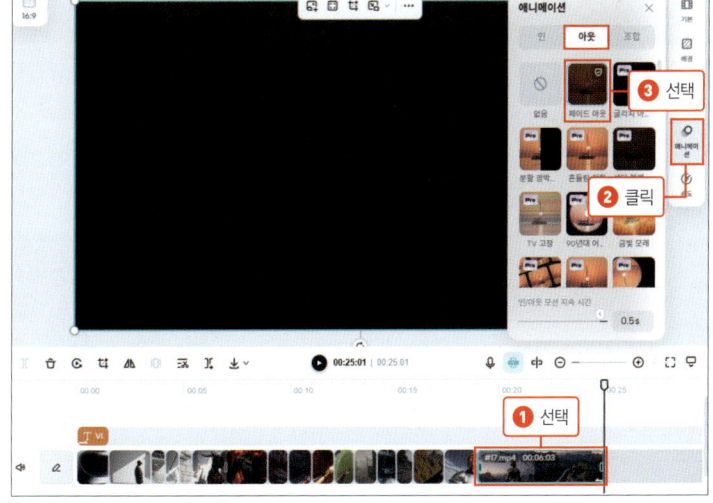

08 캡컷에서 영상 출력하기

01 편집이 완료되면 오른쪽 상단에 있는 〈내보내기〉 버튼을 클릭합니다. 하단에 〈다운로드〉 버튼을 클릭하고 내보내기 설정창이 표시되면 해상도를 '1080p', 프레임 속도를 '30fps'로 설정한 후, 〈내보내기〉 버튼을 클릭합니다.

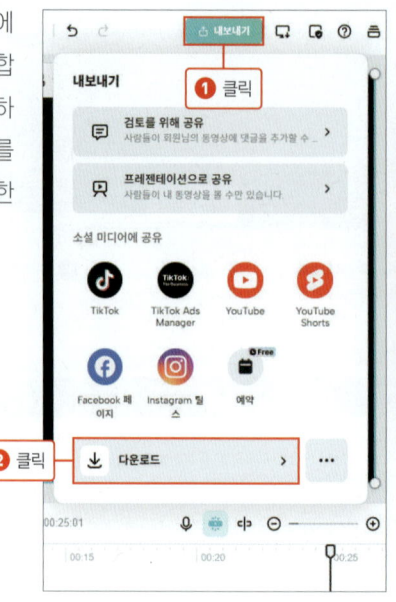

02 캡컷 화면에 영상 출력 과정이 표시됩니다. 과정이 '100%'가 되면 표시되는 〈다운로드〉 버튼을 클릭합니다.

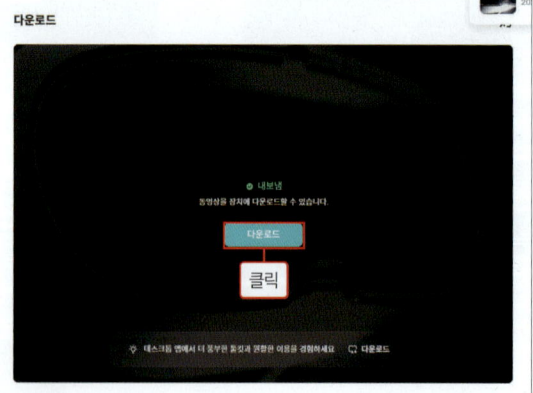

03 다운로드 폴더에서 완성된 광고 영상을 확인할 수 있습니다.

기호·번호

--ar 9:16	093
--cref	093
/imagine prompt	093
--sref	093
2D 애니메이션	046

A - C

Aerial	059
Aerial Drone	058
AI 기반 스톡 프리 이미지	031
Animate Image	101
aspect ratio	093
Aspect Ratio	064
Aspect ratio(비율)	083
BOARDS	049
Bolt Cam	058
character reference	093
Choose a file or drop it here	093
Crane Down	058
Crane Up	058
Create(생성)	092

D - E

D-ID	120
Dolly Zoom	058
Duration	064, 226
Duration(영상 길이)	084
EDITOR	049
Elevator Doors	058

Eleven v3 (alpha)	117
Enterprise	048
Enterprise Plan	082
Explore(탐색)	091
Eye Level	059

F - G

Face Enhancer	176
Fast 모드	090
First-Last Frame	210
Gen-1	111
Gen-2	111
Gen-3 Alpha	111
Gen-4	080, 111
Gen-4 Turbo	111
Generate(생성)	084
Go to Dashboard	111
Ground Level	059
GUI(Graphical User Interface)	094

H - O

Handheld	057
HD MP4	176
HeyGen	120
High Angle	059
High Motion	103
hyperrealistic	098
IDEAS	049
ImageFX	165
Image Prompts	093
Low Angle	059
Mega Plan	090
Model(모델)	083
Omni-Reference	093
Orbit Right	058
Organize(정리)	092
O.T(Orientation)	028
Overhead	059
Over The Shoulder	059

P

Pan Left	057
Pan Right	057
Personalize(개인화)	092
POV	059
PPM(Pre-Production Meeting)	033
Preview	176
Prompt Influence	226
Pro Plan	082
PT(Presentation)	037
Pull Out	057
Push In	057

R

realisim	098
realistic	098
Re-Cut	072
Relaxed 모드	090
Remix Strength	071
Resoultion	064
Roll Left	058

Roll Right	058	
Rotation	176	

S

Selfie	059
Settings(세팅)	083
shoot by film camera	098
Similarity	331
Stability	331
Standard Plan	082
Starting Frame	093
Static	057
Stealth 모드	090
Style Exaggeration	235, 331
style reference	093
Style Reference	093
Stylization	096

T - Z

Text to Speech	271
Tilt Down	057
Tilt Up	057
Tiny Planet	058
Toggle Sidebar(탐색 메뉴 사이드바)	083
Unlimited Plan	082
Unlimuted	048
Unlock Personalization	090
V7 모델	089
Variations	064
Variety	096
View all sessions	111

Voice Changer	271
Weirdness	096
Zoom In	057
Zoom Out	057

ㄱ - ㄷ

가상 카메라 워크	088
결과 표시 영역	084
고품질 업로드 허용	309
곡선	243
디스코드(Discord)	088
딥페이크	165

ㄹ

런웨이 영상 생성 모델	111
런웨이 플랜	082
런웨이(Runway)	080
레퍼런스 큐레이션	031
루마 AI의 플랜	048
루마 AI(Luma Dream Machine)	046
루프	050
리믹스(Remix)	060

ㅁ - ㅅ

미드저니 플랜	090
미드저니(MidJourney)	088
병목	027
소라 AI 플랜	062
소라 AI(Sora AI)	060
스왑페이스	168
스타일 변환(Style Transfer)	111
스토리보드(Storyboard)	060
스토리텔링	140
시드	094

ㅇ

아트디렉터(AD)	026
애니메틱 제작	042
업로드	150
영상 생성 기능	088
영웅	243
오픈 AI(Open AI)	061
유튜브 쇼츠	305
인스타그램 릴스	305

ㅈ - ㅎ

카메라 앵글 프롬프트	057
카메라 앵글 프리셋	050
캘리그라피	267
키 비주얼	039
텍스트 음성 변환(TTS)	235
텍스트 프롬프트	083
틱톡	305
패스트푸드점	140
프리비주얼링(Previsualization)	060
활성화/비활성화	098